Hans Strelocke

# Portugal

Kunst, Kultur und Landschaft
zwischen Algarve und Minho

DuMont Buchverlag Köln

*Auf der Umschlagvorderseite:* Torre de Belém bei Lissabon (Aufnahme: Wolfgang Fritz, Köln)

*Auf der vorderen Umschlagklappe:* Heinrich der Seefahrer auf dem Polyptychon des Vinzenz-Altars von Nuno Gonçalves im Museu de Arte Antiga, Lissabon (Aufnahme: Otto Kasper, Singen/Htwl.)

*Auf der hinteren Umschlagklappe:* Algarve-Küste (Aufnahme: Otto Kasper, Singen/Htwl.)

*Auf der Umschlagrückseite:* Azulejo

*Seite 2:* Tomar, manuelinisches Fenster im Kapitelsaal des Christusritter-Klosters

Für Hilfe und Anregungen zu diesem Buche danken wir Herrn José Luiz de Moura, dem Direktor des Portugiesischen Touristikamtes in Frankfurt/Main, sowie der dortigen Niederlassung der TAP-Air Portugal.

**Über den Autor:** Hans Strelocke studierte in Heidelberg und ist Mitarbeiter zahlreicher Zeitschriften und beim Funk. Viele Reisen führten ihn durch Europa, vor allem in den Mittelmeerraum und nach Nordafrika, nach Nordamerika, zu den Antillen und nach Südostasien. Diverse Veröffentlichungen bei Polyglott, Kohlhammer und Hallweg. In der Reihe DuMont Kunst-Reiseführer erschienen von Hans Strelocke die Bände: *Ägypten und Sinai. Geschichte, Kunst und Kultur im Niltal; vom Reich der Pharaonen bis zur Gegenwart,* und *Mallorca – Menorca. Ein Begleiter zu den kulturellen Stätten und landschaftlichen Schönheiten der großen Balearen-Inseln.*

© 1982 DuMont Buchverlag, Köln
10. Auflage 1994
Nachdruck verboten. Alle Rechte vorbehalten
Satz und Druck: Rasch, Bramsche
Buchbinderische Verarbeitung: Bramscher Buchbinder Betriebe

Printed in Germany    ISBN 3-7701-1369-1

# Inhalt

Vorbemerkung . . . . . . . . . . . . . . . . . . . . . . . . . . . 9

Kleine Landeskunde . . . . . . . . . . . . . . . . . . . . . . . 11

Ein paar Sätze zur Geologie Portugals . . . . . . . . . . . . . . 14

Geschichte – Kunst – Kultur . . . . . . . . . . . . . . . . . . . 16
Das Haus Burgund (1112–1385) . . . . . . . . . . . . . . . . . . . 24
Das Haus Aviz (1385–1580) . . . . . . . . . . . . . . . . . . . . 28
  *Das Zeitalter der portugiesischen Entdeckungen* . . . . . . . . . . . . . . 29
Die spanische Zwischenzeit (1580–1640) . . . . . . . . . . . . . . 45
Das Haus Bragança (1640–1910) . . . . . . . . . . . . . . . . . . 46
Die Republik ab 1910 . . . . . . . . . . . . . . . . . . . . . . . 69

Lissabon – Portugals Hauptstadt . . . . . . . . . . . . . . . . . 72
  A  Unterstadt – Rossio – Avenida da Liberdade – Park Eduardo VII. . . . . . . . . 78
  B  Altstadt – Casa dos Bicos – Conceição Velha – Kathedrale – Largo Santa Luzia –
     Castelo de São Jorge – Alfama (Graça – São Vicente de Fora – Pantheon –
     Madre de Deus) . . . . . . . . . . . . . . . . . . . . . . . . . 82
  C  Carmo – São Roque – Museum der religiösen Kunst – Nationalbibliothek
     – Museum der zeitgenössischen Kunst – Rathaus . . . . . . . . . . . . . 92
  D  Nationalmuseum – Necessidades-Palast – Estrela-Basilika – Parlamentsgebäude –
     Santa Catarina . . . . . . . . . . . . . . . . . . . . . . . . . 95
  E  Tejo-Brücke – Santo Amaro . . . . . . . . . . . . . . . . . . . 98
  F  Belém: Jerónimos-Kloster – Jerónimos-Kapelle – Turm von Belém – Denkmal der
     Entdeckungen – Die Museen und der Ajuda-Palast . . . . . . . . . . . . 100

Lissabons nahe Umgebung . . . . . . . . . . . . . . . . . . . . 129
  1  Zum Schlößchen von Queluz . . . . . . . . . . . . . . . . . . . 129
  2  Nach Benfica . . . . . . . . . . . . . . . . . . . . . . . . . . 130

5

| 3 | Zum Monsanto-Park | 131 |
|---|---|---|
| 4 | Lissabons billigste ›Seefahrt‹ | 131 |

## Lissabons weitere Umgebung . . . . . . . . . . . . . . . . . 133

1 Tagesausflug rund um Lissabon (etwa 140 km):
Sonnenküste – Estoril – Cascais – Boca do Inferno – Cabo da Roca – Sintra –
Ericeira – Mafra – Odivelas – Lissabon . . . . . . . . . . . . . . . . . 133

2 Tagesausflug am Tejo entlang (etwa 165 km):
Vila Franca de Xira – Corregado – Cartaxo – Santarém – Almeirim –
Salvaterra de Magos – Vila Franca de Xira – Lissabon . . . . . . . . . . . 144

3 Tagesausflug jenseits der Tejobucht (etwa 150 km):
Costa da Caparica – Cabo de Espichel – Serra da Arrábida – Setúbal – Palmela –
Lissabon . . . . . . . . . . . . . . . . . 148

## Sechzehn Wege durch Portugal . . . . . . . . . . . . . . . . . 155

1 Algarve von Faro nach Osten (Sand-Algarve) . . . . . . . . . . . . . . 156
Faro – Olhão – Tavira – Vila Real de Santo António (etwa 53 km) → nach Spanien
(Fähre Ayamonte; 1 km)

2 Algarve von Faro nach Westen (Fels-Algarve) . . . . . . . . . . . . . . 164
Faro – Loulé – Quarteira – Albufeira – Silves – Portimão und Praia da Rocha –
Monchique – Lagos – Sagres – Cabo de São Vicente (etwa 150 km)

3 Nach Norden – Route A . . . . . . . . . . . . . . . . . 174
Vila Real de Santo António – Castro Marim – Mértola – Serpa – Beja
(etwa 203 km) → nach Évora (78 km)

4 Nach Norden – Route B . . . . . . . . . . . . . . . . . 176
Faro – Almodovar – Castro Verde – Aljustrel – Beja (etwa 231 km) → nach Évora
(78 km)

5 Nach Norden – Route C . . . . . . . . . . . . . . . . . 204
Beja – Vidigueira – Portel – Évora – Estremoz – Crato – Flor da Rosa –
Portalegre – Marvão – Castelo Vide – Rodão – Castelo Branco – Monsanto –
Monfortinho – Segura (etwa 378 km) → nach Spanien (Alcántara: 19 km)

6 Nach Norden – Route D . . . . . . . . . . . . . . . . . 219
a Portimão – Monchique – Odemira   } Sines – Alcácer do Sal –
b Sagres – Aljezur – Odemira        } Setúbal – Lissabon (etwa 280 km)

7 Von Lissabon nach Osten ins Alto Alentejo . . . . . . . . . . . . . . . . . 222
  a Lissabon – Vila Franca de        Arraiolos – Évora – Redondo –
    Xira – Montemor o Novo           Vila Viçosa – Estremoz –
  b Lissabon – Setúbal –             Elvas (etwa 250 km) → nach
    Montemor o Novo                  Spanien (Badajoz; 17 km)

8 Von Lissabon nach Norden zum Ozean . . . . . . . . . . . . . . . . . . . 227
  Lissabon – Torres Vedras – Peniche/Berlenga-Inseln – Óbidos – Caldas da
  Rainha – Nazaré (etwa 180 km)

9 Die große klassische Rundfahrt in Mittelportugal . . . . . . . . . . . . . 250
  Nazaré – Alcobaça – Porto de Mós – Torres Novas – Golegã – Abrantes –
  Tomar – Fátima – Batalha – Leiria (etwa 190 km)

10 Coimbra, die alte Universitätsstadt . . . . . . . . . . . . . . . . . . . . 278
   Am Mondega – São Tiago – Santa Cruz – Graça und Carmo – Universität –
   Sé Nova – Museu Machado de Castro – Sé Velha – Palácio de Sobre Ripas – Santa
   Clara – Santa Clara a Nova – Quinta das Lagrimas

   *Umgebung von Coimbra* . . . . . . . . . . . . . . . . . . . . . . . . . 292
   A  Conimbriga, das römische Ruinenfeld, Halbtagesausflug (etwa 18 km)
   B  Figueira da Foz, Seebad am Atlantik, Halbtagesausflug (etwa 44 km)
   C  Buçaco-Rundfahrt, Tagesausflug (etwa 100 km)

11 In die Serra da Estrela . . . . . . . . . . . . . . . . . . . . . . . . . . . 316
   Coimbra – Lourosa – Seia – Torre – Covilha – Belmonte – Guarda –
   Celorico da Beira – Viseu – Aveiro (etwa 318 km)

12 Porto, die Handelsmetropole am Douro . . . . . . . . . . . . . . . . . . 328
   Praça da Liberdade – Santa Clara – Kathedrale – Grilos – São Francisco – Börse –
   Clérigos – Carmo – Museu de Soares dos Reis – Ponte Dom Luis I. – Pilar – São
   Martinho do Cedofeita

13 Vom Dourotal in die Provinz Beira Alta . . . . . . . . . . . . . . . . . . 338
   Porto – Paço de Sousa – Entre os Rios – Pêso da Régua – Lamego (etwa 125 km)

14 Von Porto entlang der Küste zur spanischen Grenze . . . . . . . . . . . . 344
   Porto – Leça do Balio – Póvoa de Varzim – Rates – Barcelos – Esposende – Viana
   do Castelo – Caminha – Valença do Minho (etwa 124 km) → nach Spanien
   (Tuy; 1 km)

| 15 | Von Porto über Braga zur galicischen Grenze | 353 |
|---|---|---|

Porto – Guimarães – Braga – Ponte da Barca – Nationalpark Peneda-Gerês –
Bravães – Monção – Melgaço (etwa 161 km) → nach Spanien (Puente Barjas; 10 km)

| 16 | Rundfahrten im Trás-os-Montes und zur spanischen Grenze | 369 |
|---|---|---|

Braga – Guimarães – Vila Cova da Lixa – Travanca – Amarante – Vila Real –
Mateus – Murça – Chaves – Bragança (etwa 309 km) → nach Spanien
(Alcañices; 52 km)

## Die Azoren ... 379
*von Thomas Fischer*

| 1 | São Miguel | 380 |
|---|---|---|
| 2 | Santa Maria | 381 |
| 3 | Terceira | 384 |
| 4 | São Jorge | 385 |
| 5 | Pico | 385 |
| 6 | Faial | 386 |
| 7 | Graciosa | 386 |
| 8 | Flores | 387 |
| 9 | Corvo | 387 |

Nachweis der Abbildungen ... 389

## Praktische Reisehinweise ... 393
Hinweise von A–Z ... 393
Wichtige Telefonnummern ... 401
Klima und Reisezeit ... 403
Essen und Trinken ... 404
Verkehrsverbindungen in Lissabon zu besonderen Sehenswürdigkeiten ... 406
Algarve: jährlich stattfindende Veranstaltungen ... 409
Feste in Portugal ... 411
Portugiesischer Stierkampf ... 413
Über die Portugiesen ... 415
So sagt man es in Portugal ... 416
Museen und Bibliotheken in Lissabon ... 422

**Erklärung historischer und kunsthistorischer Fachbegriffe (Glossar)** ... **423**

Entfernungstabelle ... 432
Register ... 433

# Vorbemerkung

> *»Ihr, Portugiesen, klein an Zahl, doch tapfer,*
> *Die ihr nach eurer schwachen Macht nicht fragt,*
> *Ihr, die ihr das Gesetz des ewgen Lebens*
> *Durch mannigfach erlittnen Tod verbreitet:*
> *Solch Los ist euch vom Himmel zugefallen,*
> *Daß, wie gering ihr auch an Menge seid,*
> *Ihr in der Christenheit doch Großes wirkt.«*

Luis de Camões: ›Die Lusiaden‹, siebenter Gesang

Viele Karten, Bücher, Zeitschriftenartikel erscheinen auch heute noch unter dem Titel ›Spanien und Portugal‹ und verführen somit Jahr für Jahr Tausende von Spanienurlaubern, im Anschluß an eine Spanienreise ›kurz‹ auch einmal Portugal zu besuchen. Spätestens dann aber wird auch der nur mittelmäßig Interessierte feststellen, daß es Welten sind, die beide Länder trennen, auch wenn sie geographisch wie Geschwister zusammenzugehören scheinen. Das Gegenteil ist der Fall.

Selbst die Historie überwindet die wenigen Gemeinsamkeiten frührer Epochen beizeiten so gründlich, daß man sagen darf, Portugal habe sich so entwickeln müssen, weil es immer gegen Spanien stehen, vor Spanien auf der Hut sein mußte. Bis heute ist das so geblieben. In den letzten 800 Jahren hat sich die nationale Geschichte beider Staaten derart auseinandergelebt, daß man den Eindruck bekommt, sie wollten voneinander nichts wissen. Verachtung und Überheblichkeit auf der einen, tiefes Mißtrauen auf der anderen Seite, aggressiver Fanatismus hier, sentimentale Weichheit da, ein allgemein männlich-aktives Gestimmtsein auf spanischer, ein eher weiblich-passives auf portugiesischer Seite oder, wie der spanische Philosoph Miguel de Unamuno meint, »Vielleicht liegt es am gereizten Hochmut der Spanier und am übertriebenen Argwohn der Portugiesen« – dies, um einige der Unterschiede, die intellektuelle Distanz, dieser ungleichen Nachbarländer aufzuzeigen. Reinhold Schneider sagt in seinem Reisetagebuch: »Vielleicht wird man nicht wegen der Landschaft nach Portugal reisen, vielleicht auch nicht wegen der Architektur, so einzig sie in ihren großen Werken ist. Was an diesem Lande bezaubert, ist seine Seele, was hier erschüttert, ist die rücksichtslose, gewaltige Linie seines Schicksals.«

Nicht mehr Europa und noch nicht Afrika, wer das meint, tut dem Lande ebenfalls Unrecht. Denn Portugals eines Gesicht ist europäisch, sein zweites aber blickt in die Welt hinaus, übers Meer, »o mundo português«, in die portugiesische Welt, das größere Lusitanien. Auf der Landkarte ist es vergangen, in den Herzen hat es Bestand, ist die Kadenz im ›Fado‹, dem gefühlsträchtigen Gesang vom Fegefeuer aus Liebe und Schicksal, und in der ›Saudade‹, der Sehnsucht, die beide, unbeschreiblich für uns, doch das Wesen des Melancholischen im portugiesischen Gemüt auszudrücken imstande sind und sich beide ergänzen, weil eines das andere bedingt.

## VORBEMERKUNG

Portugal also ist anders. Und deshalb ist es wert, für sich allein bereist zu werden. Deshalb haben wir versucht, zunächst die Grundlagen darzustellen, ohne die man die Portugiesen, Portugal, seine Herrscher und ihre Taten, gute wie schlechte, erfolgreiche wie vergebliche, kaum verstehen kann. Entdecker und Feldherrn, Bischöfe, Dichter und Maler, Prinzessinnen, Prinzen und Baumeister großartiger, oft wunderbarer, ja sogar wunderlicher Architekturen müssen in ihrem historischen Umfeld lebendig werden, damit ihr Gestern heute zum Erlebnis wird.

Nach der Schilderung Lissabons beginnen wir die Reise durch Portugal im Süden, weil gerade im Algarve heute viele ihre erste Bekanntschaft mit Portugal machen. Darauf werden erprobte und mehrfach vom Autor befahrene Wege beschrieben, wobei alle bedeutenden Sehenswürdigkeiten des Landes berührt werden. Ob man einzelne Strecken allein oder zu größeren Abschnitten verbunden oder ob man sie bei genügend Zeit alle abfährt, bleibt dem einzelnen überlassen. Die umfangreichsten Abschnitte sind den kunsthistorisch bedeutendsten Plätzen, den Hauptsehenswürdigkeiten also, vorbehalten. Alles sehen zu wollen, wäre ebenso unmöglich wie alles beschreiben zu wollen.

Zuletzt ein Rat: Überall emsige Bau- oder Urbanisationsvorhaben und mehr und mehr aus den Ortskernen weg verlegte Umgehungsstraßen lassen oft Kleinteilig-Sehenswertes, Reizvolles wie am Rande liegen, etwa noch gemütliche Dorfmittelpunkte, Menschen und Tiere bei ihrer Arbeit, eben die oszillierenden Alltäglichkeiten, Perspektiven die das Auge des Schauenden zu Einzelheiten hinziehen und oftmals Seele und Herz des Reisenden beglükken. Ignorieren Sie also, so Sie im eigenen Fahrzeug reisen, jede starre Beschränkung, also jede Straßen-Ableitung, und folgen Sie grundsätzlich den Hinweisschildern die mit ›Centro‹ den jeweiligen Ortsmittelpunkt ausweisen. Wie sehr Sie dann unseren Reisevorschlägen und Ortsrundgängen in ihrer bewußten Reise-Zeit-Ökonomie auch folgen mögen, lösen Sie sich hin und wieder von ihnen, und spazieren Sie hier oder dort durch Straßen, zu Burgen, auf Hügel oder an Ufer und Strände so, wie Sie die Lust dazu ankommt, beobachten und entdecken Sie zu den feststehenden Fakten hinzu Ihr ganz persönliches, wunderbares Portugal. Gerade die Kleinigkeiten am Rande lassen zusammen mit dem Historischen, der Kunst und dem Kulturellen ein vollkommeneres Bild des Landes erstehen. Reisen ist eine oftmals strapaziöse Angelegenheit – aber mit dem Ergebnis, daß man wieder ein wenig Erkenntnis mehr gewonnen hat – oder wie es Strabo sagt: ».. der Mensch ist wißbegierig und hört gerne Wunder«.

*»Einmal sehen ist besser*
*als hundertmal hören.«*
*(chines. Sprichwort)*

# Kleine Landeskunde

Portugal ist ein kleines Land und erstreckt sich mit ca. 92 000 Quadratkilometern nur 561 km von Norden nach Süden bei einer größten Breite von 218 km. Mit 1215 km grenzt Portugal an Spanien, 845 km sind Küstenlinie, 70 Prozent also und eine Betonung der alten Feststellung, daß dieses Land mit seinem Rücken Europa, mit dem Gesicht aber dem Meere zugewandt ist. Zur Republik Portugal gehören heute die Azoren (2335 km²), Madeira (796 km²) und Macau (ca. 16 km²). Portugal hat gut 11 Millionen Einwohner bei einer rechnerischen Durchschnittsbevölkerungsdichte um 112 Menschen pro Quadratkilometer. Gerade die Lage an der Westseite des europäischen Kontinents, die sich auf das Klima günstig auswirkt, hat an den Kreuzungen vieler Schiffahrts- und Fluglinien von Westeuropa nach Amerika und bis zum fernen Orient, zum Mittelmeer und nach Afrika mit dazu geführt, daß mit Fischfang, Seeschiffahrt und Seehandel eine Nation aufwuchs, der die Ozeane bald keine Schranken mehr boten. In einer historischen Abgrenzung zu Spanien drängten die Portugiesen im 15. und 16. Jh. in ferne Welten, sie wurden zur bedeutendsten Entdeckernation in allen fünf Kontinenten, wo sie ein weltumspannendes lusitanisches Imperium errichten konnten.

In Portugal ist alles nah, Gebirge steigen bis 2000 m hoch auf, nur manche reichen bis zum Meer, sanfte Hügelketten, weite Ebenen im Süden und Sand- oder Felsküsten bilden eine erstaunliche landschaftliche Vielfalt, die das Reisen in Portugal interessant und angenehm macht. Aus dem Wirbel lebhafter, ja in Porto und Lissabon kosmopolitischer Städte ist man in kürzester Zeit in weiten Räumen und in ländlicher Abgeschiedenheit, in alten Dörfern und bei Menschen, die noch in echter Gastfreundschaft dem aufgeschlossenen Fremden entgegenkommen, wie es der Mitteleuropäer eigentlich nur noch zu erträumen meinte.

Das Land fällt schräg von Nordost nach Südwest ab, seine Topographie bedingt so den Zauber seiner ganz unterschiedlichen Regionen mit urbildlichen Landschaften, Sitten, Bräuchen, Architekturen.

Der *Norden* ist der gebirgigste Teil des Landes, das galaicoduriense Gebirgssystem mit den höchsten Punkten in den Bergzügen Gerêz 1561 m, Peneda 1415 m, Larouco 1524 m, Soajo 1525 m, Nogueira 1416 m, Marão 1422 m, Bornes 1702 m und Montemuro 1382 m. Im *Zentrum* zieht sich von Nordost nach Südwest der Rücken des lusitanisch-kastilischen Gebirgssystems mit dem Estrela-Gebirge (Farbt. 19) – hier Portugals höchster Festlands-

# KLEINE LANDESKUNDE

**PORTUGALS PROVINZEN UND IHRE HAUPTSTÄDTE**

berg, der Torre, 1991 m (höher ist mit 2351 m nur noch der Pico auf der gleichnamigen Azoren-Insel) –, dem Caramulo 1071 m, Lousã 1024 m und Buçaco 1014 m. Dieses Hauptscheidegebirge quert die lusitanische Senke, wölbt sich vor der Küste noch einmal zur Serra de Sintra 521 m hoch auf und stürzt am Cabo da Roca (Farbt. 12), Festlandseuropas westlichstem Punkt, steil ab ins Meer, rotgraue Hornblendengranite (Syenite), an denen sich der Ozean gischtig bricht. Den *Süden* des Landes durchzieht die abgeflachte Verlängerung des bético-spanischen Höhenzuges, hier die Gebirge Caldeirão 523 m, Monchique 1277 m und Espinhaço de Cão 250 m, in der Regel parallel verlaufende Ketten, die in immer enger und tiefer werdenden Tälern zur Küstenlandschaft des Algarve abfallen, meist Aufwölbungen im Karbonschiefer, der am Cabo de São Vicente 120 m senkrecht zum Meer abbricht.

Nach Höhen geordnet kann man zwei durch den Tejo-Fluß getrennte Zonen, eine höhere im Norden, eine mittlere im Süden, unterscheiden. Niederungen finden sich entlang den Küsten und an den Flußufern. Kaum irgendwo im Norden, dagegen in den Provinzen Alentejo südlich des Tejo dehnen sich riesige Tiefebenen und weite Hochebenen unterhalb der 400-Meter-Höhenlinie mit Vielfalt in Vegetation und Anbau: grüne Wiesen in mitteltiefen fruchtbaren Tälern, intensiv bebaute Gärten und Felder, Obst- und Weinkulturen, Steppen und Wälder. Der Boden ist reich an Erzen (Eisen, Blei, Kupfer, Zinn, dem Mineral Scheelit, Uran und Gold), Marmor (einer der größten Marmorbrüche Europas liegt bei Estremoz, Borba) und Granit.

Besonders der lusitanisch-kastilische Gebirgszug findet im Atlantikschelf als ausgeprägte, übertiefe Randfurche eine untermeerische Fortsetzung. Solch subaerische Flußtäler, hier aus dem mittelmiozänen Helvet, sind an ihren Brüchen und Rändern als Epizentren vieler Erdbeben gefürchtet. Denn hier sinkt der Ozeanboden bereits 65 km vor der Küste auf 4000 m ab, und hier haben in historischer Zeit viele Erdbeben, besonders schwere in den Jahren 1531, 1575 und 1755, unermeßliches Unheil angerichtet.

Die Zahl der Hafenstädte bleibt in Portugal auf die Mündungen der großen Flüsse beschränkt, denn längs der Küste findet man Schlick, Fels oder Sand, der vom Norden bis

Nazaré als oft kilometerlanger Dünensaum den Küstenstrich säumt. Ihn haben konstant aus Norden einlaufende Meeresströmungen aus den galizischen und nordportugiesischen Flüssen soweit südwärts transportiert. Dann herrscht bis zum Cabo de São Vicente (Farbt. 13) nackter Fels vor und erst am Küstenabschnitt des Algarve ab Quarteira bis zur spanischen Grenze breiten sich die weiten, feinkörnigen Sandstrände des Sonnentourismus.

Das Bodenrelief Portugals spielt eine wichtige Rolle in der Verteilung wie Fließrichtung der Flüsse, d. h. sie folgen der Abdachung des Landes und münden in den Atlantik, gleich ob sie im Lande entspringen wie *Vouga* (160 km lang), *Mondego* (240 km lang) und *Sado* (150 km lang) – oder aus Spanien einfließen wie Tejo, Douro, Guadiana und Minho, die bedeutendsten Flüsse für Portugal.

Der *Tejo* entspringt in der spanischen Sierra de Cuenca (Albarracin-Gebirge), bildet einen Abschnitt der Landesgrenze, ist insgesamt 1010 km lang und fließt, jetzt schiffbar, 275 km durch Portugal, wo er bei Lissabon in den Atlantik mündet. Der *Douro* kommt aus der spanischen Sierra de Urbión und bildet ebenfalls ein Stück der Landesgrenze. Von seiner Gesamtlänge (780 km) fließen 322 km in Portugal, er wird im Grenzgebiet dreimal zwischen gigantischen Granitbarrieren gestaut und treibt dort Turbinen an, die ganz Portugal mit Elektrizität versorgen könnten. Von dort an ist er bis zum Mündungstrichter bei Porto schiffbar. Aus dem galicisch-spanischen Mondoñego-Gebirge kommt der *Minho* (340 km lang, 79 km als Grenzfluß) und mündet bei Caminha ins Meer. Wie der Tejo, so kommt auch der *Guadiana* aus Spaniens Sierra de Cuenca, ist 800 km lang, fließt 260 km in Portugal und ist in mehreren Abschnitten Grenzfluß. Er mündet bei Vila Real de Santo António.

Dieses wasser- und fischreiche Flußnetz ergänzen Tausende kleiner und kleinster Flüsse und Bäche. Sie alle zusammen helfen im Ökosystem das agrare Gleichgewicht zu erhalten, werden zusätzlich in vielen Talsperren gesammelt und geben über hydroelektrische Anlagen Strom für Landwirtschaft und Industrie ab, die wiederum mit Hilfe dieser zusätzlichen Energie die Eisen-, Stahl- und Textilindustrie, die Zementfabrikation und die Elektrifizierung der Eisenbahnlinien weiter entwickelt. (Im Reiseteil stellen wir alle Provinzen

Politisch wie wirtschaftlich war Portugal nach dem Verlust seiner überseeischen Besitzungen (außer Macau, das 1999 an China zurückgegeben wird) auf eine unbefriedigende Rolle als europäischer Randstaat zurückgestuft worden. 1986 wurde das Land Mitglied der Europäischen Gemeinschaft (EG). Außenpolitisch bemüht man sich heute um eine Vermittlerrolle zwischen der EG und den ehemaligen Kolonien.

# Ein paar Sätze zur Geologie Portugals

Die iberische Masse bildet den zentralen Block der Iberischen Halbinsel, steht vorherrschend im Westteil an und wurde in der geologischen Phase vom Präcambium zum Oberkarbon zum heutigen Profil gefaltet. Vorwiegend handelt es sich um Sandsteine, Ton- und Glimmerschiefer, Grauwacken, Quarzite, Diabase und Porphyre mit teilweise kräftigen Diorit- und vor allem Granitintrusionen. Besonders im spanischen Galizien und bis nach Mittelportugal hin ist das die granitene Rumpffläche mit der Serra da Estrela als höchster Aufwölbung, die während der Eiszeit intensiv vergletschert war und heute deshalb von weiten Trogtälern und schroffen Karen durchsetzt ist.

Als zur oberen Kreidezeit kurzzeitig der Atlantik im Algarve und im mittelportugiesischen Bereich im Tejo- und Sadobecken keilförmig ins Land strömte, lagerten sich mesozoische Sedimente über und in Brüchen und Falten der iberischen Masse, heute die Sandsteinhügel und Kalkdome und die Aveiro-Hafflandschaft, hinter der sich unendlich lang nordsüdlich ein von pliozänen Sanden bedecktes, weitgehend unfruchtbares Flachland breitet. Nur in den Berlenga-Inseln vor Peniche tritt die iberische Masse mit nackten Graniten und Gneisen noch einmal spitz zutage, während in der Senke des lusitanischen Troges das Mittelküstenportugal sich aus mesozoischen Kalk- und Sandsteinen als Meeressedimente oder als Ablagerungsprodukte der iberischen Masse darbietet. Ihr mittelfeiner fruchtbarer Verwitterungsboden hat zentral im Alentejo um Beja etwa Portugals Kornkammer entstehen lassen, in Südportugal zur Jungtertiärzeit flache Beckenebenen aufgefüllt und auch in oberdevonischen Nereïtenschiefern Nester von kupferhaltigem Schwefelkies eingelagert. Dann bedecken Sandsteine, Tonschiefer und Grauwacken aus dem Unterkarbon bis zum Cabo de São Vicente hin den gesamten Südwesten Portugals und klingen aus in den mesozoisch-känozoischen Sedimenten im Algarve, wo die erst in der geologischen Gegenwart entstandenen bizarren Felsbildungen besondere landschaftliche Anziehungspunkte geworden sind.

Seit der Trias-Zeit bis in die Gegenwart hebt sich die iberische Masse in einer Schräglage von Nordost nach Südwest und bewirkt eine Abdachung nach Westen zu. Junge Sedimente fehlen dem stärker gehobenen Norden deshalb fast ganz. Weil der Rand des Küstenschelfes nicht eben fernab der westlichen Küstenlinie Portugals entlangzieht und zusätzlich zur Tiefseetafel hin die Mehrzahl der Schelfrandfurchen stark abgebogen werden, mußte an

14

dieser Basis des Kontinentalabhanges und in Verbindung mit dem isostatischen Ausgleich unserer Kontinentalscholle ein Gebiet ständig tektonischer Bewegung entstehen, die Perlenschnur der Epizentren furchtbarer Erdbeben, deren letztes, verheerendes 1755 Lissabon fast vollkommen vernichtete.

Nach dem Abschmelzen glazialer Eiskappen und damit Hebung des Meeresspiegels entstanden in vielen Flußmündungen tiefe Ingressionsbuchten, von denen die Lissabonner, das ›Strohmeer‹, wohl die großartigste ist, und weil die meisten Flüsse Portugals vom Scheitel der iberischen Hauptwölbung senkrecht und relativ schnell abfließen, haben sie mit tiefen Erosionsrinnen das Küstenrelief geprägt, eindrucksvoll der Unterlauf des Douro zum Beispiel.

Erwähnenswert ist im Zusammenhang mit dem auf Seite 12 genannten Atlantikschelf (der überflutete Rand der Kontinentalscholle, ein Flachseestreifen, meist nur bis 200 m tief) die Nazaré-Rinne, geradezu ein Unterwasser-Schelf-Cañon, beginnend etwa 1 km vor dem Strand, gut 70 km lang, scharf gekrümmt und schnell über 2200 m Tiefe bis in einen abgründigen Trog auf 4300 m abfallend. Vermutlich handelt es sich um die ehemalige Mündung des Rio Tejo, der heute 90 km weiter südlich bei Lissabon ins Meer mündet. Damals müßte der Meeresspiegel also niedriger gelegen haben, was geologisch heute so hypothetisiert wird, daß infolge eines schwindenden Erdkernes und einer starren Erdkruste unter der Last einer 4 km dicken Wassermasse der Ozeanboden sich gesenkt habe, bis dann durch das Zusammenschieben der Erdkrusten bei der tertiären Gebirgsbildung das Meerwasser wieder bis über die Schelfränder angestiegen sei. Einzelne Ablagerungen auf den Sohlen solcher Schelfrinnen (gut 100 sind weltweit bekannt) und kreidezeitliche Versteinerungen an den Wand-Hängen könnten das beweisen. – Zudem gibt es hier und vor Portugals Küsten überhaupt ausgedehnte Zonen kalten Auftriebswassers, wo ablandige Winde das Oberflächenwasser meerwärts treiben und so aus 300 m Tiefe kältere Wasserschichten gleichsam heraufziehen. Diese Abkühlung verfärbt des pflanzlichen Planktons wegen das Wasser ins Grünliche, die Sichttiefe beträgt maximal 15 m; morgendliche Nebelschwaden sind typisch. Große Fischschwärme, besonders Sardinen, beleben das Meer, weil das auftreibende Wasser sehr planktonreich ist. Kaltes Wasser fördert das Massenwachstum, warmes Wasser die Vielfalt von Lebewesen.

# Geschichte – Kunst – Kultur

Portugals Vorzeit kann greifbare Gestalt heute fast nur in den Museen des Landes gewinnen, deren Funde aber beweisen das Vorkommen von Menschen mindestens bereits zur Steinzeit und den folgenden Eisenzeiten. Dazu gibt es aus diesen Steinzeitepochen Dolmen entlang den Küstenstrichen, megalithische Hünengräber und nordwärts von Lagos gekuppelte Tumuli, die oft mit Einritzungen versehen sind, Anfänge eines Dekors, vielleicht Rudimente frühester Kunstäußerungen, zumal auch zylindrische Knochenreste derart geschmückt worden waren. Regionale Kleinfunde aus der Metallzeit tendieren dann aber expressiv zum bewußt künstlerischen Versuch.[*] Das sind viele formschöne Votivfiguren, oft sogar in recht gelungener Goldschmiedetechnik, Waffen und Gebrauchsgegenstände, etwa aus der Hochbronzezeit vom 16. zum 13. Jh. v. Chr., hier aus der portugiesisch-galizischen Bronzekultur.

In diesen Menschen die Grundschicht für die späteren Iberer zu sehen, liegt nahe. Nimmt man hinzu, daß seit dem Paläolithikum, verstärkt im Neolithikum, die Iberische Halbinsel mit dem hamitischen Nordafrika enge Beziehungen hatte, darf man auch hier, zwar noch längst nicht geklärte, Zusammenhänge vermuten. Die Kelten siedelten sich auf der iberischen Halbinsel bereits im 6. Jh. v. Chr. an und vermischten sich mit der ansässigen Bevölkerung der Iberer. In Portugal gibt es Reste zahlreicher befestigter Hochsiedlungen dieser Keltiberer, eine Castro-Kultur, die wir im Reiseteil am zu verallgemeinernden Beispiel der Citânias von Briteiros bei Braga näher erläutern (s. S. 363 f.). Der Vollständigkeit halber sei erwähnt, daß versucht worden ist, portugiesische Eigenständigkeit auch auf eine postulierte Abstammung von den Bewohnern des sagenhaften Atlantis zurückzuführen (Sardinha). Auch ob (und wo) möglicherweise einst Ligurer das Land durchzogen und in der Bevölkerung Spuren hinterlassen haben, läßt sich bis heute nicht beweisen.

---

[*] Die Abschnitte über ›Kunst‹ innerhalb der historischen Darstellung zeigen, um Wiederholungen zu vermeiden, hier nur die großen Linien auf. Der Reiseteil geht jeweils am entsprechenden Platz bis ins Detail auf alle notwendigen Erklärungen und Zusammenhänge ein. Dies dürfte für den Besucher übersichtlicher und vor Ort auch instruktiver sein. Zusätzlich werden Begriffe der Fachsprache in einem kleinen Glossar im gelben Teil erläutert (s. S. 423 ff.)

Noch vor 1000 v. Chr. kommen die tyrischen Phönizier an die Küsten der Iberischen Halbinsel, vornehmlich auf dem Wege zu den reichen Gold- und Silberminen von Tartessos am Guadalquivir und in der Sierra Morena, durchfahren auch die Gibraltarstraße und segeln zu dieser Zeit bereits zu den Zinnminen in der Bretagne, in England und in Irland. Gleichzeitig mit ihnen und in erbarmungsloser Konkurrenz folgen griechische Segler diesen erfolgreichen Routen, legen wie die Phönizier an den Ankerplätzen Faktoreien an, treiben Handel und knüpfen, so eng wie möglich, Kontakte mit den eingesessenen Keltiberern. Und nicht nur um Europas Südkap, auch auf dem Landwege stoßen Kaufleute beider Völker schon im 8. und 7. Jh. v. Chr. vom Mittelmeer bis zum Atlantik vor. Daß dabei der Ankerplatz Lissabon im Tejotrichter, und ähnlich Porto, weder von den Phöniziern noch von den Griechen übersehen wurde, ist verständlich, zumal gerade Portugals Küste, relativ wenig gegliedert, so vorzügliche Naturhäfen sonst nicht anzubieten hat. Der erste bekannte Ortsname Lissabons, Alis Ubbo, inspirierte Plinius d. Ä. zu der Spekulation, dem vielgereisten Seemann Odysseus die Stadtgründung zuzuschreiben. Im 6./5. v. Chr. werden die Tyrer von den Karthagern abgelöst. Intensiver als diese schwärmen sie von ihren Faktoreien aus ins Land und können der Verlockung nicht widerstehen, über den Handel hinaus mehr und mehr auch als politisch bestimmende Kraft aufzutreten. Das mußte zum Konflikt mit den zwischen Douro und Tejo siedelnden Lusitanern führen, die, längst mit den Keltiberern vermischt, ebenfalls in von Ringwällen umgebenen Castros siedelten. Strabo spricht von etwa dreißig zusammenhanglos lebenden lusitanischen Stämmen. Die

*Viriatus, Widerstandskämpfer gegen die Römer*

# GESCHICHTE – KUNST – KULTUR

Kämpfe lodern auf. Anfangs scheint der Erste Punische Krieg (264–241 v. Chr.) den von karthagischen Heeren arg bedrängten Lusitanern etwas Luft zum Verschnaufen zu lassen, bis in einer fast verzweifelten Kraftanstrengung Hamilkar Barkas die unter Indortes vereinten lusitanischen Stämme besiegt und zur Unterwerfung zwingt. Doch als Ergebnis des Zweiten Punischen Krieges (218–201 v. Chr.) verschwinden die Karthager von der Iberischen Halbinsel, und Rom tritt an ihre Stelle.

Sofort sind die Iberer, vornehmlich die gedemütigten Lusitaner, wieder auf dem Plan, und wie früher die Karthager, so bekämpfen sie gleichermaßen erbittert jetzt die Römer. Ab 149 v. Chr. führt der Hirte und erprobte Bandenchef Viriatus (so genannt nach der 'viria', dem goldenen Armband für den Anführer) den Oberbefehl, ein umsichtiger und auch unerwartete Situationen meisternder Mann. 140 v. Chr. schlägt er Roms Legionen unter dem Praetor Servius S. Galba und schließt sofort Frieden mit ihm. Den nutzt Galba zu einem perfiden Vertragsbruch. Er läßt das wehrlose Volk niedermetzeln oder als Sklaven verkaufen. Viriatus entgeht dem Blutbad, und die nun folgenden spanischen Kriege dezimieren Roms Heere so empfindlich, daß man in Rom von diesen Kämpfen respektvoll als dem »bellum Viriati« spricht, weil dieser Rom zwingt, ständig vier Legionen in Hispania zu stationieren. Im Jahre 140 v. Chr. muß der Römer Fabius Maximus Servilianus kapitulieren, und als »amicus populi Romani« erhält Viriatus vom geschlagenen römischen Feldherrn den gesamten Süden der Iberischen Halbinsel zugesprochen. In Rom erkennt der Senat das nicht an, neue Kämpfe flackern auf, jetzt am Mons Veneris im Gebiet des mittleren Tejo. Als es zu Friedensverhandlungen kommen soll, wird Viriatus durch einen von den Römern bestochenen Lusitaner verraten und hinterrücks ermordet. Der lusitanische Widerstand stagniert, erloschen ist er noch lange nicht. Im Verlaufe des römischen Bürgerkrieges kommt 83 v. Chr. der von Sulla verfolgte Quintus Sertorius auf die Iberische Halbinsel und wird bald von den Lusitanern zum Führer ihres Heerbannes ernannt, weil sie nach priesterlichen Weissagungen glauben, seine Erfolge wären einer weißen Hirschkuh zu verdanken, über die Sertorius mit den Göttern in ständiger Verbindung stehe, die ihm stets zu seinen staunenswerten Siegen und Erfolgen verhelfen würden. Er schlägt Pompeius und Metellus, und auch er wird, nachdem er grausam einen gegen ihn gerichteten Aufstand niedergeworfen hat, von seinem Unterfeldherrn Perperna im Jahre 72 v. Chr. hinterrücks ermordet. Damit bricht der Widerstand der Lusitaner endgültig zusammen, und nur noch unbedeutende Aufstände, in denen auch Caesar 61 und 45 v. Chr. als Proprätor die Legionen führt, züngeln hier und da auf, bis schließlich auch die letzten lusitanischen Widerstandsnester ausgebrannt werden.

27 n. Chr. erhebt Kaiser Augustus das Gebiet zur ›kaiserlichen Provinz Lusitania‹ mit dem Regierungssitz in Augusta Emérita (Merida). Später, unter Kaiser Konstantin, begrenzen im Norden der Douro (Durius), im Osten Toledo und im Süden und Westen der Atlantik das römische Lusitanien. Bedeutende Römerorte sind nun Pax Iulia (Beja), Scalabis (Santarém), Conimbriga (bei Coimbra), Liberalitas Iulia (Évora), Cartebriga (Setúbal), Salacia (Alcácer do Sal) und Felicitas Iulia (Lissabon). Mit der Herrschaft im nun befriedeten Lusitanien beginnt die Romanisierung auf allen Gebieten, die lateinische Sprache wird zur Klammer, und Haus-, Tempel- und Luxusbauten entstehen wie überall anderswo im

römischen Imperium auch, dazu Theater, Zirkusarenen, Badeanlagen und Aquädukte, so u. a. in Viseu, Braga, Setúbal und Évora (Portus Cale – Porto – und Bracara Augusta – Braga – gehören nicht zur lusitanischen Provinz, sondern zu citerior). Legionsstraßen verbinden sie untereinander und mit anderen Plätzen in den Provinzen, und auf ihnen ziehen neben beladenen Planwagen der Kaufleute auch die Kohorten der bald rekrutierten lusitanischen Legion. Kommandosprache und Verständigung ist ein Vulgärlatein, aus dem sich in den folgenden Jahrhunderten in einer Art Assimilation die jeweilige Landessprache entwickeln wird, das Portugiesische, das Spanisch-Kastilische und das Katalanische.

Es ist erstaunlich, wie wenig aus dieser Zeit in Portugal erhalten blieb. Der *Tempel in Évora* ist am augenfälligsten; *Viadukte* gibt es in Évora, Setúbal, Braga und Viseu; in Chaves kreuzt eine vielbogige *Römerbrücke* den Rio Tâmega, andere gibt es im hohen Norden Portugals in Ponte de Lima, Ceivães und Riba de Mouro. Erwähnt sei auch das Äskulap-Heiligtum in Miróbriga (Santiago do Cacém). Bei Vila Real und Estremoz fand man Überreste von Bauernhöfen; bei Ausgrabungen in Milreu (Faro), Vilamoura (Algarve), Pisões (Beja) und Torre de Palma (Monforte) wurden große Villae gefunden. In Tavira stehen Reste eines Zirkus; bei Belmonte der römische Wachtturm centum cellas; es gibt Überbleibsel von Töpfereien bei Castro Marim und große Lagerhallen in Mértola und in Coimbra unterhalb des Museu de Machado; des weiteren mehrere ausgebaute Thermalquellen, viele Landstraßen, deren Trassenführung man oftmals unverändert bis heute noch folgt, und viele Reste von Mauern und einstigen Stadttorbögen und dazu alles, was man in den so gut erhaltenen Ruinensiedlungen von *Conimbriga* bei Coimbra und im antiken Cetóbriga auf der Halbinsel Troia (Setúbal) besichtigen kann.

Im Jahre 60 gibt es bereits christliche Gemeinden, die sich dann beständig vermehren, so daß dreihundert Jahre später die Erklärung des Christentums zur Staatsreligion durch Kaiser Theodosius hier in Lusitanien eigentlich einen ohnehin bestehenden Zustand nur noch gesetzlich bestätigt.

Urplötzlich fallen in diese Beständigkeit um 409 die Vandalen, Alanen und Sueben in Iberien ein, der Pendelschlag der Völkerwanderung. In den Nordwesten der Halbinsel strömen die Alanen und Sueben, bleiben dort und gründen das Königreich Portu-Cale mit Braga als Hauptstadt und mit Ländereien, die bis hinüber zum mittelmeerischen Cartagena reichen. Seit 414 gibt es die sogenannten Föderatenverträge, die es den in römische Gebiete eingedrungenen Völkern erlauben, unter römischer Oberhoheit zu siedeln, eine Folge der durch Alarich geschwächten, aufgeschreckten Kaisermacht in Rom. Weil aber bei solcher Föderatenpraxis ein Losentscheid eingeführt wird, kommt es dabei zwischen den germanischen Stämmen und den alteingesessenen Völkerschaften ständig zu Eifersüchteleien, die zu Reibereien untereinander und zu ständigen Scharmützeln mit den Römern führen. Was Wunder, daß Roms Kaiser Honorius sehr kalkuliert den Westgoten, die wandernd eben in Südfrankreich angekommen sind, Hispanien als Siedlungsraum offeriert, in der Hoffnung, so würden die Germanen sich von selbst gegenseitig ausrotten. Ab 415 marschieren die West-

# GESCHICHTE – KUNST – KULTUR

goten ein, fegen fast alle germanischen Kleinfürsten vom Throne und treiben sie zum Teil nach Afrika – nur das alanisch-suebische Königreich Portu-Cale kann sich noch behaupten –, nutzen ihre Chance und Stärke und erklären nach 466 kurzerhand das von ihnen nun in Besitz genommene römische Hispanien zum unabhängigen westgotischen Königreich mit der Hauptstadt Toledo. Ruhmlos zwar endet so Roms vierhundertjährige Herrschaft in Hispanien, geblieben aber sind die längst vollzogene Verschmelzung hispano-römischer Kultur, der Sitten und Gebräuche und der Übertritt der Germanen erst zum arianischen Christentum, bis König Rekkared 586 wieder den Katholizismus zur Staatsreligion erklärt. Eine Zeitlang noch respektieren sich Westgoten und Alanen-Sueben, beim Versuch aber, aus dem Stand das Westgotenreich zu erobern, übernehmen sich die Portu-Calenser, sie werden geschlagen, Braga, Portu-Cale und Lissabon erobert, und 585 schließlich halten die Westgoten allein die gesamte Iberische Halbinsel in ihren Händen.

Ohne hier auf die verwirrenden westgotischen innerstaatlichen Streitereien der folgenden Dezennien einzugehen, hier nur die letzte Phase ihrer Historie: weil nach dem Tode des Westgotenkönigs Witiza 710 eine Partei des Schwertadels nicht dem Thronfolger Achila, sondern Roderich ihre Stimme bei der Königswahl geben will, kommt es zum Bürgerkrieg. Ehe die Partie entschieden wird, rufen in höchster Not Achilas Anhänger befreundete nordafrikanische Araber zu Hilfe – eines des immer wieder und bis in unsere Zeit hinein praktizierten ›Ins-Land-Rufens‹ fremder Armeen. Die Araber kommen, 711 setzt ihr General Tarik ibn Sijad über die Meerenge bei Gibraltar und trifft mit dem Westgotenheere Roderichs bei Jerez de la Frontera (Wadi Bekka) zusammen. In der erbitterten Schlacht vom 19. bis 25. Juni fällt die Entscheidung, die Westgoten werden vernichtend geschlagen und aufgerieben, der König fällt, das Westgotenreich hat aufgehört zu bestehen – und einem Taifun gleich jagen jetzt die berittenen Araberabteilungen von Mussa ibn Nussair nach Norden und erobern bald die gesamte Halbinsel bis zu den Pyrenäen, mit Ausnahme kleiner Gebiete in den nahezu unzugänglichen Gegenden Asturiens. 713 fällt Lissabon in ihre Hände.

KUNSTHISTORISCHE SPUREN aus dieser Zeit sind die wenigen westgotischen, vorromanischen Kirchen. Im 1. Jh. soll, vom Apostel Jakobus ausgeschickt, der Hl. Rates den Kelt-Iberern bei Braga das Christentum gepredigt haben. In dieser Gegend steht das Kirchlein *São Frutuoso* aus der Westgotenzeit des Königs Leovigil um 660, allerdings stark byzantinisch beeinflußt; dann bei Lamego aus dem 7. Jh. *São Pedro de Balsamão*, dreischiffig mit Rechteckapsis und noch ganz rein erhaltenen Bögen und Kapitellen; in Beja ist es *Santo Amaro*, wo spiralig kannelierte Säulen und sehr gute Kapitelle latinische Einflüsse erkennen lassen. Während der Maurenzeit entstand 912 in Lourosa ein Kirchlein, an dem sich aber schon mozarabische Einflüsse durchsetzen konnten. Die Seltenheit rein westgotischer Baudenkmäler, hier in der Regel Gotteshäuser, muß aus den Umständen der moslemischen Epoche erklärt werden. Denn was nach deren Zeit noch existierte, wurde entweder erweitert, umgebaut oder ging ganz verloren, als nun andere, größere romanische Kirchen entstanden.

*Der ›Maurentöter‹ Jakobus eilt auf weißem Hengst den christlichen Rittern zu Hilfe*

Noch im selben Jahr (713) organisiert sich der erste Widerstand. Das kann nur im Norden geschehen, von den Pyrenäen aus und entlang der kantabrischen Gebirgskette bis Santiago de Compostela, dem Zentrum mittelalterlicher Wallfahrer zum Grabe des Apostels Jakobus, der bald zum ›Matamoros‹, zum Maurentöter, avancierte und, wie die Fama verbreitet, auf weißem Hengst den christlichen Rittern im Kampfe zu Hilfe eilt. In den Vorbergen der Picos de Europa tief am Ende des Deva-Tales scharen sich gotische Ritter um ihren Anführer Pelayo, beschwören in der Cova Dominica mit dem Grafen 722 einen Bund mit dem Ziel, die Mauren zu bekämpfen und von der Halbinsel zu vertreiben. Damit beginnt die Reconquista, die Wiedereroberung der Halbinsel aus der Hand der Moslems.

Anfangs verläuft die Kampfgrenze im Bereich der späteren Pilgerroute nach Santiago. In kühnen Reiterattacken und unaufhörlichen Ausfällen dringen die Christen langsam, aber stetig nach Süden, es gelingt, kleine Gemeinschaftswesen zu bilden, westgotische Randkönigreiche, die Kristallisationskerne der späteren christlichen Königreiche Asturien, Oviedo, León und Kastilien. Bald ist der Douro erreicht, wird Schutzwall und Grenzgraben, und in

## GESCHICHTE – KUNST – KULTUR

seinem Schutz atmen die nun wieder freien Städte auf: Burgos, Valencia, Pamplona, Zamora, Valladolid, Soria. Von Léon aus kann 789 König Alfons II. bis Lissabon vorstoßen und es vorübergehend einnehmen. Später kommen die Normannen, erobern die Tejo-Stadt, bekriegen Christen und Mauren gleichermaßen und richten rücksichtslos bis nach Galizien hinauf wildeste Verwüstungen an. So pendelt der kaum übersichtliche Kleinkrieg gut 300 Jahre lang zwischen Christenheeren und Mauren hin und her, gleichzeitig verbinden sich aber auch Christen mit Mauren und umgekehrt, tragen private Fehden aus, befriedigen billigen Machtrausch oder endlich realisierbare Rachegelüste. Verzweifelt wehren sich die Könige von Asturien, Alfons II. der Keusche (791–842) und Alfons III. der Große (866–910), gegen die immer wieder angreifende Hauptmacht der Mauren. 750 bringt Abderrahman das Kalifat nach Córdoba und 250 Jahre später, 997, zerstört der grausame Al-Mansur das Jakob-Heiligtum und plündert es. Ein Aufschrei geht durch die Christenheit, christliche Gefangene schleppen die Glocken nach Córdoba, wo sie Moscheekandelaber werden – und 239 Jahre später, nach der Einnahme von Córdoba 1236, werden dieselben Glocken auf den Rücken mohammedanischer Gefangener nach Santiago zurückgeschleppt. Santiago bleibt Ausgangspunkt und Kraftquelle jener Kriegerorden, die ihre Gegner, die islamischen Mönchssoldaten, allein mit deren eigenen Waffen schlagen können, nämlich mit denen des Heiligen Krieges, dem geistigen Hintergrund der Reconquista. Und der Pilgerweg, den es zu schützen gilt, führt eben zum überall in Christenlanden berühmten und bis nach Schlesien hin verehrten Jakobsheiligtum von Santiago, das im Hochmittelalter noch vor Rom und hinter Jerusalem an zweiter Stelle der drei großen christlichen Wallfahrerziele steht. Der Überlieferung nach landete St. Jakobus (spanisch Santiago, portugiesisch São Tiago) in Padrón in der Nähe des heutigen Santiago de Compostela und verkündete sieben Jahre hindurch in Spanien das Evangelium, bevor er in den Orient zurückkehrte. Nach seinem Märtyrertod 44 sollen seine Überreste auf wundersame Weise in Padrón in einem Boot angeschwemmt worden sein. Durch ein Wunder soll im 9. Jh. über der Grabstätte ein Stern erschienen sein, und die Gebeine wurden an die Stelle des heutigen Santiago überführt; diese ›Entdeckung‹ des Grabes des Hl. Jakobus wurde in ganz Europa bekannt, woraufhin sich viele Pilgerzüge mehrere Jahrhunderte hindurch auf den Weg nach Santiago machten. Die Bedeutung dieses Pilgerweges spielte im Zusammenhang mit der Reconquista eine sehr wichtige Rolle. Kreuzzugsstimmung herrscht in Europa, ein aufstachelnder Zwang, die mohammedanisch-arabische Invasion zum Stehen zu bringen und sie schließlich rückgängig zu machen. Alfonso VI. von Kastilien und León wird zum Führer der Christen, und aus den christlichen Ländern Europas strömen immer wieder Söldner und Ritter über die Pyrenäen. Mit ihnen kommen die Mönche von Orden der Cluniazenser, denn das den Mauren entrissene Land benötigt umgehend Priester, verlangt neue Kirchen und Klöster, Äbte, Bischöfe, Heerführer und Bauleute. Zusammen mit ihnen kommen um 1087 aus derselben Gegend Frankreichs ein Sohn des Grafen von Burgund, der Ritter Raimond, und sein Vetter Heinrich, während eben König Alfonso VI. von Kastilien und León sich mit Konstanza von Burgund vermählt, der Nichte von Abt Hugo von Cluny, einem der großen burgundischen Reformäbte des Klosters, die dem Klerus des hohen und späten Mittelalters die mönchischklare Lebensform gegeben haben, die bis heute als Norm im Katholizismus erhalten geblieben ist. 1085 wird Toledo befreit, aber ein Jahr später fegt die moslemische Rache Alfonsos Ritter bei Badajoz beiseite. Nur die burgundische Reiterei verhütet Schlimmeres. Der Dank ist königlich. Alfonsos Tochter Urraca wird mit Raimond, dem Ritter aus Burgund, die illegitime Theresa (Tareja) 1092 mit Heinrich vermählt, und drei Jahre später erhalten Raimond und Urraca die Grafschaft Galicien, das Gebiet von der Biscaya bis zum Tejo – und Heinrich und Theresa als Erblehen das Land zwischen Minho und Mondego, die Grafschaft Portucalia und den Titel eines Grafen von Portugal, aber unter der Oberhoheit des jetzt mächtigen Grafen Raimond. Guimarães wird von Heinrich zu seiner Residenz gewählt, und 1114 stirbt er dort. Für den noch minderjährigen Sohn Afonso Henriques übernimmt die Witwe Theresa Vormund- und Regentschaft und führt mehrere Kriege erfolgreich gegen die Mauren wie gegen ihre Verwandtschaft in Galizien. Als sie aber, und gerade mit einem galicischen Ritter, Perez de Travere, eine Liebesaffäre fortführt, faßt der mißtrauische, jetzt schon bewußt portucalensisch fühlende empfindsame Adel das als Affront auf, drängt den jungen Henriques zum Handeln, und als er gerade 17 Jahre alt wird, schlägt er los, besiegt die Garden seiner Mutter bei Mamede, nimmt Theresa gefangen und verbannt sie. Das... »war der Bruch in der Verbindung der zwei Hälften Galiciens, mit der Vorherrschaft Portucalenses über Leonesien« (Antonio Sérgio in ›A Historia de Portugal‹). Solcher Elan wird gleich genutzt und den Mauren hart zugesetzt. Irgendwo bei Leiria (umstritten, manche meinen: in Campo de Ourique im Baixo Alentejo) besiegt er sie entscheidend im Jahre 1139. Seine Soldaten sollen ihn kurz danach zum König ausgerufen haben. Das Jahr 1140 wurde zum offiziellen Geburtsdatum des Königreiches Portugal festgesetzt. Drei Jahre später, nachdem er noch einen Feldzug gegen seinen Vetter und Lehnsherrn Alfonso VII. von Kastilien und León zu dessen Ungunsten geführt hat, erkennt dieser den Königstitel Afonsos Henriques an. Um seinen Anspruch zu legitimieren, erklärt sich Afonso I. Henriques von Portugal zum Vasallen des Papstes mit der Verpflichtung, einen jährlichen Tribut nach Rom zu zahlen. Erst im Jahre 1179 erkennt Papst Alexander III. ihn als König an.

Das fast völlige Fehlen arabischer Architektur, ganz im Gegensatz zu dem angrenzenden Andalusien, läßt sich einmal darauf zurückführen, daß in Portugal die Reconquista bereits 1249 abgeschlossen war (in Spanien erst 1492 mit der Eroberung von Granada) und zum anderen die großen arabischen Siedlungszentren in Kastilien und Andalusien lagen. Das große Erdbeben 1755 hat sicher außerdem vieles zerstört. Die Stadtviertel Alfama und Mouraria in Lissabon lassen den ursprünglich arabischen Charakter noch erkennen sowie viele kleinere Orte im Alentejo (Castelo de Vide, Marvão, Moura u. v. a.). Sehr viele der Castelos, denen man immer wieder während einer Rundreise begegnet, wurden ursprünglich von den Arabern errichtet und erst später von den portugiesischen Königen umgebaut. Als einzige ursprüngliche Moschee ist noch die Pfarrkirche (Igreja Matriz) in Mértola erhalten, in der noch der Mihrab sowie ein Hufeisenbogen, der heute zur Sakristei führt, zu sehen sind. (Den viereckigen Grundriß hat man während der Umgestaltung in eine Kirche beibehalten.)

# Das Haus Burgund (1112–1385)

»Der portugiesische Staat enthält in der Potenz schon die portugiesische Nation, aber bevor diese feste Formen annahm, vergingen wenigstens drei Jahrhunderte.« (A. Pimenta, portugies. Historiker). Den ›Schrecklichen‹ nennen die Mauren Portugals ersten König, o Conquistador, den Eroberer, die Portugiesen. Seine Hauptstadt wird Coimbra, und wie und wo immer nur möglich, bekämpft er den Todfeind des Christentums. Just da laufen Kreuzfahrerschiffe aus Flandern, der Bretagne und England Portugals Küsten an, und weil unterdessen der Papst die Bekämpfung der Mauren dem Ziel der Kreuzzüge gleichgestellt hat, nehmen die Ritter schon hier für *Afonso I. Henriques* den Kampf auf. Santarém und Lissabon werden 1147 genommen, die Hauptstadt wird für kurze Zeit dorthin verlegt, und einem Sturme gleich stoßen die christlichen Heere weiter vor; 1158 wird Alcácer do Sal, 1166 werden Évora, Serpa und Beja genommen. Moscheen werden in Kirchen umgewandelt, mit dem Bau neuer Gotteshäuser und Burgen wird begonnen, die Militärorden der Johanniter und Templer lassen sich in Portugal nieder. »Die Mitglieder dieses Standes, die so gut wie alle ihr Leben mehr oder weniger sich gegenseitig bekämpfend zubrachten, bildeten eine Art internationaler Brüderschaft all derer, die sich ›Ritter‹ nennen durften, unabhängig von ihrem Rang, eine Brüderschaft ohne materielle Existenz, aber mit ausgesprochenen Zulassungsriten, Lebensregeln und einem allgemein anerkannten Ideal; sie bildeten das ›Rittertum‹. Die verschiedensten Umstände haben an der Ausformung dieses Phänomens mitgewirkt: die zum Kern des Lehenswesens gehörende Treuepflicht; die Rolle der geistigen Reformbestimmungen um den allgemeinen Frieden, den Gottesfrieden, und ihre Bekämpfung der privaten Fehden; der von manchen Frauen des Hochadels ausgehende Einfluß; die Kreuzzüge, die christliche Ritter verschiedener Nationen und aller Stände in einem gemeinsamen Unternehmen zur Wiedereroberung oder Verteidigung der Heiligen Stätten vereinten ... Das ritterliche Ideal forderte Ehrgefühl, Frauendienst, Sorge für den Schutz der Kirche und der Schwachen, Suche nach Heldentaten, Brüderlichkeit unter den Rittern, selbst unter den verschiedenen Lagern angehörenden ... Zweifellos war damit nur ein höchst ungenügender Zügel der Roheit, der Begierde, den primitiven Leidenschaften, der Wildheit und Grausamkeit angelegt; immerhin war es ein Zügel und zugleich ein Weg zur Humanisierung der Sitten und eine schöpferische Kraft des moralischen Lebens und der Kultur.« (François Louis Ganshof in Propyläen-Weltgeschichte, Hochmittelalter). Zwischenzeitlich muß der König auch nach Norden eilen, um gegen Kastilien und León seine Positionen zu verteidigen. Bei Badajoz stürzt er 1169 vom Pferde, bricht ein Bein, wird gefangengenommen und von Alfonso IX. von Kastilien erst wieder freigelassen, als er auf alle Eroberungen in Galicien feierlich verzichtet. Krank und verbittert macht er seinen Sohn *Sancho* zum Mitregenten, und dieser besiegt den gefürchteten Sultan Jussuf 1184 bei Santarém. Ein Jahr später stirbt sein Vater, Portugals erster König Afonso Henriques.

DIE KUNST DIESER EPOCHE ist cluniazensisch, geprägt von mönchischer Demut und kriegerischer Frömmigkeit, Symbiose aus Kreuz und Schwert, Kapellen und Kirchen ohne

Schnörkel, mit bescheidenem Dekor an Kapitellen, Archivolten und Türfeldern, dafür wehrhaft wie Burgen und sicher wie Festungen. In einer solchen Kapelle wird Afonso Henriques getauft, in *São Miguel* vor der Burg von Guimarães. Aus dieser Zeit sind hervorzuheben die Figurenkapitelle der Kirche in Travanca, die Portalplastik an der Kirche von Bravães, Figurenschmuck in der Kirche von Rates und der mit Basreliefs geschmückte Sarkophag des Egas Moniz in der Kirche von Paço de Sousa. Ein wichtiger romanischer Profanbau ist die Domus Municipalis (Rathaus) in Bragança. Zwischen 1140 und 1168 werden die großen *Kathedralen* von Porto, Lissabon, Coimbra und Évora begonnen oder gebaut, zinnenbekrönte, schwer auf dem Boden lastende, schlichte Bauwerke in einer allein auf Würde und Beständigkeit zielenden und deshalb so beeindruckenden Romanik nach Vorbildern der Auvergne: Vorhalle, Hauptschiff, Querschiff, Seitenschiffe mit Oberstock, eine Apsis und zwei Apsidiolen. Die Schiffe sind von durch Gurtbogen verstärkten Rundbogentonnen überwölbt, Vierungskuppel wie Seitenschiffe sind kreuzgewölbt, und über Eingang und Querschiff öffnet sich ein Triforium. Von der Kathedrale in Braga, die auf den Grundmauern einer Moschee errichtet wurde, wird der gesamte Norden architektonisch beeinflußt. Den Gotteshäusern ähnlich und von den Cluniazensern inspiriert, entstehen gleichzeitig viele *Klöster*, mehr als hundert sollen es zu jener Zeit gewesen sein, vornehmlich aus dem soliden anstehenden Granit erbaut, was die strenge Würde und Festigkeit noch mehr betonte. In Tomar wird die *Templerburg* ab 1160 mit der Rotunde errichtet, ein Ringbau um das Sanktuar nach dem Vorbild der Grabeskirche. Bis zum Tejo auf der Linie Lissabon – Évora kann man diese Romanik verfolgen. Im südlichen Alentejo und im Algarve sind gotische Monumente zu besichtigen. Da dieses Gebiet endgültig 1249 den Arabern entrissen wurde und damit die Reconquista abgeschlossen war, trifft man hier auf keine romanischen Bauten.

*Sanchos* Regierungszeit von 1185–1211 erschöpft sich anfänglich in anhaltenden Kämpfen mit den Mauren, ein ständiges Hin und Her, in dem ganze Landstriche oder Ortschaften in kürzester Zeit von einer Hand in die andere wechseln. Den Mauren gelingt es kurzzeitig sogar, außer Lissabon auch die Gebiete bis nach Coimbra zurückzuerobern. Als o Povoador, der Bevölkerer, macht sich der König einen Namen, weil er unmittelbar nach den Kämpfen für den Wiederaufbau sorgt, Dörfer besiedeln läßt, Boden kultiviert und im Zusammenhang damit besonders die Ritterorden fördert. Außerdem gab er dem Dritten Stand (Bürgerstand neben Adel und Klerus) politische Rechte. Auseinandersetzungen mit dem machthungrigen Adel, Streitereien mit dem Klerus wegen dessen rigoroser Steuereintreibungen trüben seine letzten Jahre. Er stirbt 1211.

Sein Nachfolger und Sohn *Afonso II.* (1211–1223) tritt ein wenig zu beneidendes Erbe an. Zum Streit mit Adel und Klerus gesellen sich immer wieder Konflikte mit Kastilien, das sich mit dem Verlust der portugiesischen Lehen noch lange nicht abgefunden hat. So wird die Wiedereroberung von Alcácer do Sal mit Hilfe von Kreuzfahrern zum einzigen Lichtblick, denn als resolute König den stellvertretend für den Klerus ständig querelenden Erzbischof von Braga kurzerhand festsetzt, legt Papst Honorius III. Bann und Interdikt über König und Land. Darüber stirbt 1223 der König.

## GESCHICHTE – KUNST – KULTUR

*Sancho II.* folgt ihm. Nach Aufhebung der Kirchenstrafen gilt der Reconquista und der Konsolidierung der Wirtschaft sein ganzer Einsatz. 1226 wird Évora wieder genommen, 1231 Moura und Serpa, 1234 Mértola, 1239 Ayamonte, 1240 Cocella und 1244 Tavira und Silves, eine stolze Bilanz, die dennoch nicht verhindern kann, daß auf Betreiben von Adel, Klerus und vor allem seiner Brüder, allen voran Afonso, ein neues päpstliches Edikt unter dem fadenscheinigen Vorwand des Konkubinats mit Dona Méncia Lopez de Haro seine Absetzung verfügt (Beiname o Capelo = der Hut). In Toledo stirbt er 1248, während sich zur selben Zeit selbstherrlich sein Bruder zum König *Afonso III.* ausrufen läßt. Der Versuch, nun endgültig die noch immer desolaten wirtschaftlichen Zustände zu bessern, verhilft ihm zum Beinamen o Restaurador, der Erneuerer. Sternstunde wird für ihn die Eroberung von Algarbien (Algarve) 1249, und damit ist nach knapp 140 Jahren für Portugal das Ende der Reconquista gekommen, gut 240 Jahre früher als für Spanien. 1263 verzichtet Kastilien auf die Lehensherrlichkeit über Algarve, künftig führt die Krone zusätzlich den Titel ›König von Algarbien‹. Lissabon wird neue Hauptstadt. Der König erhält den Beinamen o Bolonhés, der Boulognische, weil er über die Ehe mit Mathilda auch Graf von Boulogne geworden ist. Afonso gibt Portugal die Grenzen, die es mit einer Ausnahme (Bezirk Olivença 1801 an Spanien) noch heute hat, die beständigste Grenze Europas. Sie zu schützen, fördert der König den Schiffsbau, der in Lissabon seinen Hauptplatz, in Lagos und Porto andere bedeutende Werften hat. Zu Lande sichern die Ordensritter Portugals Grenzlinie, von Tomar aus die Templer, von Crato die Johanniter, von Aviz der Calatrava-Orden und im Alentejo der Orden von Santiago, den der König aus der Abhängigkeit Kastiliens löst. Während der Herrschaft Afonsos III. wurde die erste Curia regis (Versammlung der Volksvertreter), an der auch die Bürger teilnahmen, 1254 in Leiria abgehalten.

Wie Afonso III. einst gegen seinen Bruder, so erhebt sich 1277 sein Sohn Diniz gegen ihn. Noch während des Bürgerkrieges stirbt der König 1279, als *Diniz I.* besteigt sein Sohn den Thron, Portugals erster König, der den Rücken frei hat von Mauren und Kastiliern. So kann er sich ganz dem Aufbau und Fortschritt von Wirtschaft, Handel, Kultur und Wissenschaft widmen. Mit Elan und Energie steigt er ein: schließt mit England 1294 einen Handels-, 1305 einen Freundschaftsvertrag; die Kriegs- und Handelsflotte reorganisiert er mit Hilfe des italienischen Spezialisten Pessagno; bei Leiria läßt er einen ausgedehnten Pinienwald pflanzen, aus dessen Holz später die Karavellen der Entdecker gebaut werden – o Lavrador, der Ackerbauer, wird sein Beiname. In Lissabon wird eine Landesuniversität gegründet, die später nach Coimbra verlegt wird; er selbst widmet sich den Geisteswissenschaften, singt und dichtet im Stile provençalischer Troubadours; längs der Landesgrenzen entstehen an strategisch wichtigen Punkten Zitadellen und Burgen, so daß eigentlich Portugal den Namen ›Kastilien‹ tragen müßte. Burgen hatten anfangs zur Verteidigung der den Mauren entrissenen Gebiete gedient, wurden im Grenzgebiet aber mehr und mehr zum Schutze gegen spanische Angriffe errichtet, wiederhergestellt oder verstärkt. Die einen liegen im Norden, dann folgen die Kastelle der Tempelritter, die den Tejo schützen, zuletzt die südlichen Festungen. Alle entsprechen dem Lauf der vier Flüsse Douro, Mondego, Tejo und Guadiana, die – außer dem Mondego – Portugal mit Spanien verbinden. Portugals Burgen sind einfach oder doppelt umwallt, der Torre de Menagem, der Bergfried, schließt oft den zwischen den Wällen liegenden Wachtgang ab, und seine Zinnen, statt über den Breitseiten, krönen die Ecken – das Schema von Elvas, Leiria, Montalegre oder Évoramonte.

Entgegen dem Wunsche des geldgierigen französischen Königs Philipp des Schönen und seines päpstlichen Gefangenen Clemens V. in Avignon nach Übernahme der reichen Ordenskommende, überführt Portugals König Macht und materielle Güter der Tempelritter in den deshalb 1319 neu gegründeten Orden der Christusritter. Isabella von Aragon ist seine Gattin, die Santa Isabel, Portugals Nationalheilige, Vorbild an Herzensgüte und Tugend, die Barmherzige. Als sie, wie jeden Tag, Brot und Almosen an die Armen verteilt, wird sie vom etwas knickrigen König gefragt, was sie in ihrer Schürze verberge. »Rosen«, erwidert sie, löst den Knoten, und Rosen fallen dem König zu Füßen – wie beim ›Rosenwunder‹ der Hl. Elisabeth von Thüringen (1207–31).

Ihr Sohn Afonso trübt beiden die alten Tage, ein Querulant, der unablässig gegen elterliche Autorität und brüderliche Konkurrenz (Sancho) zu intrigieren sucht. Nach König Diniz' Tod 1325 besteigt er als *Afonso IV.* den Thron. Nun am Ziel seiner Wünsche, tritt er voll in des Vaters Fußstapfen, führt konsequent dessen Reformen und Pläne weiter, obgleich Pest und Erdbeben nach 1344 vier Jahre lang vor allem Lissabon verheeren. Aber, zwei Jahre vorher hat er endlich den seinen Selbstwert bestätigenden Erfolg seines Lebens. In die gewaltige, vielleicht die bedeutendste Schlacht zwischen Mauren und Christen überhaupt, am Salado 1340, greift er so behende ein, daß die schwere Niederlage seines Schwiegervaters Alfonso XI. von Kastilien zum Sieg umgemünzt werden kann. O Bravo, der Tapfere, heißt er seitdem. Die große Tragik seines Lebens beschert ihm sein Sohn Pedro. Der Thronfolger verliebt sich in die Hofdame seiner Frau, in Inês de Castro. Der König verbannt sie, aber nach dem frühen Tode seiner Gattin läßt Kronprinz Pedro sie zurückkehren, lebt in aller Öffentlichkeit mit ihr, heiratet sie heimlich. Da läßt, aus vermeintlicher Staatsraison, der alte König Inês ermorden (s. Fig. S. 254). Ehe sich der unausweichliche Bürgerkrieg ausweitet, stirbt 1357 der König, und der neue Herrscher *Pedro I.* läßt in irrer Wut die Mörder der Inês fangen und grausam hinrichten, die Geliebte exhumieren, der Toten huldigen und sie nach Alcobaça überführen. Als o Justiceiro, der Gerechte, bei anderen als der Grausame, geht er in die Geschichte ein (ausführlicher s. S. 253).

Pedro hinterläßt zwei Söhne, den Thronfolger Dom Fernando, 1367–1383, und den unehelichen Dom João, Großmeister des Aviz-Ordens, o Mestre de Aviz. In drei Kriegen gegen Kastilien, nach dessen Thron es den unbelehrbaren König *Fernando I.*, o Formoso, den Schönen, gelüstet, erschöpft sich die Kraft des Landes, das Volk verarmt. Im Frieden von Badajoz 1348 muß er auch noch sein einziges Kind, Prinzessin Beatriz, dem kastilischen König Juan I. zur Frau geben. Diese und andere Entscheidungen haben ihre Ursache in dem Einfluß der einstigen Hofdame Leonor Tellez de Menezes, die als offizielle Lebensgefährtin des etwas vertrottelten Königs Fernando I. alle Staatsgeschäfte an sich zu reißen vermag. Der Tod Fernandos 1383 kompliziert die Situation, denn jetzt übernimmt Leonor Tellez die Regentschaft, nach geltendem Gesetz bis zur Volljährigkeit eines möglichen Erben der Beatriz, die jetzt Königin von Kastilien ist. Und sogleich beansprucht folgerichtig auch der

GESCHICHTE – KUNST – KULTUR

kastilische König für seine Frau Portugals Krone. Resignierte, opportunistische Adels- und Kleruskreise wollen dem schon zustimmen, die Mehrheit des Volkes aber empört sich, aufgebracht auch durch die Tatsache, daß die Regentin Leonor ein Verhältnis mit Graf Andeiro von Ourém unterhält. Ihr Gegenspieler wird Dom João, der Großmeister des Aviz-Ordens, Halbbruder des verstorbenen Königs. Volk und Ritter scharen sich um ihn, und spontan zum Defensor, zum Verteidiger des Staates, ausgerufen, werden ihm alle königlichen Vollmachten übertragen. Verräterisch ruft Leonor in höchster Not den kastilischen König, ihren Schwiegersohn, um Hilfe, seine Spanier fallen in Portugal ein, belagern Lissabon solange vergeblich, bis nach fünf Monaten im spanischen Lager die Pest ausbricht und den Abbruch der kriegerischen Aktion erzwingt. Leonor wird gefangen und nach Schloß Tordesillas deportiert, wo sie 1386 verstirbt. Im April 1385 erklären die nach Coimbra einberufenen Cortes Portugals Thron für unbesetzt und wählen *João* zum neuen König. Die burgundische Dynastie wird abgelöst von der Herrschaft des Hauses Aviz.

## Das Haus Aviz (1385–1580)

Für Juan I. von Kastilien ist Portugals Königswahl ein Affront. Noch einmal rückt er in Portugal ein. In höchster Not erinnern die Portugiesen England an den 1305 geschlossenen Freundschaftsvertrag und erbitten Hilfe. Die gefürchteten englischen Bogenschützen stoßen zum portugiesischen Heer, das, beraten von João de Regras und geführt vom Konstabler des Reiches, Nuno Alvares Pereira, den spanischen Invasoren entgegeneilt. Bei Atoleiros, Valverde und entscheidend am 15. August 1385 bei *Aljubarrota* werden die Spanier geschlagen. Zwei Jahre später wird an diesem Platze mit dem Bau des Siegesklosters Batalha, die Schlacht, begonnen, heute *das* portugiesische Nationaldenkmal.

Angeregt von kastilischen Ansprüchen auf die Krone Portugals, zieht der ähnlich familiäre Bezug des Herzogs von Lancaster, John of Gaunt, der mit Constanza von Kastilien verheiratet ist, dessen Forderung für seine Frau auf den Thron von Kastilien nach sich. Diese Forderung zu unterstützen, wird des Herzogs Tochter Philippa mit dem portugiesischen König *João I.* verheiratet und im Vertrage von Windsor 1386 ein für ›ewige Zeiten‹ gültiges Offensiv- und Defensivbündnis geschlossen, das noch heute zwischen England und Portugal besteht. Die nächsten 200 Jahre wird sich kein neuer Ein- oder Angliederungsversuch aus dem benachbarten Kastilien mehr ereignen, Portugals endgültige Unabhängigkeit scheint gesichert. So beginnt nun eine glückliche Zeit für Portugal. Wirtschaft, Kunst, Wissenschaft, Handwerk und Handel blühen auf, Lissabon ist bald Europas wichtigster Hafenplatz. Das Land orientiert sich an der königlichen Familie, in der Königin Philippa der gute Geist ist. Fünf Söhne hat sie: Duarte, den späteren König, Pedro, Herzog von Coimbra, João, später Großmeister des Aviz-Ordens, Fernando, der Infante Santo, in maurischer Gefangenschaft verstorben, und Henrique, später Heinrich der Seefahrer.

28

*Nuno Alvares Pereira, der Sieger von Aljubarrota (1385)*

## Das Zeitalter der portugiesischen Entdeckungen

Die Eroberung Ceutas 1415 und die Entdeckung Madeiras und der Insel Porto Santo/ Madeira 1420 sind die Ouvertüre zu den portugiesischen Entdeckungen während der Regierungszeiten Joãos I., Duartes I., Afonsos V., Joãos II. und Manuels I., also etwa im Zeitraum von 1385 bis 1530. In Sagres im Algarve phantasiert *Prinz Heinrich* nicht nur dem sagenhaften Reiche des Priesterkönigs Johannes nach, vielmehr holt er aus Portugal, Frankreich, England, Italien, Holland und Deutschland alle die Fachleute zusammen, mit deren Hilfe mögliche Techniken und Methoden der Nautik und der Kolonisation studiert und auf den letzten Wissensstand gebracht werden können: Astronomen, Seeleute, Kartographen, erfahrene Kapitäne und Schiffsbauer. Sie befragt er und diskutiert mit ihnen die Möglichkeiten eines Seeweges an Afrikas Küsten entlang nach Indien, um das lukrative Gewürzmonopol der islamischen Kauffahrer zu brechen und die Moslems von ihren Nachschubbasen dort und im Kampfe ums Heilige Land abzuschneiden. Die exotischen Gewürze Pfeffer, Ingwer, Zimt, Koriander, Safran, Muskat, Senf und Paprika konnten im mittelalterlichen Europa nicht nur zum Verfeinern der meist eintönigen Speisen abgesetzt werden, auch die neue Medizin verlangte bestimmte Gewürzstoffe zur Bereitung von Arzneien. Wie schon erwähnt, hatten allein die Araber den Handel damit fest in ihren Händen, übernahmen, wenn von Malakka, den Molukken und Ceylon die Ware erst einmal in Calikut (Indien) war, dort die Gewürze auf ihre Schiffe, transportierten sie bis zum Suez-Golf, luden auf Kamele um nach Kairo, leiteten auf Nilfeluken weiter nach Rosetta und über Land bis Alexandrien, wo endlich mit enormen Gewinnen das Gewürz an genuesische und

GESCHICHTE - KUNST - KULTUR

*Portugiesische Karavelle. Ein Matrose mißt mit dem Astrolábio (Sextant), ein anderer benutzt die Balestilha, ein nautisches Instrument*

venezianische Großhändler verkauft wurde. Erst als 1511 Malakka und die Molukken von den Portugiesen genommen wurden, hatten diese ihr Ziel erreicht.

Voraussetzungen für Heinrichs Wirken in Sagres sind die Erkenntnisse der Kugelgestalt der Erde, die astronomische Navigation, eine technisch überlegene Schiffsbaukunst und die Überwindung von Ängsten, die von jahrtausendealten Horrorgeschichten herrührten. Unverzichtbar zu Navigation und Schiffahrt gehören Berichte, Karten und nautisches Instrumentarium. In erster Linie stützt man sich auf Schriften von Aristoteles, Strabo, Seneca, Ptolemäus und Marco Polo, dann auf die Imago Mundi von 1410 des Pierre d'Ailly und die Historia rerum ubique gestarum des Aeneas Silvius von 1477, benutzt vor allem die Karten der damals hochberühmten Kartographenschule von Palma de Mallorca, stützt sich auf die älteren Segelkarten, die aber nur kleinere und landnahe Ausschnitte wiedergeben können, und verläßt sich vornehmlich auf die damals als zuverlässigste Kartenbilder geltenden von Angelino Dulcet von 1339 und die Weltkarten von Abraham Cresques von 1375 und von Toscanelli, dem »Initiator der Entdeckung Amerikas«, wie es an seinem Denkmal in Florenz heißt, die alle noch stark verzerrt gezeichnet waren, bis erst 1569 durch Mercators winkelgetreue Projektion die Kugelgestalt der Erde richtig wiedergegeben wurde – damals hatte Portugal sein fernöstliches Imperium längst fest installiert.

Von Aristarch aus Samos und Ptolemäus hatten die Araber die Lehre von der Kugelgestalt der Erde übernommen und Berechnungen angestellt, die wegen der ptolemäischen 28 350 km für den Erdumfang zur Fehlschätzung des Kolumbus zwischen Europa und Asien führte, weil er deshalb den Gradabstand am Äquator falsch einsetzte. Das von Hipparch konstruierte Astrolabium zur Messung der Gestirnhöhe sowie alte Sternkataloge hatten die

Araber verbessert, das Winkelmeßgerät ›Jakobsstab‹ erfunden, und in Verbindung mit den Toledaner-Tafeln zur Sonnendeklination besaßen sie, die Kastilier und die Portugiesen jetzt noch exaktere Daten zur Ermittlung der Breitenlage, das heißt, seit 1480 bereits navigierten auch Portugals Schiffe astronomisch. Der Kompaß war in China erfunden, von den Arabern nach Europa gebracht und auf ihren Daus schon lange vor dem 15. Jh. verwendet worden. Europäischen Seeleuten war wegen der geisterhaft nach Norden einpendelnden Magnetnadel bis dahin selten die Furcht vor seinem Gebrauch zu nehmen. Erst auf Heinrichs Seefahrerschule in Sagres beschäftigt man sich auch damit und erkennt schnell Prinzip und Bedeutung des Magnetkompasses, wie auch der magnetischen Mißweisung und wie man sie behebt. Dennoch ist bis weit ins 16. Jh. hinein das Amt eines Piloten durch einen geprüften Piloto Mayor das bei weitem wichtigste bei jeder Fernfahrt. Als neuer Schiffstyp wird auf den Werften der Portugiesen, in Lagos vor allem, auf Betreiben von Prinz Heinrich die Karavelle entwickelt, ein wendiger Dreimaster, 20 bis 25 Meter lang und bis 6,50 Meter breit, aber dennoch robust und mit nur mäßigem Tiefgang, um selbst in Flußmündungen oder über sandige Untiefen hinwegzusegeln. Sie war schlanker, manövrierfähiger und schneller als die alte Kogge, weil ihre äußeren Planken nicht wie bisher üblich übereinandergreifen, sondern ihre Kanten stumpf aneinandergesetzt werden (Kraweel-Technik). Auf diese Art bilden die Schiffsseiten vollkommen glatte Flächen. Die Nähte werden kalfatert, d. h. mit Werg verstopft und mit Pech wasserdicht gemacht, was ein Leckwerden im Seegang, wie oft bei den Koggen, beinahe sicher verhindert. 25 bis 30 Mann genügten als Besatzung.

Bereits die Phönizier hatten, um die griechische oder römische Konkurrenz im Fernhandel abzuschrecken, mit Erfolg alle möglichen Horrorgeschichten in Umlauf gebracht, und die Araber hatten das so geschickt übernommen und gepflegt, daß beinahe zweitausend Jahre lang kaum ein europäischer Seemann bereit gewesen wäre, ins Dunkelmeer ans Ende der Welt zu fahren, um dort ins Nichts abzukippen, oder zu versuchen, durch das heiß und honigdick werdende Wasser irgendwo weiter südlich zu segeln, noch dazu, wo gerade dort riesige Magnetberge alle Nägel aus den Schiffsplanken ziehen und jeder Schiffbrüchige dann von ekelerregenden Meeresungeheuern verschlungen würde. Erst als Kap Bojador, dann das Kap der Guten Hoffnung umsegelt waren und da Gama 1498 Indien erreicht hatte, waren alle Zweifel ausgeräumt und die Umrisse eines neuen Weltbildes sichtbar geworden.

1432 (manche Quellen datieren auch 1427) werden die Azoren entdeckt, ein Jahr darauf stirbt der alte König, de Boa Memoria, des guten Andenkens. Sein ältester Sohn *Duarte* übernimmt die Regierung (1433–1438), o Eloquente, der Beredsame, wird er heißen, und kann dennoch nicht das Unglück abwenden, das über die Familie hereinbricht. Das von Heinrich und Fernando geführte Heer wird geschlagen, beide Prinzen gefangen, Heinrich als Vermittler freigelassen, Fernando nach Fez gebracht. Dort stirbt er nach sieben qualvollen Jahren in den Kerkern des Sultans, weil er sich unbeugsam geweigert hatte, gegen seine Freilassung‹ Portugals Verzicht auf Ceuta einzutauschen, der ›standhafte Prinz‹ wird er seitdem genannt. Nackt wird sein Leichnam am Bab es Seb in Fes vier Tage lang an den Füßen aufgehängt, dann in einem Sarg eingeschlossen, bleibt er am selben Platz dreißig Jahre lang öffentlich aufgestellt. Erst nach der Einnahme von Arzila 1473 werden seine Gebeine

31

GESCHICHTE – KUNST – KULTUR

*In Sagres läßt Prinz Heinrich die neu entwickelten Karavellen bauen*

nach Batalha gebracht und in der Gründerkapelle beigesetzt. Harte Auseinandersetzungen des Königs mit Adel und Klerus, die meinen, neuerlich unangemessene Grundbesitzrechte ertrotzen zu müssen, beschleunigen den Tod des Königs. Er stirbt 1438.

Für den noch unmündigen Thronfolger Afonso übernehmen sein Bruder *Pedro* und Königin *Leonora* die Regentschaft. Afonso meint nicht abwarten zu können. Erst fünfzehnjährig und gerade mit einer Tochter Pedros verheiratet, greift er unbeherrscht zur Gewalt, es kommt zum Bürgerkrieg, und bei Alfarrobeira wird der Infant Pedro, ›der ehrenhafte Prinz‹, von Afonsos Soldaten getötet. Irritiert versucht *Afonso V.* (1448–1481), das wiedergutzumachen. Mit großzügigen Gesten verschenkt, verschleudert er in opportunistischer Prahlerei wertvolles Krongut. 1459 wird er Witwer und beginnt ein Verhältnis mit seiner Nichte Juana von Kastilien, die ihm den Vorwand liefert, ihre Ansprüche auf die Krone Kastiliens geltend machen zu können. Dreist eröffnet er die Feindseligkeiten, wird bei Toro geschlagen und muß im Friedensvertrag von Alcántara 1476 einen ›ewigen Verzicht‹ auf Kastilien unterzeichnen. Juana wird in ein Kloster verbannt. Der unruhige König aber kämpft weiter, jetzt in Marokko gegen die Mauren, hat auch Erfolge und wird dafür o Africano, der Afrikaner, genannt. Von Sagres aus aber schickt Prinz Heinrich immer wieder seine Karavellen über die Meere. 1460 entdecken sie die Kap Verdischen Inseln, 1462 die Liberia-Küste, und 1471 wird zum ersten Male die Äquatorlinie übersegelt.

Ab 1481 regiert *João II., o Principe Perfeito,* der vollkommene Fürst. Von den Ideen und Praktiken Heinrichs in Sagres begeistert, fördert er vor allem den kostspieligen Schiffsbau und die folgenden Forschungsfahrten: 1486 finden *Diogo Cão* und *Martin Behaim* Angola; 1487 erreicht *Bartolomeu Dias* das Tormentas, die Südspitze Afrikas, das Kap der Guten Hoffnung, Landexpeditionen stoßen bis Timbuktu vor; *Pedro de Covilhã* erkundet den Indienweg durch das östliche Mittelmeer und erreicht den Sudan; andere tollkühne portugiesische Kapitäne versuchen, vergeblich, den Weg nach Indien durch das nördliche Eismeer und entdecken dabei Nowaja Semlja. 1492 hat *Kolumbus* im Auftrage der Krone Kastiliens Amerika entdeckt. Daraus ergeben sich bald Auseinandersetzungen um die überseeischen Besitzrechte von Spanien und Portugal, die endgültig erst beigelegt werden, als nach vier verbesserten päpstlichen Edikten (Papst Alexander VI.) im Jahre 1494 der portugiesisch-spanische Staatsvertrag von Tordesillas festlegt, »daß alle neu zu entdecken-den Länder jenseits von dem 370 Leguas (= 370 Seemeilen) westlich von den Kap Verdischen Inseln gelegenen Meridian zu Spanien, alle östlichen zu Portugal gehören sollen«.

Brände und Flutwellen vernichten beim großen Erdbeben 1755 Lissabon und den gesamten königlichen Palast so vollständig, daß dabei ausnahmslos alle Archive, Karten und Aufzeichnungen mit verlorengehen, die eine vermutete Vorentdeckung Amerikas durch die Portugiesen beweisen könnten. Schon seit 1462 vergibt Portugals König Privatkonzessionen an Wagemutige, die Inseln und Länder für Portugal entdecken und dann als Lehen zugeteilt haben möchten, denn das Vorhandensein irgendwelcher Inseln im westlichen Ozean ist mehr als nur gerüchteweise bekannt. Von einem großen Land im Westen soll ein alter portugiesischer Steuermann, einziger Überlebender nach einem Schiffsbruch, dem Kolumbus berichtet haben. Kolumbus selbst lebte lange genug in Lissabon, sein Schwiegervater war bei der Kolonisierung von Porto Santo dabei und hatte die Insel als erbliches Lehen erhalten. Bei ihm verbrachte Kolumbus viele Monate. Nach Angaben seines Sohnes Ferdinand erbte er dort aus dem Nachlaß des verstorbenen Schwiegervaters auch dessen nautische Instrumente, Seekarten und das Logbuch, aus denen hervorging, daß, nun erwiesenermaßen, im Westatlantik Land läge. Auf portugiesischen Karavellen reiste Kolumbus nach Guinea und zur Goldküste und besprach dabei mit seinem Bruder Bartholomäus die Möglichkeit einer Schiffsexpedition nach Westen. Der Kosmograph und Mathematiker Paolo del Pozzo Toscanelli in Florenz und der Lissabonner Kanonikus Fernão Martins korrespondierten um 1474 bereits über die Möglichkeit, in westlicher Richtung einen Seeweg nach Indien zu finden, Kolumbus besaß Kopien davon. Das und noch mehr waren die Gründe dafür, daß Kolumbus 1483 König João II. den Plan und notwendige Ausrüstungswünsche für eine Westfahrt nach Indien vorlegt. Ein Jahr später wird das von der Junta dos Matematicos abgelehnt. Spekulationen über die Ursache führten viele Historiker zu der Annahme, daß den Portugiesen zu dieser Zeit Existenz und Weg zu einer Landmasse

## GESCHICHTE – KUNST – KULTUR

westlich des Ozeans längst bekannt waren, weil von ihnen gefunden. Dafür eine Lizenz zu vergeben, wäre nicht nur überflüssig, sondern gegen eigene Interessen gerichtet gewesen. Denn im Vertrage von Alcaçovas 1479 war den Portugiesen zugesichert worden, daß ihnen alle nach Westen zu in den Atlantik reichenden und zu entdeckenden Ländereien gehören sollten. Spanien focht das energisch an und setzte seine Einwände später im Tordesillas-Vertrag auch durch. Folglich wäre Portugal töricht gewesen, die Entdeckung Amerikas in diesem Augenblick publik zu machen und so den vorhersehbar lukrativen Gewürzhandel bereits jetzt zu belasten, wenn nicht zu gefährden. Zudem operierten Portugals Karavellen bereits weiter südlich, um die Fortsetzung der nur ihnen bekannten nördlichen Landmassen zu erkunden. 1498 behauptet ein Duarte Pacheco in königlichem Auftrage gesegelt und im Südwesten Land gefunden zu haben. War es Brasilien? Es schmälert sicherlich des Kolumbus Verdienste und sein seemännisches Können nicht, wenn man den Portugiesen die Entdeckung Amerikas zuschreibt, die allein der fehlenden Beweise wegen dem Kolumbus zuerkannt wird. Fest steht in jedem Falle, daß allein seine nautische Lehrzeit in Portugal und auf dessen Karavellen und die oft geheimen, wohl gehüteten Logbücher und Aufzeichnungen von portugiesischen Experten es ihm ermöglicht haben, auf bereits bekannten und für damalige Verhältnisse exakten Vorarbeiten sein ›Indien‹ zu finden, und das auch noch mit Hilfe portugiesischer Seeleute auf seinen Schiffen und Spaniern, die vorher an Entdeckungs-fahrten Heinrichs des Seefahrers teilgenommen hatten. Keines der ererbten oder erworbe-nen Logbücher, keine der Karten oder Aufzeichnungen hat Kolumbus (verständlicherweise) für die Nachwelt aufgehoben, weitergegeben noch davon berichtet, waren an eine Erstent-deckung doch seine Forderungen geknüpft: Erhebung in den Adelsstand, Ernennung zum Admiral, Generalgouverneur und Vizekönig auf Lebenszeit sowie der zehnte Teil aus allen Einnahmen, was er insgesamt später zwar keinesfalls ganz bekam, was es aber auch nur teilweise wert war, alle älteren Aufzeichnungen, Karten und Pläne aus seinem Besitz verschwinden zu lassen.

DIE KUNST DER GOTIK wächst in Portugal, mehr als anderswo, auf romanischen Grundfor-men, die den Bauplan bestimmen. So sind älteste Teile der Kathedralen von Lamego, Braga, Porto, Lissabon im Riß romanisch, gotisch wird dann weitergebaut mit Spitzbogen und reichem Rippengewölbe. Deutlich wird die endgültig vollzogene Wendung zur Gotik in der *Kathedrale von Évora*, von 1186 bis zum Ende des 13. Jh. errichtet, eine klare und bewußte Anlehnung an die burgundisch-cluniazensischen Systeme von Poitou mit einer Trompenkup-pel über der Vierung und in Évora einem eigenartigen Pyramidenturm, sonst aber (Coimbra, Lissabon) mit wuchtigen, quadratischen Verteidigungstürmen. Zwar werden neben dem Spitzbogen noch immer Rundbogen verwendet, aber ständig mehr tendiert das Bauen der reinen gotischen Linie zu, wie bei der *Lissabonner Carmo-Kirche* oder der *Bischofskirche in Silves*. Eine stärkere Verbreitung fand die gotische Kunst erst ab Mitte des 13. Jh., und zwar im Zusammenhang mit der Niederlassung des Franziskanerordens in Portugal. Erst in *Alcobaça* (hier bereits reine Zisterzienserarchitektur) setzt dann die Gotik rein ein, einfach zuerst, südfranzösisch beeinflußt mit drei fast gleichhohen Schiffen, verkürzten Seitenhäusern und großen Fenstern, durch die Lichtkaskaden in die drei Apsiden fluten, hier bereits vollendete Lösungen, die später in Wien, Regensburg, Meißen oder Marburg Anwendung finden werden. Der klassische Zisterziensertyp, eine vollkommen ausgereifte Gotik, steht in *Batalha*, dreischiffig mit vorspringendem Querschiff, einer Hauptapsis und vier halbrunden Absidiolen, einzigartigen Vierpässen und Kranzgesimsen, klarste Hochgotik, die sich im Kapitelsaal behauptet, in den Unvollendeten Kapellen und im Kreuzgang aber glutvoll auflodert zur Formensprache der MANUELISMUS. Auch sollte hier der Einfluß des Flamboyantstiles, der französischen Spätgotik, erwähnt werden. In diesen Capelas Imperfeitas, im Kreuzgang hier und den Bauwerken in *Belém* bei Lissabon kann sich, wie nirgendwo anders auf der Welt, jene als manuelinischer Stil bezeichnete überschwengliche Dekorfülle ausbreiten (vgl. Farbt. 8, 24, 25). Hier wird die Geisteshaltung im Portugal des frühen 16. Jh. charakterisiert, die glückliche Zeit, da das Land auf der Höhe seiner Macht steht. Eben ist *Vasco da Gama* aus Indien heimgekehrt, hat mit den portugiesischen Seefahrern der Welt die Horizonte weiter gespannt, und alle, die mit ihm kommen, von Wirklichkeiten und Fabeln verklärt, von Abenteuern und erfüllten Wünschen verwandelt, sie versuchen in der ihnen eigenen, persönlichen Art, zu berichten, geben dem Baustil ihrer Epoche diesen so eigen- und einzigartigen Ausdruck, der die Gotik verwandelt, sie ihrer Herkunft entfremdet und vielfältig belädt mit Zierarten, Elementen, Gliedern und Erlebnissen aus aller Welt, mit irrealen Fabelwesen und nie zu Ende geträumten Herrlichkeiten und Wünschen. Da verknüpfen sich elegant und wie zufällig gotische Ornamente mit Schmuckformen aus den eben entdeckten Wunderländern Afrika, Indien, Brasilien und den Antillen, da mischt sich Untermeerisches mit Islamischem, strenge, kufische Zeichen mit quallig unformbaren Dingen, Tang und Korallen, banales Seemannszeug aus Stein, wie Taue, Knoten, Korken oder Anker, mit hinduistischen Pagodentürmchen und darüber, dazwischen, gerahmt, dezent eingefügt oder prägnant betont, des Königs Lieblingsembleme, seine Armillarsphären und das achtspitzige Kreuz der Christusritter, eine Verbindung von Religion und Monarchie, die sich hier im Manuelismus manifestiert. Dabei ist alles so modelliert – knotig derb, oft streng naturalistisch, vollplastisch –, daß Licht und Schatten sich zauberhaft mischen können, Dekor wird zum sinnhaften Ausdruck des Hochgefühls der Zeit. Das ist so in Sintra, in Setúbal, Tomar, Coimbra und anderswo, in Belém und Batalha vor allem; und Boytaca, die Arrudas und João de Castilho werden zu den Hauptbaumeistern dieses Stiles für ihren König.

Wir werden vor Ort im Reiseteil besonders und immer wieder auf diese, vielen nicht bekannte oder oft übergangene, Kunstrichtung aufmerksam machen, diese akzentuiert portugiesische Gotik mit den Faltenwürfen der aufdämmernden Renaissance, in der sich aus unendlich weit entfernten Bestandteilen ein beglückendes, ästhetisch ansprechendes Ganzes fügt, das nur aus diesem Geist in dieser Zeitspanne Portugals möglich werden konnte.

DIE GOTISCHE SKULPTUR wird präsent zuerst in den *Gewändefiguren* der Portale, z. B. in Évora, Batalha und Belém, wo die Castilhos und Chanterène ihre Meisterwerke schaffen, unerreichbare Schöpfungen ebenso wie viele hervorragende *Grabmäler*, die Königsgräber von Afonso I. und Sancho I. in Santa Cruz in Coimbra, das des Bischofs Pereira in Braga oder die beiden Sarkophage in Alcobaça für König Pedro und Inês de Castro, um nur die

35

## GESCHICHTE – KUNST – KULTUR

bedeutendsten zu nennen (vgl. Farbt. 26). Diese letzten allerdings sind bereits spanisch-französisch beeinflußt, ähnlich wie das Grab des Diogo de Pinheiro in Santa Maria do Olival in Tomar. Hier müssen auch die *Retabeln* erwähnt werden, oft flandrischen nachempfunden, die in der Sé Velha in Coimbra oder in der Schloßkapelle von Pena, oder die schönen goldüberzogenen Figuren in der Rotunde von Tomar. Schließlich gehören entfernt auch die steinernen Pelourinhos, die *Prangersäulen* hierher, über dem Schaft feinfigurige Mischungen aus Architektur und Plastik. Man findet sie überall auf den Marktplätzen im Lande.

Die Malerei setzt mit Jan van Eyck ein. Flamen und Italiener gelten als die großen Vorbilder; König Manuel I. läßt Maler aus Flandern kommen, die hauptsächlich in Viseu und Lissabon arbeiten. In dieser Zeit arbeitet auch Francisco Henriques (1500–1518), berühmt für die 16 Tafeln des Hochaltars von São Francisco und die großen Tafeln der Seitenaltäre (heute Museum de Arte Antiga in Lissabon). Erst *Nuno Gonçalves* schafft mit seinem berühmten Vinzenzaltar das überragende Polyptychon, von dem zum Betrachter hin jetzt zum ersten Male portugiesischer Nationalstolz der Entdeckerzeit seine betonte Aussage machen kann (vgl. Farbt. der vorderen Umschlagklappe). Und dann kommen sie und malen ihre portugiesische Seele auf Leinwand und Holztafeln, Gregorio López, Cristóvão de Figueiredo (Nachfolger von Francisco Henriques, dessen wichtigste Werke, die acht Tafeln des Hl. Jakob und die Serie der Hl. Auta im Museum de Arte Antiga in Lissabon zu besichtigen sind), Frey Carlos und Jorge Afonso. Cristóvão de Morais porträtiert die Hofgesellschaft, und das 16. Jh. überstrahlt, allen voran der Große Vasco in Viseu, die erhaben ernsten und so ausdrucksvoll frommen Bilder aus der Kathedrale, nun im Museum von Viseu.

Zart pastell und fein empfunden illustrieren Miniaturmaler eine hebräische Bibel von 1299, eine Chronik und Liederbücher von Gomes de Azurrara von 1453 und schaffen Porträts hervorragender Zeitgenossen, wie etwa von Heinrich dem Seefahrer.

In der Goldschmiedekunst gilt die berühmte *Monstranz* des *Gil Vicente* als das Meisterstück der portugiesischen Goldschmiedearbeiten, und Meister Vicente als das Universalgenie seiner Zeit, ist Goldschmied, Waagenmeister, Troubadour, Maler, Regisseur, Dichter, Musiker, Komödienschreiber und Schauspieler, der Wegbereiter des portugiesischen Theaters, das ihm seine schönsten ›Autos‹ (das sind biblisch-allegorische Einakter) und die ›Autos del Rei‹ (Spiele, die zur Unterhaltung des Hofes dienten) verdankt. Wie Camões proklamiert er die Rechte des Geistes gegenüber der Konvention, die sie leugnet. Vielleicht charakterisiert ihn am treffendsten seine briefliche Widmung an König João III., in der er mit einer übertriebenen Bescheidenheit, fern aller Eitelkeit, seine Werke nur als ein Echo seiner Lektüre bezeichnet, »sowohl gereimt wie in Prosa, von alten und modernen Autoren, die weder etwas Gutes zu sagen, noch eine hübsche Erfindung zu machen, noch eine witzige Bemerkung zu finden übriggelassen hätten«. Er untertreibt. Alle Inspirationen kamen aus Portugals genialstem Komödiendichter selbst, und er schuf dadurch ein überaus lebhaftes, graziöses und fruchtbares Theater, dessen Themen sich auf Aktuelles aus seinem Freundeskreise, auf Übergriffe des Klerus und auf die erotische Lyrik beschränkten. Fünf dicke Bände füllen seine gesammelten Werke, Religiöses, Komödien,

*Titelblätter von Werken des Gil Vicente*

Tragikomödien und Schwänke. Sie wurden nach seinem Tode 1562 erstmals veröffentlicht und in der zweiten Ausgabe von 1586 bereits vom Santo Oficio, der Inquisition, durchgesehen und verbessert, das heißt gekürzt und ganze ›Autos‹ weggelassen. Abgesehen von Nachahmern des Gil Vicente kann man den aus dem Franziskanerorden ausgeschiedenen Mönch *António Ribeiro* als Nachfolger bezeichnen, allerdings beschränkt weitgehend auf die mehr derben Schwänke der ›Autos‹, während *Francisco de Sá de Miranda* mit Episoden, Episteln, Eklogen und Sonetten schnell zum ersten Klassiker Portugals vor allem auf lyrischem Gebiet emporstieg.

Überraschenderweise fällt so die BLÜTEZEIT DER PORTUGIESISCHEN LITERATUR zusammen mit der Glanzperiode der Nation während des beginnenden 16. Jh., und weitaus dies alles übertreffende Werk von wahrhaft dichterischer Größe und dauerndem Werte sind die ›*Lusiaden*‹ *des Luis de Camões*, das Nationalepos der Portugiesen. 1524 wurde Camões als Sohn eines Schiffskapitäns in Lissabon geboren, studierte unter der Obhut seines Onkels in Coimbra, wurde dann aber nach einer Liaison mit einer Palastdame Catarina da Attayde aus Lissabon verbannt, ging als Freiwilliger zur Flotte, verlor im Seetreffen bei Ceuta durch einen Büchsenschuß das rechte Auge, lebte dann 19 Jahre in Ostasien. Er erlebt alle möglichen Abenteuer, Höhen und Tiefen menschlicher Existenz zwischen Rotem Meer und Macau und schreibt und vollendet dort seine Lusiaden, rettet sie als einzige Habe bei einem Schiffsbruch schon auf der Rückfahrt nach Lissabon. Er wird einzig aufrechterhalten vom Gedanken an eine Veröffentlichung seiner Lusiaden. 1527 erscheinen sie tatsächlich bei Gonçalves in Lissabon, der junge König Sebastião nimmt die Widmungen an, gewährt aber nur eine Dotation von 15 000 Reis, die des Dichters Not und Krankheit nicht mehr lindern

## GESCHICHTE – KUNST – KULTUR

kann. Nach dem Untergang der portugiesischen Armee bei Alcazar-Kebir zieht sich der Dichter irgendwohin zurück und soll arm und verkommen irgendwo in der Alfama im Jahre 1579 an der Pest gestorben sein. Sein Kenotaph steht in der Jerónimos-Kirche in Belém dem Sarkophag des Vasco da Gama gegenüber. ›Os Lusiades‹ (das sind die Nachkommen des Lusus, des sagenhaften Ahnherren der Portugiesen) preist in großartiger Epik die Portugiesen überhaupt, macht sie zum eigentlichen Gegenstand des Gedichtes in zehn Gesängen, umkleidet dabei in geradezu homerischer Bildersprache den historischen Kern mit antik-mythologischem Beiwerk, das die weltdurchwaltende Vorhersehung versinnbildlichen soll, wobei persönliches Erleben und die Gefühle des Dichters immer wieder positiv hervordrängen. Es ist ein maritimes Epos, und Alexander von Humboldt meint (Kosmos II, S. 58): »Jene individuelle Naturwahrheit, die aus eigener Anschauung entspringt, glänzt im reichsten Maße in dem großen Nationalepos der portugiesischen Literatur. Es webt wie ein indischer Blütenduft durch das ganze, unter dem Tropenhimmel geschriebene Gedicht, ... nach welchem die Lusiaden an Farbe und Fülle der Phantasie den Ariost bei weitem übertreffen, ... Camões ist im eigentlichen Sinne des Wortes ein großer Seemaler.« Die Vermählung des Vasco da Gama mit Tethys beendet als symbolisches Zeichen für die Seeherrschaft der Portugiesen diese Lusiaden – sie wurden zum Schwanengesang eines untergehenden Volkes. Als das Heldengedicht erschien, begann, unmittelbar nach der Periode seiner Macht und Herrlichkeit, der Untergang Portugals.

In tiefes Leid stürzt die königliche Familie, als 1491 in Almeirim ihr 17jähriger Sohn, der Infant Afonso, bei einem Reitunfall am Tejoufer vom Pferde stürzt und stirbt. Da ein direkter Thronerbe fehlt, empfiehlt João II. seinen Beratern als nächsten Thronanwärter den Herzog von Beja, Emanuel. Noch während mit königlicher Unterstützung Vasco da Gama Vorbereitungen zur großen Indienfahrt trifft, stirbt im Oktober 1495 João II.

Wie vorgesehen, wird der Herzog von Beja Portugals neuer König als *Manuel I.*, o Venturoso, der Glückliche. Und in der Tat, keine Epoche der portugiesischen Geschichte war glückvoller, ruhmreicher und ehrenhafter für das Land als die seiner Regentschaft. Am 8. Juni 1497 stechen vier Karavellen von Lissabon aus in See, das Admiralsschiff »Gabriel« und die »Raphael« unter dem Kommando von da Gamas Bruder Paulo, je 120 Tonnen groß, und die kleine »Berrio« unter Ritter Nicolão Coelho sowie ein altes Proviantschiff mit 50 Tonnen Größe. Unter ihrem Admiral Vasco da Gama finden sie den Weg nach Indien und kehren am 20. August 1499 zurück nach Lissabon. Der überglückliche Manuel gibt das Zeichen zum Baubeginn für das Jerónimos-Kloster von Belém. Denkmal soll es werden zur Erinnerung an die gelungene Entdeckung des Seeweges nach Asien, von dem man sich Reichtum für Portugal und gleichzeitig das Ende des islamischen Fernhandels erhofft. Vasco da Gama wird zum Admiral befördert und in den Adelsstand erhoben, der König nennt sich nunmehr auch ›König von Äthiopien, Arabien, Persien und Indien‹.

Ein Jahr später schon, zur Jahrhundertwende 1500, sticht eine Flottille von 13 Schiffen von Lissabon aus in See, um, wie offiziell verlautet wird, da Gamas Seeweg nach Indien zu sichern. Anstatt aber dessen Route zu folgen, führt Cabral aufgrund persönlicher Befehle

*Zeitgenössisches Bild zur Erinnerung an die Ankunft der portugiesischen Flotte in Indien im Jahr 1498*

König Manuels seine Karavellen an den Kanarischen und den Kap Verdischen Inseln vorbei und hart Südsüdwest übers Meer. Vier Schiffe gehen zwar verloren, auf der für Segelschiffe bis heute günstigsten Atlantikroute aber erreicht Cabral einen Monat später am 25. April die Küste von Südamerika und nimmt das Land als Santa Cruz für Portugal in Besitz. Im Zusammenhang mit der postulierten Vorentdeckung Nordamerikas das fehlende Glied portugiesischer Welthandelsintentionen im Konkurrenzwettlauf mit Spanien. Gewürzhandel in Asien, Brasilholz hier, der Rohstoff für einen begehrten rötlichen Farbstoff, der später auch dem Land seinen Namen gegeben hat: Brasilien. Das Handelsmonopol verpachtet die Krone auf je zwei Jahre gegen eine Lizenzgebühr von jährlich 4000 Dukaten an ein Lissabonner Handelshaus mit dem Auftrage, die Küste bis 300 Seemeilen weiter zu erkunden und durch Forts zu sichern. Als sich das nicht bewährt, wird ab 1549, ähnlich wie in Ostasien, eine Art königlicher Kolonialverwaltung eingeführt, um vor allem den Zuckerrohranbau zu intensivieren und die Erträge für die königliche Kasse zu sichern. Das

## GESCHICHTE – KUNST – KULTUR

ist nur in der feuchtheißen Küstenebene zwischen Meer und Gebirgen, zwischen São Vicente, heute bei Santos, und der Amazonasmündung möglich, in einem Klima, das Europäer wie Indianer für produktive Arbeit in den Plantagen von vornherein ausschließt, aber den afrikanischen Sklavenhandel für lange Zeit mehr als genug beschäftigen wird und zum brasilianischen Zuckermonopol im 18./19. Jh. entscheidend beiträgt. Jetzt laufen auch andere portugiesische Handelsschiffe beide Amerika an, und es werden dabei andere Inseln im Atlantik entdeckt: Südgrönland und Neufundland 1500 durch Cortereal, Trinidad 1500, Gough-Insel 1505, Tristão da Cunha 1506 und im Indischen Ozean Madagaskar schon 1500 durch Diogo Dias, Sokatra 1503 durch Vicente Sodré und in den folgenden Jahren Ormuz, Bab el Mandeb, das Rote Meer, Goa, Ceylon, die Malediven, Maskaren und Seychellen. 1511 werden Malakka und die Molukken, 1541 vermutlich Japan erreicht und 1557 in China die Niederlassung Macau gegründet, die noch heute zu Portugal gehört. Dieses fernöstliche Pseudo-Imperium Portugals wird zum Lebenswerk der großen Vizekönige *Francisco de Almeida* und *Alfonso de Albuquerque*. Sie vertreten das Königreich, dessen Interessen und die portugiesischen Handelsfaktoreien. Fünf Gouverneure in Mascat, Ormuz, Moçambique, Malakka und Colombo unterstehen ihnen. Seit Almeidas Zeiten liegt

*Afonso de Albuquerque, zweiter Vizekönig von Indien*

*Vasco da Gama (dritter Sohn des Kapitäns und Komturs von Sines und Cercal, Estevão da Gama)*

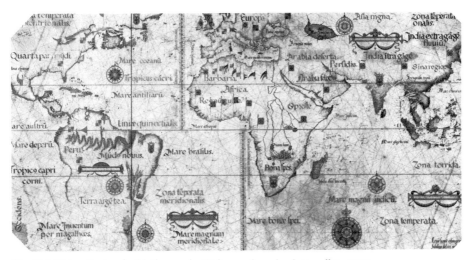

*Das Weltbild zu Beginn des 16. Jh., vor der Weltumseglung durch Magelhães 1520*

der gesamte Waffen- und Gewürzhandel zwischen Japan und Europa in portugiesischen Händen, ein gigantisches Unternehmen, das unablässig Araber, Piraten und einheimische Händler zu unterlaufen versuchen, was in einem permanenten Kleinkrieg ständig neue Militäreinheiten, Schiffsbauten, deren Ausrüstung, Bemannung und Bewaffnung, neue Stützpunkte und deren Ausbau oder die Verstärkung von bereits vorhandenen notwendig macht. In der Regel kehren von hundert nach Ostasien auslaufenden Schiffen nicht mehr als fünfzig zurück. Dennoch wäre es grundfalsch zu folgern, Portugals Herrschaft sei nur mit brutaler Gewalt, Schweiß und Tränen aufrechtzuerhalten gewesen. Im Gegenteil ist man bestrebt, mehr über Verträge und Stützpunktabkommen die befestigten Küstenplätze abzusichern, weil man sich durchaus bewußt ist, in den riesenhaften Dimensionen eines Weltreiches mit Portugals geringen Personal- und Materialmöglichkeiten nur auf diesem Wege wenigstens einigermaßen erfolgreich sein zu können. Deshalb haben die Portugiesen auch niemals versucht, zu damaliger Zeit die Hinterländer der Küstenplätze zu erobern oder gar geschlossene Territorialreiche zu bilden. Man wollte ganz einfach Handel treiben und nicht neue Ländereien erobern. Das zu unterstützen, beginnt eine ausgedehnte Missionstätigkeit, und, seit 1542 mit dem Namen Franz Xavers verbunden, obliegt vor allem den Jesuiten die Bekehrungsarbeit von den Handelsfaktoreien aus mit einer bis dahin kaum für möglich gehaltenen Praxis, die, wenn die Eingeborenenfrauen sich nur taufen ließen, nun allerorten in Verheiratungen und damit zur vollen Gleichberechtigung zwischen den Rassen führt. Die Krone fördert diese Praxis gern, weil mit seßhaften Kaufleuten, Kolonisten und Soldaten der Halt und die Verteidigung der Stützpunkte gesichert oder erleichtert wird. Diese fast 500 Jahre lang geübte Praxis hat im Mutterland wie in den Überseegebieten niemals irgendwel-

GESCHICHTE – KUNST – KULTUR

*Im August 1585 fuhr zwischen dem Festland von Moçambique und der Laurentiusinsel (Madagaskar) das portugiesische Admiralsschiff »San Jago« auf ein Korallenriff auf. (Zeitgen. Stich)*

che Rassenressentiments aufkommen lassen, und es gehört zur Ironie der Geschichte, daß gerade die Portugiesen am Ende des Kolonialzeitalters im 20. Jahrhundert mehr zufällig und aus Unwissenheit Ächtung und Beschimpfung, Leid und Not auf sich nehmen mußten, stellvertretend für andere Kolonialnationen, deren politische Praxis auf alles andere als auf Verständigung und Gleichstellung der Rassen abzielte.

1520 gelingt dem ehemaligen portugiesischen Offizier Fernão de Magelhães, jetzt in Diensten der spanischen Krone als Fernando de Magellán, die Durchfahrt durch den südamerikanischen Sperriegel und damit der Beweis für die Kugelgestalt der Erde. Auf der Philippineninsel Matan wird Magellán von einem vergifteten Pfeil getötet. Von den ehedem fünf Segelschiffen des Geschwaders läuft allein die vermoderte »Victoria« am 6. Sept. 1522 zurück in Spanien ein mit nur noch 15 Europäern und drei Eingeborenen an Bord als letzte Überlebende von einst 243 Mann der »Molukkenflotte« Magelláns.

Der jetzt große König Manuel kann dem heimlichen Wunsche, möglicherweise auch Spanien zu gewinnen, wohl niemals ganz entsagen. So wirbt er um die Hand von Isabel, der ältesten Tochter der katholischen Könige Ferdinand und Isabel, und gegen die Zusage, alle Juden und Moslems aus Portugal zu vertreiben, heiratet er 1497 Isabel. Ein Jahr später schon stirbt sie, ihr kleiner Sohn Miguel im folgenden Jahr. Dann heiratet Manuel Isabels Schwester Maria von Kastilien, hat mit ihr zwei Töchter und sechs Söhne. 1517 stirbt auch sie. Zum dritten Male tritt der König zum Traualtar, jetzt mit Kaiser Karls V. Schwester Leonor von Österreich. Sie überlebt ihn und wird nach Manuels Tod am 12. Dezember 1521 die Frau von König Franz I. von Frankreich.

Manuels 19jähriger Sohn folgt als *João III.* auf den Thron, übernimmt ein Erbe, wie es ruhmvoller, glänzender und wohlhabender kaum möglich scheint: Portugal auf dem Gipfel wirtschaftlicher Machtfülle, Lissabon Europas erster Handelshafen. Doch die Kehrseite solch glitzernder Medaille zeigt sich schon bald. Ein so kleines Land wie Portugal mußte sich in einer derart weltumspannenden Kolonialarbeit sehr schnell erschöpfen und auch die üppig ins Land fließenden Mittel langsam zwar, aber unübersehbar dezimieren. Prachtentfaltung, Luxus ohnegleichen, glanzvollste Feste und Prachtbauten übersteigen längst die tatsächlichen Bedürfnisse, der bitteren Armut niederer Stände steht eine im Reichtum ertrinkende Oberschicht, Adel und Klerus vor allem, gegenüber. Zudem setzt deshalb eine Auswanderungswelle nach Brasilien ein, wo man meint, ein Eldorado finden zu können. 1531 wird Martin Afonso de Sousa erster Gouverneur und teilt das Land in fünf Kapitanate ein, in denen neben Portugiesen jetzt auch französische und holländische Auswanderer, Juden, Neuchristen (getaufte Juden aus Portugal und Spanien) und andere in Europa Verfolgte zu siedeln beginnen.

König Manuels einst echte Frömmigkeit artet bei seinem Sohn, König João III., in Bigotterie aus, 1536 führte er in Portugal die Inquisition ein. Die Jesuiten nehmen, unter dem Vorwand, eine Blüte von Künsten, Literatur und Wissenschaft herbeizuführen, Portugals geistige und nationale Erziehung in ihre Hände. Selbst der große Dichter Camões muß seine ›Lusiaden‹ den Zensoren der Inquisition vorlegen. Wie sein Vater, so verbindet sich ebenso Joãn III. eng mit Spanien, heiratet selbst Katharina, die Schwester Karls V., sein Sohn die Tochter des Kaisers, Juana, und später seine Tochter Maria den spanischen Thronerben Philipp II. Den Kaiser Karl V. unterstützt er gegen die Moslems in Algier und muß in Marokko hinnehmen, daß Mazagan und Ceuta vom Sultan zurückerobert werden. 1554 stirbt plötzlich Kronprinz João, drei Jahre später der König selbst (1557), die Krone fällt an den erst dreijährigen Enkel Sebastião. Da die leibliche Mutter Juana nach Spanien zurückgeht, übernimmt Joãos III. Witwe, die alte Dona Catarina, die Regentschaft, überläßt aber die Erziehung ganz den Jesuiten. Sie und der Großinquisitor, Kardinal Dom Henriques, aber auch einflußreiche Adelskreise befürchten – wie sich bald herausstellen wird, mit Recht –, durch diese ›spanischen‹ Heiraten könne ein immer gefährlicher werdendes Übergewicht spanischer Interessen für Portugal tödlich werden. 1568 erklärt man *Sebastião* für großjährig. Ein romantischer Mystizist, dennoch mutig und impulsiv, trägt er sich mit dem Gedanken, die Kreuzzugsidee wieder aufleben zu lassen und nach einem Sieg über die Türken das Heilige Land zu erobern und den Islam auszurotten. Eine schon beschlossene Heirat mit der Schwester Karls IX., Margot, macht er deshalb rüde rückgängig, mischt sich bewußt in marokkanische Thronstreitigkeiten ein und stellt, gegen die ausdrücklichen Vorstellungen des Papstes und des Sultans, ein Invasionsheer auf. Ganze 18 000 Mann, das letzte Aufgebot Waffenfähiger im ausgepowerten Portugal, bringt er mit Mühe zusammen. 1578 am 24. Juni segeln sie von Lissabon ab, am 4. August kommt es bei Alcazar-Kebir in Marokko zur Schlacht. Sebastião fällt, und mit ihm findet die letzte intakte Streitmacht Portugals ein grauenhaftes Ende. Allein 60 Mann können sich retten und die Trauerbotschaft nach Lissabon überbringen. Später unter der spanischen Knute jedoch wird Sebastião vom Volk zum

GESCHICHTE – KUNST – KULTUR

letzten, verklärten Helden hochstilisiert und o Desejado, der Ersehnte, benannt, weil alle inbrünstig hoffen, er werden an einem nebligen Morgen angeritten kommen und Portugal von den Spaniern befreien.

Jetzt muß der greise *Kardinal Henriques* den Thron übernehmen. Selbst ohne Thronfolger, o Casto, der Keusche, schlägt er, gegen seine Überzeugung, den Cortes vor, Portugals Krone dem Spanier Philipp II. zu übertragen. 1580 stirbt er, ohne daß in den komplizierten Erwägungen um die vielen möglichen Thronerben eine Entscheidung getroffen wurde: *Katharina,* Herzogin von Bragança, Enkelin Manuels I.; *Herzog von Parma,* Katharinas Neffe; *Herzog von Savoyen; Prior von Crato,* unehelicher Sohn des zweiten Sohnes von Manuel I.; *Katharina von Medici,* direkte Nachkommin von Afonso III.; *Papst Gregor XIII.* als Generalerbe eines Kardinals. Philipp II. kümmert sich wenig um diese Streitereien. Unter Herzog Alba läßt er seine Truppen in Portugal einmarschieren. Fast ohne Widerstand. Nur um den beliebten Prior von Crato schart sich ein Häuflein Unentwegter, die ihn in Lissabon zum König wählen, was die Cortes aus Furcht vor Spanien nicht mehr anerkennen wollen. So besetzt Philipp II. mühelos Lissabon und das gesamte Land. Portugal hat seine Selbständigkeit verloren, die zweite portugiesische Königsdynastie, das Haus Aviz, erlischt.

Am 15. April 1580 müssen in Tomar die Cortes Philipp II., als *Filipe I.,* als König von Portugal anerkennen. Der Prior von Crato flieht nach Frankreich, mit 60 Schiffen geht er auf die Azoren und wird dort als König gebilligt. Eine spanische Flotte vertreibt ihn; Elisabeth von England nimmt ihn auf und gibt ihm nach der Vernichtung der Armada unter Francis Drake einige Kriegsschiffe, mit denen er ohne Landheer aber gegen die Spanier nichts ausrichten kann. Er geht nach Paris, wo er am Hof lebt und im August 1595 stirbt.

DIE KUNST DER RENAISSANCE beginnt in der Epoche des manuelinischen Stiles, der als das portugiesische Bindeglied zwischen Gotik und Renaissance angesehen werden kann. Erst in der zweiten Hälfte des 16. Jh. gelingt es den renaissancen Richtungen, sich von der Manuelinik endgültig zu lösen. Das geschieht, als von Coimbra, Tomar und Évora ausgehend, französische Künstler wie etwa Jean de Rouen, der die Porta Especiosa an der Sé in Coimbra geschaffen hat, Jacques Loquin und vor allem Houdart die vornehm hoheitsvollen Renaissanceformen entwickeln, die in der kleinen, heute leider arg verwahrlosten *Conceição-Kirche in Tomar* sicherlich Portugals reinste Renaissanceglieder vorweisen können. Erwähnenswert sind auch der *Kreuzgang da Manga* und die *Tesoureiro-Kapelle* in Coimbra. Mit dem Italiener Filipo Terzi beginnt der Manierismus, und in Lissabon folgen *São Vicente de Fora, São Roque,* in Évora die *Graça-Kirche,* in Porto *Serra do Pilar,* in Tomar der große *Kreuzgang dos Filippos* und die *Kathedralen von Miranda do Douro, Leiria, Portalegre* und die in *Goa,* alles saalartige Gotteshäuser mit Details, die durchaus ein Festhalten an den althergebrachten Formen nachzeichnen lassen. Hinzu kommen viele Zweckbauten, von denen vor allem die *Aquädukte* in Vila do Conde, Tomar und Coimbra ins Auge fallen. Neben Terzi arbeiten Diogo Torralva, Afonso Alvares, Gonçalo de Torralva und Jerónimo de Rouão.

44

# Die Spanische Zwischenzeit (1580–1640)

Die nächsten 60 Jahre, von 1580 bis 1640, leidet Portugal unter dem kastilischen Joch. Der erste Filipe versucht noch, sich die Sympathien der Portugiesen zu gewinnen, was ihm den Beinamen o Prudente, der Vorsichtige, einbringt, die beiden anderen, o Piedoso, der Fromme, *Filipe II.* (span. Philipp III.) zieht die Daumenschrauben der Besatzer strenger an, bis *Filipe III.* (span. Philipp IV.) zur brutalen Unterdrückung und Ausplünderung Portugals schreitet und die Portugiesen deshalb seinen spanischen Beinamen o Grande, der Große, treffender in ›der Grausame‹ ummünzen. Mit Spanien wird Portugal in die Kriege mit den englischen und holländischen Protestanten verwickelt, ihre in die spanische Armada eingereihte Flotte von Francis Drake mit versenkt, dann Faro geplündert und zerstört und anschließend werden in Afrika, Asien und Brasilien mit den spanischen auch die portugiesischen Besitzungen angegriffen, genommen oder geplündert, Portugiesen vertrieben und ihres Besitzes beraubt. »Die portugiesischen Kolonien waren fast alle verloren, und Spanien selbst, durch die vielen Kriege erschöpft, von einer grausamen, durch das Jesuitentum mystifizierten Inquisition verzehrt, befand sich in einem beklagenswerten Zustand. Schließlich war die Kolonialherrschaft der Portugiesen verschwunden. Die Fahne mit den Wappenschilden flatterte nur noch über der Kolonie Macau, deren Bewohner die ihre Stadt angreifenden Holländer schlugen und in die Flucht jagten.« (Damião Peres in ›Noções de História de Portugal‹). »Es gingen viele Schiffe verloren, die einen gingen unter, die anderen wurden von Feinden, besonders von Engländern und Holländern gekapert. Die Heimsuchungen mehrten sich in solchem Ausmaße, daß Portugal in Indien nicht mehr über genügend Kräfte verfügte, seiner Fahne den nötigen Respekt zu sichern. Am Ende der widerrechtlichen Machtergreifung war die portugiesische Flotte ruiniert und konnte sich nie wieder der anderer Länder an die Seite stellen.« (Fortunato de Almeida in ›História das Instituições em Portugal‹).

Unbeschreiblich war das Elend im Lande, unsagbar die Not überall, man vegetierte in schimpflicher Armut, und die Bedrängnisse schienen kein Ende nehmen zu wollen. Als die Spanier immer höhere Steuern erpressen wollen, schlagen Elend und Mißbehagen um in bitteren Haß. Im Handumdrehen hat eine Verschwörung zur Befreiung großen Zulauf, 1637 mißglückt zwar in Évora eine erste Rebellion, dann aber nützt man geschickt einen Aufstand der Katalanen, setzt kurzerhand Prinzessin Margarete, die Herzogin von Mantua, die für Filipe III. in Lissabon repräsentiert, gefangen und ruft vierzehn Tage später, am 15. Dezember den Herzog von Bragança, einen Nachkommen des Ordensmeisters von Aviz, zum König João IV. aus. In der Kathedrale von Lissabon wird er gekrönt. Damit beginnt die dritte portugiesische Königsdynastie.

# Das Haus Bragança (1640–1910)

Wie zum Freiheitskampf, so schickt Kardinal Richelieu nach der gelungenen Unabhängigkeit Geld, Waffen und Offiziere nach Portugal. Frankreich, England, Holland und Schweden erkennen Portugals wiedererrungene Unabhängigkeit an, und mit Frankreich wird 1641 ein Schutzvertrag abgeschlossen, in dessen Gefolge französische und holländische Flotteneinheiten zum Schutze Lissabons landen. Opportun vertritt ein Teil des Adels die Sache des spanischen Monarchen und versucht eine Verschwörung, die aber entlarvt wird und mit der Hinrichtung ihrer Anführer, des Marquis von Vila Real, des Herzogs von Caminha und des Staatssekretärs de Lucena, endet. Der Erzbischof von Braga geht lebenslang ins Gefängnis. Unterdessen hat König *João IV.*, jetzt o Restaurador, der Wiederhersteller, ein neues Heer rekrutiert, und unter dem Oberbefehl von Matias de Albuquerque werden die zur Rückeroberung anrückenden Spanier in der Schlacht von Montijo 1642 geschlagen. Nach einem Schutzvertrag mit Frankreich kann man 1655 die Holländer aus Brasilien verdrängen und auch afrikanische Besitzungen neu sichern, was in Indien nicht mehr möglich ist. Als König João IV. 1656 stirbt, ist der Krieg schon wieder aufgeflackert und die Gefahr für Portugal jetzt besonders groß, weil der erst dreijährige neue

*Der Marquis de Pombal sorgt nach dem Erdbeben von 1755 für den Wiederaufbau Lissabons*

*João IV., erster König des Hauses Bragança*

König *Afonso VI.* alle Anzeichen geistiger Schäden hat. Die Königin-Witwe übernimmt zunächst die Regentschaft, kalkuliert klug die augenblicklich prekäre Lage Spaniens ein und wagt den Schritt nach vorn. Badajoz wird zwar erfolglos belagert, dann aber von Graf Schomberg das Heer so durchgreifend regeneriert, daß im Januar 1659 die Portugiesen bei Elvas einen entscheidenden Sieg über die Spanier an ihre Fahnen heften können. Gleich klug verheiratet die Königin ihre Tochter Katharina mit König Karl II. von England, das zugleich mit dem glanzvollen Heiratsgut von 800 000 Pfund Sterling und den Städten Tanger, Bombay und Galle auf Ceylon auch zu einem neuen Allianzvertrag mit den Portugiesen bereit ist. Gegen diese hochbegabte Regentin trotzt der von halbgaren Freunden aufgehetzte, jetzt 19jährige Schwachkopf Afonso VI. auf, schickt seine Mutter in ein Kloster und profitiert von dem, dank Schomberg, in glänzender Verfassung operierenden Heer, das in drei Schlachten (1664 bei Ciudad Rodrigo, 1665 bei Montes Claros und bei Vila Viçosa) brillante Siege gegen die Spanier erkämpft. O Vitorioso, der Siegreiche, wird der unverdiente Nebentitel des Königs.

Als der Minister Castel Melhor den lasterhaften und debilen König mit der Tochter des Herzogs von Nemours, Enkelin Heinrichs IV., Françoise Louisa d'Aumale 1666 verheiratet, bahnt sich der Eklat an. Von der Scheußlichkeit ihres degenerierten Gatten abgestoßen, gilt ihre Liebe auf den ersten Blick dem Bruder des Königs, Pedro. Vierzehn Monate versucht sie durchzuhalten, zieht sich dann brüsk solange in ein Kloster zurück, bis der Papst ihrem Antrag auf Scheidung entspricht. Zur selben Zeit setzt Pedro seinen Bruder ab und übernimmt 1667 die Regentschaft. Ein Jahr darauf wird mit Spanien endlich Frieden geschlossen und Françoise geheiratet. In Sintra verstirbt 1683 der bis dahin dort internierte König Afonso VI., und als *Pedro II.* übernimmt der neue Regent das Staatsschiff. Mit Recht wird ihm später der Titel o Pacífico, der Friedliebende, zuerkannt. Aus Brasilien strömt Gold ins Land, und der König benutzt es, um im weitesten Sinne Handel und Wirtschaft zu fördern und Heer und Flotte weiter auszubauen. Portugal schwelgt seit Manuels Zeiten zum ersten Male wieder im Glück. Im spanischen Erbfolgekrieg löst Portugal sich aus den engen Bindungen an Frankreich und tritt im Vertrage von Methuen 1703 an die Seite Englands. Das bedeutet Landung englischer Truppen in Lissabon und mit ihnen zusammen den Einmarsch in Spanien. Das Vorpreschen gelingt bis nach Madrid, das man aber bald wieder räumen muß. (Spanien verliert Gibraltar). Jetzt altersschwach und desinteressiert, übergibt der überdrüssige König die Regentschaft an Katharina, die Witwe Karls II. von England. 1706 stirbt er.

*João V.,* sein Sohn, muß gegen seine friedliche Natur die Spanienkriege fortsetzen. Seine Armee erleidet mehrere Niederlagen, und in Übersee blockieren zu gleicher Zeit die Franzosen Rio de Janeiro ganze 12 Monate, verstopfen, gottlob für ein Jahr nur, den phantastischen Goldfluß, der allein diesem bigotten und zugleich prunk- und verschwendungssüchtigen Herrscher die Erfüllung seiner Wünsche ermöglicht. Ganz unter dem Einfluß der Jesuiten und unterstützt von der im Wesen gleichgearteten Gattin Marianne, Tochter des verstorbenen deutschen Kaisers Leopold I., stiftet er Unsummen für kirchliche Zwecke, um in Lissabon ein Patriarchat einrichten zu dürfen. Der Titel Fidelissimus Rex,

## GESCHICHTE – KUNST – KULTUR

Allergetreuester König, ist dafür die päpstliche Gegengabe. 85 Millionen verschlingt der Riesenbau des Klosters Mafra, kaum vorstellbare Summen gehen für Künstlerhonorare, Spiele und Theater aus der Schatulle, und als o Magnánimo, den Großmütigen, loben ihn alle, die davon profitieren. 1715 wird wieder einmal mit Spanien Frieden geschlossen und durch eine Doppelhochzeit besiegelt: Tochter Josepha heiratet den spanischen Thronerben Fernando, die spanische Infantin Marianne Victoria de Bourbon den portugiesischen Thronerben José.

Nach einem schlimmen Schlaganfall Joãos V. übernimmt für die letzten acht Jahre seines Lebens die Königin das Regierungsamt, beraten und unterstützt vom Lissabonner Patriarchen Kardinal de Cunha, bis im Jahre 1750 der König stirbt.

Sein Sohn *José I.* ist zwar kein besonders geistiges Licht, seine Regentschaft (1750–1777) aber geht akzentuiert in Portugals Geschichte ein dank der Tätigkeit seines Ministers, des hochbegabten Grafen José de Carvalho e Melo, der später als *Marquis von Pombal* bekannt wird. In Coimbra studiert Melo, ist dort und anderswo bekannt wegen seines freien Lebensstils, hat in Lissabons Gesellschaft öfters heftige Affären, wird Gesandter in England, dann in Wien und baut auf diesen Stufen seine liberal-weltmännische Grundhaltung so prägnant aus, daß ihn der König bei seinem Regierungsantritt 1750 in die Regierung erst als Staatsminister holt, dann zu seinem ganz persönlichen Ratgeber ernennt. Die große Stunde des Aufsteigers schlägt nach dem furchtbaren Erdbeben vom 1. November 1755. »Die Toten müssen begraben und die Verletzten behandelt werden«, herrscht er die Kopflosen an. Er veranlaßt erste Hilfen, behält die notwendige Ruhe und Übersicht und steht in der Folgezeit persönlich der Ausarbeitung und Durchführung aller Pläne zum Wiederaufbau Lissabons vor, das dann so entsteht, wie man es noch heute, zumindest im Stadtzentrum, vorfindet. Solches kann nur mit äußerster Disziplin, mit Strenge und, wie Adel und Klerus ihm vorwerfen, »übelstem Despotismus« geschehen. Das und die Tatsache, daß er einflußreiche Ämter nicht nach Stand, sondern denen anträgt, die seinen freigeistigen modernen Ideen nahestehen und wie er konsequent einmal gefaßte Ziele auch ohne Wenn und Aber angehen, macht ihn zum Feind vieler Adliger und großer Teile des Klerus. Die Opposition formiert sich, begeht aber den Fehler, ein Attentat auf den König zu versuchen (1759). Es mißlingt, die Anführer werden hingerichtet, konspirierende Bischöfe bestraft und die Jesuiten aus Portugal und allen seinen Kolonien ausgewiesen. Mit Unterstützung der Real Mesa Censoria, des königlichen Zensurtisches, und dem Verbot der Ketzerverbrennung, wird die Inquisition in Portugal dem Staat unterstellt. (Erst 1821 wurde sie endgültig abgeschafft.) Ab 1773 beginnen dann, gestützt von den Ideen des aufgeklärten Absolutismus, Pombals berühmt gewordene liberale Reformen unter der generellen Parole, daß »der König auf eigene Art, in genauer Kenntnis und voller und höchster königlicher Macht Recht spreche«. *Politische Reformen:* Kein Mißbrauch mehr bei Steuereintreibungen; neugeschaffener Posten eines polizeilichen Generalintendanten mit weitgehenden Machtbefugnissen; organisierte Überwachung der Pässe, Kampf gegen Bettelei und Verbrechen; Abschaffung der Sklaverei mit Sonderbestimmungen für Brasilien; *Wirtschaftliche Reformen:* Feste Löhne für Landarbeiter: feste Quoten bei der Emigration; Gründung einer allgemeinen Gesell-

2   Lissabon   Casa dos Bicos

◁ 1   Lissabon   Rossio oder Praça de Dom Pedro Quarto mit dem Nationaltheater Dona Maria II.

4   Lissabon   Pantheon (Engrácia-Kirche)

3   Lissabon   Romanische Kathedrale, Westfassade, 1147

6   Lissabon   Igreja da Conceição Velha, Portal ▷

5   Lissabon   In der labyrinthischen Alfama

7 BELÉM   Westportal, Meisterwerk von Chanterène: Verkündigung – Geburt – Anbetung
   9 SINTRA   Königlicher Palast mit konischen Küchenschornsteinen
8 BELÉM   Kenotaph für den Dichter Camões unter der flachen Empore

10  SINTRA  Manuelinisches Fenster am Königspalast

11  SINTRA  Pelourinho im Palasthof

12  SINTRA  Elsternsaal, 136 Deckenbilder des Vogels; por bem (in allen Ehren) im Spruchband

13  SINTRA  Saal der Schwäne mit gebrochener Muldendecke

14 SINTRA  Der Palácio da Pena hoch über der Stadt

15  MAFRA  Frontpartie des Klosterkomplexes, erbaut ab 1717

16  MAFRA  Königliche Basilika im Kloster                17  MAFRA  Vorhalle der Klosterkirche

18 MAFRA Krankensaal im Klostertrakt

19 MAFRA Zimmer des Königs

21 SANTARÉM Kenotaph für Dom Duarte de Menezes ▷
20 MAFRA Bibliothek unter stukkatiertem Tonnengewölbe im 88 Meter langen Prunksaal

22 SETÚBAL   Jesús-Kirche mit schraubenförmigen Langhauspfeilern und den typischen Steintaubändern
23 RAPOSEIRA   Eigenartig skulptierter Schlußstein in der Kapelle der Nossa Senhora de Guadelupe, 13. Jh.
24 LAGOS   Denkmal Heinrichs des Seefahrers
25 Am Kap von Sagres

27 SAGRES   Windrose der Seefahrerschule Heinrichs des Seefahrers
◁ 26 Algarve-Küste bei Lagos
28 BEJA   Ermida de Santo André von König Sancho I., 1162

29 BEJA   Torre de Menagem, Portugals höchster Burgturm

30  FARO  Phantastisch gestalteter alter Hausgiebel an der Straße N 125 zum Flugplatz

31  SINES  Nossa Senhora das Salvas, 16. Jh.

32 ÉVORA Kathedrale, frühgotisch ab 1186 erbaut, Innenraum

33 ÉVORA Im Lóios-Kloster, Schmuckbogen mit Ornamenten der Frührenaissance, heute Pousada

34 ÉVORA Ermida de São Bras, 1485, spätgotisch-maurisch nach einer Pestepidemie erbaut

schaft der Landwirte und Weinbauern im Alto Douro, Festsetzung der Weinsorten und Preise bei Douro-Weinen; Verbot einer Konzentration von Grundeigentum in der Hand von kirchlichen Körperschaften oder Privatleuten; Schutz von Industriezweigen wie Leinen-, Glas-, Papier-, Wollstoff-Fabrikation; Gründung einer Fischereigesellschaft des Algarve; Einfuhr von Seidenraupen; Gründung der Bank von Portugal; *Lehrreform:* Schaffung einer Realschule für Adlige; Ausbau des Volks- und Realschulsystems; Statutenreform an der Universität von Coimbra; zahlreiche Schulgründungen; Lehrverbot für alle Angehörigen der Gesellschaft Jesu; *Militärreform:* Reform des Marinewesens; Aufbau und Erweiterung nach Qualität wie Quantität beim Heer unter dem Grafen von Lippe-Bückeburg, dem allein König und Minister es verdanken, daß die kurzzeitig im Land eingefallenen Spanier wieder hinausgedrängt werden und der Friede wiederhergestellt werden kann.

Der Tod von José I. im Jahre 1777 bedeutet auch das direkte Ende der fortschrittlichen Pombalschen Reformen. Noch schlimmer: Denn da ein männlicher Thronerbe fehlt, übernimmt die älteste Prinzessin, Maria Francisca, als Königin *Maria I.* die Regierungsgeschäfte. Verheiratet ist sie mit dem Bruder des verstorbenen Königs, Pedro, ihrem Onkel. Beide, ohnehin von krankhaften religiösen Wahnideen beherrscht, überlassen das Regieren großzügig der Witwe von König José. Und gerade sie wird, von Adelskreisen und Klerikern aufgestachelt, zu Pombals gefährlichster Gegenspielerin, sie strengt gegen ihn wegen angeblicher Justizmorde, Unterschlagung von Staatsgeldern usw. einen Prozeß an. Die von ihr geforderte Todes- oder Kerkerstrafe verhindert überraschenderweise a Piedosa, die Fromme, die junge Königin. Der greise Pombal wird 20 Meilen von Lissabon entfernt auf eines seiner Landgüter verbannt und stirbt dort verbittert im Mai 1782. Zehn Jahre später verfällt Maria dem Wahnsinn, ihr zweiter Sohn João übernimmt für sie erst die Regentschaft, dann ab 1816 als König *João VI.* den Thron.

DER BAROCK beginnt schon mit Baltasar Álvares, und in Lissabon entsteht *Santa Engrácia,* die bereits von Nunes Tinoco geplant worden war. Dann kommen Ausländer zum Zuge. In Porto baut der aus der Toscana stammende Nicoló Nasoni die ovale *Clérigos-Kirche* und ihren 75 m hohen Turm. Die Süddeutschen Ludwig, Vater und Sohn, türmen Portugals gigantischsten Bau auf, das *Kloster Mafra* (Abb. 15), letzter Protz königlicher Machtentfaltung vor dem Ruin, errichten in Évora den *Chor der Kathedrale* und entwerfen in Coimbra das Gebäude der würdevoll-charmanten *Universitätsbibliothek* (Abb. 69), das Pendant zur Erlachschen in Wien. In Lissabon werden vom Ungarn Carlos Mardel anmutige *Brunnen* und der *Palast des Marquis von Pombal* in Oeiras errichtet, und schließlich erbaut Mateus Vicente do Oliveira mit Hilfe des Franzosen Robillon 1747 und 1755 das *Lustschlößchen Queluz* (Farbt. 10) als Sommerpalast für König Pedro III. Vicente ist auch für den Bau der *Estrela-Basilika* in Lissabon verantwortlich. Als nach dem Erdbeben von 1755 die Hauptstadt in Schutt und Asche liegt, entscheidet Pombal den Wiederaufbau in seinem Sinne. Dort, wo einst der Königspalast aufragte, läßt der energische Minister im geometrischen Raster von Manuel de Maia und Eugénio dos Santos die weitflächige *Praça do Comércio* (Farbt. 1) und die neue Unterstadt Baixa errichten. Auf diesem Eingangsplatz vom Tejo zur

65

## GESCHICHTE – KUNST – KULTUR

Stadt errichtet Machado de Castro, mit seinen beweglichen Plastiken und vor allem seinen Krippenfiguren wichtigster Vertreter der barocken Bildhauerkunst, das Reiterbild Dom Josés in der gemessenen Tradition eines Manuel Pereira aus dem 16. Jh. Um die Wende zum 18. Jh. kommt die Beliebtheit der Azulejos auf. Sie verkleiden schmückend Innen- und Außenwände profaner wie sakraler Bauten. Die *Carmokirche* in Porto, *São Lourenco de Matos-Kirche* in Almansil, *São Evangelista* in Évora und *Madre de Deus* in Lissabon seien stellvertretend für viele genannt. Mit dem hemmungslos nach Portugal strömenden brasilianischen Gold kommt die prunkhafte Manie der Talha dourada auf, eine Übernahme italienisierender Geschmacksverfremdung, bei der kunstvoll geschnitztes Holz üppig vergoldet wird und, unbekümmert um ursprüngliche Stile, Formen oder Gegebenheiten, alles bis über Wände und Decken, natürlich viele Altäre und Retabulos, wie Schwulst überwuchert und in verschnörkelte Schmuckschatullen verwandeln will. Diese Talhas douradas werden ganz überwiegend in der sakralen Kunst verwendet. Hierbei war unter anderem der spanische Churriguerismus (die Form des spanischen Hochbarock, benannt nach dem Architekten und Bildhauer José Churriguera) Vorbild. Talhas douradas und Azulejos sind wahrhaftig typische portugiesische Ausdrucksformen einer überschäumenden, bombastischen und zutiefst unsicheren Lebensbalance, die in keinem anderen Land eine Parallele haben und sich völlig autochthon auf der Iberischen Halbinsel entwickelten.

Nach der überragenden MALKUNST eines Nuno Gonçalves können sich nur Bento Coelho und Josefa d'Ayala mit feierlichen, oft fast pathetischen religiösen Motiven und mit angenehm üppigen Stilleben, Domingos Vierra II. mit hervorragend gewinnenden Porträts einen wirklichen Namen machen. So kommen immer wieder, wie bei den Architekten, Ausländer, Franzosen und Italiener vor allem, nach Portugal. In Lissabon malen der Watteau-Schüler Antonio Quillard, Jean Pillement und der Porträtist Francisco Vieira de Matos, ein Portugiese. Letzter in der Zeitfolge, aber erster im Können ist dann zweifellos *Domingos Antonio de Sequeira*, dessen Porträtbilder in Detail wie Anlage das Können eines Goya erreichen.

Gegen Englands Rat meint João sich mit Spanien gegen Frankreich verbünden zu müssen und schließt 1793 in Aranjuez einen entsprechenden Vertrag ab, eine folgenschwere Isolation beginnt. Denn schon zwei Jahre später kommt es zu einem Separatfrieden zwischen Frankreich und Spanien in Basel. Als João seine prekäre Lage erfaßt hat, mußte er hören, daß man in Frankreich das Land Portugal fürderhin nur noch als eine englische Provinz ansehe. Eine Aufteilung Portugals zwischen Spanien und Frankreich wird 1796 im Vertrage von San Ildefonso festgelegt und das Heer marschbereit gemacht. England schickt 6000 Mann nach Portugal und den Prinzen von Waldeck als Instrukteur für die portugiesischen Truppen. Jetzt versucht Napoleon einzulenken und Portugal auf seine Seite zu ziehen. Die strikte Ablehnung zieht den Krieg nach sich. Überstarke spanische Divisionen marschieren ein, besiegen mehrfach die Portugiesen, und João ist gezwungen, um Frieden mit den Spaniern zu bitten. 1801 erhält er ihn in Badajoz, seit damals gehört das Gebiet von Olivença zu Spanien. Napoleon schließt sich nicht an, will vielmehr Portugal und dort die englischen

66

Hafenstützpunkte in seinen Besitz bringen. General Junots Verbände rücken 1807 in Portugal ein und bis Lissabon vor. Der König setzt einen Regentschaftsrat ein, die königliche Familie, einschließlich der umnachteten Königin Maria, verläßt das Land in Richtung Brasilien, Junot besetzt die Tejostadt. Damit ist ganz Portugal im Besitze Frankreichs.

An die rohen, kunstschänderischen Taten arroganter französischer Soldateska in dieser Zeit wird man noch heute auf Schritt und Tritt in Portugal überall da erinnert, wo beschädigte Kunstwerke glücklicherweise überhaupt dem Wüten napoleonischer Grenadiere entgangen sind. Unbeschädigt ist kaum etwas. Solch barbarisches Bilderstürmen, Brandschatzen und Plündern muß Widerstand erzeugen. An die Spitze des Aufstandes stellt sich der Bischof von Porto, José de Castro, englische Truppen unter Wellington eilen zu Hilfe, und mehrfach geschlagen müssen die Franzosen endlich Portugal räumen, für kurz nur, dann versuchen Bonapartes Marschälle Soult und Masséna noch einmal den Kampf um Portugal, werden von Wellington im Wald von Buçaco (s. S. 315) besiegt und nun endgültig aus Portugal vertrieben.

In Brasilien stirbt 1816 Königin Maria. Neuer König wird *João VI.* mit der Titulatur ›König von Portugal, Brasilien und Algarve‹. Anstatt sofort nach Portugal zurückzukehren, bleibt er in Brasilien, überläßt in Portugal das Regieren einem Regentschaftsrat und muß von Ferne zusehen, wie Aufstände den guten Kern seines Volkes dezimieren. Auf energisches Drängen von England hin kehrt João erst im Jahre 1821 nach Lissabon zurück, gerade zu der Zeit, als die Cortes eine neue Verfassung in Kraft setzen. Brasilien nimmt das zum Anlaß, die Unabhängigkeit auszurufen, und Kronprinz Dom Pedro wird erster Kaiser von Brasilien.

In Portugal bleibt dem König nichts übrig, als der neuen konstitutionellen Verfassung zuzustimmen, im Gegensatz zu seiner Frau Carlota und dem Sohn Miguel, beide die Hoffnung der Absolutisten. Ihnen gelingt es durch einflußreiche Adlige und das Heer, das Vertragswerk 1823 außer Kraft zu setzen. Als Miguel versucht, den Vater festzusetzen, flüchtet der auf einem englischen Schiff zurück nach Brasilien und stirbt dort nach zwei Jahren. Jetzt greifen, um einem Chaos in Portugal vorzubeugen, überraschend die Gesandten von Österreich, England, Rußland und Preußen ein, stellen die königliche Autorität wieder her und beruhigen die Volksmassen. Miguel wird verbannt, Rädelsführer der Absolutisten verhaftet und Graf Palmela zum Premierminister ernannt. Rechtmäßiger Thronerbe wäre Pedro, der aber Kaiser von Brasilien ist. Da er gleichzeitig nicht in beiden Ländern regieren kann, Brasilien aber nicht aufgeben möchte, entsagt er dem portugiesischen Thron zugunsten seiner achtjährigen Tochter Maria mit der Auflage, daß Miguel für sie die Regentschaft zu übernehmen und sie später zu heiraten habe. Mit Wissen führender Militärs inszeniert Miguel unter der Führung des Marquis de Chaves einen Aufstand. Als dieser erfolglos bleibt, beschwört er pro forma schließlich die ihm verhaßte Verfassung, übernimmt damit die Regentschaft und, jetzt mächtig und stark, wie er meint, stößt er die Verfassung wieder um, schickt massenweise Konstitutionalisten in die Kerker, holt die Jesuiten nach Portugal zurück, verhilft Kirche und Klerus zu alten Rechts- und Besitzständen und läßt sich 1828 zum König *Miguel I.* ausrufen.

67

# GESCHICHTE – KUNST – KULTUR

Dieses Schreckensregime in Portugal zu brechen, entschließt sich in Brasilien Dom Pedro, der Kaiserkrone zu entsagen, landet in Porto, zieht rücksichtslos gegen Miguel zu Felde und besiegt ihn bei Tomar so nachhaltig, daß Miguel im Vertrag von Évora 1834 für immer auf Portugals Thron verzichten muß. Als mitten in diesen Turbulenzen Dom Pedro noch im gleichen Jahre stirbt, wird Maria für großjährig erklärt und übernimmt als *Maria II. da Gloria* für die nächsten 27 Jahre die Regierung. Ein Jahr später heiratet sie den Prinzen von Leuchtenberg, und als dieser auf tragische Weise bereits nach zwei Monaten stirbt, den Prinzen Ferdinand von Sachsen-Coburg-Gotha, einen Neffen König Leopolds von Belgien. Verfassungskämpfe zwischen Liberalen und Radikalen bestimmen ihre Regierungszeit; ihre leisen Versuche, wenigstens Not zu lindern und, wo nur immer möglich, helfend einzuspringen, haben ihr den Beinamen a Educadora, die Erzieherin, eingebracht. Im November 1853 stirbt sie.

Für ihren Sohn Pedro übernimmt zwei Jahre lang Prinzgemahl Ferdinand von Sachsen die Regentschaft. 1855 steigt dann *Pedro V.* auf den Thron. Innenpolitisch setzen sich die alten Verfassungskämpfe weiter fort, und auch einem sogenannten Versöhnungsministerium gelingt eine dauernde Einigung der zerstrittenen Parteien nicht. Furchtbar wütet in Lissabon die Cholera, 8000 Menschen werden hingerafft. Außenpolitisch wäre es beinahe zum Krieg mit Frankreich gekommen. In den Gewässern von Moçambique ist eine französische Schaluppe mit Negersklaven aufgebracht worden (seit 1836 sind in allen portugiesischen Gebieten der Sklavenhandel und die Sklaverei abgeschafft und verboten). Napoleon III. protestiert und fordert Entschädigung und Schiff und ›Fracht‹ zurück. Weil mit Krieg gedroht wird, fügt sich Portugal. Der latente Franzosenhaß führt zu Regierungskrisen, und als dann 1861 König Pedro, o Esperançado, der Hoffnungsvolle, an der Cholera und wenige Tage später unter geheimnisvollen Umständen auch seine junge Frau und beide Brüder an einem ungeklärten Fieber sterben, raunt das Volk von Giftmord.

Bis zur Rückkehr des Thronfolgers, der in Frankreich studiert, übernimmt noch einmal der sächsische Ferdinand die Regentschaft. Er ist jetzt in morganatischer Ehe mit der berühmten Tänzerin Elise Hensler verbunden. *Luis I.* (1861–1889) muß, vom Volke o Bom, der Gute, genannt, wenig tätig die Fortsetzung der Kämpfe zwischen Progressistas (liberal) und Regeneradores (konservativ) mit ansehen, Demonstrationen zu schlichten versuchen und neuen Regierungen sein Placet geben. Ein Lichtblick wird 1880 die große Gedenkfeier für den Dichter Camões, Dunkelheit beschattet den Streit mit dem Beschützer England über Rechtsansprüche im Kongo und Ostafrika. Mit Deutschland wird 1886 eine Grenzregelung zwischen den afrikanischen Besitzungen getroffen, im nächsten Jahre mit China ein Abkommen über Macau.

DIE KUNST IM 19. JAHRHUNDERT präsentiert sich zuerst auf der romantischen Woge. Der Porträtmaler *Visconde de Menezes,* der Landschafts- und Tiermaler *Tomás de Anunciação* sind ihre hervorragenden Vertreter, beide aber bereits mit den Bezügen zum unbestechlichen Naturalismus, der bei *Miguel Lupi* schließlich voll durchbricht. Um Silva Porto schart sich eine Gruppe von Erneuerern, ›Grupo do Leão‹, die dem Impressionismus nahe steht.

Die dringlich-eindrücklichen Bilder von José Malhoa, von Columbano, Oliviera, Sousa Pinto und von Henrique Pousão entstehen gleichzeitig mit den bis in die Fingerspitzen erhabenen, feingeschlagenen Skulpturen des begnadeten Bildhauers *Soares dos Reis* – von allen heute Werke in den Museen von Porto, Caldas da Rainha und Amarante.

Auf König Luis I. folgt im Oktober 1889 sein Sohn als *Carlos I.*, und in Brasilien wird im November sein Großonkel Kaiser Pedro II. gestürzt und die Republik ausgerufen. Das scheint das Zeichen zur ersten republikanischen Revolte in Porto zu sein. Jedenfalls nimmt seitdem der Vertrauensschwund zwischen Volk und Königshaus ständig zu. Um dieser Situation entgegenzutreten, stattet der König über die Köpfe der Cortes hinweg seinen Premier mit quasi-diktatorischen Vollmachten aus. Da gelingt radikalen Anarchisten ein Attentat auf den König. Er und Kronprinz Luis Felipe werden getötet, der leicht verletzte Prinz Manuel muß 1908 als König *Manuel II.* die Regierung übernehmen. Zu spät. Er kann die miserablen Zustände des Staates nicht mehr ändern oder gar aufhalten. Liberale und Republikaner fordern die Beseitigung der Monarchie. In der Nacht vom 3. zum 4. Oktober 1910 geht sang- und klanglos die Monarchie über in die republikanische Regierungsform. Widerstand wagt jetzt der König nicht mehr. Mit seiner Familie begibt er sich nach Ericeira, flieht auf der Yacht ›Amalia‹ erst nach Gibraltar und dann nach England ins Exil. O Prescrito, der Verbannte, heißt er deshalb. – Mit ihm und der Ausrufung der Republik endet die Regierung des Hauses Bragança.

## Die Republik ab 1910

1910/11 ist Téofilo Braga Präsident einer provisorischen Regierung. Mit seiner neuen Verfassung entzieht er den Staat dem Einfluß der Kirche, indem er Klöster und Orden auflöst, ihre Vermögen konfisziert und die Ehescheidung dem Zivilrecht unterstellt. Seine politischen Reformen bringen Pressefreiheit und den Fortfall aller Adelstitel; die sozialpolitischen das Streikrecht sowie umfassende Bildungsmaßnahmen für die überwiegend nicht alphabetisierte Bevölkerung. Diese Reformen können jedoch die sozialen und wirtschaftlichen Probleme des Landes nicht lösen. Das Ausbleiben notwendiger Landreformen im Süden führt zu Landarbeiterstreiks; ab 1912 zeigen Generalstreiks in Lissabon an, daß die Unterstützung der Regierung durch die Industriearbeiterschaft abnimmt. Der Erste Weltkrieg sieht Portugal seit 1916 auf der Seite der Alliierten. Die Nachkriegsjahre werden turbulent; bis 1926 erlebt das Land 44 Regierungen, ständige Unruhen und 15 Militärputsche. 1926 löst General Gomez da Costa nach einem gelungenen Militärputsch das Parlament auf, setzt die Verfassung außer Kraft, und General Carmona (von 1928–1951 Staatspräsident) etabliert die Diktatur, die die nächsten 48 Jahre andauern wird. 1928 beruft er den Professor für Nationalökonomie António de Olivera Salazar aus Coimbra zum Finanzminister mit unbegrenzten Vollmachten. Salazar wird zur beherrschenden politischen Figur der nächsten 40 Jahre.

# GESCHICHTE – KUNST – KULTUR

Durch rigorose Steuererhöhungen und Haushaltskürzungen gelingt es ihm, die Staatsfinanzen zu ordnen. 1932 wird er Ministerpräsident; seine neue Verfassung wird zur Grundlage seiner Diktatur und des ›Estado Novo‹. Pressefreiheit und Streikrecht werden abgeschafft, die Gewerkschaften reorganisiert, das Parlament durch eine ständische Abgeordnetenkammer ersetzt, deren Mitglieder alle aus Salazars Partei ›União Nacional‹ (lange Jahre die einzige legale Partei im Lande) kommen. Seit 1936 setzt Salazar die Geheimpolizei PVDE (ab 1945 PIDE, ab 1969 DGS) gegen die starke demokratische und vor allem kommunistische Opposition (KP in Portugal 1921 gegründet, seit 1926 verboten) ein. Aus dem spanischen Bürgerkrieg kann Salazar Portugal heraushalten und im Zweiten Weltkrieg seine Neutralität durchsetzen. 1949 tritt Portugal der NATO bei. Trotz wirtschaftlicher Fortschritte bleibt es das ärmste Land Europas. Als letzte der europäischen Kolonialmächte sucht es noch von den sechziger Jahren an seine Kolonien zu halten und führt Kriege gegen die Unabhängigkeitsbewegungen in Angola, Guinea und Moçambique. 1968 löst Marcelo Caetano den schwerkranken Salazar ab, tritt als Liberaler aber sofort in unüberbrückbaren Gegensatz zum konservativen Staatspräsidenten Américo Tomás. 1974 beendet ein Offiziersputsch die Diktatur. General Spínola wird Staatspräsident, kapituliert aber nach 5 Monaten vor den Schwierigkeiten. Sein Rücktritt wird zum Startsignal für bürgerkriegsähnliche Unruhen, demokratische und kommunistische Kräfte bekämpfen einander, auch die Armee greift ein; die wirtschaftliche Lage treibt einer Katastrophe zu. 1976 wird der zum Sozialismus tendierende, als gemäßigt geltende Ramalho Eanes Präsident, der Sozialist Mário Soares Regierungschef. Portugal erhält eine demokratische Verfassung mit dem Ziel einer klassenlosen Gesellschaft; der Versuch, die Banken und Großbetriebe zu verstaatlichen und den Großgrundbesitz an die Landarbeiter aufzuteilen, muß jedoch schrittweise wieder aufgegeben werden. Auch Soares scheitert mit drei Regierungen, ohne die besonders wirtschaftlich desolate Lage des Landes konsolidieren zu können. Nach langen Verhandlungen wird zu Beginn des Jahres 1986 Portugal als Vollmitglied in die Europäische Gemeinschaft eingegliedert. Die Präsidentschaftswahl im Februar 1986 besiegelt das Ende der Revolution von 1974, die den Beinamen ›Rote Nelken‹ trägt. Der Sozialist Soares wird Portugals neues Staatsoberhaupt. Nachdem seit der Revolution 17 Regierungen mit den unterschiedlichsten Koalitionen abgewechselt haben, erzielt bei den Parlamentswahlen Mitte 1987 zum ersten Mal eine Partei allein die absolute Mehrheit im Parlament, die Sozialdemokraten (PSD) unter Ministerpräsident Aníbal Cavaco Silva. 1991 wird er als Ministerpräsident wiedergewählt, ebenso Soares als Staatsoberhaupt. Silva setzt 1989 und 1992 der bürgerlichen und freien Marktwirtschaft verpflichtete Verfassungsreformen durch. 1992 übernimmt Portugal die EG-Präsidentschaft.

Lissabon ist im Jahr 1994 Europäische Kulturhauptstadt, wird 1998 die Weltausstellung ausrichten und dabei unter der Überschrift »Die Ozeane, ein Erbe für die Zukunft« die größte Ausstellung, die je über die Meere gemacht wurde, präsentieren.

# Portugals Könige und ihre Dynastien

*Die Dynastie der Burgunder*

| | |
|---|---|
| Afonso I. Henriques | 1128–1185 |
| Sancho I. | 1185–1211 |
| Afonso II. | 1211–1223 |
| Sancho II. | 1223–1248 |
| Afonso III. | 1248–1279 |
| Diniz I. | 1279–1325 |
| Afonso IV. | 1325–1357 |
| Pedro I. o Justiceiro | 1357–1367 |
| Fernando I. | 1367–1383 |

*Die Dynastie Aviz*

| | |
|---|---|
| João I. | 1385–1433 |
| Duarte I. o Eloquente | 1433–1438 |
| Afonso V. | 1438–1481 |
| João II. | 1481–1495 |
| Manuel I. | 1495–1521 |
| João III. | 1521–1557 |
| Sebastião I. | 1557–1578 |
| Kardinal Henriques o Casto | 1578–1580 |

Von 1580 bis 1640 ist Portugal mit Spanien durch Personalunion verbunden; Regentschaft durch Vizekönige. Land und Kolonien werden von Portugal selbst verwaltet.

*Die Dynastie Bragança*

| | |
|---|---|
| João IV. o Restaurador | 1640–1656 |
| Afonso VI. o Vitorioso | 1656–1668 |
| Pedro II. o Pacífico | 1683–1706 |
| João V. | 1706–1750 |
| José I. | 1750–1777 |
| Maria I. a Piedosa | 1777–1792 |
| Prinz João | 1792–1816 |
| João VI. | 1816–1826 |
| Miguel I. | 1828–1834 |
| Maria II. | 1834–1853 |
| Pedro V. o Esperançado | 1855–1861 |
| Luis I. o Bom | 1861–1889 |
| Carlos I. | 1889–1908 |
| Manuel II. o Prescrito | 1908–1910 |

# Lissabon – Portugals Hauptstadt

*»Sage mir, meine Seele, arme, kühl gewordene Seele, was dächtest du davon, in Lissabon zu wohnen? Es soll dort warm sein, und du würdest wieder munter werden wie eine Eidechse. Diese Stadt liegt am Rande des Wassers; man sagt, sie sei aus Marmor gebaut... Das ist eine Landschaft nach deinem Geschmack; eine Landschaft von Licht und Stein, und das Wasser, um sie zu spiegeln.«*

(Charles Baudelaire, »Gedichte und Prosa«)

*Lissabon vor dem großen Erdbeben 1755*

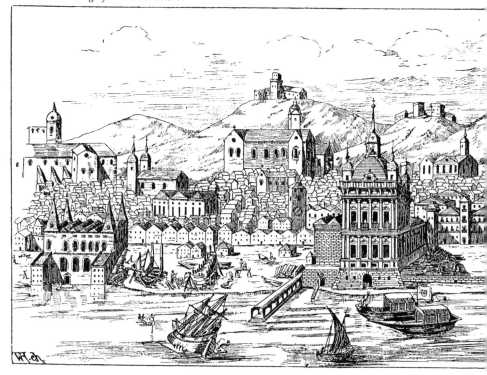

Lissabon (portugiesisch Lisboa) breitet sich über teils sehr steilen Hügeln und engen Tälern am Nordufer des Tejo aus, der sich hier, 16 km vor seiner Mündung in den Atlantik, zu dem breiten Mar da Palha (Strohmeer) erweitert. In der breitesten Senke zwischen den Hügeln liegt die Baixa (Unterstadt), in der sich vielleicht schon die Karthager niedergelassen haben; jedoch kann dies bisher nicht von der archäologischen Forschung bestätigt werden. Die Phönizier sollen diesen Platz Alis Ubbo, liebliche Bucht, genannt haben, der in den Berichten von Plinius d. Ä. als Gründung des vielgereisten Odysseus gepriesen wird. Natürlich bleibt die Gründung durch Odysseus sehr umstritten, aber eine Siedlung der Griechen konnte durch Keramikfunde unter der Casa dos Bicos nachgewiesen werden. Die Römer nannten den Ort ›Olissipo‹, zu Zeiten Caesars ›Felicitas Iulia‹; er war damals neben Mérida Roms zweitwichtigste Stadt in Lusitania. Natürlich okkupierten nach der Vertreibung der Römer 407 Alanen und Sueben, ab 585 die Westgoten, die auch die erste Stadtmauer errichteten, diesen günstigen Hafenplatz. Den nach 713 siegreich vorstürmenden Araberheeren mußten sie die Stadt übergeben, die schnell in die islamische Kulturwelt eingegliedert wurde und, wie arabische Quellen stolz berichten, eine glückvolle Blütezeit hatte. Von der über

# LISSABON: GESCHICHTE

400 Jahre dauernden Herrschaft über ›Achbuna‹ sind zwar keine Gebäude mehr erhalten, aber das maurische Erbe ist bis heute in den Vierteln der Alfama und Mouraria zu erkennen.

Aus Asturien tasteten sich erst vorsichtig, dann immer ungestümer, die christlichen Ritterheere der Wiedereroberungsbewegung, der Reconquista, nach Süden, und mehrfach gelang es ihnen, kurzfristig Lissabon einzunehmen, so 798 Afonso II., 844 den Normannen und 1093 Afonso VI. von Leon. Endgültig in christlichen Besitz aber kam Lissabon 1147 unter Portugals erstem König, Afonso Henriques, unterstützt von Kreuzfahrern. Die Araber wurden vor den Stadttoren in einem bestimmten Maurenviertel, der Mouraria, zusammengefaßt. Als dann Afonso III. 1260 von Coimbra aus seine Residenz nach Lissabon verlegte, wirkte das wie ein Signal, die bedeutendste Stadt Portugals zu werden. Unter König Diniz wurde hier 1290 die erste Universität des Landes gegründet, aber schon bald nach Coimbra verlegt. Die Stadt wuchs über ihre alten Befestigungswerke so weit hinaus, daß schon knapp hundert Jahre später König Fernando I. die Cerca Fernandina, eine neue, weit vom Zentrum entfernte Stadtmauer ziehen lassen mußte – der passende Rahmen für die Stadt, die am Ende des 15. Jh. unter der Herrschaft des Königs Manuel I., zur Zeit der großen portugiesischen Entdeckungen und Eroberungen, zu Europas wohlhabendster, prächtigster und wahrhaft kosmopolitischer Metropole wurde und gleichzeitig der größte Umschlagplatz für die begehrten Waren aus Brasilien, Afrika und dem Orient war.

»Im Hafen werden Lebensmittel und Früchte in großer Menge gehandelt. Ich habe noch nie eine größere Menge Äpfel zum Verkaufe liegen sehen, nicht einmal in Nürnberg«, sagt 1494 ein Hieronymus Münzer aus Nürnberg nach einem Besuche Lissabons – »o welche verschiedenen Arten von Fisch, Heringe, die sie hier Sardinen nennen, die in solchen Mengen gefischt werden, daß sie für ganz Portugal, für Spanien, Rom, Neapel und Konstantinopel reichen, ohne von den Thunfischen, Delphinen und anderen Fischen zu sprechen. Wir sahen auch eine große Werkstatt mit vielen Öfen, in der Anker, Kugeln usw., auch alles, was zur Seefahrt gehört, hergestellt wird. Wir sahen schließlich in vier Gebäuden die riesigen und sehr schönen Kugeln in unendlicher Zahl und auch Speere, Schilde, Rüstungen, Mörser, Flinten, Bogen, Lanzen und alles von ausgezeichneter Machart und in größter Menge. Die Werkstätten in Nürnberg sind im Vergleiche hiermit nichts.«

Während der Herrschaft der Spanier (1580–1640) stagnierten Wirtschaft und kulturelles Leben. Den größten Schaden erlitt Lissabon durch das Beben im Jahre 1755. Flutwellen des Tejo und Flächenbrände verwüsteten die Stadt, zerstörten den von Manuel I. errichteten Ribeira-Palast am Flußufer, in dem wichtige Dokumente zur portugiesischen Entdeckungsgeschichte aufbewahrt wurden, und brachten Zehntausenden den Tod. 100 Kirchen und etwa 300 Paläste wurden zerstört. Die in Teilen erhaltengebliebene Carmo-Kirche erinnert noch an das Beben. Zufällig weilte der König an diesem Tag, Allerheiligen, in Belém, das verschont geblieben war.

König Josés Minister Pombal (Carvalho e Melo) ließ unmittelbar nach der Katastrophe die Stadt nach den Plänen von Manuel de Maia im Schachbrettmuster wiederaufbauen, wie man es heute noch in der Baixa vorfindet – und die Stadt begann aufzublühen.

74

Erst als noch während der französischen Invasion 1807/08 Portugals Residenz nach Rio de Janeiro verlegt worden war und nach der Unabhängigkeitserklärung Brasiliens 1822 auch die reichen Goldströme von dort plötzlich versiegten, schien neuerlich das Schicksal Lissabons besiegelt zu sein. Allein der zähe Behauptungswille seiner Bürger und ihre erfolgreiche Anpassung an die sich ständig turbulent ändernden Umstände während der Agonie des Hauses Bragança brachten das Wunder zustande, Lissabons alte Bedeutung als eines vorzüglichen Handels- und Hafenplatzes zu behaupten und auszubauen, was sich letztlich in dem besonderen Vertrauen zu Portugal und seiner Hauptstadt während der beiden Weltkriege positiv ausgewirkt hat. Ende der zwanziger Jahre konnte der 1928 zum Finanzminister berufene António de Oliveira Salazar den maroden Staatshaushalt konsolidieren; eine Maßnahme, die aber von Steuererhöhungen und riesigen Ausgabekürzungen begleitet wurde. Lissabon zeigt heute dem Besucher, auch nach den Unruhen und Umwälzungen der siebziger Jahre, das Bild einer modernen Großstadt. Die Stadt entwickelte sich sehr betont zum Zentrum von Portugals Industrie, Wirtschaft, Kunst und Kultur, die sich hier, Mischung aus dramatischer Vergangenheit und lebendiger Gegenwart und aus vielen Rassen, trotz des Verlustes fast aller Kolonien darbieten. Lissabon hat heute 807 000 Einwohner, mit dem Einzugsgebiet 1,8 Millionen Menschen, und ist damit mit Abstand die größte Stadt Portugals.

*Unsere Rundgänge A bis F können ein fast lückenloses Lissabon-Bild vermitteln, erfordern aber gut eine Woche; bei weniger Zeit raten wir, auf alle Fälle den Wegen A, B, und F zu folgen und das Nationalmuseum der Alten Kunst (im Weg D, S. 95) gesondert zu besuchen. Diese drei Wege sind kurz und sollten auf alle Fälle zu Fuß abgelaufen werden. – Sollte Ihnen für Lissabon nur ein Tag zur Verfügung stehen, dann wählen Sie unseren Weg B vormittags, den Weg F am Nachmittag oder umgekehrt.*

*Lissabon: Stadtplan (umseitig)*

*1 Praça do Comércio*
*2 Rossio*
*3 Praça Marques de Pombal*
*4 Park Eduardo VII. (oberhalb: Gulbenkian-Museum)*
*5 Estufa Fria*
*6 Casa dos Bicos*
*7 Conceição Velha*
*8 Kathedrale*
*9 Largo Santa Luzia*
*10 Castelo da São Jorge*
*11 Graça-Kirche*
*12 São Vicente de Fora*
*13 Pantheon*
*14 Madre de Deus*
*15 Carmo-Kirche (Archäolog. Museum)*

*16 São Roque*
*17 Museum der Zeitgenössischen Kunst*
*18 Rathaus*
*19 Nationalmuseum*
*20 Palácio Real das Necessidades*
*21 Basilika da Estrela*
*22 Palácio São Bento (da Assembléia Nacional)*
*23 Santa Catarina*
*24 Ponte 25 de Avril*
*25 Santo Amaro*
*26 Jerónimos-Kloster*
*27 Jerónimos-Kapelle*
*28 Torre de Belém*
*29 Denkmal der Entdeckungen*
*30 Kutschenmuseum*
*31 Palácio da Ajuda*
*32 Moschee*
*33 Gulbenkianmuseum*

## LISSABON: STADTPLAN

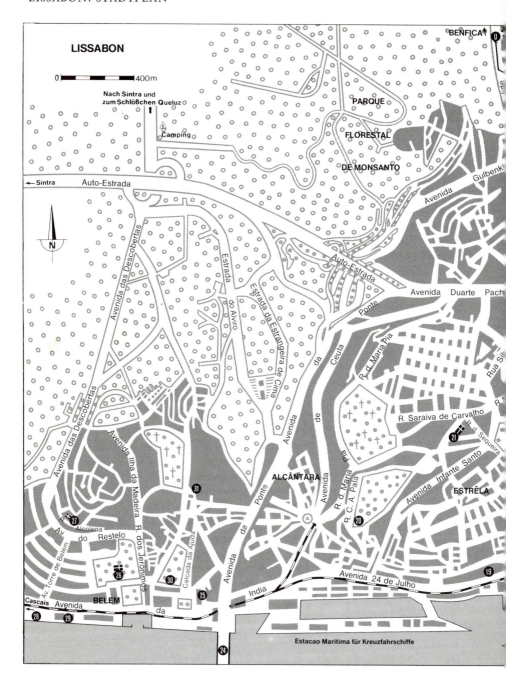

## A  Unterstadt – Rossio – Avenida da Liberdade – Park Eduardo VII.

Ausgangspunkt ist die PRAÇA DO COMÉRCIO (1) die die Lissabonner noch immer Terreiro do Paço, den Platz des Königsschlosses nennen, damals wie heute die prächtige Eingangstreppe vom Tejo zur Stadt. Hier standen bis zum großen Erdbeben, wie uns alte Stiche, auch ein Azulejogemälde am Largo Santa Luzia, deutlich zeigen, neben mehrstöckigen Häuserzeilen die aneinandergebauten, langen Palastflügel der portugiesischen Könige, die seit dem Ende des 15. Jhs. aus der Georgsburg auszogen und sich hier am Tejo niederließen, errichtet vom Baumeister Martin Annes und später gekrönt vom alles überragenden zweigeschossigen und überaus prachtvollen *Torreão do Paço da Ribeira*, den der Italiener Terzi für Philipp II. von Spanien an der Tejo-Front errichtet hatte. Alles hat das Erdbeben so gründlich vernichtet, daß weder Kunstwerke noch die Bibliothek oder Teile der Archive gerettet werden konnten. Damit versanken auch alle Beweise zur Erstentdeckung Amerikas durch die Portugiesen (vgl. S. 33). Im Auftrag und unter Aufsicht Pombals schuf in wenigen Jahren Eugénio dos Santos e Carvalho die heutige Platzanlage, das jetzt Praça do Comércio genannte, elegante und reizende Rokokoviereck um die *Reiterstatue König Josés I.* von Machado de Castro. Lange Gebäudeeinheiten, neoklassizistisch an den Flußtürmen, deutsch in den Mansarden und rokoko in den Arkadengängen, halten sich rechts und links des *Triumphbogens* (Arco Monumental, 1873) optisch die Waage. Heute sind in den Gebäuden Ministerien untergebracht, im Ostflügel die Börse. Wuchtig, aber nicht drückend lädt der Arco gleichsam in die Stadt, eine lateinische Inschrift an seiner Frontseite weist »zur Verewigung der Tugenden unserer Vorfahren« auf deren edel-

*Lissabon um 1650: Terreiro do Paço da Ribeira mit dem Pavillon (Torreão) Philipps II.*

*Lissabon: Straßenbeleuchtung mit den Raben auf dem Schiff des Hl. Vinzenz*

sten Vertreter im Standbild hin: Viriatus, Nuno Alvares Pereira, Vasco da Gama, Pombal.

Hier führt die Rua Augusta in die BAIXA, die Unterstadt, ein Rechteckraster, ausgerichtet am Comércio-Platz, drei Straßen in seiner Breite, dann acht in Längs-, acht in Querrichtung, Straßen, die jeweils bestimmten Zünften zugeordnet waren. – Heute sind zur besseren Verkehrsführung und für bequemes Schaufensterbummeln mehrere Straßen zu Fußgängerzonen umgestaltet worden. Zwar hat die Moderne Altes verwischt, aber die Läden der Goldschmiede bestimmen noch immer das Bild der Rua Aurea, die Silberläden die Rua da Prata, die Textilverkäufer die Rua Augusta und die Schuhläden die Rua dos Sapateiros und zuletzt die Banken die Gegend am Triumphbogen – es ist das Prinzip der Mouraria, des maurischen Basars, in dem einfache, schmucklose Häuserfassaden verbergen, daß sich dahinter in Höfen und Magazinen ein schier unübersehbarer Handelswert stapelt, dessen Reichtum man ungern zur Schau stellen möchte.

Beachten Sie in der Baixa die Haltearme der öffentlichen Beleuchtung, an Gebäuden, Brunnen oder über Toreingängen auch als Relief: Raben, die Bug und Heck eines Schiffes bewachen, Lissabons Wappenschild zur Erinnerung an die wunderbaren Seefahrten ihres Schutzpatrons, des Hl. Vinzenz. An seinem Kap, dem von São Vicente, bargen im 8. Jh. Raben seine Gebeine aus einem sinkenden Schiffswrack, folgten ihm 350 Jahre später auf der Seefahrt nach Lissabon, eskortierten den Festzug mit den Gebeinen zur Kathedrale und blieben bis heute in der Stadt, um zu verhindern, daß die ungläubigen Moslems je wiederkommen. Die ›amtierenden‹ Raben werden im Kastell in einer Voliere gehalten und auf Stadtkosten gepflegt und gefüttert.

Die Rua Augusta führt direkt zum ROSSIO (2; Abb. 1), der offiziell Praça de Dom Pedro Quarto heißt, was kein Lissabonner je sagt. Früher fanden am Rossio Autodafés der Inquisition statt. Bis ins 19. Jh. diente er als Stierkampfarena. Heute ist er Lissabons quirliger Verkehrsmittelpunkt, seine Cafés sind die beliebtesten der Stadt, z. B. die tra-

# LISSABON: RUNDGANG A

ditionsreiche Pasteleria Suiça, die sich besonders gut auf die Zubereitung des bitteren, exotisch gerösteten Cafezinho versteht. Von einer 23 m hohen Marmorsäule blickt *König Pedro IV.* (er verzichtete auf den Kaiserthron Brasiliens) über den turbulenten Verkehr und zu zwei schönen bronzenen *Springbrunnen.* Die Nordseite des Platzes beherrscht das *Nationaltheater Dona Maria II.* mit einer geschlossenen klassizistischen Fassade aus sechs ionischen Säulen, die ehedem in der zerstörten Klosterkirche von São Francisco da Cidade das Gewölbe stützten. Den Giebel krönt eine Figur des Gil Vicente. Lodi, ein Italiener, hat den Musentempel ab 1842 erbaut an der Stelle des Estaus-Palastes aus dem 15. Jh., in dem die Inquisition residierte. 1836 brannte er ab. Schaut man von der Theaterfront aus über den Rossio, dann erblickt man links über der Altstadt gelegen das *Georgskastell* (vgl. Farbt. 1), gegenüber die Ruinen der *Carmo-Kirche.* Leicht zu übersehen, steht schräg gegenüber dem São Domingos-Platz – hier wurde 1383 der Mestre de Aviz als König João I. zum ›Verteidiger des Reiches‹ ausgerufen – die 1242 gegründete Dominikanerkirche *São Domingos.* Carlos Mardel baute nach dem Erdbeben ihr Langhaus wieder auf und setzte das Portal mit dem grazilen Rokokobalkon an die Fassade. Portal wie der ein wenig zu prunkvolle Hauptaltar sind Arbeiten von Ludwig, der das Portal einst für die königliche Kapelle im zerstörten Ribeira-Palast geschaffen hatte. Mit Ausnahme der Sakristei brannte die Kirche 1959 innen vollständig aus.

Gegenüber dem Theater, am Largo de Dom João da Câmara steht der zweistöckige *Rossio-Bahnhof* (Lokalverkehr nach Leiria und Sintra) mit nachgebauter manuelini-

scher Front und unechten Architekturdetails, wie man sie ähnlich in Buçaco (Palasthotel) oder in Belém (Ethnologisches Museum) sehen kann. Etwas weiter nördlich vom Bahnhof fährt in der steilen Calçada da Glória eine Standseilbahn zu dem Miradouro de São Pedro de Alcântara.

Nordöstlich des Bahnhofs, an der Praça dos Restauradores, beginnt die *Avenida da Liberdade* mit dem 30 m hohen Obelisken, dem 1882 errichteten *Monumento dos Restauradores de Portugal,* zur Erinnerung an den Aufstand vom Dezember 1640. Im *Palácio da Independéncia* hinter dem Theater in der Rua das Portas de Santo Antão, schmiedeten um João, den Herzog von Bragança, die Edlen des Landes den Aufruhr; es gelang, Spaniens Statthalterin, Margareta von Savoyen, aus Portugal zu vertreiben und damit der spanischen Herrschaft, die 60 Jahre gedauert hatte, ein Ende zu bereiten. 90 m breit und 1,5 km lang zieht sich von hier die mit zehn Baumreihen bestandene Avenida leicht ansteigend nach Norden, eine Prachtstraße mit Blumenrabatten und beachtenswerten schwarz-weißen Pflastermustern, die ornamental oder figurativ alle möglichen Themen aufgreifen. So sieht Thomas Mann bei Felix Krulls Einzug in Lissabon die Straße: »... dann tat ein breiter und weitläufiger Boulevard sich auf, die Avenida da Liberdade, eine der prächtigsten Straßen, die mir je vorgekommen, dreifach laufend, mit einer elegant belebten Fahr- und Reitbahn in der Mitte, zu deren Seiten noch zwei wohlgepflasterte Alleen, geschmückt mit Blumenbeeten, Statuen und Fontänen gar herrlich dahingehen.« Linkerhand im neoklassizistischen *Palast Foz,* den ab 1777 der Italiener Fabri für die Grafen von Castelo Melhor errichtet hat, ist die

Zentrale des Touristenamtes untergebracht. Wo die Avenida von der Rua Alexandre Herculano gekreuzt wird, stehen Standbilder für den Liberalen *Almeida Garret* (1799–1854), den Lyriker und Historiker *Alexandre Herculano* (1810–77), den Historiker *Oliveira Martins* (1845–94) und den im Kindesalter erblindeten *A. Feliciano de Castilho,* der eine der Braillschen ähnelnde Blindenschrift entwickelt hat.

Die PRAÇA MARQUÉS DE POMBAL (3) wird vom *Denkmal für Pombal* beherrscht und zeigt interessante Einzelheiten vom Wiederaufbau Lissabons nach dem Erdbeben. – Westwärts ›vom Pombal‹ führt die Fortsetzung der Rua de Joaquim Antonio de Aguiar direkt zum augenblicklich größten Kaufhaus Lissabons, zum weithin auffallenden, popfarben bemalten ›Amoreiras Shopping Center‹. Dahinter zieht sich am Hügel der PARK EDUARDO VII. hin (4), eine Erinnerung an den Besuch des englischen Königs im Jahre 1904. Seine Sehenswürdigkeit ist die *Estufa Fria* (5) die ›kühlen Gewächshäuser‹, unter transparenten grünen Matten und Lattengerüsten und in dem gemäßigten Klima von Lissabon ein Tropenpflanzenarrangement eigener Art (Eingang von der Rua Castilho aus).

Von der Aussichtsterrasse am oberen Ende des Parks aus hat man eines der besten Panoramen über Lissabon, die Tejobucht und bis hinüber nach Barreiro. (Zurück zum Rossio mit U-Bahn oder Bus.)

Alternative:

GULBENKIAN-MUSEUM. Es liegt, etwa 10 Minuten zu Fuß, oberhalb des Parks Eduardo VII. in der Avenida de Berna. Ein Besuch ist lohnend, fast alle ausgestellten Stücke sind Meisterwerke der Kunst. Es gibt Spitzenstücke aus Ägypten (besonders Skulpturen) und Mesopotamien, aus dem islamischen Kulturkreis persische Teppiche und türkische Kacheln, aus China Porzellan, aus Japan Lackarbeiten und Farbholzschnitte. Aus der Antikensammlung sind besonders Münzen und Keramik hervorzuheben. Aus Armenien sind illuminierte Evangeliare zu betrachten, außerdem französische Stundenbücher und ein sehr schöner Elfenbeinaltar aus dem 11. Jh. Neben französischen Möbeln aus dem 18. Jh. und Textilien sind Impressionisten (Degas, Manet, Corot) zu erwähnen. Jugendstilschmuck und Vasen von Lalique, teilweise persönlich für Gulbenkian gefertigt, bilden einen weiteren Höhepunkt. – Von den deutschen Meistern sind zwei Holzfiguren von Riemenschneider erwähnenswert, Lochners ›Darstellung im Tempel‹; Bouts ›Verkündigung‹, van Dycks ›Porträt eines Mannes‹ und Rembrandts ›Pallas Athene‹ sind unter den flämischen Meistern hervorzuheben. Rubens ist mit einem Porträt der Hélène Fourment vertreten; die Engländer mit Turner, Lawrence, Gainsborough, die Italiener mit Ghirlandaios ›Junger Frau‹ und Guardis 19 ›Vedute‹ und ›Capricci‹ von Venedig. – Mittelpunkt der Skulpturenabteilung ist von Houdon eine ›Diana‹, die, weil von der Zarin Katharina II., die sie erworben hatte, als zu schamlos angesehen, aus ihren Privaträumen verbannt wurde; über die Eremitage kam die Figur in Gulbenkians Sammlung. Begehrt ist eine Karte zum Besuch des Gulbenkian-Musikfestivals alljährlich im Juni. Der Stifter Calouste Sarkis Gulbenkian (1869–1955), ein in Istanbul geborener Armenier, gründete 1911 die Iraq Petroleum Company und verband sie mit anderen führenden Ölgiganten. Gulbenkian selbst be-

81

LISSABON: RUNDGANG B

schränkte seine persönlichen Anteile stets auf fünf Prozent (›Mister Five Percent‹). 1942 verließ er den Iran, ließ sich in Portugal nieder und steuerte von hier aus sein Ölimperium weiter. Nach Lissabon holte er auch die bedeutendsten Stücke seiner Kunstsammlungen, die heute etwa bei einem Indexwert von mehr als 200 Millionen Dollar liegen. Das, sein Vermögen und die Beteiligungen an zehn Ölgesellschaften hinterließ er seiner Stiftung zur Förderung von Kunst, Wissenschaft, Erziehung und Caritas, deren Nutznießer zur Hälfte Portugal ist.

(Freunde des *Stierkampfes* sind von dort in sieben Minuten zu Fuß am Campo Pequeno und der Stierkampfarena, der Plaça de Touros, 8000 Plätze, Stierkampfmuseum.)

An der Westseite des Campo Pequeno führt die Avenida da Republica nach Norden bis zur Praça de Albuquerque, dort beginnt der Jardim do Campo Grande. Westlich dieser Gartenanlage erstreckt sich die weitläufige Universitätsstadt (Métro: »Entrecampos«) mit der neuen Nationalbibliothek im Campo Grande 83 (Inkunabeln, mehr als 11 000 Manuskripte; weit über eine Million Bände, u. a. eine hebräische und eine Mainzer Bibel aus dem 13. Jh.). Östlich der Gartenanlage ist im Hause Campo Grande 382 das *Museu Rafael Bordalo Pinheiro* untergebracht. Der Künstler, gestorben 1905, war Maler, Graphiker und Keramiker. Mit besonderer Vorliebe porträtierte und karikierte er die bedeutenden Persönlichkeiten seiner Zeit.

# B Altstadt – Casa dos Bicos – Conceição Velha – Kathedrale – Largo Santa Luzia – Castelo de São Jorge – Alfama (Graça-Kirche – São Vicente de Fora – Pantheon – Madre de Deus)

Ausgangspunkt ist wieder die PRAÇA DO COMÉRCIO (1). Gehen Sie am Tejoufer ostwärts um die Börse zur Rua dos Bacalhoeiros, der Straße der Stockfischer. Dort steht die CASA DOS BICOS (6; Abb. 2), das ›Haus der Spitzen‹, dem die Fassadenbekleidung mit quadratischen Spitzquadern den Namen gab, ähnlich der Casa de los Picos in Segóvia, dem Palazzo dei Diamanti in Ferrara, in Bologna und anderswo, typisch für die Frührenaissance. Von der Casa, einem ursprünglich vierstöckigen Palast, den sich die Familie des Vizekönigs von Indien, Albuquerque, im 16. Jh. bauen ließ, waren nach dem Erdbeben nur noch die beiden unteren Stockwerke übriggeblieben. Inzwischen wurde nach alten Azulejovorlagen die gesamte Fassade rekonstruiert. Geben die

Spitzquader interessante Effekte im Spiel von Licht und Schatten, so zeigen die Fenster- und Türumrandungen in einfacher Spätgotik leicht vorgezogene Esels- und Kielbögen.

Einige Schritte rechts von dem Haus steigt der *Arco Escuro* (dunkler Bogen) – offizieller Name Arco Conceição – als Gassen- und Stufenweg auf zur Kathedrale. Wenige Schritte weiter westwärts aber, in der Rua da Alfândega, rechts, stehen die Reste der Kirche CONCEIÇÃO VELHA (7; Abb. 6), mit einem interessanten *Portal*, eigentlich der Eingang der beim Erdbeben zerstörten Kirche der Misericórdia-Schwesterngemeinschaft. Dona Leonora hatte sie gegründet, und ihr Bruder, König Manuel I., stiftete das Gotteshaus gegen 1520, ließ es von

82

denselben Künstlern ausschmücken, die auch an seinen Belémbauten tätig waren, u. a. auch von João de Castilho. Die Feinheit der Details übertrifft die von Belém. Verschwenderisch ist die feine Ornamentik an Strebepfeilern und Laibung im Stil der Frührenaissance. Krabben und üppige Kreuzblumen krönen den Portalbogen, verbinden sich mit den Sphärenkugeln und dem spitzenbesetzten Kreuz der Christusritter, König Manuels Symbolen. Auch die Fenstereinfassungen zeigen reichen Frührenaissancedekor; die Fenster werden zu beiden Seiten von manuelinischen Pfeilern flankiert, die in einer Art von Rundstäben öfters das Lotosmotiv aufweisen. Das Portal zeigt als Besonderheit über den beiden Torbögen zwei nach oben sich öffnende Bögen. Am Teilungspfeiler des Portalbogens steht der Heilige Michael, darüber dominiert im Bogenfeld ›Unsere Liebe Frau der Barmherzigkeit‹ und unter ihrem symbolisch weit gebreiteten Mantel finden ›Schutz und Schirm‹ Papst Leo X., die Stifterin Königin Leonora, König Manuel und seine Gemahlinnen und mehrere Prälaten. Was Gesamtwirkung (trotz der Lage in der engen Straße) wie Feinheit im Detail anbelangt, eines der vollendetsten Werke des späten manuelinischen Stils.

Jetzt nach rechts in die Rua Madalena und an der gleichnamigen *Kirche* vorbei. Ihr Portal blieb vom Erdbeben verschont: vielgliedrig, eingelassen, manuelinisch gerahmt und mit reichem Profil und üppigem spätgotischen Laubwerk gefüllt. Bergan geht es zum Largo de Santo Antonio da Sé. Links die kleine *Antoniuskirche,* beim Erdbeben zwar zerstört, d. h. von der ursprünglichen Kirche blieb lediglich die Krypta erhalten; diese soll sich an dem Platz befinden, an dem

früher das Geburtshaus des ›Heiligen von Padua‹ gestanden haben soll, im 18. Jh. von Mateus Vicente Oliveira (der auch die Estrelabasilika und Queluz erbaut hat) wiederaufgebaut, schönlinig in der Architektur, mit offener Freitreppe vor einem feinen Gerüst aus Pilastern und Gesimsen, eindeutig und logisch klar im Gegensatz zur blockhaft gedrungenen Architektur der Sé gegenüber. 1195 wurde Fernando Martins de Bulhões als Sohn eines Handwerkers dort geboren, in der Sé getauft, war später dort Chorknabe, trat dann in das Augustinerkloster von Santa Cruz in Coimbra ein und wollte nach seinen theologischen Studien als Missionar nach Afrika gehen. Auf dem Wege dorthin erlitt er Schiffbruch und blieb als Franziskanerbruder Antonius in Italien, wo er bald als Hl. Antonius von Padua weltbekannt werden sollte – für die Lissabonner ist er jedoch stets ihr Hl. Antonius von Lissabon geblieben.

Die KATHEDRALE (8; Abb. 3), auch Sé (von sedes patriarchalis), ist Lissabons ältestes kirchliches Bauwerk, steht am Platze einer Moschee und wurde ab 1147 durch den ersten König Afonso Henriques erbaut, beim Erdbeben von 1344 stark in Mitleidenschaft gezogen und durch Afonso IV. restauriert. 1380 blendete König Fernando I. die romanische Westfassade und die beiden mit Zinnen besetzten Wehrtürme vor. Das schlimmere Beben von 1755 zerstörte Teile des Kreuzgangs, der Vierungsturm stürzte ein und vernichtete den gotischen Chor. Ob sich hier oder in der Nähe einst irgendein byzantinisches Bauwerk befunden hat, ist unbekannt. Ein außen in einen Strebepfeiler der Nordwand eingelassener byzantinischer Steinblock nährt aber diese Vermutung.

# LISSABON: RUNDGANG B

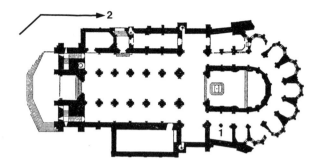

*Lissabon:*
*Grundriß der Kathedrale*
*1 Vinzenz-Kapelle*
*2 zum Georgskastell*

Fernandos Westfassade bestimmt die Wucht der Architektur, zwischen mächtigen Turmpfeilern sitzt das Portal tief im Narthex, vierfach von Säulen gerahmt. Der Rosette gelingt es nicht, ein volles Gleichgewicht herzustellen, auch wenn die Turmzinnen auflösend wirken. Im leicht gebrochenen Lineament der Profilierung am Schallloch des Nordturmes klingt schon die Gotik an, die dann zu König Afonsos IV. Zeiten mit jetzt gotischen Umbauten voll einsetzte: die Nebenapsiden wurden durchbrochen, um Platz zu schaffen für Chorumgang und Umgangskapellen. Der uns bekannte erste Sé-Architekt war ein Franzose aus der Auvergne, Meister Robert, und er hatte, wie dort, das Mittelschiff mit Tonnengewölben auf Stützbogen, die Seitenschiffe mit Kreuzgewölben ausgestattet, eine Galerie im eleganten Schwung ringsumlaufen lassen und den Narthex tief eingezogen. So bietet sich heute, nach erfolgreicher Restauration, der Innenraum auch vorwiegend romanisch dar, die achteckige Vierung stützt sich auf romanische Trompen, derb gotisch dagegen sind der Chorumgang und seine Kapellen.

Im Inneren gleich links befindet sich das Taufbecken, über dem der spätere Hl. Antonius getauft wurde; in der ersten Kapelle daneben steht die berühmte aus Terrakotta überaus fein geformte *Weihnachtskrippe* von Machado de Castro, 1766. Die *Capela Mor*, die Hauptkapelle, birgt den Leichnam von König Afonso IV., der Inês de Castro ermorden ließ, und den seiner Gemahlin Brites. Vorgezogen steht der *Hauptaltar* im Choreingang, schon immer wird hier die Messe zum Volke hin gefeiert. Im Chorschluß prunkt der mit Wappen und Tiara geschmückte *Thron des Patriarchen von Lissabon*, des Hl. Vinzenz. Die Urne mit den Überresten des 304 gestorbenen Heiligen wurde von König Afonso Henriques 1173 vom Kap São Vicente nach Lissabon überführt und befindet sich heute in der *Vinzenz-Kapelle*. Schön skulptiert sind die Liegefiguren auf dem *Grabmal* vom in die Intrigen um Inês verwickelten Lopo Fernandes Pacheco und seiner Frau Maria Vilalobos; der Krieger auf ein weiches Troddel-Kissen gebettet, das Schwert in der Hand, sein Hund zu seinen Füßen. Seine Frau liest die Bibel. In der Sakristei besticht der *Kirchenschatz*, u. a. eine mit 4000 Juwelen besetzte Monstranz und viel silbernes und goldenes, besonders fein ziseliertes Sakralgerät, Paramente und Zierat aus Indien.

Aus dem 14. Jh. stammt der *Kreuzgang des Königs Diniz*. Ein architektonischer Kniff schafft optisch Höhe und täuscht

Schwere vor: die verkürzten Gewölberippen reichen bis über die Mitte der Säulenbögen hinab und enden auf Konsolenfängern. Aus romanischer Zeit stammen noch die Säulen und Bögen des Obergeschosses. Neben vielen Architekturbruchstücken zeigt man dort im Kreuzgang ein meisterlich geschmiedetes romanisches *Gitter;* in einer Kapelle das ergreifende *Christusbild* Senhor Jesús da Bôa Sentença da Sé.

Den Schienen der Straßenbahn aus dem Jahr 1920, der Tramvia, folgend, trifft man auf den Largo Santa Luzia (9). Vor der gleichnamigen Kirche müsen Sie unbedingt auf den *Miradouro de Santa Luzia* treten, unter Weinlaub in meist kühlem Wind vom Tejo einer der schönsten Aussichtspunkte der Stadt. Mit bunten Azulejos sind steinerne Sitzbänke belegt, große Azulejo-Gemälde nach alten Stichen zeigen das Lissabon-Panorama ›von damals‹ sowie die Einnahme von Lissabon 1147.

Nur ein Stückchen weiter schaut man vom nahen Largo des Portas do Sol hinüber zur zweitürmigen Renaissance-Kirche *São Vicente de Fora,* ›vor den Mauern‹ also, deren Reste man beiderseits von einem alten Stadtturm noch gut verfolgen kann, Überreste der maurischen Cerca Moura. Gegenüber befindet sich in einem Patrizierhaus aus dem 17. Jh., dem Palast der Grafen von Azurara, das *Museu de Arte Decorativa* mit Möbeln aus dem 16.–19. Jh., Silberschmiedearbeiten, Arraiolosteppichen, Porzellan, Keramik. Die Sammlung ist die größte und bedeutendste Möbelsammlung Portugals. Interessenten können die angeschlossenen Werkstätten der verschiedenen Kunsthandwerker besuchen.

*Lissabon: Romanisches Gitter im Kreuzgang der Kathedrale*

Die Travessa Santa Luzia kreuzt den Largo do Contador Mór und erreicht über die Travessa da Fumil direkt die Höhe.

Auf dem Burghügel, der einst den Kern der arabischen Stadt bildete, steht das Castelo de São Jorge (10; Farbt. 1), die Festung des Hl. Georg, zweifelsfrei das älteste Bauwerk Lissabons. Schon in prähistorischer Zeit war hier eine Fluchtburg, die von den Römern ausgebaut, befestigt und durch den Legaten Iulius Brutus Galaicus vom Tejohafen hinauf, Burg und Siedlung einschließend, durch eine erste lange Wallmauer umgürtet wurde, der später die maurische Cerca Moura und zuletzt, noch weiter außerhalb, die Cerca Fernandina folgten. 1147 nahm König Afonso Henriques das Kastell den Mauren ab, und die Festung wurde Residenz, im Verlaufe der Jahrhunderte um-

## LISSABON: RUNDGANG B

und ausgebaut und von einer Wehrburg in eine Wohnburg umgewandelt. Erst 1511 zog König Manuel I., als der neue Tejo-Palast fertiggestellt worden war, in sein Schloß Paço da Ribeira hinunter. Große Teile wurden durch das Beben zerstört, nach den vor 30 Jahren vorgenommenen Restaurierungen präsentiert sich die Anlage heute in einem guten Zustand.

Erhalten ist von der königlichen Residenz nichts mehr, sieht man von den Mauern um Burg und Kastellhof ab. Die gotische Halle des einstigen Königspalastes ist eine freie Nachgestaltung des ursprünglichen Baues. (Eine weitere Halle mit romanischen Gewölben beherbergt ein Restaurant, Casa de Leão.) Auf den Kronen der Mauer kann man umherlaufen, die zehn klotzigen Wehrtürme oder deren Überreste anschauen, den wuchtigen Ulisses- oder Albarra-Turm erklettern oder die lange, zwischen Zinnen hinabführende Treppe zum Maurenturm São Lourenço hinabsteigen. Sonst sind noch einige spitzbogige Tore erhalten, die Portas Ogival, do Sul, São André und das Moniz-Tor, das bei der Eroberung des Kastells besagter Ritter mit seinem dort eingezwängten Leib so lange offenhielt, bis die christlichen Kämpfer in die Höfe stürmen konnten. Von den Terrassen genießt man nach allen Seiten hin das Panorama von Lissabon und kann sich hier an Hand des Stadtplanes (siehe Seiten 76/77) noch einmal mit der Topographie der Stadt vertraut machen.

Nun gibt es drei Möglichkeiten:
1. Abstieg an der Nordwestseite des Burghügels durch die einstigen Maurenviertel der Mouraria zum Largo Martim Moniz hinter dem Rossio;

2. Abstieg nach Süden durch die Gassen der Alfama zu den Tejo-Kais (s. u.);
3. Besuch der Graça-Kirche, von São Vicente de Fora und des Pantheons (S. 88).

### DIE ALFAMA (Abb. 5)

Abwärts zurück zum Largo das Portas do Sol, von dort aus über Treppen, durch enge Gassen, über Plätzchen oder durch Haus- und Tordurchgänge abwärts in Richtung zum Tejo spazieren, schauen, riechen, hören, eine reizvolle Welt genießen, irgendwo einkehren, speisen, trinken. Hier einen speziellen Wegevorschlag machen zu wollen, wäre müßig. Den Charme seiner Alfama schildert Norberto de Araújo in seinen ›Wanderungen in Lissabon‹ so:

»Labyrinthisch, verwirrt, geballt, vielfarbig, gewunden, verrenkt – Gassen, die sich umarmen. Dachtraufen, die sich küssen, Mauerbögen, Lichthöfe, Sackgassen, Treppen und Plätze, Dienstausgänge und Höfe, Guckfenster, Ecken und Winkel. Der schönste Platz: der Brunnen ›Dentro‹ (›innerhalb‹). Die schönste Straße: die Remédios. Das schönste Denkmal: der Turm von São Pedro. Wappenschilde, blütenbestandene Mauern, Balkone, Bänke, Kreuze von Kapellen, Mauerreste, Eckpfeiler, ausladende Etagen, Geländer, Mauerlücken, Balustraden, durchbrochene Fenster, Tausende von Kneipen, Heere von Katzen, Chore von Ausrufern, Getümmel und Verzichten, ewiger Jahrmarkt aufgehängter Wäsche, zwei Meter auswärts, außerhalb der Reihe, sich verwechselnd und umschließend über den Straßen und Gassen. – Seeleute, Arbeitsleute, fliegende Händler, Wolken von Jungen ohne Schule, Ameisenhaufen der Seele, Zersetzung und Fröhlichkeit, Ruhe inmitten der Aufregung, Dichtung verstreut über einen Damm mit Nelken, keusche Lyrik von Liebenden am hereinbrechenden Abend, wenn die Mütter das Nachtessen bereiten, Heiterkeit von Gesang in einem verborgenen

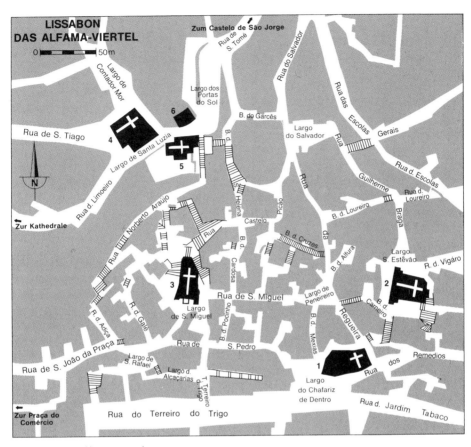

*Lissabon: Das Alfama-Viertel*
1 Dos Remédios  2 Santo Estêvão  3 São Miguel  4 São Tiago  5 Santa Luzia  6 Museu de Arte Decorativa

Winkel, in dem unerwartet doch Menschen wohnen, Tanzvergnügen am Santo António-Fest und das ganze Jahr lang, Auswüchse des 15. Jh., Andenken an Herrschaftlichkeiten, ununterbrochene menschliche Tragödien mit dem Sichabfinden in der Gewöhnung, eben so zu leben. Der Vorplatz einer Kirche, ein hohes Kreuz, ein Sicheinfügen in ein mittelalterliches Bild, die Glockenklänge der Kirche São Vicente und der Kathedrale, klirres Pfeifen einer Fabrik, keifendes Schreien von Frauen, die ihre verwilderten Kinder rufen, Zuruf eines Apfelsinenverkäufers, der rauhe Pfiff eines Dampfers, der nach Afrika abfährt, das Orchester einer Musikvereinigung am späten Abend – und über all diesem die Sonne von Lissabon oder ein Himmel voller Sterne und als Hintergrund der Tejofluß – und niemand soll mir sagen, daß die Alfama nur eine literarische Figur des romantisch-antiken Lissabons sei.«

Sehenswert am Wege sind, falls Sie zufällig darauf stoßen: *São Tiago* und *Santa Luzia*,

## LISSABON: RUNDGANG B

reizende kleine Kirchlein; am Largo de São Miguel die Kirche *São Miguel* (innen reiche Talha-Holzschnitzereien), wurde 1755 unter Verwendung älterer Teile aus dem 12. Jh. wiederaufgebaut. Weiter durch die Rua de São Miguel, von hier zweigt der Beco da Cardosa mit hübschen Innenhöfen, besonders dem Patio des Parreirinhas, ab. Die Fortsetzung der Rua de São Miguel bildet der Beco do Carneiro (Hammelgäßchen) mit seinen schrägen Mauern, eine der engsten Gassen in der Alfama; bald erreicht man die Kirche *Santo Estevão,* ursprünglich eine mittelalterliche Kirche aus dem 13. Jh., die nach dem Beben neu erbaut werden mußte (im achtseitigen Innenraum gibt es viel Marmor und einen beachtenswerten Hochaltar zu sehen). Hinter der Kirche liegt der *Patio das Flores,* ein hübscher kleiner Platz. Weiter nach Südwesten überquert man die Rua de Regueira mit vielen kleinen Kneipen und erreicht am Largo Chafariz de Dentro die *Ermida dos Remédios,* die 1551 von der Bruderschaft der Fischer gebaut wurde (beachtenswertes manuelinisches Portal).

Am Largo do Chafariz de Dentro, er gilt als der Hauptplatz der Alfama, und in mehreren Seitengassen gibt es bekannte Fado-Lokale, in denen man abends meist gute Fado-Sänger oder -Sängerinnen hören kann. Einen festen Eintrittspreis gibt es hier nicht. Wein und Essen sind daher erheblich teurer als in anderen Restaurants. Dennoch, wer nur einmal kurz in Lissabon weilt, sollte einen Fado-Abend in der Alfama nicht auslassen (zum Fado s. S. 394). Vormittags ist der untere Alfamabezirk ein bunter Markt. Weiter geht es durch die Rua de São Pedro, der wichtigsten Geschäftsstraße der Alfama mit kleinen Läden und Kneipen. Fliegende

Händler und die berühmten Varinhas (Fischverkäuferinnen) beleben die Straßen. Über den Largo de São Rafael, einem von Häusern aus dem 17. Jh. umgebenen Platz, an dessen Westseite der sogenannte Turm der Alfama eingebaut ist, ein Rest der arabischen Stadtmauer; von hier geht es in die Rua de Judiaria, das ehemalige Judenviertel. Diese Straße verläuft in unmittelbarer Nähe der westgotisch-arabischen Stadtmauer, von der noch Teile erhalten sind. Am Anfang der Straße steht ein Haus mit Zwillingsfenster (16. Jh.), die Straße endet an einem kleinen Platz, von dem aus man durch eine unter dem Arco do Rosário hindurchlaufenden Gasse den Largo do Terreiro do Trigo erreicht.

Zu Möglichkeit 3:
Man verläßt das Kastell durch die *Porta de São André* abwärts in die malerische Mouraria, das am nördlichen Burghang gelegene einstige Maurenviertel, vorbei an der *Igreja do Menino Deus* (italienische Barockfassade 1711, Voluten an der Freitreppe, hell vom Licht überfluteter Innenraum mit viel Marmordekor, vermutlich von João Antunes) und trifft auf die den nächsten Hügel krönende Graça-Kirche (11), Gotteshaus des gleichnamigen Klosters aus dem 13. Jh., in dem sich heute Militär befindet, so daß nur die Anfang des 20. Jhs. stark restaurierte Kirche besichtigt werden kann. Nach dem großen Erdbeben mußte sie von Grund neu aufgebaut werden. Bester Barock ist ein *Altaraufsatz* mit Giebel in der Sakristei. In der Kirche verehrt man Nosso Senhor dos Passos, eine als wundertätig geltende Figur.

(Nur wenige Minuten oberhalb, nördlich, zu erreichen über die Rua do Graça und

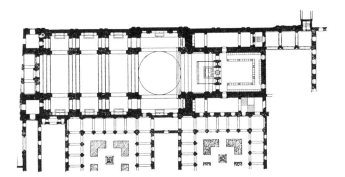

*Lissabon: São Vicente de Fora, Grundriß*

Calçada do Monte, steht am gleichnamigen Platz die 1243 erbaute Ermida *Nossa Senhora do Monte*. Vom Vorplatz großartige Aussicht. Lissabons erster Bischof, São Gens, erlitt hier oben den Märtyrertod; für ihn wurde 1243 dieses Kirchlein errichtet. Man zeigt seinen steinernen Thron und erlaubt es Kranken und Schwangeren, sich darauf zu setzen, weil viele Gläubige meinen, so Linderung oder Heilung von ihren Leiden zu finden.)

Vom Largo da Graça gelangt man über die Rua Foz do Operário zum östlichen Hügel über dem Fluß mit der Kirche SÃO VICENTE DE FORA (12). 1147 unmittelbar nach der Eroberung Lissabons ließ König Afonso Henriques hier den Augustinern eine Kirche errichten, und bis zur Umbettung der Gebeine des Hl. Vinzenz in die Kathedrale war der Heilige hier bestattet. Im 16. Jh. dann ließ König Philipp II. durch den Italiener Terzi die baufällige alte durch eine neue Kirche ersetzen, sein erster Bau in Portugal, zu dem es nach dem Originalplan in der Nationalbibliothek heißt: »Zweiter Plan des Erdgeschosses und der Baulichkeiten von Kloster und Kirche S. Sebastião und S. Vicente, nach welchem ich befehle, daß man das Werk durchführe. Im Pardo 15. November 1590. Der König.« Es wurde ein stattlicher Langbau mit Kuppeln über dem Querschiff und zwei Westtürmen. Die gewaltige Kassettentonne innen aus schwarzem und weißem Marmor ruht auf einer strengen Pilasterordnung, die ebenso außen über der Freitreppe, an Fassade und Turm beeindruckt. Der Baldachin mit korinthischen Säulen in der Hauptkapelle erinnert an St. Peter in Rom, der Hauptaltar stammt von Machado de Castro. Im *Kapitelsaal* befindet sich ein Chorgestühl (18. Jh.) aus Brasilholz. Kaum anderswo gibt es einen spätrenaissancen Kirchenbau, wo Äußeres wie Inneres zu derart harmonischer Wirkung verschmolzen sind. An die Kirche schließt sich rechts das ehemalige *Augustinerkloster* an, dessen alte Kirche an der Stelle der heutigen Kirche São Vicente gestanden hat. In der Eingangshalle sind Azulejos mit den Darstellungen der Eroberung Lissabons und Santaréms aus dem 18. Jh. zu sehen. In einem der beiden Kreuzgänge und in einigen Gängen gleichfalls schöne Azulejos mit Darstellungen der Fabeln von La Fontaine, ebenfalls aus dem 18. Jh. Links vom Haupteingang eine kuriose *Grabplatte* für einen deutschen Ritter: »Gebeine des Ritters

## LISSABON: RUNDGANG B

Henrique Alemão, der bei der Einnahme dieser Stadt von Maurenhand gefallen ist. Aus seinem Grabe wuchs eine Palme, die eine Traube trug. Der Palme haben sich viele Kranke zu ihrer Heilung bedient.« Rua da Palma heißt dort noch heute eine Straße, die einst das Viertel der Deutschen querte. Im früheren Refektorium befindet sich das 1855 von Ferdinand II. eingerichtete *Panteão Real*, Königsgruft des Hauses Bragança, von João IV. (†1656) bis Amalia (†1951).

(Andere Terzi-Bauten, die man in Portugal findet, sind in Lissabon: Santo Antão, Santa Maria do Desterro, São Roque – umstritten – und der beim Erdbeben untergegangene *Torreão do Paço da Ribeira;* in Setúbal: die philippinische Zitadelle; in Coimbra: Misericórdia, Igreja Nova de São Domingos, Colégio da Graça, Colégio de São Bento, Sé Nova, Santa Ana, die Rekonstruktion der Wasserleitung; in Porto: Nossa Senhora do Pilar; in Vila do Conde: Wehranlagen und Aquädukt; in Tomar: Kreuzgang dos Filipes – alle, um das charakterisierend hier vorwegzunehmen, großartig, streng und vornehm und meist in dorischer Pilasterordnung aufgeführt, statt Seitenschiffen einschiffig mit Kapellenreihen und oft Emporen darüber, in der Regel ein Querschiff, und alle mit beeindruckenden Tonnengewölben überdeckt, die durch Steinrippen in Felder und Kassetten geteilt sind, über dem Querschiff eine Kuppel mit Tambour.) Hinter São Vicente, auf dem Campo de Santa Clara, halten Trödler Lissabons berühmten Flohmarkt ab, die *Feira da Ladra* (dienstags und samstags).

Unterhalb von São Vicente de Fora und nicht zu übersehen, wölbt sich hell die Kuppel der einstigen Engrácia-Kirche in den Himmel,

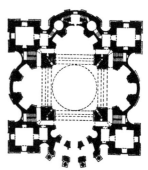

*Lissabon: Grundriß des Pantheons*

das PANTHEON (13; Abb. 4), 1680 begonnen, 1967 unter Salazar fertiggestellt, portugiesischer Barock mit letzten Elementen der Spätrenaissance, wie manche schwärmen, der schönste Zentralbau Portugals. Sein Grundriß hat die Form eines griechischen Kreuzes mit gestutzten Armen, zwischen denen Quadrattürme die Ecken bilden. Unten in toskanischer, oben in ionischer Ordnung der Pilaster ist alles in Quadern aufgesetzt. Das Portal rahmen, das Gesims stützen vier toskanische Säulen, deren Verlängerungen optisch über Pfeiler und Pilaster die umlaufende Balustrade zu tragen scheinen, bis in die Kuppelwölbung hinauf eine sehr klare Komposition aus Klassik und Barock.

Innen entspricht, zwar in korinthischer Ordnung, die Gliederung der des Außenkörpers, und die Vertikale zwingt hier den Blick in die Höhe zu den mit weißem und rosa Marmor verkleideten Halbkuppeln der Muschelbögen, die in ihrer Farbgebung mit dem Fußbodenbelag korrespondieren. In zwei *Apsiden* gedenkt man der Größten der portugiesischen Historie: Vasco da Gama, Albuquerque, Pereira, Heinrich dem Seefahrer, Cabral, Camões.

Wer sich für Sammlungen zur Militär- und Kriegsgeschichte interessiert, der kann das in der Nähe, fast unten am Tejo-Kai, am Largo do Museu de Artilharia gelegene *Militärmuseum* besuchen, eine der bedeutendsten Waffen- und Kriegsgerätesammlungen der Welt, u. a. mit der 20000 kg schweren, arabisch beschrifteten ›Peça de Diu‹, 1533, oder der 8 m langen bronzenen ›Serpente‹, 1537; auch das Schwert von Vasco da Gama ist zu sehen.

Rückweg zur Praça do Comércio mit Bus oder Straßenbahn, zu Fuß etwa 20 Minuten.

Variante:
Anschließend noch ein Besuch der Kirche MADRE DE DEUS (14), 15 Minuten zu Fuß. Klarissinnenkloster und Kirche sind Gründungen von Königin Leonora (1508), einer ähnlich ihrem Bruder Manuel kunstsinnigen Frau. Spätere Herrscher Portugals, João III. und IV., haben um- und ausgebaut und -geschmückt, aber beim Erdbeben 1755 ging alles zugrunde. König José I. veranlaßte den Wiederaufbau. So entzückt den Besucher zuerst das manuelinische *Hauptportal* zwischen manuelinischen Fenstern, das nach dem Retabelgemälde der Santa Auta im Nationalmuseum exakt restauriert worden ist: gedrehte, freistehende Säulen mit Kronen, verschlungenen und geknickten Rundstäben, Renaissanceornamentik und Weinlaub, daneben Portugals Wappen, Leonoras Emblem, das Fischernetz (mit dem Fischer den Leichnam ihres Sohnes Afonso aus dem Tejo zogen), und das ihres Gemahls João II., der Pelikan. Das Hauptgesims aus dem Tau-Rundstab trägt die durchbrochene Steingalerie mit Sphärenkugeln und Christusritterkreuzen, ganz ähnlich wie in To-

mar oder Caminha. Eine hölzerne *Kassettentonne* mit stark nachgedunkelten Bildern zur Mariengeschichte deckt den Innenraum, und dort kontrastieren ein goldgerahmter Gemäldefries mit Darstellungen aus dem Leben des heiligen Franziskus und der heiligen Clara und Azulejobänder, die ländliche und biblische Szenen (Empfang der Gesetzestafeln durch Moses) zeigen, stark mit dem schwerem Gold der *Talha-Altäre* und der *Kanzel*. Einige Stufen führen in den Sub-Coro-Teil der ursprünglichen Kirche hinunter, der mit Sevillaner Azulejos aus dem 16. Jh. ausgeschmückt ist. Der Reliquienschrein und das Altarbild des ›Meisters der Madre de Deus‹, 1515, findet man in der Gemäldegalerie des Nationalmuseums. Zweigeschossig sind sowohl der größere *Renaissance-Kreuzgang* mit einem von Skulpturen getragenen, zweischaligen Brunnen als auch der kleinere *manuelinische*, in dem beste manuelinische Dekorationskunst als Tauwerk, wie Körbe oder wie Schwämme, alle Säulen, Bogenfelder und Gewölberippen umschlingt. In den Klostergebäuden, zusammen mit den Kreuzgängen, befindet sich das *Museu do Azulejo* mit einer umfangreichen Sammlung portugiesischer und ausländischer *Keramik* (16.–18. Jh.). Von den Kreuzgängen kommt man zum *Hochchor*, dem ehemaligen *Kapitelsaal*, mit einem prachtvollen *Chorgestühl* aus dem 16. Jh. und Bildern des 16./17. Jh.

Fast 2 km weiter befindet sich im Vorort Marvila das *Museu da Cidade* (Stadtmuseum), das einen guten Überblick über die Entwicklungsgeschichte der Stadt vermittelt – es ist jetzt im *Palacio Pimenta* (1746 von João V. im Rokoko erbaut) am Campo Grande Nr. 45.

## LISSABON: RUNDGANG C

# C  Carmo-Kirche – São Roque – Museum der religiösen Kunst – Nationalbibliothek – Museum der zeitgenössischen Kunst – Rathaus

Ausgangspunkt ist der Rossio. Auf der Rua Aurea zur ersten Querstraße, Rua Santa Justa, dort (rechts) mit dem von Eiffel gebauten *Aufzug* (Escandinhas de Santa Justa – von der Plattform schöne 'Aussicht ins Stadtzentrum – zur CARMO-KIRCHE (15); die Stiftung geht auf ein Gelübde zurück, das der große Feldherr und Nationalheros Nuno Alvares Pereira für den Carmo, den Karmeliterorden, vor der Schlacht von Aljubarrota 1385 geleistet hatte. Als 62jähriger trat er in den Orden ein und starb dort neun Jahre später als bescheidener Klosterbruder (1431). In der vom großen Erdbeben zerstörten gotischen Kirche ist heute das *Archäologische Museum* untergebracht. Ein überhohes, tief zurückgesetztes Portal mit nicht ornamentiertem Kielbogen führt in den offenen, nicht mehr überdachten Innenraum, in dem jüdische und mittelalterliche Grabsteine untergebracht sind. Dort steht in der Hauptapsis der *Prachtsarkophag von König Fernando I.,* in einem *Holzsarg* in der ersten rechten Nebenkapelle ruht der Condestavel Pereira, sein Sarg heute eine Nachbildung des ursprünglichen aus Alabaster. Alle anderen Kapellen und das Schiff sind vollgestellt mit Architekturbruchstücken, in Vitrinen Funde aus prähistorischen Zeiten, aus Santa Lucia/Viana do Castelo römische Inschriften, Keramiken, Münzen, Waffen, u. a. Pereiras Schwert, alles wirkt wie ein lieblos aufgestelltes Sammelsurium. Die Kirche war gotisch, dreischiffig mit fünf Jochen und mit der Chorgruppe aus fünf untereinander verbundenen Kapellen, wo-

bei die Hauptkapelle erhöht, die Nebenkapellen dagegen in Stufen tiefer angesetzt waren, weil die Hanglage der Kirche und der Zwang, die Strebepfeiler dort anzusetzen, das konstruktiv erforderte. So konnte an dieser Seite die so erzielte Statik den vollen Einsturz verhindern, und die hohen Kreuzrippengewölbe blieben erhalten.

Auf dem Platz vor dem Haupteingang ein *Brunnen* (15. Jh.), dessen Form einem Sakramentshäuschen nachgebildet ist.

Über die Rua da Oliveira kommt man zum Largo Trindade de Coelho (Denkmal zur Erinnerung an die Hochzeit von Luis I. mit Maria von Savoyen). Dort steht SÃO ROQUE (16), Lissabons Kirchen-Prunkstück, 1566 unter König Sebastião von den Jesuiten begonnen, von Kardinal-König Henriques fertiggebaut (die Fassade wurde nach dem Beben 1755 erneuert). Geplant war ein dreischiffiges Gotteshaus, der Architekt Afonso Álvares (Terzis Mitwirkung am Plane ist umstritten) und der Kardinal tendierten zu nur einem Schiff, und »ungeachtet der zähen Opposition entschloß man sich zu einem einfachen Schiff« (aus F. Rodrigues ›Geschichte der Gesellschaft Jesu in der Unterstützung Portugals‹) und verfügte, die Überspannung des Raumes nun aus Holz zu zimmern, ein enorm schwieriges Unterfangen, da die erforderlichen Bohlenlängen damals auf der Iberischen Halbinsel nicht aufzutreiben waren und bis aus Deutschland angeliefert werden mußten. 1575 hatte man die Kirche bis zur Höhe des Hauptgesimses

*Lissabon:*
*Das Carmo-Kloster 1745*

aufgeführt. São Roque ist also breit mit flach gedecktem Schiff und hat auf jeder Seite vier Rechteckkapellen mit Wiegengewölbe, ein klares Konzept, das bis in die zweistöckige Fassade transparent wird: dorische Pilasterordnung, drei unterschiedliche große Portale mit drei gleich hohen Fenstern darüber. Die flache Holzdecke innen ist mit großartigen perspektivischen Architekturmalereien (Kuppelillusion) geschmückt, in der Mitte die ›Glorifizierung des Kreuzes‹, 1590. Auf der Vorhallendecke prangen in Gold und Weiß ganz reizende Groteskornamente, ein angenehmer Kontrast zum blau-gelb-weißen Dekor der Azulejos darunter. Die vornehmen und gediegenen Details der Ausstattung gehören dem elegant-feierlichen Renaissancestil an. Am schönsten und deshalb berühmt ist die *Königliche Kapelle des São João Baptista,* vorn links die erste. König João V. hatte sie 1742 in Rom von den zu seiner Zeit berühmtesten Künstlern und zu horrenden Kosten anfertigen lassen, von L. Vanvitelli und Canevari die Entwürfe, von Nicoló Salvi, der auch die Fontana di Trevi in Rom geschaffen hat, die Marmorarbeiten. Aus Silber, Gold, mit kunstvollen Marmorinkrustationen, Achat und Lapislazuli, Mosaikbildern von Manucci und anderen entstand ein prunkhaftes, auch ästhetisch ansprechendes Kunstwerk. Nachdem Papst Benedikt XIV. das Wunderwerk gesegnet hatte, wurde die Kapelle zerlegt, verpackt und nach Lissabon transportiert und 1748 in São Roque von italienischen Spezialisten eingebaut. Die dritte Kapelle rechts *(São Roque)* ist mit prächtigen Renaissanceazulejos geschmückt.

Benachbart im einstigen Findel- und Armenhaus der Stadt aus dem 15./16. Jh. befindet sich das MUSEUM DER RELIGIÖSEN KUNST (de Arte Sacra da Misericórdia), viel aus dem Fundus von São Roque, aus der Misericórdia, barockes sakrales Kunstgut, Paramente, Gewänder und Gemälde, Goldschmiedearbeiten, hauptsächlich von italienischen Meistern aus dem 18. Jh.

Weiter nördlich kommt man zur Terrasse (Miradouro de São Pedro de Alcântara), von der man eine schöne Aussicht auf die Stadt und die Tejobucht genießt. In der Nähe dieses Aussichtspunktes steht die *Casa Ludovice* des deutschen Baumeisters der Klosterresidenz Mafra; im Erdgeschoß des Wohn-

## LISSABON: RUNDGANG C UND D

hauses ist heute ein Portweininstitut – Solar do Velho Porto – eingerichtet.

Die Rua da Misericórdia führt geradewegs zur PRAÇA LUIS DE CAMÕES mit dem *Bronzedenkmal des größten portugiesischen Dichters* (von Victor Bastos, 1867), und dann zum nächsten Platz, dem LARGO DO CHIADO mit einem *Denkmal für den Dichter António Ribeiro* (1520–91). Er nannte sich ›Chiado‹, war aus dem Franziskanerorden wieder ausgetreten und schrieb nun zumeist deftige Volksstücke, ›Autos‹, die ihn nach Gil Vicente zum tonangebenden Theaterdichter seiner Zeit machten.

Wie in der Alfama, so gibt es in dieser Gegend ebenfalls viele gute Fado-Lokale und, da in Universitätsnähe gelegen, auch genügend Bohème-Kneipen und improvisierte Kunstausstellungen. Hier brannten in einem stundenlangen Großfeuer aus bis heute noch nicht ganz geklärten Gründen halbe Straßenzüge mit Häusern aus dem 18. Jh. nieder. Mit einem Wiederaufbau ist der portugiesische Architekt Alvaro Siza beauftragt worden und hat seine Planungen unterdessen abgeschlossen. Siza hat bereits in Berlin, Neapel, in Spanien und Holland historische Wohnviertel aufgebaut oder zeitgemäß restauriert. (Preis der Mies van der Rohe-Stiftung, Preis für Architektur der EG). Geradewegs abwärts führt die Rua Alecrim zur Praça Duque de Terceira am Cais do Sodré und zum *Bahnhof der Estoril-Linie*. Nach Osten geht die *Rua Garret* ab, Lissabons zwar moderne, in den Details aber liebevoll-altertümliche, beliebte Geschäftsstraße mit Luxusläden, Kaufhäusern, Cafés und Pinten, hübsch für den Fremden,

und auch die Lissabonner schwärmen von ihrem ›O Chiado‹.

Dort, dritte Querstraße rechts der Rua Garret, liegt in der Rua Serpa Pinto das Museum der Zeitgenössischen Kunst (Museu de Arte Contemparânea), das sich mit der 1836 gegründeten Academia de Belas Artes in einem früheren Franziskanerkloster befindet; eine Ergänzung zu den Museen in Caldas da Reinha und Amarante mit Beispielen zur portugiesischen Kunstentwicklung von der Romantik zur Ultramoderne, Malerei und Skulpturen. Die Sammlungen enthalten Gemälde u. a. von Silva Porto, José Malhoa, Columbano Bordalo, Pinheiro sowie Plastiken von Soares dos Reis, Francisco Franco und Auguste Rodin.

Nur Schritte weiter liegt Lissabons OPERNHAUS SÃO CARLOS. Ab 1792 hat es José da Costa e Silva erbaut mit neoklassizistischer Fassade und Arkaden außen, und innen hoch mit fünf Rängen um einen elliptischen Grundriß.

Weiter unten steht an der Praça Municipio das RATHAUS (18) mit einer eleganten Fassade von Da Silva (ab 1865) und in allen Teilen von architektonisch stimmend ausgeglichenen Flächen ohne störende Schwerpunkte. Auch innen setzt sich die unauffällige Eleganz fort, Treppenhaus mit Kuppel, Holzschnitzwerk in den Sälen oder als Wandtäfelung, eine solide, fast feierliche Schmuckarchitektur. Vor dem Rathaus steht eine gedrehte Prangersäule aus dem 18. Jh., was dem Platze auch den inoffiziellen Namen Largo Pelourinho gegeben hat.

Nach wenigen Schritten endet dieser Weg an der Praça do Comércio vor der Baixa, der regelmäßig angelegten Unterstadt.

# D Nationalmuseum – Necessidades-Palast – Estrela-Basilika – Parlamentsgebäude – Santa Catarina

Ausgangspunkt ist die Praça do Comércio. Von da am besten mit Bus oder Straßenbahn zur Rua das Janelas Verdes zum

NATIONALMUSEUM (19), Museu Nacional de Arte Antiga, eigentlich also ›Museum der Alten Kunst‹, im einstigen Alvor-Palast des Ministers Pombal, Portugals bedeutendste Kunstsammlungen, eines der führenden Museen in Europa, für Lissabon-Besucher ein ›Muß‹. Unsere Übersichtspläne zeigen, wo man was finden und bei genügend klarer Beschriftung der einzelnen Objekte auch durchaus einordnen kann. Da die Gemälde-galerie die umfangreichsten Sammlungen enthält, sollen hier zuerst kurz ihre hervor-ragenden Meisterwerke genannt werden.

*Malerei*
*Deutsche:* Dürers ›Hl. Hieronymus‹, Ge-schenk Dürers 1521 an den portugiesischen Gesandten in Antwerpen; Cranachs ›Salo-me‹, Holbeins d.Ä. ›Mutter mit Kind und Heiligen‹, Besitz von Königin Christine von Schweden, dann von König João IV., zu-letzt Eigentum des englischen Königshauses (Karl II.).
*Flamen:* Hieronymus Boschs ›Versuchung des Hl. Antonius‹, Quintin Metsys' ›Mut-ter der Schmerzen‹, Hans Memlings ›Mut-ter und Kind‹, Gossaerts ›Heilige Familie, Engel und St. Barbara und St. Katharina‹, Pieter Coeks ›Kreuzabnahme‹.
*Portugiesen:* hier gebührt *Nuno Gonçalves,* dem größten Maler in Portugal des 15. Jh., der erste Platz mit seinem *Polyptychon vom Vinzenz-Altar* aus der Kirche São Vicente

de Fora, insgesamt sechs Tafeln mit 60 Porträts. Um den zweimal dargestellten Hl. Vinzenz gruppieren sich die königliche Fa-milie, König Afonso V., João II. noch als Kind, Königin Isabel, Isabella von Burgund mit weißer Haube und andere und natürlich Heinrich der Seefahrer (Farbt. vordere Um-schlagklappe), von dem sich ein wohl auch von Nuno Gonçalves' gemaltes Porträt in der Chronik des Gomes Eanes befindet. Heinrich steht auf dem Gemälde neben dem Heiligen und oberhalb hinter dem ins Knie gesunkenen König Afonso V. Dieses Poly-ptychon ›Adoração de São Vicente‹ ist des Nuno Gonçalves Meisterwerk aus seiner zweiten Malerperiode, ist Huldigung an den Heiligen und gleichzeitig an das Königs-haus, meisterlich in der kunstvollen Ge-wandbehandlung, der aufmerksamen Beob-achtung der Männerköpfe und der überaus sorgfältigen Wiedergabe geringster Einzel-heiten, die in Anlage und Form fein hinein-komponiert wurden. Trotz der nicht be-zweifelbaren Beziehungen zur flämischen und burgundischen Malerei hat der Portu-giese Gonçalves die lokale Art gepflegt, die Volkstypen fein beobachtet und auch in der Farbgebung portugiesisch behandelt. Am 20. Juli 1450 wurde der Meister zum Maler von Afonso V. ernannt, Heinrich der See-fahrer starb 1460, so muß das Werk zwi-schen diesen Daten entstanden sein.

Von Vasco Fernandes (Grão Vasco) sieht man eine ›Anbetung der Jungfrau‹, von Se-queira das Bild seiner auf dem Klavier spie-lenden Tochter, von Vieira ›Dona Isabel de Mourá‹, von einem unbekannten Meister ›O

LISSABON: RUNDGANG D

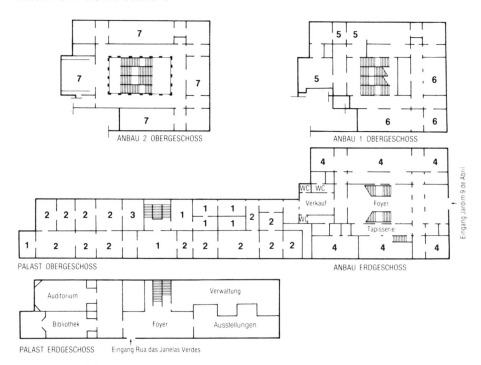

Museu Nacional de Arte Antiga
1 Europäische dekorative Künste  2 Europäische Malerei  3 Bildhauerei  4 Kapelle und portugiesische dekorative Künste  5 Portugiesische Goldschmiedekunst und Keramik  6 Kontakte mit Afrika und dem Orient  7 Portugiesische Malerei und Bildhauerei

Inferno‹, ein Retabel ›Martyrium der 12000 Jungfrauen‹ und eines mit Szenen aus dem ›Leben Mariens‹ oder ›Santiago Combatendo‹, um nur die wichtigsten zu nennen. Zu den interessantesten Stücken gehören die Bilder des Flügelaltars der Hl. Auta, 1520, die bereits im Zusammenhang mit Madre de Deus erwähnt wurden. Außerdem Gemälde von Gregorio Lopes, Cristovão de Figueiredo, Frey Carlos, Josefa de Óbidos u. a.
*Spanier, Italiener, Franzosen:* Zurbaráns ›Sankt Peter‹, Bilder der 12 Apostel, Velasquez' ›Maria von Österreich‹, Francescas ›Sankt Augustin‹, Raffaels ›Eusebius‹, drei Tote auferweckend‹, Tintorettos ›Kreuzabnahme‹, Frogenards ›Die zwei Cousinen‹, Quillards ›Fest im Park‹. Außer seiner hervorragenden *Gemäldegalerie* besitzt das Museum eine Sammlung ägyptischer, griechischer und römischer Skulpturen.

*Goldschmiedekunst*
Manche Stücke gehören zu den Spitzenleistungen in Europa mit dem Meisterwerk Gil Vicentes, seiner berühmten *Goldmonstranz* mit farbigen Emaileinlagen, die er 1506 aus dem ersten Golde gefertigt haben soll, das Vasco da Gama aus Indien mitgebracht hat-

te; dann ein goldenes *Prozessionskreuz* aus Alcobaça, eine silberne *Sanduhr* mit Wappen und Armillarsphären als Deckengravierungen, neben anderen ein *Prozessionskelch* als Stiftung für Santa Cruz in Coimbra, eine eigenartig preziöse Gold-Silberarbeit mit dem Hl. Antonius auf einer Sphärenkugel und insgesamt gut 1000 kg schwere, französische Tafelaufsätze aus Silber von den Goldschmieden Germain und Cousinet.

*Glas und Keramik*
Kostbarstes Stück sind ein blau-weißer *Porzellanteller* aus der Wan-Li Epoche, Ende 16. Jh., mit dem Wappen von Albuquerque (s. S. 112) und Erststücke vom Vista-Alegre-Porzellan mit Dekoren des Porzellanmalers Lusitano. Im Untergeschoß steht die in den Anbau eines Museumsflügels miteinbezogene Kapelle des einst dort gelegenen Albertas-Klosters mit besonders schönen *Azulejos* und *Talha-Dekoren,* dazu Paramente und eine manuelinische Skulptur mit Armillarsphären und Fischernetz. Bekannt ist die *Weihnachtskrippe* aus Terrakotta von Machado de Castro mit reizenden Details, die jeden Besucher entzücken können.

Vom Nationalmuseum aus folgt man einfach dem Straßenzug mit verschiedenen Namen: Janelas Verdes – Presidente Arraga – Pampulha – Sacramento bis zur Praça da Armada. Hundert Meter dahinter steht der PALÁCIO REAL DAS NECESSIDADES (20), bis 1910 Wohnsitz der portugiesischen Monarchen – hier ging Manuel II. ins Exil, heute Sitz des Außenministeriums, am Platze einer Kapelle ›Maria Nothelferin‹. König João V. ließ ihn 1745–50 als Königspalast in barocken und neoklassizistischen Formen

zweistöckig errichten, ebenso wie die kleine *Schloßkirche* in den beliebten Bauformen zur Zeit dieses Königs, eine Auseinandersetzung zwischen Joanino und Manierismus, für das Auge nicht ungefällig. Von der Terrasse mit dem barocken *Springbrunnen* aus lohnt ein kurzer Spaziergang durch die weite *Parkanlage.*

Auf der breiten Avenida Infanto Santo kommt man zur BASILIKA DA ESTRELA (21), deren hohe, sehr schlanke Vierungskuppel zu den Wahrzeichen von Lissabon gehört. Nach einem Gelübde ließ Königin Maria I. am Platze eines Klosters ab 1779 von den Baumeistern Mateus Vicente und Reinaldo Manuel dieses Gotteshaus erbauen, wobei letzterer die ursprünglichen Pläne änderte und die klassizistischen Tendenzen unterstrich. Vorbild war die Klosterkirche von Mafra, Material leuchtend weißer Alcântara-Kalkstein, um Repräsentatives entsprechend zur Geltung kommen zu lassen. Alle Linien verraten bewußte Formschönheit, schwelgen in harmonischen, schönlinigen Kurven und schaffen ein malerisches Gesamtbild außen wie innen, wo polychromer Marmor, beseelte Skulpturen von Machado de Castro und der pompöse *Hochaltar* von Batoni diese Tendenz noch unterstreichen. Königin Maria und ihr Beichtvater Caetano, der Erzbischof von Évora, sind in der Basilika begraben. Im Raum hinter der Königin (Presépio) befindet sich eine *Krippe* mit über 500 Figuren von Machado de Castro.

Auch hier empfehlen wir einen kurzen Spaziergang durch die kleine gegenüberliegende *Parkanlage.*

Die Calçada Estrela strebt zum PALÁCIO SÃO BENTO (22), dem Parlamentsgebäude –

## LISSABON: RUNDGÄNGE D UND E

auch Palácio de Assembléia Nacional genannt – einst das vom Nachfolger Terzis, dem Baumeister Baltasar Álvares, 1598 erbaute Kloster São Bento da Saúde der Benediktiner. Mit dem Umbau wurde 1834 begonnen, als nach der Ordensauflösung das Parlament einzog. Nach einem Brand 1895 wurde der Bau von Ventura Terra erneuert. – Hier regierte auch Salazar. Monumental, aber nicht schwer wirkt die Frontseite, sie ist gegliedert durch Pilaster, Gesimse, Fenster und Säulen. Im gleichen Gebäude befindet sich das Staatsarchiv – Arquivo da Torre do Tombo. Hier sind viele Dokumente, Manuskripte, Urkunden, Handschriften, 36 000 Prozeßakten der Inquisition und Miniaturen, die nicht im Ribeira-Palast lagen und so das Erdbeben überdauerten, zusammengetragen.

Zuletzt folgt man dem Straßenzug dos Poiais de São Bento – Calçada do Coimbra zur Kirche SANTA CATARINA (23), auch Igreja dos Paulistas genannt, dem Gotteshaus der Einsiedler von São Paulo, der ›Paulisten‹. 1647 erbaute sie Baltasar Álvares. Als Schüler des großen Renaissancebaumeisters Ter-

zi konnte er sich von dessen Intentionen nur schwer lösen, und so sind viele Beziehungen zu dessen mathematisch ausgerichtetem Rationalismus vorhanden, Entsprechungen zu São Vicente de Fora und zum Turmaufbau der Grilos-Kirche in Porto mit dem geschwungenen Mittelgiebel zwischen den Türmen. Der Innenraum ist leuchtend, ein farbig sinnenfroher Barock, viel Licht zum Weiß, Pastell und Gold der Altäre und zu der mit goldenem Rokokoschmuck überzogenen Orgel. Den *Hauptaltar* schnitzte Santos Pacheco im zweiten Viertel des 17. Jh., hoch, elegant, nirgends schwülstig – alles typische Merkmale des sogenannten Joanino-Stiles (nach dem Zeitalter von König João V.), eine nationalportugiesische Leistung wie der Manuelstil, charakterisiert von schwungvoll dekorierten Flächen und lebensgroßen Engeln oder allegorischen Himmelswesen, eine dekorierte Plastik vor allem in üppigen Gewändern mit stilisiertem Faltenwurf.

Über die Rua Loreto – Praça Luis de Camões – Rua Garret (Chiado) – und Rua do Carmo findet man schnell zum Rossio zurück.

# E   Tejo-Brücke – Santo Amaro

Am Tejo-Ufer entlang führt von der Praça do Comércio die *Avenida 24 de Julho* nach Westen, vorbei am Bahnhof für die Estoril-Linie und entlang den Kais – erst denen des *Fischerhafens* (Besuch lohnend am frühen Morgen: Landen der Fischer, Versteigerungen, dabei die Varinhas, Lissabons originelle Fischmarktfrauen), dann an den *Alcântara-Docks* mit den Kais für Übersee- und

Passagierschiffe (Gare Maritima de Alcântara) vorüber.

Hier spannt sich Europas gewaltigste Hängebrücke über den Tejo, der PONTE 25 DE ABRIL (24; Farbt. 2). 1962 wurde mit ihrem Bau begonnen, am 12. Juli 1966 wurde sie feierlich eingeweiht: Erfüllung eines mehr als hundert Jahre alten Wunsches, Lissabon über den Tejo mit dem Süden des

Landes direkt zu verbinden, zu den Industriegebieten von Almada, nach Setúbal, zum Ölzentrum Sines, zur Algarve und mit den Landwirtschaftszentren von Beja, Évora und Estremoz.

Rot angestrichen und gradlinig-elegant schwingt sie sich in leichter Wölbung vom Alcântara-Ufer Lissabons hinüber zur Almada-Seite mit dem Cristo Rei-Monument, der riesenhaften Christusstatue.

Es handelt sich um eine ganzmetallische Drahthängebrücke mit vertikalen Hängestangen und zwei in Ufernähe im Tejo stehenden Ankermasten. 82 m tief sind ihre Fundamente im basaltenen Flußgrund versenkt worden, nachdem erst 20 m Sand und loses Gestein, dann 30 m Schlammboden durchstoßen worden waren (Basalt-bedrock, tiefstes Fundament der Welt, 150 000 m³ Beton). Auf ihnen steigen die Hauptankermasten 190 m hoch auf. Die Auto-Fahrbahn liegt 70 m über dem mittleren Wasserspiegel des Tejo, so daß auch die größten Schiffe bei jedem Pegelstand passieren können. Zwischen diesen Masten spannt sich frei und 1013 m lang das Mittelstück. Von Endauflage zu Endauflage ist die Brücke insgesamt 2300 m lang. Allein 8000 Tonnen wiegen die beiden Hauptkabel, die aus 6000 5 mm dicken Drähten aus verzinktem Stahl geflochten und schützend umgürtet sind. Sie stützen sich auf die Spitzen der beiden Ankermasten und sind in den Verankerungsmassiven an beiden Ufern befestigt. Vertikale Hängestangen gehen von den Kabeln in 24 m Abständen ab und tragen die Träger, auf denen oben die 16 m breite Autobahn verläuft und in denen später die Gleise der Eisenbahn geführt werden sollen.

Die Autobahnzubringer auf beiden Seiten der Brücke haben fast 30 km Länge mit Abzweigen nach Alcântara und zur Tejo-Uferzone, zum Nationalstadion und der Avenida Duarte Pacheco, nach Estoril, zum Monsanto-Park, zur Nationalstraße 10 (Autobahn nach Setúbal), zur Costa da Caparica und den Badeständen (Brückenzoll; auf der Brücke Halten verboten).

Heute fast unter den Betonpfeilern des Brückenzubringers in Alcântara, Calçada de Santo Amaro, steht die kleine Kapelle Santo Amaro (25). Sie ist Portugals erstes Bauwerk der Frührenaissance und wurde 1549 als Wallfahrtskapelle für die Bruderschaft des Johannes vom Lateran (ihr Wappen über der Mitteltür) von vierzehn Bauherren ab 1549 errichtet. Hübsch gestaffelte Treppen führen zur Kapellenterrasse, die sich mit weitem Bogen zur Kirche hin schließt. Beachtenswert sind die geschnitzten Ornamente und Szenen zur Geschichte des Schutzheiligen an den Holztüren. Ein halber Hallenumgang wird von Stützpfeilern in sieben Joche geteilt und von Gewölben mit Kreuzrippen ziemlich flach abgedeckt. Die gebogenen Innenwände sind mit vielfarbigen Azulejos bekleidet, Ornamentkompositionen mit Hermen (an den Außenwänden mit Heiligenbildern), davor kleine Altäre mit Azulejo-Bekleidung. Die eigentliche Kapelle ist kreisrund mit Kassettenkuppel und Laterne. Ihr schließt sich die ebenfalls als Kuppelraum ausgebildete Altar-Apsis an. Nur 8 m im Durchmesser mißt der winzige Kirchenraum, intim anheimelnd, fein in seiner Architektur.

## LISSABON: RUNDGANG BELÉM

# F Belém: Jerónimos-Kloster – Jerónimos-Kapelle – Turm von Belém – Denkmal der Entdeckungen – Die Museen und der Ajuda-Palast

Mit Autobus, Straßenbahn oder mit der *Estoril-Bahn* nach Belém.

JERÓNIMOS-KLOSTER (26; Farbt. 7). Zwischen den Hütten der Fischer und Seeleute am alten Tejohafen Restelo hatte Heinrich der Seefahrer neben einem alten Seemannsheim eine Marienkapelle errichten lassen und sie der Obhut der Christusritter übergeben, die den Platz Belém (Bethlehem) nannten. In dieser Kapelle betete in der Nacht vom 7. zum 8. Juli 1497 Vasco da Gama, bevor er mit seinen vier Karavellen nach Ostindien aufbrach, und hier empfing ihn König Manuel I. bei seiner Rückkehr aus Indien im September 1499 mit allem Pomp im Kreise des gesamten Hofes. Weil die Entdeckung des Seeweges nach Indien Portugal an die Spitze der seefahrenden Nationen gerückt hatte, beschloß der König, zum Ruhme dieser Tat und zum Beweise der Größe Portugals und seiner königlichen Macht, ein Denkmal besonderer Art ausführen zu lassen. Ob er es in Erfüllung eines Gelübdes tat, bleibt unbekannt. Am 21. April 1500 legte Manuel I. selbst den ersten Stein des Klosters, das neben Batalha Portugals bedeutendstes nationales Denkmal in Stein werden sollte, so wie es die ›Lusiaden‹ des Camões in Worten sind. Noch vor Beendigung der Bauarbeiten verstarb der König, sein Sohn João III. ließ die Arbeiten fortsetzen, und Katharina von Österreich, die Frau König Joãos III., erlebte einen gewissen Abschluß mit der Fertigstellung des Hauptgesimses im Jahre 1571. Nach der Auflösung des Klosters 1834 wur-

de die Waisenanstalt Casa Pia hierher verlegt.

Fünf führende Architekten lösten sich beim Fortschreiten des gigantischen Bauwerkes ab. Ihrem Einfühlungsvermögen und der Hingabe an den künstlerischen Aufbau des Ganzen ist es zu danken, daß heute Gegensätzliches nirgends störend sichtbar wird. *Boytaca* leitete die Arbeiten von 1500–1516. Der von ihm entworfene Grundriß folgte den Modellen der europäischen Spätgotik, doch seine Formensprache ist ganz manuelinisch. Als 1516 der Spanier *João de Castilho* die Bauleitung übernimmt, lassen sich im zunehmendem Maße platereske Schmuckmotive und Renaissanceeinflüsse beobachten. Boytaca zeichnete den Plan und baute die unteren Teile von Langhaus und Kreuzgang; *João de Castilho*, von 1517 bis 1522, wölbte das Langhaus ein, setzte das Querschiff an, beendete den Kreuzgang und schuf das Südportal; *Nicolas de Chanterène*, seit 1517, meißelte das Westportal; *Diogo de Torralva* setzte nach 1550 die Arbeiten an der Kirche fort und begann mit dem Bau der Chorpartie; *Jean de Rouen* beendete den Chor, jetzt im Stil der Hochrenaissance.

Erhaltene Rechnungen und Quittungen erlauben interessante Einblicke. So kostete der Bau wöchentlich 9000 bis 14000 Reis, der Hauptarchitekt erhielt täglich 100 Reis, andere zwischen 40 und 60 Reis bei Arbeiten im Tagelohn. Seit 1517 wurde im Akkord geschuftet (Kreuzgang, Kapitelsaal, Sakristei, Südportal), und für ständig 100 Arbeiter bekam der Baumeister 50 Reis pro Tag und Arbeiter.

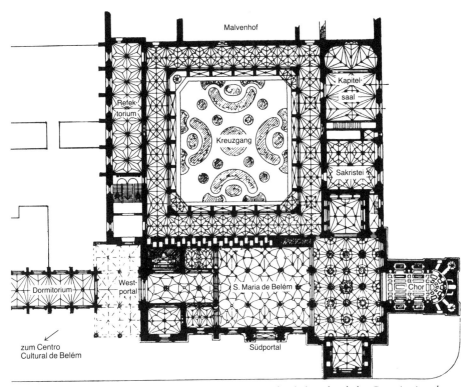

*Belém: Jerónimos-Kloster, Grundriß. Nach links anschließend der Flügel der Dormitorien, heute Nationalmuseum für Archäologie.*

Die *Klosteranlage* (siehe Plan) besteht aus der hohen, dreischiffigen Hallenkirche mit Querschiff und Empore für den Mönchschor, einem quadratischen Kreuzgang mit Refektorium, Kapitelsaal und Sakristei. Die Gesamtanlage war größer geplant. Nach Westen zu schließt sich aber nur noch die 185 m lange Halle der Dormitorien an, die sich von den quadratisch verblockten Hauptteilen der Klosterbauten stark abhebt. An Stelle des ursprünglichen Kegeldaches wurde im Jahre 1900 eine stilfremde Kuppel aufgesetzt. Schauseite zur Straße hin ist die Südfront mit dem phantastischen Portal von Castilho, sicherlich eines der prachtvollsten der Welt im Langhaus, das oben von einem stattlichen, drei bis vier Meter hohen Gesims besetzt ist: Steintaubänder, Friese, kannelierte Wülste und vielfältig durchbrochene Ornamente. Dagegen bleibt die sauber gequaderte Querschiffseite fast schmucklos: eine einfache Rose und darunter ein Gurtgesims, das jedoch, etwa gleichbreit wie das Hauptgesims, trotz des tiefen Ansatzes eine vollkommene optische Harmonie der Seiten zustandebringt und mit ebensolchen Steintaubändern, verwegenem Liniengeknote, Rankenwerk und gespitzter Ornamentbekrönung dem Hauptgesims entspricht. Zwischen den Strebepfei-

BELÉM

*Belém: Jerónimos-Kloster, Südseite mit dem Portal zu Santa Maria (vor 1900)*

lern erhält jedes Joch seine eigene Belichtung, hohe Fenster in den Portalseiten, kleinere in den anderen Jochen, üppig verdichtet dekoriert mit Bändern und Ornamentrollwerk am Portal, seitwärts hin mehr aufgelockert.

Das *Südportal,* das als Gemeinschaftsarbeit von Boytaca und Castilho gilt, aber vorwiegend von Castilho aufgrund der plateresken Einflüsse geprägt sein dürfte, ist 32 m hoch und 12 m breit, belegt also ein volles Joch, so daß beide Strebepfeiler vollkommen in die Komposition einbezogen werden konnten. Mit ihren aufgesetzten Spitztürmchen reichen sie über das Hauptgesims. Im unteren Teil werden sie von einem stattlichen Türbogen verbunden, der die doppelten Eingänge mit einschließt und mehrere Gewölbe und Tympanonflächen bildet. Am Teilungspfeiler steht die Figur Heinrichs des Seefahrers, an der Säulenbasis und ihm zu Füßen zwei Löwen des Hieronymus. Heinrich unten, Maria in der Mitte auf einem Sockel vor dem Fenster als Zentralfigur, und ganz oben ein Wappenengel im letzten Baldachin vor dem Hauptgesims bestimmen die vertikale Koordinate zwischen dem Siegeskreuz oben und dem hieronymitischen Löwen an der Basis. Um diese Linie gruppieren sich in Nischen oder unter Baldachinen und meist freistehend 24 fast lebensgroße Figuren von Heiligen, Propheten, Bischöfen usw. In gleicher Weise werden das Gewölbefeld wie die beiden Tympana und andere Freiflächen mit Figürchen, Reliefskulpturen oder einem märchenhaften Ornamentgeschlinge aus spätgotischen und frührenaissancen Formen gefüllt, die wieder stark an platareske Schmuckmotive erinnern.

Die wirkliche Hauptfassade ist verbaut. In der Halle, die ursprünglich die Verbindung zu den Dormitorien werden sollte, quetscht sich das *Westportal,* der eigentliche Haupteingang in die Santa Maria-Kirche, schlecht belichtet an die Fassade. Seine Ausführung aber wurde zum Meisterwerk Chanterènes und hat »die Größe der Königlichen Familie« als Vorlage (Abb. 7); zur Trilogie im Bogenfeld, Verkündigung – Geburt – Anbetung in Bethlehem (= Belém), blicken in Ehrfurcht betend, aber nichtsdestoweniger bewußt und stolz auf: König Manuel und

*Belém: Das Südportal von Santa Maria*

BELÉM

*Belém:*
*Das Westportal von Santa Maria*

der Hl. Hieronymus, sein Schutzpatron, auf der einen, Maria von Kastilien, des Königs zweite Frau, und ihr Schutzpatron, Johannes der Täufer, auf der anderen Seite der Portalöffnung. In denkbar höchster Position und gleich unter der Trilogie tragen Engel das Königswappen. Behält in der kühnen Formensprache des dekorativen Ausgestaltens noch die Spätgotik ihre Oberhand, so hält in der Porträtähnlichkeit der Einfluß der Renaissance seinen Einzug, ein kräftiger Realismus verdrängt die idealisierende Schönheit. Das königliche Gesicht wurde nach einem Gipsabdruck gemeißelt.

*Santa Maria* ist eine dreischiffige, gewölbte Hallenkirche mit einschiffigem Querschiff und Chor. Das kühn geschwungene Netzgewölbe wird von sechs überhohen achteckigen, reich ornamentierten Pfeilersäulen getragen, die mit ihren Stützrippen wie sich öffnende Lotosblumen in das Geäder des Gewölbes eingreifen. Bei einer lichten Höhe von über 25 m bedeutet das konstruktiv eine Herausforderung, wenn man die Maße vergleicht: 90 m lang, 27 m breit, jeder Pfeiler nur etwa 1 m im Durchmesser dick. Die restlichen vier Pfeiler stützen erst von der Empore aus das Gewölbe. Ohne Gurtverbindung mit der Chorwand ermöglichen die nur 2,20 m im Durchmesser dicken Vierungspfeiler, daß sich das Querschiff mit 29 × 19 m stützenlos wie eine Tonne über den gesamten Grundriß spannen kann, ebenfalls eine gewagte statische Meisterleistung von Castilho. Überaus reich verschlungen in den Rippen prunkt die saubere Quaderkonstruktion der Netzgewölbe, Wappensteine sind mit Bronzekränzen dekoriert, und zu den glatten Quadern der Wände kontrastieren die von unten bis oben zwischen feinen Rundstäben mit festlicher Renaissanceornamentik überzogenen Pfeiler, ein bewußter Effekt, der bewirkt, daß die Stützen optisch kaum noch als konstruktives Element in Erscheinung treten. Das Erdbeben von 1755 hat das Gotteshaus trotz dieser gewagt kühnen, aber statisch sicheren Konstruktion schadlos überstanden. Der Bauplan sah zwei Türme über der Westfront vor, von denen aber nur der eine (heute mit der ›falschen‹ Kuppel; vgl. Farbt. 7) ausgeführt wurde. Die fertigen Unterbauten dieser Türme rücken in den Kirchenraum ein, bilden dort zwei Kapellen mit reichem Gewölbe, und die zwischen den ›Türmen‹ liegende Empore ragt dazu noch um ein Joch weiter in den Raum. Darunter stehen der *Sarkophag für Vasco da Gama* und der *Kenotaph* für den irgendwo in der Alfama an der Pest umgekommenen Dichter *Camões* (Abb. 8), beide neomanuelinisch. Vom Obergeschoß des Kreuzganges betritt man die Empore für den Mönchschor, in der ein wundervoll geschnitztes *Chorgestühl* im Renaissancestil

*Belém: Santa Maria, Schnitt durch das Seitenschiff links und Innenraum mit Netzgewölbe*
*1 Beichtstuhl*

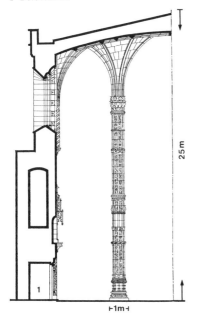 

# BELÉM

(1560) steht, ein Schwelgen in überquellender Schnitzornamentik, die im Detail flandrische Einflüsse vermuten läßt. Elf *Beichtstühle* durchbrechen die Nordwand der Kirche derart, daß von den zugehörigen Kammern jeweils eine vom Kirchenschiff aus, die andere aus dem Kreuzgang betreten werden kann. Verzierte Vorhangbögen und zierliche Tabernakel-Architektur dekorieren bescheiden diese Beichtstuhlwand.

Den Chor flankieren zwei auf Konsolen gestützte *Kanzeln,* spätgotisch mit Renaissanceornamentik durchsetzt. Reine Renaissance aber präsentiert der *Chor* selbst, den bis 1551 Diogo de Torralva anstelle eines wohl zu kleinen errichtete. Er ist halbrund, ionisch und korinthisch gegliedert und schwer von einer mehrfarbigen marmornen Kassettentonne abgedeckt. Bemerkenswert ist ein silbernes *Tabernakel* aus dem 17. Jh. Im Chor stehen, an der Nordseite, die von Elefanten getragenen *Sarkophage* von König Manuel I. und von Königin Maria, an der Südseite die von João III. und von Katharina von Österreich, im Chorschluß hängt das maßvoll manieristische *Gemälde* des Hofmalers Cristovão Lopes, ›Leidensgeschichte Christi‹. Das imponierende Querschiff, in dem eine Hieronymusstatue aus farbiger Terrakotta (16. Jh.) steht, birgt in der Nordkapelle die *Sarkophage* des Kardinal-Königs Henriques und der Söhne Manuels und in der Südkapelle den *Kenotaph* für den 1578 bei Alcazar-Kebir gefallenen und vermißten Königs Sebastião, zu beiden Seiten in den Nischen Kinder von João III. Insgesamt sind fünf Könige, sieben Königinnen und neunzehn Infanten des Hauses Aviz in Santa Maria de Belém beigesetzt.

Castilhos andere Meisterleistung ist der zweistöckige KREUZGANG (Farbt. 8) an der Nordseite der Kirche, ein Quadrat von 55 m mit abgestumpften Ecken, gegliedert in 28 Gewölbefelder insgesamt, also sechs auf jeder Seite zuzüglich vier in den Ecken. Pilaster, Säulen, Bögen, Baldachine und Strebepfeiler, die Kandelaber und das Ornament-Maßwerk der Bogenfänger und jede irgend freie Fläche sind mit den typischen manuelinischen Dekoren plattiert, die, phantasievolle Verschmelzung abendländischer, arabischer und fernöstlicher Kunstelemente, den schweren Stein optisch entmaterialisieren. Die königlich portugiesischen Grundmotive Christusritterkreuz, Sphärenkugel und Königswappen betonen allenthalben Bedeutung und Zweck dieser Klosteranlage. Bis 1833 gab es im Hofe ein Wasserbassin mit dazwischen in Sternmuster angelegten Inselchen. Der *Löwenbrunnen* in der Nordwestecke ist ein Teil davon, er stand zentral in der Hofmitte. Welchem Kreuzgang das Prädikat ›schönster‹ zuerkannt werden sollte, diesem hier oder dem in Batalha? Jeder mag es für sich entscheiden.

Im gewölbten *Kapitelsaal* beeindruckt der chorartige Abschluß mit reichem Netzgewölbe. Hier befindet sich das Grab des Historikers Alexandre Herculano. Die früher im Jerónimos-Kloster beigesetzten Persönlichkeiten wie der Dichter Almeida Garret, der erste Präsident der Republik Teófilo Braga und Marschall Carmona wurden in Lissabons Pantheon umgebettet.

Die *Sakristei* liegt zwischen diesem Saal und der Querschiff-Nordseite der Kirche und ist quadratisch im Grundriß mit feinem Sterngewölbe, das wie Äste eines Kunstbaumes, sich von einem reich verzierten Renaissance-Kandelaber in der Raummitte weitschwingend verbreitet. Fast zu wuchtig wirkt die kräftige Mühlsteinbasis.

106

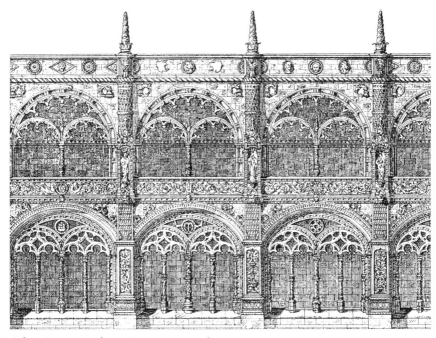

*Belém: Jerónimos-Kloster, Kreuzgang (Ausschnitt)*

*Belém: Kreuzgang des Jerónimos-Klosters, Aufriß von Refektorium und Kapitelsaal*

BELÉM

Mit ähnlich verschlungenem und ausdrucksstark gegliedertem Netzgewölbe ist auch das *Refektorium* überspannt, wo einem rundumlaufenden Steintauband Schlußsteine und Gewölbefänger recht eigenartig aufsitzen; der Kachelschmuck stammt aus dem 17. Jh.

Die westlich von der Kirche gelegenen Gebäude waren ursprünglich als Dormitorium geplant, dienten aber nur als Lagerraum und wurden im 19. Jh. im neomanuelinischen Stil restauriert. In den unteren Räumen ist das *Ethnologische Museum* untergebracht, interessante Sammlungen zur Archäologie (größte portugiesische Sammlung prähistorischer und vorrömischer Funde sowie die wichtigsten Reste der römischen Siedlungen Portugals; außerdem eine Sammlung ägyptischer Altertümer aus der Totenstadt Akhmim), Anthropologie und Völkerkunde.

Westlich vom Kloster, im *Marinemuseum*, sind Schiffsmodelle, Seekarten, nautisches Instrumentarium aller Art, Geschütze, Uniformen, Fahnen und Gemälde zur Seefahrt ausgestellt. – Zwischen den beiden Gebäuden, etwas zurückstehend, befindet sich das *Calouste-Gulbenkian-Planetarium* (1965).

Auf der gegenüberliegenden Straßenseite wird der spätgotische Klosterkonvent von Jerónimos von dem gigantischen Bunker des neuen Centro Cultural de Belém (Kongreß-Zentrum) als heftig umstrittenem »Preis des Fortschritts« förmlich erdrückt.

Nun sollte man hinaufspazieren – kaum 15 Minuten – zur
JERÓNIMOS-KAPELLE (27), am Ende der Avenida Torre de Belém. Von der Terrasse vor der Kapelle, die noch auf dem einst gewaltig ausgedehnten Klosterareal stand, übersieht man den Klosterkomplex, ganz Belém mit dem Turm im Tejo und dem Denkmal der Entdeckungen. Vermutlich wurde die Kapelle 1541 von Boytaca erbaut; sie wirkt in ihrer überlegenen Einfachheit meisterlich, alle Maße sind harmonisch aufeinander abgestimmt. Von Ferne erscheint sie als kompakter Würfel, dem quadratischen Grundriß ist aber, etwas erhöht, ein kurzer rechteckiger Chor angesetzt. Eigenartig sind außen die Strebepfeiler mit spiralig gewundenen Spitzen an den Ecken, innen zwei Seitenaltäre, in Nischen der Außenwand eingelassen. Netzgewölbe wie Chorbogen werden von Steintaubändern gefaßt, insgesamt ein Kleinod der manuelinischen Kunst.

TORRE DE BELÉM (28; Farbt. Umschlagvorderseite). König João II. hatte am linken Tejoufer eine Festung São Sebastião da Caparica errichten lassen und plante, an der gegenüberliegenden Restelo-Seite des Flusses, um gegebenenfalls ein wirksames Flankenfeuer einsetzen zu können, ein ähnliches Festungswerk. Sein Kammerjunker und Chronist, der Dichter und Zeichner Garcia de Resende, entwarf einen Plan, der aber nicht zur Ausführung kam, weil der König 1495 unerwartet starb. 1515 erst griff König Manuel I. die Idee wieder auf, nun konnte Resendes Plan verwirklicht werden, und 1516 begann Francisco de Arruda mit den vierjährigen Bauarbeiten. Ursprünglich stand der Turm auf einer Insel, aber durch spätere Sandanschwemmungen befindet er sich auf einer Landzunge. Im September 1521 ernannte der König einen Gaspar de Paiva zum ersten Festungskommandanten. Der Turm wurde 1580 von den Truppen des

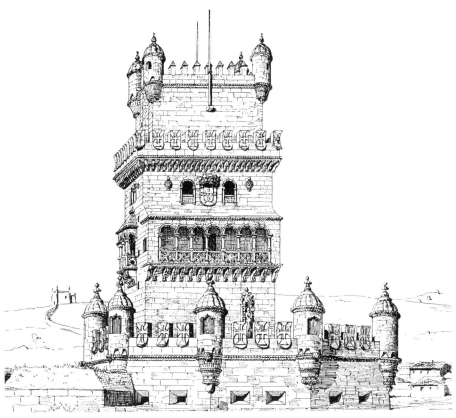

*Belém: Torre de Belém. Im Hintergrund die Jerónimos-Kapelle*

spanischen Herzogs Alba eingenommen. Zur Zeit der Napoleonischen Kriege wurde die Hälfte des Turmes abgerissen, aber 1845 wiederaufgebaut.

Durch ein Renaissanceportal hinter der Zugbrücke betritt man die Festung. Sie hat zwei unterschiedliche Baukörper: die rechteckige Turmmasse und das sechseckige Bollwerk, das wie ein Schiffsbug zum Tejo hin vorspringt. Niedrige Hallen umschließen einen Mittelhof. Dort liegen die Kasematten und, schon unterhalb der Wasserlinie, fünf Räume für Lebensmittel, Waffen und vor allem der Pulverraum. Die 3,5 m dicke Mauer der Kasematte hat 17 Schießscharten, die damals mit Bronzekanonen bestückt waren, während von den Terrassen nur die Büchsenschützen feuerten.

Der trutzige Turm im mustergültigen Quaderbau wird von bester manuelinischer Dekorkunst belebt und ist in seiner erhabenen Geschlossenheit neben dem Jerónimos-Kloster einzig auf der Welt und Wahrzeichen eines eben an die Grenzen seiner Zeit vorgestoßenen, waghalsig-mutigen Seefahrervolkes. Überall auf den Ecken sitzen kleine, wohl indisch inspirierte *Kuppeltürmchen.* Nur von der Meerseite aus zu sehen ist der stark verwitterte Kopf eines Nashorns (das berühmte Nashorn auf Dürers

Holzschnitt von 1515 – mehr darüber S. 111). Konkav gewölbte *Schilde* mit dem Kreuz der Christusritter vor den Zinnen steigern als blendende künstlerische Idee den trotzigen Eindruck dieses Festungsturmes. Über der Brüstung des Mittelhofes steht in der Mitte der Terrasse in einem wunderlich-würdevollen manuelinischen Baldachin wie in einer krustigen Seemuschel die *Muttergottes von Belém*, Nossa Senhora do Bom Sucesso (›vom guten Gelingen‹), in der Rechten das Jesuskind, mit der Linken eine Weintraube anbietend. Eine *Wendeltreppe* führt zu den vier Stockwerken, zum *Gouverneurszimmer* im ersten Stock, ins *Königszimmer* darüber, ins *Kommandantenzimmer* im dritten Stock und zum *Oratorio*, der Festungskapelle, im vierten Geschoß. Die Räume sind z. T. mit gotischem Mobilar ausgestattet. Auf Kragsteine stützt sich außen herum ein Wehrgang mit Verteidigungsöffnungen im Boden, und darüber weitet sich in 35 m Höhe die obere Turmterrasse (Panoramablick!). Arruda war lange Zeit als Festungsbaumeister in den entdeckten oder eroberten Überseegebieten tätig gewesen. Hervorragend verstand er es, die erlebten islamischen und indisch-hinduistischen Strukturen mit den erlernten und zeitbedingten Bau- und Dekorformen, die zudem im Umbruch von der Gotik zur Renaissance waren, ästhetisch befriedigend in Einklang zu bringen.

Am Hafenbecken des Yachtclubs steht das *Museum der Volkskunst* (de Arte Popular), wo, für den Portugal bereisenden Fremden hochinteressant, nach Provinzen oder Landesteilen geordnet, Volkskundliches informativ und umfassend vorgestellt wird.

Nur Schritte weiter, am Tejo gelegen gleich dem Belém-Turm, ragt weiß vor meist blauem Himmel das 1960 vollendete DENKMAL DER ENTDECKUNGEN (29; Farbt. 3, 4) auf. Der ›Padrão dos Descobrimentos‹ stellt, stilisiert, den Bug einer Karavelle das. Stolz und aufrecht schaut Heinrich der Seefahrer in die Ferne, und von den ansteigenden Rampen links und rechts aus folgen ihm die portugiesischen Seefahrer und Kartographen, Kapitäne, Steuerleute, Gouverneure, Künstler und

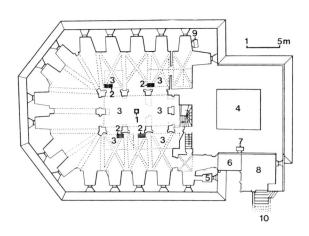

Belém: Grundriß des Torre de Belém (Kasematte)
1 Lichtschacht
2 Luken
3 Pulverkammern unter dem Wasserspiegel
4 Zisterne
5 Wachraum
6 Zugbrücke
7 Frischwasserquelle
8 Zugbrückenauflage am Ufer
9 Waschraum
10 Zugang zum Turm

Missionare. Über dem Turmtor ziert ein Schwert mit dem Kreuz von Aviz im Knauf die Wand, und auf dem Boden des Denkmalsvorplatzes zeigen farbig gesetzte Mosaiksteine in einer Weltkarte Portugals einstige Besitzungen über allen sieben Meeren, während ein Basrelief am Denkmalssockel die zur Entdeckerzeit wohl oft geübte Prozedur des Padrão-Aufstellens illustriert, das als Eigentümerzeichen die Inbesitznahme neuer Gebiete bekräftigte.

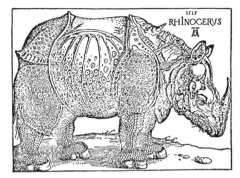

Schräg gegenüber auf dem Albuquerque-Platz ehrt man mit einer neo-manuelinisch dekorierten *Säule* und einer Bronzefigur darauf Afonso Albuquerque, den Vizekönig von Portugal, Eroberer von Goa, Malakka und Aden. Reliefs am Sockelfuß illustrieren Szenen aus dem sicherlich bewegten Leben des Gouverneurs im Fernen Osten. An der Nordseite des Platzes ist im Ostflügel des Belém-Palastes aus dem 18. Jh. – heute Residenz des Staatspräsidenten – das KUTSCHENMUSEUM (30; Farbt. 5, 6) untergebracht, 1700 als Palast für den Grafen von Aveiro erbaut, später von König João V. aufgekauft und zum königlichen Reitstall umgebaut; 1905 ließ Königin Maria-Amélie dort das von ihr gegründete Kutschenmuseum einrichten. Es ist die umfangreichste und zugleich wertvollste Sammlung dieser Art in der Welt. Im großen Saal und im rechts davon gelegenen kleineren Saal sind 59 Kutschen, Sänften, Zubehör, Uniformen aus dem 16.–19. Jh. ausgestellt, von denen die Prachtkarossen des 18. Jh. die großartigsten sind. Besonders bemerkenswert sind die Karossen des Marques de Fontes, der portugiesischer Botschafter beim Heiligen Stuhl in Rom war. João V. ließ die drei Kutschen 1715 in Rom bauen, damit sein Botschafter in entsprechender Form nach Rom reisen könne. Interessant ist auch eine Kutsche, die anläßlich der Fahrt Philipp II. zur Übernahme des portugiesischen Thrones nach Lissabon kam.

Wenn möglich, versäumen Sie nicht, am Abend die angestrahlten und illuminierten Belém-Bauten zu genießen und den 64 mal ineinander übergehenden, polychromen Wasserspiel- und Lichteffekten der mit Wappen bestandenen *Fonte Luminosa* vor dem Kloster auf der Praça do Império zuzuschauen, dem gleichen Platz, auf dem 1515 König Manuel, die erlauchte Hofgesellschaft und alles Volk Lissabons im Zweikampf Rhinozeros gegen Elefant herausfinden wollten, wer das »stärkste aller Geschöpfe der Erde« (Plinius) sei. Von dem schnaubenden Dickhäuter erschreckt, durchbrach der Elefant die starken Palisaden und flüchtete; der König ordnete an, das siegreiche Tier Papst Gregor XII. als Geschenk nach Rom zu senden. In einen Käfig gesperrt, begann es die Seereise, aber ein Sturm kam auf, die gewichtige Schiffsladung rutschte über die Reling, und der Sieger von Belém versank im Meer. Geblieben ist uns Dürers Konterfei des Panzertieres, das der Maler im Schriftfeld über dem Holzschnitt exakt beschreibt: »Nach Christiege-

111

BELÉM

*Blauweißer Porzellanteller, Ende 16. Jh., im Nationalmuseum Lissabon*

burt/1513 Jar Adi 1. May Hat man dem großmechtigsten König Emanuel von Portugal/ gen Lysabona aus India pracht/ ain solch lebendig Thier, das nennen sie Rhinocerus/ Das ist hie mit all seiner gestalt Abconterfeit...«

Beim Kutschenmuseum beginnt die Calçada da Ajuda und führt, stetig ansteigend, zum PALÁCIO DA AJUDA (31). 1802 wurde er als königliche Residenz von Fabri und Costa am Platze einer Kapelle ›Maria von der Hilfe‹ begonnen; heute dient der Palast in erster Linie Staatsempfängen. Der einförmig neoklassizistische Palast ist nie fertig geworden und wirkt langweilig in seiner betont durchgeführten Symmetrie, besonders der Hauptfassade mit zwei Türmen an den Enden, statt der vier, wie geplant. Ajuda war letzter königlicher Palast und steckt voller Erinnerungsstücke an die letzten portugiesischen Herrscher: Gemälde, Keramiken, Porzellan, Wandteppiche (darunter flämische Arbeiten und einige nach Entwürfen von Goya angefertigte Stücke), eine noch von Pombal recht erlesen zusammengestellte Bibliothek, marmorne Skulpturen von Machado de Castro und anderes.

Der Blick hinunter nach Belém ist umfassend, eine Wanderung im *Park der Tapada* nordwärts des Palastes lohnt sich, der Besuch im gleichfalls von Pombal angelegten *Botanischen Garten* von Ajuda ist interessant.

35  ÉVORA  Largo das Portas de Moura

36  ÉVORA  Römischer Tempel und Vierungsturm der Kathedrale

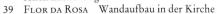

37 ÉVORA   Galeria das Damas mit feinen maurischen Zackenbögen
39 FLOR DA ROSA   Wandaufbau in der Kirche

38 CASTELO BRANCO   Im Jardim Episcopal, die Statuen der Könige Portugals
40 VILA VIÇOSA   Knotentor

41 ELVAS  Marktplatz mit Kathedrale

42 Aquädukt von Amoreira
43 PENICHE  Cap Carvoeiro bei der Veranda dos Pilatos
45 ÓBIDOS  Noch vollkommen umwallte Stadtanlage ▷
44 PENICHE  Windmühle, Segel und Panspfeifen an den Spanndrähten

47 ALCOBAÇA  Schreibraum
◁ 46 Weinbaugebiet Estremadura
49 ALCOBAÇA  Sarkophag der Inês de Castro

48 ALCOBAÇA  Langhaus der schmucklosen Zisterzienserkirche mit abgekragten Diensten
50 ALCOBAÇA  Barocke Fassade der Klosterkirche ▷

52  ALCOBAÇA  Sarkophag der Königin Brites, hier die Königin im Kreise ihrer Kinder
53  FÁTIMA  Die neobarocke Basilika
51  ALCOBAÇA  Sarkophag König Pedros, Kopfende mit Szenen aus dem Leben der Liebenden in der Rosette
54  Burg ALMOUROL auf einer Insel im Tejo

55 GOLEGÃ   Manuelinisches Portal der Igreja Matriz
56 TOMAR   Kirche São João Baptista am Hauptplatz, manuelinisch, 15./16. Jh.
57 TOMAR   Sechzehnteilige Prachtkuppel über der Rotunde
58 TOMAR   Steinerner Gürtel im Dekor des Kapitelsaalfensters (Detail)

59 TOMAR   Claustro dos Filipes, zweigeschossiger Renaissancebau

60 BATALHA   Siegeskloster, Gewändefiguren im Westportal der Klosterkirche ▷

61  BATALHA  Gründerkapelle, Grab Heinrichs des Seefahrers

62  BATALHA  Kuppelstern über der Gründerkapelle

63  COIMBRA  Figurenkapitell im Celas-Kloster

65  BATALHA  Claustro Real, manuel. Säulendekor ▷

64  BATALHA  Manuelinisches Schmuckdekor

# Lissabons nahe Umgebung

## 1 Zum Schlößchen von Queluz

Ausfahrt aus Lissabon über die Estrada de Benfica und auf der N 117 – Richtung Sintra – nach Queluz – oder über die neue Autobahn ab Abzweig am Monsanto-Park – (etwa 19 km)

Es sei das reizvollste Rokokoschlößchen Portugals, meinen viele Besucher, was zutreffen mag (Farbt. 10). 1747 wurde es als Sommerpalast für den jüngeren Bruder des Königs José I. erbaut. Der heiratete 1760 die Tochter seines Bruders, die Thronerbin Maria I. und wurde als Pedro III. Prinzgemahl. So oft wie nur möglich hielten sich die beiden in Queluz auf, vor allem, nachdem der Franzose Robillon seit 1755 den Westflügel errichtet, die Innenausstattung besorgt und die Gärten im rokokohaften Le Nôtre-Stil angelegt hatte. Mateus Vicente Oliveira, Schüler des Johann Friedrich Ludwig (Architekt von Mafra), hatte neben der Basilika Estrela und der Antoniuskirche zunächst die Fassade entworfen und errichtet. Typisch für diese Zeit war der Abscheu vor der geraden Linie, eine einzigartige Vorliebe für konvexe und konkave Bögen und eine Freude an Giebeln, die, fast nach Art fernöstlicher Dächer, hochgebogen sind. Hufeisenförmig umgeben Gartenanlagen das Schloß, und zwischen Bäumen, dekorativen Beeten und Buchsbaumhecken zieren sie reizende Figuren oder neckische Putten. In sorgfältiger Geometrie angelegte Flächen spiegeln sich in grünlichen Wasserbecken vor den mit blauen Azulejos beplatteten Ruhebänken, und kleine Springbrunnen plätschern zwischen blühenden Blumenrabatten aus Glyzinien und dunklen Bougainvilleas. Das Bächlein Ribeira de Jamor wurde zu einem Kanal gestaut, die Wangen der Brüstungen belegte man mit Azulejos und schmückte sie mit Majolika-Urnen. Boote konnten so bei festlichen Soirées den Kanal befahren, während auf der ihn überspannenden Brücke, sie als eine Art Podium benutzend, die Musiker bei Kerzenlicht spielten. Einen Höhenunterschied im Grundstück hat der Architekt geschickt zu nutzen gewußt und eine herrliche Treppe mit dreifachem Lauf entworfen; wegen der Skulpturen wird sie Löwentreppe genannt. Weshalb Gärten in Portugal neben ihrer natürlichen Blütenpracht zusätzlich, scheint es, mit so vielfarbigen Azulejos geschmückt und mit eigens aufgestellten Architekturdetails bestückt wurden, hat seinen Grund. Viele der Blumen, Sträucher und Bäume, die heute zur Sommerszeit in leuchtenden Farben Portugals Gärten schmücken (man denke nur an die Bougainvilleas u. a.), gab es damals dort nicht, sie wurden erst später ins Land gebracht, aus Südamerika oder Asien. Ohne polychromen, flächigen Azulejobelag, geschwungene Brüstungen, Majoliken, weißmarmorne Skulpturen und anderen Dekor wäre ein portugiesischer Garten sommers in staubigem, dürrem Grau-Braun unansehnlich und unbenutzbar gewesen.

QUELUZ / BENFICA / MONSANTO-PARK / TEJO-FAHRT

Alles harmonisiert unauffällig mit der Parkfront an der geschwungenen Freitreppe des Schlößchens. Rechts und links flankieren vorgeschobene Seitenflügel diese Hauptfassade, wie es bei französischen Rokokoschlössern in der Regel der Fall ist. Entsprechend bietet sich die *Innenausstattung* dar. Der *Thronsaal,* ein oft benutzter Rahmen für Bälle und Empfänge, wurde vom Holzschnitzmeister Faria Lobo in verspieltem Rokoko gestaltet – hier sind zwei mit Kronen verzierte Sessel unter einem Baldachin zu sehen –, Deckengemälde beleben fast alle Schloßräume und sind mit dem Dekor und Meublement ausgestattet, das zur Zeit Marias und Pedros en vogue war, Rokoko und Klassizismus, die unübersehbar französischen Vorbilder. Besonders zu erwähnen sind der *Botschaftersaal* mit prächtigen chinesischen Holzpaneelen; das *Zimmer des Königs* mit Bildern aus dem Leben von Don Quichote; ein *Picknickzimmer* mit Bildern von gemütlichen Ausflügen der königlichen Familie; im Ankleidezimmer der Königin sind auf Azulejos Kinder dargestellt, die Staatsgewänder anlegen; der *Musiksaal* mit venezianischen Lüstern; die *Schloßkapelle* mit quellenden Rokokoschnitzereien.

Cozinha Velha, ›alte Küche‹ heißt die sehenswerte *Schloßküche,* sie hat einen ähnlich mächtigen Kamin wie der Palast in Sintra, ist stilvoll eingerichtet und serviert ausgesuchte Speisen. Ein Besuch lohnt sich.

Vor dem Schloß öffnet sich der weite Platz Largo do Palácio, an dem auch die *Schloßkirche* im Rokoko steht. Auf dem Schloßplatz steht ein Denkmal für die Königin Maria I.

## 2   Nach Benfica

Ausfahrt aus Lissabon nach Nordwesten, über Av. António A. de Aguiar und Estrada de Benfica

Der Fronteira-Palast (Farbt. 9) stammt aus dem 17. Jh. Wesentlicher Teil sind die *Gärten* und die *Anlagen* bei den Freitreppen auf toskanischen Säulen unterhalb der Balustrade; an den Wänden hinter einem großen Wasserbassin *Azulejogemälde:* galoppierende königliche Reiter in der Kleidung des 17. Jh. Im Palast gibt es einen sogenannten *Schlachtensaal* mit Szenen verschiedener Gefechte, die im Jahre 1640 zu Portugals Unabhängigkeit von Spanien führten, *Azulejobilder,* beste Beispiele für die Kachelkunst in der zweiten Hälfte des 17. Jh. (Privatbesitz, nur der Park kann besichtigt werden.)

Am Largo de São Domingos liegt die *São Domingos-Kirche* des 1399 gegründeten und 1755 erneuerten Dominikusklosters, die reich mit Azulejomalereien von António de Oliveira verkleidet ist. Besonders interessiert die kleine *São Gonçalo-Kapelle,* ein Schwelgen in vielfarbigem Marmor und kontrastierend dazu blendend weiße Marmorstandbilder um den Patron Gonçalo, vermutlich eine italienisch beeinflußte, leicht manieristische Arbeit.

Die *Kirche von Luz* hat 1575 der berühmte João de Rouão in bester Renaissancemanier erbaut. Bedeutend ist die hohe kassettierte Tonne, die den stattlichen *Altaraufsatz* geradezu fordert. Mit unterschiedlicher, protziger Goldrahmung seiner religiösen Bilder gibt das eine eigenartig lebendige Andachtswand.

*Benfica: Kachelbild im Fronteira-Palast, ›Verfolgung eines Wildschweins‹*

## 3 Zum Monsanto-Park
Vom Pombal-Platz über die Avenida Duarte Pacheco und Autobahn

Auf dem Viaduto Duarte Pacheco, gut 33 m hoch, wird die Straße über das Alcântara-Tal geführt. Hier hat man den besten Blick zum *Aquädukt,* auch Aguas Livres, die ›freien Wasser‹ genannt, über den aus dem 18 km entfernten Caneças das Wasser nach Lissabon geholt wird. 120 Jahre lang hat man ab 1728 an dieser Wasserleitung gebaut. Auf 14 Spitzbogen und 69 m über Grund wird das Wasser geführt; zeitgemäß hat José Vieira sein Bauwerk mit barock gestalteten Lüftungstürmen ein wenig aus dem nur Zweckbedingten gelöst und dabei glänzend das Voluminöse und das Monotone aufgehoben.

Der *Monsanto-Park,* Lissabons grünes Herz, wird von zu vielen Straßen zerschnitten, und hier liegt auch der große (verlotterte) Campingplatz. Allein der Aussichtspunkt Montes Claros in 226 m Höhe lohnt einen Besuch, weil der Blick von hier über Lissabon bis ans Meer und zum Sintra-Gebirge reicht.

## 4 Lissabons billigste ›Seefahrt‹

Dies ist eine Fahrt mit dem Fährschiff von der Praça do Comércio hinüber nach Cacilhas und zurück. Dabei erlebt man das Stadtpanorama von der Flußseite so, als wäre man mit dem Schiff nach Lissabon angereist. Sehr zu raten! In Cacilhas steht, die Küste weithin sichtbar überragend, die *Christusstatue,* das Monumento Cristo Rei. 110 m über dem Tejo wurde es im Jahre 1959 zum Dank dafür errichtet, daß Portugal nicht in den Zweiten Weltkrieg verwickelt worden war. Die Figur, vom Bildhauer Francisco Franco, mißt 28 m und steht auf einem 82 m hohen Sockel. Ein Aufzug führt auf die Terrasse, der Blick ist unbeschreiblich. (›Fotozeit‹ den ganzen Tag, da man mit der Sonne im Rücken nach Lissabon schaut.)

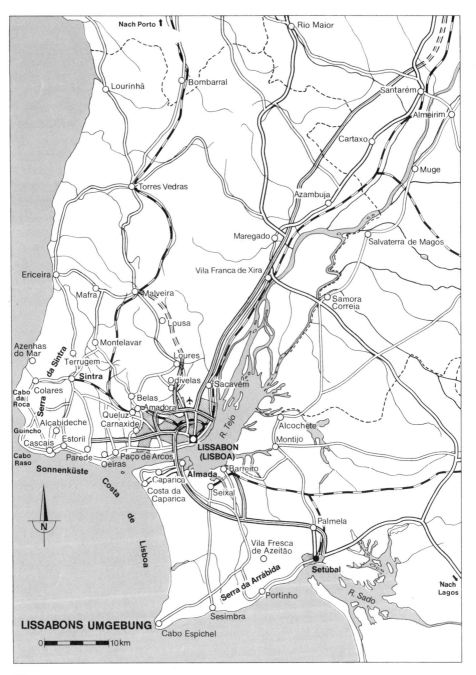

# Lissabons weitere Umgebung

## 1 Tagesausflug rund um Lissabon

Sonnenküste – Estoril – Cascais – Boca do Inferno – Cabo da Roca – Sintra – Ericeira – Mafra – Odivelas – Lissabon – (etwa 140 km)

Von der Praça do Comércio am Tejoufer über Belém nach *Algés*, der ersten Badebucht am Tejo, dann *Dáfundo* (Aquarium Vasco da Gama, interessante ozeanographische Sammlungen von König Carlos I.). Nun folgen die Badestrände *Cruz Quebrada* und *Paço de Arcos*, die letzte große Tejobucht – gegenüber am linken Tejoufer *Tafaria*. Zwei Kilometer oberhalb steht in *Oeiras* das Schloß des Marquis von Pombal inmitten eines anmutigen Parks. Nun springt die Küstenlinie vor. Auf der Felsnase das *Fort São Julião da Barra* mit dem gleichnamigen Leuchtturm aus dem 17. Jh. und gegenüber in der Flußmündung die *Torre de Bugio*. São Julião, wohl ein Werk Terzis und aus der Zeit Philipps II., ist schon dem Augenschein nach mit mächtiger Silhouette und den kräftigen Bastionen dem Kastell von Setúbal sehr ähnlich und beweist, daß selbst beim Festungsbau durchaus malerische Züge mit einfließen können. Geographisch exakt hier mündet der Tejo in den Ozean, eine Sandbank teilt die Mündung in zwei Fahrrinnen, Barra Grande und Barra Pequena.

*Carcavelos* ist der erste Badeort an der *Costa do Sol*, der Sonnenküste Portugals, die dann weiterschwingt als ein Band aus steilen Felsklippen oder Sandbuchten, an denen zwischen Palmen, blühenden Gärten und im stets milden Klima (Blumen blühen zweimal im Jahr) herrliche Villen, Hotels und Sommerhäuser stehen. Bei São Pedro und São João do Estoril beginnt die Bucht von Cascais.

ESTORIL, 29 km von Lissabon, einer der bedeutendsten Badeorte Portugals ›lebt‹ mehr im Verborgenen. Auf den ersten Blick vermißt man Exklusivität und Supereleganz. Die gibt es in den komfortablen Villen am Hang des 109 m hohen Monte Estoril im Casino (Roulette und alle Spiele), auf dem Golfplatz. Die acht Strände sind bescheiden und z. T. verschmutzt; Tamariz vor dem Kurpark der bekannteste. Größte Ortsfeste sind der Karneval und am 13. Juni das Antoniusfest.

CASCAIS, heute mit Estoril fast zusammengewachsen, hat sich den Charakter des einstigen Fischerdorfes ein wenig erhalten können, im Hafen ankern neben Luxusjachten noch immer bunt bemalte Fischerboote. Nachdem 1870 die königliche Familie ihren Sommeraufenthalt nach Cascais verlegt hatte, begann die Entwicklung zum Seebad. Verborgen in Kiefernwäldern stehen die Villen ehemaliger Könige und Präsidenten oder die Prominenter aus der Hochfinanz. Auf dem Steilufer südlich der Praia da Ribeira wuchtet die Zitadelle (17. Jh.) – Militärzone, kein Zutritt –, und wenig weiter an der Estrada da Boca do Inferno in der

SINTRA

einstigen Villa der Condes de Castro Guimarães ist ein kleines *Museum* eingerichtet (Gemälde, Skulpturen, Glas, Keramik, Möbel, Teppiche). An der Avenida Don Carlos steht die Kirche *Nossa Senhora da Assunção,* die schönen Azulejoschmuck aus dem 18. Jh. besitzt. Interessant sind auch die *Fischversteigerungen,* die abends nach Heimkehr der Boote in der großen Halle zwischen Hafen und Rathaus stattfinden.

Folgen Sie jetzt der interessanteren Küstenstraße, *nicht* der N 9, zur BOCA DO INFERNO, dem ›Höllenschlund‹, dem schroffsten Abschnitt dieser bis 20 m hoch ausgespülten und unterhöhlten Klippenfelsen (Treppen, Besichtigungspodeste). Man folgt nun ständig der Küstenlinie, vorbei am Leuchtturm Cabo Raso, wo die Küste nach Norden abbiegt. Ab hier finden *Sportfischer* entlang der gesamten Felsküste Hinweisschilder (Fisch an Angelschnur) auf gute Fangplätze. Die eigenartigen Betonklötze in den Küstenfelsen sind ausgemauerte, natürliche Felsspalten, in denen Langusten und Hummer gezüchtet werden.

PRAIA DO GUINCHO, weite Strandzone, Dünenlandschaft und Steilküsten, der wildeste Badestrand an der hier endenden Sonnenküste. Vorsicht beim Baden: gefährliche Unterwasserströmungen.

Jetzt steigt die Straße im Wald in Kehren hinauf in die Berge, oft hat man herrliche Fernblicke, erreicht bei Malveira den küstenfernsten Punkt und wendet sich wieder nach Westen. Nun die Abzweigung mit Hinweisschild nicht übersehen zum CABO DA ROCA, zu Festlandeuropas westlichstem Punkt, 144 m hoch auf einem Felsklotz über dem Ozean, das Promontorium magnum (Großes Kap) der Römer (Farbt. 12). Wer bis hierher gefahren ist, der erhält eine Urkunde, die bestätigt, daß »... auf der Fahrt zwischen Sintra und Estoril kurz am Cabo da Roca, der westlichsten Spitze Europas, verweilte, wo das Land endet und das Meer beginnt und wo jener Geist des Glaubens und des Abenteuers lebt, der Portugals Karavellen auf die Suche nach neuen Welten für die Welt führte«. Rechterhand zweigt dann von der Küstenstraße eine Waldchaussee ab hinauf zur *Peninha* (489 m), bei klarem Wetter ein Aussichtsplatz über das gesamte bisher besuchte Gebiet zwischen Cabo da Roca und Cascais und bis nach Lissabon hin.

Von *Almoçageme* führt ein kleiner Abstecher zur *Praia da Adraga* (2,5 km, zerrissene Felsformationen), ein anderer kurz danach zur *Praia das Maças* (›Apfelstrand‹, Sand-Felsstrand), verbunden mit *Azenhas do Mar* (Sand und Steilküste, Ort malerisch unmittelbar auf dem Felskap). *Colares* ist Mittelpunkt des Wein- und Obstanbaugebietes am westlichen Fuße des Sintra-Gebirges. Vor der Kirche ein einfacher Pelourinho mit Knochen- und Totenkopfdekor am Untersatz, in der tonnengewölbten Dorfkirche ein üppig geschnitzter, vergoldeter Altar und Azulejobilder zu biblischen Geschichten, Azulejos aus dem 16. und 18. Jh.

SINTRA
Die einstige Sommerresidenz der portugiesischen Könige bis 1580 (Farbt. 11, Abb. 9) liegt um 200 m hoch auf einem Bergsporn am Nordfuß der Serra de Sintra, die an der Cruz Alta über der Stadt 529 m Höhe erreicht. Das milde Klima wie die Schönheit der Landschaft zogen

134

bereits die maurischen Herrscher an und bewogen sie, auf halber Höhe ein Kastell und weiter unten einen Palast zu erbauen. 1147 eroberte König Afonso Henriques die Festung und gründete sieben Jahre später Sintra. Erst Anfang des 15. Jh. begann König João I. auf den Fundamenten des Maurenpalastes den Bau seiner Sommerresidenz, des Palácio Real.

> Sieh Cintras glorreich Eden dort sich heben ...
> die starren Felsen morsche Klöster tragend,
> des Berges Moos, vom Sonnenbrand gebräunt,
> der weiße Korkbaum, Klüfte überragend,
> das tiefe Tal, das sonnendurstig weint,
> die ruhige Flut, die bläulich widerscheint,
> der Äste Grün, durch goldne Frucht gehoben,
> der Sturz des Bergstroms, der dem Tal sich eint,
> die Weidenbüsche drin, der Weinstock oben –
> glühn hier zu einem Bild in bunter Pracht verwoben.
> *(Lord Byron, 1812).*

*Palácio Real.* Seine ältesten Teile mit maurischem Mauerwerk und den joaninischen Zwillingsfenstern sind noch deutlich zu erkennen, also maurisierende, aber von der christlichen Kunst abhängige Kunstäußerungen, die im 15./16. Jh. mit spätgotischen Motiven und Formen zu einem eigenen Charakter verschmolzen, eine maurisch beeinflußte Manuelinik, die sich mit glatten Flächen und arabisierendem Zinnengesims, Hufeisenbögen mit Zacken und überdünnen Fenstersäulen mit eigenartigen Kelchkapitellen darbietet (Abb. 10). Es waren zwar maurische Bauarbeiter und Meister, die hier – und ähnlich in Évora – an den königlichen Bauten werkten, aber unterdessen hat die Kunstforschung die interessante Tatsache ans Licht gebracht, daß seit dem 14. Jh. Steinmetzwerkstätten in Italien serienmäßig Kapitelle, Reliefs, Bogen und Stützsäulen in maurisierendem Stile herstellten und nach Nordafrika für potente Käufer exportierten. Als Kriegsbeute portugiesischer Ritter kamen die schönsten Exemplare irgendwie nach der Eroberung

Ceutas und anderer Orte Marokkos nach Portugal und fanden u. a. hier im Sintra-Palast eine so auffallende Verwendung. Zum Beweis: die Rahmen der Fenster sind aus anstehendem örtlichen Stein, die Säulen und Bögen aus fremdem Marmor gefertigt. König Manuel I., im Palast geboren, erweiterte ihn um den Ostflügel, und sein Anbau vor allem zeigt an Fenstern und Portalen alle manuelinischen Schmuckformen mit naturalistischen Astgeflechten und Steintaubändern, die üppig Fialen und Wimperge durchschlingen oder umranken, und mit maurisch geknickten, spätgotischen Bogenformen überdecken, vielleicht ein etwas zu derber Naturalismus, der zu Tomar einige Beziehungen hat.

Als Chefarchitekten und Baumeister waren nacheinander beschäftigt: João Cordeiro (1486), Vater und Sohn Rodrigues (bis 1490), später Mateos Fernandes zur Zeit Manuels. Das und die lange Bauzeit verhinderten gottlob einen einheitlichen Baukomplex, gerade die Vielfalt der so entstandenen, mannigfachen Baukörper macht den

135

*Sintra: Blaugelbe Wandfliesen im Palácio Real, 14./15. Jh.*

Reiz dieses Schlosses aus, dessen Räumlichkeiten sich zudem noch in verschiedener Höhenlage befinden, oft sind drei bis vier Stockwerke durch Treppen voneinander abgesetzt. Dazu haben fast alle Räume Fliesenbekleidung in maurischer Technik und mit maurischen, spätgotischen oder Renaissancefliesen, sicherlich Portugals schönste und in ihrer Qualität solideste Kachelkunst, die aus dem 14. Jh. kunstvoll ausgeschnitten wie Marketerien, die jüngeren in geometrischer Musterung.

Von den Sälen werden besonders drei beeindrucken: der nach Westen vorspringende Pavillon *Sala dos Brasões* oder *das Armas*, der ›Wappensaal‹, mit zwei spätgotischen Doppelfenstern und ihren charakteristischen dünnen Mittelsäulchen und dem Hauptgesims aus Backsteinen. Von oben lastet auf über den Ecken eingespannten Trompen eine riesige achtseitige gezimmerte Pyramidenkuppel, dunkler Gegensatz zu den hellen mit blauen Azulejos beplatteten unteren Wandteilen. Halbkuppeln in den Ecken leiten zum Achteck über. Vom Königswappen und denen der Infanten im Zentrum der Kuppel ausgehend, staffeln sich, je nach Bedeutung und Rang der Besitzer, die Wappen und heraldischen Zeichen von 72 portugiesischen Adelsfamilien.

Die *Sala dos Cisnes*, der Saal der Schwäne (Abb. 13), ist der größte über der gotischen Halle der Hauptfront und wird von einer langen Fensterreihe, die zur Brunnenterrasse führt, belichtet. In der muldenförmigen Holzdecke sind in die 27 geschnitzten, vergoldeten, achteckigen Kassetten weiße Schwäne gemalt, viele mit einer Krone am Hals, eine galante Schmeichelei von König João I. an seine Frau oder ein Bezug zu einer Romansammlung aus dem 14. Jh., ›Schwanritter‹, die lange Zeit in Mode war. Hufeisenförmig gerahmt und manuelinisch üppig im Dekor sind die Doppeltüren, Azulejos täfeln und rahmen Fenster, Türen und den Kamin dunkelgrün und weiß im über Eck gesetzten Schachbrettmuster. Durch die breiten Zwillingsfenster geht der Blick hinunter zum Schwanenhof.

In der *Sala das Pegas*, dem Elsternsaal (Abb. 12), sind es 136 Elsternbilder, die das einfache Muldengewölbe aus Holz zieren, so viele wie Hofdamen und eine launisch-humorvolle Anspielung auf geschwätzige Hofverhältnisse; ›por bem‹ steht auf dem Spruchband im Schnabel jedes Vogels, ›in allen Ehren‹ als Rechtfertigung Joãos für den Kuß, den er einer Hofdame gegeben hatte, was elsternhaft tratschende Zofen der Königin hinterbracht hatten.

Auch die *Schloßkapelle* wird von einer Holzdecke im Mudéjarstil überspannt, eine maurische Mulde, die von den vier Wänden aus zur horizontalen Mitte hin ansteigt; aus Leisten verschiedener Hölzer sind geometrische Muster, Sterne oder Vielecke gebildet, im Mittelpunkt ein maurischer Hängezapfen mit Akanthusblättern.

In anderen Räumen sind immer wieder die spitzbogigen Türen und die fein modellierten Muster ihrer Bekleidungen, die Wandtäfelungen, die Friese und die Azulejos zu bewundern oder des Königs sogenannte ›Badegrotte‹, eine kleine Halle, die sich mit drei Zackenbögen auf zerbrechlich wirkende Säulen zu einem Brunnenhof hin öffnet und voll mit Azulejos bekleidet ist, eines der besten Beispiele eleganter spätgotischer Marmorarbeiten. Ganz Renaissance dagegen ist im ersten Stock ein weißer *Marmorkamin*, angeblich ein Geschenk von Papst Leo X. an Kardinal-König Henriques und nach dem Erdbeben von 1755 aus

*Sintra: Stadtplan*

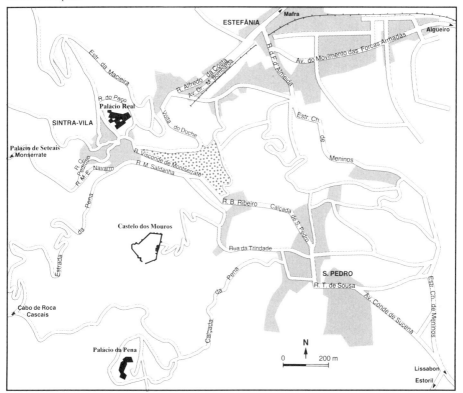

# SINTRA

Schloß Almeirim nach Sintra gebracht, zwei armlose Hermen, die das dorische Gebälk des Kamin-Unterteiles stützen, darüber im Relieffries Turnierreiter und Fruchtschnüre und oben ein geschweifter Giebel mit Engelskopf, eine italienische Arbeit aus dem 16. Jh., aber nicht von Michelangelo, wie oft zitiert wird. Viele Räume sind mit historischen Ereignissen verbunden, u. a. das Zimmer, in dem König Afonso VI. 16 Jahre lang von seinem Bruder Pedro gefangengehalten wurde, oder das von König Sebastião mit der Terrasse, auf der ihm Camões die ›Lusiaden‹ vortrug. Alle Räume sind trefflich möbliert und passen sich in zeitgemäßen Formen in Material und Farbe (Rosenholz, Palisander, Kastanie, Schmiedeeisen, Gobelins) ihrer edlen Umgebung an.

Ein Charakteristikum des Sintra-Schlosses sind die beiden großen *Rauchfänge* der Küchenöfen, die wie Türme an der Ostseite aufragen (Abb. 9). Ihre Bauweise soll von den Mauren stammen und wurde gerne nachgebaut, erhalten sind ähnliche in Alcobaça.

Im Palasthof steht der jetzt als Brunnenschaft verwendete *Pelourinho von Sintra* (Abb. 11).

Eine gute, kurvenreich im Sintra-Forst aufsteigende Straße führt zum CASTELO DOS MOUROS (Parkplatz, von da zu Fuß etwa 8 Minuten Aufstieg), dessen höchster Punkt in 450 m Höhe liegt. Man wandert bequem auf Parkwegen und um Felsbrocken an den Resten des doppelten Mauerringes vorbei zu den zinnenbesetzten Mauern beim Torre Real hinauf und schaut, wie aus einem Flugzeug, hinab nach Sintra, bis Mafra und zum Ozean. Die Festung wurde am Ende des 8. Jh. erbaut und später mehrfach verstärkt.

Nun führt die Straße weiter hinauf zur dritten Hauptsehenswürdigkeit, dem PALÁCIO DA PENA (Farbt. 11; Abb. 14). Er steht in 500 Metern Höhe inmitten des Parque da Pena mit subtropischer Vegetation, zu dem auch die Cruz Alta (529 m), die höchste Erhebung der Serra de Sintra, gehört (Aussichtspunkt!). Zwischen 1503 und 1511 hatte hier oben König Manuel den Mönchen vom Jerónimos-Kloster ein kleines Bergklösterchen als Sukkursale einrichten lassen – der alte Kreuzgang und die Kapelle sind in den jetzigen Bau mit einbezogen. Er weilte gern und oft als Gast bei den ihm vertraut gewordenen Mönchen. An diesem ausgesucht schönen Platz ließ von 1839 an Fernando (Ferdinand von Sachsen-Coburg-Gotha), der zweite Gemahl von Königin Maria II. da Gloria, durch den Baron Wilhelm Freiherr von Eschwege aus dem Werratal ein phantastisches Märchenschloß errichten, in dem alle bisher in Portugal und Deutschland vorkommenden Baustile erkennbar sein sollten. So mischt sich wahrhaftig Klassisches mit Maurischem, Gotik mit Hinduistischem und Manuelinik mit Renaissance, die übergeht in Rokoko, und verspielte rheinische Burgenromantik oder thüringische Dorfidylle, und alle sind stilgemäß in die ihnen zustehenden Dekorformen eingebunden, ein geradezu surrealistisch anmutendes Baumonstrum, dem gewiß auch positive Züge abzugewinnen sind, sowenig hier von Kunst gesprochen werden kann.

*Kreuzgang* und *Kapelle* aber sind Kunstwerke. Auffallend die Vorhalle, eine mit schwarzen und weißen Fliesen bedeckte Pyramide; in der Kapelle drei Netzgewölbe

138

*Sintra: Palácio da Pena, Kapelle und Vorhalle mit pyramidenförmigem Turmaufsatz in schwarzweißem Fischgrätmuster aus Kacheln*

mit teils vergoldeten Rippen, die Gewölbekappen wie die Wände mit blau-gelben Azulejos belegt und mit dem Meisterwerk von Chanterène, seinem Renaissancealtar aus Alabaster und Marmor. Angefertigt wurde er 1532 als Dank für die glückliche Niederkunft der Königin Catarina. Säulen und Pilaster gliedern und teilen die Altarwand, oben die Heilige Familie und in den Tafelfeldern Hochreliefs zu biblischen Geschichten, kleine Figurenszenen wie Verkündigung, Geburt, Anbetung der Weisen und Hirten und anderes. Man kann sich in die Details der überaus feinen Ausführung vertiefen, die seltenen Hängegirlanden aus Alabaster, den fast ziselierten schwungvollen Reliefschmuck der Säulenschäfte oder die bewußt angewandte Rhythmisierung des Dekorativen bewundern, weil der Meister hier Architektur, Dekor und Figur bei penibel exakter Wirklichkeitsschilderung zu einer vollkommenen Einheit verbunden hat. Netzgewölbe decken auch den kleinen Kreuzgang. Nur je zwei Felder auf jeder Seite in zwei Stockwerken ist er groß und hat je drei Öffnungen auf dünnen Säulchen, Strebepfeiler dazwischen mit manuelinischen Taugesimsen, Kacheltäfelung und hübsch gewundenen Fialenköpfen.

Die Aussichten von den Terrassen oder dem Hauptturm – er ist dem von Belém nachgebildet – sind einmalig.

Umgebung:
*Palast-Hotel dos Seteais,* ursprünglich ein Adelssitz aus dem 18. Jh., den sich der Diamantenhändler Guildemeester bauen ließ; großartige Fernsicht von der Terrasse.

*Park Pena* und *Park Monserrate,* beides riesenhafte Gartenanlagen mit mehr als 3000 Pflanzenarten aus vielen Klimazonen, die in dem milden Klima auf guten Böden bestens gedeihen. Pena wurde angelegt von König Fernando II., Monserrate vom Engländer Francis Cook. Im sogenannten *Vale dos Fe-*

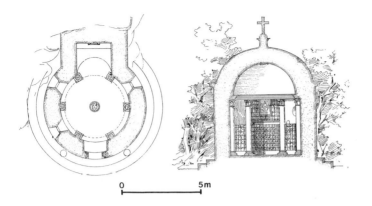

*Sintra: Penha Verde, Marienkapelle Nossa Senhora da Monte, Grundriß und Eingang*

*tos* (Tal der Farne) sieht man bis zu 5 m hohe Baumfarne.

*Penha Verde*, eine Quinta mit Park, war Eigentum des vierten Vizekönigs von Indien, des Philosophen und Schöngeistes João de Castro aus dem Jahre 1535. Die Inneneinrichtung ist großzügig und fein; in den Terrassengärten steht die kleine Marienkapelle *Nossa Senhora da Monte*, ein vortreffliches, winziges Renaissance-Gotteshaus, kreisrund im Grundriß, liebevoll ausgestaltet, das Gebälk der Halbkuppel auf sechs Säulen, ringsum im Muster verschlungene Wandfliesen, Belichtung allein durch die Tür zur rechteckigen Altarnische mit einem blendend weißen Marmorrelief der Heiligen Familie im schwarzen Rahmen, gehalten von Engeln, auf Fliesen gemalt. So versteckt auch die Kapelle ist, sie ist ein sehenswertes kleines Kunstwerk von klarer Konzeption und in sich ruhender klassischer Schönheit. Unter dem türkischen Grabstein bei der Ruinen-Arkade in der Nähe das Grab des Mannes, dessen Leben dem Dienste Portugals gewidmet war und der jedes Entgelt dafür verweigert hat, João de Castro.

*Convento dos Capuchos*, kleines Kloster im Wald von Sintra (Wegweiser), gegründet 1560 von Alvares de Castro. 1596 verstarb hier der Hl. Honorius. Zum Schutze gegen Feuchtigkeit und Kälte sind die aus dem Fels gehauenen winzig kleinen Mönchszellen mit Kork verkleidet, daher auch der Name ›Korkkloster‹.

(Ganz in der Nähe ein kleiner Campingplatz.)

Von Sintra führt die Straße N 247 nach ERICEIRA. Der immer noch malerische Fischerort ist zur Sommerszeit ein vielbesuchtes Seebad. In Holzkästen werden Langusten gezüchtet, zwischen Klippen gibt es mehrere Strände, schöner Blick von der Hafenterrasse hinab zum Hafen. Hier schiffte sich am 5. Oktober 1910 Portugals letzter König Manuel II. mit seiner Mutter Amalie, der Großmutter Maria Pia und dem Infanten Afonso ein, sie flüchteten mit der königlichen Yacht über Gibraltar ins Exil nach England. Damit endete die Monarchie in Portugal.

## MAFRA

In Erfüllung seines Gelübdes, wenn ihm nach dreijähriger Ehe mit Maria Anna von Österreich ein Thronerbe geboren würde (1714 kam der spätere König José I. zur Welt), begann man noch im gleichen Jahr im Auftrag von König João V. mit dem Bau von Portugals Escorial. Denn wie in Spanien sollten Basilika, Kloster und Palast in einem Baukörper vereinigt werden. Chefarchitekten und Baumeister waren die Süddeutschen Johann Friedrich Ludwig und sein Sohn Peter, und sie gaben der 220 m langen Frontpartie mit der zweitürmigen Kirchenfassade (Abb. 15) das so süddeutsch anmutende Bild, in dem barocke, bajuwarisch-österreichische Eckpavillons mit flacher, zwiebelkuppelähnlicher Abdeckung harmonisch mit der 62 m hohen Vierungskuppel und den Türmen der Kirche ein Gleichgewicht halten. Denn sie alle überragen die allzu symmetrischen Gebäudetrakte, deren perfekte Proportionen italienischer Schule sonst Langeweile hervorriefen. Im ständigen Zusammenleben mit portugiesischen Handwerkern und Künstlern verwischte sich für Sohn Peter die väterliche Kunstausübung, er änderte seinen Namen in Ludovice und paßte sich dem in Portugal herrschenden Geschmack an, was besonders im Kuppeldekor (Abb. 16), an

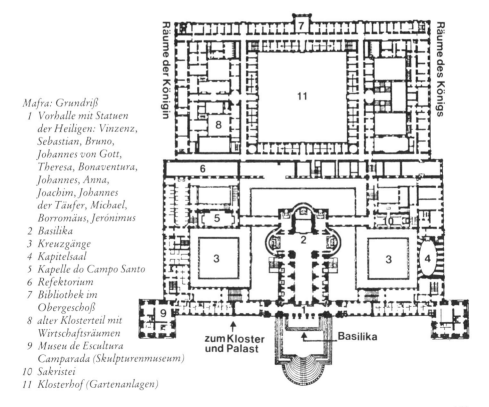

*Mafra: Grundriß*
1 *Vorhalle mit Statuen der Heiligen: Vinzenz, Sebastian, Bruno, Johannes von Gott, Theresa, Bonaventura, Johannes, Anna, Joachim, Johannes der Täufer, Michael, Borromäus, Jerónimus*
2 *Basilika*
3 *Kreuzgänge*
4 *Kapitelsaal*
5 *Kapelle do Campo Santo*
6 *Refektorium*
7 *Bibliothek im Obergeschoß*
8 *alter Klosterteil mit Wirtschaftsräumen*
9 *Museu de Esculura Camparada (Skulpturenmuseum)*
10 *Sakristei*
11 *Klosterhof (Gartenanlagen)*

# MAFRA

den Glockentürmen und den Ecktürmen erkennbar wird, deren Form diejenige der Jesuitenkirche von Salamanca wiederholt. Zeitweise wirkten hier bis 50 000 Arbeiter gleichzeitig, kostbar und oft mühsam aus dem Ausland herbeigeschafft waren die Baumaterialien. Möglich war das nur, weil das brasilianische Gold nach Portugal strömte. Freilich, auch dieses Füllhorn begann leer zu werden, und beinahe gerieten die Staatsfinanzen in Unordnung. Beeindruckende 40 000 Quadratmeter wurden auf einem quadratischen Grundriß mit neun Innenhöfen bebaut, und gern werden die 4500 Fenster und Türen sowie 880 Räume und 9 Innenhöfe als Beweis der geradezu gigantischen Baumenge angeführt. Für nur 300 Mönche und die königliche Familie mit ihren Bediensteten konzipiert, mußte das Bauwerk auf jeden Besucher erdrückend wirken und wurde deshalb auch von der Familie nie, vom König höchst selten bewohnt. Das Klostergebäude wurde ursprünglich den Franziskanern überlassen, im 18. Jh. aber von den Augustinern bewirtschaftet.

In der Vorhalle der zentralen *Basilika* (Abb. 17) beeindrucken 14 Riesenstandbilder von Heiligen, Arbeiten italienischer Meister, z. B. von Alessandro Giusti. Innen ist die Kirche 63 m lang, 16 m breit und 21 m hoch und ausdrucksvoll mit vielfarbigem Marmor in harmonischer Abstufung aus Weiß, Rosa und Grau ausgestattet. Mehrere Orgeln, wunderbare Altäre, an denen auch der als Krippenbauer bekannte Machado de Castro mitgewirkt hat, die dorische Pilasterordnung und Balustraden und Balkone – eine erhaben-stolze Überfülle, der Würde nicht abzusprechen ist.

Der offizielle Besuchsweg führt in die ehemaligen *Klosterräume* um den großen Innenhof, während im Nordflügel die *Räume der Königin* lagen, gegenüber die des *Königs* (Abb. 19) und dazwischen die *Bibliothek* in einem maßvoll dekorierten, flachen Raum von 88 m Länge und bedeckt mit einem stukkatierten Tonnengewölbe (Abb. 20). 36 000 Bände umfaßt sie mit einer illustrierten Erstausgabe der ›Lusiaden‹ sowie den Stücken des Gil Vicente und der ältesten Homerausgabe in griechischer Sprache, einer dreisprachigen Bibel von 1514, Inkunabeln und wichtigen Manuskripten. Im

Klosterteil werden das *Refektorium, die Mönchszellen* (Abb. 18), die *Kirche, Apotheke,* das *Hospital* mit der Originaleinrichtung des 18. Jh., die mit blauen Kacheln ausgekleidete *Küche* und der *Kapitelsaal* gezeigt. Man kommt aus dem Staunen nicht heraus, zumal alle Räume eingerichtet sind. Wollte und könnte man alle Räume besuchen, dann hätte man gut 5 km Weg zurückzulegen.

Im Erdgeschoß liegen die Räume des *Museu de Escultura Comparada,* alles Abgüsse zu den verschiedenen Kultur- und Kunstepochen Portugals, Reliefs, Skulpturen, Kapitelle, Grabplatten, Sarkophage usw. Stükke, die man von Ort zu Ort oder in den Museen Portugals zusammensuchen muß oder nur aus ungünstiger Perspektive betrachten kann. Wir empfehlen deshalb einen Besuch sehr, da viele Stücke im Abguß besser zu erkennen sind als im Original.

Vielleicht hören Sie das Glockenspiel der Kathedrale, 114 Glocken, die der Amsterdamer Glockengießermeister Lavache schuf. 10 000 kg wiegt die größte.

Hinter der Anlage erstreckt sich die ausgedehnte, von einer 20 km langen Mauer umgebene *Tapada de Mafra,* der ehemalige königliche Jagdpark, mit interessanter Flora.

Bei genügend Zeit kann man im Ort die Kirche *Santo André* besuchen, in romanisch-gotischem Mischstil im 12./13. Jh. erbaut, mit Sarkophagen aus dem 14. Jh. für Diogo de Sousa, ehemaliger Patronatsherr von Mafra, und seine Frau und mit einem schönen Altar mit maurischen Fliesen. Pfarrer dieser Kirche war der Philosoph und Mediziner Petrus Hispanus, der später Erzbischof von Braga war und 1276 als Papst Johannes XXI. mit der Tiara gekrönt wurde.

Statt über Queluz nach Lissabon zurück wählt man die Route über Malveira, Lousa, Loures und besucht ODIVELAS. König Diniz errichtete hier den Zisterzienserinnen 1295 bis 1305 ein Kloster, von dem nach dem großen Erdbeben nur der *Chor der Klosterkirche* erhalten blieb. Dort ist er in seinem mit Jagdmotiven geschmückten Sarkophag beigesetzt, daneben der Sarkophag seiner Tochter Maria, die von einem Sittenstrolch mit einem Dolche schwer verletzt worden war und körperlich wie seelisch krank nach einem Klosterleben in Odivelas dort verstarb. Ein Relief illustriert diese Begebenheit. Die beiden Kreuzgänge sind mittelmäßig. Heute befindet sich hier ein Schülerpensionat.

Über Luminar fährt man wieder in Lissabon ein und erreicht genau südlich die Praça Marqués de Pombal.

## Ribatejo

*Um die Hauptstadt Santarém liegt die Provinz Ribatejo (Ufer des Tejo) beiderseits des Tejo, der den Charakter dieser Landschaften bestimmt; hier erstreckt sich in weniger als 200 m Höhe die größte portugiesische Tiefebene. Die periodisch einsetzenden Überschwemmungen (von Januar bis April), die eine Zone von 600 qkm mit 7 km Breite betreffen, sowie der permanente Hochstand des Grundwassers, bedingt durch den Flutdruck des Tejo, lassen in Flußnähe vor allem ständig fettes Weideland für viele Arten von Zuchttieren, Stieren, Rindern und Pferden gedeihen. Deshalb entwickelte sich um Vila Franca de Xira das Zentralgebiet der Kampfstierzucht und des Stierkampfes, die besonders in den südlich des Tejo gelegenen, meist großen Gütern gepflegt werden. – Die Reiskultur ist zu einem Charakteristikum der Landschaft geworden und macht immerhin 40 % der portugiesischen Gesamtproduktion aus. Die trockenen, hügeligen Zonen im Norden sind dicht besiedelt und werden durch vorwiegend kleinbäuerliche Betriebe intensiv mit Mischkulturen (Weizen, Oliven, Wein, Agrumen, Feigen) bewirtschaftet. Der Süden hingegen ist dünn besiedelt, denn dort gehen die bäuerlichen Kleinbetriebe allmählich in die Latifundien über, und zeigt mit dem Übergang zu Monokulturen die typische landwirtschaftliche Struktur des südlich sich anschließenden Alentejo. Von daher läßt die Anbauintensität dort nach. Weizen und Hafer werden im Trockenfeldbau auf großen Flächen angebaut, und in den Korkeichenwäldern wird neben der Korkgewinnung Schweinemast betrieben.*

AUSFLUG AM TEJO / SANTARÉM

## 2  Tagesausflug am Tejo entlang

Vila Franca de Xira – Corregado – Cartaxo – Santarém – Almeirim – Salvaterra de Magos – Vila Franca de Xira – Lissabon – (etwa 165 km)

Ausfahrt aus Lissabon über Praça do Aéroporto – Estrada de Sacavém auf die N 10 – oder ständig am Tejoufer entlang durch die nüchternen Industrievororte ebenfalls auf die N 10 und Weiterfahrt über *Olivais, Moscavide, Sacavem.* Bald tauchen im Tejo die ersten Inseln auf, Aufschwemmungen des Flusses beim Einmünden in das Mar da Palha, das ›Strohmeer‹, wie man die Tejobucht unmittelbar vor der Stadt Lissabon nennt. Hier wechselt man aus der Landschaft Estremadura über in die vom Ribatejo. Bei *Alverca* mag man sich daran erinnern, daß hier das Dorf Alfarrobeira lag, bei dem 1449 die gleichnamige Schlacht zwischen Dom Pedro und Afonso V. geschlagen wurde, in der Pedro fiel. *Alhandra* ist der Geburtsort des Seehelden und Vizekönigs von Indien, Afonso de Albuquerque, 1463, und von hier aus über Torres Vedras bis zur Küste des Ozeans reichten die in Portugals Geschichte berühmten Verteidigungsanlagen, die 1810 Wellesleys (Wellingtons) Engländer zum Schutze gegen die französischen Truppen anlegten und so die Franzosen zum Rückzug aus Portugal bewogen.

VILA FRANCA DE XIRA soll von französischen Kreuzfahrern, die 1147 an der Eroberung von Lissabon teilnahmen, gegründet worden sein. Es gilt als Hauptstadt der Stierzucht in Portugal, und dort findet alljährlich Anfang Oktober die vier Tage lang dauernde Feira, die Messe, mit dem berühmten ›Eintreiben‹ der Stiere (Espera de touros) durch die mit Sand bestreuten und durch Balken gesicherten Straßen der Stadt statt. Dabei hat jeder mutige junge Mann die beste Gelegenheit, seiner Noiva (Mädchen) viele seiner Vorzüge unter Beweis zu stellen. Nachmittags und abends finden dann in der Stierkampfarena, gleich rechts am Ortseingang, die Stierkämpfe statt (zum portugiesischen Stierkampf siehe im gelben Teil S. 413 ff.). Andere Feste sind die im Mai stattfindende Landwirtschaftsmesse und Tierschau ›Agrinxira‹ und das der ›Roten Weste‹ (Festas do Colete Encarnado) jeweils am ersten und zweiten Sonntag im Juni und Juli. Die Tracht der Campinos, der Stierhirten, entspricht farblich der Nationalflagge, rote Weste und grüne Mütze mit rotem Rand, kamelhaarfarbene Hose in weißen Strümpfen, schwarze Schuhe und die typischen lanzenförmigen Dirigierstäbe. Auf dem Berg über der Stadt steht eine Burgruine und die *Kapelle zum schönen Tod,* eines der am reinsten erhaltenen Beispiele des luso-arabischen Stils. Nehmen Sie das Bild am Tejo auf, schwere Flußkähne mit schmutzigen Segeln und malerisch verlotterte Fischerkneipen am Hafen, Körbe flechtende oder nur so herumsitzende Bauern am Marktplatz und in den Straßen.

Den Tejo überspannt die lange Flußbrücke. Wir bleiben auf der rechten Flußseite und wechseln bei Corregado auf die Straße N 3. Wer interessiert ist, kann von hier (5 km) nach *Alenquer* fahren. Alenquer ist die Heimat des Steuermannes Pedro de Alenquer, der u. a. Bartholomeu Dias bei der Entdeckung des Kaps der Guten Hoffnung sowie Vasco da Gama auf der Entdeckungsreise nach Indien begleitete. Die her-

144

Azambuja: Teil eines Häuptlingssitzes der Kiokos im Museum für Kunst und Kunsthandwerk Eingeborener

vorragenden Leistungen schilderte der Chronist Manuels I., Damião de Góis. Über der Stadt liegt das 1222 noch zu Lebzeiten des Hl. Franziskus von Assisi gegründete und damit älteste Franziskanerkloster in Portugal, *São Francisco*. Vor allem ist der ursprünglich romanische, doch im Stil der manuelinischen Renaissance erneuerte zweigeschossige Kreuzgang mit den vielfach mudéjardekorierten Kapitellen sehenswert. Ein hervorragend gearbeitetes, fast festlich geschmücktes, heute leider arg verfallendes Rundbogenportal verbindet den Kreuzgang mit dem Refektorium, und man darf getrost in der wild-plastischen Manuelinik auf indische Vorbilder schließen. – Im *Museu de Hipolito Cabaco* werden hauptsächlich steinzeitliche Funde gezeigt.

In *Azambuja* kann für diejenigen ein Halt empfohlen werden, die Freude an Kunsthandwerk und an der Kunst Eingeborener aus Portugals einstigen Überseegebieten haben. Das kleine Museum steht in der Ortsmitte. *Cartaxo* liegt schon im leicht welligen Weinbaugebiet von *Vila Châ de Ourique;* ein ergreifend gestaltetes Prozessionskreuz aus dem 18. Jh. an der Kirche ist hier sehenswert.

SANTARÉM

Dann zieht die Straße weiter nach Santarém. Auf einem Hügel gelegen, in strategisch wichtiger Position und den Tejoübergang beherrschend, war die Stadt schon bei den Römern als Iulianum Scalabitanum neben Braga und Beja einer der drei lusitanischen Hauptorte. Während der arabischen Zeit war die Stadt durch ein Kastell befestigt. In zähem Kampf nahm Afonso Henriques 1147 die Festung endgültig den Mauren ab. Zeitweise wurde sogar die königliche Residenz hierher verlegt. König Diniz nahm hier 1319 zur Bestätigung des von ihm gegründeten Christusritterordens die päpstliche Bulle entgegen.

An der Praça de Sá da Bandeira im Zentrum, auf der die Mörder der Inês de Castro 1357 grausam hingerichtet wurden, steht die stattliche *Jesuitenkirche* mit einer Prachtfassade von Baltasar Álvares, 1676, ein verspieltes Volutenschwingen zwischen den Pilastern, die mit manuelinischen Taubändern über Kapitelle und Simse verschlungen sind. Feines Renaissancedekor in den Feldern der Fassadenmitte. Aus Alabaster und Marmor ist der Hauptaltar gearbeitet, das Basrelief zum Thema der ›Apokalypse‹ stammt aus

dem 16. Jh. Schräg gegenüber *Nossa Senhora da Piedade,* eine Siegeskapelle aus dem
Jahr 1664 zur Erinnerung an den Erfolg König Afonsos VI. im Kampf gegen Juan d'Austria, der 1663 bei Ameixial das spanische
Heer befehligte.

Von hier sind es nur ein paar Minuten
zum *Markt* mit schönen Azulejogemälden,
die die Stadt Santarém, Ernte, Stiertreiben
u. a. darstellen. Nördlich an der Praça da
República befindet sich das ehemalige *Franziskanerkloster* (jetzt Kaserne) mit einem
Kreuzgang aus dem 13. Jh.

Auf der Rua Serpa Pinto kommt man zur
*Kirche de Marvila.* Sehenswert ist hier das
manuelinische Portal in schwunghaften Dekorformen, das in der Portalslaibung durch
kunstvoll geschlungene Schlangenkaktus-
stengel mit Blüten bereichert wird. Innen
tragen auf ionischen Säulen Kapitelle mit
Engeln und Masken die flache Kassettendecke, die Wände sind mit Azulejos aus dem
17. Jh. bekleidet.

Dann geht man über die Rua Júlio Araújo
zur *Graça-Kirche,* der Gnadenkirche vom
gleichnamigen Konvent aus dem Jahre 1380.
Afonso Domingues, der eben die Arbeiten
am Kloster von Batalha vorbereitete, hat
vermutlich an der Graça das Portal so gemeißelt, wie er es später in Batalha vollkom-
mener ausarbeiten wollte. Im Feld über dem
Kielbogen rifflige Blendarkaden mit den
Wappen der Stifter. Im Zentrum der Fassade die große, flamboyant-zierende Rose
über dem Portal, meisterlich aus einer einzigen Steinplatte herausgeschlagen. Im spätgotisch strengen Innenraum besticht das
klare Raumgefüge mit Zisterziensereinfluß.
Gebündelte Säulen tragen hohe Arkadenbögen; meisterlich sind die ornamentierten

und skulpierten Kapitelle und die Figuren
an den Halbsäulen zwischen den Kapitellen,
über denen sich die gebrochene Holzdek-
kenkonstruktion spannt. Im Chor wurden
die Stifter der Gnadenkirche, João Afonso
Tellez de Menezes und Dona Guiomar de
Vila Lobos, seine Frau, beigesetzt. In der
rechten Nebenapsis befindet sich das Grab
von *Pedro Alvares Cabral,* der 1500 Brasilien entdeckt hat, und das seiner Frau; im
gegenüberliegenden Querschiff prunkt
stolz auf acht Löwen gestellt das Grabmal
von *Pedro de Menezes,* Enkel von Afonso
IV. und erster Gouverneur von Ceuta (wo
er 1437 starb), und seiner Gemahlin, die auf
dem Sarkophag Hand in Hand dargestellt
sind.

Das *Archäologische Museum* in der einstigen São João d'Alporão-Kirche, einem frühgotischen Bau mit nur einem Schiff und alter
Fassade aus dem 12. Jh., wirkt ungeordnet
und überladen. Über dem schlichten romanischen Portal öffnet sich eine aus säulenar-
tigen Speichen gebildete Rose; am Eingang
stehen zwei Steinelefanten. Zweifellos ist
sein bedeutendstes Stück der Kenotaph für
den dritten Grafen von Viana, *Dom Duarte
de Menezes,* Sohn des Pedro de Menezes
(Abb. 21). Er war in der ersten Schlacht bei
Alcazar-Kebir in Marokko 1458 unter
Afonso V. gefallen, und die Mauren hatten
in wilder Wut seinen Leichnam zerstückelt.
Unter einem der glänzendsten Prunkbogen
Portugals, kunstvoller gearbeitet als der der
Infanten in Batalha, liegt der Krieger, sein
Schwert in der Hand, in voller Rüstung auf
dem Kenotaph; in der Mitte des Kielbogens
im Baldachin darüber symbolisiert in einem
Rautenfeld die Darstellung der ›Leiden
Christi‹ sein Lebensopfer für die Krone Por-
tugals.

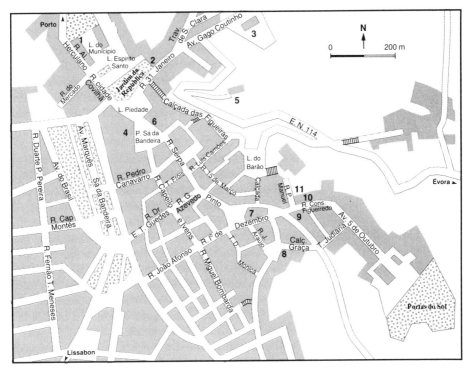

*Santarém: Stadtplan*
1 Rathaus  2 Konvent São Francisco  3 Santa Clara-Kirche  4 Jesuitenkirche  5 Fonte de Figueiras
6 Nossa Senhora da Piedade  7 Kirche de Marvila  8 Graça-Kirche  9 Archäologisches Museum
10 Cabaças-Turm  11 Distrikt-Museum

Gegenüber dem Museum der quadratische ›Kürbisturm‹, Cabaças-Turm, wohl ein umgebautes islamisches Minarett.

Die Avenida 5 de Outubro endet am Eingang zur Promenade der *Portas do Sol*, Santaréms schönster Aussichtsplatz an der Stelle des einstigen Maurenkastells, wo der Hang steil zum Tejo abbricht.

Andere Sehenswürdigkeiten:
*Santa Clara-Kirche,* ein ehemaliges, von Königin Leonor (Tochter Afonsos III.) gegründetes Kloster aus der Zeit um 1260 mit ihrem ursprünglichen Grabmal aus dem 14. Jh.; in einem Renaissancegrab aus dem 17. Jh. wurde sie dann später beigesetzt; des weiteren *Fonte de Figueiras*, gotisches Brunnenhaus mit Königs- und Stadtwappen; *Santa Cruz*, gotische Kirche, 13. Jh., mit Azulejotäfelung und Renaissancekanzel; *do Milagre*, Frührenaissancebau mit Arkaden, dorischen Säulen und Holzdecke; *São Pedro*, 16. Jh., mit drei rechteckigen Chorkapellen und Sterngewölben.

AUSFLUG JENSEITS DER TEJOBUCHT

Über die große Tejobrücke Dom Luis, 1214 m lang, 22 m über dem Wasserspiegel, kreuzt man den Fluß. Wer in *Alpiarça*, 10 km, in der Casa dos Patudos (1905) das kleine *Museum* besuchen möchte, der soll diesen kurzen Umweg anhängen. Im Wohnhaus des Kunstsammlers José Relvas sind einige Kostbarkeiten ausgestellt: Bilder u. a. von Zurbarán, Caravaggio, Memling, Skulpturen, Porzellan und Fayencen, ein vollkommen mit Azulejobildern zum Thema ›Leben des Hl. Franz von Assisi‹ ausgekleidetes Zimmer, eine Wandteppichsammlung aus dem 17.–19. Jh., aus der 40 meist blau-gelbe Arraiolosteppiche hervorzuheben sind, und vieles andere mehr.

ALMEIRIM. Hier stand einst ein Königspalast. Beim großen Erdbeben von 1755 wurde er vollkommen zerstört. Die Geschichte aber notiert, daß Kardinal-König Henriques 1512 in diesem Palast geboren wurde und daß 1491 dort der Infant Afonso bei einem Reitunfall ums Leben kam. Das Netz der Tejofischer, Camaroeiro, in dem sie Afonso zum Schlosse trugen, erinnert im Wappen von Königin Leonora an dieses Geschehnis in Almeirim.

Am Tejo entlang führt die Straße N 118 durch die weite Landschaft des Ribatejo, die den jährlich einsetzenden Tejoüberschwemmungen ihre außergewöhnliche Fruchtbarkeit verdankt. Kleine Bauerndörfer, Olivenhaine, Reis- und Weizenfelder und ausgedehnte Weideflächen gibt es, auf denen schwarze oder braune Kampfstiere, Pferde und Schweine weiden oder von Campinos getrieben werden, eine bukolische Bauernlandschaft. So erreicht man über Muge, Salvaterra de Magos und Samora Correia bald wieder Vila Franca de Xira und kann, jetzt auf der Autobahn, direkt und schnell zurück nach Lissabon.

Oder man fährt über Samora Correira hinaus weiter nach Süden, um in ALCOCHETE, der Hochburg des portugiesischen Stierkampfes, diesem Schauspiel zuzuschauen. Hier trainieren zuweilen stundenlang angehende Kämpfer, aber auch die Stars iberischer und mexikanischer Arenen vor Kennern, den Züchtern und Campinos, und führen gewagteste Passagen ohne die üblichen, für Besucher und vor allem Touristen eingelegten Mätzchen vor. In einem kleinen *Stierkampfmuseum* kann man Kampfgeräte, Kleidung, Trophäen und Bilder einst berühmter Kämpfer bewundern.

# 3 Tagesausflug jenseits der Tejobucht
Costa da Caparica – Cabo Espichel – Serra da Arrábida – Setúbal – Palmela – Lissabon – (etwa 150 km)

Über die Tejobrücke Ponte 25 de Abril, vorbei an der *Christusstatue* bis zur Autobahnabzweigung (Ausschilderung ›Costa da Caparica‹). Man ist, wie der Lissaboner sagt, »na outra banda«, auf der anderen Seite, in der Estremadura Transtagana, auf der annähernd quadratischen Halbinsel zwischen den Mündungsbuchten von Tejo und Sado. So nahe der Weltstadt Lissabon könnte man meinen, meilenweit entfernt von ihr zu sein. Weite Pinienwälder hinter kilometerlangen Feinsandstränden, Heideland mit Heidedörfern, kleine rosa angestrichene Landschlößchen neben neuen Sommerhäusern, immer das Meer irgendwo in der Ferne und meist ein tiefblauer Himmel darüber – die Transtagana ist auf dem besten Wege, der Costa do Sol endgültig den Rang abzulaufen. Das betrifft in erster Linie die Lissabonner. Im Sommer ohnehin, übers Wochenende aber besonders rollen Autolawinen zur Costa da Caparica, Strände und strandnahe Wälder sind dann überfüllt, und statt erholsamer Stille muß man Unruhe, Autohupen, Discogedudel und großstädtische Ausflugshektik in Kauf nehmen.

Vom Ort *Costa da Caparica* aus kann man auf neu angelegten oder ausgebauten Straßen über Trafaria (Belém gegenüber) zurück nach Almada fahren – oder südwärts in den Pinienwälder von Arieiro so weit, bis die küstennahe Straße vor der *Reserva da Mata* (Schutzgebiet) endet. Ständig zweigen oft arg versandete Stichwege zu meist phantasievoll bezeichneten Abschnitten des gut 15 km langen Sandstrandes ab.

Man muß zurück zur Autobahn, verläßt sie aber wieder an der Abfahrt ›Sesimbra‹ und kommt über Marco do Grilo, Apostiça und das Nordostufer des Albufeira-Sees (Fischen, Wildentenjagd) hinter Alfarim zur Straßengabelung, von der die Straße EM 379 direkt zum *Cabo Espichel* führt. Fast senkrecht stürzt hier der Steilfels zum Meer hin ab, ein grandioser Abschluß der Arrábida-Kette im Westen. In der zweitürmigen Wallfahrtskirche *Nossa Senhora do Cabo* aus dem 17. Jh. anspruchslose Gemälde und schöne Kachelbilder. Unter João V. wurden der Aquädukt mit dem Brunnen und zwei langgestreckte, auf Arkaden ruhende Bauten für die Pilger errichtet. Sie flankieren den Platz vor der Kirchenfassade, so daß eine Art Dreiflügelbau entsteht. Einer Legende nach hat Maria auf dem Maultier aus dem Wasser den Felsen bestiegen, auf dem noch die Fußtritte zu sehen sind. Bis ins 19. Jh. haben 24 Pfarreien außerhalb von Lissabon jedes Jahr die Skulptur der Nossa Senhora (18. Jh.) vom Cabo Espichel in ihre jeweilige Pfarrei gebracht, zunächst an den Strand von Caparica, mit Fackeln bis Tavaria, dann mit einem Boot nach Lissabon. Diese Tradition wurde von den Fischern übernommen, die hier am ersten Oktobersonntag ihr Fest feiern.

Bis Setúbal zieht nun parallel zur Küste die tertiäre, also kalkige Faltung des bis 500 m hohen Gebirgszuges der *Serra da Arrábida* gut 35 km entlang, ein Gebirgsland, in dem man auf Schritt und Tritt neuen Schönheiten begegnet. Im Süden des Gebirges wechseln Myrrhe, Lorbeer, Erika mit Zwergpalmen, Zypressen, Eichen und Pinien, während die Nordhänge mit Obstgärten und Weinbergen bedeckt sind.

SESIMBRA (Farbt. 18), ein alter Fischerort am Fuße eines maurischen Kastells, das 1165 König Afonso Henriques eroberte (von den Zinnen oder vom Turm weiter Blick). Später, im 17. Jh., hat der Jesuit Casmander für König João IV. die Verteidigungsanlagen ›Santiago‹ modern erneuert. Die Kirche *Nossa Senhora do Castelo* stammt aus dem 12. Jh. mit Statuen aus dem 13. Jh. Sesimbras Fischerei ist bedeutend, besonders der Schwertfischfang. Der geschützte Strand liegt beim Fort São Teodósio (17. Jh.). Zum Stadtbild an steilen Straßen gehören die in Fenster- oder Türrahmen zum Trocknen aufgehängten Fische, besonders in der Rua Esperança. Das große Fischerfest zu Ehren der Nossa Senhora das Chagas findet stets vom 3. bis 5. Mai statt; es geht bis ins 16. Jh. zurück.

149

SETÚBAL

Nun fährt man bis Aldeia de Irmãos (EM 379) und von dort nach Süden (jetzt EM 379.1) über den Serra-Kamm und in Kehren hinab durch die Mata do Solitário, einen geschützten Urwald, zur Küste nach PORTINHO DA ARRÁBIDA, dem sicherlich schönsten Platz in der Corniche da Arrábida. Grüne Hänge, weißer Sandstrand, kristallklares Meer, Bergschluchten mit Wasserfällen und in der Nähe die Grotte von Santa Margarida, von der der Märchendichter Anderson schwärmt: ...»ihre Großartigkeit ist kaum zu beschreiben. Sie bildet wahrhaft das Innere einer Kirche in einem Felsen mit ihrer gewaltigen Kuppel, den Orgelpfeifen, den Säulen und einem Altar«. Alljährlich am 20. Juli ›Margaretentag‹.

Die nun folgende Fahrt entlang der Corniche nach Setúbal gehört zu den landschaftlich schönsten und eindrücklichsten in ganz Portugal, eine genußvolle Aussichtsfahrt auf der dem Meer zugewandten Gebirgseite; man sollte die N 379.1 einschlagen. Von der Straße aus führt ein Pfad hinauf zum Monte Formosinho (501 m) der höchsten Erhebung der Serra Arrábida. In der Nähe stehen kleine Stationskapellen des 1542 gegründeten Arrábida-Klosters *Convento Novo*, in dem der Franziskanermönch Frei Agostinho da Cruz, ein Dichter des Mystizismus und empfindsamer Naturliebhaber, vierzehn Jahre lang bis zu seinem Tode 1619 gelebt und das Gebirge besungen hat. In der portugiesischen Literatur nimmt er einen besonderen Platz ein.

Am Fort Outão (14. Jh.) – diente im 19. Jh. als königliche Residenz – macht die Straße einen Bogen, und über den Hügeln der Stadt taucht zuerst das *Kastell des Hl. Philippus* auf.

## SETÚBAL

Bereits im Mittelalter war Setúbal ein wichtiger Salzhandelsplatz, und auch heute wird in den salzigen Niederungen beiderseits der Sadomündung bis Alcácer do Sal in großen Mengen Salz gewonnen. Im 15. Jh. war die Stadt vorübergehend Residenzstadt. Die viertgrößte Stadt und der drittgrößte Hafen Portugals an der Mündung des Rio Sado wirkt auf den ersten Blick keineswegs anheimelnd; Sardinenfabriken, Werftanlagen und holzverarbeitende Industrie haben das Malerische des einstigen Fischerortes verdeckt, zudem ist beim großen Erdbeben, das hier an einer geologischen Bruchzone schlimmer noch als in Lissabon wütete, fast die gesamte alte Stadt untergegangen. In beinahe wunderbarer Weise aber hat die *Jesús-Kirche* an der Avenida 22 de Dezembro diese Katastrophe überstanden.

1490 wurde in Setúbal von Justa Rodrigues Pereira, der Amme Manuels und einer Verwandten des Siegers von Aljubarrota, ein *Jesús-Kloster* gegründet. König João II., der oft und gern in Setúbal residierte, förderte begeistert den Bau, veranlaßte sogar eine Vergrößerung und ließ dazu ein maßstabgerechtes Holzmodell anfertigen. Zur Thronbesteigung Manuels I. 1495 war eben der Chor fertiggestellt, und der König ordnete unverzüglich den Weiterbau an. Verantwortlicher Baumeister blieb Boytaca, der später den Plan von Jerónimos in Belém zeichnete, Langhaus und Kreuzgang dort baute und von 1498 bis 1519 gleichzeitig auch für Batalhas Ausbau zuständig war. Der direkte Bezug zwischen dem Jesús-Kloster von Setúbal und dem Jerónimos in Belém ist eindeutig und zwingt zu dem Schluß, in Setúbal einen direkten Vorläufer

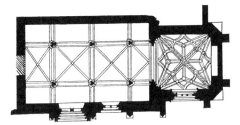

*Setúbal: Grundriß der Jesús-Kirche*

von Belém zu sehen. Die Grundrisse gleichen sich, wenn man den neuen Chor in Belém durch einen quadratischen mit Strebepfeilern ersetzt denkt und das Querschiff dort wie das letzte Joch fortläßt. Beide sind die einzigen dreischiffigen gewölbten Hallenkirchen in Portugal wie auf der gesamten Iberischen Halbinsel aus dieser Zeit.

Von außen wirkt die Kirche kaum harmonisch, weil sich die höhere Chorpartie mit kräftigen Strebepfeilern, abgestumpften Ekken, gedrehten Türmchen und feiner Zinnenbekrönung nur sehr locker an das Schiff anschließt und fast verselbständigt scheint. Zwischen Strebepfeilern vor dem zweiten Joch ist das Portal in spätgotischen Formen eingesetzt und farblich abgesetzt – wie die Chorfenster – von rötlichen Arrábida-Konglomeraten gerahmt, so daß die rechte Langhausseite hier zur ›Fassade‹ wird. Das Schiff hat drei und ein halbes Joch, wobei das halbe zum Chor hin liegt. Einfache Kreuzgewölbe im Mittelschiff und eine Art halbe, zum Mittelschiff hin ansteigende Tonne in den Seitenschiffen werden von sechs Langhauspfeilern getragen, die sich schraubenförmig um sich selbst in gegenläufiger Drehbewegung bis zu den einfachen Kapitellen hochziehen, was einen fast instabilen Eindruck macht (Abb. 22), vor allem,

*Setúbal: Jesús-Kirche, Ansicht und Längsschnitt*

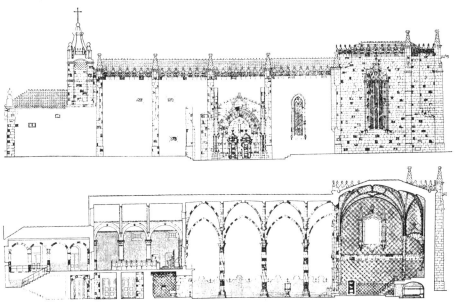

## SETÚBAL/AUSFLUG JENSEITS DER TEJOBUCHT

Setúbal: Jesús-Kirche, Querschnitte

wenn man von der Empore aus längs der Kirchenachse zum Chor hin schaut. Der eigentlich viereckige Chor wird im Oberteil zum Achteck abgekappt, eine von Boytaca später immer wieder gern durchgeführte, weil elegante Bauidee. Blumiges weiches Sterngewölbe mit Kreuzrippen, von gewundenen Stäben zu Tauwindungen verstärkt, deckt den Chor. Ein mächtiges Maßwerkfenster belichtet ihn; innen maßvoll, an seiner Außenseite in der Laibung aber üppig mit manuelinischen Stäben, Baldachinen, Konsolen und Bögen geschmückt. Fünfzehn große Gemälde zierten und belebten einst Langhaus und Chor – sie sind heute in den als *Stadtmuseum* genutzten anschließenden Klosterräumen ausgestellt. Im *Kreuzgang* ein seltsam skulpiertes Kapitell mit Köpfen, einige davon mit Kronen.

Boytaca schuf in Setúbal also das erste (und damit älteste) Bauwerk im manuelinischen Stile, jener später noch oft, und dann bis zum Gipfel hochstilisierten manuelinischen Bau- und Dekorkunst, die in den Capelas Imperfeitas in Batalha und den Kreuzgängen dort wie in Belém ihren Höhepunkt erreicht.

Nördlich der Avenida de Luisa Todi erstreckt sich die enge Altstadt. Im Osten stehen die Kirchen *Santa Maria de Graça* (16. Jh.) mit schönen Holzschnitzereien, Gemälden des 17. Jh., und die *Griloskirche* (im Inneren feiner Rokokodekor und schöne Azulejos).

Setúbals Hauptplatz ist die *Praça do Bocage* mit der Statue des Dichters, der als Verfasser lyrischer und volkstümlicher Verse Menschliches aufrührend zu besingen verstand (1765–1805). Geburtshaus und kleines Museum in der Rua São Domingos. Allein die *São Julião-Kirche* an diesem Platze lohnt noch einen Besuch, eigentlich ihr manuelinisches Portal aus der Zeit vor dem Erdbeben. Dünne Strebepfeiler halten, Kleeblattbogen und Vorhangbogen schließen oben das Portal und sind gleich den Bogen vom Chor und Querschiff in Belém. Im kunsthistorisch wertlosen Nachbau der Kirche können allein die Azulejobilder des Setúbaler Malers Ferreira do Amaral zum Themenkreis ›Leben der Fischer‹ interessieren.

Zum Schutze des Hafens steht auf der Höhe das *Castelo de São Filipe*. 1590 hat es der Italiener Terzi für Philipp II. errichtet,

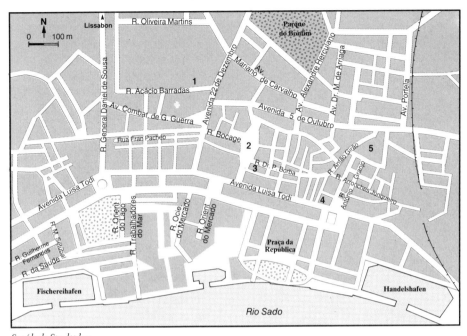

*Setúbal: Stadtplan*
*1 Jesús-Kirche mit Museum   2 Praça do Bocage   3 São Julião-Kirche   4 Ozeanographisches Museum   5 Santa Maria de Graça*

die Bastionen im Fünfeck mit Kuppeltürmchen, eines der malerischsten, besten Beispiele gelungener Festungsbaukunst in Portugal, wenn man von den reinen Burgbauten absieht. Heute befindet sich dort eine Pousada.

Wer interessiert daran ist: im *Ozeanographischen Museum* kann man neben den üblichen Stücken zur Meeresfauna eine der umfangreichsten Schwammsammlungen mindestens Europas sehen.

Aber sonst: die von Lissabon herziehende breite Autobahn hat den erwünschten Industrialisierungsprozeß im Süden noch nicht fertiggebracht, und heruntergekommene Neubausiedlungen vergrämen das Bild, über leeren Docks baumeln träge Rostarme beschäftigungsloser Turmdrehkräne, Portugals neue Misere.

Ausflüge:
Zum *Strand von Troia,* der Setúbal gegenüber eine Barre bildet, eigentlich das Südufer des Sado, ein langer, beliebter Badestrand. Die dünenreiche und teils bewaldete Landzunge besitzt den längsten Sandstrand Portugals (30 km) und ist ein ideales Wandergebiet. Dort liegen auch die spärlichen Ruinen des lusitanisch-römischen *Cetobriga,* das nach einer alles vernichtenden Springflut im Jahre 412 von seinen wenigen überlebenden Bewohnern verlassen wurde. Am Platze des heutigen Setúbal ließen sie

## AUSFLUG JENSEITS DER TEJOBUCHT

sich nieder. Interessant sind in Cetobriga die verschiedenen Fischbecken zum Einsalzen der Fische für den Transport nach Rom; aus den Innereien der Fische stellten die Römer das sogenannte Garum, eine Würzsoße, her.

Im Hinterland, parallel zur Serra da Arrábida, zieht die alte Straße N 10 direkt nach VILA FRESCA DE AZEITÃO, dem Mittelpunkt dieses landwirtschaftlich intensiv genutzten, fruchtbaren Landstriches mit weiten Pinien- und Eukalyptuswäldern, Oliven- und Obstplantagen und den Weingärten, in denen die süßen Trauben für den Muscatel von Setúbal angebaut werden und wo der Nogueira-Schafskäse als Spezialität seiner Art herkommt. Sehenswert sind (nur von außen) inmitten ihrer üppigen Umgebung: der *Palácio da Bacalhoa*, das Schloß der Mutter König Manuels I., der Dona Brites, aus dem 15. Jh. mit hübschen maurischen Kuppeltürmchen und dem vielleicht kostbarsten Kachelschmuck des Landes, später erworben von dem Sohn von Albuquerque, dann von der Adelsfamilie Mesquitela und zuletzt vom Königshaus von Bragança: die *Quinta das Torres*, heute Hotel. Hier sind in einzelnen Sälen Azulejogemälde aus Italien aus dem 16. Jh. zu sehen. Der *Palast der Herzöge von Aveiro*, heute im Besitz von Fonseca, die *Vila Nogueira de Azeitao*, 1530 errichtet, und im Ort die *Lorenzkirche* mit schönem manuelinischen Taufbecken, Azulejoschmuck und Renaissancealtar, außerdem mehrere Weinkellereien.

PALMELA, an der Straße N 379, dessen 238 m hoch gelegene *Burg* man bereits von Ferne über der Landschaft erblickt, war einstmals die stärkste und sicherste Festung der Mauren im Süden Portugals – an sie erinnern die Reste der inneren Umfassungsmauer – und hatte den Weg von und nach Lissabon zu sichern. Nachdem sie 1147 von Afonso Henriques zurückerobert war, wählten die Jakobus-Ritter sie zu ihrem Hauptsitz. Im 18. Jh. wurde die Anlage durch den äußeren Mauerring verstärkt. Reste eine Kirche, *Santa Maria,* früher Moschee, sind nach dem Beben noch erkennbar. Die gotische *Schloßkirche São Tiago* (15. Jh.) hat ein spitzbogiges Tonnengewölbe und kaum noch erhaltene Wandmalereien aus der Frührenaissance sowie Azulejos aus dem 16–18. Jh. Im *Bergfried* (14. Jh.) liegt die ›trockene‹ Zisterne, in der nach der Aufdeckung einer Verschwörung von Adel und Geistlichkeit gegen Reformen von König João II. der Bischof Garcia de Menezes von Évora bis zu seiner Hinrichtung mit 80 Trägern höchster und ältester Adelsnamen gefangengehalten wurde. Vom Turm, den Terrassen und Burgmauern weiter Fernblick. In den ehemaligen Klosterräumen befindet sich eine Pousada. Am Fuße der Festung befindet sich die *Kirche São Pedro* (18. Jh.) mit Azulejobildern aus dem Leben des Hl. Petrus.

In dem Dorf Quinta do Anjo, etwa 3 km westlich von Palmela, gibt es nahe dem Bauernhof Casal do Pardo *Hypogäen;* hierbei handelt es sich um vier in den Felsen eingetiefte Grabstätten der Kupferzeit (2000 v. Chr.)

Die Autobahn führt über die große Tejobrücke wieder zurück nach Lissabon.

154

# Sechzehn Wege durch Portugal

## Algarve

*Der Name der Landschaft Algarve wird in der deutschsprachigen Literatur mit dem männlichen, weiblichen oder sächlichen Artikel verbunden, wobei es für jeden Artikel Befürworter und Gegner gibt. In Portugiesisch steht Algarve – wie im Deutschen Ländernamen – ohne Artikel. Wir entscheiden uns dafür. Algarve, die kleinste unter den portugiesischen Landschaften, wird durch die Gebirgszüge der Serra de Monchique mit der höchsten Erhebung Foia (900 m) im Westen und die beiden Gebirgszüge Serra do Caldeirão und Serra de Malhão (beide weisen Höhen bis 500 m auf) im Osten vom heißen, flachen Alentejo getrennt; die Provinz zieht sich als ein 50 km breiter und 150 km langer Küstenstreifen vom Rio Guadiana, der den Grenzfluß zwischen Spanien und Portugal bildet, bis zum Atlantischen Ozean. Nach Südwesten schließt sich die Serra do Espinhaço de Cão an, die im Kap São Vicente, dem südwestlichsten Punkt des europäischen Festlandes, endet. Charakteristisch für die Serra de Malhão sind flachwellig-einförmige, kahl erodierte Hügelketten, die, nur dünn besiedelt, mehr Macchiaformen als Fruchtfelder tragen; im Gegensatz dazu bietet sich die Serra de Monchique mit schrofferen Formen als dicht besiedeltes Bergland dar. Dank eines reichen Grundwasserpolsters für günstige Bewässerungsverhältnisse und der häufigen Niederschläge im November entfaltete sich hier die als ›Garten Europas‹ gepriesene Landschaft mit all den Früchten und dem Blühen einer subtropischen Vegetation, die neben Korkeichen und Kastanien, Johannisbrotbäumen und Tamarinden, Südfrüchten, Feigen, Mandeln (deren wunderbare Blüte im Januar–Februar zu sehen ist) und Granatäpfel auch Reis, Zuckerrohr, Bananen und sogar Baumwolle mit einschließen. Agaven und Kakteen werden oft als schützende Umzäunung um die Felder der Kleingrundbesitzer angepflanzt. Schmucke weiße Häuser stehen inmitten dieser paradiesischen Gärten und weiten Weinfelder; typisch sind die aus Mörtel oder Gips gefertigten Schornsteine, in die man Muster hineinschneidet. Diese sogenannten Chaminés – die ältesten gibt es in Porches – sind die Erkennungszeichen der Hauseigentümer; ihr Formenreichtum, der an filigranartigen Schmuck erinnert, ist unerschöpflich. Neben der Landwirtschaft bildet die Fischerei, besonders Thunfisch und Sardinen, einen wichtigen Erwerbszweig für die Algarvios, hinzu kommt die Salzgewinnung bei Castro Marim. Ihre Häfen sind die lebhaftesten des Landes, von Sagres bis Vila Real de Santo António. Zum winzigen Thermalbad Caldas de Monchique gesellen sich die zahlreichen Seebäder längs des Küstenstrichs, vor rotfarbenen Felsenriffen, in verschwiegenen Buchten, auf den vorgelagerten Sandbänken oder an den unendlich langen weiten Küstenbögen nach Osten zu mit der charakteristischen kristallinen Klarheit des blaugrünen Wassers (Abb. 26).*

FARO

*Die südliche Algarveküste gliedert sich in zwei unterschiedliche Abschnitte, westlich von Faro erstreckt sich der Barlavento (die Felsküste) mit vorgelagerten kleinen Sandstränden, die durch bizarre Felsformationen voneinander getrennt sind. Zahlreiche Grotten (besonders bei Ponte de Piedade) bilden einen weiteren landschftlichen Reiz. Östlich von Faro bis zur portugiesisch-spanischen Grenze erstreckt sich der sogenannte Sotavento, die Sandküste mit endlos langen Stränden, Dünen, Pinienhainen. Durch Anschwemmungen haben sich lange, schmale Landzungen mit kleinen, vorgelagerten Inseln gebildet, die den ständigen Veränderungen durch das Meer unterworfen sind. Die geographische Abschirmung nach Norden bewirkte eine isolierte Entwicklung. Bereits Phönizier, Griechen und Kathager gründeten hier ihre Kolonien; als Cyneticum war Algarve in römischer Zeit eine wichtige Handelszone. Der römischen folgte die fast 300jährige Herrschaft der Westgoten, die wiederum von den Arabern abgelöst wurden, die in dem ehemaligen Chelb (heute Silves) ihre Hauptstadt gegründet hatten. 1249 wurden die Araber endgültig aus dem Gebiet unter der Herrschaft von Afonso III. vertrieben, und damit wurde Algarve direkt der portugiesischen Krone unterstellt. Noch heute weist der durchweg dunkle, kleinwüchsige und untersetzte Menschentyp auf arabische Vorfahren hin. In Namen und Sprache sind zahlreiche Reste aus dem Arabischen erhalten. Algarve – der Name leitet sich von Al-Gharb her, was soviel wie ›der Westen‹ bedeutet und sich auf die Lage dieses Gebietes innerhalb des islamischen Herrschaftsgebietes mit der Hauptstadt Cordoba bezog. Mit der Gründung der Marineschule unter Heinrich dem Seefahrer (1394–1460) in Sagres begann in Portugal ein neues Zeitalter. Das Klima ist angenehm, mild im Winter (selten unter +10° C) wie im Sommer, die Sonne scheint fast alle Tage. Kosmopolitisch geht es an manchen Plätzen zu, doch wer Ruhe sucht, kann sie noch finden – weiter weg vom Urlaubsort, im eigenen oder Mietwagen oder mit dem Boot zu erreichen. Leider sind betriebsame Urbanisationsvorhaben dabei, selbst diese unberührt-reizvollen Buchten im Beton zu ersticken, so daß bald nur noch das küstennahe Hinterland mit weiß getünchten Bauernhäusern das ursprüngliche Algarvebild vermitteln wird.*

# 1   Algarve – Faro nach Osten (Sand-Algarve)

Faro – Olhão – Tavira – Vila Real de Santo António – (etwa 53 km) → nach Spanien (Fähre Ayamonte; 1 km)

## FARO

Die Hauptstadt der Provinz Algarve (heute um 33 000 Einw.) war römischer Hafenplatz, wurde schon im 4. Jh. Bischofssitz und nach 711 als Harum maurisch. Als im 11. Jh. nach dem Zusammenbruch des Kalifats von Córdoba die Araberherrschaft in Taifas, sich meist bekämpfende Kleinkönigreiche, zerfallen war, eroberte Mutadid ibn Abad von Sevilla im Al-Gharb, dem Land des Sonnenuntergangs im Westen, Xilb (Silves) und das unabhängige Fürstentum Yantamaryat de Occidente (Santa Maria), heute Faro, und gewann damit das

156

omaijadische Ossonoba, etwa das Gesamtgebiet des heutigen Algarve. Wie Portugals Könige später, so nannte er sich stolz ›Herr über Al-Gharb‹. Es war und ist eine Schatzkammer ohnegleichen dank seiner bewässerten Küstenniederungen und dem Waldreichtum der Gebirge, die in der Lage waren, die angrenzenden Mittelmeerländer mit Holz zu versorgen, ein paradiesisches Land, »Europas schönste Küste« und »ein Ferienland für alle Jahreszeiten« heute, wie die Portugiesen werben. Faro wurde durch Afonso III. den Mauren abgenommen, erhielt aber erst 1540 das Stadtrecht. 1596 besetzen und zerstörten die Engländer (Herzog von Essex) die Stadt und nahmen als Kriegsbeute die umfangreiche erzbischöfliche Bibliothek nach Oxford, wo sie noch immer in der Bodleian Library steht. 1755 ging beim großen Erdbeben die Stadt völlig unter, besonders kunsthistorische Sehenswürdigkeiten fehlen deshalb. (Stadtplan s. S. 409)

Vom Hauptplatz am Hafen, *Praça de Dom Francisco Gomes,* führt der italienisierende Torbogen *Arco da Vila,* über dem sich eine Statue des Thomas von Aquin erhebt, zur Altstadt und zur Kathedrale. Weitere drei Torbögen der arabisch-mittelalterlichen Stadt sind *Porta do Repouso* (›Pforte der Rast‹), weil dort der Erobererkönig ausgeruht haben soll, *Porta das Festas* und *Porta Nova,* die erst 1630 entstand.

Die *Kathedrale,* angeblich auf den Fundamenten der Moschee am Platze des römischen Forums erbaut, war ein ursprünglich gotischer Bau, von dem noch der massige Frontturm mit breiten Spitzbogenportalen erhalten ist; nach dem Beben wurde der einfache, dreischiffige Renaissancebau mit einer Holzdecke auf dorischen Säulen wiederaufgebaut, der Chor mit Kassettentonne auf einem Konsolengesims, alles farbig und reich vergoldet, in der *Rosenkranzkapelle* schöne Azulejos (17. Jh.), in der *Reliquienkapelle* ein Schrein aus dem 18. Jh. und das Grab von Bischof Pereiro da Silva. Hinter der Sé der doppelstöckige Kreuzgang des einstigen *Klosters Nossa Senhora da Assunção,* das König Manuels dritte Frau Leonora 1539 gegründet hat, wie eine Zahl im Portal ausweist; hier auch das *Archäologische Mu-*

*seum* (Museo Arquelógico e Lapidar Infante D. Henrique, Eingang Largo D. Afonso III.) mit den Funden aus Milreu, sakraler Kunst, einer kleinen Gemäldegalerie (u. a. Rembrandt) und Glasarbeiten von Gallée.

Vor der Kathedrale steht das *Rathaus* mit einer von Ferreira de Almeida zusammengetragenen Sammlung verschiedener Kuriositäten sowie kunstgewerblicher Arbeiten. Östlich der Kathedrale gelangt man durch den Arco do Repouso zum Largo de São Francisco mit der *Kirche São Francisco* aus dem 17. Jh.; Azulejos mit Darstellungen aus dem Leben des Franziskus, 18. Jh.

Die barocke, doppeltürmige *Carmo-Kirche* aus dem 18. Jh. präsentiert sich außen mit einer grazilen Fassade und frei im Turm schwingenden Glocken. Innen überrascht reicher Talha-Schmuck. Im Friedhof eine ›Knochenkapelle‹.

Am Largo de São Pedro die gleichnamige Kirche, 16. Jh. im Renaissancestil mit feingearbeitetem Renaissanceportal und mit der Statue der hl. Anna (Machado de Castro) im linken Schiff an der Chorseite, darüber ein Basrelief des letzten Abendmahles. Beachtenswert ist das reiche Azulejodekor. São Pedro gilt als Gotteshaus der Fischer von Faro.

157

# FARO BIS OLHÃO

Von den Museen ist für den Fremden wohl das *Marinemuseum* (Museo Maritimo Ramalho Ortigao) am Yachthafen das interessanteste. Es informiert beinahe erschöpfend über die Seefahrt im allgemeinen und über die Fischerei in den Küstengebieten von Algarve. Ein Modell von Vasco da Gamas Flaggschiff ›São Gabriel‹ läßt zurückblicken auf einen bedeutenden Abschnitt von Portugals Geschichte. Das *ethnologische Museum* befindet sich im Haus der Distriktverwaltung in der Rua Pé da Cruz. Im östlichen Stadtteil steht auf aussichtsreicher Anhöhe die Kirche *Santo António do Alto* (1754), in der sich ein dem heiligen Antonius gewidmetes Museum befindet.

*Jahrmärkte:* 16./17. Juli Feira do Carmo; 20. bis 29. Oktober Feira de Santa Iria, der bedeutendste Markt in Algarve. – Zentraler Busbahnhof: Av. da República, hinter ›Hotel Eva‹.

Der *Strand* von Faro liegt, 6 km außerhalb, auf einer langgestreckten Sandbank, der Ilha de Faro, die durch eine seichte Ria vom Festland getrennt ist. Dort das empfehlenswerte

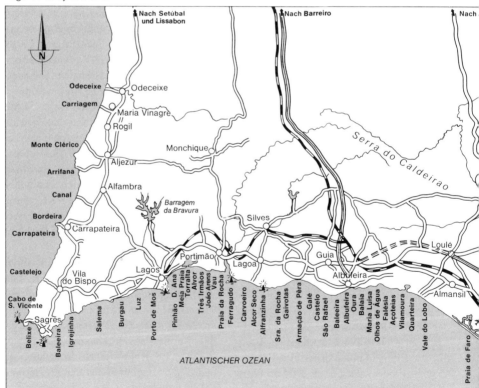

*Algarve: Straßen und Strände*

Spezial-Fischrestaurant ›Roque‹. Fährboote gehen mehrmals täglich vom Hafen Faro aus zum Strand oder man folgt einfach der Straße N 125 zum Flughafen, der bei Monte Negro noch vor der Ria liegt. Bei der Stadtausfahrt dorthin links ein Haus mit figural ornamentiertem, manuelinischem Schmuckgiebel aus dem 16. Jh. (Abb. 30).

*Ausflug:* Die Straße N 2 nach Norden führt, 18 km, zum hübschen Ort *Estoi* (kleiner Palast der gleichnamigen Fürstenfamilie, 18. Jh. mit schönen Azulejobildern an der Freitreppe und einstmals gepflegten Gartenanlagen im italienischen Barock, heute meist geschlossen und verwildert) und zu den römischen Ruinen von *Milreu,* dem alten Ossonoba, das vermutlich ein römisches Thermalbad war. Die besten Fundstücke sind im Archäologischen Museum in Faro zu sehen, in situ gibt es Reste der Thermen, eines Tempels, von Mauern und Häusern und von Mosaiken, u. a. ein Delphinmosaik, sowie Ruinen einer frühchristlichen Basilika aus dem 4. Jh., die auf den Überresten eines römischen Tempels errichtet wurde. (Im umgebauten Algarve-Bauernhaus ›Monte de Casal‹ kann man dann vorzüglich speisen, in der ›Alberghia Moleiro‹ jeden Sonntag abends zur Saisonzeit eine Folkloregruppe tanzen sehen.) Weiterfahrt nach *São Brás de Alportel,* um dort von der Terrasse der Pousada – sie liegt nördlich des Ortes in 340 m Höhe – den Fernblick zur Küstenlandschaft zu genießen (besonders reizvoll zur Zeit der Mandelblüte im Januar/Februar), oder noch weiter über Barranco do Velho hinaus in die Serra do Caldeirão.

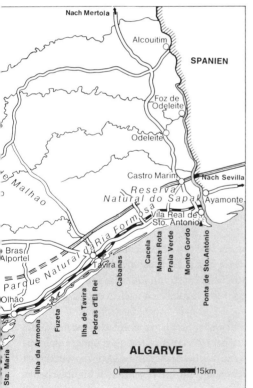

Ostwärts von Faro wird das Küstenland weiträumig und flach, Palmen, Johannisbrot-, Mandel-, Feigen- und Apfelsinenbäume gedeihen in auffallender Üppigkeit.

## OLHÃO

Die Stadt (um 20 000 Einw.) wird oft die ›afrikanische‹ oder ›maurische‹ Stadt in Algarve genannt, ist dies aber nur noch in einem relativ engen Bezirk um die Kirche *Nossa Senhora do Rosário,* die von aus Aveiro hierher eingewanderten Fischern in siebzehnjähriger Bauzeit und mit eigenem Geld erbaut worden ist. 1869 wurde sie eingeweiht. Daneben die kleine *Aflitos-Kapelle,* in der die Fischerfrauen bei Sturm oder hoher See um die Hilfe der Gottesmuter für

## OLHÃO BIS TAVIRA

ihre Männer auf See beteten. Vom Glockenturm der Kirche sieht man die weißen Häuser wie Würfel aneinandergeschachtelt mit ihren flachen açoteias, den Dachterrassen, denen wieder kleinere Würfel, die mirantes, aufgesetzt und mit Außentreppen verbunden sind. Wo Bedarf war, wurden diese noch einmal um schmalbrüstige Kästen, oder auch nur Türme, die contramirantes, aufgestockt. Bis hinauf zum letzten Türmchen steigt eine Außentreppe auf. Diese für Olhão typische Dachkonstruktion weist auf maurische Bautradition ebenso hin wie die mit farbigen Azulejos bekleideten Außenwände vieler Häuser, sofern sie nicht grellweiß gekalkt werden. Dennoch, eine direkte maurische Tradition gibt es nicht, die Häuser sind erst im 17./18. Jh. entstanden und in der für den heißen Süden zweckmäßigen Bauweise so errichtet worden.

Reizvoll in Olhão, aber auch überall in Algarve, sind die lustig verzierten *Schornsteine*, zierlich oder mächtig, geschlossen oder filigran durchbrochen, individuelle Zierformen, auf alten Häusern noch immer handwerklich-volkstümlich, auf neuen meist Massenware aus Beton, Standarddekor, industriell gefertigt.

Bedeutend sind *Fischerhafen* und Fischkonservenindustrie. *Jahrmarkt: 28.* bis 30.

September. Zu den Badeinseln s. weiter unten.

Bis vor ein paar Jahrzehnten noch war zwischen Armação de Pêra und Vila Real de Santo António von April bis Juli der Thunfischfang, die tourada marîtima Hauptereignis für die Fischer und Sensation für Touristen. Heute meiden die Thunfische weitgehend diesen Küstenstrich, die Fischer finden kaum noch ein Auskommen, die Konservenindustrie muß auf andere Fischarten umsteigen.

Theorien gibt es genug: der scheue Thunfisch werde am Tage vom Lärm der Massenbadestrände, dem Discogedudel und den Motorbooten und nachts von der Beleuchtung aus Hotels, Restaurants und Ferienhäusern vertrieben; es seien zu schnell zu viele junge Tiere gefangen worden; Veränderungen der Golfstromrichtung hätten die Wandergewohnheien der Thunfische beeinflußt.

Lohnende Kilometer sind es zum Dörfchen Moncarapacho über dem, auf einem Hügel, das ›Landhotel Adolfo da Quinta‹ inmitten einer anmutig südlichen, paradiesischen Gartenanlage liegt. Die Speisekarte ist dem adäquat.

Auf der Weiterfahrt *Marim*, dann *Fuseta* mit altem Fort, ein Fischer- und Weinbauerndorf, und Salzgärten. Zwischen Olhão und Tavira liegen im Meer drei kleine Badeinseln: Armona, Culatra, Farol, alle mit Feinsandstrand. Fährbetrieb von Olhão aus ab Anlegestelle bei der Markthalle (Fahrscheine Tankstelle gegenüber), stündlich nach Armona, alle zwei Stunden nach Culatra und Farol.

In *Tavira da Luz* schließlich lohnt sich ein Halt an der Straße vor einer Renaissancekirche aus dem 17. Jh. mit beachtenswertem manuelinischem Portal, im Kielbogen üppig geschlungenes Weinlaub, der Bogen zum Zopf aufgedreht. Beeindruckend in seiner Einsamkeit ist der Kirchplatz. - Knapp 1 km entfernt in Balsa, nur für sehr Interessierte, die kümmerlichen Ruinen einer Römersiedlung.

## TAVIRA

Wie verschlafen liegt das Städtchen an der Ribeira de Asseca, auch Rio Gilão, die aus der Serra do Caldeirão bei São Bras de Alportel herunterfließt und besonders an der siebenbogigen Brücke dem alten Ortsbild einen gewissen Charme verleiht. Einst Römerhafen, dann maurische Festung, war Tavira einer der wichtigsten Häfen der Araber, die Ruinen des Maurenkastells sind übriggeblieben. 1242 eroberten christliche Ritter die Stadt; die Könige Afonso III., João II. und Manuel I. residierten zeitweise hier, ihre Bauten wurden fast alle beim großen Erdbeben zerstört, die Schollenbewegung ließ dabei den Hafen versanden, und seitdem träumt der Ort melancholisch dahin. Malerisch muten die Jugendstil-Patrizierhäuser (vor allem in dem Gäßchen Travessa de D. Brites, das von der Uferpromenade abgeht) und die gut 30 Kirchen und Kapellchen an Mauergängen und Treppchen zu Bootsanlegeplätzen an. Der heißeste Ort von Algarve soll es sein.

Von den Ruinen des z. T. wiederaufgebauten maurischen Kastells hat man einen sehr guten Blick über die Stadt. Anbei steht dreischiffig die Kirche *Santa Maria do Castelo* am höchsten Punkt der Stadt an der Stelle der islamischen Hauptmoschee, gotisch ihr Portal, viele Azulejos innen und ein Grabmal im Chor für sieben christliche Ritter, die im Eroberungsjahre trotz eines Waffenstillstandes hinterrücks von den Mauren ermordet wurden. Rest eines maurischen Stadttores ist der *Arco da Misericórdia*, und dort steht die *Misericórdia-Kirche* (1541) mit dem sicherlich schönsten und meisterlichen Renaissanceportal im gesamten Algarve: zentral in der korinthischen Rahmenpilasterkonstruktion Maria zwischen Petrus und Paulus inmitten eines Blätter- und Tierfrieses, darüber gespannt die Bogenlaibung voller Figuren. Innen stützten sechs Säulen mit fein gearbeiteten Kapitellen drei hölzerne Muldendecken über zugehörigen Bögen, darunter harmonisch dazu ein vergoldeter Rokoko-Schnitzaltar, eine Treppe mit Ziergitter und Azulejos aus dem 18. Jh.

Beim Spazieren durch die Stadtgasse wird man an Türen und Fenstern graziöse Säulchen, maurische, manuelinische oder Renaissancebauteile finden, die irgendwie nach dem Erdbeben dorthin gekommen sind, ein recht eigenartiger Kontrast zu den vielen Hauskuben ähnlich denen in Olhão oder zu den wunderlichen Schornsteinekoren.

*Jahrmarkt:*
1./2. August und 4. bis 6. Oktober hinter dem Stadtgarten am Fluß. – *Badestrand Santa Lucia* (Festland) oder, mit Fährboot (am Ende der Dammstraße) übersetzen. Auf der *Ilha de Tavira* Feinsandstrände.

Ständig streben nun, zwischen Mais- und Weinfeldern oder Gemüsegärten um kleine Gehöfte, Stichstraßen zu den Stränden oder Strandabschnitten der ununterbrochen bis Vila Real de Santo António sich hinziehenden breiten Dünenküste: *Cabanas* (zum Meer hin offener Feinsandstrand vor sanftwelligen, nicht zu höhen Dünen); *Cacela* mit einem Küstenfort am Platze eines römischen Kastells, dann einer maurischen Festung, die später

## MANTA ROTA BIS REAL DE SANTO ANTÓNIO

Piratenschlupfwinkel wurde, bis man es im 17. Jh. zur heutigen Form ausbaute, weil hier die der Küste vorgelagerten, jeden Schiffsverkehr behindernden Sandbänke aufhören. *Manta Rota* schließt an, ist der Beginn eines mehr als 12 km langen, breiten und honiggoldenen Sand-Strand-Küstenbogens bis nach *Ponte da Areia,* der Hausstrand von Vila Real de Santo António. Beinahe lückenlos säumen jetzt immergrüne Pinienwaldungen die gelben Dünen vor dem Meer, die ideale Ferienlandschaft müßte man meinen, zumal dort das Meerwasser die höchsten Temperaturen in Algarve erreicht. – Die weiter oben angesprochene ›Liebe zum Beton‹ dafür Verantwortlicher allerdings kann hier – Praia Verde, Monte Gordo bis Ponte da Areia – demjenigen, der Ruhe sucht, die erhoffte Urlaubsfreude gründlich verderben: ein Spielkasino, Hotels, die mit ›neueste und größte Disco, 3000 W Stärke, 170 kW Licht‹ werben, ein Viersternehotel (›Vasco da Gama‹) sogar direkt auf dem Sandstrand, Wasserski und Surfen, Touristendörfer, Pensionen und Bungalows, mehrere große Campingplätze und überfüllte Strandzonen.

Allein weit abseits solcher Touristenzonen, abgelegen bei Fischersiedlungen vielleicht, findet man wie versteckt im neuen Naturschutzgebiet ›Parque Natural da Ria Formosa‹ (etwa 18400 Hektar zwischen Olhão, Tavira und bis zum Rio Guadiana) im Hinterland der Strand-Betonversiegelungen noch ruhige Erholungsplätze, an denen das warme Wasser, kristallklar und blaugrün, das Baden noch zum Genuß werden läßt. – An Wegen und Straßen wachsen Mimosen und Plantanen oder Eukalyptusarten und Korkeichen in größeren Forstbeständen, in Senken blühen Oleander und Hibiskus, und Zistrosen, Tamrisken und Ginster zaubern satte Grundfarben in die Landschaft. In ihren Gärten ziehen die Algarvios Mandel-, Walnuß- und Feigenbäume, ernten Zitrusfrüchte, Granatäpfel, sogar Bananen oder lassen die Eingänge ihrer flachen oder mit einem roten Satteldach gedeckten bodenständigen Häuser lilafarben von Jacaranda überwuchern. Vögel vieler Arten, Chamäleons und Leguane, die flinken Geckos, Bienen, Grillen und Zikaden am Land, Fische, Muscheln und Krustentiere im Meer werden nun gehütet, geschützt und gehegt. Sie stehen jetzt sogar zur Jagdzeit für jeden Jäger unter behördlichem Umweltschutz.

### VILA REAL DE SANTO ANTÓNIO

Am rechten Ufer der Guadianamündung und Grenzort nach Spanien, der Ayamonte am linken Flußufer gegenüberliegt, gehört der Ort zu den wichtigsten Fischerei- und Handelshäfen in Algarve. Die Flußmündung hält den Hafen sandfrei für die Fischerflotten, deren Fänge in den Konservenfabriken sofort verarbeitet werden; bei drückendem Wetter liegt daher zuweilen eine üble Geruchsglocke über der Stadt. Wie andere Orte in Algarve ging auch das dort gelegene Fischerdorf Santo António da Avenilha beim Erdbeben in den Fluten unter. Im Auftrag König José I. baute Minister Pombal den Ort wieder auf, jetzt übersichtlich im Plan mit rechtwinklig sich kreuzenden Straßen, ähnlich der Baixa in Lissabon. Vorgefertigte, gleichmäßig niedrige Häuser wurden um den nach Pombal benannten rechteckigen Hauptplatz mit einem Obelisken für den König aufgestellt. Sternförmig ausstrahlend, wie die hübsche schwarz-weiße Musterung der Platzpflasterung, wuchs auch der neue

Ort, jetzt als Vila Real de Santo António. Der früher außergewöhnliche Reichtum an Thunfischen hatte dem Ort Wohlhabenheit beschert, heute scheinen die Einnahmen aus dem zunehmenden Fremdenverkehr von und nach Spanien, Badegäste von den Stränden zwischen Tavira und der Stadt, das Fernbleiben der Thunfische wenigstens ein wenig auszugleichen. Auf der Sanddüne vor der Mündung des Rio Guadiana am südlichsten Punkt von Algarve sichert ein *Leuchtturm* die Schiffahrt.

Früher mußte, wer nach Spanien weiterfahren wollte, auf einem Fährschiff den Mündungstrichter des Rio Guadiana kreuzen. Seit 1991 gibt es von Castro Marim nach Ayamonte in Spanien eine lange Autobahnbrücke, das Endstück der portugiesischen Autobahn von Albufeira zur spanischen Grenze. Mit Autobahn und Brücke aber werden in den südlichen Ausläufern der Serra de Malhão die ›*Reserva Natural do Sapal*‹, ein Naturschutzareal, in dem vor allem Sumpf-, Watt- und Stelzvögel, Seeschwalben, Störche, Seidenreiher usw. nisten, aber auch das Salinengebiet um Castro Marim zerschnitten – wohl verkehrsnotwendige Maßnahmen, die – zu spät und vergeblich – die Naturschützer auf den Plan gerufen haben.

*Jahrmarkt:* 12. bis 14. Oktober.

*Ausflüge:* Wer in den Norden Portugals unserer Route A (s. S. 174 ff.) nicht folgt, dem empfehlen wir von Vila Real de Santo António aus eine Tagesfahrt mit dem Schiff auf dem Rio Guadiana (Tickets in Vila Real bei Transguadiana, Rua Almirante Candido Reis 96), eine nicht alltägliche, ganz andere gemütlich-gemächliche, beinahe behäbig anmutende Flußfahrt. Angelegt wird in *Foz de Odeleite*. Gegen 19 Uhr ist man wieder zurück in Vila Real de Santo António.

Eine andere Tagesfahrt, etwa 125 km gesamt, diesmal mit dem Auto, wird zum Erlebnis einer wie gravitätisch weiten und doch sehr beschaulichen, einsamen Flußlandschaft: auf der N 122 über *Castro Marim*, dann in vielen Kehren und ab und auf durch die Dörfer *Junqueira* und *Azinhol* nach *Odeleite*. Die unterwegs ins Auge springenden Bergkuppen, das bröcklig zerfallende schieferige Urgestein aus der Karbonzeit verhindert jeden Pflanzenwuchs, nur Eukalyptusbäume sind in der Lage hier zu wurzeln. Bei *Foz de Odeleite* ist man am 150 bis 200 m breiten Rio Guadiana und in der trockenen und fast vegetationslosen *Cumeada Foupana-Landschaft,* die allmählich wieder aufgeforstet werden soll. Wechselnde Ausblicke in die imposante Flußlandschaft. Hinter *Guerreiros do Rio* zieht die Straße N 122–1 dann nach *Alcoutim* (Castelo 17. Jh. über Flußufer und Ort, Obstgärten, Weinfelder, Blick in die Guadiana-Flußschleife Torre da Pinta und zur spanischen Grenzfeste *Sanlucar* am gegenüberliegenden Flußufer). – Rückweg auf der Straße N 122 direkt nach Vila Real de Santo António.

LOULÉ BIS ALBUFEIRA

# 2  Algarve – von Faro nach Westen (Fels-Algarve)

Faro – Loulé – Quarteira – Albufeira – Silves – Portimão und Praia da Rocha –
Monchique – Lagos – Sagres – Cabo de São Vicente – (etwa 150 km)

Über die Straße N 125–4 erreicht man direkt Loulé (19 km). Auf dem Weg dorthin lohnt sich
ein Abstecher linksab von der Straßengabel São João da Venda nur 5 km nach *Almansil/
Almancil*. Dort steht eine der Hauptsehenswürdigkeiten in Algarve, die Kirche *São Lourenço de Matos* (Schlüssel beim Küster). Dieses Gotteshaus ist besonders interessant wegen
seiner Azulejogemälde die 1730 Polisarpo de Oliveira Bernardos geschaffen hat, eine Fayan-
cekunst die alle Wände von oben bis unten und sogar bis in die Kuppel hinein mit Bilderläu-
terungen zum Martyrium des heiligen Laurentius bedeckt.

Benachbart liegt das *Centro Cultural São Lourenço*, 1981 auf Initiative des deutsch-
französischen Ehepaares Huber entstanden, in Algarve sicherlich der Platz künstlerischer
Begegnungen: Treffen und Ausstellungen portugiesischer und Künstler aus aller Welt mit
Vernissagen besonders der modernen Avantgarde aus Malerei, Bildhauerei, Architektur,
Dichtung und Musik, viel Fado, mäßig Jazz, Konzerte, auch klassische, Liederabende,
Lesungen und Diskussionen.

### LOULÉ

gibt sich als malerischer, heute leider etwas verwahrloster Ort am flachen Hang der nördlichen Bergzüge in der Fruchtlandschaft zwischen Weinfeldern und einzeln stehenden Bauernhöfen, in denen sich eine noch aus der Maurenzeit stammende Grundstruktur der Besiedlung erhalten hat. Irgendwo knarrt ein altes Wasserrad, eine Noria der Mauren, und schöpft
Wasser aus einem tiefen Brunnen, an dem eine Fächerpalme steht. Der Algarve-Bauer wohnt
in einem oft noch aus taipa, das ist Stampflehm, erbauten Einraumhaus mit flachem Dach,
oder vielleicht auch schon mit Satteldach, und einem abgeteilten Schlafraum, ein deutlicher
Bezug zu den in Nordmarokko üblichen berberischen táddart. Die Schornsteindekorkunst
erreicht in dieser Gegend, in Loulé besonders, einen Höhepunkt. Da gibt es sogar Verbindungen zweier Häuser über die Straße hinweg durch einen von Brüstungen geschützten
Brückengang.

Aus der Maurenzeit stammen die *Stadtmauer* aus dem 12. Jh. und Reste des *Castelo*, allein
sehenswert ist das Portal der *Misericórdia-Kirche*, ein Flachbogen mit Renaissanceornamentik und darüber, von manuelinischen Steintaubändern umschlungen, ein triumphal sich
aufwindender manuelinischer Schmuckdekor. Die Pfarrkirche aus dem 13. Jh. mit gotischem Portal, dreischiffig, zeigt Säulen mit eigenartigen Kapitellen. Den Ortshügel krönt
die Wallfahrtskapelle *Nossa Senhora da Conceição*, innen sind die Azulejos beachtenswert,
und recht eigenartig mutet im April die Prozession an, bei der die Muttergottesfigur im
Laufschritt keuchend den Hügel hinaufgetragen wird. Zur Mandelblütenzeit scheint Loulé
von einer weißen Schneelandschaft umgeben zu sein. An den vier Tagen vor Aschermitt-
woch wird der mit dem Mandelfest verbundene Karneval gefeiert und am zweiten Sonntag

nach Ostern die drei Tage andauernde Romaria Nossa Senhora da Piedade. Ihre Wallfahrtskirche aus dem 16. Jh. befindet sich 2 km außerhalb von Loulé. Hübsche Dörfer in der Umgebung sind Querença und Salir, Barranco do Velho und Alte (alle liegen im Norden von Loulé in einer fruchtbaren flachhügeligen Gartenlandschaft).

## QUARTEIRA

Die Straße N 396 führt dorthin, 11 km von Loulé. Einst war der Platz ein Fischerdorf wie viele an dieser Küste, heute zählt er als Erholungsplatz in der Reihe der ›mondän‹ gewordenen Algarve-Seebadeorte, die meist mit zuviel Beton und architektonischem Schnickschnack unübertroffene Touristenzentren aus den Mischmaschinen zaubern möchten. Feiner Sand deckt den gut 20 m breiten, langen Ortsstrand vor der Hauptstraße, Wellenbrecher verhindern, daß Winterstürme zuviel Sand verspülen und garantieren zur Sommerzeit gefahrloses Baden für Kinder und Nichtschwimmer.

Nach Osten zu flankieren den Ort die kleinen, nicht minder ›feinen‹ Sandbuchten von *Vale do Lobo* (drei 9-Löcher Golfplätze), und *Garrão* und *Ancão*. Hinter Dünen Urbanisationen für verfeinerte, kostspielige Lebensart, die teuersten Immobilienanlagen in Algarve, sagt man dort – und nach Westen zu setzt *Vilamoura* seine vermeintlichen Akzente: einer der modernsten Yachthäfen Europas nahe dem Falésia-Strand (teils rotfarbene Fels-Steilküste, teils gelbe Dünen) und zwei 18-Löcher-Meister-Golfplätze mit je mehr als 6000 m Länge, allen Handicaps; nur Startzeiten müssen möglichst lange vorher avisiert werden. – Daneben vergißt man beinahe die Standardmöglichkeiten für Sportaktivitäten durchweg eines jeden Badeplatzes in Algarve zu erwähnen: Baden und alle Arten von Wassersport, Golf, Reiten, Tennis, Bars und Restaurants, Hotels und Casinos und wenn möglich auch Campingplätze.

Von archäologischem Interesse ist Cerro da Vila: Baureste und Mosaiken der Römer, Westgoten und Mauren, z. B. im sog. ›Mosaikhaus‹, 3. Jh. n. Chr. Eine ausgedehnte Thermenanlage baute man später um, weil man zur Herstellung der Fischpastete Garum stets Warmwasser benötigte. Etwa 1,7 km nordwestlich im Vale do Tesnado ein römischer Staudamm, das Wasserreservoir für Cerro da Vila.

Von Quarteira aus kann man auf Nebenstraßen bequem im Hinterland und etwa parallel der Küstenlinie in Südwestrichtung nach Albufeira fahren, hier noch mehrfach zwischen den letzten weißen Bauernhäusern in einer Hügellandschaft mit Gärten und Feldern, in die unerbittlich, scheint es, der Moloch der Urbanisationen weiter seine Hände hineinstreckt. Stichstraßen führen zu noch ›ruhigen‹ Bade- und Tauchbuchten: *Olhos de Água, Maria Luisa, Baleeira* oder *Oura*.

## ALBUFEIRA

Teils an den oberen Rändern der Steilküste, eher aber amphitheatralisch in der Felsenbucht gelegen, war es erst phönizisch, dann römischer Hafenplatz Baltrum und bei den Mauren das Felsennest Al-buhar. Jedes Jahr müssen mehr weiße Kuben alter Fischerhäuser modernen Hochhaus-Hotelbauten, Patio-Siedlungen, Ferienanlagen und anderen Architekten-

## ALBUFEIRA BIS SILVES

träumen, meist irgendwie mit pseudomaurischen Stilelementen hübsch verbrämt oder verfremdet, weichen. Ein leichtsinniger Hauch von St. Tropez scheint über dem Ort zu liegen, kosmopolitisch zumindest zur Sommerzeit geht es zu, nirgendwo in Algarve gibt es auf einem Platz so viele Bars, Restaurants, Cafés und Discotheken. Gottlob ist der malerische Ortskern einigermaßen, wenn auch schon ›modernisiert‹ erhalten geblieben und macht durchaus einen locker-südlichen Eindruck: terrassenartig entlang dem Meer wie aufeinandergesetzte weiße Hauskuben an engen Straßen und Gäßchen. Im Wettstreit mit Portimão um den Kranz des touristischen Zentrums von Algarve scheint Albufeira die Nase vorne zu haben. Trotzdem gehen, wenig beeindruckt vom Trubel der Touristenströme, Albufeiras Fischer ihrer täglichen Arbeit nach. Ihre Fangboote beleben den Fischerhafen und seinen Strand. Von ihm nur durch eine Felsennase getrennt liegt Albufeiras gut 800 m langer Orts-Badestrand, die *Praia do Penedo*, die während der Flut fast ganz vom Wasser überspült wird. Ein Tunnel beim Hotel ›Sol e Mar‹ führt dorthin.

Beim Erdbeben von 1755 und anderen, bei Sturmfluten und bei einem verheerenden Stadtbrand 1893 wurde beinahe alles Alte vernichtet und letzte Reste dann beim Wiederaufbau noch in Neubauten eingefügt. Bei einem Stadtbummel kann man manche Architekturbruchstücke hier und da wiederfinden. Nur die *Misericórdia-Kirche*, einmal eine recht malerisch zur Seeseite hin gelegene gotische Kapelle in der Rua Henrique Calado, erfreut mit einem feinen manuelinischem Portal und einem kuppelartigen Chorschluß. Und weit oben, vom *Miradouro do Patio* hoch über der Stadt, hat man den ›Fotoblick‹ über Ort und Badebuchten. (Plan S. 410)
*Kirchweihfest:* 14./15. August.

Außerhalb von Albufeira zieht 5 km entfernt die Magistrale von Algarve vorbei, die Straße N 125, von Vila do Bispo bis Vila Real de Santo António. Vorerst ab Albufeira bis zur Grenzbrücke mit Spanien bei Castro Marim entsteht von hier aus die erste Autobahn in Algarve die über die heutige Autostraße N 264 nach Norden einmal über Grândola und Setúbal mit Lissabon verbunden wird, dann als vollausgebaute Autobahn im zukünftigen Autobahnnetz Portugals.

Bis Portimão reihen sich, Perlen gleich auf einer Schnur, die Seebuchten und Badeplätze: *São Raphael*, 3 km von Albufeira, eine allseitig geschützte Felsbucht mit schönen gelbroten Felspartien; *Coelha* und *Castelo*, beides mehr heimelige, ruhige Badeplätze; *Galé*, ein flacher, weiter Strandabschnitt. Nacktbaden wird hier (vermutlich zähneknirschend?) geduldet, wenn man unter sich bleibt. Sind Einheimische in der Nähe, dann sollten Fremde nicht unbedingt provozieren und besser doch etwas überziehen; Armação de Pera gilt als einer der wirklich typischen Badestrände in Algarve, weil auf gut 3 km sich Feinsandabschnitte im Ostteil, und Felsformationen im Westteil mit Buchten und Grotten voller Wildtauben (bes. Grotte Pontal) abwechseln. Bei einem Küstenfort aus dem 18. Jh. die romanische Kapelle Nossa Senhora da Rocha auf einem 35 m hohen Steilfelsen.

Nach den Stränden von *Marinha* und *Benagil* folgt das *Cap Carvoeiro* mit dem Leuchtturm hoch über der hier sehr wilden, zu oftmals wunderlichen Formen erodierten Felsküste wie ganz ähnlich auch in *Alfranzinha* oder *Alcor Seco* beim Kap.

*Carvoeiro* ist bis heute noch ein kleiner und malerischer Fischerort geblieben, nur an den Ortsrändern gibt es die unvermeidlichen Ferienanlagen. Geradezu romantisch mutet dann die überaus schmale Badebucht *Centianes* an. Nur über Treppen ist sie zu erreichen. Und dunkle Geschäfte wurden früher einmal in der abgelegenen *Carvalho-Bucht* getätigt, ›Schmuggler Strand‹ wird sie deshalb noch heute genannt. Zu beiden Buchten und in nur auf dem Wasserweg erreichbaren anderen, winzigen Badebuchten und Grotten bieten Fischer aus Carvoeiro Bootsfahrten an.

5 km landeinwärts der Ort *Lagoa,* Hauptort des gleichnamigen Weinanbaugebietes, rote Sorten, und der Destillation eines scharfen Trester-Schnapses (Weinlese Ende August bis September). Hier biegt man nach Norden ab und erreicht auf der Straße N 121–1 Silves.

## SILVES

Bis in phönizische Zeiten reicht die Geschichte der Stadt zurück, war römisch und wurde als Xelb (Xilb) für 500 Jahre die prachtvolle 30 000-Seelen-Hauptstadt der maurischen Provinz Al-Gharb. Überschwenglich preisen arabische Historiker ihre Schönheiten, die nur noch vom Glanz Granadas übertroffen würden und »schöner und zehnmal bedeutender als Lissabon« seien, seine wunderbaren Fruchtgärten, die Pracht der Paläste und die lyrischen Begabungen seiner Bevölkerung, die in der Mehrheit jemenitischer Abstammung waren und die das reinste Arabisch sprechen konnten, so vorzüglich wie nirgendwo sonst im gesamten Al-Andalus. Prinz Motamid z. B., gebürtig aus Xelb, gewann jeden Dichterwettstreit seiner Zeit. – So wurde Xelb auch erbittert verteidigt. König Sancho I. nahm die Stadt 1198 nur für kurze Zeit in seinen Besitz und erst 1242 gelang König Afonso III. die endgültige Eroberung – sein Standbild steht oben im Hof des Kastells. Ein Bischofssitz wurde eingerichtet, aber die Verlegung der kirchlichen Residenz nach Faro 1577 und dann die Zerstörungen beim großen Erdbeben ließen Silves mehr und mehr zu einem kleinen Landstädtchen werden. Geringe Mauerreste sowie ein altes Tor der Befestigungsmauern *(Arco da Rebola)* aus der arabischen Zeit sind noch erhalten.

Rot leuchtet der Sandstein des maurischen *Kastells* über den niedrig geduckten weißen Häusern. Im Haupthof mehrere Bodenöffnungen, die Luftschächte für unterirdische, mit gewölbten Jochen abgedeckte Zisternen (Cisterna da Moura und dos Cães, bis 60 m tief) und Vorrats- und Arsenalräume; von den Wehrgängen großartige Aussicht.

Die *Kathedrale,* erbaut über einer ehemaligen Moschee, ist ein gotischer Bau aus dem 13. – 15. Jh., dem von Évora verwandt, aber jünger. Sie besitzt eine reizvolle Westfassade und erinnert mit einem vierfach gegliederten Portal unter sehr variabel gemeißelten Kragsteinen an Batalha. Innen ist der Chor hochgotisch, alle drei Schiffe sind von einer Balkendecke überspannt, die auf achteckigen Pfeilern ruht. Beste Kapitelle an den Vierungspfeilern, Grabplatten der bei der Eroberung gefallenen Ritter. Von 1495–1499

## SILVES BIS MONCHIQUE

war der in Algarve, in Alvor, verstorbene König João II. hier beigesetzt, ehe er nach Batalha überführt wurde. Gegenüber der Kathedrale steht die *Misericórdia-Kirche* mit manuelinischen Fenstern.

In der Unterstadt steht *Nossa Senhora dos Mártires* aus der Zeit von König Manuel I., außen mit Zinnenkranz, innen einschiffig mit Quadratchor und erhöhtem kuppelarti-gen Anbau für den Altar. – Über den Rio Arade führt eine Brücke aus dem 13. Jh.

Am Ortsausgang nach Osten, Richtung Saõ Bartolomeu, beachten Sie das *Cruz de Portugal,* 3 m hoch, aus weißem Ançastein, 16. Jh., im manuelinischen Stil gearbeitet, der Christuskorpus auf der Vorderseite, hinten eine Kreuzabnahme, ähnlich dem Kreuz von Leça do Balio bei Porto.

*Jahrmarkt* (feira): Um den 20. Oktober.

Zur Weiterfahrt wählen Sie den landschaftlich reizvolleren Weg über Porto de Lagos (11 km) nach Portimão (7 km).

### PORTIMÃO

Der Portus magnus der Römer soll bereits von Hannibals Vater Hamilkar Barkas, im 3. Jh. v. Chr. gegründet worden sein, was man den seetüchtigen und günstige Ankerplätze stets anlaufenden karthagischen Handelsschiffskapitänen durchaus zutrauen kann, wenn sie nicht schon viel früher, im 8. Jh. v. Chr. regelmäßig hier vor Anker gingen. Im weiten Trichter mündet der Rio Arade, eine 337 m lange Eisenbrücke überspannt ihn. Dort findet täglich der *Fischmarkt* und Verladung statt, in wackligen Holzbuden werden meist Sardinen auf offenen Holzkohlefeuern geröstet und zu Salat und einem Glas roten Landwein angeboten – beinahe ein ›Muß‹ für jeden Portimao-Besucher. Portimãos Fischereiflotte ist die größte in Algarve (Farbt. 15), und ihre Thunfisch-, Kabeljau- und Sardinenfänge werden in den Konservenfabriken sofort verarbeitet.

Kaum mehr als eine preiswerte Einkaufszone meist nur für Einheimische (Markt an der Praca da République) ist heute das alte Stadtzentrum geblieben (Stadtplan s. S. 410), und einzig sehenswert ist dort die Pfarrkirche mit ihrem einfachen manuelinischen Portal, die Matriz, die nach dem Beben von 1755 wiederhergestellt wurde. Innen in den drei Schiffen über dorischen Säulen eine Holzdecke, ähnlich denen in Tomar oder Golegã.

Um Portimão aber hat ein Bauboom ohnegleichen wie mit Krakenarmen stadtnahe Ländereien ergriffen und mit Hotels, neuen Apartmenthäusern, Bungalowsiedlungen, Kauf- und Sporthallen, Einzelgeschäften, Kinos und allem, was man für zahlende Urlauber zu benötigen meint, Weingärten, Weiden und Felder zu einem beinahe unüberschaubaren Konglomerat neuzeitlich-neureicher, sogenannter Urlaubslandschaft umgestaltet.

Vor solcher Touristikindustrie und Saisonhektik droht freilich die Felsenküste selber zweitrangig zu werden. Der alte Hausstrand bei den Felsen war von den Engländern ›entdeckt‹ worden; seitdem ist PRAIA DA ROCHA auf Plakaten und in Werbeschriften beinahe zum Aushängeschild von Algarve und ganz Portugal geworden (Farbt. 14). Vom Meerwasser

und Wogenschlag unterspülte und ausgenagte rotbraune Klippen bilden hier bizarre rund-höckrige oder spitze, grobe wie feinlinige Rocaillegebilde: Höhlen, Brücken, Tore, Figurinen und andere Phantasmagorien, rotfarben mit hellgelbem Sand dazwischen, ein überaus malerisches, beinahe einmaliges, aus jeder Perspektive anders belebtes Landschaftsbild, die rechte, wer es möchte, die ideale, hier gottlob nicht um- und verbaubare Urlaubslandschaft, weil hier fast ganzjährig ideales Bade- und Sportwetter herrscht, und als Zugabe das Meer hier noch angenehm warm bleibt und alle Tage kristallklar blau und grün schimmert.
*Jahrmarkt:* 1. bis 3. August und 11. bis 18. November. – *Penina Golf Club* (3 Plätze, 18, 9, 9 Löcher)

*Ausflüge:* 1. Nach Ferragudo, schöner Spaziergang über die große Eisenbrücke zur anderen Seite der Arade-Bucht. Ferragudo ist ein malerisches Fischerdorf geblieben, aufgebaut wie eine weiße Kulisse aus Häusern an engen Gassen und Treppenwegen.
2. Halbtagsfahrt in die Serra de Monchique. Gemeint ist das um 25 km nördlich von Portimão liegende Gebirge, eine liebliche Berg-Hügel-Landschaft, die in zwei Hauptgipfeln, der Foia auf 902 m, dem Picote auf 774 m Höhe ansteigt. Was aber mehr zählt für den Besucher, ist die interessante, einzigartige Mischvegetation der Serra, in der nördliche Arten sich mit mediterranen mischen: mitteleuropäische Eichen, Kiefern und Edelkastanien, Korkeichen, Walnuß- und Erdbeerbäume, wilde Azaleen, Oleander und hohes Heidekraut und in den Gärten und Terrassenkulturen alle Früchte, jede Gemüsesorte Europas. In Talsenken reifen Bananen voll aus, Orangen wachsen noch in 500 m Höhe, der Ölbaum steigt bis in 600 m Höhe hinauf, und bis fast zur Gipfelhöhe gibt es weite Maisfelder. Dort oben ist das magere Algarve-Rind, ebenso wie unten in den Talsenken, Zucht- und Arbeitstier, oder man züchtet aus ihm und der französischen Charolais-Rasse eine neue, fleischreichere Algarve-Rinderart. Das alles verdankt die Serra dem mild-warmen Klima mit relativ konstant hoher Luftfeuchtigkeit, dem Wasserreichtum des Gebirgsstockes infolge der reichlichen Winterregen und dem Verwitterungsboden aus stark kalkhaltigem und kalireichem Urgestein, dem Foyait (Erstarrungsgestein, ein Alkali-Feldspat).
Auf der N 266 steigt man auf. In *Caldas de Monchique* sprudelt in einem engen Waldtal 33 Grad warmes Thermalwasser mit einer halben Million Litern täglich aus der Erde, Heilwässer bei Rheuma, Hautkrankheiten und Erkrankungen der Atemwege. Schon die Römer haben die Thermen genutzt und heutige Besucher erfreuen sich zusätzlich am herrlich altmodischen Ortsbild, reizvollen Häusergruppen bürgerlicher Villen mit schmückenden Vorbauten, Erkern, Fensterbögen, Balkonen und Markisen, – alles Blickfänger und ein wenig Belle Epoque – oder Jugendstil aus der Jahrhundertwende um das »Häßliche aus den Herzen der Menschen zu vertreiben« (Ruskin/Morris). Lustvoll-bequemer läßt sich solches erreichen, wenn man dem Mendronho zuspricht, einem wohlschmeckenden ›Klaren‹, destilliert aus den Früchten des Erdbeerbaumes.

Monchique, 24 km von Portimão, ein kleines Bergstädtchen, liegt im Sattel zwischen den beiden Gipfeln. Wer mag, betrachtet das einfache manuelinische Portal der *Ortskirche* oder

## MONCHIQUE BIS LAGOS

schaut von den Terrassen-Ruinen des Franziskanerkonvents *Nossa Senhora de Destero* (1632) über den Ort, ins Tal oder zum Gipfel des Picote (Fußweg dorthin etwa 90 Minuten), – oder er fährt auf einer guten Straße bis Alferce (8 km), nicht weit vom Gipfel. – Die andere Panoramastraße ist die schönere. Sie steigt auf zur Foia, zum höchsten Punkte Südportugals, 902 m. Der Panoramablick bei nicht zu dunstigem Wetter ist entsprechend: Algarve liegt einem zu Füßen (ähnlich wie von Marmelete bei der Don Quichote-Kapelle, 14 km von der Hauptstraße nach Westen).

Variante:
Wer nicht auf dem gleichen Weg direkt nach Portimão zurückfahren möchte und genügend Zeit hat, dem sei sehr empfohlen: Weiterfahrt ab Monchique auf der Straße N 266 nach Norden, durch die Schlucht des *Rio Tinto Negro* (Barranco dos Pisões) zum *Stausee (Barragem) de Santa Clara* (er staut den Rio Mira zu einem 20 km langen, 15 km breiten See) nach *Odemira* und dann auf der Westküstenstraße über *Aljezur, Alfambras, Lagos* zurück nach Portimão etwa 145 km insgesamt ab Monchique.

In Richtung Alvor folgen ab Portimão die Strände: *Vau, João de Arens* und *Três Irmãos*, das Dorado für Schnorchelfans. Alvor Dorf liegt gut 1 km landeinwärts, ein bis heute noch urtümliches Fischerdorf mit gemütlichen Gassen und kleinen Straßencafés. Als Albur war es ein maurischer Ort am Mündungstrichter des Rio Alvor. Fast unbeachtet steht dort die *Igreja Matriz.* Manuelinisch geschmückt ist ihr Portal, die Säulenkapitelle innen sind von Steintaubändern umzogen, welche derbe Fischergesichter rahmen. Nach einer Kur in Caldas de Monchique verstarb hier, erst 40 Jahre alt, 1495 König João II. an Harnvergiftung.

Das Mündungsdelta des Alvor-Flusses gilt als Vogelschutzgebiet mit, paradoxerweise, Hochhäusern und Luxushotels als Staffagen am Strand.

LAGOS
Phönizischer Ankerplatz, römischer Hafen Lacobriga, maurische Seefestung und nach der Wiedereroberung Mittelpunkt der portugiesischen Schiffsbaukunst. Hier wurden die ersten Karavellen konstruiert und gebaut, schlanke Schnellsegler, die überaus wendig manövrieren konnten. Damit gelang Gil Eanes aus Lagos, der im Auftrage Heinrichs des Seefahrers segelte, 1434 die Erstumseglung von Kap Bojador (Vorgebirge an der Nordwestküste Afrikas unter 26 Grad nördlicher Breite und 14 Grad westlicher Länge, etwa zwischen den Kanarischen Inseln und dem Wendekreis des Krebses); zehn Jahre später gründeten Kaufherren und Reeder aus Lagos die bald den gesamten Afrikahandel der portugiesischen Krone beherrschende ›Companhia de Lagos‹, und hier landeten 1443 die ersten 235 Negersklaven aus Afrika und wurden unter den Arkaden des Zollamtes (heute an der Praça Dom Infante Henrique) versteigert. Dort verlas vor der Ceuta-Expedition im Juli 1415 des Königs Beichtvater João Xira in Gegenwart Joãos I. und seiner Söhne, auch der 21 Jahre alte Heinrich war dabei, die päpstliche Bulle, die das Unternehmen den Kreuzzügen gleichsetzte und allen Teilnehmern die Generalabsolution gewährte. Heinrich der Seefahrer (sein Denkmal am selben Platze, Abb. 24) war 1438 nach Lagos gezogen, um den Bau seiner Karavellen zu

überprüfen, damit sie über die bislang für unbefahrbar gehaltenen Seegebiete im mare tenebrosum jenseits des Kap Bojador hinaussegeln konnten. Afonso Baldeira aus Lagos kam bis zur Piedade de la Galea südwärts des Wendekreises. Als Heinrich starb, wurde er in Lagos in der Santa Maria-Kirche aufgebahrt, bis sein Leichnam nach Batalha übergeführt wurde. Vom manuelinischen Fenster (heute noch in der Befestigungsmauer vom Platz aus zu sehen) des wappengeschmückten Gouverneurspalastes aus sprach 1578 König Sebastião zu seinen Truppen, bevor sie nach Ceuta eingeschifft wurden. Er selbst und alle fielen in der mörderischen Schlacht bei Alkazar-Kebir, Lagos sahen sie nie wieder. 1693 und später fanden in der Lagos-Bucht mehrere Seeschlachten statt, Engländer und Holländer gegen Franzosen und gegen Spanier und im ersten portugiesischen Bürgerkrieg Liberale gegen Miguelisten. Seit König Manuels Zeiten um 1500 freilich war Belém zum königlichen Hafen aller portugiesischen Flotteneinheiten geworden, und später verdrängten Dampfschiffe das florierende Werftgeschäft mit Holzschiffbauten. Lagos mußte umdenken und betrieb nun Fischfang im großen Stile, es blieb Fischerhafen bis heute, da steigender Tourismus endlich zusätzliches Geld in die Stadtkasse bringt. Ein großer Teil der Stadtmauern (14.–16. Jh.) ist noch erhalten. An der Praça Gil Eanes steht das Rathaus (18. Jh.) und eine modernistische Skulptur des Königs Sebastião (Stadtplan s. S. 411).

Besuchen Sie auf jeden Fall die Kirche *Santo António,* das Talha-Wunder vom Algarve aus dem 17. Jh. Reich verziert und bunt bemalt deckt eine gewölbte Holzdecke üppig geschnitztes und vergoldetes spätgotisches Talha-Schmuckdekor um Altar und an den Wänden. Mit einer roten Offiziersschärpe steht der Hl. Antonius zwischen zwei Engeln auf dem Altar, untere Partien des Sockels sind mit blauen Azulejos geschmückt. Der Eindruck ist prächtig-herrlich, aber ohne die Schwere und Dichte von Santa Clara in Porto oder im Jesús-Kloster von Aveiro.

Benachbart ein kleines *Museum:* Archäologisches, Gemälde, Folklore. Andere Kirchen: *Misericórdia* (Talhadekor, 18. Jh.); *São Sebastião* (Renaissancefassade 1530, dreischiffig, Beinhaus, Azulejos aus dem 17./18. Jh., ein Bildnis der Nossa Senhora da Gloria von einem gestrandeten Schiff aus dem 18. Jh. sowie ein Kruzifix aus der Schlacht von Alkazar-Kebir.)

Am Meer befindet sich die Festung *Pau da Bandeira* aus dem 17. Jh.

*Jahrmarkt:* 16./17. August, 11. bis 13. Oktober, 20. bis 22. November.

*Strände:* ostwärts und 5 km lang Meia Praia, westwärts Canavial und Porto de Mos, zwischen ihnen und südlich des alten Hafenforts am Fischerhafen die Steilküste *Ponta da Piedade* (Kap des Erbarmens), 2 km; wie in Portimão bizarre, rotgelb leuchtende Felstürme, Grotten, Bogen, Höhlen. Hier bestehen Möglichkeiten, die Grotten vom Boot aus zu besichtigen. Vom Platz des *Leuchtturmes* einzigartiger Fernblick entlang der Goldküste (Costa de Oiro), Steilküstenformationen, in deren Buchten Sandanschwemmungen oft winzige Badeplätze schufen, manchmal nur von See her zu erreichen.

171

LAGOS BIS SAGRES

Lagos gilt als Zentrum der Golfer in Portugal mit den Meisterplätzen: *Quinta do Lago, Palmares, Parque da Floresta* – (s. auch ›Hinweise von A–Z: Golf, Sport‹).

Dann folgen, von der Hauptstraße über Stichwege zu erreichen, zwischen Steilfelsen immer wieder kleine Badestrände: *Luz* (östlich der Praia da Luz liegt der 110 m hohe Felsen Cerro das Ferrarias, von dem man einen hervorragenden Blick hat), *Dona Maria, Burgau, Almadena, Boca do Rio, Salema, Figueira, Zavial, Ingrina, João Vaz, Barranco*. Die Straße strebt jetzt küstenfern nach Westen. 16 km hinter Figueira rechterhand die kleine manuelinisch-gotische Kapelle *Nossa Senhora da Guadaloupe* aus dem 13. Jh. mit eigenartigen Kapitellen, Ornamenten und Menschen- und Tierköpfen, sowie einem schön skulptierten Schlußstein im Chorgewölbe (Abb. 23). Heinrich der Seefahrer soll hier oftmals gebetet und um Kraft und Gelingen seiner Pläne gefleht haben. In *Raposeira* wohnte der Prinz so lange, bis sein Haus in der Festung am Kap in Sagres fertiggebaut war. (Die Dorfkirche hat zwei einfache manuelinische Portale.)

Von VILA DO BISPO aus aber darf man nicht versäumen hinaufzufahren, 4 km, zur *Torre de Aspa*. Mit 159 m Höhe sind es die höchsten Klippen im Algarve; am Absturz zum Meer überschaut man gut 100 km Küstenstreifen, hier ist man völlig allein vielleicht mit den Seeschwalben (ab Bispo Fahrweg zur Praia do Casteleio, dann links ab und dem Schild mit dem Zeichen eines Feldstechers folgen).

Nun ändert sich das Landschaftsbild, wechselt jäh aus der bislang üppig fruchtbaren Küstenebene in ein kahles, von windzerzausten Büschen und Kakteen bestandenes, felsiges Plateau, je näher man der Südwestspitze des europäischen Kontinents kommt.

SAGRES

Heinrichs Gründung. Dort sollte nach seinem Willen einmal Portugals Seefahrerbasis liegen, von da aus sollten die Schiffsexpeditionen zu neuen Entdeckungen auslaufen, ein Gegenstück zu Spaniens damals bedeutendem Handels- und Versorgungszentrum für Segelschiffe in Cadiz. Von der letzten großen Straßengabelung führt rechts die Straße zum *Vinzenz-Kap,* geradeaus zur *Festung.* Sie liegt auf einem vor dem Ort weit ins Meer hinausragenden Felsplateau und nimmt es in seiner gesamten Breite von 300 m ein. Hier wohnte der Einsiedler (s. vordere Umschlagklappe) vierzig Jahre seines Lebens, umgeben von Geographen, Nautikern, Schiffsbauingenieuren, Kartographen, Kapitänen und Gelehrten, beriet sich, befragte, kombinierte und versuchte alle Möglichkeiten, neues Land für Portugal zu entdecken, mit dem Fernziel, Indien zu erreichen, dem Islam seine legendären Nachschubbasen abzunehmen und ihn zu vernichten. In der Kapelle *Santa Maria da Graça* betete er darum, von den Brüstungen der Bastei verabschiedete er die Karavellen, wenn sie den von ihm gewählten Zielen entgegensegelten. Von 1418 bis 1460 stand Heinrich als Ordensmeister dem Orden der Christusritter vor, dessen Zielsetzung genau den in Sagres erprobten Praktiken entsprach: Verteidigung des Christentums, Kampf gegen die Heiden, sprich den Islam, Verteidigung und Erweiterung der Grenzen des Vaterlandes und die geistliche Gerichtsbarkeit »über alle eroberten und noch zu erobernden Ländereien«. Als

Heinrich 1460 in der Vila do Infante (sie ist nicht mehr auszumachen, möglicherweise stand sie sogar am Cabo de São Vicente) starb, waren alle die Bedingungen erkundet worden, die in der nächsten Generation zur Entdeckung des Seeweges nach Indien, nach Amerika und nach Brasilien führten. Obgleich Heinrich niemals zur See gefahren ist (von der Ceuta-Expedition abgesehen), heißt er mit Recht der ›Seefahrer‹.

Nur noch Reste sind von der Seefahrerschule und den Wohngebäuden (heute Jugendherberge und Touristenbüro) erhalten: eine große, 43 m im Durchmesser, aus Steinen gelegte Windrose (Abb. 27); ein padrão, ursprünglich aus dem 15. Jh., 1928 wiederentdeckt und erneuert. Die *Kapelle Nossa Senhora da Graça* zeigt Grabsteine und einen Kachelaltar, davor ein portugiesisches Kreuz. In den ehemaligen Pferdeställen werden Filmvorführungen über Heinrich den Seefahrer und die portugiesischen Entdeckungen gezeigt. Die Festung stammt ursprünglich aus dem 15. Jh., ist aber im 17. Jh. erneuert worden. Man kann um das gut 1 km lange Felskap laufen oder fahren, die waghalsigen Angler am senkrechten Felsabsturz beobachten und in die bis 40 m tiefen zum Meer hinabreichenden Felsrisse schauen (Abb. 25).

CABO DE SÃO VICENTE, 6 km von Sagres (Farbt. 13), war das ›heilige Kap‹, das promontorium sacrum der Römer, wo, laut Strabo, die Götter zu nächtigen pflegten und wo deshalb Sterblichen nachtsüber jeder Aufenthalt verboten war. Hier strandete das Schiff mit dem Leichnam des Hl. Vinzenz im 8. Jh., von hier aus leiteten Raben sein Schiff nach Lissabon, und der arabische Geograph Idrisi berichtet sogar von einem Rabentempel, der dort gestanden habe. In den Gewässern vor dem Kap fanden im 17./18. Jh. etliche Seeschlachten statt. 62 m hoch ragt Europas Südwestspitze ins Meer, ein Felsklotz aus Carbonschiefer und Diabas, auf dem heute ein Leuchtturm steht, wahrhaftig Fim do Mundo, das Ende der Welt, »wo das Land endet und das Meer beginnt«, wie Camões schreibt. Die der Kapnase vorgelagerte Felsnadel heißt Gigant, der Sage nach eigentlich ein Finger des Hl. Vinzenz, der ihm beim Abschlagen eines Felsstückes am Kap weggebrochen sei. Täglich passieren Hunderte von Schiffen aller Nationen das Kap und grüßen mit drei Hornsignalen.

Auf halbem Wege zwischen Kap und Sagres das kleine *Fort Beliche* am Ende der Ensenada-Bucht, jetzt Hotel und Restaurant. Dort wie in und um Sagres liegen Portugals und gleichzeitig Europas artenreichste Fischgründe, ideal für die Berufsfischer wie auch für Sportfischer, Angler und Unterwasserjäger. Das ›Centro Internacional de Desportes‹ (Internationales Zentrum für Sportfischer) informiert und veranstaltet auch Hochsee-Angelfahrten. Für erfahrene Taucher sind die untermeerischen Felsformationen vor Sagres und dem Kap besonders reizvoll, aber sehr gefährlich. Die Fischer von Sagres und Lagos fangen vornehmlich Sardinen, Thun-, Hai- und Schwertfische, Schollen und Steinbarsche mit Netzen, die bis 400 m tief abgelassen werden, Hummer mit Hilfe eines silberfarbenen Bandfisches als Köder in den Fangkörben. *Bademöglichkeit* an fünf Hauptstränden: Rebolinhos Martinhal, Baleeira, Mareta, Tonel und Beliche. Auch die Pousada do Infante über dem Hafen von Sagres sollte man aufsuchen.

CASTRO MARIM BIS MOURA

# 3  Nach Norden – Route A

Vila Real de Santo Antonio – Castro Marim – Mértola – Serpa – Beja (etwa 203 km)
→ nach Évora (78 km). Siehe dazu die Karte in der hinteren Umschlagklappe

Die Straße N 122 führt nach Norden.

CASTRO MARIM. Die Römer benutzten den Ort als Hafen und haben möglicherweise die heutige Ortschaft gegründet. Als Knotenpunkt der römischen Straßen war Castro Marim in der arabischen Zeit ein bedeutendes Zentrum. Um mehr Bewohner anzulocken, wurden der Stadt einige Privilegien, z. B. Schutzgebiet für Flüchtlinge, eingeräumt. Im 13. Jh. war die Festung für kurze Zeit, 1319 bis 1334 oder 1356, Hauptsitz des Ordens der Christusritter, der nach der Auflösung des Tempelritterordens (Sitz der portugiesischen Kommende in Tomar) durch König Diniz gegründet worden war (s. S. 27 u. 258). Mit der Rückverlegung der Hochmeisterresidenz nach Tomar verfiel Castro Marim, bis das große Erdbeben die Festung ganz zerstörte. Heute liegt der Ort zwischen den Festungsbauten: dem *Castelo São Sebastião* (17. Jh.) auf der einen Seite und dem eigentlichen *Castro Marim* (13. Jh.) auf der anderen Seite; der innere Kern (Castelo Velho) stammt bereits aus dem 12. Jh. Unterhalb dieses Kastells steht die *Kirche Nossa Senhora dos Mártires* (18. Jh.). Der Blick von den Wallmauern geht über Salzgärten und zum Meer, das vermutlich einst bis Castro Marim, der ›Festung am Meer‹ reichte. Ob seine Küstenlinie oder der Mündungstrichter des Guadiana sich infolge des Erdbebens verlagert haben, ist unbekannt. Ohne unmittelbare Lage am Wasser jedenfalls hätten die Römer, auf die der Name zurückgeht, niemals ihr Kastell als castrum marinum bezeichnet.

Das Guadianatal war stets ein begehrtes Einfallstor nach Iberien; nach den Phöniziern, Römern und Westgoten waren im frühen Mittelalter die von Cádiz kommenden Normannen bis Alcoutim hinaufgerudert und hatten Mértola, Serpa und Beja geplündert.

Nach 33 km Straßenkreuzung: rechts ab durch Mandel- und Feigengärten nach *Alcoutim* am Guadiana (5 km), Steilufer *Torno da Pinta*. Gegenüber liegt auf Flußterrassen das spanische *Sanlucar de Guadiana,* man kann den Treppenweg durch den Ort zur Festung (aus dem 17. Jh. gegen die Spanier) hinauf sehen. Schiffsverbindung nach Vila Real de Santo António.

MÉRTOLA am rechten Ufer des Guadiana (dort Reste maurischer Molen), amphitheatralisch um die Ruinen der Burg, die nach der Vertreibung der Araber im 13. Jh. wiederaufgebaut wurde. Sie steht am Platze eines Römerkastells von Myrtilis, dem, nach Ptolemäus, oppidum antiquum et praeclarum, der »alten und schönen Stadt«, die man von den Burgwällen herab überblickt. Unterhalb des Kastells ist man auf römische Fundamente gestoßen. Innerhalb des kleinen Hauses führt eine steile Treppe zu den sehr gut erhaltenen Lagerhallen, die denjenigen von Coimbra im Machado de Castro-Museum ähneln. Im Ort stößt man an Haus- oder Gartenmauern noch immer auf römische Architekturbruchstücke, Säulen, Quader, Marmorplatten, zum Wiederaufbau nach der Zerstörung von Burg und Stadt durch die Normannen verwendet. Die *Pfarrkirche* war einst die Hauptmoschee der Mauren, die man in christlicher Zeit (16. Jh.) entsprechend hergerichtet hat, wobei der alte Grundriß

174

erhalten blieb: fünfschiffig mit vier Jochen und 20 Gewölben, Kapitelle in römischer, westgotischer und arabischer Art, die alte Mihrab-Nische mit Muschelbogen, der Hufeisenbogen über der Sakristeitür. Zwar ist das Außenportal zierliche Frührenaissance mit Blumen und figuralen Ornamenten; die runden Strebepfeiler mit spitzen Kegeldächern, und noch mehr der maurische Zinnenkranz können, trotz des aufgesetzten, gedrungenen Turmes, den einst islamischen Kultbau nicht verleugnen.

(*Ausflug*, 23 km, nach Norden, aber nur auf sehr schlechtem Wege zu erreichen, das Flußtor *Pulo de Lobo*, der Wolfssprung. Eine Felsbarriere zwängt den Guadiana so zusammen, daß er als 25 m hoher Wasserfall schäumend den Durchfluß erzwingen muß. Ein von Jägern verfolgter Wolf konnte sich einst mit einem gewagten Sprung über diese Enge vor der Meute retten und gab dem Platz den Namen.)

Von Mértola nach Beja gibt es zwei Möglichkeiten: direkt (46 km) auf der N 122 – oder über Serpa (53 km), für alle, die über Aldeia ohnehin nach Spanien auszureisen beabsichtigen oder das interessante Moura nicht auslassen möchten, was bei einer Fahrt über Serpa auf jeden Fall miteinbezogen werden sollte.

SERPA am Guadiana. König Diniz ließ das Kastell erbauen. Innerhalb der Mauern die dreischiffige gotische Kirche *Santa Maria* (Azulejos), Stadtmauer mit zwei Toren, *Porta de Moura* und *Porta de Beja* mit zwei Rundtürmen (in der Nähe Überreste einer antiken Wasserleitung), gotische Klosterkirche *Santo António* (15. Jh.), außerhalb auf dem 287 m hohen Alto de São Gens die weiße Kapelle der *Nossa Senhora da Guadaloupe* neben der Pousada de São Gens. → zur spanischen Grenze über Aldeia Nova de São Bento 31 km.

MOURA, bei den Römern Nova civitas Arrucciatana, zur Araberzeit Lieblingsaufenthaltsort des maurischen Dichters Al-Motadide. 1233 wurden hier die Araber vertrieben. Das Städtchen hat von seiner arabischen Vergangenheit noch viel Eigentümliches bewahrt, besonders in der reizvollen Altstadt Mouraria mit ihren sehr malerischen Gassen und Häusern, von denen noch viele mit Azulejoschmuck bedeckt sind. Interessante Schornsteine in der Rua da Olaria. *Maurisches Kastell*, 1290 von König Diniz ausgebaut und mit dem klotzigen Bergfried verstärkt (Aussicht). Kloster *Nossa Senhora da Assunção*, in der Kapelle dos Rolins unter einem manuelinischen Bogen die Gräber der Ritter Alvaro und Pedro Rodrigues, welche die Stadt aus Maurenhand zurückeroberten. Im *Carmo-Kloster,* dem ältesten Karmeliterkloster Portugals, zweistöckiger Renaissancekreuzgang, manuelinisch dagegen die Kirche *São João Baptista* mit Balkon am Turm, wie in Golegã. *Thermalbad* mit alkalischen Wässern, die Quelle Pesões Moura wird abgefüllt unter dem Markennamen ›Aguas de Castelo‹ und in ganz Portugal vertrieben. BEJA (s. S. 201).

## Alentejo

*Als Fortsetzung der kastilischen Meseta gibt es in den beiden Alentejo-Provinzen Baixo Alentejo im Süden und Alto Alentejo nordwärts daran anschließend glutheiße Sommer, einen langen, niederschlagsreichen Herbst, kalte Winter ohne Schnee und einen meist kurzen*

CASTRO VERDE BIS BEJA

*Frühling. Zwischen den Randbergen der bis 1025 m hoch ansteigenden Serra de São Mamede bei Castelo de Vide im Nordosten der Provinz und den nur noch bis um 300 m hohen Serras de Grándola und Cercal im Südwesten bei Santiago do Cacém charakterisiert ein welliges Bodenprofil das Landschaftsbild mit sehr karger natürlicher Vegetation und im Sommer meist ausgetrockneten oder wasserarmen Tälern der Flüsse Guadiana, Mira und Sado. Allein die Serra de São Mamede ist reichlich bewässert, stark bewaldet und dichter besiedelt als die anderen Gebiete. Sonst leben beinahe überall in den Provinzen die Menschen in den relativ wenigen und dazu weit voneinander entfernten Städten zwischen Portalegre, Sines, Almodovar und Elvas, in Évora und Beja und auf dem Lande, besonders im Baixo Alentejo, in ebenso weit voneinander entfernten Dörfern oder Einzelgehöften. Die Provinz Alentejo ist mit 27 Einwohnern / qkm eine der am dünnsten besiedelten Landschaften Portugals. Der ›monte‹ ist für die Gegend typisch: um ein Herrenhaus zahlreiche zum Bauerngut gehörende Gebäude für die Landarbeiter, fast wie ein Dörfchen, von dem aus die bis mehrere tausend Hektar großen Gutsfelder bearbeitet werden. Oft werden zusätzliche Tagelöhner bzw. Saisonarbeiter für einige Zeit angeheuert, das Latifundiensystem im Alentejo hat von jeher Anlaß zu sozialen Spannungen gegeben. Die während der Revolution 1974 durchgeführten Enteignungsmaßnahmen, die teils wieder rückgängig gemacht wurden, stellen die Regierung weiterhin vor große Probleme. In extensiver Landwirtschaft wechseln Weide und Brachwirtschaft, hier werden gut ein Drittel aller Schweine und Schafe des Landes gezüchtet. Außer beinahe trockenresistenten genügsamen Steineichen, dem Johannisbrotbaum und Oliven gibt es keinen zusammenhängenden Baumbestand, dafür aber in den flachen Gebieten weite Getreidefelder, denen die einzigen Niederschläge des Jahres im Herbst genügen, um in der glühenden Sommersonne ungestört reifen zu können. Die Alentejos sind Portugals Kornkammer; um Portalegre hat die Korkfabrikation ihre Zentren. Nur an der Atlantikküste haben hohe Luftfeuchtigkeit und künstliche Bewässerung der Vegetation eine blühende Üppigkeit ermöglicht, und mit intensiver Bewirtschaftung im Großbesitz oder parzelliert in Kleinbetrieben werden in Garten- und Feldkulturen, auch Reis, die besten Erträge des Landes erwirtschaftet. Typisch sind die aus Stampferde geschichteten Gebäude, die mindestens einmal im Jahr geweißt werden, und die sehr breiten Schornsteine, da hier die Bauern ihr Schweinefleisch noch selbst räuchern.*

## 4 Nach Norden – Route B

Faro – Almodovar – Castro Verde – Aljustrel – Beja – (etwa 231 km) → weiter nach Évora (78 km). Siehe dazu die Karte in der hinteren Umschlagklappe

Dieser landschaftlich besonders reizvolle Weg über Berge, durch Heideland, Korkeichenwälder und weite Getreideflächen wird dem Reisenden das Kerngebiet Südportugals erschließen, eine Landschaft, die als typisch für Portugal überhaupt gelten kann.

Bis 20 km vor Beja folgt unser Weg der Nationalstraße 2. Faro, São Bras de Alportel und den Miradouro do Caldeirão haben wir auf Seite 150 beschrieben. Zurück gehen die

176

1 LISSABON  Die Praça do Comércio. Im Hintergrund das Castelo de São Jorge

2 LISSABON  Die Tejo-Brücke

 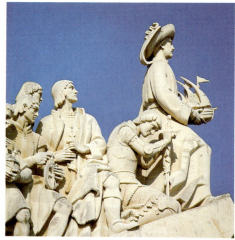

3, 4  LISSABON   Das ›Denkmal der Entdeckungen‹ in Belém

5, 6  LISSABON   Im Kutschenmuseum im Ostflügel des Belém-Palastes

7 LISSABON   Das Jerónimos-Kloster in Belém

8 LISSABON   Der Kreuzgang des Jerónimos-Klosters in Belém

9 BENFICA  Der Fronteira-Palast mit Azulejos

10  QUELUZ  Das Rokokoschlößchen

11  Blick auf SINTRA vom Palacio da Pena

13 Cabo de São Vicente, der südwestlichste Punkt des Kontinents
◁ 12 Cabo da Roca, Europas westlichster Punkt
14 Algarveküste Praia da Rocha bei Portimão

15  Portimão  Am Hafen

16  EVORAMONTE, eines der typischsten portugiesischen Bergdörfer

17  Das Bergdorf MONSANTO

18  Im Hafen von Sesimbra ▷

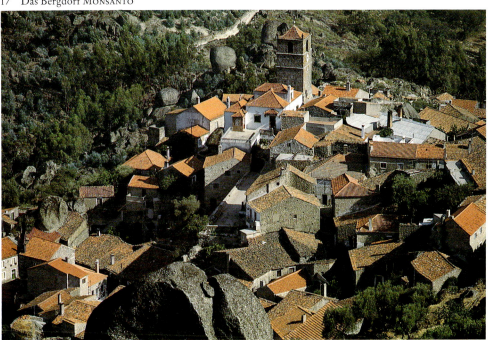

19 Im Estrela-Gebirge

20 Strand von Nazaré
21 Fischerkinder in typisch nazarenischer Tracht

22 Vila Vicosa  ›Das Knotentor‹

23 Batalha Fassade der Klosterkirche

24 Batalha Claustro Real, der Welt schönster Kreuzgang ▷

25 BATALHA Brunnenhaus im Kreuzgang

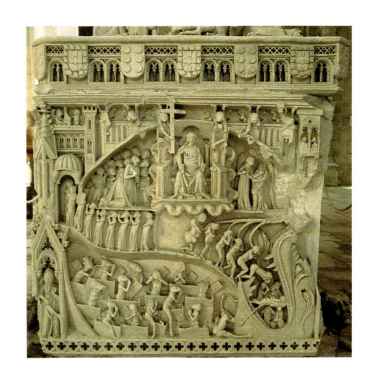

26 ALCOBAÇA Prunksarkophag der Inês de Castro in der Klosterkirche mit Darstellung des Jüngsten Gerichts

27 TOMAR Christusritterburg: Manuelinisches Fenster des Kapitelsaals

28 Tomar  Aufgang zur Templer-Kirche Santa Maria do Olival (Christusritterkirche)

29 COIMBRA   Die Universität

30 PORTO   Ponte Dom Luis I. mit Blick auf die Stadt

31 Portwein-Anbaugebiet an den Hängen des Rio Douro

32 MATEUS  Solar de Mateus, Herrensitz und Museum ▷

34 Landschaft im Minho

◁ 33 Trás os Montes  Landschaft bei Bragança

letzten Blicke in den Algarve, dann fällt die Straße von der Serra de Malhão ab, schlängelt sich durch das schütter mit Macchia bestandene Vale da Rosa und kreuzt über dem Rio Vascão die Grenze vom Algarve zum Alentejo, wo der anfangs noch volle Bewuchs schnell übergeht in die kahle, durstige, wellige Hügellandschaft um ALMODOVAR. Hier kann man ein Franziskanerkloster aus dem 17. Jh. mit einem schönen Kreuzgang und eine manuelinische Pfarrkirche besichtigen. Bald aber folgen wieder Korkeichenbestände, schüttere Olivenhaine, wenige Felder.

CASTRO VERDE lohnt einen kurzen Halt, um die Kirche *Nossa Senhora da Conceição* zu besuchen. Azulejobilder (18. Jh.) rings um das Schiff illustrieren die Schlacht bei Ourique, in der Afonso Henriques 1139 die Mauren entscheidend schlug und von seinen Rittern zum König ausgerufen wurde, womit die endgültige Trennung Portugals von Kastilien-León bewirkt wurde. Ob indes diese Schlacht auf den Feldern zwischen Ourique und Castro Verde stattgefunden hat, wird von vielen Historikern bezweifelt, die sie an den südlich von Leiria gelegenen gleichnamigen Ort verlegen. Lateinische Urkunden allerdings berichten, daß der maurische Wali Ismar im äußersten Süden der Halbinsel bei Orik mit dem Portugiesenheer zusammengestoßen sei. Die *Kirche das Chagas do Salvador* wurde während der Herrschaft Philipps II. über den Resten eines älteren Gotteshauses errichtet.

Über Ourique kommt man zum *Stausee da Rocha* (20 km). Bei ALJUSTREL wird Kupfer abgebaut, schon die Römer versorgten ihre Waffenschmieden mit dem hier geschürften Metall (Mina de Juliana, Minas de Cobre). Hat man den Ribeira do Roxo gekreuzt, zweigt kurz später eine Stichstraße (2 km) ab zur Sperrmauer des *Roxo-Stausees;* dann folgt Ervidel und, jetzt auf der Straße N 18, erreicht man schnell Beja, das sich mit dem mächtigen Bergfried über den Häusern aufragend längst angekündigt hat.

## BEJA

Die Stadt scheint eine keltische Siedlung gewesen zu sein, wurde von den Römern als Pax Iulia zu einer Stadtfestung Caesars im 1. Jh. (ihr Torbogen heute das Évora-Tor), dann bei den Westgoten ab 430 Bischofssitz und als Paca weiter ausgebaut und 715 von den Mauren als Baxu übernommen. Nach der Rückeroberung durch die Portugiesen im 13. Jh. wurde die vollkommen zerstörte Stadt, jetzt Beja, im Auftrage von König Afonso III. wieder aufgebaut.

Kurzer Rundgang (siehe Stadtplan): Beginn am Largo do Porvier (Parken). *Convento Nossa Senhora da Conceição,* Mariä Empfängnis (A). Von dem ehemaligen Klarissinnenkloster sind nur noch die Kirche und der Kreuzgang erhalten. Dom Fernando, König Manuels Vater, der Herzog von Beja und seine Frau Dona Brites haben sie ab 1459 erbauen lassen; da sich die Arbeiten bis 1509 hinzogen, konnten sich Bau- und Dekorformen des manuelinischen Stiles voll durchsetzen: doppelte Zinnenbekrönung, auf dem Zinnenkranz lustig verdrehte Spitzentürmchen, manuelinisch dekorierte, aber bereits zur Renaissance tendierende Portale, viele Details, die an Batalha erinnern. Das Gesims trägt eine Vierpaßdekoration in Form einer durchbrochenen Balustrade.

201

BEJA

Mit überaus dünner Mittelsäule und originell manuelinisch geschmückt, prunkt das Fenster zum Zimmer der Äbtissin, und jedem Besucher wird das vergitterte Fenster der Nonne Mariana in ihrer Klause gezeigt. Diese berühmte ›Portugiesische Nonne‹, Tochter des Adligen Francisco da Costa Alcoforado, hat als Soror Mariana Alcoforado in diesem Kloster gelebt (1640–1723). Gegen Spanien war Portugal mit Frankreich verbündet, und zu den französischen Truppeneinheiten in Beja gehörte Rittmeister Graf de Chamilly. Von ihrem Fenster aus sah ihn die Nonne zum ersten Mal und verliebte sich unglücklich in ihn. Mit Hilfe ihres Bruders kamen sie zusammen, und eine portugiesische Liebesgeschichte hinter Klostermauern begann. Zu Ende des Krieges kehrte der Graf, ohne auch nur Abschied zu nehmen, nach Frankreich zurück. Dorthin schrieb ihm die unglückliche Mariana angeblich fünf Liebesbriefe, die Chamilly, unterdes Marschall von Frankreich geworden, seinen Zechgenossen grölend vorgelesen haben soll. Tiefe und Schönheit ihrer Sprache machten Kenner aufmerksam, schon 1669 wurden die Briefe zum ersten Male gedruckt, später Neuauflagen in vielen Sprachen. Rainer Maria Rilke hat sie ins Deutsche übertragen. Inzwischen ist erwiesen, daß Mariana diese Briefe nicht geschrieben hat, sondern daß es romantisch verbrämte, fein erdachte Dialoge des französischen Gesandten in Konstantinopel, de Guilleragus, aus dem 17. Jh. sind, die er so feinfühlig und innig zu schreiben wußte, nachdem er von der Herzensangelegenheit Chamillys erfahren hatte. Die Nonne Mariana verstarb 83jährig 1723 im Kloster, »nachdem sie sich dreißig Jahre lang Bußübungen unterworfen hatte«.

Heute ist in den Klosterräumen das besuchenswerte *Museu Regional* eingerichtet. Erdgeschoß: Kirche, überladen mit Talha, Kapitelsaal mit schönen Kacheln im Sevillaner Stil und barocker Deckenmalerei, Refektorium, Bibliothek, Kreuzgang mit typischen Renaissancekacheln aus dem 16. Jh.; viele, teils diffizile manuelinische Architekturteile, Portale, Grabplatten, u. a. der Familie Alcoforado, gotisches Grabmal der ersten Äbtissin, steinerne Särge der Eltern von König Manuel und im Estilo do Mestre de Sardoal aus dem 16. Jh. das Gemälde ›São Vicente‹ sowie ein ›Ecce Homo‹ aus dem 14. Jh. Bemerkenswert sind noch die Martyriumsszenen des Augustinus, Bartholomäus und Hieronymus von dem Spanier Ribera. Außerdem interessant: römische Mosaiken, westgotische Kapitelle und viele Azulejos aus verschiedenen Epochen. Obergeschoß: Uniformen, Waffen, Wappen, Trachten, handwerkliche und kunstgewerbliche Arbeiten aus dem Alentejo.

*Santa Maria* (13. Jh.) (B) liegt schräg gegenüber, auffallend mit drei gotischen Portalen und vier geputzten Rundtürmen, innen reich geschmückt mit Barock- und Rokokoaltären.

An der Praça de República – beachten Sie den schönen manuelinischen Pelourinho – steht die *Misericórdia-Kirche* (C), ursprünglich von Manuels Sohn Luis als Markthalle geplant und dann nach dem Anbau einer querliegenden Kapelle zum Gotteshaus umgebaut, außen eine Rustikafassade, strenge Renaissance, innen eine gewaltige Quadrathalle aus neun Gewölben auf vier dünnen Säulen, das Querschiff mit drei Gewölben auf Pfeilern und drei flache Altarnischen, alles fein und vornehm anmutend.

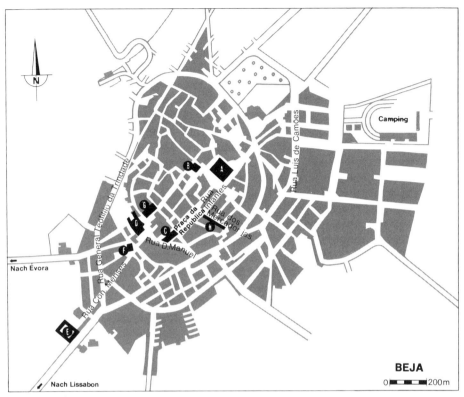

*Beja: Stadtplan*
A Convento Nossa Senhora da Conceição  B Santa Maria  C Misericórdia  D Kastell  E Ermida de Santo André  F Capela de Santo Amaro  G Ehem. Kathedrale  H Janela Manuelina

Das *Kastell* (D) auf römischen Fundamenten überragt mit dem mächtigen gotischen Bergfried von 1272 die Stadt (Abb. 29). König Diniz I. ließ es als Stadtfestung errichten, ein Bollwerk mit einst 40 Toren im Ring der Stadtmauern, nur wenige sind erhalten. Die Torre de Menagem aus Granit und Marmor mit Kapelle und Rittersaal ist Portugals höchster Burgturm, den zu besteigen sich trotz der 197 ein wenig beschwerlichen Treppenstufen wegen der phantastischen Aussicht lohnt. In den unteren Burgräumen ein kleines archäologisches und Militärmuseum.

Neben der Stadtausfahrt nach Lissabon steht die auffällige *Ermida de Santo André* (E), von König Sancho I. zur Erinnerung an die Rückeroberung Bejas 1162 erbaut (Abb. 28), eine kleine gotische einschiffige Kirchenfestung mit je sechs geputzten Rundtürmen an den Seiten, die beiden vorderen neben der Vorhalle des Portals mit Zinnen unter ihren spitzen Dächern.

203

BEJA BIS ÉVORA

Andere Sehenswürdigkeiten:
*Capela de Santo Amaro* (F), westgotisch mit byzantinisch-romanischen Kapitellen, eine der vier erhaltenen vorromanischen Kirchen in Portugal, daneben das einst römische Évora-Tor; die *Ehemalige Kathedrale* (G), ebenfalls beim Kastell, 1590 auf Befehl Philipps II. zur Zeit des Erzbischofs Teotonio von Évora von Jorge Rodrigues erbaut, eine dreischiffige Basilika auf zwölf dorischen Säulen mit Querschiff, Kreuzgewölbe und drei flachen Rechteckapsiden; *Janela Manuelina* (H), in der Rua dos Mercadorias, ein wunderbares manuelinisches Fenster in festlichem Dekor.

Beim Spazieren durch Beja werden Ihnen neben den genannten Hauptsehenswürdigkeiten alle möglichen Überreste aus der Stadtvergangenheit ins Auge fallen, Wappen, Portale, Türen, Fenster, Fassaden der weißgekalkten, oft sogar ein wenig marokkanisch anmutenden Häuser in blitzsauberen Straßen und Gassen.
*Jahrmarkt:* 1. bis 5. Mai und 7. bis 17. August.

Einige Kilometer südwestlich, in Pisões, befinden sich die Ausgrabungen einer Villa Romana (1.–4. Jh. n. Chr.). Man fand hier ein Wohnhaus mit Wirtschaftsräumen, Badeanlagen mit Mosaiken u. a.

# 5 Nach Norden – Route C

Beja – Vidigueira – Portel – Évora – Estremoz – Crato – Flor da Rosa – Portalegre – Marvão – Castelo Vide – Rodão – Castelo Branco – Monsanto – Monfortinho – Segura – (etwa 378 km) → nach Spanien (Alcántara; 19 km)

Durch eine fruchtbare, wenig hügelige Feld-Hain-Landschaft führt die Straße N 18 von Beja nach Évora. Es ist das für Südportugal typische Bauernland, in dem zur Winterzeit meist viel Regen fällt, während die Sommer heiß und trocken das Alentejo überziehen. Hier sind noch neunzig Prozent der in der Landwirtschaft Beschäftigten arme Lohnarbeiter auf den Feldern der Quintas, der Gutshöfe von Großgrundbesitzern, so wie sie Almeida Farias in ›Rumor Branco‹ beschreibt: »Männer mit verschlossenem Blick und langsamer Rede, denen die Erde eingedrungen ist in ihre gekrümmten Hände, die sie nicht öffnen können von so vielem Hacke und Karst packen … Dörfer, erstickt von der Eintönigkeit der endlosen Ebene zwischen Korkeichenhügeln, Ähre, die das Brot gibt, wenn nicht der heiße Südwind kommt und den Hunger und die Dürre bringt, Durst ungelöscht unter der Last der beschützenden Kastelle …«

VIDIGUEIRA wurde 1519 von König Manuel für Vasco da Gama zur Grafschaft erhoben, und nach seinem Tode 1524 war hier bis 1880 der große Entdeckerkapitän beigesetzt, bevor er in dem marmornen Prachtsarkophag unter dem Mönchschor der Kirche Santa Maria de Belém seine letzte Ruhe fand.

PORTEL liegt am Burghang der vom Troubadour João Peres de Aboim im 13. Jh. errichteten Feste, einem Günstling von König Afonso III., der sich während seiner Studienzeit in Frankreich mit Künstlern und Minnesängern umgeben hatte. Aboim regte den Cancioneiro da Ajuda an, eine der drei portugiesischen Liedersammlungen aus der Zeit

zwischen dem 12. und 14./15. Jh., heute in der Nationalbibliothek Lissabon, deren Liebes-
und Freundschaftslieder bereits damals in Text und Melodie die »Köstlichkeit des Schmerzes
von Dornen« und das »Singen, wenn man traurig ist«, die Grundtendenzen des modernen
Fado also, vorwegnehmen. Später ging die Burg in den Besitz der Braganças über.

## ÉVORA

Mit Coimbra und natürlich Lissabon ist Évora als bedeutende Kunst- und charakteristisch
portugiesische Stadt einzuordnen. Das hat seine Gründe in der bewegten Stadtgeschichte.
Zur Römerzeit, damals Ebora, residierte hier von 80 bis 72 v. Chr. der aufsässige Prätor
Sertorius, seit er aus Afrika zurück wieder auf der Iberischen Halbinsel war. Nach seiner
Ermordung wurde Ebora municipium mit dem von Caesar verfügten neuen Stadtnamen
Liberalitas Iulia und blieb es, bis die Westgoten unter Sizebuts 615 vorrückten, sich der Stadt
bemächtigten und ihre Befestigungen sicherheitshalber verstärkten. Gegen die Maurenstür-
me hielt das nicht stand, und seit dem 8. Jh. war, jetzt mit dem Namen Yeborah, der so gut
befestigte Platz eine Perle im maurischen Königreich, was der arabische Geograph Idrisi
um 1130 so registrierte: »Die Stadt Yeborah ist groß und stark bevölkert, sie hat eine Burg
und eine Moschee.« Um diese Zeit operierten die Haufen des Raubritters Geraldo im
Alentejo, und mit einem für alle unverhofften Handstreich nahm er Yeborah, übergab es
seinem König Afonso Henriques und konnte derart seinen Kopf aus der Schlinge ziehen, die
üblicherweise für Raubritter bereit war. Sem Pavor, der ›Ritter ohne Furcht‹, heißt er
seitdem. Er wurde zum Alkalden des nunmehrigen Évora, sein Reiterbild ziert seitdem das
Stadtwappen zwischen zwei abgeschlagenen Köpfen, denen des Sultans und seiner Tochter,
die vormals Geraldos Geliebte gewesen sein soll. Noch im gleichen Jahrhundert wählten erst
der Militärorden von São Bento, dann der von Aviz Évora zum Hauptsitz, nicht zu spät,
denn 1191 brandeten Jacub Mansurs almohadische Reiter ins Alentejo und nahmen alle noch
so gut befestigten Städte, allein Évora, taktisch klug von den Ordensrittern verteidigt, blieb
ohne Schaden und wurde endgültig ein so sicherer Platz, daß König Afonso III. und später
Diniz und Afonso IV. die Residenz sorglos in ihre Mauern verlegen konnten. Das wurde
zum Signal für die Stadtentwicklung ohnegleichen, zumal zu Zeiten Manuels I. und
Joãos III. diese Entwicklung königlich gefördert wurde. Eine beachtliche Bildhauerschule
gab es in Évora schon seit dem 13. Jh., und im 16. Jh. machten der Mönch Frey Carlos und
seine Schule, wohl ihrer damals beliebten flämischen Malweise wegen, in ganz Europa von
sich reden. Der manuelinische Baustil dekorierte spätgotische Formen am Übergang zur
Renaissance, und vom Königshofe bevorzugte Literaten wie Gil Vicente oder Garcia de
Resende, de Melo oder Barbosa verstanden es, in Évora ihre Ideen zu verbreiten. Der Baustil
war in Évora noch lange Zeit maurisch beeinflußt (Mudéjar – bzw. luso-arabischer Stil).
1551 gründete Kardinal Henriques das Jesuitenkolleg, einige Jahre später wandelte er es in
eine Universität um, an der König Sebastião von 1560–65 studierte. Im Zuge der Jesuitenver-
treibung von 1759 löste Pombal im Einverständnis mit König José I. diese Hochschule auf; das
war der Anfang vom Ende in Évoras bevorzugter Stellung in Portugals Städtehierarchie. Als
fünfzig Jahre später, nach der Schlacht bei Torregela französische Soldateska 1801 die

205

# ÉVORA

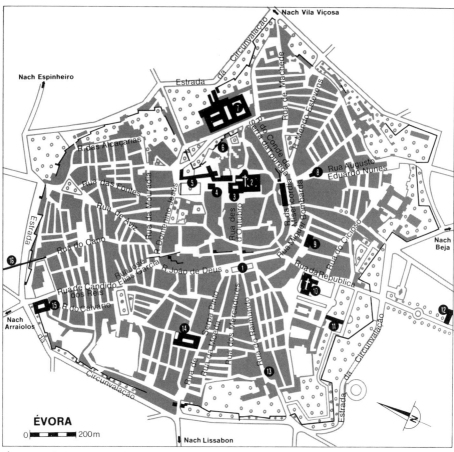

*Évora: Stadtplan*
*1 Praça do Giraldo  2 Kathedrale  3 Museu Regional  4 Römischer Tempel  5 Palacio Cadaval  6 Paço dos Condes de Basto  7 Universitat  8 Largo das Portas de Moura  9 Igreja da Graça  10 São Francisco  11 Galeria das Damas  12 Ermida de São Bras  13 Igreja das Mercês  14 Igreja de Santa Clara  15 Calvário-Kloster  16 Aquädukt*

Stadt besetzte, schien ihr Untergang besiegelt. Überall in Portugal, am schlimmsten aber in Évora, wurde geplündert, vergewaltigt und gebrandschatzt, und nur dem mutigen Eingreifen des Erzbischofs war es zu verdanken, daß Évora nicht zugrunde ging. Kaum hatte man wieder aufgebaut, rückten 30 Jahre später die regierungstreuen Truppen von Maria II. da Gloria an und bombardierten die Stadt, weil sie sich in den Wirren der Verfassungskämpfe unglücklicherweise auf die Seite von Costa Cabral, des Grafen von Tomar geschlagen hatte. Seitdem aber entwickelte sich Évora endlich fast unbehelligt zur malerischen Kunststadt.

Stadtmittelpunkt und Hauptplatz, die Praça do Giraldo, ist Ausgangspunkt einer Stadtbesichtigung (s. Plan), denn nahezu konzentrisch um diesen Platz zieht sich der alte, fast voll erhaltene Mauerring aus römischer, westgotischer und maurischer Zeit und aus der Epoche Afonsos; außen folgt ihm eine Ringstraße um die Stadt, innen um einen noch teilweise erhaltenen römischen Tempel als Achse ein zweiter Straßenzug. Mit zwei Ausnahmen liegen alle Sehenswürdigkeiten in diesem Bereich und können auf einem Besichtigungsgang zu Fuß bequemer besucht werden als in einem Fahrzeug.

*Praça do Giraldo* (1). Schöne Häuser mit Laubengängen auf teilweise antiken Säulen, an der Stelle eines römischen Triumphbogens ein Renaissancebrunnen von Afonso Álvares (1571) mit acht Röhren nach den vom Platz abgehenden Straßen und die Renaissancekirche des Hl. Antonius in etwas derbem Alentejostil, 1557 im Auftrage von Kardinal-König Henriques durch Manuel Pires erbaut. Im Paço dos Estaus (Stelle des heutigen Touristenbüros) wurde 1387 Joãos I. Tochter Isabella geboren und starb 1455 auch dort als Königin Isabella. Auf dem Platze wurde 1384 die Äbtissin von São Bento ermordet, 1483 Herzog Fernando von Bragança, der Rädelsführer der Revolte gegen König João II., hingerichtet; 1637 begann hier mit der Verweigerung zur Zahlung überzogener Steuern der Aufruhr gegen die spanische Herrschaft, und bis zur Aufhebung der Inquisition 1821 wurden auf diesem Platz Hunderte Verurteilte hingerichtet oder verbrannt.

Die *Kathedrale* (2; Abb. 32) ist ein 1186 begonnener frühgotischer Bau, aber mit Baudetails der noch nicht abgeklungenen Romanik, die Granitfassade zweitürmig, ihre Türme gedrungen (im linken Turm ist noch der starke burgundische Einfluß in den Rundfenstern zu sehen), mit und ohne Strebepfeiler, Fenster in unterschiedlicher Höhe, das Hauptgesims aber in durchgehend gleicher Höhe. Das Hauptportal im strengen Zisterzienserstil rahmen abgekragte Bogenläufe, in den Wangen marmorne große Apostelfiguren, dargestellt in ungekünstelter Natürlichkeit, ohne Pathos, mit den Physiognomien freundlich-schlauer Alentejo-Bauern.

Im dreischiffigen Innenraum lassen sauber geschlagene rotbraune Granitquader (Restaurierungen) mit weißen Parallelfugen die Steinsetzung bis hinauf in die überhohen, spitz gebrochenen Tonnengewölbe klar erkennen, allein der erst 1718 durch Johann Friedrich Ludwig umgebaute Chor stört ein wenig mit zuviel Marmor gegen-

*Évora: Grundriß der Kathedrale*
A Esporão-Kapelle  B Sakristei  C Kreuzgang

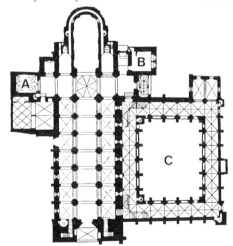

über der Granitquaderung. Beachtenswert die Renaissancekanzel (1570), die ›Madonna von O‹ (15. Jh.) an der linken Seite im Hauptschiff im Barockaltar sowie, vermutlich von Oliver von Gent, ein ›Hl. Gabriel‹. Ebenfalls von Interesse ist die Renaissanceorgel mit den typischen Horizontalpfeifen.

Im linken breiten Querschiffarm die quadratische *Esporão-Kapelle* (A), beste Frührenaissance 1527. Das Sterngewölbe tragen Pilaster, Rundstäbe und ein reich ornamentierter Bogen, in einer Pilasterecke das Wappen der Vasconcellos. Die ›Kreuzabnahme‹ am Talha-Altar arbeitete Pedro Nunes, davor ein Eisen-Bronzegitter, darüber romanische Arkaden und gotische Rosetten, ein gelungener Kontrast.

Flaches flämisches Renaissancegestühl schmückt den Hochchor, 1562 wohl von Diogo da Carta geschnitzt, rahmend, stützend Pilaster, Kapitelle, Friese und Füllungen, Köpfe und Engelchen, vorherrschend profane Motive an den Stühlen und erst die Rückwände mit biblischem Szenarium.

Wenn man den Kirchenschatz besichtigen möchte, geht man gleich nach rechts, bevor man den Kreuzgang betritt, die Treppe hoch. Besonders hervorzuheben ist der aus vergoldetem Silber gearbeitete Bischofsstab des Kardinal-Königs Henriques, spätgotisch-naturalistisch mit Frührenaissance-Ornamenten, im Teil über dem Griffstück fast an die Goldmonstranz des Gil Vicente anklingend, eine großartige manuelinische Arbeit. Ähnlich in Stil wie Ausführung ein Reliquienkreuz aus Gold, Silber und Email. Drittes Prunkstück ist eine französische Elfenbeinmadonna, 13. Jh.; öffnet man sie, dann ist es ein Triptychon mit neun Szenen zum Marienleben, grazil, diffizil und fein bis ins Detail um die mehr blockhaft erstarr-

*Évora: Bischofsstab des Kardinal-Königs Henriques aus vergoldetem Silber*

*Évora: Im Stadtwappen Reiterbild des Geraldo Sem Pavor unter den abgeschlagenen Köpfen des Sultans und seiner Tochter*

ten Apostelfigürchen im Mittelfeld. Interessant sind noch eine polychrome Anna Selbdritt (14./15. Jh.) sowie eine Sammlung von Bischofsmänteln und Tiaras (18. Jh.).

Im *Kreuzgang*, 13. Jh., unten stehen in den Winkeln Evangelistenfiguren, in einer Kapelle das Grab von Bischof Pedro, oben auf der Terrasse der Kathedrale (Aufstieg aus den vier Ecken der Kreuzgangsgalerie über dunkle, enge Wendeltreppen) instruktiver Einblick in das Konstruktionsschema der Kathedrale und zum geometrisch liniierten Maßwerk der Rundfenster. Hier sieht man aus der Nähe das Zinnenwerk und den mächtigen, achteckigen Vierungsturm, die ihn umstehenden kleinen Ecktürmchen und den großen Helm, welcher schuppig mit Azulejos belegt ist (Abb. 36).

Vergessen Sie die Aussicht über die Stadt und zur Alentejo-Landschaft nicht!

*Museu Regional* (3) an der Nordseite der Kathedrale, einst Bischöflicher Palast im Barock des 16./17. Jh. Erdgeschoß: römische, romanische, gotische und Renaissance-Skulpturen, Sarkophage von Fernão Gonçalves (14. Jh.) und von Alvaro Pires (15. Jh.), mehrere Kenotaphe, die Janela Geminada, ähnlich wie zum Kapitelsaal im Lóios-Kloster, ein feines Mittelsäulchen trägt unter einem großen Kielbogen zwei Hufeisenbögen, alles dekoriert im vorzüglichen Mudéjarstil, einst der Torbogen am Paço do Conselho; eine ›Betende‹ (15.Jh.), eine romanische ›Dreifaltigkeit‹ (14. Jh.) aus dem Domingos-Kloster.

Obergeschoß: Neben Goldschmiedearbeiten ein Email-Triptychon der ›Passion‹ und Azulejos, vor allem Gemälde aus der Zeit vom 16. bis 18. Jh., u. a. von Frey Carlos ›Geburt Christi‹, von Francisco Henriques ›Susanna und Prophet Daniel‹ und aus der Schule des Meisters von Tomar ›Geburt-Kreuzigung-Auferstehung‹, ein riesiges Polyptychon aus der Chorkapelle der Kathedrale, dreizehn Bilder zum ›Marienleben‹, beachtenswert der Bildhintergrund zu ›Jesus im Tempel‹ mit Renaissancebrunnen, manuelinischem Torbogen und flamboyantem, an den Kreuzgang in Batalha erinnerndem Maßwerkfenster.

*Römischer Tempel* (4) fälschlich noch immer als Diana-Tempel benannt, aus dem 2./3. Jh.; über einem drei Meter hohen gemauerten Granitpodest 18 schlanke korinthische Säulen, 14 stehen noch (Abb. 36), Granitschäfte, Basen und Kapitelle aus Estremoz-Marmor, Architravreste. Im Mittelalter waren die Säulen durch Schranken zugemauert, der Tempel diente als Schlachthaus.

*Palácio Cadaval* (5), Convento dos Lóios mit der Klosterkirche des João Evangelista. In einem Gebäudeteil die Bibliothek mit

# ÉVORA

60000 Bänden, 500 Inkunabeln, Handschriften und Münzen. Der Palast wurde einst von König João I. der Familie Melo geschenkt. Seine Hauptfront mit zwei ungleichen Türen und gotischen Fenstern liegt zum Passeio de Diana, rückwärtig mit einem fünfeckigen Nordturm an der Stadtbefestigung, daher auch ›Palast der fünf Ecken‹ genannt. 1485 hatte Manuel de Melo dem Eligius-Orden eine Kirche gestiftet, eben die des Lóios-Klosters, die man neben dem Eingang zur Pousada durch ein weit und tief eingezogenes Portal – dort das Wappen der Melos – betritt. Leider ist später zu viel umgebaut und mit Azulejogemälden aus dem 18. Jh. (aus dem ›Leben eines Kirchenfürsten‹) verkleidet und dabei Ursprüngliches entfernt oder verdeckt worden. Im Fußboden eingelassen ziselierte Grabplatten, flämische Arbeiten aus dem 14. Jh., bedeutend die Marmor-Grabmäler für Francisco de Melo (1536), gemeißelt nach Art des Meisters der Schule von Coimbra, und für Manuel de Melo (1493), gewichtige Frührenaissance mit Genien, Wappen und Medaillons. Kreuzgang und Kapitelsaal gehören heute zu den Anlagen der Pousada. Rahmenlose Kristallglasscheiben in den Granitbögen und zwischen den mit Weinlaub geschmückten Kapitellen unterstreichen den edlen Schwung dieses Kreuzganges mit seinen unbeschreiblich vielen Details handwerklich kunstvoller, meisterlich beherrschter Steinmetzkunst.

In der zum Kapitelsaal führenden Portalöffnung von Francisco de Arruda reift das Manuelinische zum Höhepunkt: über einer grazilen, gedrehten Mittelsäule auf schweren, würfeligen Mouraria-Kapitellen zwei maurisierende elegante Überhalbkreisbögen, die von einem sie übergreifendem ma-

nuelinischen Kielbogen mit edler Renaissanceornamentik überspannt werden, in der Bogenspitze ein Medaillon mit dem Bild einer umwallten Stadt, fünf auf Türmen flatternde Fahnen, womit das marokkanische Arzila gemeint ist, an dessen Eroberung 1471 Melo hervorragend mitbeteiligt war. Beachten Sie auch die eigenartig gelungene Auflösung der Bogenlinien im Zwickel über dem Mittelsäulchen. Den Kapitelsaal deckt ein manuelinisches Sterngewölbe mit tief hinabgezogenen Gewölbefängern und großen Schlußsteinen (Abb. 33).

Wenn möglich, verlegen Sie für ein paar Tage Ihren Aufenthalt in die Pousada dos Lóios, um dann vor Ort einmal ›wie im 16. Jh.‹ zu leben. Um den Palast herumgehend und ein Stück an der alten westgotischen Mauer entlang, kommt man zum rechts oberhalb stehenden Palast der Grafen von Basto, dem *Paço dos Condes de Basto* (6), dessen älteste Bauteile aus westgotischer Zeit (3. bis 5. Jh.) stammen, ein unübersehbares Bautenkonglomerat, sogar mit Teilen der römischen Mauer und ihres Sertorius-Turmes. Leonor de Tellez und ihr Geliebter Andeiro, den sie zum Grafen von Ourém machte, lebten hier, bis er 1383 vom Großmeister des Avizordens eigenhändig erschlagen wurde. Die Ritterorden von Aviz und São Bento und verschiedene Könige residierten zeitweilig in diesem Palast.

Wenig weiter die *Universität* (7). Ihre lange Frontpartie wie der gesamte Baukomplex ist klarste Renaissance aus der Mitte des 16. Jh., die Fassade mit Marmorpilastern und schwarz-bunten Einlagen, drei Viereckfenster und darüber ein barocker Giebel mit viel Allegorie: Figur mit Sonne und Szepter für königliche Macht, mit Muschel und

210

Krummstab für die geistliche Oberhoheit und darüber das Jesuitenemblem, der Saal dahinter mit Muldendecke, Azulejowänden, Marmorstreifen und Stuckbändern. Der gesamte Universitätskomplex ist etwa quadratisch bei einer Seitenlänge von hundert Metern und schließt den großen Hallenhof vor und drei kleine Höfe zwischen den Baukörpern ein.

Weil anfangs die Kollegiatskirche im Obergeschoß allein den Patres vorbehalten bleiben sollte, wurde ab 1567 eine neue an der Straße errichtet, die alte aber dann doch zur Universitätsaula umgebaut. Diese *Espírito Santo-Kirche* ist einschiffig, hat Tonnengewölbe mit niedrigen Kapellenreihen und Emporen für Gläubige und Sänger. In der letzten Kapelle links steht unter einem Bogen mit Palladio-Motiven (archaisierend) der schlichte Sarkophag von Kardinal-König Henriques, den er noch zu Lebzeiten hier hatte aufstellen lassen. Gegen seinen Willen zum Herrscher berufen, wurde er seinem Wunsche entgegen mit den anderen Königen aus dem Haus Aviz in Bélem beigesetzt, nur ein Splitter von seinem Fersenknochen befindet sich in einem Goldbehälter hier. Davor ein Kenotaph für Dom Duarte, den eigentlichen Thronfolger, der aber noch vor Henriques verstarb.

Die Ausstattung der Kirche wirkt trotz viel Talha und Marmor nicht aufdringlich, eher glanzvoll, die Kapellenabschlüsse gefallen in ihrer polychromen Marmorinkrustation, schönes Tonnengewölbe deckt die Sakristei und ist mit mittelmäßigen Bildern und italienisierenden Grotesken zwischen den Stuckrahmen der Kassetten mehr handwerklich denn kunstvoll geschmückt, während das Quertonnengewölbe der Vorhalle auf vier Säulen vornehm-feierlich wirkt.

Entlang der Rua Conde da Serra da Tourega kommt man zum *Largo das Portas de Moura* (8), für Évora ein geradezu typischer Platz an der Stelle alter Stadttore (Abb. 35). In der Mitte der eigenartige Renaissancebrunnen aus der Zeit um 1556, als Portugals Größe und Weltmachtstellung noch wenig geschmälert schien, marmornes Symbol für Macht und Stolz und gleichzeitig König Manuels Armillarsphäre. An der Platzseite die *Casa Cordovil* in der stets wiederkehrenden Spielart der grazilen Manuelinik von Évora, eine luftige Arkade: vier schlanke Säulen tragen über manuelinisch geschmückten Bogen eine leicht wirkende Spitzkuppel. Gegenüber eine Doppeltreppe in den Vorhof der *Kirche des Carmo-Klosters*. Ihr Hauptportal umspannt steinernes und von kräftigen bäurischen Stallstricken zusammengehaltenes Astwerk, aufreizend-arrogant zusammen mit der Bragança-Devise ›DEPUIS DE VÓS – NÓS‹ (nach Euch, gemeint ist der König, Wir).

Gegenüber vom Largo das Portas de Moura, in Richtung Kathedrale, liegt das Haus des Dichters Garcia de Resende, das *Soure-Haus* mit einem manuelinischen Prachtfenster aus verknoteten Steintauen in der Fassade. Resende (1470–1536) diente zwei Königen. Als Page, dann als Sekretär Joãos II. schrieb er die Biographie ›Vida e Feitos de Dom João II.‹, für König Manuel stellte er 1516 den ›Cancioneiro Geral‹ zusammen, nachdem er vorher mit der sogenannten Elefanten-Botschaft in Rom gewesen war. Es handelte sich um eine Glückwunschdelegation anläßlich der Ernennung Leos X. zum Pontifex, und diese war mit dem seinerzeit wohl spektakulärsten Geschenk verbunden, einem ausgewachsenen Elefanten, den Papst und Roms Bevölkerung maßlos bestaunten.

211

Paola Giovio hat davon ausführlich berichtet.

Die *Misericórdia-Kirche* aus dem 16. Jh. lohnt allein wegen ihres barocken Schnitzaltars, kaum wegen der durchschnittlichen Azulejobilder einen kurzen Besuch.

Bestimmt aber die *Igreja da Graça* (9), ein Renaissancebauwerk, begonnen 1529 im Auftrage König Joãos III., aber erst unter Kardinal Henriques um 1550 fertiggestellt. Arruda, Pires und Chanterène waren beteiligte Baumeister, von Torralva stammt der Kreuzgang (heute Militär). Die auffallend italienisierende, monumentale Kirchenfassade könnte an Michelangelo erinnern, nur der viel zu hohe Glockenturm daneben zerreißt die klassische Harmonie. Über der dorischen Säulenvorhalle zwischen mehr kräftigen denn verspielten Rosetten eine vom Giebel gekrönte, perspektivisch aber verkürzte Säulenmitte um ein Rechteckfenster unter einem Muschelbogen, massige Giebelkästen und auf den Eckpilastern muskulöse Atlanten mit viel zu schweren Weltenkugeln. Der Innenraum zeigt schlichte Renaissance mit moderner Muldendecke. Im Chor befinden sich drei Renaissancefenster mit perspektivisch verkürzter Kassettendecke.

Nur um die Ecke steht die *Igreja Real de São Francisco* (10). Um bei Besuchen nicht immer bei den Franziskanern wohnen zu müssen, verfügte König Duarte 1460 einen Palastbau neben dem Ordenskonvent, und zwanzig Jahre später begann man unter João II. an der Stelle der Klosterkapelle auch mit dem Bau der gotischen Kirche, die dann König Manuel mit den Hauptteilen Vorhalle, Schiff und Turm beenden ließ. Südlän-

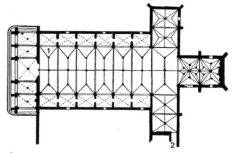

*Évora: São Francisco*
*1 Grab des Gil Vicente   2 Zur Knochenkapelle*

disch kahl und fensterlos (wenn man von den Ecken absieht) sind die ohne Strebepfeiler hochgezogenen Außenmauern mit flach ansteigendem Giebel und torsierten Türmchen. Alleiniger Schmuck bleibt der manuelinische Zinnenkranz. Das Kreuzgewölbe der Vorhalle stützen fünf Bogen, vier davon anmutig mudéjar auf abgekragten Säulen, der Doppelbogen des Portals dagegen auf in ihrer Drehbewegung sonderbar gebrochenen Säulen. Zwar ist der Bogen niedrig, läßt aber genügend Platz für Wappen, den Pelikan Joãos II. und Manuels Sphärenkugel.

Der Innenraum, graubraun im Quader und weißgefugt wie in der Kathedrale, wird optisch ungemein geweitet durch den Versatz der Schiffspfeiler in die Wände und um zusätzlich je sechs Seitenkapellen, er läßt den Blick ungewöhnlich frei zum fast schmucklosen Wandschirm über dem Arco triunfal. Allein die Embleme vom Portalbogen finden hier eine Wiederholung. Die Königsloge im Chor wurde erst zur Renaissancezeit eingebaut und meisterlich im Mudéjar von Évora dekoriert. Obgleich nur das westliche Fenster über der Arkadenvorhalle, zwei sehr kleine Chorfenster und ein paar Schlitze im Querhaus den Innenraum belichten, schafft seine Weite genügend Helligkeit. Gleich am Beginn des Langschiffes links ruht unter einer Grabplatte der 1536 verstorbene Goldschmiedemeister und Dramatiker *Gil Vicente*. Aus dem rechten Querschiffarm, in dem man einen liegenden Christus sieht, kommt man durch eine anschließende Kapelle (hier Senhor dos passos im lila Rock) zur *Casa dos Ossos*, der Knochenkapelle (17. Jh.). Inschrift: »Nós ossos que aqui estamos – Pelos vossos esperamos« (Wir, die hier versammelten Gebeine, warten auf die euren).

Alle anderen Klosterbauten und auch der Palast sind fast ganz verschwunden, erhalten ist im heutigen Stadtpark (Jardim Público) die *Galeria das Damas* (11; Abb. 37), Reste vom Palast der Aviz-Könige, die, außer der Freitreppe, der Arkade und dem Turm aus der Zeit König Afonsos (1448–81), ins Zeitalter König Manuels I. gehören. Hier empfing der König *Vasco da Gama* und verabredete mit ihm die Einzelheiten der Indien-Expedition, vielleicht in der saalartigen Halle mit Kreuzgewölben auf eleganten Achteckpfeilern oder im Saale darüber, wenn nicht auf der schmalen Veranda an der Schmalseite, wo gezackten maurischen Überhalbkreisbögen drei Gewölbe aufliegen, alle aus gebrannten Backsteinen in konkaven Schwüngen meisterlich gemauert. Heute dient dieses Gebäude Ausstellungszwecken. Gerade in Évora muß man betonen, daß vermutlich alles Bautechnische und Bauhandwerkliche in den Händen von Mouriscos lag, Nachkommen der Mauren, die den größten Teil der Bevölkerung jener Zeit ausmachten. – Die Wallanlagen südlich des Jardim Público sind erst im 17. Jh. im Stil Vaubans errichtet worden.

In Richtung zum Bahnhof steht Évoras eigenartigster Bau, die *Ermida de São Brás* (12), eine lange, schmale Kirche mit Vorhalle, die man 1485 nach einer überstandenen Pest als Danksagung an den Hl. Blasius erbaut hat (Abb. 34). Auftraggeber waren König João II. und Bischof Garcia de Menezes. Zwar ist sie gotisch, aber mit einem typischen Alentejo-Akzent in einer spätgotisch-maurischen Bauweise so aufgeführt, daß dem Stein nur noch einzelne Details zugestanden werden. Erkennbar ist ein Sgraffitofries unter dem geputzten Hauptgesims zwischen und um die schweren Rundpfeiler mit konischen Spitzen. Außer der Vorhalle hat sie im Langhaus gotische Tonnengewölbe und eine Art Chor mit einer Gewölbekuppel. Die maurischen Azulejos stammen aus dem Ende des 16. Jh.

Zwar hat man jetzt Évoras Hauptsehenswürdigkeiten erlebt, die eigentliche Atmosphäre aber kann nur zielloses Spazieren in Straßen und Gassen vermitteln, wo verspielte Voluten an kunstgeschmiedeten Gittern Herz und Auge entzücken. Und geben Sie acht: es gibt ergötzliche Straßenschilder wie Rua dos Odreiros (Straße der Schlauchhändler), Rua Cozinha de Sua Alteza (Straße der Küche seiner Hoheit) oder Rua das Amas do Cardenal (Straße der Ammen des Kardinals), womit Henriques gemeint ist, der im Greisenalter von Ammen ernährt werden mußte.

Andere Sehenswürdigkeiten in Stichworten: *Igreja das Mercês* (13), aus dem Jahre 1669, heute Museum für dekorative Kunst, viel barocke Talha-Schnitzereien, Azulejos, sakrale Kleinkunst; *Igreja de Santa Clara* (14), Klosterkirche mit viel barocker Talha-

Schnitzkunst, interessante farbige Azulejos als Bodenfliesen, Renaissancekreuzgang; *Calvário-Kloster* (15), kleine einschiffige Renaissancekirche, Kreuzgang; Baumeister Afonso Álvares, Bauherrin die Infantin Dona Maria de Portugal (um 1570); *Aquädukt* (16), führt aus 17 km Entfernung klares Quellwasser in die Stadt. Bei der Porta Nova ein kleiner Teich und der quadratische *Torre do Salvador* vom gleichnamigen Frauenkloster. Hier soll das Hauptquartier des Sertorius gelegen haben, was zum Namen Aquädukt von Sertório geführt hat. Die Wasserleitung basiert auf den Fundamenten der Römer und wurde ab 1531 im Auftrage von König João III. durch Arruda errichtet. Beachtenswert die vielen Türmchen auf den Pfeilern, welche die Monotonie der Bogenreihen reizend unterbrechen, mal rund gekuppelt oder in Pyramidenform gedeckt, vier- oder achteckig im Riß und aus Backsteinen mit Putz hergestellt; unter den Bögen sind z. T. Wohnungen eingerichtet. *São Bento de Castris*, an der Straße nach Arraiolos (2 km), am Fuße des 364 m hohen Bento-Berges, 1274 als Frauenkloster gegründet; Kirche im manuelinischen Stil und mit schönen Kreuzgewölben, Vorhalle ähnlich der von São Francisco, in der Sakristei Netzgewölbe aus schweren, eckigen Rippen, Azulejobilder aus dem 18. Jh. zu Themen aus dem Leben des Hl. Bernhard, schöner doppelstöckiger Kreuzgang (16. Jh.); *Kloster Espinheiro*, an der Straße nach Montemoro-Novo (5 km), ›Kloster vom Dornbusch‹, düsterer Eindruck, die Kirche wurde 1566 erbaut, später durch João III. erweitert mit weißem Marmorportal, im Klostergarten steht ein Renaissancebrunnen, kleiner Kreuzgang (15. Jh.). Während der spanischen Herrschaft lebte Maria von Österreich hier.

Östlich von Évora liegt *Monsaraz* (zu erreichen über Reguengos de Monsaraz), ein sehr hübscher Ort mit herrlichem Rundblick. Der mittelalterliche Ort besitzt eine Burg aus der Araberzeit; nach der Vertreibung der Araber 1167 war der Ort noch lange Ordensstadt. Hübsche enge Gassen mit den typischen Alentejohäusern und ihren Schornsteinen, zwei Stadttore und eine Pfarrkirche aus dem 14. Jh. kann man entdecken.

Etwa 12 km südwestlich von Évora liegt die *Quinta Valverde,* ein ehemaliges Landgut der Kapuzinermönche, heute Landwirtschaftsschule, mit Rundkirche (16. Jh.), zweistöckigem Kreuzgang und Gartenplastiken. Noch 20 km weiter gelangt man nach *Alcaçovas* mit einem schönen Palast der Grafen von Alcaçovas (15. Jh.) und einer Pfarrkirche (15. Jh.) 18 km südöstlich von Alcaçovas liegt das Städtchen *Viana do Alentejo* mit einer Burg aus dem 16. Jh. und einer azulejogeschmückten Pfarrkirche mit manuelinischem Portal; wieder 10 km weiter der maurisch-spanische Herrensitz *Agua de Peixas* aus dem 16. Jh.

Besuchenswert ist auch das Städtchen *Alvito* mit einer Pfarrkirche aus dem 17. Jh. (schöne Azulejos) und einem Schloß des Marquis de Alvito aus dem 15. Jh. Wir folgen der Straße N 18 nach Norden durch die abwechslungsreiche Alentejo-Landschaft, Portugals Kornkammer, vorbei an kleinen Hausgruppen und weiten Feldern behäbiger Quintas, deren Wohn- und Wirtschaftsgebäude meist fern der Straße, grellweiß gekalkt, auf kleinen Anhöhen stehen.

ÉVORAMONTE fordert einen Besuch (Farbt. 16). Aus dem Straßendorf steigt zur *Burg,* 450 m, eine Fahrstraße auf. Die restaurierte Festung stammt aus der Zeit um 1300, die Stadtmauern, aus dem 14. bis 16. Jh., umschließen eines der typischsten portugiesischen Burgdörfer, so daß Évoramonte noch den Charme eines mittelalterlichen Städtchens bewahren konnte. Vom Burgturm aus ein Spielzeugbild aus Mauern, weißen Hausfronten mit roten Geranien an der Straße aus grobem Steinkopf-Pflaster, eine Idylle. In der *Casa da Convenção* wurde 1834 die Konvention unterzeichnet, die mit dem Kehraus der absolutistischen Herrschaft König Miguels zugleich auch den Bürgerkrieg beendete.

An Estremoz (s. S. 225) vorbei schlängelt sich bis über 400 m hoch über die Serra da Caixeiro die Straße nach Sousel, dann nach Fronteira. Von dort lohnt sich ein Abstecher nach *Avis,* wo in der Schloßkirche aus dem 17. Jh. mehrere Ordensmeister des Aviz-Ordens begraben sind. 1162 hatte König Afonso Henriques diesen Ritterorden gestiftet, aus dem später ein Ordensmeister als João I. Portugals zweite Königsdynastie gründete. 400 Jahre kämpften unter der Fahne mit dem grünen Lilienkreuz seine Ordensritter für Portugal, und die Dynastie Aviz führte von 1385 bis 1580 das Land an die Grenzen der Welt zum Gipfel aller Macht und Wohlhabenheit – und in den Untergang bei Alcazar-Kebir. Von der ehemaligen Ritterburg –1214 angelegt – sind ein Tor sowie drei Türme erhalten (18. Jh.). Dann folgt *Alter do Chão,* ein schönes Landstädtchen mit Burgruine (1359), Renaissancebrunnen und Schloß der Familie Vasconcelos. Hier liegt auch das berühmte und größte portugiesische Gestüt mit weitläufigen Anlagen für die Zucht von Reitpferden. Es wurde 1748 gegründet.

In CRATO stand einst die Priorei des Malteserordens, wo König Manuel I. im Jahre 1518 die Schwester Karls V., Leonor, seine dritte Frau, geehelicht hatte und der im letzten Viertel des 16. Jh. Prior Dom Antonio vorstand. Er war ein unehelicher Sohn des zweiten Sohnes von König Manuel, Dom Luis, Herzog von Beja, und gehörte nach dem Tode von Kardinal-König Henriques 1580 in den Kreis der Thronprätendenten, wurde zum König ausgerufen, von den Cortes aber nicht anerkannt. Ohne Landheer scheiterte er, mußte vor Herzog Albas Truppen nach Frankreich fliehen und starb dort. Auch seinetwegen zerstörten 1662, vor der Schlacht bei Ameixial, spanische Truppen die Priorei und vergalten Cratos verbissenen Widerstand. Dies war vor dem Verlust der portugiesischen Unabhängigkeit und der Serie von Niederlagen, die am 13. Februar 1668 schließlich zum Frieden nach 27 blutigen Kriegsjahren führten.

FLOR DA ROSA liegt nur einen Kilometer weiter. Innerhalb einer Umfriedung die *Klosterfestung* des Alvaro Gonçalves Pereira, des Vaters des Siegers von Aljubarrota aus dem Jahre 1356. Gewichtigen Monumenten ähneln die Gebäude des Malteserordens und vor allem der massige, einem Monolithen gleiche Steinklotz der *Klosterkirche.*

Auf dem Riß eines lateinischen Kreuzes steigen die Mauern auf, kahl und nackt wie Felsen und ohne jede schmückende oder gliedernde Unterbrechung bis zur Auflage der Gurtbögen, mehr Festung als Gotteshaus außen wie innen (Abb. 39), wo die Mauerquadern geradezu bestürzend steil aufstreben, keine Simsbänder, kein Lauf-

## PORTALEGRE BIS CASTELO DE VIDE

gang, ein Cañon-Raum mit gespitztem Ton-nengewölbe, mönchisch-wehrhafte Archi-tektur, die nur das Wesentliche gelten läßt und somit innere Bewegtheit erreicht.

Im *Kapitelsaal* stützt sich die Gewölbe-decke auf Spiralsäulen und im Kreuzgang stehen die stumpfen Bögen auf einfachen Marmorsäulen.

Östlich von Crato erreicht man über die N 119 PORTALEGRE am Hang der Serra de São Mamede, eine vornehm wirkende Stadt mit Patrizierhäusern und kleinen Palästen aus dem 17./18. Jh.

Die alte Bischofsstadt war im 16. Jh. durch Wollweberei und Gobelinmanufaktur zu Wohlstand gekommen, den sie im 17. Jh. durch die Seidenweberei zu mehren wußte. Die schönsten Paläste und Patrizierhäuser findet man in den Straßen do 19 de Junho, Luis de Camões und de Comércio.

In der Westecke der von mittelalterlichen Stadtmauern umgebenen Altstadt liegt die *Kathedrale* (16. Jh.) mit einer Fassade aus dem 18. Jh. In dem dreischiffigen Raum er-drückend viele Gemälde zur Heilsgeschich-te und Azulejos, nüchtern der Kreuzgang mit Kalvarienkapelle.

Glanzstück der Stadt ist in der *Kirche São Bernardo* des einstigen Klosters der Zister-zienserinnen (jetzt Kaserne, Besichtigung auf Anfrage), im 16. Jh. gegründet und spä-ter barock umgestaltet, das von Chanterène gemeißelte *Renaissancegrabmal* des Stifters, Bischof Jorge de Melo, ein klassischer Drei-

eckaufbau aus Pilastern und Pfeilern um den Halbbogen in der Mitte, vor dem die Statue des Bischofs lebensgroß und in vollem Or-nat liegt. Die anderen Skulpturen hat Chan-terène mit ausdrucksstarker Mimik und Ge-stik so lebensvoll geschaffen, als wären sie beseelt noch unter uns.

Gleiches gilt von einer Pietà aus dem 15. Jh. im *Museum*, das der Kathedrale ge-genüber liegt; hier gibt es auch eine reiche Sammlung von Keramiken aus Portugal, Spanien, Italien und Holland.

Nahebei das *Rathaus* (18. Jh.); südöstlich davon, in der Rua Santa Clara, steht das *Kla-rissinnenkloster* aus dem 14. Jh. mit interes-santem Kreuzgang.

In der Rua Gomes Fernandes ist in dem ehemaligen Jesuitenkloster aus dem 17. Jh. eine *Teppichmanufaktur* untergebracht, die man während der Arbeitszeit besichtigen kann.

Vom *Kastell* (1290) großartiger Fernblick in die Berge. Dorthin empfehlen wir eine Fahrt zum 1025 m hohen Gipfel der *Serra de São Mamede* (14 km), ausgeschildert, zum ›Adlerhorst‹ *Marvao* und nach *Castelo de Vide.*

MARVÃO liegt 862 m hoch. Unter den Rö-mern wurde das Städtchen Herminio Minor genannt, ab 770 war es in arabischer Hand, bis es 1160 von Afonso Henriques erobert wurde. Aufgrund der strategischen Lage wurde es bereits im 13. Jh. von König Diniz

befestigt und spielte während der Grenz-kriege gegen Spanien sowie im Bürgerkrieg 1833 als Stützpunkt der Liberalen eine wich-tige Rolle.

Marvão hat sein mittelalterliches Stadt-bild erhalten und ist noch vollständig von

216

seiner *Befestigungsmauer* umgeben. Viele der engen, gewundenen Gassen sind von Schwibbögen überspannt; an einigen Häusern befinden sich Schmiedeeisengitter aus dem 17. Jh.

Von dem *Kastell* aus hat man einen großartigen Blick. Auch der kleinen Pousada sollte man einen Besuch abstatten.

Vor der Stadt liegt das ehemalige Kloster *Nossa Senhora da Estrêla* (15. Jh., jetzt Krankenhaus), dessen Kirche ein schönes gotisches Portal besitzt.

Folgt man der N 246 wenige Kilometer in Richtung Alpalhão, kommt man nach Castelo de Vide, einem gleichfalls reizvollen Städtchen, das 628 m hoch liegt.

CASTELO DE VIDE ist seit der Römerzeit besiedelt; die Römer hatten hier einen Stützpunkt auf ihrer Militärstraße von Cáceres nach Portalegre. Sehr malerisches Städtchen, das in Stufen und Terrassen um seinen Burgberg mit hübschen Gäßchen und weißgekalkten, blumengeschmückten Häusern aufsteigt. Da das mittelalterliche Stadtbild noch erhalten ist, kann man überall stimmungsvolle Plätze und Winkel entdecken.

Zentrum ist die *Praça de Dom Pedro V,* die von barocken Palais, Kirchen und dem Rathaus eingerahmt wird, in der Mitte Standbild Dom Pedros V. Beherrschend ist die *Barockkirche Santa Maria* mit einem gedrungenen, pyramidenförmigen Vierungs-

turm. Von der Praça aus geht es durch hübsche Gassen zum *Castelo de São Roque* (14. Jh.), seit kurzem renoviert. Von hier hat man einen phantastischen Blick. Ein paar Meter weiter oberhalb steht die vollständig mit Azulejos aus dem 17. Jh. ausgekleidete *Nossa Senhora da Alegria.*

Unterhalb des Kastells befindet sich die Judiaria, das ehemalige Judenviertel, mit besonders schönen Gäßchen. In der Rua da Juderia kann man noch die ehemalige *Synagoge* besuchen (in Portugal gibt es nur drei alte Synagogen: Tomar, Guarda und Castelo de Vide – die beiden letzteren haben als Grenzstädte die aus Spanien fliehenden Juden aufgenommen, da in Portugal erst ein Jahrhundert später die Inquisition eingesetzt hat).

Unterhalb des Judenviertels, in der Mitte eines hübschen Platzes steht der überdachte *Renaissancebrunnen Fonte de Vila.* Im Nordwesten der Praça de Dom Pedro V befindet sich die *São Tiago-Kirche* mit Kacheln aus dem 18. Jh.; über dem Portal ist noch die Jakobsmuschel zu sehen.

Nordöstlich des Stadtbereiches liegt die sehenswerte gotische *Capela do Senhor Salvador do Mundo* (13. Jh.) mit barocken Azulejos.

4 km südlich erhebt sich der Monte da Peula, 700 m über dem Meeresspiegel. Von der auf dem Berg gelegenen Kapelle hat man eine schöne Sicht auf die Stadt.

Würde man über *Tolosa* bis *Gavião,* Straße N 118, westwärts weiterfahren, könnte man dort *Castel Belver* am Tejo-Ufer besuchen, eine bereits 1194 von König Sancho überaus kühn und geschützt angelegte Burg, die vom Orden der Johanniter, auch Ritterorden der Hospitalarios genannt, 1210 zu ihrem Ordenssitz erkoren wurde, nachdem man Leça do Balio bei Porto aufgegeben hatte. Nuno Alvares Pereira, der Sieger von Aljubarrota, verstärkte ihn, der freistehende Bergfried bekam vier Meter dicke Mauern, nur über Zugleitern konnte

## CASTELO BRANCO BIS MONSANTO

man ursprünglich dort letzte Zuflucht finden; heute gibt es eine Treppe. Die Wasserversorgung bei längerer Belagerung war durch eine unter dem Turmsaal direkt in den Fels getriebene Zisterne gesichert; gebetet wurde in der Kapelle des Hl. Blasius, der im Alentejo noch immer der Schutzpatron der Haustiere ist, deshalb setzt er auf dem Altarbild seinen Fuß auf den Kopf eines Schweines.

Nun über *Nisa* nach RODÃO, wo zwischen schroffen Bergen der Tejo an den Portas de Rodão nach Portugal einfließt, ein grandioses Landschaftsbild.

### CASTELO BRANCO

Die Hauptstadt von Beira Baixa ist ein freundlicher, von Olivenhainen umgebener Ort, der einst um ein ›weißes Kastell‹ (daher der Stadtname) entstand, womit beides, ein Festungswerk von König Diniz wie das Kastell der Tempelritter, gemeint ist. Nur von letzterem gibt es bei der Kirche Santa Maria do Castelo noch Mauerreste. Die Sehenswürdigkeit ist allein der *Jardim Episcopal* im Norden der Stadt (Abb. 38), Portugals schönste barocke Gartenanlage aus dem 18. Jh. mit all den Attributen barocker, gärtnerischer Gestaltungskunst – Blumenbeete zwischen Buchsbaumhecken, Wege, Teiche und Springbrunnen. Das einmalige Kuriosum ist der Statuenschmuck, Figuren auf Podesten oder an aufeinander zustrebenden Treppen: Heilige, Engel und lustige Putten, die zwölf Apostel, Kirchenväter, Evangelisten, Tugenden, Tierkreiszeichen, Elemente und vor allem Portugals Könige, ausnahmslos alle mit (oft nicht historisch korrekten) Namensschildern an den Figurensockeln, auch die drei spanischen Filipes, pikanterweise abseits der Portugiesenherrscher und bewußt zwergenhaft klein modelliert, alle in theatralischer Gestik: Ironie, Hintergründigkeit und Anzüglichkeiten, was von den Zeitgenossen auch so verstanden werden sollte. Direkt neben dem Garten befindet sich in dem ursprünglich gotischen, 1728 barock umgestalteten Bischofspalast heute ein Museum, in dem neben prähistorischen und römischen Funden aus der Umgebung eine Colchassammlung aus dem 17./18. Jh. hervorgehoben werden soll. Bei diesen Colchas handelt es sich um bunt bestickte Webdecken, die im allgemeinen als Bettüberwurf dienen. Außerdem befindet sich hier eine kleine Gemäldesammlung portugiesischer und italienischer Meister aus dem 16.–18. Jh.

Verlassen Sie den Distrikt Castelo Branco nicht, ohne MONSANTO besucht zu haben (Farbt. 17). 1940 ging der Ort aus einem Wettbewerb als das ›portugiesischste Dorf‹ hervor. Das mag übertrieben sein, jedoch hat Monsanto ausgesprochene Eigenart; ›typisch‹ portugiesisch allerdings erscheint uns eher Évoramonte (Farbt. 16). Dennoch, schon auf dem Wege nach Monsanto – wir schlagen eine interessante Rundfahrt vor – fährt man durch ein Meseta-Bergland, in dem weit verstreut arme Dörfer liegen, mit Häusern aus Natursteinblöcken und Ziegeln, mehr noch aus Tonlehm mit Strohhäcksel, ohne Schornstein. Die Menschen hier scheinen mehr als anderswo in Portugal in sich gekehrt, fast traurig. So gehen sie ihrem Tagewerk auf felsigem Boden in der ärmsten Gegend des Landes nach.

Nehmen Sie von Castelo Branco die Straße N 233 in Richtung *Penamacor*, folgen Sie ihr bis kurz hinter *São Miguel de Acha* und dann weiter der Ausschilderung ›Monsanto‹ nach, das man schon viele Kilometer vor dem Ortanfang hoch am Berge liegen sieht. MONSANTO ist ein Bergnest, es krallt sich buchstäblich an und in den Fels, der den 750 m hohen Burgberg bildet. Sicher waren es vor den Römern Keltiberer, die hier oben in einer Citania, abgesichert gegen Feinde, siedelten; dann muß diese überaus günstige Lage jeden römischen Feldhauptmann zum Bau eines sicheren Kastells angeregt haben. Mit Recht, denn nach den Römern setzten die Lusitaner sich hier fest, römische Legionäre belagerten jetzt trotz aller Ortskenntnisse den Platz vergebens, und auch später konnten weder Mauren noch Kastilier oder Franzosen ihn je einnehmen. Bis vor das heutige Bürgermeisteramt kann man sogar hinauffahren. Dann gibt es nur noch Fußwege durch die stets aufsteigenden, mit glatten Granitrundköpfen gepflasterten Gassen zwischen jahrhundertealten Häusern aus Granit. So macht der Ort überall einen melancholischen, wenn nicht düsteren Eindruck, den auch die roten Geranien vor den Fenstern oder bunte Wäschestücke auf den Leinen kaum mindern können. Am besten, man steigt hoch hinauf zur *Burg* aus dem 13. Jh., ebenfalls von König Diniz errichtet, zu den Mauern, Türmen und den Ruinen einer *Burgkirche*. Von dort schaut man in die Beira Baixa-Landschaft und wie aus einem Adlerhorst auf die Dächer, Gassen und Höfe von Monsanto, wo, besonders im Oberdorf, die Mehrzahl der Wohnungen eng zwischen gewachsenen Fels oder gar in ihn hineingebaut ist. Selbst hier gibt es manuelinische Schmuckfassaden, Tür- oder Fensterrahmungen, die, so einfach im Dekor sie sind, etwas wie Festlichkeit ins Ortsbild zu zaubern vermögen. Wer Glück hat: am 3. Mai ziehen die Bewohner ihre alten, schwarz-traurigen Trachten an, feiern das Fest der Marafonas, tragen diese mit Blumen und grünen Ähren gefüllten Tontöpfe hinauf zur Festung und werfen sie über die Mauern hinab in die Tiefe – Erinnerung an eine der vielen Belagerungen, als man in größter Not dem Feind zur Täuschung den letzten Mastochsen von der Mauerkrone hinab vor die Füße warf, um ihn glauben zu machen, man habe noch genügend Nahrungsmittel.

Auf neuer Straße nun über *Penha Garcia* zu den TERMAS DE MONFORTINHO, Portugals ältestem Thermalbad mit Wassern zur Heilung von Leberschäden, Cystitis, Frauen- und Hautkrankheiten.

Nun folgt in wenigen Kilometern Entfernung die Straße der nahen Grenze bis zum Zoll- und Grenzposten in SEGURA → nach Spanien (Alcántara) 19 km.

Wer hier Portugal nicht verläßt, beendet die Rundfahrt dann über *Zebreira*, *Ladoeiro* und *Escalas de Baixo* wieder in *Castelo Branco*.

# 6 Nach Norden – Route D

| | |
|---|---|
| a Portimão – Monchique – Odemira | Sines – Alcácer do Sal – Setúbal – Lissabon (etwa 280 km) |
| b Sagres – Aljezur – Odemira | Siehe die Karte in der Umschlagklappe |

a   Von Portimão (S. 168) auf der Straße N 266 nach Monchique (S. 169) und dann unserem auf S. 170 skizzierten Vorschlag nach Odemira folgen – oder
von Lagos (S. 170) auf der Straße N 120 über Bensafrim zur Westküstenstraße bei Alfambra.

219

# SINES BIS ALCÁCER DO SAL

b   Von Sagres (S. 168) auf der Straße N 268 nach Vila do Bispo (nicht versäumen, zur *Torre de Aspa* zu wandern oder zu fahren). Nun folgt nach Norden die Straße im Abstand von vier bis sechs Kilometern der Küstenlinie, steigt und fällt mit dem Bodenprofil über die Randberge der Serra do Espinhaço de Cão (rechts), gibt linkerhand hin und wieder Ausblicke zum Meer hin frei, zu dessen abgelegenen, bezaubernden kleinen Badebuchten, Sand zwischen Felsen, bezeichnete Stichwege führen (Castelejo, Bordeira, Canal, Arrifana, Monte Clerigo). Man erreicht über Carrapateira, Bordeira, Alfambra – jetzt Straße N 120 – schließlich *Aljezur*, das von einer Burgruine aus der Maurenzeit überragt wird. Rechterhand schließen in der Ferne die Höhen der Serra de Monchique den Horizont, beiderseits der Straße herrscht kleinflächiger Trockenfeldbau vor. Verschiedene Arten von Eukalyptusbäumen, mediterrane Gebüschvegetation mit Lavendel, Rosmarin und Thymian bestimmen das abwechslungsreiche Landschaftsbild bis *Odemira* am Rio Mira, der nun in breitem Mündungsschlauch bis *Vila Nova de Milfontes* fließt und dort in den Ozean mündet (Fischerort mit Naturhafen, Grotten und Standquartier für Unterwassersportler, kleines Museum mit Funden aus der Römerzeit). Für die Weiterfahrt empfehlen wir diesen Weg, weil man unterwegs vielleicht das felsige *Cabo Sardão* (11 km) besuchen kann. Bei *Cercal*, am Fuße der gleichnamigen, nur um 330 m hohen Serra, endet etwa der besonders reizvolle Landschaftsabschnitt, es wird flacher, rechterhand dehnen sich die seichten Niederungen der Ribeira de Campilhas und sammeln sich in einer Senke zur Barragem de Campilhas. Über *Tanganheira*, die Strandabschnitte südlich von Sines mit den Badeplätzen Porto Cova, Samouqueira, Oliveirinha, Morgavel und São Torpes auf der einen, das kleine Stauwerk Barragem de Morgavel auf der anderen Straßenseite, gelangt man direkt zum Cabo de Sines.

## SINES

Der noch vor wenigen Jahren als ›Fischerort in den Dünen‹ gepriesene Hafenplatz ist auf dem Wege, neben Porto und Lissabon Portugals bedeutendste Hafen- und Industriestadt zu werden. Für mehr als 100 000 Einwohner geplant, sind infrastrukturelle Maßnahmen durchgeführt, Siedlungen, Straßen und Anlagen fertig oder im Bau, ein neuer Ölhafen für selbst 500 000 Tonnen-Supertanker angelegt und verbunden mit Ölraffinerien und petrochemischen Anlagen, einem Stahlwerk und vielen mittelständischen Industrieansiedlungen. Zum Schutz des Hafens wurde 55 m tief, 2,4 km lang mit Baukosten von mehr als 300 Millionen Mark der größte Wellenschutzwall der Welt gebaut. Im Februar 1978 beschädigte ein Orkan die Anlage. Mit Hilfe der Testergebnisse des weltgrößten Wellenkanals (1200 PS Hydraulik erzeugen bis 4 m hohe Brandungswellen) an der Technischen Universität Hannover wurden die Schäden behoben.

Allein der alte Ortskern auf den um 35 m hohen Felsklippen über dem alten Fischerhafen am Sandstrand lohnt einen Besuch. Dort steht die Fischerkapelle *Nossa Senhora* *das Salvas* von 1335. Vasco da Gama, 1469 in Sines geboren, ließ sie als Dank für seine erfolgreiche Indienfahrt restaurieren. Das Portal ist beste Manuelinik, innen ebenso die Gewölbefänger mit Steintaudekor und manuelinischen Schlußsteinen im vielgliedrigen Sterngewölbe (Abb. 31).

Von der Terasse vor der Kapelle, ebenso von der *Burgruine* aus dem 13. Jh. oder von dem 56 m hohen Felsen am Cabo de Sines aus geht der Blick über den alten und neuen Hafen zum Strand, bei klarem Wetter kann man sogar bis zum Cabo de São Vicente se-

hen. Nur an Mariä Himmelfahrt (15. August) wird die Fischerkapelle zum Meßopfer geöffnet. Den Platz von *Vasco da Gamas Geburtshaus* bezeichnet eine Gedenktafel.

In der *Pfarrkirche* wurde der Märtyrer São Torpes beigesetzt. Der Legende nach soll sein Leichnam i. J. 45 auf einem Bootswrack von Pisa aus hierher getrieben sein.

Anstatt auf der neuen Autobahn über Santo André weiterzufahren, sollte man den reizvolleren Weg über *Santiago do Cacém* am Südhang der anmutigen Serra de Grándola nehmen. Den Burghügel krönt ein altes *Tempelritterkastell* mit mehreren Türmen. Ein Spaziergang auf dem Passeio dos Rameirinhas außen um die Mauern lohnt wegen der herrlichen Aussicht. Unterhalb die alte *Pfarrkirche* aus dem 13. Jh. mit schönem romanisch-gotischen Portal, innen beachtenswert ein Hochrelief aus dem 14. Jh., der Ortsheros São Tiago (Jakobus) im Kampfe gegen die Mauren, bei dem er fiel.

Nur für Interessierte: 2 km ostwärts kümmerliche römische Ruinen von *Miróbriga*. (Reste eines Äskulap- und Venustempels sind noch zu erkennen.)

In vielen Kehren folgt die Straße der *Serra de Grándola*, passiert Grándola und strebt über eine Hochebene mit flachwelligen Dünen und durch Korkeichenwälder nach Norden.

Alcácer do Sal am Rio Sado, römische Siedlung Salacia, also ›Salzburg‹, weil hier seit alters her in flachen Pfannen Salz gewonnen wurde. Die Mauren besetzten es, aber bereits 970 stürmten, vergebens zwar, Normannenkrieger an, und 1158 nahm König Afonso Henriques den Platz vorübergehend ein. Erst Afonso II. gelang 1217 die endgültige Rückeroberung für das christliche Portugal. Damals trat Abu Abdullah, der maurische Festungskommandant, spontan zum Christentum über. Im Mittelalter gewährten die portugiesischen Könige der Stadt zum ertragreichen Salzmonopol auch noch das Stapelrecht für alles Getreide aus dem Alentejo, Grundlage für einen stürmischen wirtschaftlichen Aufschwung. Als Lissabon später den Getreidehandel an sich reißen konnte, gelang Alcácer do Sal leicht ein wirtschaftlicher Ausgleich durch den umfangreichen Reisanbau, der seitdem in den heiß-sumpfigen Sado-Niederungen emsig betrieben wird.

Noch immer prägt das *Kastell* Alcácers Stadtbild, und neben der Aussicht über Reisfelder, zu Salzgärten, vielen Storchennestern und in die Sado-Mündungsbucht ist oben das Kirchlein *Santa Maria do Castelo* im romanischen Stile aus dem 12./13. Jh. wegen eines feingemeißelten Renaissance-

portals seiner Sacramento-Kapelle besuchenswert.

Gleich unterhalb steht die alte Kirche São Tiago. König João V. ließ sie bis hoch hinauf unter die Decke mit Azulejobildern, die die Geschichte der Stadt illustrieren, schmücken.

221

Ein kleines, sehr ortsspezifisches *Museum* mit neolithischen, römischen und maurischen Stücken ist in der einstigen Espirito Santo-Kirche eingerichtet (nur für wirklich Interessierte), aber etwa einen Kilometer weiter vor der Stadt steht die gotische Kirche *Senhor dos Mártires,* in der vor allem ein schöner kleiner Kapellenanbau aus dem Jahre 1333 bemerkenswert ist. Diogo de Pereira wurde hier 1427 in einem Prunksarkophag beigesetzt, Ordensmeister der São Tiago-Ritter, die unter Afonso II. während der Rückeroberung den entscheidenden Beitrag geleistet hatten. Im ehemaligen Kloster Santo António aus dem 16. Jh. ist die prunkvolle Kapelle der 11 000 Jungfrauen zu sehen.

Umgebung: Nach *Comporta,* über Montalvo (26 km), im Gebiet der Mündungsbucht des Sado, ein der französischen Camargue ähnelndes, noch immer einsam gelegenes Naturschutzgebiet mit seltenen Wasservögeln und oft nur hier noch anzutreffenden Tier- und Pflanzenarten. Weiterfahrt neuerlich auf der Nehrung nach *Outão* und zu dem bei einem Seebeben untergegangenen römischen Hafenplatz *Cetobriga* (S. 153).

Dann zieht sich die Straße durch weite Kiefernforste und Korkeichenbestände in einer flachen Dünenlandschaft. Um kleine Dörfer oder Gehöfte gruppieren sich frischgrün Reisfelder oder Weingärten, man durchfährt Palma und Marateca und erreicht kurz darauf SETÚBAL (S. 150), von wo die neue Autobahn direkt nach Lissabon führt, auf der großen Tejobrücke den Fluß kreuzt und, nun schon im Weichbild der Hauptstadt, den Anschluß an eine der Stadt-Avenidas findet.

# 7 Von Lissabon nach Osten ins Alto Alentejo

a Lissabon – Vila Franca de Xira – Montemor-o-Novo
b Lissabon – Setúbal – Montemor-o-Novo
Arraiolos – Évora – Redondo – Vila Viçosa – Estremoz – Elvas – (etwa 250 km) → nach Spanien (Badajoz; 17 km)

a Ausfahrt aus Lissabon wie S. 144 und weiter nach Vila Franca de Xira, dort auf der 1949 bis 1951 erbauten, 1225 m langen Marschall-Carmona-Brücke den Tejo kreuzen und nun auf der N 10 bis zur Straßenkreuzung bei Pegões Cruzamento, wo man auf die N 4 wechselt und ihr bis Montemor-o-Novo folgt.

b Ausfahrt aus Lissabon wie S. 144 über die große Tejobrücke und auf der Autobahn nach Setúbal (S. 150), dann auf der N 10 (diese Straße bildet mit den Ostbezirken Lissabons eine Ringstraßenführung im Lissabon nahen Ribatejo) bis Pegões Cruzamento und von dort weiter, wie oben, nach Montemor-o-Novo.

Man ist im Ribatejo, also an den Tejo-Ufern in der vom Fluß aufgeschwemmten, fruchtbaren Überschwemmungsebene, Portugals einziger Provinz, die weder an Spanien noch an den Ozean grenzt, üppige Marschen, die besten Böden des Landes und daher Zentrallandschaft für reiche Landwirtschaft (Getreide, Korkeichen) und Viehhaltung und

Tierzucht (Kampfstiere, Pferde), eine Bauernlandschaft mit Festen voll kräftiger Fröhlichkeit. *Montemor-o-Novo* um eine mittelalterliche Burgruine ist ein ganz typisches Ribatejo-Landstädtchen, und hier mögen Sie entscheiden, ob Sie direkt nach Évora wollen oder den Umweg – wir raten dazu – über ARRAIOLOS wählen, das schon in der Provinz Alto Alentejo liegt, ein etwas betuliches Landstädtchen um eine gewaltige Burgruine mit zwei Toren und sechs Türmen, von wo aus man weite Blicke über Olivenhaine, Getreidefelder und zum Stausee von Divor hat. Allein seiner Teppiche wegen aber ist Arraiolos weithin bekannt, bunte Wollteppiche, die man dort seit dem 17. Jh. herstellt, anfangs orientalischen Mustern nachempfunden, dann aber ganz im Geschmack des portugiesischen Landvolkes meist geometrisch gemustert, in kräftigen Naturfarben mit viel Blau und Gelb und in einer dem Kreuzstich ähnelnden Technik angefertigt.

Zwar haben die beiden *Ortskirchen* schöne Azulejos, Gemälde und Deckenverkleidungen aufzuweisen, die wirkliche Sehenswürdigkeit aber liegt knapp einen Kilometer vor dem Ort, das KLOSTER DOS LÓIOS aus dem 16. Jh. Heute werden die meisten Klosterräume landwirtschaftlich genutzt, dennoch scheint die einstige Pracht hindurch: ein zart gemeißeltes manuelinisches *Portal,* eigenartig zylindrische Strebepfeiler, ein doppelstöckiger *Kreuzgang* mit primitiven Evangelistensymbolen am Eingang, ein Wasserbecken mit drei niedlich-charmanten Engelsköpfen, in der *Kirche* alle Wände mit Azulejos plattiert und in recht flotter Illusionsmalerei Fenster vorgetäuscht, der Raum so optisch gedehnt, Kreuzgewölbe im Schiff, Kassetten in der halben Tonne über der Renaissance-Empore und ein feierliches Sterngewölbe im Chor.

SEMPRE NOIVA
Etwa 4 km südöstlich von Arraiolos liegt das im 16. Jh. als erzbischöflicher Jagdsitz im manuelinischen Stil erbaute Schloß Sempre Noiva, das neben manuelinischen Fenstern schöne Sterngewölbe besitzt, heute aber völlig verwahrlost ist (Schafstall!). Wegweiser linkerhand bei einer Eukalyptusallee.

Evora (S. 205) verläßt man auf der N 257 nach REDONDO, das ein wenig abseits der großen Durchgangsstraße Badajoz-Lissabon noch verträumt unterhalb der Burgmauern zu schlafen scheint. 1319 hat König Diniz das Kastell erbauen lassen. Im Ort gibt es malerische Straßen und Gassen, die *Misericórdia-Kirche* schmückt ein mäßig nobler manuelinischer Chor.

VILA VIÇOSA, die Stadt der Braganças, wird auch ›die Schöne‹ genannt. Beherrscht wird sie von der mächtigen, im 13. Jh. durch König Diniz erbauten *Burg,* die auf römischen und maurischen Fundamenten steht (im 17. Jh. erweitert) und innerhalb deren Ringmauern sich die kleine gotische Kirche *Nossa Senhora da Conceição* aus dem 16. Jh. mit hübschen Azulejos und zwei Gemälden aus der Lissabonner Schule sowie ein kleines *Archäologisches Museum* befinden. Der granitene Pelourinho mit einer einem Gefäß ähnelnden Laterne als Abschluß vor der Burg stammt aus dem 16. Jh.

Bereits im Jahre 1401 beginnt die Geschichte des Hauses Bragança durch die

## VILA VIÇOSA BIS ESTREMOZ

Legitimation Afonsos, des unehelichen Sohnes von König Joâo I. Unter der Herrschaft der nun folgenden Herzöge von Bragança blühte das Stadtwesen auf, und ab 1501 bis ins 17. Jh. hinein errichteten die wohlhabenden Braganças auf den Grundmauern maurischer Gebäude (doppelte maurische Bogenzüge in den Kellern beweisen es) und abseits der alten Burg ihren *Herzogspalast* auf dem riesengroßen Terreiro do Paço, der bis dahin als Arena für Stierkämpfe genutzt worden war. Langgestreckt und imposant dehnt er sich mit einer Renaissancefassade im italienischen Stil, marmorn mit drei Reihen von je 23 Fenstern und von den prunkliebenden Herzögen ausgeschmückt und vollgestopft mit Kostbarkeiten und Reichtümern. 1512 erstach hier vor den Augen der zusammengerufenen Palast-Dienerschaft Herzog Dom Jaime seine Gattin Leonora de Guzmão und ihren vierzehn Jahre alten Pagen, weil er sie – zu Unrecht, wie sich später herausstellte – eines intimen Verhältnisses verdächtigte.

Nachdem der Herzog von Bragança im Jahre 1640 zum König Joâo IV. ausgerufen, die Spanier aus Portugal vertrieben und die Residenz nach Lissabon verlegt worden war, ging es mit Vila Viçosas Bedeutung bergab. Fast alle Kunstschätze kamen in den Lissabonner Königspalast, geblieben sind ein Reliquien-Kruzifix aus dem 12. Jh., die Bibliothek und das Archiv des Hauses Bragança, vom Franzosen Quillard (18. Jh.) gemalt die Porträtgalerie aller Herzöge; Fayencen, Brüsseler Gobelins, Möbel, Azulejos und viele persönliche Erinne-

rungsstücke der Palastherren. Interessant sind auch die Deckengemälde, die Rüstkammer und die Kutschensammlung. Alljährlich reisten die Bragança-Monarchen von Lissabon hierher. Vila Viçosa blieb ihr Lieblingsaufenthaltsort und die umfriedete Tapada bevorzugtes Jagdrevier.

Gegenüber dem Königspalast liegt die *Agostinho-Kirche* des Augustinerklosters mit reichem Innenschmuck aus dem 17./ 18. Jh. und das *Panteão dos Duques*, die Nekropole der Herzöge von Bragança, strenger Escorialstil in schwarz-weißem Marmor, die Sarkophage von Löwen getragen, ein frösteln machender Prunk. Die Könige der Braganças dagegen ruhen in der Kirche von São Vicente de Fora in Lissabon.

Ganz anders das *Convento das Chagas* (der Wunden), ein achteckiger Bau, 1513 mit schönem Renaissanceportal und innen barocken Deckenmalereien ausgestattet, die Grabkirche für die Herzoginnen, außer für die ermordete Leonora, die im Chor der Klosterkirche von Esperança beigesetzt ist. Beachtenswert ist der Kreuzgang mit azulejoverkleideten Kapellen. Auf dem Terreiro do Paço das *Reiterstandbild* von König Joâo IV.

Linkerhand bei der Ausfahrt in Richtung Borba das berühmte Knotentor *Porta dos Nós* (Abb. 40; Farbt. 22), Eingang in das von einer 18 km langen Mauer umgebene Garten-Wald-Jagd-Gebiet der Tapada. Das Knotentor gilt symbolisch für das Wortspiel in der Bragança-Devise ›Nach Euch-Wir‹, Depuis de Vós-Nós, wobei das Wort Nós sowohl ›wir‹ als auch ›Knoten‹ bedeutet.

BORBA ist ein weißes Städtchen, in dem Tür- und Fensterlaibungen, Treppen, Schornsteine, selbst das Straßenpflaster aus dem in den nahen Montes Claros gebrochenen Marmor gefertigt sind. Auch in Patios und auf Balkonen ist er verarbeitet. Dazu wächst auf dem

Kalkboden ein vorzüglicher Wein, den der Winzer zum Verkauf oder Probieren anbietet, wenn er über seiner Haustür einen Lorbeerzweig hängen hat. Die Kirche *São Bartolomeu* aus dem 16. Jh. schwelgt im Renaissance- und Barockstil, natürlich mit Marmor und Azulejos, das *Kloster das Servas* ebenso mit einem prächtigen Renaissancekreuzgang, die Stationskapellen längs der Straßen sind gefällig barock und fröhlich wie ein schöner *Marmorbrunnen* (Fonte das Bicas; 1781) an der Straßengabelung nach Vila Viçosa. An der Straße E 4, 10 km vor Estremoz, lohnt ein Besuch des *Museu de Cristo,* in dem sich eine Sammlung von Kreuzen, hauptsächlich aus Asien und den ehemaligen Kolonien Portugals, befindet, die von Venceslau Vieira Martins Lôbo in 50 Jahren zusammengetragen wurde.

Estremoz

Am Nordabfall der Serra da Ossa gelegen, einem meist mit Eichen bestandenen Bergzug, wird es von den Portugiesen als ›glückliche Stadt‹ gepriesen. Sie mag es sein vor allem, wenn man die malerische, mittelalterlich anmutende Oberstadt um die Burg, ihre Gräben, Zugbrücken, Batterien und Tore, die Gassen und Winkel spazierend durchstreift. Die Vaubansche Befestigungsanlage aus dem 17. Jh. mit ihren spitzen Bastionen umgibt die obere und untere Stadt.

Am Ausgang des 13. Jh. wurde die *Burg* von Afonso III. mit einem mächtigen viereckigen, 27 m hohen und zinnengekrönten Bergfried (120 Stufen zur Plattform) neben dem gotischen Königspalast mit einem schönen doppelsäuligen Portikus erbaut. Hierher holten des Königs Brautwerber die aragonesische Prinzessin Isabel, und hier starb sie 1336 in dem Zimmer, das von Dona Luisa, der Gattin von König João IV., später zu einer Gedenkkapelle ausgebaut und mit Freskogemälden zum Leben der Rainha Santa Isabel geschmückt wurde. Ihr Leichnam ruht heute in Santa Clara a Nova in Coimbra. 30 Jahre später starb auf Burg Estremoz König Pedro in ewiger Trauer um seine Inês de Castro.

Heute ist im Palast die Pousada de Santa Isabel eingerichtet. Gegenüber der manuelinisch-maurische Hallenbau der Kirche *Santa Maria do Castelo,* 1559 durch Afonso Álvares erbaut. Daneben befindet sich der Audienzsaal von König Diniz, der im 13. Jh. im frühgotischen Stil errichtet wurde, mit schönem Sterngewölbe, Loggia und gekuppelten Fensteröffnungen. Gegenüber der Pousada liegt das *Museu Municipal;* hier gibt es eine interessante Sammlung von Tonfiguren (Mariendarstellungen, Krippenszenen, Dorffeste u. a., Gebrauchsgegenstände für Feld- und Hausarbeit). Zentrum der Unterstadt ist die *Praça Marqués de Pombal,* kurz der Rossio, umstanden von weißen Häusern mit Blumen hinter dunklen Schmiedeeisengittern kleiner Balkone und alten Kirchen, etwa der *Misericórdia* mit Azulejos, gerippter Decke und zwei Kreuzgängen vom alten Malteserkloster (16. Jh.).

In *São Francisco* (13. Jh.) steht hinter einer ansprechenden Renaissancefassade ein streng gotisches Langhaus mit drei Schiffen, in denen ein Prunksarkophag von Vasco Esteves Gato und ein großartiger ›Stammbaum Christi‹ aus dem 17. Jh. nicht übersehen werden dürfen.

Selbst das prächtige *Rathaus* war früher ein Kloster. Über eine mit Azulejobildern verkleidete Treppe steigt man hinauf und kann dabei an den Seitenwänden Szenen aus dem Leben des Hl. Philipp betrachten.

Ganz in der Nähe steht am Largo de Dom José I. der *Palácio Tocha* aus dem 17. Jh., und hier werden auf Azulejobildern martialische Illustrationen aus den Unabhängigkeitskriegen dargeboten.

Schlendern Sie wie durch die oberen Burggassen ebenso durch die untere Stadt im Kreis um den Rossio, man spürt es, welch heiter-ungezwungene Atmosphäre Estremoz ausstrahlt. Und versäumen Sie auf keinen Fall den Vormittagsmarkt auf dem Rossio, bestaunen oder kaufen Sie etwas von den roten Estremoz-Töpfereien oder Pelzwaren aus dem Alentejo.

Kurz vor Elvas trifft man auf den *Aquädukt von Amoreira* (Abb. 42), den sicherlich großartigsten in Portugal, errichtet von 1498 bis 1622 auf der Basis einer römischen Wasserleitung, 7,5 km lang und teilweise auf vier Bogenreihen übereinander abgestützt. Der Misericórdia-Brunnen von Diogo Marques aus dem Jahre 1622 wird von den Wässern gespeist.

## Elvas

Als Balesch war es maurischer Zentralort, wurde 1166 durch die Könige von León, dann 1200 und 1226 von den Portugiesen endgültig zurückerobert und als wichtigste Festung am Einfallswege vom spanischen Badajoz nach Lissabon im 17./18. Jh. mit mächtigen Forts ausgebaut und verstärkt. Hier schlossen ohne Wissen der mit Portugal verbündeten Engländer Fernando I. und Heinrich II. von Kastilien 1383 Frieden unter der Bedingung, daß Prinzessin Beatriz mit dem zweiten Sohne des Kastilierkönigs vermählt würde – was nicht geschah, da sie später die Frau Juans I. von Kastilien wurde.

Bei der Hochzeitsfeier meinte der junge Nuno Alvares Pereira, der spätere Sieger von Aljubarrota, an einem zu untergeordneten Platz der Tafel plaziert worden zu sein, so stürzte er kurzentschlossen die mit Speisen, Kristall und Silber gedeckte Hochzeitstafel um. Das geschah in der Halle einer gotischen Kirche, an deren Stelle dann König Manuel I. von Arruda die *Kathedrale Nossa Senhora da Assunção* (Abb. 41) an der Praça de República errichten ließ; spätgotisch (die Fassade erst aus dem 17. Jh.), aber massig in ihrer Gesamterscheinung, gegliedert von Strebepfeilern, Strebebogen und Zinnenkränzen über dem einfachen Rundbogenportal. Der breite Turmaufsatz mit Kegeldach duckt sich tief angesetzt auf die Dachfront. Den Innenraum decken Kreuz- und Sterngewölbe, die Felder sind von feinmaschiger Deckenmalerei fast vollflächig

*Elvas: Grundriß der Kathedrale*

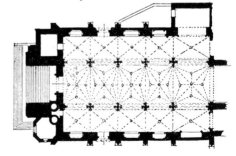

überzogen, eine Ergänzung zur farbigen Azulejobekleidung der Wände. Gegenüber das Rathaus mit Laubengang (16. Jh.)

Oberhalb der Kathedrale und stilreiner ist die Kirche *Nossa Senhora da Consoloção* des um die Mitte des 16. Jh. gegründeten ehemaligen Dominikanerklosters. Sie ist ein kleiner, achteckiger Zentralbau mit von acht Säulen getragener, azulejobekleideter Kuppel, die Säulen bemalt und vergoldet, ein ungemein angenehmes Polychrom aus weißen Mauerflächen, Goldplattierungen und blauen und gelben Azulejos.

In der Nähe, am Largo Santa Clara, steht der bekannte *Pelourinho von Elvas* aus dem 16. Jh., eine Säule mit Pyramidenturm und sehr seltener Ornamentik.

Über der Stadt erhebt sich das im 13. Jh. von den Arabern gegründete und im 15. Jh. erweiterte Kastell.

Wir raten: spazieren Sie ein wenig in den Gassen umher, immer wieder stößt man auf malerische Plätze, Treppen, Torbögen und ausgefallene Perspektiven, Sie werden ihre helle Freude an vielen nicht bekannten Kleinigkeiten eines angenehmen, oft noch sehr maurischmittelalterlichen Ortsbildes haben.

In der Umgebung der Stadt gibt es viele Obstplantagen, in denen vor allem die weitbekannten ›Elvaspflaumen‹ gezogen werden. Südöstlich liegt das *Fort Santa Lucia* aus dem 17. Jh., nordwärts *Fort Nossa Senhora da Graça* aus dem 18. Jh., beide um 370 m hoch.

Bei genügend Zeit und Interesse lohnt ein Ausflug (18 km) nach *Campo Maior*, Bergstädtchen mit Kastell von König Diniz, von Mauern aus dem 17./18. Jh. umgürtet, malerisches Ortsbild, in der Pfarrkirche eine Knochenkapelle. In der Nähe der Staudamm do Caio.

# 8  Von Lissabon nach Norden zum Ozean

Lissabon – Torres Vedras – Peniche/Berlenga-Inseln – Óbidos – Caldas da Rainha – Nazaré – (etwa 180 km)

Ausfahrt aus Lissabon durch die nördlichen Vororte (N 8) und über Loures (Quinta do Correiro-Mor mit Azulejos aus dem 18. Jh.) auf der N 115 nach Bucelas und Sobral. Dort, 1 km außerhalb des Landstädtchens, die Kirche von São Quintino. Erst ein Jahr vor seinem Tode gab König Manuel I. sie 1520 in Auftrag, und zehn Jahre später war sie fertiggestellt; schmucklos ihr Steinquadergiebel und deshalb besonders betont das manuelinische Prachtportal, überhoch und in der gesamten Ornamentik fast nicht überschaubar verknotet, verschlungen wuchernd in detailreichen Renaissancedekoren, auffallend ohne die sonst üblichen Königsembleme, dafür seitwärts blickende, porträtähnliche Köpfe in Medaillons, im Portalgefüge als Giebelfigur die Madonna mit dem Kind. Innen dreischiffig, holzgedeckt und vor Chor und rechter Nebenapsis zwei glanzvolle manuelinische Triumphbogen, Sterngewölbe in den Apsiden, Azulejos an den Wänden bis hoch zur Holzdecke, unter der Empore ein renaissance ornamentiertes Taufbecken. Die vier Gemälde sollen von Gregorio Lopes gemalt sein (?).

## TORRES VERDAS BIS PENICHE

TORRES VEDRAS, Zentrum im Weinanbaugebiet des Rio Sisandro, alte römische Siedlung, mittelalterlich-maurische Burganlage, die zum Stadtnamen ›Alte Türme‹ geführt hat. König Manuel I. ließ das zinnenbekrönte Eingangsportal zum Kastell mit seinen Emblemen schmücken. 1810 schanzten Wellingtons Pioniere zum Schutze Lissabons von hier aus eine 40 km lange, doppelt gestaffelte Verteidigungslinie bis nach Alhandra bei Vila Franca de Xira am Tejo. Trotz vielmonatiger Anstürme und Belagerung durch Massénas Grenadiere wurde sie nicht durchbrochen, die Franzosen mußten nach Spanien abziehen. Sehenswert sind: *São Pedro*, 16. Jh., grob spätgotisch-manuelinisch gemeißeltes Portal, Innenraum Netzgewölbe; *São Gonçalvo*, 16. Jh., schwere Gewölbetonne im Schiff, vergoldete Renaissancealtäre; *Misericórdia-Kirche*, gotisch, Hauptaltar auf Marmorpodium, Gemälde aus dem 18. Jh., beachtenswertes Schnitzwerk am Gestühl. Interessant ist das in der Nähe des Touristenbüros (Turismo) gelegene *Museu Municipal*, das eine bedeutende archäologische Sammlung mit hauptsächlich urgeschichtlichen Funden besitzt (besonders interessant sind die Funde des 5 km entfernt gelegenen *Castro do Zambujal*, einer kupferzeitlichen befestigten Siedlung, ca. 2400–1800 v. Chr.). Zu diesem Castro gelangt man auf der Straße zur Praia de Santa Cruz; nach dem Dorf Gibraltar gibt es links eine Abzweigung, die nach etwa 2 km zu dem Castro führt. Dort gibt es drei Befestigungsringe und Grundmauern von Rundhäusern von etwa 2–4 m Durchmesser.

Wir sind in der westlichsten Provinz Estremadura, die sich langgestreckt zwischen Lis im Norden und Sado im Süden am Ozean entlangzieht und Lissabon als Brennpunkt hat. Unterschiedlich sind ihre Landschaften: dichtbevölkert, mit Industrie und Landwirtschaft hier, mit langen Stränden, Dünen, Gärten und Wäldern dort; Ebenen vor fruchtbaren Tälern in den Hangstufen mittlerer Gebirgszüge, Thermalbäder und viele touristische Sehenswürdigkeiten. Durch solches Hügelland schwingt die Straße nach Norden. In LOURINHÃ steht auf einem Hügel die *Pfarrkirche*, gotisch klar im Konzept, sauber gemeißelte Kapitelle über den Säulen: eine Kreuzigung, Wölfe und Bären am Hauptportal, auffallende Muschelornamentik am Seiteneingang. Die Frage, ob nur von der Meeresnähe angeregt oder eher in irgendeiner Beziehung zum Jakobskult (Lissabon – Santiago de Compostela) stehend, muß offen bleiben. Strände: *Areia Branca*, 3 km; *Porto de Barcas*, 3 km, beide Sandstrand.

PENICHE liegt auf einer Halbinsel, die wie ein Sporn fast 3 km in den Ozean ragt und mit dem Festland durch eine um 800 m breite, 2 km lange, sandige Landbrücke verbunden ist. An eine von Filippo Terzi erbaute Festung, die später von König João IV. mit Bastionen, Gängen und Mauern erweitert und zu einer der stärksten portugiesischen Seefestungen ausgebaut wurde, lehnt sich der Hafenplatz. Peniches Fischerei und Fischverarbeitungsbetriebe sind bedeutend, am Ribeira-Kai im Hafenviertel, an den Wällen oder am von Palmen gesäumten Jardim Público spielt sich das tagtägliche Einerlei der Fischer ab, für den Besucher gibt es viel Interessantes bei Fischanlandung und Handel – und verständnisloses Staunen über die zunehmend verschmutzte Verkommenheit dieses doch recht malerischen Hafenortes. Sehenswert bleiben dann noch ein paar Kirchen: die *Misericórdia* vor allem wegen ihrer zu Bibelthemen überaus naturalistisch bemalten Holztafeldecke; *São Pedro* mit wuchtiger Deckentonne aus Brettern und wucherndem Talha-Schnitzwerk; die *Ajuda-Kirche* beim Stadttor, weil alle Wände, fast völlig mit Azulejos verkleidet, einen feinen Kontrast zur bunt bemalten Holztonne im Schiff und den ebenfalls bemalten Deckentafeln im Chor bilden.

Unumgänglich in Peniche ist ein Besuch von CABO CARVOEIRO, 3 km (Abb. 43), mit dem 35 m hohen Leuchtturm auf den Klippenfelsen, die hier unterhöhlt oder zu gigantischen Felsnadeln zerfressen *(Papoa-Spitze, Veranda do Pilato, Nau dos Corvos)* ständig dem donnernden Anprall tonnenschwerer Atlantikwellen Widerstand leisten müssen. Interessant, rechts von der Veranda do Pilato, die kleine *Remédios-Kapelle* im Fels, an Wänden und sogar der Decke mit Azulejos bekleidet.

Wenn möglich, sollte man mit dem Schiff in etwa 50 Minuten die knapp 12 km zur BERLENGA-INSEL hinüberfahren, dem Hauptteiland einer Gruppe, zu der die Inseln Estelas, Forcadas und Farilhões gehören, wild zerrissene rötliche Granitklippen. Unterhalb des Leuchtturms auf 88 m hohem Fels die Kasematten des von João IV. im 17. Jh. errichteten Forts da Berlenga (lange Zeit Gefängnis; berüchtigt unter Salazar), in dem heute ein den Pousadas ähnelnder Abrigo para Pescadores eingerichtet ist, das ideale Standquartier für Fischer, Sportangler und Unterwassersportler. Südlich vom Kastell führt der 70 m lange, natürliche Tunnelgang Furado Grande zu der engen Felsenbucht Cova do Sonho. In knapp zwei Stunden kann man die vegetationslose Insel, etwa 4,5 × 0,8 km groß, umwandern und

*Plan von Peniche*

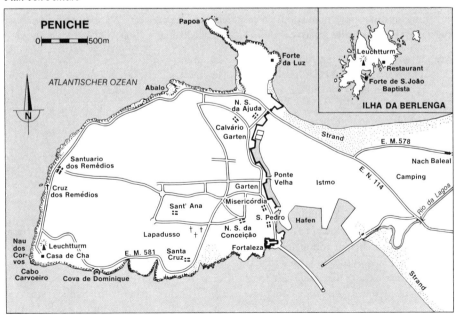

## ÓBIDOS BIS CALDAS DA RAINHA

Grotten, eine Klosterruine, Schluchten und Tunnels besuchen. Bei ruhiger See werden Inselrundfahrten veranstaltet.

Badestrände: ein kleiner auf der Berlenga-Insel; in Peniche die *Praias da Consolação, de Peniche*, in der *Papoa-Bucht* und in der *Baleal-Bucht*.

Weit ausschwingend steigt nun die Straße bergan bis *Serra de El-Rei*. Hier muß man anhalten! Weit dehnt sich ein unbeschreibliches Panorama portugiesischer Land-Seelandschaft mit der gesamten Halbinsel Peniche, ein Blick bis zu den Berlenga-Inseln, in die Lagune vor Foz do Arelho im Norden und nach Lourinhã im Süden. Gleich an der Straße steht eine für Besucher sorgfältig wieder hergerichtete Windmühle mit Segelflügeln, deren an den Spanndrähten angebrachte, unterschiedlich große Tonpfeifen beim Drehen der Flügel vom Winde angeblasen werden und so die singenden Panflötentöne portugiesischer Windmühlen erzeugen (Abb. 44).

### ÓBIDOS

Die Stadt über dem Rio Vargem (Abb. 45) gehört zu Portugals ›Vorzeigeorten‹, wurde zum Nationalmonument erklärt und wird zum Augenschmaus, wenn man die Stadt zu Fuß durchstreift, über mit Kopfsteinen gepflasterte Straßen und Gassen, an schneeweißen, renaissancen oder barocken Hausfassaden vorbeischlendert, durch rundbogige Torbögen in heimelige Patios oder hinauf zu gittergeschmückten Balkonen schaut; alles, Dächer, Bögen, Treppen, Blumen, Gäßchen und die einzige Hauptstraße, wird entzücken. 13 m hohe Mauern umgeben vollständig den Ort, bilden ein schlankes Dreieck mit der Burg an der Basis. Dort, wo ehedem ein maurisches Kastell stand – am Hof Fenster, Treppenläufe und Eingangstür üppig manuelinisch dekoriert und besetzt mit Wappen und Sphärenkugel –, ist heute im alten Palast die Pousada do Castelo eingerichtet.

Am Hauptplatz die kleine Renaissancekirche *Santa Maria*, innen Azulejotäfelung und das Grabmal für den Gouverneur von Óbidos, João de Naronha (1575), meisterlich gearbeitet von João de Rouão, dazu Gemälde von Josefa de Óbidos, u. a. die ›Mystische Vermählung der Hl. Katharina‹. Vor der Kirche ein *Pelourinho* mit dem Fischernetz von Königin Leonor, die nach Óbidos gekommen war, um in der Abgeschiedenheit zu sich selbst zurückzufinden, nachdem ihr Sohn Afonso bei einem Reitunfall vor Almeirim ums Leben gekommen war. Daneben im Rathaus wurde ein Museum eingerichtet, in dem einige Gemälde der Josefa von Óbidos zu sehen sind; außerdem romanische und gotische Kunstwerke sowie eine Sammlung von Kriegswaffen aus der napoleonischen Zeit. Der heimelige Zauber von Óbidos hatte es früher schon der Rainha Santa Isabel angetan, und König Diniz soll ihr aus diesem Grunde den Ort als Morgengabe übergeben haben. ›Casa das Rainhas‹ wurde seitdem zum Beinamen der Stadt. Man verläßt sie durch ein Doppeltor, das alte Stadttor mit Torwächterhaus, und darf über die dort angebrachten humorigen Azulejobilder fröhlich schmunzeln.

Unterhalb der Stadt an der Straße nach Caldas steht imposant die barocke, sechseckige Kirche *Nossa Senhora da Pedra* aus dem 18. Jh., auf dem Altar ein Steinkreuz aus frühchristlicher Zeit. Südlich vor der Stadt verläuft ein Aquädukt aus dem 15. Jh.

230

*Caldas da Rainha: Badehospital und Matriz im 18. Jh.*

## CALDAS DA RAINHA

Auf einer Kutschfahrt nach Óbidos sah Königin Leonor von Bragança, Frau von João II., Bauern in übelriechenden, dampfenden Wassertümpeln baden und erfuhr, daß dadurch Gliederschmerzen und Heiserkeit geheilt oder gemindert würden. 1484 gründete sie ein Badehospital und versuchte dann selbst die Quellen, was zum Namen ›Die warmen Bäder der Königin‹ geführt hat. Leonor war es zu verdanken, daß nicht ihres Mannes unehelicher Sohn Jorge, sondern ihr Bruder Manuel erst Thronprätendent, dann König wurde. Der dankbare Manuel ließ dafür späterhin fast alle ihre Bauten von seinem Chefarchitekten und Baumeister Boytaca entwerfen und ausführen.

In Caldas ist es die Kirche *Nossa Senhora do Pópulo,* die Kirche des Hospitals, und dekoriert im Stile ihrer Zeit, den die Königin bevorzugte und förderte, eben manuelinisch: die Kirche einfach mit Rundbogenfenster und feiner Galerie über dem Hauptgesims, innen mit feierlichem Gewölbe und der stattlichen Rahmung des Chors mit einem herrlichen Arco triunfal in feiner Manuelinik unter einer Kreuzigungstrilogie aus dem frühen 16. Jh. Elegant und schmuck gearbeitet glänzt das Renaissanceornament um die Sakristeitür, den festlich dekorierten Taufstein auf Kleeblattfuß umschlingt die ganz mit blau-gelb-weißen Azulejos ausgekleidete Taufkapelle.

## CALDAS DA RAINHA BIS NAZARÉ

Der *Turm*, wohl der einzige freistehende dieses Stils in Portugal, zeigt deutlich Boytacas Handschrift, steigt aus dem Grundrißquadrat auf zum Achteck und hat die typisch angeschrägten Ecken. Die im Kleeblatt geschlossenen Schallfenster rahmen manuelinische Ranken und steigen wie jubelnd auf als Volutenschlingen um die Wappen von Leonora und João.

Im 18. Jh. dann ließ König João V., der jährlich seine Rheumakur in Caldas machte, die *Badeanlagen* restaurieren und erweitern und den *Kurpark* so anlegen, wie er bis heute geblieben ist. Dort steht der Flachbau des *Museu de José Malhóa*. Einen Besuch empfehlen wir sehr, der Überblick über das Kunstschaffen bedeutender Künstler Portugals ist instruktiv, Arbeiten von Eduardo Malta, F. Sampaio, Henrique Medina, Lazero Lozano, dem Deutschen Alfredo Keil und natürlich von José Malhoa. Interessant sind auch die Terrakotten und Fayencen von Rafael Bordalo Pinheiro. Dann gibt es die Monumentalskulpturen von Gameiro, Sampaio, Francisco Franco und andere, kleinere Bildwerke, von denen einige auch draußen im Kurpark aufgestellt sind. Caldas ist ein Töpferzentrum – montags ist immer großer Markttag. Auch die Majolikafabrik beim Parque da Copa kann besucht werden. – Badestrände in *Lagôa de Óbidos*, Felsklippen; in *Foz do Arelho*, Seebucht, 9 km.

Wer nicht auf der Hauptstraße N 8 weiterfahren möchte, der kann ab Foz do Arelho (Aussichtspunkt in der Serra do Bouro, 159 m hoch) die interessantere kleine Küstenstraße wählen und kommt so direkt über *Salir do Porto* (Badestrand) nach SÃO MARTINHO DO PORTO, einst ein Fischerdorf, heute ein mittelgroßer Badeort. Fast wie ein See mit Sandstrandufern, und meist auch so unbewegt, lädt das Wasser zum Baden ein. Allein ein enger Durchlaß zwischen felsigen Klippen ermöglicht den Booten die Ausfahrt ins offene Meer, ein ideales Familien- und Kinderbad. In der Nähe die *Grotten von Furninhas*.

### NAZARÉ

Durch dichten Regen verfolgte einst der jagdfreudige Alkalde, der Bürgermeister Dom Fuas Rupinho, zu Pferde einen flüchtenden Hirsch, der urplötzlich vor ihm verschwand, während im gleichen Augenblick leuchtend hell im Strahlenkranz lichter Wolken die Jungfrau Maria erschien, das zum Sprung ansetzende Pferd so erschreckte, daß es scheute, sich auf den Hinterhufen aufbäumte und den Reiter abwarf, ehe es mit einem weiten Satz hundert Meter tief zwischen Klippen und in die donnernde Brandung hinabstürzte, dem Teufel nach, denn der hatte sich in einen Hirsch verwandelt, weil er es auf Seele und Leben Rupinhos abgesehen hatte. Dankbar errichtete der fromme Alkalde der Gottesmutter genau am Klippenrande die Capela da Memoria, später entstand gegenüber am Marktplatz von Sitio, dem hochgelegenen Ortsteil von Nazaré, die Wallfahrtskirche *Nossa Senhora de Nazaré*, 1182 gestiftet, im 17. Jh. wiederaufgebaut, Ziel vieler Wallfahrer am 15. August und in der zweiten Septemberwoche. An vielen Häusern wird als Kachelbild Rupinhos Erlebnis in Erinnerung gerufen.

Unser Rat: fahren Sie zuerst hier herauf nach SITIO. Neben der kleinen Kapelle steht eine steinerne Säule mit dem Kreuz der Christusritter, das groß und rot auch die Segel der

67, 68 BATALHA  Claustro Real, Bogenfüllungen    69 COIMBRA  In der alten Bibliothek der Universität

◁ 66 BATALHA  Bogenläufe im Portalbogen zu den Capelas Imperfeitas

70 COIMBRA  Alte Kathedrale, außen schmucklose Wehrkirche aus dem 12. Jh.
71 COIMBRA  Reste vom Kreuzgang da Manga
72 CONIMBRIGA  Römische Mosaiken in einem Patrizierhaus

73  BUÇACO  Sommerpalast von König Carlos I. im neomanuelinischen Stile, jetzt Hotel

74 LEIRIA   Lieblingssitz von König Diniz und Isabella, der Rainha Santa de Portugal

75 SÃO MARCOS   Gotisches Grabmal des Fernão Telez de Menezes, 15. Jh.

76 BELMONTE   Centum Cellas, gut erhaltener römischer Wachtturm

77 Serra da Estrela nahe dem Torre, der mit 2000 m Höhe Portugals höchster Berg ist

78  GUARDA  Portugals höchstgelegene Stadt, mit Misericórdia-Kirche
79  GUARDA  Kathedralenfassade mit vorgesetzten Achtecktürmen

80  VISEU  In der Kathedrale ›mit den Knoten‹

81  Viseu  Gotische Kathedrale mit Barockfassade, 1640
82  Viseu  Misericórdia-Kirche, Barockfassade
         von 1775

83  Viseu  Wegekreuz

84  AVEIRO  Ein Stadtbild beinahe wie in Holland

85  AVEIRO  Im Jesús-Kloster, Kapitelsaal

86  PAÇO DE SOUSA  Sarkophag des Egas Monis

87  Fischernetze am Strand bei Aveiro ▷

89 Porto Geburtshaus Heinrichs des Seefahrers
◁ 88 Porto Der Ribeira-Kai in Alt-Porto
91 Porto Clérigos-Turm in der Altstadt

90 Porto Kathedrale mit Kreuzgang
92 Porto ›Barcos rabelos‹ heißen die Portweinschiffe, ›pipe‹ die Portweinfässer

93  Porto  Pelourinho vor der Kathedrale     94  Rio-Douro-Landschaft nahe der spanischen Grenze ▷

95   Vila do Conde   Sarkophag der Brites, der Tochter des Siegers von Aljubarrota

96   Vila do Conde   Sterngewölbe in São Francisco   97   Leça do Balio   Manuelinisches Taufbecken

Karavellen zierte. Die Inschrift erklärt, daß Vasco da Gama nach seiner Indienfahrt hierher kam, der Gottesmutter von Nazaré Dank zu sagen für ihre Hilfe bei der Entdeckung des Seeweges nach Indien. In der Nähe dieser Kapelle und der Misericórdia-Kirche (16. Jh.) befindet sich die Station der Standseilbahn, die die Ortsteile Sitio und Praia miteinander verbindet.

Weit unten liegt Nazaré (Farbt. 20, 21) mit dem Strandteil für die Badegäste und dem der Fischer in einer nach Norden zu vom Monte Sitio abgeschlossenen, weitgeschwungenen Bucht auf dem Schwemmlandboden eines längst verlandeten Hafens und einer vorgelagerten Nehrung. Deutlich ist am Berghang noch die einstige Meeresküste auszumachen. Phönizier, Römer, Westgoten und Mauren haben vor den Portugiesen diesen geschützten Platz genutzt. Bis vor Jahren war Nazaré noch ein kleiner, malerischer Fischerort, es gab keinen Hafen und keine Mole, und durch die rollende Brandung mußten die Fischer ihre Boote mühsam ins Meer schieben und beladen mit Fang zurück ans Land holen. Unterdessen ist ein Hafen im Bau, und bald wird auch dieses letzte Schauspiel für Touristen, eine harte und gefahrvolle Arbeit für die Fischer, endgültig vorbei und wieder ein bißchen Romantik der fordernden Wirklichkeit gewichen sein. Bleiben wird das Einholen der Netze, alte da xávega, bei dem alle mit anfassen und in einem alten, eigenartig rituellen Rhythmus die Netze an Land ziehen; bleiben werden die bunt bemalten Boote mit den spitzen, hochgezogenen Vordersteven, eine Erfindung der Phönizier, und das beiderbords aufgemalte ›Auge Gottes‹, das die Fische suchen hilft. Überleben werden die Fischertrachten: großkarierte bunte oder schwarze Hemden und Hosen und eine große schwarze Zipfelmütze bei den Männern, in der sie Tabak, Streichhölzer und vielleicht noch den Köder aufbewahren; bei den Frauen bis zu sieben Unterröcke mit buntem Spitzenbesatz, solange sie jung sind. Werden sie älter, nimmt die Zahl ab, sie begnügen sich mit schwarzem Tuch und tragen einen ebenfalls schwarzen Ponponhut. Noch kann man in Nazaré, und natürlich in allen Fischerorten an Portugals Küsten, die Alltagsarbeit der Fischer beobachten: Ausladen, Sortieren, Einsalzen, Verpacken der Fische, Säubern der Boote und Vorbereiten zu neuer Fangfahrt, Netze knüpfen, Köder befestigen, Verkauf der Fische noch am Strand oder in der Fischhalle bei der Versteigerung meist abends zwischen 16 und 18 Uhr (man kann von der Galerie aus zuschauen). Bestimmt erhalten bleiben uns Nazarós ›Vira‹, die rhythmisch flotten Fischerlieder und Barfußtänze der noch so unbeschwert wirkenden Fischerjugend, die trotz ›Vermarktung‹ bei touristischen Folkloreabenden während der Saison ihre fesche Natürlichkeit nicht verloren hat. Ganz selten aber wird man das Heraufziehen der ankommenden Schiffe aus dem Wasser zum Strand mit einem Gespann Ochsen noch beobachten können, Traktoren tun das heute schneller und billiger.

Verbindung Nazaré – Sitio, 110 m Höhenunterschied, über eine Seilbahn oder auf dem Treppen-Fußweg, der Ladeira do Sitio.

In Ortsnähe die *Grotte Forno da Orça*.

ALCOBAÇA

## Estremadura

*Nord-Süd zwischen Leiria und Setúbal dehnt sich der zentrale Küstenstreifen Portugals um die Landeshauptstadt Lissabon, bildet ein deutlich erkennbares Verbindungs- und Übergangsgebiet vom nördlichen zum mediterranen Bewirtschaftungsraum und hat daher ein so vielschichtiges Aussehen. Zudem trennen die nordost-südwest verlaufenden Höhenzüge auch klimatisch die Provinz und charakterisieren damit das Bodenprofil beiderseits des Tejo, Steilküsten an der südlichen Serra da Arrábida wie an der von Sintra jenseits des Flusses und bis nach Peniche hin. Dann dehnen sich nach Norden zu die langen breiten Sand- und Dünenstreifen bis über Leiria hinauf und müssen von ausgedehnten Pinienwaldungen am weiteren Versanden gehindert werden. Jede Küstenbucht beherbergt einen Fischerort, von dem aus Küsten- wie Hochseefischerei betrieben werden. Setúbal, Lissabon, Ericeira, Peniche, Nazaré sind die Hauptplätze und meist auch die Standorte bedeutender Konservenfabriken. Von den im Mittelalter und von den Zisterziensermönchen von Alcobaça ausgehenden Kultivierungsarbeiten im Küstenhinterland angeregt, entstand in Jahrhunderten das zentralportugiesische Garten- und Landwirtschaftsgebiet der Estremadura, meist kleinflächige Felder für Weizen, Wein (Abb. 46), Oliven und Zitrusfrüchte, Waldungen mit Eichen, Pinien, Kastanien, Korkeichen und Johannisbrotbäumen. An den flachen Küstenstreifen wird Salz gewonnen, die Tonerden um Alcobaça ließen dort eine ausgedehnte Keramikproduktion entstehen. Eine beglückende Besonderheit ist das klimatisch feucht-warme Sintra-Gebirge, dessen beinahe tropische Vegetation wie ein Magnet besonders finanzstarke Interessenten reizte, dort Parks anzulegen, Villen, Schlösser und Luxushäuser zu bauen oder in Kur- und Badeorten die Schönheit der Welt zu genießen. Vor den Steilküsten von Peniche liegen Portugals einzige Küsteninseln, die Berlengas.*

## 9 Die große klassische Rundfahrt in Mittelportugal

Nazaré – Alcobaça – Porto de Mós – Torres Novas – Golegã – Abrantes – Tomar – Fátima – Batalha – Leiria – (etwa 190 km)

Von Nazaré aus steigt die Straße erst über die mit Kiefern bestandenen Dünen der ursprünglichen Meeresküste und strebt dann durch eine überaus fruchtbare Gartenlandschaft der Klosterstadt Alcobaça zu. Seit dem 12. Jh. haben Zisterziensermönche die Böden dieser Gegend urbar gemacht und mit Hilfe ausgeklügelter Bewässerungstechniken die heutigen Gartenkulturen ermöglicht.

### ALCOBAÇA

Der Ort, Mittelpunkt dieses Landwirtschaftsgebietes, liegt in einem Tale am Zusammenfluß der Bäche Alcoa und Baça, die der Ortschaft ihre Namen gegeben haben. Während auf dem Ortshügel eine verfallene *Maurenburg* steht, breitet sich im Tal das berühmte *Kloster* aus. Einem königlichen Versprechen verdankt es seine Gründung, denn als Portugals erster

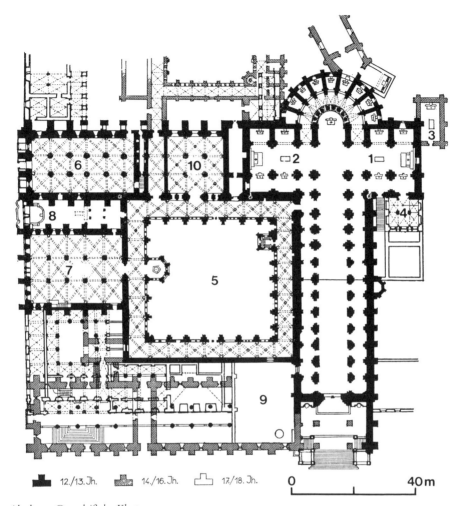

*Alcobaça: Grundriß des Klosters*
*1 Sarkophag für König Pedro 2 Sarkophag für Inês de Castro 3 Sala Tumular 4 Capela dos Tumulos 5 Kreuzgang von König Diniz 6 Scriptorium 7 Refektorium – im Stockwerk darüber Dormitorien 8 Große Küche 9 Königssaal/Sala dos Reis 10 Kapitelsaal*

König Afonso Henriques 1147 hier seine Ritter zum Kampfe gegen Santarém sammelte, versprach er, den Zisterziensern alles Land ringsum zu schenken, gelänge es ihm, die Mauren von dort zu vertreiben. Mitte März schon wurde Santarém genommen, und der König hielt sein Versprechen, revanchierte sich bei Bernhard von Clairvaux für dessen Fürsprache beim Heiligen Stuhl (Innozenz II.), als es um die Anerkennungsprozeduren zwischen

# ALCOBAÇA

Alfonso von Kastilien, der Kurie und Henriques für ein neues Königreich Portugal ging. Vier Jahre lang zogen sich die Verhandlungen hin und endeten mit dem Vertrag von Zamora 1143/44, in dem das neu entstandene Königreich Portugal bestätigt und gleichzeitig zum päpstlichen Lehen »gegen Zahlung von vier Unzen Gold jährlich« wurde.

Bereits im folgenden Jahre legte der König selbst den Grundstein für eine kleine Kirche »zu Gottes Ehren und zum Dank für die glückliche Vertreibung der Mauren aus Santarém«, um die herum die ersten Klosteranlagen entstanden. Das Land wurde urbar gemacht, neue Mönche kamen aus Frankreich, neue Klosterbauten entstanden, und 1178 begann man auch mit dem Bau einer neuen, großen Klosterkirche und beendete um 1222 den gesamten Klosterkomplex, an dem aber auch später noch umgebaut, angesetzt und verbessert wurde, bis zu dem Bild, das man heute von Alcobaça hat.

Mit einer Front von 221 m im Quadrat schließen die Baulichkeiten ein: die mächtige Kirche, fünf Kreuzgänge, sieben Dormitorien, eine Hospedaria, die Bibliothek, mehrere Wirtschaftsgebäude und die riesenhafte Küche für ›einen weniger als tausend‹, also 999 Mönche nach der befolgten Ordensregel der Zisterzienser. Alcobaça war Mutterkloster von 18 anderen Mönchsgemeinschaften, der Abt gehörte zu den ranghöchsten Würdenträgern des Reiches, war königlicher Rat, Generalgouverneur und Donator der Krone, er gebot über drei Seehäfen und 13 Städte und hatte die Macht, die besten Baumeister und die hervorragendsten Künstler zu verpflichten, zumal Könige das Kloster mit Geschenken überhäuften, Privilegien gewährten oder es zu ihrem Begräbnisplatz bestimmten.

1755 zerstörte das große Erdbeben viel, später die marodierenden Franzosen mehr, und nach der Säkularisation 1834 galten selbst die geschnitzten Barockaltäre als herrenloses Brennmaterial, das man bei Bedarf mit der Axt zerschlug. Gottlob erklärte man 1930 das Kloster zum Nationalmonument und verhalf ihm damit zu neuem Ansehen, wie es ihm als einem der bedeutendsten religiösen Baudenkmäler europäischer Frühgotik zukommt. Der größte Teil des Gebäudes ist heute Schule und Sitz von Behörden, so daß nicht alle Räume besichtigt werden können.

Dem strengen, schmucklos frühgotischen Giebel der *Kirche* (Abb. 50) wurde 1725 eine barocke Fassade angesetzt und die Front erhöht, das einfache alte Portal und die Fensterrose aber belassen. Zwei flache, dennoch prächtige Türme flankieren den Mittelbau mit einer Marienstatue und den beiden Heiligen Benedikt und Bernhard. Maßvoll geben diese Plastiken mit etwas wunderlichen, nachgemachten spätgotischen und sogar manuelinischen Stilelementen der Eingangsseite ein eigenes, optisch-ästhetisch aber befriedigendes Gesamtbild.

Der *Innenraum* (Abb. 48) überrascht desto mehr, es ist ein geradezu gigantischer, schmucklos ernster, hell und erhaben erbauter frühgotischer Hallenbau, 106 m lang, 20 m hoch, aber nur 17 m breit und ohne Seitenkapellen, Umgänge oder Galerien, Portugals größter Kirchenbau. Die 24 mächtigen Pfeiler im Langhaus kragen ihre Dienste zum Mittelschiff hin ab, ein Kennzeichen der asketischen Zisterzienser-Architektur, die hier das Schema von Clairvaux voll durchzieht, gleichhohe Schiffe, die beiden seitlichen überschmal. Statt des ursprünglich rechteckigen Abschlusses besitzt der Chor einen Umlauf mit Kapellenkranz hinter einer auf zwei Pilaster und acht Säulen gestützten apsidialen Arkadenreihe. Die Spitzbögen haben Lanzettenform; das doppelte Querschiff wird von vier quadratischen Absidiolen flankiert; an den Altären lebensgroße Terrakottafiguren aus dem 18. Jh. zum Thema ›Tod des Hl. Bernhard‹, dem die Kirche geweiht ist. Von dem Chor der Mönche und Laienbrüder im Langhaus ist nichts erhalten geblieben, und es ist fast müßig zu betonen, daß auch hier die Franzosen das gesamte kunstvoll geschnitzte Gestühl als Feuerholz verbrannten, so wie sie die Terrakotten verstümmelten oder an den beiden königlichen Prunksarkophagen vorstehende Details blindwütig zerschlugen. Allein acht Rundpfeiler umstehen den Hauptaltar, geben der Würde der Halle das Signum des königlichen Gründers.

König Manuel beauftragte 1519 João de Castilho mit dem Umbau der *Sakristei* zwischen Kapellenkranz und rechtem Querschiffarm. So überspannte Castilho die Sakristei mit einer kassettierten Tonne, die zugehörige Kapelle mit kassettierter Steinkuppel, beließ dem fünfeckigen Vorraum das reiche Netzgewölbe mit gewundenen Rippen und dekorierte die Portalöffnung manuelinisch-naturalistisch als astlose Baumstämme, die sich oberhalb der Bekrönung mit wild wucherndem Geäst und Blattwerk über dem Kielbogen verschlungen vereinen. Laibung und Profile der Türen sind schon feierliche Renaissance.

Mittelpunkte der beiden Querschiffarme sind die *Prunksarkophage* für *König Pedro I.* (rechts) und für *Inês de Castro* (links) die, was ihre der Wirklichkeit zugewandte Formensprache voller Anmut und Melodik

anbelangt, nur verstehen wird, wer den Hintergrund, ihre Geschichte kennt: 1328 kam mit der für den portugiesischen Thronfolger Pedro bestimmten Prinzessin Constanza von Kastilien auch deren Hofdame Doña Inês de Castro an den Hof von Portugal, und anstatt zu seiner ihm eben angetrauten jungen Frau, entbrannte Pedros Liebe für Inês. Ein Liebesverhältnis begann, aus dem in den nächsten Jahren mehrere Kinder entsprossen. Als Constanza früh verstarb, legalisierte der Prinz seine Beziehungen und heiratete Inês in aller Öffentlichkeit. König Afonso IV., Pedros Vater, widersetzte sich der Ehe heftig, denn er hegte Befürchtungen wegen möglicher kastilischer Ansprüche auf Portugals Thron. Schlecht beraten, ließ Afonso IV. die Frau seines Sohnes ›im Staatsinteresse‹ in dem heute Quinta das Lagrimas genannten Landhaus bei Coimbra von drei gedungenen Höflingen erdolchen. Pedro erhob sich gegen seinen Vater, mit Mühe konnte ein Bürgerkrieg verhindert und eine oberflächliche Versöhnung herbeigeführt werden. Zwei Jahre später, 1357, starb der alte König, und Pedro bestieg den Thron. Ein furchtbares Strafgericht begann, die Mörder wurden gejagt, ihre Auslieferung von Spanien, wohin sie geflüchtet waren, erwirkt (nur einem gelang die Flucht nach England). In Santarém wurden sie, in Pedros Gegenwart, grausam hingerichtet, den lebenden Körpern die Herzen aus der Brust gerissen, dem einen nach vorn, nach hinten dem anderen. Dann ließ der König den Leichnam der Geliebten und Gattin, der im Santa Clara-Kloster in Coimbra einbalsamiert ruhte, in die Kathedrale überführen, auf den Königsthron setzen, und befahl dem Adel des Landes und den Cortes der mit allen Insignien königlicher Würde, mit Kro-

253

*Die Ermordung der Inês de Castro*

ne, Purpurmantel und Schmuck bekleideten Toten zu huldigen und ihre starre Hand zu küssen. In einem gespenstischen Leichenzuge, nachts von Fackeln beleuchtet, gefolgt vom König und den Granden des Landes, von Prälaten, Mönchen und zur Trauermusik wehklagender Bauern überführte man die Tote nach Alcobaça, wo sie beigesetzt wurde. Camões, Dichter des 16. Jh., und andere nach ihm haben diese wahre portugiesische Liebesgeschichte dramatisch verwertet. Die beiden Sarkophage stehen sich Fuß zu Fuß gegenüber, damit, wie Pedro es wünschte, »bei der Auferstehung jeder zuerst den anderen erblicke«.

Der *Sarkophag des Königs* ruht auf sechs Löwen, den Zeichen königlicher Macht, die Längsseiten zeigen Geschehnisse aus dem Leben des Hl. Bartholomäus, Pedros Schutzpatron. Den Höhepunkt sehen wir in den Darstellungen der Rosette am Kopfende (Abb. 51): das Zusammenleben der Liebenden und in naturalistischen Details der Mord an Inês, achtzehn Szenen von tragischer Spannung; oben, mit der Krone, die Liegefigur des Königs zwischen Engeln, die Hände am Schwert, das den Mord nicht verhindern, ihn nur rächen konnte.

Den *Sarkophag der Inês* tragen kauernde und wie von der Masse des steinernen Sarges zu Boden gebeugte Widersacher (möglicherweise auch die Mörder), die gleichnishaft unter der Last ihres Gewissens zerstört am Boden liegen (Abb. 49). An den Längsseiten schönformige Darstellungen aus dem Leben Christi, ringsum ein Fries mit Wappen Portugals und dem der Castro-Familie, am Kopfende die ›Kreuzigung‹ und am Fußteil das ›Jüngste Gericht‹ (Farbt. 26), eine fast barock gesteigerte Phase gotischer Bildhauerkunst, mehrachsig in der Bewegungsrichtung, im Detail voll verinnerlichter Auffassung. Man sollte sich Zeit lassen, die körperhafte Diesseitsnähe dieser oft nur bleistiftgroßen Figürchen zu betrachten, in einem Stil voller Lieblichkeit und doch kräftigem Realismus. Betende und dienende Engel auch um die Liegefigur der Inês, sie selbst mit Schleier und Krone, ihr Haupt unter einem Schmuckbaldachin, lieblich und anmutig in Ausdruck und Linienspiel. Kokett hält sie in der Linken einen Handschuh, die Rechte spielt mit den Perlen ihrer Halskette, die Schönlinigkeit der Gewanddrapierung dominiert über das Körperhafte.

Die *Sala dos Túmulos* ist die Grabkapelle mit den Urnen der Königinnen Urraca und Brites, inmitten der Schar ihrer Kinder (Abb. 52), lebensnah die plastische Aussage, gleichnishaft auf das Jenseits weisend der Ausdruck (13. Jh.). Die beiden Könige

Afonso II. und III. ruhen in der *Capela da Morte de São Bernardo*.

König Diniz hatte den *Kreuzgang* zu Ausgang des 13. Jh. anbauen lassen, zu Beginn des 16. Jh. ließ Manuel I. ihm durch Castilho ein Obergeschoß aufsetzen. So hat man unten klare Gotik mit geschlossenen Wandflächen, oben je nach der unteren Fensterzahl weit geöffnete Bögen auf grazil gewundenen oder kandelaberartigen, mit manuelinischem Schmuckdekor überzogenen Säulen, während die Ecken zu den Außenmauern hin durch diagonale Korbbögen verspannt sind. Das vorspringende gotische *Brunnenhaus* mit sechs reichverzierten, zart modellierten renaissancen Deckplatten an der Beckenfassung steht vor dem Eingang ins *Refektorium* aus der frühen Klosterzeit mit der alten Lesekanzel auf fünf romanischen Bögen über recht schlanken Säulen. Der *Große Saal*, das *Scriptorium* (Abb. 47) und die zweigeschossige *Bibliothek* beeindrucken ihrer konsequenten Raumvereinfachung wegen, lassen trotz des lastenden Steins die Räume fast irrational schwebend erscheinen, weil mönchisch schlicht auf Monumentalität und Durchgliederung verzichtet wird.

Staunen erregt stets die große, 18 m hohe *Küche* mit dem von acht eisernen Säulen getragenen Kamin, die großen Marmortische, die acht mit Löwenköpfen gezierten Wasserzapfhähne und das Frischwasserbecken für Fische, durch das man praktischerweise Wasser der Alcoa geleitet hat. Was heute meist kopfschüttelnd bestaunt wird,

*Alcobaça: Azulejo-Bild in der Sala dos Reis, König Afonso Henriques und Zisterziensermönche bei der Zeremonie der Klostergründung*

## ALCOBAÇA BIS ABRANTES

war einst Notwendigkeit, als hier tagtäglich die Mahlzeiten für weit mehr als tausend Menschen bereitet werden mußten. Unter Kardinal Afonso entstanden neue Bauten an den Ecken des Klosterquadrats und noch zwei andere Kreuzgänge, steife, steile Arkadenhöfe auf Säulen und Pfeilern, die langweilig durch die geschlossene Fensterarchitektur wirken.

Zuletzt der Königssaal, *Sala dos Reis,* ein Quadratsaal mit Netzgewölbe auf vier Säulen. Beachtlich sind die Azulejobilder, lebensvolle Illustrationen zur Klostergeschichte an den Wänden rund um den Saal; interessant die Terrakotten fast aller Könige Portugals, außer João III., Kardinal-König Henriques, den drei spanischen Filipes und João IV., keine Kunstwerke, sondern liebevolle Arbeiten begabter Mönche, kaum Individualisierung, mehr hoheitsvolle Idealität. Kurios ist der riesenhafte Bronzekessel, ebenso wie die Behauptung, er wäre in der Schlacht bei Aljubarrota den Kastiliern abgenommen worden, oder daß die Kämpfer von Nuno Alvares ihn in die Schlacht mitgeschleppt hätten, weil sie keinen Tag auf ihre Caldeirada-Suppe verzichten wollten.

Welchen Verzicht notwendigerweise der Kunstfreund auf sich nimmt, ist nicht abzuschätzen, denn was für Schätze, welche

Großartigkeit und Schönheit, über 600 Jahre lang im reichsten und größten Kloster Portugals von kunstsinnigen Äbten angeregt oder in Auftrag gegeben und dann von den hervorragendsten Künstlern gearbeitet, müssen bei den mehrfachen Erdbeben, durch Napoleons Soldateska und durch Indolenz zur Zeit der Säkularisation verlorengegangen sein.

Das 2 km südwestlich gelegene Dorf Vestiaria besitzt eine Kirche mit sehenswertem manuelinischem Portal.

Auf der N 1 nach Norden; nach 6 km rechterhand Abzweigung zum Dorfe ALJUBARROTA, wo am 15. August 1385 König Joãos I. Truppen unter Führung von Nuno Alvares Pereira die überlegenen Kastilier entscheidend schlagen und damit Portugals Unabhängigkeit sichern konnten. Neben der romanischen *Kirche Nossa Senhora dos Prazeres* viele hübsche alte *Bauernhäuser,* an einem ein eingemauerter Schieber. Mit ihm soll Brites Almeida, die resolute Frau des Dorfbäckers, am Tage des großen Kampfes sechs Kastilier erschlagen und anschließend in den feurigen Ofen geschoben haben. Die dort eingerichtete Unterkunft (Turismo de Habitacão) in der Casa da Padeira kann besonders empfohlen werden.

Gut 10 km weiter die kleine Kapelle SÃO JORGE, der Platz, von dem aus angeblich Nuno Alvares seine Truppen befehligte und um Gottes Hilfe für den Sieg betete. An diesem glühenden Augusttage reichten ihm Bauern aus der Umgebung klares Wasser zum Trinken, und seitdem, und bis heute noch, steht links von der Kapellentür ein Becher und ein ständig mit frischem Wasser gefüllter Krug. Innen befindet sich ein Bildwerk ›St. Georg besiegt den Drachen‹.

Hier biegt man rechts ab in die N 243 nach PORTO DE MÓS. Vom Hauptplatz an der Straße führt ein mit Passos, Kreuzwegstationen, bestandener Weg hinauf zum eigenartig anmutenden *Schloß* aus dem 15. Jh., gebaut aus maurischen Intentionen, gemischt mit solchen französischer Renaissanceschlösser und byzantinisch ergänzt, eine primitive Spielerei, mit

256

der einzig die schöne Aussicht ins Tal des Rio Lena und in die umliegende Landschaft versöhnen kann. In der Nähe die Tropfsteinhöhlen *Santo Antonio;* 6000 Quadratmeter groß und *de Alvados,* die erst 1955 und 1964 entdeckt worden sind.

Bei *Mira,* auf der Weiterfahrt, gibt es mit 110 m die tiefsten Höhlen Europas (Fahrstuhl), Seen, Bäche, Kaskaden usw., 1974 erschlossen.

Über die Serra de Aire (Olivenanbau) geht es dann direkt nach *Torres Novas,* einer Textilindustriestadt am Rio Almonda unter den Ruinen einer von König Fernando I. erbauten Burg aus dem 14. Jh. Den Kunstfreund kann die Misericórdia-Kirche ihres feinlinigen Renaissanceportals wegen interessieren. Die Azulejos innen sind aus dem 17. Jh.

GOLEGÃ ist das nächste, wichtige Ziel (10 km). Denn hier steht mit der *Igreja Matriz* die Kirche, deren System, man spricht vom Golegã-Typ, gut fünfzig Jahre lang in Portugal wie in den Überseeprovinzen sehr oft angewendet wurde, weil es große Kirchen mit wenig Aufwand ökonomisch zu bauen möglich machte. Es handelt sich um ein durch je fünf Bögen auf Pfeilern geteiltes, also dreischiffiges Langhaus mit abgeschrägter, im Mittelschiff muldenförmig eingeknickter Holzdecke, verziert gegliedert in Kassetten mit spätgotischen Hängezapfen, Überbleibsel maurischer Einflüsse. Der Chor ist hier viereckig, kann aber auch gewölbt oder achteckig und durch Chornischen erweitert sein, der Bogen des manuelinischen Arco triunfal zeigt natürlich den bekannten Steintauschmuck. Während mit dem Bau der Kirche wohl noch vor 1495 begonnen wurde – das Wappen König Joãos II. über dem Rundfenster läßt es vermuten –, entstand erst um 1510 das stolze *Portal* (Abb. 55), an dem typische Details auf Boytaca, möglicherweise auch auf die Fernandes hinweisen: die gedrehten Säulen (man denkt an Setúbal), die spätgotischen Füllungen zwischen ihnen und das ornamentale Liniengeschlinge in den schwingenden Bögen, von wo symmetrisch in zwei sich schließenden Ringen die Rahmung so aufsteigt, daß sie, wie ein Jongleur den Ball, die Rundfenster, die Wappen und die Armillarsphären im Gleichgewicht zu halten scheint.

*Fest:* am Martinstag, 11. November, mit Reittunier und Viehmarkt, besonders Pferde.

Von Golegã muß man zurück nach *Entroncamento* (7 km) und dann weiter auf der N 3 Richtung *Abrantes.* Bei *Barquinha* die Quinta da Cardiga, einst im Besitz der Tempelritter, und dann bald auf einer Flußinsel im Tejo das KASTELL VON ALMOUROL, wohl Portugals schönste Burganlage, eine von Pflanzen romantisch umwucherte Inselfeste inmitten einer üppigen Flußlandschaft (Abb. 54). 1171 ließ der Ordensmeister der Tempelritter, Gualdim Pais, das Kastell auf römischen und maurischen Fundamenten errichten. Zehn Türme sind noch erhalten. Mit einem Fischerboot kann man von Tancos aus die Insel umrunden.

ABRANTES lagert sich um die Burg auf einer Felsnase über dem Tejo, wo 1303 König Diniz seine Festung errichten ließ. Allein der Blick von dort oben ist die Sehenswürdigkeit des Ortes, der lieblich in einer blühenden Fruchtlandschaft zwischen Palmen, Nadelhölzern und weiten Zuckerrohrfeldern liegt. Innerhalb der Burganlage befindet sich die *Kirche Santa Maria do Castelo* (ursprünglich 1215, im 15. Jh. erneuert), die heute das *Museum Dom Lopo de Almeida* mit spätgotischen Grabmälern der Familie Almeida (15./16. Jh.), Azulejos aus

257

TOMAR

dem 16. Jh. und gotischen Skulpturen beherbergt. Im Ort gibt es die *Kirche São João Baptista* (1300 gegründet, im 16. Jh. erneuert) mit Talha-dourada und Renaissance-Kassettendecke; die *Kirche Misericórdia* mit Renaissanceportal zeigt Gemälde der portugiesischen Schule aus dem 16. Jh. Der *Convento de São Domingos* (ursprünglich 15. Jh.) zeigt einen schönen zweistöckigen Kreuzgang. Man muß zurück bis *Constancia*, einst Römerort Pugna Tagi, biegt dort in die N 358 und erreicht nach 9 km die Staumauer von *Castelo de Bode*, wo eine 127 m hohe Mauer zwischen nur 165 m weit voneinanderstehenden Felsflanken den Rio Zêzere kurz vor der Mündung in den Tejo in einer dritten Staustufe zu Elektrizitätserzeugung und Bewässerung zwingt. Hier steht die Pousada de São Pedro. Der Fluß kommt vom Tôrre, Portugals höchstem Berg in der Serra da Estrela.

30 km östlich von Abrantes liegt *Belver* mit einer großen, von König Sancho I. gegen Ende des 12. Jh. erbauten Burg, 1390 von Nuno Alvares Pereira restauriert. In der Burgkapelle befindet sich ein schöner Altaraufsatz aus dem 13. Jh. Vom Balkon Sanchos I. schöner Blick ins Tejotal.

## TOMAR

am Rio Nabão, in einer der Toskana ähnelnden Landschaft gelegen, war, vielleicht deshalb, römisches Siedlungsgebiet (Nabantia, 2 km westwärts, dürftige Ruinen von Häusern, Straßen, Plätze, Mosaiken, der römische Aquädukt), dann Sitz eines maurischen Wali. Als während der Reconquista und besonders bei der Eroberung von Santarém die Tempelritter sich hervortaten, überließ ihnen König Afonso Henriques 1159 das Castelo de Ceras am Nabão, und schon ein Jahr später begann dort der Bau der Kirche vom Ölberg, *Santa Maria do Olival*, der Mutterkirche aller Templerkirchen Portugals. Sie steht jenseits des Nabão heute am Rande der Stadt, wurde 1540 gotisch umgebaut, wobei nur Rose und Vorhalle der ersten Templerkirche erhalten blieben. Bis zu Zeiten Joãos III. war hier, weil das neue Kapitelhaus Manuels nie fertig wurde, der Sitz des großen Ordenskapitels, hier wurden viele Ordensmeister, u. a. auch Gualdim Pais, und hervorragende Ritter begraben, aber auch Bischof Diogo Pinheiro von Funchal (†1525), Vicar von Tomar, der das Gebiet seiner Inseldiözese freilich nie betreten hat. Sein Grabmal ist vielleicht das beste portugiesischer Frührenaissance überhaupt, allerdings stark von französischen Arbeiten beeinflußt, die mehr in Coimbra zum Zuge kamen. Beachtenswert ist schließlich die auf einer schlanken Vase geradezu ihr Gleichgewicht suchende grazile Renaissancekanzel. Der dreistöckige Glockenturm steht allein.

Die Milites Templi oder Templarii hatten ihren Ursprung in den Kreuzzügen, als sieben Waffengefährten Gottfried von Bouillons sich 1118 zusammentaten, um künftig die zu den heiligen Orten in Palästina wallfahrenden Pilger vor den Moslems zu schützen. Dazu überließ ihnen als Wohnsitz König Balduin II. von Jerusalem einen Flügel seines Palastes, der am Platze des Salomonischen Tempels lag, wo sich heute der Felsendom (Omar-Moschee) erhebt. Seitdem hießen sie die ›Templer‹, der Orden wurde päpstlich bestätigt, Geschenken und Privilegien überschüttet und vom Zehnten, von Zöllen und Abgaben befreit. Zur Zeit seiner höchsten Blüte im 13. Jh. besaß der Orden in den Ländern Europas 9000

*Ritter des Templerordens auf dem Scheiterhaufen. Miniatur aus dem 14. Jahrhundert. Zeichnung: Archiv für Kunst und Geschichte*

Komtureien und hatte über Donatoren (Stifter), Oblaten (früh dem Kloster übergebene Kinder, Laienbrüder) und Affilierte (Beigesellte, meint Förderer) Einfluß in allen Bevölkerungskreisen seiner Zeit. Der Großmeister besaß fürstlichen Rang, seine Großprioren regierten als Ordensmeister in den Provinzen. Einer von ihnen war Gualdim Pais in Portugal, er hatte noch als Ritter an der Eroberung von Santarém teilgenommen, dann während des Zweiten Kreuzzuges im Heiligen Land gekämpft und war, nach Hause zurückgekehrt, zum Ordensmeister der Templer in Portugal ernannt worden. Weil Castelo de Ceras im Tale ihm zur Verteidigung wenig geeignet erschien, begann er 1160 oben auf dem Bergrücken über dem Tal mit dem Bau einer Tempelritterburg und nannte den Platz nach dem arabischen Flußnamen für Nabão ›Tomar‹. Er hatte taktisch richtig gehandelt, denn dreißig Jahre später konnte man sich innerhalb der bereits von vier Mauerringen umgebenen Wehranlage erfolgreich gegen die anstürmenden Maurenkrieger des Sultans Jakub Ibn Jussuf verteidigen.

Als 1291 in Palästina die christliche Herrschaft zu Ende ging, ließ sich der Großmeister der Templer in Limassol auf Cypern nieder. In Frankreich aber, wo der Orden seine meisten Besitzungen hatte, konnte der auf diese Reichtümer versessene und dazu noch von den Templern als Rittermitglied abgelehnte König Philipp der Schöne, als mit Clemens II. ein von ihm Abhängiger Papst geworden war, erfolgreich gegen die Templer vorgehen. Er ließ sie – nicht ganz zu Unrecht – des Wohllebens, der Ausschweifungen und des Götzendienstes beschuldigen, veranlaßte hochnotpeinliche Untersuchungen und bestätigte seinen Gerichten Todesurteile und Verbrennungen und zwang derart schließlich den Papst, im März 1312 den Orden aufzulösen und sein Vermögen in königlichen und fürstlichen Besitz oder in den des Johanniterordens zu überführen.

In Portugal vermochte zwar König Diniz nicht, die Auflösung des Ordens zu verhindern, übertrug aber dessen Kommenden und alles bewegliche Gut der Templer dem im August 1318 neu gestifteten Orden de Cavalaria de Nosso Senhor Jesu Cristo, der de facto den bisherigen Orden unter einem neuen Namen fortsetzte. Schon 1318 bestätigte der neue

TOMAR

Papst Johannes XXII. den Christusritterorden mit der Anweisung, künftig nach den Regeln des Hl. Benedikt und den Satzungen der Zisterzienser zu verfahren. 1350 verband Papst Julius III. schließlich das Großmeistertum für immer mit der Krone Portugals. Damit waren die Aufgaben des Ordens ausdrücklich nationale geworden: Reconquista, also Kampf gegen die Mauren, Festigung der Königsherrschaft und Vergrößerung Portugals. Erster Ordenssitz wurde Castro Marim, bis man ihn wieder in die alte Templerburg nach Tomar zurückverlegte. Unter Heinrich dem Seefahrer begann der Orden aufzublühen wie zu den besten Zeiten der Tempelherren, da jetzt Prinzen und Könige ihm als Ordensmeister vorstanden. Ob im Krieg gegen die Mauren oder bei den Entdeckungen später spielten immer die Christusritter eine entscheidende Rolle, so daß zur Zeit Manuels I. der Orden der Christusritter von Portugal mit Sitz in Tomar wieder der mächtigste und wohlhabendste der gesamten Christenheit geworden war. Erst als 1521 der bigotte João III. den Ritterorden unter dem Einfluß der Jesuiten in den Mönchsorden Frades do Cristo umwandelte, begann der stete Niedergang, den 1789 auch die Verstaatlichung nicht aufhalten konnte, bis 1910 mit dem Sturz der Monarchie schließlich der Orden ganz aufgehoben wurde. Sein Zeichen, das achtspitzige rote Kreuz aber schmückt bis heute die Ordensbauten, es gehörte als Signum in König Manuels Wappenbild und flatterte von den Segeln der die Weltmeere entdeckenden portugiesischen Karavellen. Heute wirbt es auf Werbeprospekten zum Besuch des einstigen Ordenslandes Portugal.

Die Chronik der beiden Ritterorden in Tomar umspannt gut vier Jahrhunderte Geschichte und portugiesische Kunstausübung. Damit bleibt die *Templerburg* wichtigster und erster Besuchsplatz.

Durch das Osttor und eine Gartenanlage an Resten der alten Mauern kommt man über eine breite Treppe zur Plattform (1) vor dem Kirchenportal und steht im ältesten Teil der Klosteranlage des Gualdim Pais aus dem 12. Jh. mit Burg, Rotunde und Kreuzgang. Weiter haben dort gebaut: Heinrich der Seefahrer den Palast, zwei Kreuzgänge (da Lavagem, do Cemitério) und den zweigeschossigen Arkadenhof; König Manuel I. den Kirchenanbau mit Kapitelsaal und Hochchor, den Kreuzgang Santa Barbara und das neue Kapitelhaus; König João III. und die spanischen Filipes dann das neue Kloster mit vier Kreuzgängen (dos Filipes, da Hospedaria, dos Corvos, da Micha), es ist das größte Renaissancebauwerk in Portugal.

*Der obligate Rundgang, dem unsere Beschreibung der Übersichtlichkeit halber folgt, läuft nicht geschichtssynchron ab, sondern beginnt mit den Bau- und Kunstwerken der Manuelzeit.*

Als der Almohade Jussuf das Templerkastell berannte, stand bereits ihre Burgkirche, die zinnenbewehrte Rotunde, die bis heute Mittelpunkt der gesamten Anlage geblieben ist. Weil sie aber vermutlich bald für Ordenskapitel und Gläubige zu klein geworden war, ließ Manuel zu Beginn des 16. Jh. von João de Castilho eine neue Kirche mit einem Kapitelsaal unter ihr ansetzen und an der Nahtstelle von ihm das heutige *Eingangsportal* (2) meißeln, eingezogen in einem vorgelegten und hochgezogenen Portalbo-

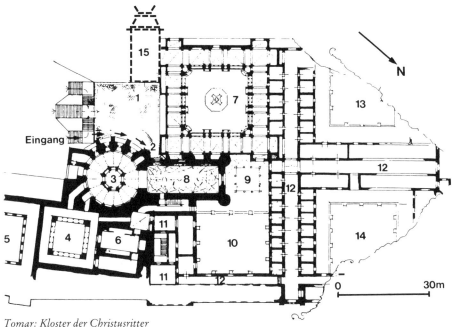

Tomar: Kloster der Christusritter
1 Terrasse  2 Eingangsportal  3 Rotunde  4 Claustro do Cemitério  5 Claustro da Lavagem
6 Sakristei  7 Claustro dos Filipes mit Hofbrunnen  8 Kapitelsaal und Hochchor  9 Claustro de Santa
Barbara  10 Claustro da Hospedaria  11 Höfe  12 Gänge  13 Claustro dos Corvos 2  14 Claustro
da Micha  15 neues Kapitelhaus (geplant, aber nicht ausgeführt)

gen mit Maßwerksfries und spätgotischen Hängern, ein grandioser, vertikaler Aufbau mit Maria und dem Kind in der Spitze der Figurenpyramide unter einem Schmuckbaldachin in der senkrechten Achse von Manuels Sphärenkugel unten und dem Christusritterkreuz ganz oben. Je fünf Figuren auf jeder Portalseite stehen sich gestaffelt und gegenkurvig versetzt gegenüber, alle distanziert im Gesichtsausdruck, aber mit noch gotischer Schönlinigkeit im Gewandstil. Geometrisches Liniengewinde, Blattranken, Medaillons und freie Dekorformen füllen die Bogenläufe als Übergang zur nun plastischen, klaren, rein renaissancen Türfüllung – im Gesamt ein zierliches, verkleinertes, fast intimes Pendant zum Südportal von Jerónimos zu Belém.

Das Äußere des Chorbaues (rechts) ist im ursprünglichen Zustand, links verdeckt dagegen die Rückwand des Philippinischen Kreuzganges die überquellend gezierte Front des Langhauses, die man aber später von innen in ihrer ganzen Pracht bewundern kann.

Innen hat João de Castilho die alte Rotunde über einen großen Spitzbogen mit dem Anbau Arrudas recht glücklich verbunden, er ließ zwei Seiten des äußeren Sechzehnecks fortfallen und stellte dafür ausgleichend

TOMAR

*Tomar: Eingang zum Chor des Christusritter-Klosters*

eine zierliche Marmorkanzel davor. Den bemalten Bogen schmückte er mit dem Kreuz der Christusritter, mit Medaillons der Evangelisten, Kartuschen und dekorativem Rahmenwerk.

Die *Rotunde* (3) bildet eine sechzehnseitige frühgotische Schale um die byzantinische Charola mit dem Hauptaltar, den man der Grabeskirche in Jerusalem nachgebaut haben soll, umklammert ihn mit sechzehn Rippen, die als Kuppelstern (Abb. 57) in der achteckigen Charola dos Templarios (5 m im Durchmesser) enden und dort acht Dreiecke bilden, die überreiche Dekore, Goldzapfen, barockisierende Christuskreuze und königliche Armillarsphären gleichsam ins Zentrum hineinwachsen lassen. Byzantinisch, mit Goldauflagen und Farben, mit Friesen, Bändern und Kapitellen, mit Maßwerk an den oberen Wänden und Schmuckwerk in den Bögen, prunkt noch immer die Ausschmückung. Hier standen um den Altar einst drei holzgeschnitzte Figurengruppen, vermutlich eine Kreuzigung, von der die Teilstücke Maria und Johannes erhalten sind, Figuren mit tragisch verspannten Gliedern, ähnlich den Apostelfiguren (nicht vollständig), die vor den Diensten der äußeren Umfassung stehen und die alle einem

Flamen, Oliver von Gent, zugeschrieben werden, während die Wand- und Gewölbefresken vielleicht, die zwölf Tafelgemälde aber bestimmt vom Niederländer Johannes Dralia gemalt wurden.

Genial bleibt Arrudas Anbaulösung: ein Hochchor oben, der Kapitelsaal darunter, eingespannt, wenn man sie von der Charola-Perspektive her sieht, in Castilhos nuancierte Spitzbogenbindung. Die gefügten Steinwände sind schmucklos geblieben, wirken kühl und nobel. Steintauwerk faßt rahmend die Fenster, eine Balustrade schließt vorne ab, bleibt durchscheinend zum inneren Eingangsportal aus manuelinischen Ständern und renaissancem Rahmenbeschlag. Runde Strebepfeiler stützen drei Joche mit stattlichem Netzgewölbe, die Dienste streben geordnet aus wirr in unglaublicher Ornamentik wuchernden Gewölbefängern. Was fehlt, ist das Gestühl, das ab 1509 Oliver von Gent und die Brüder Leal geschnitzt hatten, drei Sitzreihen mit Pulten, Klappsitzen, geschnitzten Wangen, Lehnen mit Baldachinen und Bildern der Ordensmeister, ein Himmel mit Friesen und durchbrochener Krönung aus Wimpergen und Fialen, mit Wappen und allen spätgotischen wie frührenaissancen Formen, vermutlich noch vor dem Stuhlwerk von Santa Clara in Coimbra das kunstvollste in ganz Portugal – Napoleons Franzosen zerschlugen es zu Feuerholz;

*Tomar: Hochchor, oberer Teil mit dem Rundfenster (vgl. a. Farbt. 27)*

# TOMAR

nur noch ein Holzschnitt in Barbosas ›Monumentos de Portugal‹ läßt ein wenig von einstiger Pracht ahnen.

Im *Claustro do Cemitério* (4) Heinrichs des Seefahrers, der mit Azulejos im Mudéjarstil geschmückt ist, die frührenaissancen Gräber von Diogo da Gama († 1523), einem Bruder des Entdeckerkapitäns, und vom Ordensmeister Baltasar de Faria († 1584). Auf dem Kreuzgangboden, dumpf beim Schreiten klingend, Platten über den Gräbern einfacher Ordensritter, ostwärts anschließend der einfache, zweistöckige *Claustro da Lavagem* (5) aus derselben Zeit, unten Pfeiler, oben Doppelsäulen unter Spitzbögen. Dem Claustro do Cemitério angesetzt ist die *Sakristei* (6), rein renaissance unter Filipe II. um 1620 entstanden, reich vergoldet, heller weicher Kalkstein, auf Pilastern und Bögen eine fröhliche Kassettentonne.

Jetzt durch die Kirche zurück in den *Kapitelsaal* unter dem Hochchor (8). Er ist niedrig, wird von einem flachen Netzgewölbe überspannt und belichtet von nur einem Fenster, dem berühmten, dessen Außendekore mit Recht stets als Leitmotive für die Manuelinik überhaupt herhalten müssen (s. Fig. S. 2; Farbt. 27). Innen, und besonders bei untergehender Sonne, umspielen dünnlinig und feiner als draußen die Zauberformen aus Bändern und Wellen, traumhaft fernöstliche Girlanden, spitze Ranken und gerippte Stäbe diese indische Fensternische und den Rahmen (vgl. a. Abb. 58). Durch die quadratischen Eisengitter blickt man zum Claustro de Santa Barbara (9).

Erst aber betritt man den *Claustro dos Filipes* (7; Abb. 59), der unter João III. begonnen, aber erst zur spanischen Zeit fertigge-

stellt werden konnte, würdige Hochrenaissance in kraftvoller Monumentalität und edler Zurückhaltung, eines Palladio würdig in voller Beherrschung seiner Regeln, was besonders deutlich wird, betrachtet man ihn über die Diagonale. Torralva und Terzi haben ihn so meisterlich erbaut für Feier und Repräsentation, und auch die Portugal erniedrigende Cortesversammlung fand hier statt, bei der am 15. April 1580 Philipp II. von Spanien zum Filipe I. von Portugal erklärt wurde.

Am Ausgang des 16. Jh. hat ein Álvares-Schüler, Fernando de Torres, den zweischaligen *Hofbrunnen* geschaffen. Die vier Treppenhäuser sind so halbkugelig über Eck gesetzt, daß man unwillkürlich an die von Franz I. im Loireschloß Chambord erinnert wird, sie lockern die strenge Wandgliederung von unten her über die geschraubten Treppenläufe hoch bis zu den Treppentürmchen auf, die, ganz wie in Belém und verspielt wie an indischen Tempeln, über die Dachterrasse hinausragen.

Hier endlich hat man den vollen Oberteil der *Chorfassade* vor sich, drei Strebepfeiler, zwei Felder, bekrönend eine Galerie auf einem Fries aus Sphärenkugeln und darüber eine Zackenkante mit Christusritterkreuzen, gestanzte Gitter, hellgrau vor blauem Himmel und überragt von den Pfeilerspitzen, eckig unten, besetzt mit fialenartigen Säulen, weiter oben zur Pyramide gerundet, gedreht und von Tauwerk umwunden und sogar figürlich besetzt. Das steigert sich von der Portalseite ausgehend nun von Joch zu Joch bis zum Eckstrebepfeiler (links), das erste Fenster noch wie etwa an der Conceição in Lissabon, das zweite gesteigert schon mit Wurzelwerk und Baumformen, Ästen

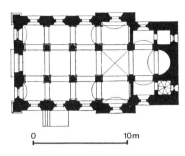

*Tomar: Nossa Senhora da Conceição, Grundriß und Ansicht*

und Blätterketten, Naturformen und indischen Details, ein gelungener architektonischer Kniff, der Rotunde und Anbau optisch auch außen geradezu unmerklich und übergangslos zusammenfügt und über den runden Eckstrebepfeiler, der von einem Schnallenriemen in der Mitte gegürtet ist, jetzt überleitet zum Fortissimo der *Westfront*.

Die zu betrachten, zu genießen, geht man am besten auf die obere Plattform des *Claustro de Santa Barbara* (9).

Wo anders gibt es solche Merkwürdigkeiten: runde Eckpfeiler, unten kanneliert, mit etlichen Lagen Steintauwerk umwunden, vom Schnallenband gegürtet, aus dem schlieriges Tanggewächs lappig herunterhängt? Waagerecht von Pfeiler zu Pfeiler binden straff gespannte Schiffstaue mit runden Korkscheiben die Mauerfront zusammen, in der unter dem Rundfenster die Zauberwelt der Wunderlichkeiten ungehindert ins Kraut schießen kann, Rollen, Bänder, Stege und Türmchen, Taue, Korallen, Madreporen, Liniengeschwinge und Spangen, Zapfen und Blattgirlanden, Wappen, Armillarsphären und Ritterkreuz, Gegenwart und erlebte Vergangenheit, Wirklichkeit und Traum aus fernen Welten, Europa, Afrika, Amerika und Asien, Land und Meer, willkürlich vielleicht, voller Naturgewalt, doch niemals roh. Monumentalität und Zurückhaltung, Ausgreifen und Zusammenballen, das mehr dynamische Unterteil und die stolz geprägte statische obere Hälfte, das Gitterwerk darunter und sein Quasi-Negativ darüber wirken durchaus gleichgewichtig und hindern durch die waagerechte Tauwerkeinspannung die überhohe Vertikale am Kippen. Der steinerne Gürtel zeigt den Hosenbandorden (Abb. 58). Hat sich möglicherweise unter dem Fenster der Künstler, Diogo de Arruda, dessen Bruder Francisco zur gleichen Zeit in Belém arbeitete, als kleines Männlein mit Hut verewigt? Hier und in Belém und noch einmal in Batalha erlebt man den Höhepunkt der Manuelinik, einer ›Über-Kunst‹ des Dekorativen. Die Symbolik ist klar: über allem, ob bekannt, ob fremd, verworren oder unverständlich, steht glanzvoll stolz Portugals Königtum von Gottes Gnaden.

1523 genehmigte der Heilige Stuhl in Rom König Joãos III. Antrag auf Umwandlung des Ritterordens in einen Mönchsorden, und sofort begann man mit den Um- und Ausbauten zu einem Kloster, setzte also den

## TOMAR BIS VILA NOVA DE OURÉM

jetzt philippinischen Kreuzgang (7) und die anschließenden *Klosterbauten* (10–14) an (heute Missionsseminar und Militärhospital, daher nicht zu besichtigen), je neunzig Meter lange Trakte in Kreuzform und Innenhöfe mit drei Kreuzgängen, die teilweise nur im Erdgeschoß vorhanden sind. Hölzerne Tonnengewölbe decken diese Korridore vor Zellen und Zimmern, in den Kreuzungen auf Pilastern vier Bögen mit kleiner Kuppel und Laterne, die oftmals über reizend kassettierte Gewölbe mit Rosetten, lieblichen Putten und Porträts, renaissancem Roll- und Girlandenwerk nur gefiltert ihr Licht verschwenden.

Beim Hinausgehen, gegenüber dem Eingangsportal, Ruinen aus Steinquadern, der Beginn von König Manuels *neuem Kapitelhaus* (15) für die großen Ordenskapitel, an dem ebenfalls Castilho zu arbeiten anfing. Zweigeschossig bis zur Höhe des philippinischen Kreuzganges war es geplant, mit dreiseitigem chorähnlichem Abschluß für den Thron des Ordensmeisters und mit Gewölbedecken in beiden Stockwerken, wie die vorhandenen Gewölbebasen und die Konstruktionselemente der Strebepfeiler beweisen. Der seinem Vater wenig ähnelnde João III. ließ alles liegen, wie man es noch heute vorfindet.

Wasser wurde aus 5 km Entfernung über den *Aquädukt dos Pegões Altos* zum Kloster geführt, der dort so eng angesetzt ist, daß seine Arkaden die Bögen der Mönchszellenfenster decken, dekoriert mit Spitzen, Pyramiden und den Christuskreuzen auf Pfeilern, ein großartiges Quaderwerk, 1595 durch Filipe I. begonnen und 1613 von Filipe II. beendet. – (Anfahrt zum Aquädukt

auf der N 113 Richtung Ourém. Nach etwa 2 km Wegweiser linksab und auf einer Zypressenallee zur gut erhaltenen Wasserleitung. Wagemutige und Schwindelfreie können auf der Anlage das weite Nabão-Tal queren.)

Unterhalb des Klosterkomplexes nach der Stadt zu im ersten Straßenbogen führt ein Stichweg zur Kirche *Nossa Senhora da Conceição* aus der Zeit Joãos III. Außen, trotz des heute verfallenen Eindrucks, ist sie beste Frührenaissance mit flachem Giebel, an den Ecken ionischen Pilastern, niedriger Kuppel und mit von Giebeln gekrönten Fenstern, deren Konsolen eigenartig schräg nach außen gestellt sind, ein perspektivischer Jux, ähnlich dem der Graça-Kirche in Évora. Der Innenraum ist dreischiffig. Korinthische Säulen tragen das gradlinige Gebälk mit hoch gewölbter Tonne darüber, die vierteilige Kuppel schmückt ein mit Rosetten dekoriertes Kassettengewölbe, und im Chor geht die Fortsetzung der Schiffstonne über in einen klaren Muschelbogen – insgesamt ein in Portugal nicht vermutetes Prachtwerk, in Form wie Material der Schematismus italienischer Frührenaissance und in so harmonischen Proportionen konstruiert und gebaut, daß Brunelleschi seine Freude daran gehabt hätte. Ob noch der alte Castilho oder Torralva die Meister waren, ist nicht klar.

Weiter unterhalb am Wege (rechts) eine Rundsäule, die über einem Achteck zu einem spätgotischen Zinnenturm mit Königssymbolen und Christusritterkreuz aufstrebt, Zeichen der im Königtume verankerten Gottesgeborgenheit, hier Gegenstück zu den Padrões, den Besitzzeichen der portugiesischen Seefahrer und Eroberer.

Am Kirchplatz des Städtchens Tomar, der Praça da República mit einem Denkmal für Gualdim Pais, der 1160 mit dem Bau des Ordensbaus begann, steht die spätgotische *São João Baptista* (Abb. 56), König Manuels Kirche für Johannes den Täufer. Sie glänzt zum Platze hin mit einem prächtigen manuelinischen Portal mit einer Krone in der Fischblase, einer bekrönenden Galerie über der Fensterrose und einem verklotzten Turm, der aus dem Quadrat übergeht ins Achteck und von einer massiven Steinpyramide gekrönt ist. Innen ist die Kirche dreischiffig, vom Golegã-Typ, auf einfachen Spitzbogenarkaden eine schräge Holzdekke, zur Mitte hin gebrochen; der zum Achteck geschlossene Chor wird von einem einfachen Netzgewölbe überspannt. Recht zierlich und reizvoll ist die spätgotische Kanzel, meisterhaft von einem geschickten Steinmetz mit fast barockem Rankenwerk und Überschneidungen durchwirkt. Beeindruckend sind acht Wandgemälde aus der portugiesischen Schule des 16. Jh., u. a. von Gregorio Lopes eine ›Salome‹, in kontraststreicher Komposition und realistischer Wirklichkeitsschilderung.

Bei besonderem Interesse besucht man in der Nähe der Olival-Kirche die *Igreja de Santa Iria* aus dem 16. Jh., Renaissanceportal und -fenster, die Kapelle *Miguel do Vals* voller Büsten und Medaillons brasilianischer Eingeborenenhäuptlinge und einem Kreuzigungsretabel aus Coimbra. In der Nähe die Kapelle *São Gregorio*, achteckig mit Holzportikus und manuelinischem Portal. Azulejos aus dem 18. Jh.

Von hier über 268 Stufen Aufstieg zur Wallfahrtskirche *Nossa Senhora da Piedade* (1613), weißblaue Azulejos, Panoramablick nach Tomar, zu arabischen Wasserrädern am Nabão und zum Kloster der Christusritter.

In der Rua Nova (bzw. Dr. Joaquin Jacinto) Nr. 73 befindet sich die ehemalige *Synagoge* aus dem 15. Jh. Obwohl es schon seit Beginn des 14. Jh. eine jüdische Gemeinde in Tomar gab, gelangte sie erst durch den Bau der Synagoge (zwischen 1430 und 1460) zu wirklicher Bedeutung. Im 16. Jh. diente die Synagoge als ein Gefängnis. Durch ein Dokument des 17. Jh. wird bestätigt, daß hier eine Kapelle des heiligen Bartholomäus existierte. Im 19. Jh. diente sie als Scheune und wurde 1921 zum Nationalmonument erklärt. 1939 wurde hier das luso-hebräische *Museum Abraham Zacuto* eingerichtet. Viereckiger Grundriß; zentrale Säulen mit orientalischen Konsolen und Kapitellen. Unmittelbar neben der Synagoge hat man ein Mikwe, das jüdische Ritualbad, entdeckt.

*Hauptfest* alle geraden Jahre im Juli: ›Festas dos Tabuleiros‹, *Jahrmärkte:* 9. bis 13. September und 20. bis 22. Oktober.

Sogar in Deutschland gibt es aus dem 13. Jh. zwei gut erhaltene Templerkapellen: in Wettin bei Halle mit manuelinischem Fenster, Tonnenwölbungen, Kreuzgrat mit Rosetten und Resten mittelalterlicher Malerei! – In Hof-Iben, nahe Bad Kreuznach, mit vor allem vorzüglich ausgearbeitetem Maßwerk und Blattkapitellen.

Die Straße führt durch weite wellige Pinienbestände nach Vila Nova de Ourém mit einer Burg des Grafen von Ourém aus dem 15. Jh. und den malerischen Ortsruinen vom alten

267

BATALHA

Ourém, beide 2 km von der Neustadt. Der Graf war ein unehelicher Sohn von König João I. Auffallend sind die eigenwillig auf renaissancen Kragsteinen und Konsolen aufliegenden Gesimse der Burgmauer; sie fallen ebenso aus der Reihe üblicher Burgenarchitektur wie die ganz ähnlichen der Burg von Porto de Mós. Fahrweg zur Burg, schöne Fernsicht.

### FÁTIMA

Nachdem stets am 13. der Monate Mai bis Oktober 1917 drei Hirtenkinder aus Aljustrel, die siebenjährige Jacinta, der achtjährige Francisco und die zehnjährige Lúcia, zwischen Gestrüpp und verkümmerten Bäumen oberhalb einer Steineiche der Virgen do Rosario (des Rosenkranzes) begegnet waren und sich die Erscheinung als Muttergottes zu erkennen gegeben hatte, sollen am letzten Erscheinungstage um 70 000 Menschen in der trostlosen Cova da Iria beim Dorfe Fátima das ›Wunder der rotierenden Sonne‹ beobachtet haben. In der Folgezeit entstand dort Portugals größter, bekanntester Wallfahrtsort, heute ein 152 000 Quadratmeter großer Pilgerplatz, doppelt so groß wie der Petersplatz in Rom, zwischen einem Steinkreuz und dem Denkmal für Papst Paul VI. auf der einen, Säulenhallen und der neobarocken Basilika (Abb. 53) vom Holländer von Kriechen (1928) auf der anderen Seite. Ihr Turm ist 65 m hoch und trägt eine sieben Tonne schwere Bronzeglocke. Im Querschiff die Gräber der Seherkinder, im Chor das von Bischof da Silva aus Leiria. Das Hauptaltarbild illustriert die Erscheinung von Fátima. Auf dem Platz die Erscheinungskapelle, der Ort, an dem die drei Kinder mit der Vision kommunizierten. Um Fátima weite Kiefernwaldungen und überall im Ort, wie in Aljustrel, Bezüge zum Ereignis und zu den Familien der Kinder. Ein Erlebnis eigener Art ist die Teilnahme an einer nächtlichen Lichterprozession. Im Vergleiche mit dem babylonischen Lourdes scheint Fátima, selbst bei Massenwallfahrten an großen Marienfesten, sich eine gewisse Distanziertheit gegenüber kommerziellen Auswüchsen bewahrt zu haben.

### BATALHA

Der Ort am Rio Lena ist Portugals bedeutendstes Nationalmonument und gehört mit Tomar, Alcobaça und Belém zu den wichtigsten kunsthistorischen Denkmälern im Lande.

König Juan von Kastilien war eben mit Beatriz, der einzigen Tochter des portugiesischen Königspaares Fernando I. und Leonor Tellez, verheiratet worden, da starb im Oktober 1383 König Fernando I., damit endete auch das erste Königshaus Burgund. Zwar übernahm Königin Leonor sofort die Regierung, verlor aber rapide an Ansehen und Einfluß wegen ihrer Liebschaft mit dem Grafen von Ourém, bis schließlich der Halbbruder des verstorbenen Königs, seiner unehelichen Geburt wegen ›der Bastard‹ genannt und damals Großmeister des Aviz-Ordens, eigenhändig den Grafen von Ourém erschlug. Leonor rief von Santarém aus ihren Schwiegersohn zu Hilfe, und da dieser ohnehin glaubte, über Beatriz ein Anrecht auf Portugals Thron zu haben, begannen die Vorbereitungen eines spanischen Einmarsches. Die portugiesischen Cortes erklärten den gerade 27jährigen Dom João, ›den Bastard‹ erst zum Defensor des Staates, dann im April 1385 einstimmig zum König von Portugal. Er stellte seine portugiesische Streitmacht in ersten Scharmützeln auch sogleich

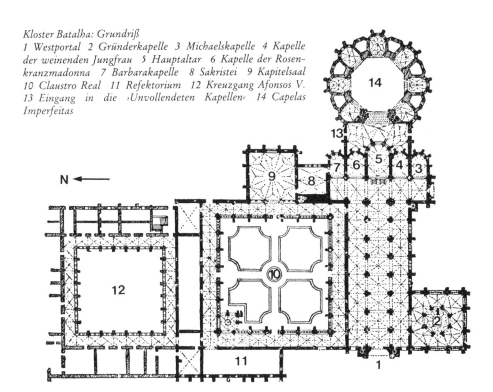

*Kloster Batalha: Grundriß*
*1 Westportal 2 Gründerkapelle 3 Michaelskapelle 4 Kapelle der weinenden Jungfrau 5 Hauptaltar 6 Kapelle der Rosenkranzmadonna 7 Barbarakapelle 8 Sakristei 9 Kapitelsaal 10 Claustro Real 11 Refektorium 12 Kreuzgang Afonsos V. 13 Eingang in die ›Unvollendeten Kapellen‹ 14 Capelas Imperfeitas*

den anrückenden Kastiliern entgegen. Als diesen 2000 französische Ritter zu Hilfe eilten, stellten ihrerseits die mit Portugal verbündeten Engländer den Portugiesen 500 ihrer Elite-Bogenschützen zur Verfügung. Am 14. August, dem Vortage von Mariä Himmelfahrt, rückten die Spanier vormittags in die Ebene von Aljubarrota vor. So gewaltig schien dem König und seinem Feldherrn Nuno Alvares Pereira die feindliche Übermacht, daß sie am Siege zu zweifeln begannen. In solcher Not erbat der König flehentlich den Beistand der Jungfrau Maria und versprach, ihr zu Ehren ein Kloster zu errichten, würden die Portugiesen in der Schlacht siegen. Es wurde ein glänzender Sieg, der König hielt sein Versprechen, und zwei Jahre später begann der Bau des Klosters Santa Maria da Vitória, das der Volksmund schnell in Batalha (die Schlacht) umgetauft hat. Nach des Königs Willen sollte Batalha auch das Mausoleum des neuen Königshauses Aviz werden, und gut hundert Jahre lang, bis zu João II., wurden auch Angehörige der Dynastie hier beigesetzt. Danach wählte König Manuel I. für sich und seine Nachfolger das Jerónimos-Kloster in Belém.

Von der Hochgotik über den manuelinischen Stil bis in die Renaissance hinein reichen die Stile der Architekturen und Ausstattungen, in denen sechs große Meister und ihre Schulen im Auftrage von sechs Königen am Vitória-Kloster zu Batalha gebaut haben. Ursprünglich waren allein Kirche, Grabkapelle, Kloster und Kreuzgang vorgesehen und um 1436 auch

BATALHA

vollendet, erfuhren dann aber stetig Erweiterungen und kamen erst mit Joãos III. Tod 1557 endgültig zu einem Abschluß.

*João I.* (1385–1433) beauftragte Afonso Domingues mit Planung und Grundrißzeichnung. Von 1388 bis 1402 arbeitete dieser in Batalha, legte den Unterbau des Langhauses, errichtete den Chorschluß, die Klostergebäude, den Kapitelsaal und entwarf die Fassade am Südportal. Ob Domingues in England ausgebildet worden war, bleibt zweifelhaft, bekannt ist, daß vor Domingues andere Architekten dem König ihre Pläne vorgelegt hatten. Weil aber derart viele Details am Bauwerk von englischer Gotik geprägt scheinen, darf man vorsichtig vermuten, daß die englische Gemahlin des Königs den Grundplan in England zumindest überarbeiten und Partien auch sporadisch von englischen Steinmetzen durchführen ließ, freilich mit Domingues' Billigung und unter seiner Oberaufsicht. Als Beispiele: die Frontarchitektur entspricht der der Kathedrale in York; Lang- und Querschiff denen der Kathedrale von Canterbury, die Manuelinik besonders der Grabkapelle hat im decorated style eine annähernde Entsprechung; Wilhelm der Eroberer gründete nach der Schlacht bei Hastings die Battle-Abbey, sie zählte sechzig Mönche, wie Batalha, und das Wort Battle im Vergleich zu Batalha ist zumindest auffällig. Andererseits hätte ein aus dem Norden kommender Baumeister wohl kaum flache Dächer angelegt und noch viel weniger rein orientalische Trompen-Sternkuppeln vorgesehen. In den Grundzügen gehört Batalha zur französisch-gotischen Stilrichtung des Übergangs vom 13. zum 14. Jh., wie Reims oder Amiens, der Grundriß nähert sich stark dem ursprünglichen Zisterziensergrundriß, hat aber abweichend von diesem insgesamt die Umrißform eines Schlüssels, der Ring dargestellt von den unvollendeten Kapellen, das Schlüsselrohr durch die Kirche, der Schlüsselbart durch die Gründerkapelle, eine Grundrißzeichnung, die am Eingangsturm der Alhambra in Granada, Puerta Justicia beinahe detailgenau abgebildet ist.

Nach Domingues' Tode 1402 vollendete Huguet den Kirchenbau und errichtete von 1426–34 die Capela do Fundador (Gründerkapelle).

*Duarte I.* (1433–38) erweiterte den Grundplan, beauftragte Huguet mit dem Bau der großen Grabkapelle hinter dem Chor, der Kapellenkranz der ›Unvollendeten‹ entstand, das Südportal wurde mit dem hohen Fenster, mit Maßwerk und Königswappen fertig, das Westportal ebenfalls mit Figurenschmuck im Bogenlauf beendet.

*Afonso V.* (1438–81) zog Fernão d'Évora hinzu, ließ überall weiterbauen und den zweiten Kreuzgang anlegen.

*João II.* (1481–95) verlor das Interesse an Batalha, die Arbeiten wurden aber nicht abgebrochen und schleppten sich mühsam dahin. Seine Interessen galten mehr der italienisch beeinflußten Renaissance.

*Manuel I.* (1495–1521) trat energisch für die Fortsetzung der Bauten ein, die Arbeiten wurden forciert, die Fernandes, der Ältere und der Jüngere, berufen. Er ließ die große Vorhalle hinter dem Chor errichten, das Portal zur Grabkapelle meißeln. Boytaca, der die Fernandes ablöste, errichtete die kolossalen Pfeiler in der Grabkapelle, meißelte ihr Dekor und gleichzeitig die Maßwerke im königlichen Kreuzgang.

*João III.* (1521–57) ließ einen dritten Kreuzgang anlegen, der aber 1811 durch einen Brand zerstört wurde. Ein Jahr arbeitete Castilho in Batalha an der Renaissancebrüstung der Vorhalle. Dann wurden alle Arbeiten eingestellt, so daß seitdem mit Recht die Grabkapellen als ›unvollendete‹ angesprochen werden.

Wie in Alcobaça beschädigte das große Erdbeben Klosterteile, wüster aber hausten wieder die Franzosen Massénas, erbrachen alle Sarkophage, zerschlugen, zerstörten und plünderten die Altäre, den Klosterschatz, Kostbarkeiten und Kunstschätze. 1834 wurde das Kloster aufgehoben, später zum Nationalmonument erklärt und seit 1955 mustergültig restauriert, damit es endlich auch optisch zu der Geltung kommt, die ihm als einmaliges und für Portugal ganz typisches Kunstwerk gebührt.

Hellocker bis goldbraun, besonders in der Nachmittagssonne, leuchtet der Kalkstein der *Fassade* (Farbt. 23), ein straff geschlossener Baublock, aber ohne einen überragenden Turm. Die Kirche ist nach Westen hin orientiert, von Strebepfeilern, Türmchen, Fialen und Bögen, die an die Dachtraufe ansetzen, gotisch entwickelt, die Seitenschiffe hoch vom Mittelschiff überragt mit einer Brüstung und Dachfirst aus Lilien, und dort zwei Kielbögen in der Vertikalen, im oberen ein hohes Fenster mit Rose, durchwirkt von flamboyantem Maßwerk, unter einer gestanzten Galerie das sechsfach gegliederte Portal. Im *Tympanon* die apokalyptische Vision: Christus unter einem gotischen Baldachin auf einem Thron mit Wabenmuster, um ihn, und von der Laufrichtung des Bogens zur Körperdrehung gezwungen, die vier Evangelisten mit ihren Symbolen, im *Gewände* und in den *Bogenläufen* um sie die himmlische Rangordnung von Saint-Denis, die göttliche Hofhaltung mit Aposteln, Propheten, Patriarchen, Engeln und Erzengeln, Jungfrauen, den Königen Judas und vielen Heiligen, im äußersten Bogen Handwerker (78 Figuren insgesamt; viele davon modern), eine geklärte, konkrete Gliederung, Lieblichkeit und Anmut in Ausdruck und Linienspiel, ein weicher Stil

voller Menschlichkeit – man sollte die Details genau betrachten (Abb. 60). In der Achse ganz oben zwischen den Rippen des Gewölbebogens eine ›Krönung Mariens‹, der die Kirche geweiht ist, darüber die Wappen von König João I. und seiner Frau Philippa von Lancaster.

Das *Kircheninnere* vermittelt mit strengem, steilem Wand- und Raumaufbau die letzte Stufe europäischer Hochgotik in Anlehnung an das Zisterzienser-T, erinnert sehr stark an Alcobaça; drei Schiffe, ein schmales, nur wenig vorspringendes Querschiff, eine Apsis und vier halbrunde Apsidiolen, eine eigentlich romanische Ordnung, hier weiterentwickelt zur Gotik. Bei 79,20 m Gesamtlänge und 32,5 m Höhe wirkt das nur 6,90 m breite Mittelschiff optisch erstaunlich überhöht und damit gestreckt (Verhältnis 1:3,5); dieser Eindruck wird noch dadurch verstärkt, daß die 16 Säulen nur Querschnitte von 2,60 m haben und den Seitenschiffen bloß je 4,70 m in der Breite zustehen. Das Lineare wird so hervorgehoben, daß das Auge dem Zwang, längs der englischen Scheitelrippe im Gewölbe zum Chor hin zu folgen, nicht ausweichen kann – was beabsichtigt war, um die Atmosphäre zum Feierlichen zu steigern.

BATALHA

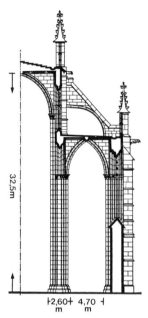

Batalha: Klosterkirche, Schnitt

Viele Fenster stammen aus dem 15. Jh., besonders im Chor. Dort sieht man in den Fenstern König Manuel und seine Frau, im Gebet kniend; hinter ihnen zwei Dominikaner, im Mittelfenster eine Himmelfahrt. Beachtenswert auch eine ›Anbetung der Könige‹. Vor dem Chor ein zackenförmiger Arco triunfal.

Im Boden beim Portal sind Grabplatten eingelassen, eine für den Baumeister Fernandes († 1515), eine andere, näher der Gründerkapelle, für einen Martín Gonçalves de Maçade, der während der Schlacht dem König das Leben gerettet haben soll.

Zur *Gründerkapelle* (Capela do Fundador; Abb. 61, 62) wölbt sich ein hoher Bogen. Neun Jahre arbeitete Huguet an dieser Grabkapelle, die 1434, als man das Königs-

paar dort beisetzte, fertig gewesen sein muß. Hier handelt es sich, entsprechend den ersten drei Jochen des rechten Seitenschiffes, um einen mit 19,8 m Seitenlänge seltenen, großen quadratischen gotischen Zentralbau, aus dem acht kräftige Bündelpfeiler aufstreben und eine achteckige Laterne tragen. Ihre prunkende Sternkuppel ähnelt denen von Burgos oder Saragossa, acht trapezoide Kreuzgewölbe sitzen mit ihren Langseiten Mauern oder Eckträgern auf. Zentral in den Arkaden des Mittelraumes, überhöhte Spitzbögen mit Zackenspitzen, steht der antik geformte, von acht Löwen getragene Doppelsarkophag von König João I und seiner Gemahlin Philippa von Lancaster, Hand in Hand zum Zeichen ihrer Liebe blicken sie nach Osten, der König in Kriegstracht, die Königin in einem weitschwingenden Mantel, Schmuckbaldachine über den Köpfen, mit ihren Wappenbildern, die Insignien des Hosenbandordens und um die Deckplatte die Wahlsprüche der beiden, von João ›Por bem‹ (in Ehren), von Philippa ›Y me Plet‹ (zu meiner Freude).

In der Südwand unter vier ornamentierten Kielbögen die Grabmäler ihrer Kinder (von rechts nach links): Prinzregent *Pedro* (1392–1449) – Herzog von Coimbra, gefallen in der Schlacht von Alfarrobeira gegen seinen Neffen Afonso V., der ›rechtschaffene Prinz‹, weitgereist, Gelehrter, Dichter, Übersetzer von Ciceros Schriften – und seine Gemahlin Isabel von Aragon, Wahlspruch: ›desir‹ (Wunsch); Prinz *Heinrich der Seefahrer* (1394–1460), unter einem gotischen Baldachin, mit Hosenbandorden, dem Wappen Portugals und dem Christusritterkreuz, Wahlspruch: ›talent de bien fère‹ (Anlage zu guter Sache); Infant *Dom João* (1400–42), Großmeister des Santiago-

Ordens (auf dem Sarkophag sind die Jakobsmuscheln angebracht), und seine Gattin Isabel, Tochter des Grafen von Barcelos, Wahlspruch: ›je ai bien reso‹, ›ich bin von guter Entschlossenheit‹; Prinz *Fernando* (1402–43), der nach siebenjähriger Gefangenschaft in Marokko starb, weil er sich geweigert hatte, im Tausche gegen Ceuta freigelassen zu werden, ›der standhafte Prinz‹, Wahlspruch: ›le bien me plet‹ (das Gute gefällt mir); an der Westseite das Grab von *Afonso V.* (1438–81) und seiner Gemahlin Isabella; von ihrem Sohne *João II.* (1481–95), leer, da französische Soldaten 1810 sein Grab in einer Chorapsis erbrochen und die Gebeine zerstreut hatten, und von Infant *Afonso,* der siebzehnjährig nach einem Reitunfall starb, deshalb hier die Embleme Pelikan und Fischernetz.

Der *Kreuzgang, Claustro Real* (Farbt. 24, 25; Abb. 65, 67, 68), mit 55 mal 50 Metern beinahe quadratisch, geht auf Domingues' Grundplan des Klosters zurück und war anfangs, wie es der Zeit Joãos I. entsprach, sachlich, blieb es gut 120 Jahre, bis König Manuel seinen Baumeister Boytaca nach Batalha schickte, um, aus dem vollen der eben aufgeblühten Manuelinik schöpfend, die alten Spitzbogen mit Maßwerk zu schmücken. (Es muß allerdings erwähnt werden, daß einige der Maßwerkgalerien modern sind.) Wie Blüten aus entmaterialisiertem Stein sollten sie sich schließen und öffnen, als durchlichtete Baumschirme Sonnenlicht gefiltert in die Gänge fluten lassen, flamboyante Netz- und Gitterwerke wie wuchernde Ornamentik aus Phantasie und Traum, gotische, mudejare und platereske, feinziselierte bis ins Flächige aufgelöste Mascharabie-Formen, Orient und Okzident,

Bambusbüschel und Lotosknospen neben König Manuels Armillarsphären und dem Christusritterkreuz drapiert, Medaillons mit dem Bild der Karavelle hier, mit Passionswerkzeugen dort. Am Brunnenhaus in der Nordwestecke (Farbt. 25) renommieren zwei hohe mit ›Übermaßwerk‹ dekorierte, phantastische Baumschirme auf luftigen schlanken Säulen mit Schaftringen, umschlingen lianenhaft mit Roll- und Beschlagwerk den dreischaligen Brunnen mit vier durchgehenden Säulen darin – der schönste Blick von hier zu Kirchenfassade, die, obgleich steinern, sich im Klöppelwerk aus Filigran und ausgestanzten Formen in sich selbst aufzulösen scheint. Dunkel und schwer, Schattenrisse vor der Helle, wirken sie von innen, vom Gartenhof her dagegen erscheinen alle Dekorformen eleganter, neutraler, werden die Abstraktionen beinahe konkret. Der Claustro Real ist zweifelsfrei der Welt schönster Kreuzgang, diesen Superlativ werden alle bestätigen, die auch nur einmal die vier Seiten dieses Kreuzganges entlanggeschritten sind.

Der *Kapitelsaal* ist der Ostseite des Kreuzganges vorgesetzt, heute Ehrenmal für den Unbekannten Soldaten, würdig und adäquat dem bunten Glasbild zum Thema der Passion Christi, ein Original und 1514 in den Glaserwerkstätten des Klosters gefertigt. Architektonisch ist dieser Saal der kühnste Bau auf der gesamten Iberischen Halbinsel, gleichwertig mit Castilhos Querschiffbau der Jerónimos-Kirche in Belém. Über einem Quadrat von neunzehn Meter Seitenlänge spannt sich in einem Stück und ohne jede Stütze das 361 Quadratmeter große Gewölbe, ein wagemutiges Unterfangen, das Domingues meisterte, indem er die Ek-

273

BATALHA

*Batalha: Claustro Real, Maßwerk (vgl. Abb. 68)*

ken mit Trompen überwölbte, auf das so geschaffene Achteck eine sechzehnteilige Sternkuppel setzte und das Ganze durch vorspringende Rippen und Nebenrippen verstärkte. Zweimal soll die Decke eingebrochen sein, nur noch zum Tode Verurteilte durften schließlich weiterbauen. Als man die Bogengerüste abnahm, wagte es der Baumeister, drei Tage und Nächte hindurch dort zu verbringen. Aufatmend und glücklich mag er dann sein Konterfei auf einem Kragstein in der Südostecke eingemeißelt haben.

Im *Refektorium*, westlich des Brunnenhauses, ist ein Soldatenmuseum eingerichtet, und von dort gelangt man zwischen dem Rittersaal – auch Saal von König Fernando genannt (rechts) – und der einstigen Küche (links) in den *Kreuzgang Afonsos V.* Er ist kleiner (44 × 50 m) als der Claustro Real und sehr schlicht mit gotischen Doppelfenstern und einer einfachen Bogengalerie in der zweiten Hälfte des 15. Jh. durch Fernão von Évora, der seit 1448 Chefbaumeister am Kloster war, erbaut worden.

Nun muß man auf den Kirchenvorplatz hinaus und um den Kapitelsaal zum kleinen Eingang zwischen Chorapsis und dem Kapellenrund gehen.

*Capelas imperfeitas,* die ›Unvollendeten Kapellen‹ (Abb. 66), wurden für Joãos I. Sohn Duarte vom Baumeister Huguet entworfen und nach Genehmigung begonnen, die Sternstunde eines Architektenhoffens. Sie sollten für Duarte und seine Nachfolger zum Familienmausoleum werden, ähnlich der Grabkapelle Joãos I., mit seinem Sarkophag in der Mitte und einem Kapellenkranz ringsum. Also setzte Meister Huguet vor den Chor der Kirche ein im Mittelraum zwanzig Meter im Durchmesser großes Achteck mit sieben 8,70 m tiefen Kapellen in der Runde, zwischen ihnen sechs kleinere mit Fünfeckgrundriß in den Zwischenräumen. Die achte Kapelle entfiel und wurde als repräsentatives Eingangsportal vorgesehen, weit geöffnet zur Eingangshalle, die quer und in der Breite der drei mittleren Apsiden dem Kirchenchor vorgelagert ist. Eine ursprünglich vorgesehene direkte Verbindung zum Chor wurde nie durchgeführt. Die Unvollendeten Kapellen waren aber vermutlich im ursprünglichen Bauplan vorgesehen, und Domingues hat, um sie inniger mit der Kirche zu verbinden, die sonst üblichen Apsiden, Umgänge und Kapellenkränze gleich durch das Zisterzienser-T er-

Batalha: Die ›Capelas Imperfeitas‹
1 Eingang  2 Vorhalle  3 Portal  4 Apsidiolen und  5 Apsis der Klosterkirche

setzt. Auch daß zwischen der Grabkapelle und der Rotunde von Tomar Beziehungen bestehen, findet seine Erklärung. Denn vor seiner Thronbesteigung war João I. Großmeister des Aviz-Ordens, der zu dem der Christusritter in engster Beziehung stand. Dieser hatte die Güter der Tempelherren geerbt, die aktiven Ritter übernommen, und es wäre durchaus denkbar, daß João I. den Dominikanern nahegelegt hätte, mit einem Anbau der Santa Maria-Kirche von Batalha die Rotunde von Tomar wieder in Erinnerung zu bringen.

Von außen führen zwei Türen an jeder Schmalseite in die Vorhalle, außen einfache Spitzbögen, innen wild-üppig manuelinische Rahmung, darüber je ein Fenster, wo anstelle von Maßwerk zwei ineinander verschlungene Baumstämme mit Zweigen und

Laubwerk steinern den Oberteil der Öffnung füllen (Inschrift: Perfectum fuit anno Domini 1509). Netzgewölbe deckt die Vorhalle, und in ihrer Mitte öffnet sich zum Achteck das berühmte Portal, überhoch mit 15 Metern und 7,5 m breit läßt es gut 4,8 m lichte Öffnung frei. Die beiden Laibungen gelten als das Außergewöhnlichste, was der manuelinische Stil hervorgebracht hat (Abb. 66), sind vermutlich Arbeiten des begnadeten Steinmetzen Mateus Fernandes des Älteren: zur Vorhalle hin längsgeteilt in Säulchen und Dienste mit Schwüngen zum Kleeblattbogen, dem halben Sechspaß oder einem Vorhangbogen, Zwischenräume mit durchbrochenen Ornamentfriesen, tiefe Hohlkehlen und füllende Ranken, die nicht mehr flächig, sondern frei als Skulpturen mit Stengeln, Blättern, Blumen an Dürers Ornamente erinnern. Zum Achteck steigert sich das ornamentale Skulpturenspiel, Dienste und reich gegliederte dünne Strebepfeiler, Fialen, Krabben, Blumen, Nischen mit Konsolen und Baldachinen, alle Bogenformen, sich windende Stäbe, Kreuzblumen und Zapfen, ein geklöppeltes Spitzenwerk aus spätgotischen und renaissancen Formen mit Anklängen aus dem Islam und dem Fernen Osten, Phantastik, Traum und Märchen. Über zweihundert Mal ist der Wahlspruch des Königs Duarte eingemeißelt: ›Leauté feray – ta yaseray‹ (Treue will ich üben, solange ich lebe). Man möge sich vorstellen, die Abwicklung der gesamten Laibung würde sechs Meter Breite erreichen!

So ähnlich, und eigentlich treffend nicht beschreibbar, sind die Kapellendekore, Bänder, Zackenkanten, figürliche und florale Friese, und darüber auf den acht Ecken die gewaltigen Pfeiler des oberen Achtecks, Rundstäbe wie Bambusbündel, wild orna-

*Batalha: ›Capelas Imperfeitas‹, Ergänzung und Versuch einer Wiederherstellung nach dem ursprünglichen Entwurf (nach Haupt)*

mentale Rahmung der vorgesehenen Fenster, gotisch naturalistisch und phantastisch so unterlegt, daß nur orientalische Einflüsse gedeutet werden können. Nach König Manuels Tode übernahm Castilho die Arbeiten an der Loggia (wohl für Musiker gedacht) über der Eingangsseite, jetzt eine der prächtigsten Renaissancearchitekturen mit Balustradenbrüstung, Kandelabern, Pilastern und Türmen (beste Beleuchtung vormittags). Duartes Sarkophag sollte frei in der Mitte stehen, die Kapelle in der Mitte der Kirchenachse war für König Manuel vorgesehen und rechts und links für die Könige João II. und Afonso V. und bereits mit deren Wappenschilden an tiefhängenden Schlußsteinen bezeichnet. Heute steht dort der Sarkophag von König Duarte und seiner Gattin Leonor von Aragon und in der benachbarten Kapelle der ihres Erstgeborenen João, der noch als Kind verstarb.

Die acht massigen Pfeiler, Bündel aus Rundstäben und von gezackten Bändern zusammengehalten, erforderten entsprechende Fundamente, und so mußten der Statik wegen auch kleine Zwischenkapellen mit ausgemauert werden. Aus ihren Ecken steigen über eckig gedrehte Säulenschäfte die Anfänge von Gewölberippen auf, und von der Chorpartie der Kirche schwingen gewaltige Strebebögen herüber. Vermutlich sollte die große hohe Zentralkuppel, umstanden von den acht gigantischen Rundpfeilern mit orientalisierenden Kuppeln, so aussehen wie etwa das Grabmal des Sher Shah in Sasarem, Bihar oder später das Taj Mahal in Agra, was durchaus naheliegend wäre und von einigen Experten, u. a. Murphy oder Haupt, auch angenommen wird. Und wer vom Südosten her die *Südfront* und das Südportal betrachtet, der möge mit viel Phantasie versuchen, diese Spekulationen dem realen Bild einzuordnen. Diese Seite ist auch die erregendste des Komplexes und zeigt, mehr noch als die westliche, die vertikale Komponente, während die horizontale der abgestumpften Säulenbündel der unvollendeten Begräbniskapelle wegen, wenig zur Geltung kommt.

Um das Kloster entstand das *Dorf Batalha*, und – da gibt es im oberägyptischen Der el Medina eine Entsprechung – an ihren eigenen Häusern werden die Maurer, Zimmerleute, Steinmetze und anderen Bauhandwerker die beim Klosterbau geübten Formen, Zierate und Gewölbe, Stützen oder Türme gern und meisterlich allein oder in Nachbarschaftshilfe verwendet haben. Ein Spaziergang durch die Ortsgassen beweist es, und von Castilho stammt sogar das manuelinische Portal der *Pfarrkirche Santa Cruz* mit König Manuels Wappen und seinen Lieblingsemblemen, dazu die Jahreszahl 1532; die Ornamentik zeigt bereits Renaissancedekor. Auf dem gepflasterten Vorplatz das Reiterdenkmal des königlichen Feldherren Nuno Alvares Pereira, des Siegers in Aljubarrota.

LEIRIA
Die lebhafte Kleinstadt liegt am Zusammenfluß von Lena und Lis, den eine alte Römerbrücke zum Römerort Colipo überspannte, sie wird überragt vom steilen Burghügel mit dem Schloß. Das einst maurische Kastell wurde von König Afonso Henriques um 1135 umgebaut und verstärkt, später durch König Diniz so zum angenehmen Schloß erweitert, daß der Dichterkönig und seine Frau, die Santa Isabel, ihn zu ihrem Lieblingsaufenthalt erkoren. Noch heute wird der Besucher, wenn er vom Bergfried oder der gotischen Loggia aus zur Stadt und ins Land hinabschaut (Abb. 74), diese königliche Begeisterung teilen. Innerhalb der Anlage sind die Reste der frühgotischen Schloßkirche *Nossa Senhora da Pena* (14. Jh.) erwähnenswert. Mit Staunen wird man dann auch die riesenhaften Waldungen nach Westen zu registrieren. Zur Festigung der Dünen und des sandigen Küstengebietes ließ König Diniz diese Pinienforste anlegen, aus deren Stämmen später Planken und Maste für die Karavellen der Entdecker gezimmert wurden. 9000 Hektar umfaßt das Waldgebiet Pinhal do Rei heute, Portugals größter Pinienwald vom Badeort São Pedro de Muel (Besuch empfehlenswert) bis zur Praia de Pedrógão.

COIMBRA

Am Burgberg Reste der romanischen Kapelle *São Pedro*, 12. Jh., weiter unten die *Kathedrale Santa Maria*, ein Renaissancebau aus dem Jahre 1571, dreischiffig mit Netzgewölbe, im Chor eine kassettierte Tonne. In dem *Museum* nebenan können Gemälde, Möbel (17. Jh.), Keramik, Glas, Porzellan, Arraiolosteppiche besichtigt werden.

Zu empfehlen ist ein Spaziergang durch die Stadt, bei dem man an Treppen und Bögen in engen Gassen allenthalben auf schöne Hausfronten, hübsche Arkaden und Balkone mit kunstvollen Schmiedeeisengittern stoßen wird. Vor allem sehenswert die Bürgerhäuser und Adelspaläste um die Praça de Rodrigues im Zentrum.

Gegenüber der Burg steht einsam auf einem Hügel das Wallfahrtskirchlein *Nossa Senhora da Encarnação* (16. Jh.) für die Schutzpatronin der Stadt. Der Blick von den Arkaden der Längsseiten entspricht dem vom Schloß.

## Beira Litoral

*Portugals ausgesprochene Küstenprovinz, die am deutlichsten die Verbindung von Meer und Land aufzeigt. Sie lehnt sich hügelig an die Ausläufer der Gebirgszüge, ist aber mehr dem Ozean zugewandt. Hier liegen die größten Sandstrände des Landes, und um die Felder vor dem Versanden durch die um hundert Kilometer langen Dünenketten zu schützen, haben frühzeitig Portugals Könige breite Piniengürtel anlegen lassen. So gedeihen auf den fruchtbaren Schwemmlandböden dahinter Gemüse und Kartoffeln, Reis und Mais und auf den Trockenfeldern der höheren Lagen Weizen, Wein und Olivenbestände. Sehr typisch und für die Landschaft charakteristisch sind die eigenartigen Windmühlen auf freistehenden Hügeln oder Höhenrücken.*

*Das Meer bespült nicht nur die lange Küste, es drängt bei Aveiro auch tief in sie ein, hat die beschauliche Ria geschaffen und dort neben dem Fischfang auch in Salinenbetrieben eine ausgedehnte Salzgewinnung ermöglicht. Heiter gibt sich der Menschenschlag, wohl eine gesunde Mischung aus Normannen und Mittelmeervölkern, die selbst heute noch in einer besonderen Grazie und kleinen Statur augenfällig ist. Coimbra ist der Hauptort der Provinz.*

## 10 Coimbra, die alte Universitätsstadt

Sie liegt hauptsächlich am rechten Ufer des Mondego auf und um einen Hügel, Ausläufer der Serra de Lorvão, die Altstadt mit Universität und Kathedrale oben, die Neustadt unten am Mondego-Fluß, der eine nur leicht wellige, fruchtbare grüne Umgebung bewässert, ein angenehmer Landstrich, der bereits in prähistorischen Zeiten Menschen hier zum Siedeln angeregt hat. Als die Römer kamen, nannten sie den Platz Aeminium am Munda-Fluß. Vandalen, Sueben und Westgoten wechselten, meist kriegerisch, den Besitz der Stadt, bis 716 der Arabersturm auch über Coimbras Schicksal entschied. Gut 150 Jahre blieb es ruhig, dann gelang es christlichen Rittern 872 zum ersten Male Coimbra zu nehmen. Die letzten Bewohner der bereits zu Ruinen verfallenen Römerstadt Conimbriga, der um 460 schon die

278

Westgoten den Untergang gebracht hatten, siedelten mit ihrem Bischof zum Mondego, und seitdem wird offiziell der Name Coimbra geführt. Die Mauren kamen wieder, und erst 1064 konnte König Fernando I. von Kastilien die Stadt endgültig in christlichen Besitz zurückholen. Sie wurde 1140 Portugals Residenz und damit hervorragendstes Ziel neuer, aber jetzt erfolgloser Angriffe moslemischer Heere unter Jakub Ibn Jussuf, bis sie 1147 Lissabon für immer verloren und noch weiter nach Süden hin abgedrängt wurden. So konnte 1260 König Afonso III. seine Residenz nach Lissabon verlegen. Sein Nachfolger, König Diniz, begründete dort die Escolas Gerais, die man schon 1307 als Universität nach Coimbra holte, was zum Zankapfel zwischen beiden Städten zu werden drohte und zum mehrfachen Wechsel zurück nach Lissabon führte, bis König João III. ihr in Coimbra einen Flügel seines Palastes zur Verfügung stellte und ihren ständigen Verbleib am Mondego sicherte. Im Spannungsfeld zwischen den Jesuiten und Pombals liberalen Ideen im 18. Jh. steigerte und festigte sich der hervorragende Ruf der Hochschule. Sie bestimmte bald das Bild Coimbras, von ihr gingen alle geistigen Strömungen Portugals aus und verklärten später Coimbra mit einem romantisierenden Pathos, unserem Heidelberg vergleichbar. Könige, Bischöfe und die Jesuiten waren ihre besonderen Förderer, und zur manuelinischen wie der Renaissance-Zeit entstand hier die sogenannte ›Schule von Coimbra‹, eine Gemeinschaft von portugiesischen

*Coimbra: Stadtplan*
*1 Kirche São Tiago   2 Santa Cruz   3 Graça-Carmo   4 Universität   5 Sé Nova (neue Kathedrale)*
*6 Museu Machado de Castro   7 Sé Velha (alte Kathedrale)   8 Palácio de Sobre Ripas   9 Information*

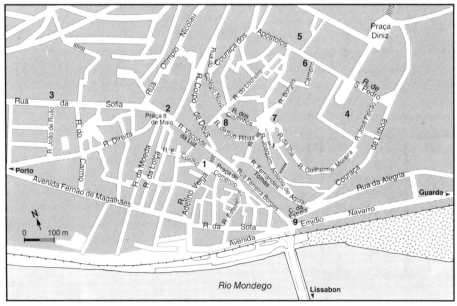

279

## COIMBRA

und (vorwiegend) ausländischen Bildhauern und Baumeistern. Zu ihnen gehörten die beiden de Castilho, Nicolas de Chanterène, Jean de Rouen und Philippe Houdart.

*(Parken am günstigsten auf dem großen Platz jenseits der Modego-Brücke Ponte de Santa Clara. Hier soll unser Rundgang zu Fuß beginnen. Beachten Sie die Aussicht über die Brücke zur Unterstadt, zum Hügel mit der Universität, der Kathedrale und dem Haus- und Gassengewirr der Oberstadt.)*

Über die Brücke und Coimbras Verkehrskreisel Largo da Portagem in die Rua Ferreira Borges zur noch gut 200 m linkerhand und

*Coimbra: Grundriß von Santa Cruz*
*1 Grabmal Afonso Henriques' 2 Grabmal Sanchos I. 3 Sakristei 4 Kapitelsaal 5 Kreuzgang do Silencio*

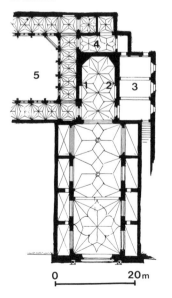

*Coimbra: Santa Cruz, Portal*

tiefer als die Straße liegenden romanischen Kirche SÃO TIAGO (1) (Eingang Praça do Comércio) eine Gründung König Ferdinands I. d. Gr. von Kastilien und León für den Hl. Jakobus von Santiago de Compostela als Dank für die Rückeroberung der Stadt aus maurischer Hand. Eine zwölfstufige Treppe gleicht die Hanglage aus, die Front darüber bleibt symmetrisch ordentlich gegliedert, innen ebenso klar und beinahe elegant, eine ganz einfache, rechteckige Holz-

*Coimbra: Santa Cruz, Grabmal König Sanchos I.*

decke, am Portalbogen zur linken Seitenschiffskapelle ein mudejares Zellendekor bis unter die Decke hochgezogen, ebenso verwirrend wie Huguets Steindekor in Batalha.

SANTA CRUZ (2) rechts an der Praça 8 de Maio mit einer grauschwarz verwitterten Fassade. Hier hatte 1121 König Afonso Henriques den Augustinern Grund und Kirche gestiftet, um die herum sich in der Folgezeit ein riesenhafter Klosterkomplex breitete, zu seiner Zeit Portugals kulturelles Zentrum, eine Anlage, die Höfe, Flügelbauten, einen großen Glockenturm und weite Gartenanlagen einbezog. Fast alles ist verschwunden, Teile vom ersten Kreuzgang gibt es noch im Rathaus. 350 Jahre später war vom romanischen Bauwerk, der Kirche vor allem, viel verfallen und renovierungsbedürftig, und König Manuel, jetzt auf der Höhe seiner Macht und der Weltgeltung Portugals, glaubte, nur eine Grundüberholung der Bauten könnte der Größe und Bedeutung der ersten beiden Könige Portugals, die in Santa Cruz begraben waren, entsprechen. Diese Ehrenpflicht zu erfüllen, beauftragte er seinen ersten Baumeister, Boytaca, und dieser und Marcos Pires erbauten *Kirche* und *Kreuzgang* neu, als Schale für die Feinarbeiten von Nicolas de Chanterène und Diogo de Castilho, die den Portalvorsatz und Innendekors meißelten, als sie nach Boytacas zu frühem Tode 1524 mit der Fortführung der Arbeiten beauftragt wurden. So setzten sie vor das hohe, verblockte Mittelrisalit und bis über das Hauptfenster hoch den *Portalbogen*, ganz dem Westportal von Belém ähnlich, mit reichstem manuelinischem Aufbau aus Strebepfeilern und Fialen, mit Säulen, Pilastern und Nischen, gotisch noch ganz in den Formen, doch bereits in Dekordetails zeigt sich beginnende Renaissance, und der König verfügte, daß den »Steinmetzen und Unternehmern des Portals von Santa Cruz 100 goldene Cruzados zu zahlen seien für die Bilder, die am Portal noch zu machen seien, außer den schon fertigen und bezahlten«. Viel später erst wurde der Barockbogen mit den zwei einen Wappenschild tragenden Engeln angesetzt. Er drückt die ohnehin niedrige Straßenfront zwischen den beiden

## COIMBRA

aus dem Quadrat entwickelten Türmen mit Kegeldach, die mit Simsbändern bewußt die Horizontale betonen. Damals versuchte Papst Julius II. für den verstorbenen Klosterprior Menezes seinen Neffen, den Kardinal Rovere ins Priorenamt zu loben, das mächtig und mit fetten Pfründen gesegnet, mehr als ein Erzbischofssitz abwarf. König Manuel konnte das freilich ablehnen mit dem Hinweis, die von ihm angeordneten umfangreichen Um- und Neubauten würden für lange Zeit sämtliche Klostereinnahmen beanspruchen, was Papst und Neffen schnell von ihren Wünschen Abstand nehmen ließ.

Die *Kirche* auf den Fundamenten der alten romanischen, ist einschiffig mit Kapellen auf jeder Seite, oberem Seitenlicht und mit von Halbsäulen und Vorhangbögen gefaßten Fenstern. Die vier Joche des breiten Schiffes überspannt ein edles Netzgewölbe auf prachtvollen Schlußsteinen für Dienste und Kapitelle, den Arco triunfal Boytacas beliebte Steintaubänder und Hängesäulchen, ein geradezu jubelnder Übergang zum eingezogenen Chor, in dem die neuen Gräber der ersten Könige Portugals, Afonso Henriques (links) und Sancho I. sich gegenüberstehen. Im Sommer 1520 wurden die königlichen Leichname im Beisein Manuels dort beigesetzt. Beide *Grabmale* sind annähernd gleich gestaltet, ornamental und figürlich aber unterschiedlich, ihr Aufbau ist gotisch, Details im Renaissancecharakter. Grundform ist die im Halbkreis geschlossene Nische mit dem Sarkophag, auf dem der Tote in Rüstung und mit Helm, Handschuhen und Schwert liegt, im Hintergrund sieben Heilige unter gotischen Baldachinen, und alles gefaßt von zwei prächtigen Ornamentfriesen, gestützt von Strebepfeilern,

die mit Nischen, Baldachinen und gotischmaurischem Dekorwerk in filigranen Aufbauten sich aus dem steinernen Dekor windend aufzulösen scheinen, die Überleitung zum hohen, stolzen Wimperg mit Figurennischen und von Engeln getragenem Staatswappenschild und natürlich Manuels Christusritterkreuz und den Armillarsphären. Gut 12 m hoch füllt der Aufbau das gesamte Wandfeld und den Schildbogen des Gewölbes, und wer in Lissabon die Belém-Portale (S. 103 u. 104) oder das der Kirche Conceição Velha (Abb. 6) gesehen hat, wird hier die Entsprechungen finden. Zehn Jahre lang haben Meister Nicolas de Chanterène und seine Gehilfen an den Grabmälern gearbeitet, gar nicht so lange, wenn man bedenkt, daß insgesamt etwa 48 Statuen an jedem Grabmal neben dem unendlich diffizilen Dekorwerk zu meißeln waren.

Obwohl es noch immer prächtig ist, mag man kaum glauben, daß dieses Gotteshaus um 1530 zu den glanzvollsten der Iberischen Halbinsel zählte. König Manuel hatte keine Mittel gescheut, ein geschnitzter Hauptaltar glänzte im Chor, ein Gitter davor mit 29 Palmen mag ähnlich den Prunkwerken in Granada oder Burgos gearbeitet gewesen sein, Sakramentshaus, Priesterstühle, Lesepulte, Wand- und Gewölbemalereien dekorierten in warmen Tönen mit Friesen und Medaillons den Innenraum (die Azulejobekleidung wurde erst im 18. Jh. angebracht; links die Darstellung der Auffindung des Kreuzes, rechts die Geschichte der Augustiner.) Der König spendierte einen Silberschatz, vier Silberleuchter, zwei Lampen und ein großes Kreuz, das Goldschmied Gonçalves in Lissabon fertigen mußte, Silbergeräte wurden zum Umgießen gespendet, um Altäre und Reliquienschreine zu be-

282

*Coimbra: Santa Cruz, Kanzel*

stellen. Alles ist im Laufe der Jahrhunderte verschwunden mit Ausnahme der *Kanzel* an der Nordwand mit den Statuen der Kirchenväter, ein Meisterwerk von Chanterène und so französisch, daß sie jeden Vergleich mit den Lettnern von Quimperlé in der Bretagne, mit Limoges oder Chartres aushält, was ihre feine Gegliedertheit bis ins Detail anbelangt, von der ein Zeitgenosse, Gregorio Lourenzo, 1522 berichtet: »Der König Manuel hat eine Kanzel in Arbeit gegeben; die Brüstung ist gemacht und aufgestellt auf ihrer Stütze: oben drüber ist ein notdürftiges Gestell, wo befohlen war, daß man ein Portälchen mache mit einer Bekrönung darüber von der Arbeit der Brüstung und Stütze. Von dem, was gemacht ist, sagen die, die es sehen, daß es in Spanien kein Stück Stein von bessrer Arbeit gibt. Diese Kanzel muß fertig gemacht werden in der Art, wie Eure Hoheit es hören, zu ihrem Gebrauche.«

Die Empore, gewölbt auf von Kandelabern gezierten Pilastern und Bogen und ganz spanisch anmutend, hat noch immer das einzige portugiesische *Gestühl* der Frühzeit, zwei Stuhlreihen an den Längswänden, die Rückwände mit Maßwerksverschlingungen geziert und mit Schnitzillustrationen zu Vasco da Gamas Indienfahrt und den thematisch abgeleiteten ›Lusiaden‹ des Camões, die Wangen durchbrochen, überhängende Baldachine mit geschweiften Bekrönungen und an den Wangenunterteilen Renaissance-Füllungen mit Pilastern, Phantasiegetier und Gestalten – und alles wie ein Wunder dem Wüten französischer Soldateska entgangen.

In der *Sakristei* hat ein Álvares-Schüler auf edles Konsolengebälk ein Tonnengewölbe mit achteckigen Kassetten gesetzt, eine geräumige, fast monumentale und helle Raumwirkung erreicht, die rechte Umgebung für die Gemälde: von Cristovão de Figueiredo ›Pfingstwunder‹ und ›Ecce Homo‹, von São Bento ›Calvario‹ und von Daniele da Volterra ›Kreuzabnahme‹.

Angesetzt am Außenchor vor dem Kreuzgang ist der *Kapitelsaal* mit Netzgewölbe und der Kapelle des Priors Teotonio.

Dann der *Kreuzgang do Silencio*, zweistöckig, manuelinische Spitzbogen unten und flache Dreierbögen oben um einen Renaissancebrunnen im Gartenhof. Kunsthistorisch bedeutsam sind vier bis 30 cm tief versenkte Reliefs in der Wand neben den

*Coimbra: Santa Cruz,
Kreuzgang do Silencio*

Kreuzgang-Ecken. Es handelt sich um Reliefskulpturen der ganz frühen portugiesischen Renaissance zum Thema Leidensgeschichte und gearbeitet in der Manier der national empfundenen portugiesischen Bildhauerschule jener Zeit, die in Malerei, Skulpturentechnik und der Goldschmiedekunst ihre Entsprechungen hat. Sie sind so angeordnet, daß der vom Kapitelsaal in den Kreuzgang schreitende Beter rechts erst Christus vor Pilatus erblickte, in der folgenden Ecke die Kreuztragung, dann die Kreuzigung (fehlt heute) und zuletzt die Grablegung. Einst am Beginn des 13. Jh. mag in diesem Kreuzgang Fernando Martins de Bulhões aus Lissabon sein Brevier lesend geschritten sein. Nach einem Schiffbruch bei Sizilien blieb er in Italien und wurde dort der weltbekannte Antonius von Padua. Und hier studierte auch Camões, dessen Onkel Prior von Santa Cruz und Magnifizenz der Universität war. Seine humanistische Kultur, die Disziplin mittelalterlicher Studiengänge und ein universales Wissen ließen ihn später die ›Lusiaden‹ schreiben, die ihres geistvollen Niveaus und der homerisch-epischen Breite wegen unsterblich wurden.

Den zweiten *Kreuzgang da Manga* (Abb. 71) hatte König João III. ab 1533 anlegen lassen. Reste von ihm stehen im Jardim da Manga (außen rechts um die Kirche), komponiert nach einer Idee des Königs, die er flugs auf die Rüsche seines Ärmels skizzierte (deshalb ›Ärmelgarten‹) und die von João de Rouão so humorvoll entzückend durchgeführt worden ist: in der Mitte ein von Wassergräben umflossener Kuppelbau, von vier Rundkapellen umstanden, die nur von der Mitte aus über zierliche Zugbrücken betreten werden können, eine launige Idee, weil in den Kapellchen meditierende Mönche, hatten sie das Brückchen hinter sich hochgezogen, in aller Ruhe und ungestört sich der Betrachtung Gottes und seiner Schöpfung hingeben konnten.

(Geradeaus führt die Rua Sofia, die alte Hauptstraße der Stadt, zur CARMO- und zur GRAÇA-KIRCHE (3), beides hübsche Renaissancebauwerke. Vor dem Jardim da Manga ist die Bushaltestelle für die Fahrt hinauf zur Universität. Hier befindet sich der Markt; gegenüber, an der weißen Wand, sind blauweiße Azulejogemälde mit Stadtansichten von Coimbra angebracht. Folgen Sie diesem Vorschlag; später, bergab, bleibt der Besichtigungsweg bequemer als umgekehrt.)

Die UNIVERSITÄT (4; Farbt. 29) steht dort, wo einstmals das Kastell Stadt und Mondegotal sicherte. Dort endet der von König Sebastião erneuerte Aquädukt, man fährt an einigen Bogenstellungen entlang. 1772 ließ Pombal die Befestigung schleifen, nach planlosen Primitivbauten wurde, um Baugrund für neue Universitätsgebäude zu schaffen, dieser Bairoco Alto eingeebnet und die modernen, weißen rechteckigen Baukomplexe, Instituts- und Fakultätsbauten um das *Standbild von König Diniz*, dem Dichter und Landmann, der die Universität gegründet hat, errichtet. Von hier führt die *Porta Férrea*, das ›eiserne Tor‹ des alten Kastells, in die alten Universitätsanlagen, die seit 1540 an der Stelle des königlichen Schlosses entstanden sind. Rechts der *Uhrturm*, 33 m hoch (kann bestiegen werden), davor die Arkaden, auch Via Latina genannt, der Eingang in die Aula aus der Zeit Joãos III. mit hölzerner Muldendecke, Ort der Promotionen und Habilitationen, auch als Sala dos Capelos bezeichnet, weil hier die Doktorhüte verliehen werden. An der Stirnseite des Saales sind die Sitze des Rektors und der Dekane untergebracht. An den Wänden hängen Bildnisse der portugiesischen Könige, links der erste – Afonso Henriques, rechts der letzte – Manuel II. Auf der rechten Seite sitzen die Senhoras, auf der linken die Senhores – früher mußten die Frauen auf der Galerie sitzen.

In die *Universitätskirche* gelangt man durch ein hohes manuelinisches Portal von Boytaca, das, wie der Chorbogen innen und die Fenster, noch vom ehemaligen Schloßbau stammt und das Wappen von König Diniz, das Christusritterkreuz und die Armillarsphärenkugel, trägt. Die Kapelle ist ein Werk von Marcos Pires, innen vollständig mit Azulejos verkleidet, die Fenster weisen manuelinische Rahmen auf; sehr schöne Ro-

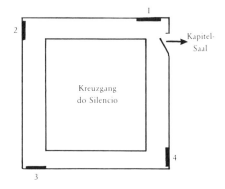

COIMBRA

kokoorgel. Silberleuchter und ein bronzener Tabernakel vervollständigen den Schmuck.

Neben der Kirche muß man die alte *Bibliothek* besuchen (Abb. 69), in drei hohen barocken und untereinander verbundenen Hauptsälen stehen in Regalen rund 120000 Bände, Extrakt einer geistigen Elite vom Mittelalter bis zum Anfang der Neuzeit, oft als kunstvolle lederne Franzbände buchbinderische Meisterstücke, dazu übergroße Arbeitstische mit feinsten Intarsien und meist aus brasilianischen Edelhölzen. Im ›schwarzen‹ Saal sind Mobiliar und Balustrade aus Ebenholz mit Goldverzierungen; hier befinden sich literarische Werke aus der Antike. Der ›rote‹ Saal – hier herrschen Mahagoni und Rosenholz vor – ist wissenschaftlichen Werken gewidmet. Der ›grüne‹ Saal beherbergt Texte aus Philosophie und Theologie. Besonders zu beachten sind die Leitern und die hübschen Chinoiserien. König João V., der 1716–32 diese Bibliothek errichten ließ, war mit Anna von Österreich verheiratet, so mag es mehr als Zufall sein, daß diese barocken Räume Fischer von Erlachs gleichalter Wiener Hofbibliothek so sehr ähneln, vielleicht aber noch prachtvoller sind.

Von der Terrasse vor der Bibliothek der Panoramablick ins Mondegotal und zum Kloster von Santa Clara auf der gegenüberliegenden Flußseite. Trotz des modernen Universitätslebens: die Universitätsglocke läutet noch immer und wird cabra (die Ziege) genannt; die Herren mit langem grauen Rock und Degen sind die archeiros, Universitätsdiener, und geben gerne Rat und Auskünfte; die traditionelle Tracht der Studenten, der capas pretas, ist, zumindest an

Universitäts-Festtagen, die batina, ein schwarzer Rock und die capa, ein schwarzer Mantelumhang mit soviel Fransen am unteren Rand wie Studienjahre und gehabte Liebschaften; mit farbigen Bändern an der capa zeigt man an, welcher Fakultät man angehört: rot = Jurisprudenz, gelb = Medizin, dunkelblau = Philosophie und Literaturwissenschaft, hellblau = Naturwissenschaft, violett = Pharmazie. Mitte Mai feiern sie das Fest des Bänderverbrennens, ein Gaudi für Fremde.

Vom Diniz-Denkmal geradewegs kommt man zum Largo da Feira und der Sé Nova (5), der neuen Kathedrale. Früher Kirche eines Jesuitenkollegs, 1598 von Balthasar Álvares begonnen, aber erst im 17. Jh. beendet. Die prunkvoll barocke Fassade spiegelt in ihrer unterschiedlichen Ornamentik diese lange Werdezeit wider. Der helle Innenraum hat kassettierte Tonnen in den Schiffen und in der Halbkugel der Kuppel. Je vier Kapellen in den Seiten sind mit goldenen barocken Schnitzaltären ausgestattet, davor feine Abschlußschranken. Das Taufbecken stammt aus der alten Kathedrale. Balthasar Álvares hat die Kirche für die Jesuiten errichtet, nach deren Vertreibung wurde sie 1772 Kathedrale.

Im alten Bischofspalast ist das Museu Machado de Castro (6) eingerichtet. Der architektonische Rahmen dafür: romanische Galerien, Renaissanceportal zu einem Viereckhof mit doppelten Renaissancearkaden um einen Hofbrunnen, von den Galerien interessanter Blick zur alten Kathedrale und über die Dächer der Altstadt. Kardinal Afonso de Castelo Branco ließ den Palast zu Ausgang des 16. Jh. auf dem Plateau errich-

*Coimbra: Sé Nova*

ten, das schon zur Römerzeit besiedelt war, Gänge, Hypokausten und Lagerhallen der Stadt Aeminium, zum Teil sogar im Museum, sind erhalten. Hier werden die Funde aus der Römerzeit, hauptsächlich aus Conimbriga, aufbewahrt. *Erdgeschoß:* plastische Terrakotten aus der Sé Velha und aus Santa Cruz, u. a. ›Zwölf Apostel‹, und von Houdart ein Apostelkopf, frühportugiesische Skulpturen aus romanischer, gotischer und manuelinischer Zeit, Wappen, Kapitelle, Architekturbruchstücke, ein ›Agnus Dei‹ (12. Jh.), von der Miguel-Kirche in Milreus. – *Obergeschoß:* Teppiche, Holzskulpturen und Kleinplastiken vom 13. bis ins 16. Jh., Möbel, Fayencen, Gläser, Goldschmiedearbeiten, u. a. der ›Kelch von König Sancho‹ (12. Jh.) und das Prozessionskreuz ›Cristo Negro‹ (13. Jh.), die Virgem del Pilar, viele Kunstgeräte aus Gold und Silber, das kostbare ›Rainha Santa-Zimmer‹ mit dem Silberreliquiar, vergoldet und mit Zellemail, Gemälde aus dem 17./18. Jh., ein Triptychon von Metsys aus dem 16. Jh. Gleichfalls von Interesse sind eine ›Grablegung‹ von Jean de Rouen, ›Maria Himmelfahrt‹ von Mestre de Sardoal, eine ›Verkündigungsgruppe‹ von Chantèrene. – Neben dem Museum befindet sich die *Kirche Sao João* de Almedina mit einem Raum für sakrale Kunst.

Steilab führt die Rua do Cabido gewunden zur SÉ VELHA (7; Abb. 70), der alten Kathedrale. Ganz wie seine Burgen ließ Afonso I. Henriques sie ab 1177 als romanische Wehrkirche errichten, zinnenbekrönt und mit abweisenden glatten Außenmauern, ohne Türme, und sogar die Strebepfeiler eng an die Eckkanten gepreßt, das vorspringende Querschiff mit Schießscharten wie ein Bollwerk, ähnlich den Festungskirchen in Porto, Travanca oder Leça do Balio. Harmonisch wirkt die wehrhafte Portalfront, im Risalit unten sehr tief eingezogen das Rundbogenportal, die Laibung ist aus gestaffelten Säulen gebildet, die mit textilartigen Mustern überzogen ist, von denen keines dem anderen gleicht. Darüber, das Architekturschema wiederholend, ein Fenster. An der Mitte der Nordseite, die sich dem Blick frei darbietet, ließ Bischof Jorge de Almeida ab 1540 einen reizvollen Portalvorbau aus weißem Marmor anbringen, die *Porta Especiosa*, sicherlich das beste Werk der klassischen Frührenaissance in Portugal, heute ungeschützt, beschädigt und verwittert. Unsere Zeichnung zeigt übersichtlich mehr (und deutlicher) von Aufbau und Details, als es das Original heute noch vermag: die Porta ist dreistöckig und reicht bis zum Zinnenkranz der Kathedrale hinauf, ist unten rundbogig in einem Vorsatz, Säulenpilaster flankieren den kassettierten Türbogen, die Hauptpilaster sind durchgezogen bis zum zweiten Stockwerk und tragen dort mit vier Säulen das Gebälk einer offenen Halle; das dritte Stockwerk, jetzt zurücktretend, wird von vier Rahmenpilastern gegliedert und trägt die giebelartige Bekrö-

*Coimbra: Die Sé Velha*
*1 Jesús-Retabel 2 Grabmal des Bischofs Almeida 3 Kreuzgang 4 Especiosa*

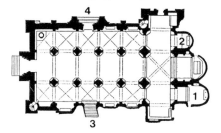

*Coimbra: Die Porta Especiosa der Alten Kathedrale*

nung mit Triumphbogenformen und einer Verkündigung. Alles ist bis ins Detail fein ornamentiert mit Renaissancewerk, Medaillons und Rosetten, im Tympanon die Madonna, umgeben von Engeln. Französische Künstler und Steinmetze, vielleicht João de Rouão, haben daran gearbeitet, denn Komposition wie Ausführung weisen nach Frankreich, Chartres vielleicht, aber auch nach Limoges oder Toulouse, während runde Ecktürmchen wie ganz oben eher in der Bretagne und der Normandie zu finden sind.

*Innen* hat die Sé ihren ursprünglich romanischen Charakter fast voll erhalten, ist dreischiffig mit Querhaus, Vierungskuppel und drei unterschiedlich großen halbrunden Apsiden mit dem Höhepunkt der Kirche in der

COIMBRA

Hauptapsis, einem spätgotischen *Retabel* (1508) von den Flamen Oliver von Gent und Johann von Ypern. Bis ins Gewölbe hinauf füllt es die Apsiswand aus; sein Thema ›Mariä Himmelfahrt‹ ist wirklichkeitsnah wiedergegeben, in der Frische und Eleganz der Frühzeit eine visionäre Ausgestaltung der Glorie Mariens, beispielhaft für die Interpretation religiöser Themen zu dieser Zeit. Es ist eines der besten Retabulos im Lande.

In der linken Nebenapsis das *Grabmal für Bischof Almeida;* 1543 von Rouão für seinen großen Gönner geschaffen, folgt es im Aufbau der geschwungenen Grundrißlinie, ein Altar mit Retabel als Triumphbogen gestaltet, im kassettierten Hauptbogen eine Kreuzigung, seitwärts in Nischen Apostel, im Sockel darunter eine Kreuzigung und beiderseits daneben Legenden Petri, in der Mitte das Bischofswappen und ganz oben als Gegenpol in der Architekturachse der segnende Gott Vater. Abgesehen von den etwas plumpen Gesimsen ist das Gesamt in Detail wie Dekor harmonisch und logisch, kleinteilig Verspieltes bleibt ausgeschieden.

In der rechten Nebenapsis fällt demgegenüber das Jesus-Retabel stark ab. Andere Grabmäler sind für die Tochter des Grafen Ventimiglio, Dona Bataca, und einen Bischof Egas de Fafes, beide im nördlichen Seitenschiff. Beachtung verdient das Taufbecken aus dem 16. Jh., seine achteckige Basis von Löwen getragen, von Chimären angefletscht, die große Schale reliefiert zum Thema ›Taufe Christi‹. Mit Holz ist die Unterseite der Empore abgedeckt, ein Rahmengerüst mit maurischem Liniengeschlinge und feinster Renaissanceornamentik in den Platten, ganz ähnlich der Decke in der Schloßkapelle von Sintra.

Kassettengewölbe deckt die *Sakristei,* seine Simse mit Masken im Fries liegen fest den Konsolen auf, über einem Nischenbrunnen aus schwarzweißem Marmor die Jahreszahl 1593 und der Name des Erbauers, Kardinal Afonso de Castelo Branco.

Frühgotisch einfach (aus dem 13. Jh.) ist der *Kreuzgang,* auf Doppelsäulen solide Kreuzgewölbe, an den Seiten mehrere Renaissancekapellen mit Grabmälern. Der abschüssigen Lage des Geländes wegen mußte der Fußboden höher als der Kirchenboden gelegt werden.

Weiter bergab und in die Rua de Sub-Ripas zur *Torre de Anto,* benannt nach dem Dichter António Nobre, der während seiner Studienzeit vier Jahre lang bis 1900 dort wohnte. Unter anderem schrieb er ›Só‹ (Allein) und begründete damit die Bewegung des Sósismo, »wie man sein Ich sucht«, mit der eigenartigen portugiesischen Melancholie, die noch lacht, wenn die Augen schon voller Tränen stehen.

Als Bogen über die Straße legt sich ein Flügel des PALACIO DE SOBRE-RIPAS (8), einst der Wohnsitz der Maria Tellez. Ihr Drama ist schnell berichtet: sie war mit dem Infanten João, dem Halbbruder von König Fernando I., verheiratet, Leonor Tellez, ihre Schwester, mit dem König. Leider hatte Leonor aber nur eine Tochter geboren und fürchtete, würde der König vor ihr sterben, den Verlust der Regentschaft, weil der Thron dann an João, den Halbbruder, und an Maria, ihre Schwester, fallen würde. Intrigant und grausam von Charakter, brachte sie es fertig, João einzureden, Maria würde ihn betrügen. Unbeherrscht eilte der Infant in den Palast Sobre-Ripas, erdolchte seine Frau Maria und floh nach Kastilien –

290

Leonora hatte ihre Ansprüche gerettet und den möglichen Thronfolger für immer ausgeschaltet. – Beachten Sie die Dekorelemente: in den krummen Wänden manuelinische Fenster, Reliefmedaillons, Brustbilder aus Marmor, innen Holzdecken und Tauwerk um Simse und Deckenfelderung.

Etwas oberhalb die *Misericórdia-Kirche* aus dem Ende des 16. Jh., ein Renaissancebau ohne Kuppel, ganz in der klaren, in sich schwer ruhenden Systematisierung Terzischer Baugeometrie, ein sehr mathematisch orientierter Rationalismus.

*Quebra-Costas* heißen dann die Straßenstufen, es sind tatsächlich ›Rippenbrecher‹ in den engen alten Medinagassen, die sich seit dem Mittelalter kaum verändert haben innerhalb der alten Stadtmauern. Durch eines ihrer Tore, den *Torre e Arco de Almedina*, Teil der arabischen Stadtbefestigung, tritt man unmittelbar wieder in die Unterstadt. Früher tagte dort im Turmzimmer das Blutgericht, heute beherbergt es ein heimat- und völkerkundliches *Museum*.

Nun über den Mondego und gleich hinter der Brücke links ab zu den Ruinen der gotischen Klosterkirche von Santa Clara, 1286 erbaut, später, weil zu nahe am Fluß und zu tief gegründet, von den Schwemmsanden des Mondego langsam verschüttet; ihre Säulenbasen stehen heute fast fünf Meter tief im Sand. Im Langhaus läuft man nun in der Höhe der Bogenfänge, träumt von der Hl. Isabel von Aragon, die nach ihres Mannes Tode sich in dieses Kloster zurückzog, hier starb und beigesetzt wurde, ebenso wie der Leichnam von Inês de Castro – beide hat man umgebettet, Inês nach Alcobaça, die Santa Isabel ins Neue Klarissinnenkloster Santa Clara-a-Nova, das heu-

te das linke Mondegoufer beherrscht, langgestreckt, eine schmucklose Baumasse, man könnte meinen, João IV. hätte sie 1696 bereits als Kaserne vorgemerkt. Aber in der Kirche steht der Silberschrein der Heiligen von Portugal, den die Fromme noch zu Lebzeiten treiben ließ, sie selbst im Klarissinnengewand mit Pilgerstab und Beutel, aber gekrönt und über dem den Kopf krönenden Baldachin ein Engel, der ein winziges Figürchen hält, die Seele der Verstorbenen. 1625 wurde sie heiliggesprochen, von König Pedro II. kurz ihr silberner Schrein geöffnet und dann oberhalb des Hauptaltares aufgestellt. Der mächtige polychrome Steinsarkophag ist leer. Sechs Gemälde im Chor illustrieren die Geschichten.

Direkt am Rossio de Santa Clara befindet sich der Eingang zu der *Kinderstadt Portugal dos Pequenos*, in der typische Miniaturhäuser aus allen Provinzen Portugals einschließlich der überseeischen, aufgebaut sind; auch berühmte Bauwerke sind nachgebildet.

Weitab liegt die Quinta das Lágrimas, das Landhaus der Tränen, in dem am 7. Januar 1355 Inês de Castro ermordet wurde, an dem Platze, wo sie mit Pedro beim ›Brunnen der Liebenden‹, der Fonte dos Amores, Glück und Liebe tauschte und wo Camões die Verse schrieb: »Sieh, welche Träne quillt im Blütentriebe. Denn Trauer ist er, und sein Name lautet Liebe.«

Andere Sehenswürdigkeiten:
2 km nordostwärts liegt der Vorort Celas mit dem *Celaskloster*, einem ehemaligen Benediktinerkloster, im 13. Jh. von Dona Sancha, Tochter Sanchos I., gegründet und im 16. Jh. im Renaissancestil erneuert. Renais-

COIMBRA / CONIMBRIGA

sanceportal und Loggia von 1530. Manuelinisches Gewölbe. Besonders schön ist der
Kreuzgang aus dem 13. Jh. Die mit Kapitellen versehenen Zwillingssäulen stammen
aus dem 14. Jh. (Abb. 63). Nordwestlich
von Celas liegt *Santo Antonio dos Olivais*,
Klosterkirche eines Franziskanerklosters
aus dem 13. Jh., in dem der spätere Heilige
von Padua lebte, deshalb Azulejobilder über
sein Leben an den Innenwänden; hinter der
Kirche Aussichtsberg Penedo de Meditação,
der Philosophenberg; *Aquädukt São Sebastião*, von Terzi ab 1570 aus Bruchsteinen
erbaut (etwa 1 km lang, beim Platze Arcos
do Jardim, Nähe Universität); von einer Art
Triumphbogen unterbrochen, mit Christusfigur und Königswappen bekrönt.

Museen:

*Museu Machado de Castro* im alten Bischofspalast; *Heimatkundliches und Völ-
kerkundemuseum* im Arco de Almedina;
*Wissenschaftliches Museum* der Universität
und *Anthropologisches Museum*, Bairro
Sousa Pinto; *Mineralogisches, Geologisches
und Zoologisches Museum*, Largo Marquês
de Pombal.

Feste:

Ca. Mitte Mai ›Verbrennen der Bänder‹; alle
zwei geraden Jahre in den ersten vierzehn
Tagen im Juli Fest der Rainha Santa, Hauptfest Coimbras mit großer Prozession; ab
Pfingstsonntag Espirito Santo-Fest.

## Umgebung von Coimbra

A   Conimbriga, das römische Ruinenfeld (18 km; Halbtagesausflug)
B   Figueira da Foz, Seebad am Atlantik (44 km; Halbtagesausflug)
C   Buçaco-Rundfahrt (etwa 100 km; Tagesausflug)

## A   NACH CONIMBRIGA

Auf der Straße N 1 bis Condeixa, dann dem Hinweisschild zum Ruinenfeld folgen.

Diese Römerstadt, deren Namen auf Coimbra übertragen wurde, lag an der wichtigen
Legionsstraße von Felicitas Iulia (Lissabon) nach Portus Cale (Porto) und Bracara Augusta
(Braga) günstig auf einem dreieckigen Plateau über dem Rio Caralium in einer der römischen
Campagna sehr ähnelnden Landschaft. Die Stadt wurde im 2. vorchristlichen Jh. von den
Römern übernommen, nachdem sich hier bereits die Keltiberer niedergelassen hatten.
Zusätzlich sicherte eine um 2000 Meter lange Umfassungsmauer die Stadt, in die man durch
zwei bisher bekannte Tore gelangte. Selbst heute, da noch nicht einmal ein Drittel des
Stadtgebietes ausgegraben ist, hat man den Eindruck von Wohlhabenheit, Lebensfreude,
verfeinertem Geschmack, ja Luxus (Abb. 72). Die Verteidigungsanlagen wurden bereits im
3. Jh. n. Chr. errichtet; offensichtlich befürchtete man Überfälle. 414 schwärmten die
Vandalen zum ersten Male in diese Gegend, kamen 460 mit regulären Truppeneinheiten

*Conimbriga: Mosaik aus dem Atrium eines Römerhauses*

# CONIMBRIGA / SÃO MARCOS

wieder und müssen damals so plötzlich nach Conimbriga vorgestoßen sein, daß die sorglos in den Tag lebenden Römer überrascht, ja buchstäblich aus dem Schlafe auf die Wälle getrieben wurden. Die Mauer, die mitten durch die Stadt gezogen wurde, ist planlos verstärkt worden mit Haus- und Tempelbruchstücken, Statuen, Hausgeräten, allen möglichen kunterbunt und kopflos zusammengerafften Materialien, um in letzter Minute vielleicht doch noch durchstehen zu können. Es muß nutzlos gewesen sein, die Stadt fiel, und kaum ein Bürger wird damals sein Leben gerettet haben, der Untergang war so absolut, daß

*Conimbriga: Plan des Ruinenfeldes und Besichtigungsweg*
1 *Alte Hauptstraße Lissabon – Braga*
2 *Haus der Fontäne*
3 *Werkstätten und Läden*
4 *Villa der Mosaiken*
5 *Stadttor*
6 *Stadttor*
7 *Öffentliches Bad*
8 *Wasserleitung/Aquädukt*
9 *Gasthaus, Herberge, verschiedene Läden*
10 *noch nicht ausgegrabene Bezirke*
11 *Stadtbezirk innerhalb der Mauern*
12 *Villa der Thermen*
13 *Christliches Gotteshaus*
14 *Öffentliches Bad*
15 *Haus mit Skelettfunden*
16 *Haus mit Hakenkreuz-Mosaiken*

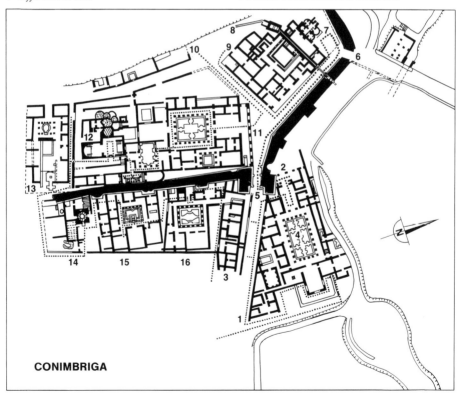

Conimbriga nie mehr aufgebaut wurde. Sehr gut erhalten sind die Grundmauern und Böden zweier Villen: außerhalb der Stadtmauer die Villa der Mosaiken, an die sich das Haus der Fontäne direkt anschließt, und die Villa der Thermen innerhalb der Stadtmauer. Diese Villen zeigen noch gut erhaltene Mosaikböden (geometrische Muster, Jagdszenen); in dem Haus der Fontäne funktionieren heute noch die Springbrunnenanlagen (Wärter danach fragen!). In der Villa der Thermen ist das gesamte System einer römischen Badeanlage mit Kalt-, Lauwarm- und Warmwasserbad und sternförmigen Hypokausten erhalten. Eine Hypokaustenanlage mit Sitzbadewanne ist auch neben dem ›Haus mit Skelettfunden‹ zu besichtigen. Das Wasser wurde über einen 3 km langen Aquädukt herangeführt. In dem nahen Museum hat man die Grabungsfunde (Mosaiken, Keramik, Marmorbüsten, Steine mit Inschriften) zusammengetragen.

## B   Nach Figueira da Foz

Auf der Straße N 111 im Mondegotal bis kurz vor São Martinho da Arvore und rechts ab (Wegweiser 3 km) zum Kloster São Marcos, einer Succursale des Jerónimos-Klosters von Belém, ein ganz einzigartiges Denkmal gotisch-manuelinisch-renaissancer Grabmalkunst des 16. Jh. und unerläßlich, wenn man sich einen Überblick über die Bildhauerschule von Coimbra verschaffen möchte. 1452 stiftete Dona Brites de Menezes, Erzieherin der Infantin, später Königin Isabel, den Hieronymiten dieses Kloster; als sie starb, bestimmte der Familienrat die Klosterkirche (nur sie ist erhalten, der andere Teil wurde durch einen Brand 1860 zerstört) zum Mausoleum der Grafen de Silva und der Menezes, und zehn von ihnen ruhen in São Marcos. Besonders an ihren Gräbern wird deutlich, daß viele der Künstler und Steinmetze, die in königlichem Sold in Belém und/oder Santa Cruz in Coimbra tätig waren, ihr Können auch in São Marcos versuchten.

Rechteckig mit einer Kuppelkapelle an der Nordseite ist die Kirche, die man durch einen manuelinisch recht üppig dekorierten Portalbogen betritt. Gleich rechts an der Wand das Grabmal für Fernão Telez de Menezes (1432–77), einen Sohn der Brites, gotisch im Bogenrahmen und beachtlich in der schönlinigen Kurvigkeit der Tuchfalten, die plastisch aus dem weichen Ançastein modelliert vom Baldachin heraballend von zwei Figuren gehalten werden (Abb. 75).

Im Chorraum ein anderer Sohn, João da Silva, der 1475 in Kastilien nach einer Verwundung starb, in der Darstellung mehr der flandrischen Renaissance zuzuordnen, mit Rahmenpilastern und einer von Engeln gekrönten Madonna, festliche Idealität in nuancierter Zurückhaltung.

Dem Altar am nächsten ruht die Stifterin, Dona Brites, in einer flachbogigen Nische, spätgotisch gerahmt mit vielformigen Krabben- und Blumenornamenten, die betende Figur distanziert im Gesichtsausdruck, porträtähnlich, ungekünstelt. Daneben ein prunkvolles Doppelgrab (1522) für den Gemahl der Dona Brites, Dom Gomes de Silva, im ersten Bogen. Er war ein Haudegen, in der Schlacht von Aljubarrota 1385 schon

# SÃO MARCOS BIS FIGUEIRA DA FOZ

dabei, versuchte sich als Gesandter in Rom und fiel später in Alfarrobeira an der Seite Dom Pedros.

Im anderen Bogen sind der Enkel der beiden, Aires da Silva, und seine Frau Guiomar de Castro beigesetzt. Aires kämpfte und fiel in Marokko. Man darf dieses Doppelgrab als verkleinerte Nachformung der großen Königsgräber von Santa Cruz in Coimbra ansehen, die gotisierenden Architekturdetails sind bereits echt manuelinisch.

Prachtstück des von einem Netzgewölbe gedeckten Chorraumes ist zweifellos das vier Meter im Quadrat große *Retabulo*, das, vergleicht man es mit dem Westportal zu Belém, nur dem Phantasiereichtum und der Kunst eines Chanterène zuzuordnen ist, so frisch voller Genie und Grazie gibt es sich: oben in einer Nische mit Kassettenbogen das Relief der Grablegung, in Nischen beiderseits kniend Stifter und Stifterin, die

Heiligen Hieronymus und Markus dahinter und unter feinen Baldachinen Reliefdarstellungen zu Legenden des Hieronymus, in der Mitte das Tabernakel, um alles vierteilig ein Untersatz wie eine Predella, auf dem phantastische Meereswesen die Stifterwappen halten. Malerisch zieren Pilaster, Kandelaber, Säulchen, Verschlingungen usw. die Architektur, beleben feinfädig-dünn, aber elegant das Ganze wie etwa die Renaissancekanzel von Santa Cruz.

Die angebaute *Kapelle* besticht mit einer im Kartuschenstil geschmückten kassettierten Steinkuppel und Laterne, in der Mitte der Altar, flankiert von Statuen Verstorbener auf ihren Gräbern, einer ist Diogo da Silva, einst Legat beim Konzil von Trient und 1556 verstorben, der andere sein Sohn Lourenço, der seit Alcazar-Kebir verschollen blieb und mit dem die Linie der Silvas erlosch. Sein Grab ist leer.

MONTEMOR-O-VELHO überragt mit seiner majestätischen Burg das Mondegotal, gehörte zu den wichtigsten maurischen Kastellen, die bereits im 11. Jh. den Arabern entrissen wurden, und ist eines von den sieben im Wappen Portugals, eine düstere Ringmauerburg, in die sich König Afonso IV. nach dem Mord an Inês de Castro zurückzog.

Interessant ist die kleine *Schloßkapelle*, wohl von Boytaca, der in dieser Zeit, um 1510, in Coimbra arbeitete, wiederaufgebaut und auffallend mit ihren typisch gedrehten Säulenschäften unter den Bögen des Langhauses, aber nicht in der gewitzten gegenläufigen Drehbewegung wie in Setúbal.

Unten im Ort darf man *Santa Maria dos Anjos* nicht auslassen. In der Sakristei gibt es verwaschene Fresken und einige Skulpturen aus dem 16. Jh., die Sehenswürdigkeit aber ist, und das als Ergänzung zu São Marcos, das *Prachtgrab des Diogo de Azambuja*, dessen Leben nicht weniger prächtig verlau-

fen ist. Diogo Pires-o-Moço hat es gemeißelt, derselbe Steinmetz und Bildhauer, der auch in Leça do Balio bei Porto Kreuz und Taufbecken schuf. Fast rundplastisch liegt Diogo auf dem Sarkophag, elegant, mit durchgebildetem Körper, kein Greis, der er eigentlich sein müßte, lebensvoll vielmehr, und an der Frontseite des Sarges Wappen mit Münzschlägern, anekdotische Bezüge zu seinem Leben. Drei portugiesischen Königen hat er 59 Jahre lang gedient, Afonso V., João II. und Manuel I.; er schlug sich als Siebzehnjähriger auf der Seite des rechtschaffenen Dom Pedro, verbrachte nach

98 LAMEGO  Die barocke Wallfahrtskirche Nossa Senhora dos Remédios

99 RATES  Romanische Apsis aus dem Jahre 1100
101 CAMINHA  Chorpartie mit bekrönender Galerie aus Zackenpfeilern

100 RATES  Kirche des hier erdolchten Hl. Pedro
102 CAMINHA  Figurenfries unter dem Hauptgesims

103 VIANA DO CASTELO  Marktplatz, links die Misericórdia, rechts die Cámera Municipal
104 BARCELOS  Flußbrücke und Pelourinho; oberhalb der Brücke liegt die Palastruine der Grafen von Bragança

105 CITANIA DE BRITEIROS  Keltiberische Einraumbauten aus rohen Steinblöcken

106  GUIMARÃES  Die gotische Siegeshalle vor der wuchtigen Kirche Nossa Senhora da Oliveira

108  BRAGA  São Frutuoso, westgotisches Kirchlein  ▷

109  BRAGA  Nossa Senhora do Leite an der Kathedrale  ▷

107 GUIMARÃES  Burg und Denkmal für Afonso Henriques

110  BRAGA  Die Kathedrale mit dem Schmiedeeisengitter am Eingangsportal

111  BRAGA  Santa Cruz
113  VILA REAL  Manuelinisches Fenster über dem Touristenbüro

112  BRAGA  Casa dos Coimbras, manuelinisches Fenster
114  CHAVES  Am Rathausplatz

115 Travanca   Agnus-Dei-Portal, um 970
116 Amarante   Gewölbefänger im Gonçalo-
   Kloster

117 Amarante   Nossa Senhora da Ponte

118 BRAGA Bom Jesús do Monte, die doppelläufige Treppenanlage zur Terrasse der Wallfahrtskirche
119 MURÇA Die ›Porca‹, Granitskulptur 120 MURÇA Pelourinho am Hauptplatz

122 MIRANDA DO DOURO  Kathedrale beim ehemaligen Bischofspalast
121 MIRANDA DO DOURO  Altarwand in der Kathedrale
123 Getreidespeicher, wie man sie oft im Minho antrifft

124   OUTEIRO SECO   Romanische Kapelle, abgelöste Fresken im Museum in Porto
125   BRAVÃES   Agnus Dei-Portal              126   BRAVÃES   Eingang zur romanischen Kapelle ▷

128  BRAGANÇA  Der wuchtige Wehrturm innerhalb der Burganlage

129  BRAGANÇA  Domus Municipalis von 1300

◁ 127  BRAGANÇA  Innerhalb der Wehrmauern hatte ganz Bragança Platz

130, 131  BRAGANÇA  Museum: Madonna des 16. Jh. und Schmuckdecke

dessen Tode bei Alfarrobeira mit dessen Familie mehrere Jahre im kastilischen Exil, kehrte nach Portugal zurück und eroberte, mit seinem König versöhnt, Arzila in Afrika, kämpfte 1476 im Treffen von Toro, fuhr fünf Jahre später an der Küste Westafrikas nach Süden (einer seiner Kapitäne war Bartolomeu Dias), gründete an der Goldküste eine portugiesische Handelsfaktorei, die fortan im heutigen Ghana und Volta Gold und Waren der Eingeborenen umschlug: deshalb das Bild der Münzpräger an seinem Sarkophag. Als 76jähriger zog er triumphal in Safi, Marokko, ein, und dann erst gönnte er sich Ruhe und beendete 1518 seine Tage in Montemor-o-Velho.

An Architektur besonders Interessierte mögen oberhalb des Anbaues an der Seitenfassade die beiden von polygonalen Bogen gefaßten Fenster beachten, im Riß ein halbes Achteck, in Portugal nur noch einmal an der Tür zur Sala dos Archeiros im Sintra-Palast vertreten, möglicherweise von Rubens an seinem Wohnhaus in Antwerpen und fünfzig Jahre früher schon von Michelangelo an der Porta Pia in Rom zum ersten Male angewendet.

FIGUEIRA DA FOZ an der Mündung des Mondego ist der drittgrößte portugiesische Kabeljauhafen, und überall in der Umgebung sieht man die typischen Trockeneinrichtungen. Es ist aber auch ein Badeort an einem breiten und mehr als 3 km langen Feinsandstrand; von der Hafenmole Überblick zum Küstenbogen und den Hafenanlagen, die neuerdings von einer hohen Straßenbrücke überspannt werden. In der Altstadt nahe beim Hafenfort Santa Catarina der Adelspalast *Casa do Paço* aus dem 17. Jh., dessen Wände mit 6888 Delfter Kacheln belegt sind. Im Rathaus ein bescheidenes *Stadtmuseum* mit archäologischen Funden aus der Umgebung und Südportugal, Münzsammlung, Waffen, Möbel, Teppiche sowie Objekte der Volkskunst und sakrale Kunst.

3 km nordwestlich liegt das Fischerdorf *Buarcos* mit zwei Prangern aus dem 16. Jh. Knapp 1 km weiter *Cabo Mondego* und in der Fortsetzung nach Norden die Serra da Boa Viagem, die am Alto da Vera 300 m hoch ansteigt und ein herrliches Küstenpanorama erschließt, weite Pinien- und Eukalyptuswaldungen. Buarcos, Cabo Mondego und die Serra da Boa Viagem kann man gut zu einem um 30 km langen Halbtagesausflug zusammenfassen.

## C  BUÇACO-RUNDFAHRT
Coimbra – Lorvão – Penacova – Buçaco – Luso – Coimbra (etwa 100 km, Tagesausflug)

Erst die N 17, dann die N 110 begleiten den Mondego ab Coimbra aufwärts, folgen allen Schlingen und Bögen des Flusses durch eine abgelegene Landschaft. Nach links zweigt, kurz vor Penacova, ein Weg ab zum Kloster LORVÃO, das romantisch und verwunschen in einem Waldtal liegt. Es wurde im 10. Jh. gegründet, hatte seine beste Zeit aber um 1200, als sich Theresa, die Tochter von König Sancho I., hierher zurückzog. Papst Innozenz III. hatte ihre Ehe mit Alfonso IX. von León wegen Blutsverwandtschaft für nichtig erklärt. 1250 starb sie hier, hatte aber noch vor ihrem Tode den Leichnam ihrer im Kloster Celas in Coimbra

## PENACOVA BIS BUÇACO

verstorbenen Schwester Sancha nach Lorvão holen lassen. So ruhen beide Prinzessinnen nun in kunstvoll gearbeiteten Silberschreinen, Meisterwerken aus dem 18. Jh. mit Edelsteineinlagen und unerhört feiner Ziselierarbeit, sie stehen rechts und links vom Hauptaltar in der 1748 von Grund auf restaurierten streng wirkenden Kirche. Vor dem Nonnenchor trennt ein hohes Kunstschmiedegitter aus Eisen und Bronze das Langhaus, das Chorgestühl aus brasilianischem Palisander ist ein übermäßig dekoriertes Meisterstück portugiesischer Kunsttischler- und Holzschnitzkunst. Einfach wirkt dagegen der doppelstöckige Kreuzgang, einige Renaissancekapellen dort sind kaum von Belang. Aus dem Kloster stammen zwei Prunkstücke portugiesischer Stickereikunst, ein Äbtissinnenmantel und ein Kanzelbehang, auf dem über karminrotem Seidengrund Jupiters Adler den Ganymed emporträgt.

PENACOVA bezaubert mit seiner Lage, in Terrassen über dem Mondegotal angelegt, überallhin schönste Rundblicke, eine üppig fruchtbare Flußlandschaft, Kapellchen, eine Felsschlucht zwei Kilometer flußaufwärts, die Livraria do Mondego, alles sehenswert, wenn auch ohne eigentliche Sehenswürdigkeiten. Knapp 10 km weiter flußaufwärts wird der Mondego in einer neu angelegten Sperre, Barragem da Agueira, gestaut, ein Wald-Wasser-Erholungsgebiet im Hinterland von Coimbra; ein Ferienparadies der Zukunft.

Dann zieht die Straße durch weite Waldungen direkt gen Luso und ein Stückchen entlang der insgesamt 5700 m langen Umfassungsmauer durch das Haupttor *Porta dos Ameias*, eines von

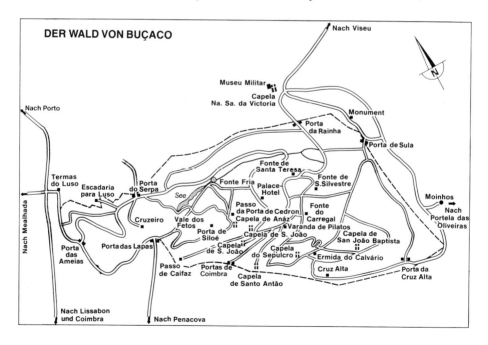

insgesamt zehn, in den WALD VON BUÇACO. Er ist um 480 Hektar groß, einmalig in seiner Zusammensetzung, ein Arborium einheimischer und seltener exotischer Gewächse, die portugiesische Seeleute aus aller Welt, bis von Ozeanien und Brasilien, aus Afrika und dem Orient, als Samen oder Stecklinge mitbrachten. Mehr als 400 einheimische und 300 exotische Arten sind vertreten. 1622 untersagte Papst Gregor – weshalb eigentlich? – allen Frauen den Zugang zum Wald, 1643 bedrohte Papst Urban alle mit der Exkommunikation, die auch nur einen Baum fällen würden, und als Karmelitermönche dort ein winziges Kloster gegründet hatten, wurden sie zu Pflegern und Schützern dieses Kleinodes bestellt. 1834, nach der Säkularisation, ging der Wald in Staatsbesitz über. 1810 schlug in der nach dem Forst benannten Schlacht der Engländer Wellington die Franzosen Massénas, seitdem gibt es ein *Militärmuseum* und den hohen *Obelisken,* dann ließ 1887 König Carlos I. beim Kloster einen *Sommerpalast* erbauen, das letzte bauliche Unternehmen der Braganças, im Empfinden seiner Zeit in gräßlicher Neo-Manuelinik, die behende in Batalha, Tomar und Belém Stilelemente kopierte und überladen zusammensetzte mit dem erstaunlichen Ergebnis, daß hier und da sogar ästhetisch Befriedigendes zustande kam. Nach entsprechenden Umbauten wird das Schloß seit einigen Jahren als Luxushotel genutzt (Abb. 73). Im Hotelvestibül sind Azulejos von der Einnahme von Ceuta, Cabrals Landung in Brasilien und der Schlacht von Buçaco zu sehen. Das ehemalige *Karmeliterkloster,* 1628 gegründet, liegt an der Rückseite des Schlosses. Alles ist mit Kork verkleidet, wie im Convento dos Capuchos im Sintra-Wald; Gemälde, Figurengruppen und eine Art Diorama berichten von der Klostergeschichte, von Jerusalem und der Passion Christi.

Eine Serpentinenstraße führt hinauf zur *Cruz Alta,* 547 m hoch und, wie die Portugiesen meinen, des Landes Mittelpunkt. Das stimmt zwar nicht, dafür ist das Panorama einzigartig.

Abfahrt ins Tal nach LUSO, dessen Kurpark noch Teil des Buçaco-Forstes ist, ein Thermalbad mit den Indikationen Rheuma, Haut, Nieren- und Harnwege und Blutdruckkrankheiten, und Weinfreunden bietet sich delikates Probieren in den Kellern der Messias-Weine.

Die Hauptstraße N 1 führt direkt zurück nach Coimbra.

## Beira Alta und Beira Baixa

*Die nordportugiesische Landschaft Beira (= Ufer, Rand) erstreckt sich zwischen Douro und Tejo und war im Mittelalter ein hart umkämpftes Gebiet gegen die Araber. Die Beira gliedert sich in drei Provinzen: Beira Litoral mit Hauptstadt Coimbra, Beira Alta (Hohe Beira) mit Hauptstadt Guarda und Beira Baixa (Niedere Beira) mit der Hauptstadt Castelo Branco. Die letzten beiden sind Gebirgsländer, das Bindeglied, das die Küstenzonen Portugals an die Iberische Halbinsel kettet, die Verlängerung des iberischen zentralen Gebirgssystems, in dem auf heiße Sommer oft sehr kalte Winter mit Schnee folgen. Dieses portugiesische Scheidegebirge besteht aus zwei von Nordosten nach Südwesten verlaufenden Ketten, die durch das tief eingeschnittene Tal des Rio Zézere voneinander getrennt wurden: der Serra da Estrela an der Nordseite und der Serra da Gardunha an der Südseite des Flusses. Den ausgiebigen Nieder-*

SERRA DA ESTRELA/BELMONTE

*schlägen verdanken die Mittellagen eine vielfältige Vegetation, viele Laubwälder mit Pinien, Eichen, Kastanien und Eukalyptus, während die ausgesprochenen Hochlagen kahl geblieben sind. Um 2000 m hoch wölbt sich die Serra da Estrela auf (Farbt. 19; Abb. 77), Weidewirtschaft mit Schafen vor allem und Woll- und Käsegewinnung stehen dort im Vordergrund. Anders in den tief eingeschnittenen Tälern besonders des oberen Douro, wo, geschützt vor kalten Winden und überaus stark besonnt, Mandel- und Olivenbäume, Korkeichen, Johannisbrotbäume und Wein wachsen (Farbt. 31), dort wie am Dão und Mondego. Erst die südwestlichen Ebenen der Baixa werden kahl und zur Mesetalandschaft, wo man mit großen Stauanlagen, z. B. am Zêzere, versucht, das Land genügend zu bewässern. Trotzdem ist auch heute noch das Gebiet um Castelo Branco eines der ärmsten des Landes. Die Bevölkerungsdichte ist gering. In beiden Provinzen aber gibt es ausgedehnt weite Jagdgebiete für Rebhühner, Schnepfen, Hasen, Rehe, Hirsche, Füchse, Luchse und Wildschweine; in den Flüssen Forellen, Barben, Karpfen, zuweilen auch Aale.*

## 11  In die Serra da Estrela
Coimbra – Lourosa – Seia – Torre (höchster Berg Portugals) – Covilha – Belmonte – Guarda – Celorico da Beira – Viseu – Aveiro – (etwa 318 km)

Ab Coimbra folgt man ständig der Straße N 17 durch eine grüne Mittelgebirgslandschaft zwischen Tannenwäldern und ausgedehnten Olivenpflanzungen, fünf bis neun Kilometer parallel zur Laufrichtung des Mondego, der aus dem Estrela-Gebirge kommt. Sehenswürdigkeit ist die Landschaft. Nach etwa 70 km aufpassen und rechts ab (Wegweiser) zum Dörfchen LOUROSA. Dort steht eine der seltenen vorromanischen Kirchen Portugals, *São Pedro* aus der Zeit um 912 mit typisch maurischen Hufeisenbögen in Schiff und Querhaus, mozarabisch also. Der frei stehende, jüngere Glockenturm wurde aus archäologischen Gründen – ein uralter Friedhof mußte freigelegt werden – Stein für Stein an seinen heutigen Platz umgesetzt.

Vor *Oliveira do Hospital* rechts wunderschön am Talhang die Pousada de Santa Bárbara.

Ab Seia bieten sich über die Serra da Estrela nach Belmonte zwei Wege an:
a  Über Manteigas oder
b  über den Torre und Covilhã (beide etwa 53 km).

Gut 60 km lang, 30 km breit ist die SERRA DA ESTRELA, das Kernstück des portugiesischen Hauptscheidegebirges der lusitanisch-kastilischen Gebirgsmasse aus Graniten, Gneisen, metamorphen, kristallinen Schiefern oder Quarziten aus dem Silur. In der Eiszeit war die gesamte iberische Masse stark vergletschert. Die heute so überwältigend weiten, teils kahlen oder nur von kniehohem Gesträuch bestandenen Trogtäler wie die schroffen Kare im Estrela-Gebirge sind die damals vom Eis gegrabenen Runen im Antlitz der mittelportugiesischen Gebirgslandschaft.

a Über Manteigas:
Von Seia nach Gouveia, dabei ständig großartiger Blick zur Estrela-Gebirgsmauer. Ab Gouveia (hier Casa da Torre, 16. Jh. und Miradouro do Senhor do Calvário) durch eine stets wilder, kahler und gigantischer werdende Gebirgslandschaft mit eigenartigen Felsbildungen (›Kopf des alten Mannes‹, ›Glatzkopf‹ usw.) aufwärts. Rechtsab Fußweg zu den *Mondego-Quellen* und kurz später zu den goldenen Felsen, *Penhas Douradas*, Bergstation, Observatorium, Sanatorium in der klaren Gebirgsluft, am Rabenfelsen (1400 m) Steilabfall über 800 m fast senkrecht zum Kessel von Manteigas. Drei Kilometer weiter die *Pousada São Lourenço* in 1500 m Höhe, ein günstiges Standquartier, wenn man im Gebirge bleiben möchte, und schließlich 14 km lang in Kurven und teilweise schwieriger Abfahrt nach *Manteigas*, einem hübschen Bergstädtchen. Vor dem Ort Stichweg (6 km) zum Felskessel *Poço do Inferno* mit Kaskaden des Rio Liandros, bei der Ortseinfahrt die schweflig riechenden Quellwasser der Caldas de Manteigas. Dann Weiterfahrt nach Belmonte.

b Über den Torre:
Von Seia aus nach Sabugueiro und stets in Kehren auf einer sehr guten Bergstraße aufwärts bis zum Stausee *Lagoa Comprida* auf einer Höhe von 1600 m, dem größten von vielen kleinen Seen im oberen Zentralmassiv der Estrela. 2500 m lang und nur 130 m breit, bleibt er dank der winterlichen Niederschläge stets gefüllt, seine Turbinen erzeugen Strom. Der Torre ist mit 2000 m Portugals höchste Erhebung, ein klobiger Granitturm hat ihm seinen Namen gegeben. Das gesamte Gebiet des Estrela-Gebirges ist heute von guten, teils neu angelegten Straßen und Wanderwegen durchzogen und sonn- und feiertags mit Privatfahrzeugen und vielen Bussen zu den sehenswerten Zielen fast überfüllt; selbst auf dem Torre findet ein permanenter Andenken- und Jahrmarkt statt. Doch entschädigen die klare Bergluft einer alpinen Landschaft und die weite Fernsicht in alle Richtungen. Ständig entstehen neue Sporthotels, neue Stichstraßen, Skilifte und Campingplätze; die einst abgelegene Serra ist auf dem besten Wege, ein lautes Wochenend-Ausflugsziel und Portugals zentrales Wintersportzentrum zu werden.

Abfahrt durch den Höhenluftkurort und Wintersportplatz Penhas da Saúde nach *Covilhã* (romanische São Martinho-Kapelle, Azulejos an der Kirche Santa Maria Major, Textilindustrie) und Weiterfahrt nach Belmonte oder Abfahrt nach Manteigas und Weiterfahrt nach Belmonte. Man kann außerdem einen kleinen Ausflug von Seia aus machen: von Seia nach São Romão (hier Stausee in schöner Landschaft); bei der *Eremitage Nossa Senhora do Desterro*, etwas höher, die *Kapellen do Calvário und Espineiro,* deren Besuch sich wegen der besonders schönen Aussicht lohnt. Die hübschen Orte Valezim, Loriga und Alvoco da Serra können Ausgangspunkt für Besteigung der Gipfel Penha do Gato, 1768 m, Penha dos Abutres, 1819 m und Torre, 1991 m, sein.

BELMONTE, ein kleines Bergstädtchen um eine zerfallene Burg von König Diniz, ist der Geburtsort des Brasilien-Entdeckers Pedro Alvares Cabral (1467). An der Hauptstraße steht ein modernes Denkmal; das Haus, dessen Fassade ein Wappen mit Ziege (cabra heißt Ziege)

GUARDA

schmückt, gilt als das einstige Wohnhaus der Cabrals, einer berühmten Adelsfamilie. Begraben liegt er in der Graça-Kirche in Santarém. Gleich unterhalb der Burgruinen eine romanische Santiago-Kapelle mit einer gotischen Marienfigur, die Cabral als Schutzpatronin nach Brasilien begleitet haben soll und die er dann einer Einsiedelei stiftete.

Vor der Stadt, 2 km in Richtung Guarda, rechts, das *Centum Cellas,* ein gut erhaltener römischer Wachtturm aus behauenen Quadern, quadratisch, zwei Stockwerke hoch und je zwei Zinnen zwischen den Ecknasen (Abb. 76).

Bei genügend Zeit raten wir zu einer Halbtagestour nach *Sabugal* (Straße N 233, 33 km) am Côa-Fluß mit einer von König Diniz um 1290 errichteten Burg, von der es heißt: »Nur eine Burg mit fünf Türmen gibt es in Portugal, an den Ufern des Côa, in der Stadt Sabugal«, was den fünfeckigen Bergfried meint, wuchtig wie der in Beja oder Estremoz.

## GUARDA

Portugals höchstgelegene Stadt (Abb. 78), mit Avila in Spanien die höchstgelegene auf der Iberischen Halbinsel, auf einem 1056 m hohen Granitblockmassiv, war lange Portugals stärkste Festungsanlage gegenüber dem Königreich León. Aber schon zur Römerzeit zog es die in der Nähe siedelnden Lusitaner in ihr Kastell, und mit Quintus Sertorius kämpften sie ab 80 v. Chr. gegen den Senat in Rom, hielten den Platz auch dann noch, als Sertorius meuchlings ermordet war, und selbst dem großen Caesar gelang trotz langer Belagerung im Jahre 61 die Einnahme der Stadt nicht. Dann aber war der Widerstandswille wohl gebrochen, und in den ersten Dezennien der neuen Zeitrechnung verschwanden die Bewohner in ruhigere Wälder und Höhlen der Serra da Estrela. Zu Anfang des 1. Jh. n. Chr. hat vermutlich eine Neubesiedlung eingesetzt, im 6. Jh. wird ein Bischof von Guarda durch den Papst bestätigt. Den Mauren behagte das Klima nicht, sie kamen, eroberten, zerstörten restlos und ließen den Platz verfallen. 500 Jahre später unter den Burgundern und im ritterlichen Kampf gegen Mauren und Kastilier erkannte König Sancho I. die strategische Schlüsselstellung der Bergfeste, baute sie wieder auf, König Diniz verstärkte ihre Mauern und Türme, von denen der der Schmiede, *Torre dos Ferreiros,* und der würfelige *Bergfried* besonders mächtig sind. Mehrfach residierte er hier mit Isabella von Aragon und soll zu dieser Zeit Teile des Cancioneiro verfaßt haben.

Schon 1190 legte König Sancho den Grundstein zu einem Gotteshaus, das Jahr 1390 ist als Baubeginn der *Kathedrale* gesichert, dann wurde 125 Jahre lang an ihr konstruiert, gebaut, verbessert und geschmückt, und von der Romanik über Gotik und Manuelinik überlagern sich bis in die Renaissance hinein die Stile, ohne eine gewisse harmonische Einheitlichkeit zu zerreißen. Ursprünglich war sie als Wehrbau auf dem höchsten Platz der Stadt begonnen worden. Später ließ Boytaca, in einer Zeit, als Festungskirchen nicht mehr gefragt waren, auf dem Höhepunkt der Macht und Größe Portugals unter Manuels des Glücklichen Regierung, die wehrhaft lusitanische Romanik (wie etwa in Coimbra oder Lissabon) nur noch in Anklängen bestehen und schuf andere, neue Ordnungen in den Bau- und Dekorformen seiner Zeit. So zog er 1510

318

*Fassade* und *Westportal* hoch (Abb. 79). Auf quadratische Basen setzte er achteckige mächtige Türme über Eck, wie Wellenbrecher, die das dadurch noch tiefer eingezogene Portal und seine gedrehten Säulen bis zu den Bogenschwüngen der Madonnenrahmung betont zentrieren, die Wandflächen unten noch martialisch mächtig, oben aber statt Zinnen ein Lilienfries, das Portal im nördlichen Querschiffarm gotisch, aber mit kurvigem manuelinischen Liniendekor spielerisch veredelt.

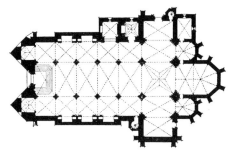

*Guarda: Grundriß der Kathedrale*

Die Kirche ist dreischiffig in Kreuzform mit Querschiff, und dort tritt Boytacas Schema von Setúbal wieder ins Bild, seine gedrehten Säulen, Tauwindungen um den Arco triunfal, pralle Rundstäbe an den Gratwölbungen der Seitenschiffe, das Christuskreuz am Schlußstein der Vierung, in den Gaden oben die großen Fensteröffnungen. Unten im Chor wurden 1550, jetzt ganz Renaissance, aber keinesfalls von der besten Art, die Choröffnungen mit einem vielfigurigen *Retabulo* von João de Rouão geschlossen (die Vergoldung wurde erst im 18. Jh. hinzugefügt); das ›Leben Jesu‹, zu monumental, zu dramatisch, so überzogen wie die Maße des Innenraumes, 50 m lang das Hauptschiff zu 32 m Querhausbreite, 20 m hohe Säulen zwischen dem nur 7 m breiten Mittel- und den je 5 m breiten Seitenschiffen, überaus langgestreckt also.

Drei Bischöfe hatten ihre Anteile am Bau und haben sichtbar ihre Wappen hinterlassen: am Nordportal Gonçalo Vasques de Cunha (1397–1426) fünf kreuzförmig angeordnete Schilde und neun Keile; am Südarm des Querschiffes Luis da Guerra (1427–58) Portugals Wappen und den Knotengürtel der Franziskaner; an der Turmkante und auf Bodenplatten Pedro Vaz Gavaio (1507–16) fünf Sperber (wie in Santa Cruz in Coimbra); er hatte den Baumeister Boytaca nach Guarda verpflichtet.

Vom Dach der Kathedrale weiter Blick über die Stadt, in die Gassen und zur Burg mit den Wallmauern, dem Bergfried und zu den Stadttoren.

Spazieren Sie vom Hauptplatz, Praça Luis de Camões (Denkmal für König Sancho und Haus der Mendonça Póvoas) durch die Gassen. Von den einstigen Befestigungsmauern des 12. und 13. Jh. sind der Burgfried (Torre de Menagem), die drei *Stadttore Torre dos Ferreiros, Porta da Estrêla* und *Porta de El-Rei* sowie Teile der Stadtmauern erhalten. Weiterhin sehenswert: die barocke *Misericórdia-Kirche* (Abb. 78) und – bei genügend Zeit – das kleine regionale *Museum* im einstigen Bischofspalast, mit interessanten Funden zur Stadtgeschichte.

Andere Sehenswürdigkeiten:
*Igreja São Vicente* (18. Jh.), viele Azulejos; alte Häuser aus dem 17. Jh.; Renaissancefenster in der Rua Direita; *Kapelle Mileu* oder Nossa Senhora da Povoa da Mileu, 1 km vor der Stadt in Richtung spanische

# PINHEL BIS VISEU

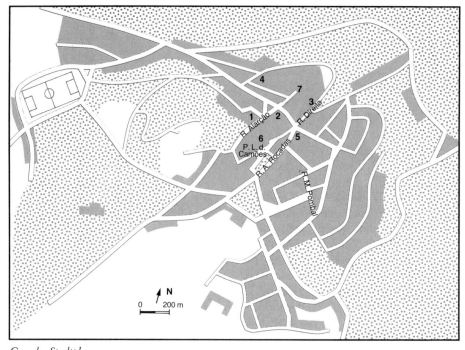

*Guarda: Stadtplan*
*1 Kathedrale  2 Touristenbüro  3 Porta da Estrela  4 Porta do Rei  5 Misericórdia  6 Ferreiros-Turm  7 São Vicente*

Grenze, romanisch mit Rosette und derb skulptierten Kragsteinen, vermutlich um 1150 gestiftet von Königin Mafalda, der Gemahlin von Afonso Henriques. Ganz in der Nähe wurden Reste von Zellen ausgemacht, in denen sich schwärmerisch fromme Frauen bei lebendigem Leib einmauern ließen.

Tagesausflug nach PINHEL, Straße N 221 (36 km), befestigter Ort an der Côa-Linie gegen Kastilien und später gegen die Franzosen, sechs Tore durch die Ringmauer, Ruinen eines zweitürmigen Kastells von König Diniz, am Hauptplatz Pelourinho mit Oberteil in Form einer Laterne, Santa Maria-Kirche aus dem 14. Jh. mit Bildern zum Leben Mariens, Ruinen einer romanischen Trindade-Kirche. An den Straßen, besonders an der Rua da República, stehen noch wappengeschmückte Häuser mit schmiedeeisernen Balkonen.

Weiterfahrt nach *Figueira de Castelo Rodrigo,* 20 km nordwärts von Pinhel, ebenfalls befestigter Grenzort, 630 m hoch in der rauhen, einsamen Serra da Marofa, mittelalterlich-malerisches Ortsbild, 2 km weiter ein ehemaliges Zisterzienserkloster, Santa Maria de Aguiar aus dem 13. Jh., einen weiteren Kilometer entfernt Castelo Rodrigo, erinnernd an den letzten Westgotenkönig; Burgruine, Reste eines Schlosses aus dem 15. Jh., gotische Kirche und manuelinischer Pelourinho.

Durch das grüne, schon liebliche Hügelland Nordmittelportugals mit Pinienwäldern und Olivengärten kommt man nach CELORICO DA BEIRA am Hang der Serra de Prado, wieder ein Festungsstädtchen an der westlichen, von Guarda bis Trancoso reichenden Verteidigungslinie Portugals gegen die Kastilier, mit einer Burg, die von den Franzosen zerstört wurde. Das Stadtwappen führt einen Burgturm im Schilde, den ein Adler mit einem Fisch im Schnabel umkreist. Wie die Stadtfama zu berichten weiß, ließ ein Adler einen Fisch in das 1245 von Alfons III. belagerte Celorico fallen. Anstatt ihn zu verzehren, sandte der Festungskommandant die Adlerbeute ins feindliche Lager und, so getäuscht, weil Alfons meinte, die Feste sei bestens versorgt, zogen die Kastilier ab, und Celorico war gerettet.

21 km nordwärts *Trancoso*, Festung mit doppeltem Mauerring und siebentürmiger Burg, auf der 1282 die Hochzeit von König Diniz mit Isabella von Aragon stattfand. Viele alte Häuser sind noch in den Gassen zu sehen. Am Hauptplatz steht ein mit Armillarsphäre und Christusritterkreuz versehener Pelourinho.

VISEU

Die Provinzhauptstadt am Rio Pavia breitet sich nobel um ihre Kathedrale, strahlt mit vielen schönen Herrenhäusern privaten oder bischöflichen Besitzes eine auffallende Eleganz aus, Portugals »antiga e nobilissima Cidade«. Bis zu den Kämpfen des Volkshelden Viriatus reicht die belegte Historie der Stadt zurück. Von hier aus hatte er seit 149 v. Chr. mehrere römische Legionen beschäftigt, und erst mit seiner Ermordung brach der lusitanische Widerstand zusammen. 569 wurde Viseu unter westgotischer Herrschaft Bischofssitz, 430 Jahre später soll sich der Ortslegende nach der letzte Westgotenkönig Roderich in Viseu den vorstürmenden Arabern entgegengestellt haben. Vergebens. Tarik selbst soll ihn mit seiner Lanze durchbohrt haben, die Gotenkrieger hielten noch neun Tage lang die Stadt, keiner ergab sich, alle wurden niedergemacht. Des Königs geköpfter Leichnam, nur kenntlich am purpurnen Königsmantel, wurde heimlich in Sicherheit gebracht und ruht heute in einem Granitsarkophag in der São Miguel do Fetal-Kirche. 1391 wurde der spätere König Duarte hier geboren, im 13. und 14. Jh. war Viseu zeitweise Portugals Residenz, und als im 15. Jh. Vasco Fernandes eine Malschule gegründet hatte, begann Viseus Ruhm als hervorragende Kunststadt.

Zentrum der Altstadt ist das edle Geviert des Largo da Sé mit Kathedrale, dem Grão Vasco Museum und der Misericórdia-Kirche. Die *Kathedrale* ist romanisch, aus dem 12. Jh., wurde aber ab 1513 restauriert und umgebaut. Die zwischen den romanisch verblockten Vierecktürmen 1640 vorgeblendete dreiteilige Barockfassade vermag an der Südseite mit einer eleganten Galerie der Schwere des Baukörpers optisch etwas Gewicht zu nehmen (Abb. 81). Das Innere ist dreischiffig, sehr harmonisch proportioniert und, wie wunderlich, über romanischen Säulen buckeln sich manuelinische

## VISEU BIS SÃO PEDRO DO SUL

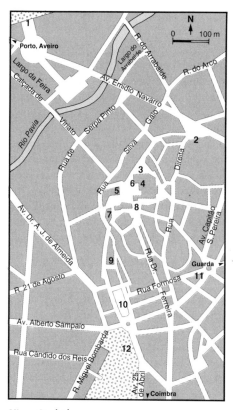

*Viseu: Stadtplan*
*1 Viriatus-Denkmal 2 São Bento 3 Museu Grão Vasco 4 Kathedrale 5 Misericórdia-Kirche 6 Largo da Sé 7 Porta do Soar 8 Praça Dom Duarte 9 Museu Almeida Moreira 10 Praça da República 11 Carmo-Kirche 12 São Francisco*

Gewölbe, bluffen mit dicken gemeißelten Steintaubändern, die, von wappengeschmückten Schlußsteinen ausgehend, Scheid- und Gurtbogen verbinden; in der Mitte der Joche sind sie dick und fest verknotet (Abb. 80) – Abóbade dos Nós. Die Kathedrale mit den Knoten ist Portugals einzige überhaupt mit solch manuelini-

schem Tauknotenspiel im Gewölbefeld. Die Schlußsteine sind mit Wappen portugiesischer Könige geschmückt. Im Chor wieder Ranken, Blumen und Geäst mit Zentauren und Sirenen, so unheilig weltnah ist das Tonnengewölbe über der Capela Mór dekoriert, die Schale für die Madonnenfigur aus dem 13. Jh. auf dem Hauptaltar. Prunkvoll ist das Chorgestühl. Die Taufkapelle am rechten Querschiffarm stammt aus der Gründungszeit der Kirche.

Auch den zweistöckigen *Kreuzgang* aus grauem Granit stützen Renaissancesäulen und gotische Bogen, das Dekor ist beste Renaissance mit manuelinischen Fenstern und Portalen. Allein das *Kapitelhaus* konnte sich romanisch rein erhalten, es beherbergt heute den Domschatz, Kunst- und Kultgeräte vom 12. bis ins 18. Jh., u. a. ein in Silber und Gold getriebenes Evangeliar aus dem 12. Jh., zwei Email-Kästchen aus Limoges (mittlerweile im Safe), eine seltene Monstranz ganz aus Elfenbein, 1495 für König João II. von einem kongolesischen Negerfürsten übersandt. Nur die Azulejos wirken in diesem Rahmen deplaziert.

Neben der Kathedrale im einstigen Kloster das *Museu Grão Vasco*, von den Provinzmuseen in Portugal sicherlich das bedeutendste. Vasco Fernandes soll 1480 in Viseu in einer Mühle, die sein Vater betrieb, geboren worden sein. Vermutlich war er ein Schüler des Meisters von Tarouca, der wieder in Beziehungen zu Nuno Gonçalves und Jan van Eyck stand; er soll von König Manuel I. zu Studien nach Italien geschickt worden sein und hieß fortan Grão Vasco. Unter diesem Namen ist er in die Kunstgeschichte eingegangen, er gehörte zur Schule von Viseu, einer der drei national-portugiesischen seit der zweiten Hälfte des 15. und der ersten des 16. Jh. Vascos Meisterbilder hängen im zweiten Stockwerk, eine dramatische ›Kreuzigung‹, ›Pfingsten‹, ›Taufe Christi‹, das ›Martyrium des São Sebastião‹ und ›São Pedro‹, bei dem der Kopf, die Tiara, Ornamente und die gotischen Türme in Rom von einem Flamen, der klassische Thron von einem Franzosen der Renaissance gemalt sein könnten – und doch bleiben sie ganz typisch portugiesisch, Petrus rauh wie ein Bauer der Beira Alta, müde im Blick wie ein Fado-Sänger in höchster Saudade. Außerdem sind hier Skulpturen, Möbel, Fayencen, Gläser, Gold- und Silberschmiedearbeiten ausgestellt.

Der Sé gegenüber steht die Barockfassade der *Misericórdia-Kirche*, 1774 (Abb. 82), ihre beiden Türme überweit auseinander, dazwischen eine blendende Schaufront eingepaßt, erster Barock in Portugal, Rustica, wohlproportioniert aufgesetzte Granitpartien im distanzierten Spiel zu weißen Mauerflächen, Schwünge wie Fledermausflügel über den Fenstern, Bogen, wellige Doppellinien um den aufschwellenden Giebel, waagerecht der Balkon und sofort gelöst in ausklinkenden Doppelbögen, die zum Giebel emportänzeln, kein Spiel von Licht und Schatten und dennoch eine überschäumende Architektur – außen; innen ohne Gleichwertiges, eng, kahl, enttäuschend.

Wieder raten wir: spazieren Sie bergab durch die Gassen, erfreuen Sie sich an den vielen Fassaden stolzer Häuser um den Rossio (Praça da República) mit dem Denkmal Heinrich des Seefahrers. Hier liegt die *Barockkirche São Francisco* (1775) mit reichem Azulejo- und Talha dourada-Schmuck. Nördlich des Platzes liegt das *Museu Almeida Moreira* (wertvolle Sammlung von Keramik, Porzellan, Azulejos, Teppichen, Möbeln, Gemälden – 17. Jh.). Die ältesten erhaltenen Häuser (16. Jh.) stehen entlang der Rua da Piedade, Herrschaftshäuser aus der Barockzeit sind vor allem in der Rua Direita zu sehen. Andere schöne Kirchen sind *Carmo* und *São Bento*, beide mit wuchernd barockem und Rokokoschmuck, *São Miguel do Fetal* mit dem Grab Roderichs; das *Denkmal für Viriatus* und die *Cova de Viriato*, in der sich der Freiheitsheld verborgen gehalten haben soll. Der Park davor ist auf den Grundmauern des Römerkastells angelegt.

Wer nicht zum Meer nach Aveiro fahren möchte, kann ab Viseu nach Norden zu über Castro Daire bei Lamego den Anschluß an unsere Route 13 finden.

São Pedro do Sul am Zusammenfluß von Vouga und Sul, und 3 km weiter das gleichnamige Thermalbad, eigentlich Caldas de Lafões. Rheuma, Frauenkrankheiten, Schädigungen der Haut und der Atemwege finden in der 68 Grad heißen Therme Linderung oder Heilung. Schon die Römer wußten davon, Reste ihrer Badeanlagen sind erhalten. König Afonso Henriques hatte sich 1169 in der Schlacht bei Badajoz ein Bein gebrochen und war für drei Monate in kastilische Gefangenschaft geraten. Dort konnte Alfons IX. ihn leicht zum Verzicht auf alle Gebiete Galiciens bewegen, ehe er ihn wieder laufen ließ. In São Pedro do Sul versuchte Henriques die Folgen des Beinbruchs und verletzten Stolzes wieder auszukurieren und ernannte damals vorsichtshalber seinen Sohn Sancho zum Mitregenten. Das alte Badehospiz, heute eine Ruine, ist für 1195 urkundlich erwiesen.

323

## VOUZELA BIS AVEIRO

Zu dieser Zeit mag der König auch in VOUZELA die romanische *Pfarrkirche* gestiftet haben. Seltsam ihr freistehender Glockenturm, vielfältig die sauber geschlagenen Kragsteine, eine Kuh, zwischen den Hörnern eine Fratze, Köpfe und Gesichter. Die gotischmanuelinische Madonna entstand 1512. Den Marktplatz ziert das Rokokokapellchen São Gil, der Heilige in einer Schmucknische, und grau vor weißem Wandgrund Voluten, Schwünge, vier Fenster mit Balustraden und Schmiedeeisengittern, heiter im Dekor, gekonnt im sparsamen Architekturdetail.

Südostwärts liegt die auf einer Bergnase gelegene *Kapelle Nossa Senhora do Castelo* (Wallfahrt mit Volksfest – Anfang August). Von Vouzela aus kann man einen Abstecher nach *Caramulo* machen; Höhenluftkurort, 750 m, der im Herzen des Gebirges und am Fuß seiner beiden höchsten Erhebungen liegt. Das *Museu do Caramulo* bietet neben portugiesischen Bildhauerarbeiten aus dem 15. Jh. und flämischen Wandteppichen, Keramik, Porzellan, Möbeln Arbeiten von Picasso, Miró, Chagall, Dufy, de Vlaminck. Außerdem befindet sich hier ein Automobilmuseum mit etwa 50 historischen Kraftwagen.

Ab *Pessegueiro* folgt die Straße eng dem Rio Vouga, eine liebliche, heitere Landschaft. Und dort, 5 km südlich von Albergaria-a-Velha in *Serem* lockt die Pousada de Santo António vor den sanften Hängen des Caramulo-Gebirges zu Rast oder längerem Verweilen, ein günstiges Standquartier vor Aveiro. Vorher, in *Angeja,* erstaunt man über eine vollkommen bis zu den Turmkappen mit Azulejos verkleidete Kirche, die aus der Froschperspektive beinahe den Eindruck einer persischen Moschee macht.

## AVEIRO

Die Lagunenstadt war ein alter Hafenplatz, den die Römer Talabriga nannten und der wie Ilhavo oder Ovar damals noch unmittelbar am Meere lag. Im Verlaufe ständiger Hebungen der iberischen Masse und eines damit verbundenen verstärkten Küstenstromes in Nordsüd-Richtung mit Verfrachtung von Sanden und Geröll wurden vermehrt Sedimente vor der Küste abgelagert, die in Verbindung mit den Ablagerungen des Vouga einen Strandwall schufen, eine Nehrung im Meer, hinter der das ständig durch einen Durchlaß zu- und abfließende Wasser ein Haff oder eine Lagune, die Ria de Aveiro bildet. Bis ins 16. Jh. fuhren Aveiros Kabeljauflotten mit bis zu 60 Booten in die Fanggründe von Neufundland, ihre Fänge brachten Wohlstand, zusätzlich vermehrt durch Salzgewinnung und Salzhandel, in die Stadt. Da blockierte 1557 nach einer Sturmflut eine Barre diesen Durchlaß, Schiffe konnten Aveiros Hafen nicht mehr erreichen, der Handel starb ab, und selbst aus den Niederlanden herbeigerufene Spezialisten sahen keinen Ausweg mehr. Ein neuer Orkan 1808 riß eine neue Bresche, öffnete die Lagunen und man befestigte, nun klüger als 250 Jahre zuvor, die Einfahrt zwischen Barra und São Jacinto eilends. Aveiros Fischern, der Wirtschaft und dem Handel war neues Leben ermöglicht. In einem ausgebaggerten Kanal fahren nun auch die größeren Schiffe bis unmittelbar vor oder in die Stadt.

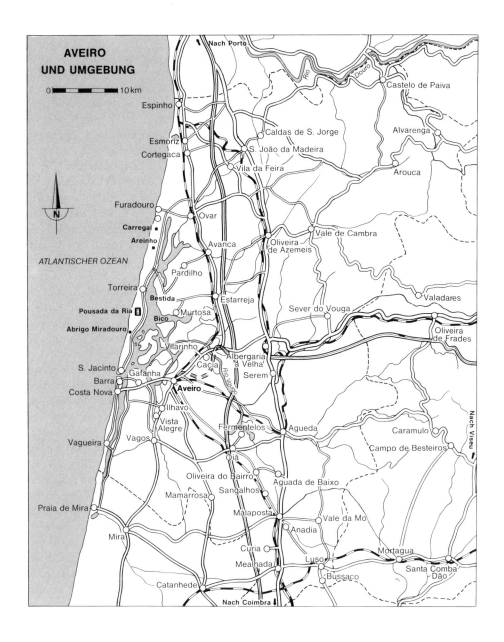

# AVEIRO

Die *Kathedrale* entstand als Schenkung des Infanten Dom Pedro an die Dominikaner, wurde 1464 von Bischof Almeida aus Coimbra geweiht, viel später aber erst, 1719, durch ein der Fassade aufgesetztes Barockportal geschmückt. Innen erfreut in der ersten Kapelle links ein verblaßtes Marienbild auf Holz, die Gottesmutter zwischen Bischöfen und Äbtissinnen, Gottvater als König des Himmlischen Jerusalem darüber; davor naive Darstellung des zu Grabe gelegten Christus. Und hier ist auch das Grabmal von Caterina de Attayde. 1551 war sie gestorben, des Camões Natercia, die ihn zu so leidenschaftlich riskanten Versen beflügelte, daß er 1546 deshalb aus Lissabon verbannt wurde; möglicherweise war dies der Anlaß zur Fixierung der seinen unruhig genialen Geist bewegenden ›Lusiaden‹.

Vor der Sé das *Cruzeiro de Santo Domingos*, im Knaufkapitell nur gut 25 Zentimeter hohe, aber überaus diffizil gemeißelte Figuren, ein Szenarium der Passion, und darunter die Symbole der Evangelisten. Portugals schönstes Wegekreuz soll es sein – und wir ergänzen: mit denen von Silves und von Leça do Balio.

Gegenüber liegt das *Jesús-Kloster* (Abb. 85), das mit seinen Schätzen im *Museu Regional* aufgegangen ist. In dieses Dominikanerinnen-Kloster zog sich Joana zurück. Sie war die Tochter von König Afonso V. (das Grab ihres als Kind verstorbenen Bruders haben wir in den Capelas Imperfeitas in Batalha genannt) und sollte, wenn es nach den Wünschen ihrer Freier gegangen wäre, die Gemahlin werden von Maximilian von Österreich, von Heinrich VII. von England oder von Karl VIII., dem Dauphin von Frankreich. Alle lehnte sie ab und eröffnete, von

mystischen Gottvorstellungen durchdrungen, körperlich überaus zart und anfällig, ihrem königlichen Vater, sie würde der Welt entsagen und ins Kloster gehen. So begleitete sie, als sie sich ins Jesús-Kloster von Aveiro zurückzog, der König höchstpersönlich in feierlicher Prozession. Niedrigste Klosterdienste nahm sie auf sich, unsinnige Kasteiungen und kräftezehrendes Fasten schadeten ihrer Gesundheit bald so, daß sie, erst 38 Jahre alt, am 12. Mai 1490 verstarb. Von Papst Innozenz XII. 1693 selig gesprochen, wird sie im portugiesischen Volk als die Heilige, die Santa Joana de Portugal, verehrt. Zehn Jahre lang arbeitete João Antunes, der Baumeister der Engracia-Kirche in Lissabon, an ihrem *Grabmal*. Es steht im Erdgeschoß im Nonnenchor der Kirche, schwergewichtig, barock mit weitschwingenden Voluten, Figuren und Wappenkrone, rot-weiß-schwarzer Marmor in Form von Inkrustationen, und dekoriert vor einem schlanken Gitter, durch dessen Stäbe man in die *Klosterkirche* sieht. Sie ist Aveiros Talha-Wunder wie die von Porto und Lagos, überschäumendes Arabeskengeschlinge, Rocaillenschwünge, Ranken, Reben, Engelchen, vergoldete Reflexe in wunderlich geschnitzten Formen, ein jubilierendes Orgelhaus, goldener Barock, der sich im matten Glanz blauweißer Azulejos spiegelt, Fayencebilder zur Geschichte der Santa Joana, die Chordecke wie eine Schmuckschatulle für den Gekreuzigten über dem Altar. Im Chorgewölbe zeigt sich eine Verschmelzung von Mudéjar und Barock mit Hängezapfen.

In den oberen Räumen gibt es Kapellen, Bilder, Skulpturen vom 14. bis ins 17. Jh., einen um einen Hof mit Barockbrunnen angelegten zweigeschossigen *Kreuzgang*. In der Sala do Tumulo de João de Albuquerque steht der Sarkophag des Ritters in Harnisch (1477). João war ein Gefolgsmann Afonsos V. und an der Eroberung der Kanarischen Inseln beteiligt.

Im ersten Stock ergänzen Talha-Altarteile, geschnitzte Fragmente aus Kastanienholz, Kultgeräte und Gewänder das goldene Kapellendekor, ergreifend dagegen das einfache Mobiliar in Joanas Sterbezimmer. Dieser Raum wurde wie fast alle Räume barockisiert. Barocke Bilder zeigen hier Darstellungen aus ihrem Leben (Ankunft im Kloster, Tod, Bestattung u. a.). Interessant ist der Kapitelsaal mit Chinoiserien.

Das zweite Stockwerk nimmt die *Gemäldegalerie* ein, Porträts portugiesischer Herrscher, ihrer Frauen, Präsidenten, ein Aveiro-Saal mit Bildern moderner Maler aus dem Ort, ein Lagunenboot, die Moliceiro-Barke und Geräte zum Ernten von Tang, dazu sehr schöne Keramiken. Schöne Sammlung barocker Elfenbeinkruzifixe, außerdem viele Renaissance- und Barockaltäre. Beachtenswert: ein Porträt der Santa Joana (15. Jh.) mit einem unsagbar indifferenten, übermüdeten Gesichtsausdruck, ein Relief ›A Visição‹ (17. Jh.) und das flämische Gemälde ›A Virgem da Madressilva‹ (16. Jh.). Verläßt man dieses ehemalige Kloster, sollte man beim Ausgang auf die Findelkinderwiege achten; hier konnten ledige Mütter inkognito ihre Kinder dem Kloster überlassen.

Dem Rathaus gegenüber steht die klassizistische *Misericórdia-Kirche*, im 16. Jh. von Terzi erbaut, klassisch ihr Renaissanceportal mit einer Marienfigur im Giebel. Der Hochaltar ist golden beplattete Renaissance im Talha-Verschnitt. Am Gemüse-, Fisch- und Salzmarkt gibt es eine anmutige *São Gonçalo-Kapelle*. Sie ist barock wie die viel schönere Kapelle des *Senhor das Barrocas,* ein im Barock strömender Reichtum, 1730 von Antunes, dem Meister des Joana-Sarkophags erbaut, mit drei Portalen voll verwirrend reizvoller Dekoration mit Putten und Figuren, prunkvolle Allegorie zwischen Diesseits und Jenseits.

Wir empfehlen: Nehmen Sie einen der Barcos Moliceiros und lassen Sie sich, nur von der Ruderstange gelenkt, durch Kanäle oder über das Haff fahren. Der Bugsteven der Boote ist hochaufgekrümmt und bunt bemalt, der Bootsboden ganz platt, damit man den Tang (molico) zum Düngen bis an die flachsten Felder heranbringen kann. Fährt man zum Porto da Aveiro, sieht man die Trockengestelle für den Bacalão (von Mai bis Oktober sind die Flotten in Neufundland) und die Tangfabriken.

Umgebung:
*Vista Alegre* (7 km südlich), 1824 gegründete Porzellanmanufaktur und Museum mit kostbaren Porzellanen, einer sehr interessanten Glassammlung, Trachten und Gemälden. In dem heute völlig versandeten ehemaligen Fischerhafen *Ilhavo* befindet sich ein kleines Seefahrts- und Regionalmuseum. Nach *Barra* und *Costa Nova* (12 km), Fischerort und ganz flacher Badestrand. Nach *Ovar* (36 km), bekannter Karneval, in der Karwoche große Karfreitagsprozession. Im Ortsmuseum wird moderne Malerei und Volkskunst ausgestellt. 4 km weiter nordwestlich das hübsche Seebad *Praia do Furadouro*. 10 km nordöstlich von Ovar *Vila da Feira* mit einer im 11. Jh. errichteten Burg, von der nur noch Fundamente erhalten sind.

327

DOURO LITORAL / PORTO

Die heutige Burg stammt aus dem 15./16. Jh., schönes Beispiel spätgotischer Militärbaukunst. Im ersten Stockwerk des Burgfrieds ein großer gotischer Saal. Dann weiter nach Süden auf der Nehrung zwischen Lagune und Ozean bis zum Endpunkt *Jacinto* (26 km), Badestrand. Rückfahrt nur bis zur Ria-Brücke nahe Torreira bei der Pousada da Ria am Strand von Torreira, dann über Murtosa zurück nach Aveiro.

## Douro Litoral

*Der Douro, spanisch Duero, ist eine der wichtigsten Wasseradern der iberischen Halbinsel, entspringt in der spanischen Provinz Soria, durchzieht in seinem 925 km langen Verlauf die Hochebene von León und Altkastilien, bildet auf einer Länge von 122 km mit bis zu 400 m tiefer Schlucht die spanisch-portugiesische Grenze. Landschaftlich wie klimatisch gehört die Provinz Douro Litoral zusammen mit dem Minho zu Portugals wichtigsten Landesteilen, ein Gebiet der Granitblöcke und der Schiefergesteine an den Hängen der Serra-Ketten, die hier zum Ozean hin abflachen, durchzogen von einem komplizierten hydrographischen System. Die Meeresfeuchte bedingt das atlantische Klima, in dem Gemüse, Kartoffeln, Getreide, Mais, Wein, Oliven und Eukalyptus gedeihen, Portugals ältestes Siedlungsland überhaupt und deshalb überall mit Resten der Keltiberer, ihren Citânias, mit römischen Kastellen und mittelalterlichen Burgen. Hier begann die Reconquista und hier Portugals Staatlichkeit. Porto, das dem ganzen Land seinen Namen gab, ist der quirlige Nordhafen mit Industrieanlagen und einer blühenden Wirtschaft. Am Ozean liegen die großen See-Strandbäder des Nordens, in den Bergen mehrere Thermalbäder. Die Douro-Landschaft mit ihren charakteristischen Weinlagen bleibt streng, herb und verschlossen.*

## 12 Porto, die Handelsmetropole am Douro

Praça da Liberdade – Santa Clara – Kathedrale – Grilos – São Francisco – Börse – Clérigos – Carmo – Museu de Soares dos Reis – Ponte Dom Luis I. – Pilar – São Martinho de Cedofeita

Zweitgrößte Stadt Portugals, Provinzhauptstadt, Bischofs- und Universitätssitz, wirtschaftliches Zentrum mit Eisenwerken, Werften, Woll- und Baumwollmanufakturen, Gerbereien, Weinhandel, fischverarbeitender Industrie, Hafen- und Kaufmannsstadt, die Kapitale des Nordens und kunsthistorisch schließlich die Stadt der barocken Talha dourada, das alles charakterisiert im Überblick die Bedeutung Portos. Der Douro fließt hier, kaum 6 km vor seiner Mündung in den Atlantik, durch eine Granitfelsenge, auf deren Nordseite Porto liegt; an der Südseite erstreckt sich Vila Nova da Gaia mit seinen zahlreichen Weinkellereien. Das Besondere an Porto ist seine sehr schöne Lage, überall dominiert die Granitarchitektur. Die Häuser der Stadt stehen eng gedrängt an den steilen Felswänden und klettern terrassenförmig zur Kathedrale, die das Stadtbild beherrscht.

Beginnen wir mit der Historie: Da ist die Fama gar nicht kleinlich, setzt den Stammvater Noah als ersten Gründer an, was zumindest ein erlauchtes Alter voraussetzt. Bestimmt aber siedelten schon zweihundert Jahre v. Chr. griechische Handelsleute hier, die entweder ein Königssohn aus Thrakien oder aus Athen auf diesen günstigen Hafenplatz aufmerksam gemacht haben soll, aber auch Menelaos, der Gatte der schönen Helena, wird mit der Gründung in Zusammenhang gebracht. Auf der rechten Seite des Douro lag der ruhigere, schönere Uferbezirk Cale (von griechisch kalos, schön), gegenüber unter Steinklippen am tieferen Prallhang der Hafenplatz Portus. Aus beiden machten die Sueben Porto e Cale und bald Portucale, so wie es offiziell bereits im 5. Jh. der Chronist Idiacus nennt. Aus Portucale wurde später Portugal, zum Stolz der Stadt, weil sie ihren Namen dem ganzen Lande gegeben hat. Damals unter den Goten war sie bereits Festung und Bischofssitz. 997 besetzten Al Mansurs islamische Mönchssoldaten die Stadt, hielten sie und bauten sie aus, bis 1050 Ferdinand I. von Kastilien und León diesen auch für ihn günstigen Hafenplatz im Handstreich nehmen konnte. Nie mehr von den Mauren berannt, begann sogleich Portos wirtschaftlicher Aufstieg, der bis heute angehalten hat, wenn auch von einigen Rückschlägen gebremst. Das waren: 1756 ein Aufbegehren wegen überzogener Steuerforderungen und eines ungerechten Weinmonopols, der französisch-spanisch-portugiesische Krieg 1808/09, der Porto knapp zwei Jahre französische Besetzung einbrachte, die Verfassungskämpfe von 1820–46, in denen Dom Miguel 1832/3 die Stadt belagern und teilweise zerstören ließ, die Unruhen am Ende der Bragança-Zeit, die Jahre der Militärputsche von 1926 bis zur Salazar-Epoche ab 1928 und die Unruhen und Umstürze in den siebziger Jahren unserer Gegenwart.

1394 wurde Heinrich der Seefahrer in Porto geboren, bis ins späte 15. Jh. wurden auf Portos Werften viele Schiffe der Kriegs- und Handels- oder Entdeckerflotten gebaut. Stets war Porto eine Stadt der Handelshäuser und der Kaufleute, und bezeichnenderweise verfügte im frühen Mittelalter der Rat der Stadt ein Niederlassungsverbot für Adlige. Selbst der König besaß in Porto weder einen Palast noch eine Burg und übernachtete bei Besuchen im Hause des Bischofs, Stadtpaläste wie anderswo fehlen also im Stadtbild; Handelskontore, viele Banken, Gold- und Juwelierläden betonen den wirtschaftlichen Charme der reichen Handelsstadt, die so überaus günstig an einer Flußenge nur fünf Kilometer vor seiner Mündung in den Ozean liegt. Allein das Wetter mindert mit viel Regen und Nebeltagen die vielen Vorzüge, vielleicht ein Grund, weshalb hier so viele Engländer seßhaft geworden sind.

Portos Innenbezirke mit den Hauptsehenswürdigkeiten kann man bequem zu Fuß besuchen, wir raten dazu. Eigentlich wäre die Terrasse vor dem Kloster Nossa Senhora do Pilar oberhalb der großen Dourobrücke der beste Anfang in Porto, oder die Kathedrale hoch über dem Fluß, um sich mit der Topographie der Stadt vertraut zu machen. Für die eigentliche Stadtbesichtigung schlagen wir den üblichen Ausgangspunkt, die Praça da Liberdade, vor.

329

# PORTO

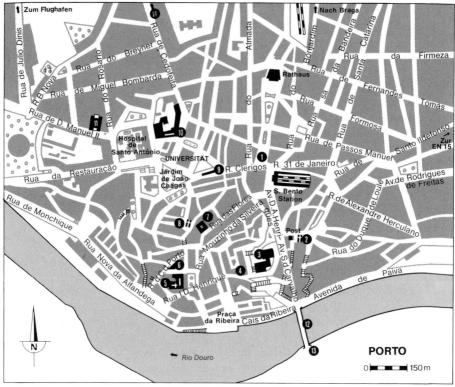

*Porto: Stadtplan*
1 Praça da Liberdade  2 Santa Clara  3 Kathedrale  4 Grilos  5 São Francisco  6 Börse
7 Misericórdia  8 São Bento  9 Clerigos  10 Carmo  11 Museu Nacional de Soares dos Reis
12 Ponte Dom Luis I.  13 do Pilar  14 de Cedofeita

An der PRAÇA DA LIBERDADE (1) das *Reiterstandbild Pedros IV.*, der als Kaiser Pedro I. von Brasilien abdankte, in Porto landete, um auf Seiten der Liberalen im Kampfe gegen seinen Bruder Miguel die Absolutisten zu düpieren und eine freiheitliche Verfassung zu erreichen. Leicht aufwärts dehnt sich um 400 m lang die Platzanlage des an ihren beiden Seiten als Avenida dos Aliados benannten Straßenzuges bis zum *Rathaus*, ein Bild, das fast etwas Fländrisches an sich hat. Im Sitzungssaal, und das ist das einzig Sehenswerte, ein 1950 gewebter Wandteppich von G. Camarinha mit Szenen zu allen bedeutenden Ereignissen der portugiesischen Geschichte.

Unser Weg führt entgegengesetzt, nach Süden zum anschließenden Platz Almeida Garrett vor dem *Hauptbahnhof São Bento*. Die Azulejos (1930) zeigen die Schiffahrt den Douro hinab, in den sogenannten Rabe-

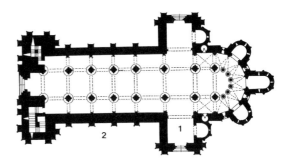

*Porto: Grundriß der Kathedrale*
*1 Sakristei   2 Kreuzgang*

los, außerdem die Einnahme von Ceuta durch João I. Auch die gegenüberliegende renaissance Congregados-Kirche ist mit hübschen Azulejobildern geschmückt, die Fassade bereits im Übergang zum Barock mit verschnörkeltem Giebelaufbau über dem Portal, kräftigen Bändern und Schwüngen um die Fenster, weiße Mauern zwischen granitenen Stützen. Unser Ziel ist, geradeaus weiter bis zur Rua Saraiva de Carvalho am Largo Primeiro de Dezembro, die SANTA CLARA-KIRCHE (2), eine Stiftung von König João I., 1416, für Königin Philippa mit einem groben gotischen Spitzbogenportal im derben Mauergefüge. Innen aber ist Santa Clara Portugals vollkommenstes Talha-Wunder, dunkel schimmerndes Gold über geschnitztem Holz und Stukkaturen, barocke Rollwerke, die aus Stichkappen und Schlußsteinen hervorwachsen, sich in füllhornartigen Goldranken spiralig entrollen und in gegenständige Flügelpalmetten ausbreiten, der Goldrausch züngelt, sprüht und strudelt, ein Rocaille-Barock mit grazilen Stuckapplikationen, die sich in goldfarbenen Schaumwirbeln vermischen – nur noch São Francisco hier in Porto, die Kapelle im Jesús-Kloster in Aveiro und vielleicht Santo António in Lagos können im Vergleich mithalten. Eine bemalte Muldendecke ahmt Kreuzgratgewölbe nach; die Bögen über den Kapellen sind aus Holz gearbeitet, wirken aber wie blaugrün geäderter Marmor. Der starke Mudéjareinfluß fällt auch hier wieder auf.

Jenseits der Avenida de Afonso Henriques steht hoch oben die KATHEDRALE (3). Vor dem nördlichen Seitenschiff steht ein Standbild des Ritters Vímara Peres, Krieger Afonsos III. von Léon, der 868 Portucale den Arabern entrissen hatte. Am Platze einer Burg der Sueben auf dem Granitplateau Pena Ventosa entstand sie im 12. Jh. als granitene Wehrkirche ähnlich denen in Coimbra und Lissabon, im romanischen Schema der Auvergne mit zwei Türmen, Zinnenkranz und Rosette im Westen. Spätere Umbauten, barocke Veränderungen im 18. Jh. haben ihren Charakter verändert, nicht zum Vorteil. Ein manieristisches Portal wurde vorgesetzt, die wehrhaften Türme bekamen verniedlichende Kuppeln, und an die Nordfassade fügte Nasoni eine schwungvolle Loggia. Der Innenraum wirkt kahl und kalt, ist dreischiffig und hat nur einen Akzent, den Altar *do Sacramento* in der Capela-Mór links vom Chor. Genau einhundert Jahre lang, von 1632–1732, haben portugiesische Gold- und Silberschmiede daran gehämmert und ziseliert, ein Nunes, de Sousa, Pereira, Francisco, Teixeira und Guedes, und schufen Altar, Tabernakel und Retabel ganz aus Silber, ein wenig massig zwar, aber in rapiden Verkürzungen und kalkulierten Kapricen, entbunden von der starren Beschränkung etwa des Steinmaterials. Dies ist eines der wenigen Beispiele, das vom platereske Stil aus Spanien beeinflußt wurde.

Eine Verschmelzung aus Renaissance und Barock sind *Kanzel* und *Chorgestühl*, die *Sakristei* bleibt kalte Pracht in Marmor und rokokogerahmten Tafelbildern. Viel ursprünglicher der kleine *Kreuzgang* (Abb. 90), gotisch aus der Zeit um 1385 mit späten Azulejobildern zum Hohen Lied und Ovids Metamorphosen. Es sind auch noch Reste eines romanischen Kreuzganges erhalten. Zur Nossa Senhora de Vendoma in der kleinen Virgem-Kapelle wallfahrten die Portucalenser. In der Sé vermählten sich am 2. Februar 1387 João I. und Philippa von Lancaster. Bemerkenswert ist hier das Wegekreuz mit einer Pietà.

Den weiten Terrassenplatz schmückt ein hübscher neo-manuelinischer Pelourinho mit Krone auf der Spitze (Abb. 93), Freiluftdekor vor der Sé und dem Bischofspalast, einem 1771 errichteten langgestreckten Bau mit guter Granitfassung an Fenstern und Portalen. Dort führen Treppen abwärts zur Jesuitenkirche der GRILOS (4), ein Meisterwerk von Baltasar Álvares (1614), sein größtes Bauwerk überhaupt, im Fassadenschema sehr der Sé Nova in Coimbra ähnlich, hier aber mit zwei leicht zurückgesetzten Türmen eindeutiger, harmonisch und dem Portugiesischen adäquater als die vollendete Logik italienischer Renaissance. Den kreuzförmigen Innenraum deckt ein fast zu wuch-

tiges Kassettengewölbe auf kräftig dorischen Pfeilern, und die Altäre endlich bringen mit rotgold schimmerndem Talha-Schnitzwerk ein wenig Wärme.

Benachbart das *Museum Guerra Junqueiro*, eines Revolutionshelden von 1910, Satirendichters und begeisterten Sammlers (1850–1923); portugiesische Möbel, Wandteppiche und Kunstgewerbliches aus dem 16. bis 18. Jh., dazu maurische Keramiken, Bilder usw., interessant, wenn man Freude an solchen Dingen hat.

Nun geht es abwärts und durch die ältesten Ribeira-Viertel, wo der klebrige Schmutz noch aus dem Mittelalter übriggeblieben zu sein scheint, zu den *Ribeira-Kais* (Abb. 88), den malerischen Douro-Stadtufern, schon immer das Porto der armen Leute, der Fischer und Schiffer, Arbeiter, Marktfrauen und plärrender Kinder. Gegenüber die Lagerkeller der Portweinfirmen, ein Blick zur Stahlbrücke (Farbt. 30) oder vielleicht ein Kaldaunen-Essen in einem der auf ›Tourismus‹ getrimmten alten Speiselokale. Das ist typisch Porto. Als nämlich Heinrich der Seefahrer 1415 auf Werften und aus Magazinen seine Ceuta-Expedition vorbereitete und eben alles Fleisch eingesalzen als Proviant an Bord verstaut worden war, mußte sich die Bevölkerung mit Kaldaunen zufriedengeben. Tripeiros (Kaldaunenesser) frozzelt man seitdem in Portugal über die Einwohner von Porto, die unterdessen aus der Not eine Tugend gemacht haben und heute Tripas a modo de Porto, nach Porto-Art, als Eintopf servieren, die Därme jetzt mit Bohnen, Speck und Zwiebeln veredelt.

In der Rua da Alfandega Velha (des alten Zollhauses) steht das (angebliche?) *Geburts-*

*haus Heinrichs des Seefahrers* (Abb. 89), saubere Granitquaderung, Wappen, Fialen und eine Inschrift.

Vom Denkmalsockel herab grüßt der große Prinz in der kleinen Gartenanlage Jardim do Infante Dom Henrique und schaut hinüber zur São Francisco-Kirche (5). Sie ist zwar frühgotisch 1383–1410 erbaut, wie man außen an der Apsis und am rechten Querschiff sieht, man betritt sie aber durch ein stark barockisierendes Portal und wird, wie in Santa Clara, von rotgold plattiertem Holzschnitzwerk überrumpelt, das es unmöglich macht, von der mittelalterlichen Architektur mehr als vielleicht die Kapitelle und Gewölbeansätze zu entdecken. Der Zisterziensereinfluß ist an den abgekragten Diensten noch zu erkennen. Bemerkenswert sind zwei riesenhafte *Schnitzaltäre,* die sich gegenüberstehen, ein ›Martyrium von fünf Franziskanermönchen‹, ganz wirklichkeitsnah, realistisch, ja blutrünstig, und ein ›Stammbaum Christi‹, die Wurzel Jesse, und daneben ein kaum noch erkennbares *Fresko* des Florentiners Fiorentino, die ›Rosenmadonna‹, in den beiden kniend betenden Figuren glaubt man João I. und Philippa von Lancaster zu erkennen. Das beste Kunstwerk, in der rechten Chorkapelle, ist das *Renaissancegrab* für Francisco Brandão Pereira (†1528), der als Vorsteher Brandanus in der portugiesischen Handelsfaktorei Antwerpen eng mit Dürer befreundet war und den der Nürnberger in seinem Tagebuch eigens erwähnt. Komposition und Details bleiben frühe, betuliche Renaissance, auf drei Löwen der Sarkophag, Ornamentpilaster mit Kandelabern stützen Muschelgiebel, Rundbogen und Zackenfries.

Am Largo de São João Novo (nordwestlich der Börse) befindet sich in einem Palast aus dem 18. Jh. das *Volkskundemuseum* (aus mehreren portugiesischen Provinzen – Minho, Douro – werden Ochsenjoche, handwerkliche Arbeiten, Silber- und Goldgegenstände gezeigt).

Am Platze des abgebrannten Franziskanerklosters entstand 1842 die Börse (6) mit einer gestreckten klassizistischen Frontpartie und dreiteiligem, von einer Loggia überragtem Portal. Die Pracht breitet sich innen: das *Treppenhaus* mit Fresken von Soares dos Reis, ein renaissancer *Audienzsaal* mit Darstellungen des Handels und der Weinlese, im *Porträtsaal* Gemälde der Bragança, der im Zuckerbäckerstil arabisch wirkende *Festsaal* mit Muldendecke aus dem 19. Jh.

Aufwärts in der Rua das Flores, der Straße der Tuchhändler und Juweliere, linkerhand die Misericórdia-Kirche (7) von Nasoni. In der Sakristei das berühmte Gemälde ›Fons Vitae‹ aus dem 16. Jh., auf dem auch König Manuel I. mit seiner zweiten Frau Maria und vielen Kindern zu Füßen des Kreuzes kniend dargestellt ist. Der Maler blieb unbekannt, er muß ein wahrer Meister gewesen, kann aber weder Hubert van Eyck, Memling noch Grão Vasco gewesen sein, weil, als die königlichen Porträts zwischen 1515 und 1520 entstanden, Eyck und Memling bereits verstorben waren und die bedrückende Schwermut Grão Vascos in ihnen nicht zu erkennen ist.

São Bento (8), 1597–1646 nach Plänen von Diogo Marqués erbaut. Der einschiffige Innenraum hat ein Granitgewölbe, Hochaltar aus polychromem Holz mit Vergoldung, zwei Barockkanzeln. Von dem Platz neben der Kirche hat man einen schönen Blick.

# PORTO

Dann aber weist der 75 m hohe Glockenturm von Nossa Senhora da Assunção oder São Pedro dos Clérigos (9; Abb. 91) den Weg. Das geistliche Kapitel hat ihn erst nach dem Kirchenbau ab 1755 errichten und mit dem Gotteshaus über Nebenräume verbinden lassen, Portos Wahrzeichen, der Richtpunkt für die den Hafen anlaufenden Schiffe, eine ziselierte Granitnadel in italienischem Rokoko, Portugals höchster Turm; 240 Stufen führen zur Plattform, die Aussicht ist atemberaubend. Die Kirche hat der aus Italien stammende Barockbaumeister Nicoló Nasoni 1732–50 auf einem eliptischen Grundriß erbaut, der Innenraum wirkt festlich wie ein Opernparkett. Außen sind die kahlen Seitenfassaden allein mit vertikalen Steinbändern gegliedert, mit Balkonen und Fenstern, denen Geistliches ganz abzugehen scheint, und mit einer Hauptfassade, die ihresgleichen in Porto sucht, eine doppelläufige Freitreppe als Akzent mit Girlanden, Blumengestecken, wogenden Ornamenten und den beliebten Fackelhaltern.

An der gegenüberliegenden Seite des Parks, Jardim de João Chagas, die Universität und dahinter aneinandergebaut die beiden Kirchen des Carmo (10), eine jüngere, 1756 von José Figueiredo Seixas, einem Nasoni-Schüler, errichtet mit Evangelistenfiguren am Platze der üblichen Fackelträger, vier gefällig geschwungenen Barockfenstern und einer erst 1912 mit Azulejobildern beplatteten Ostfassade zum Thema ›Aufnahme in den Orden der Karmeliter‹, das Nehmen des Schleiers; die ältere Kirche des Carmo (1619–28) ist weit weniger prächtig gegliedert, über drei ungleich hohen Portalbögen mit Leisten und Simsen die Front nur mäßig, der Giebel bleibt schwunglos. Innen

aber sind beide Kirchen in Gold und Rot und sprühendem Schwung mit Talha barock dekoriert.

Nicht mehr weit weg, an der Rua Dom Manuel II., liegt das Museu Nacional de Soares dos Reis (11), benannt nach dem größten portugiesischen Bildhauer des 19. Jh., im Palácio dos Carrancas, der spät, 1795, als erster Königspalast in Porto errichtet worden war. *Erdgeschoß:* mittelalterliche Skulpturen, von Frey Carlos ›Virgin do Leite‹, Fayencen, Architekturbruchstücke und vor allem die abgelösten Fresken aus Outeiro Seco und Bravães; im *ersten Stockwerk:* moderne Gemälde und Plastiken von Gomes, Santos, Soares, Portinari und Almeida, Bilder von Resende u. a., ›Alte und junge Frau‹ von Silva Porto, Miniaturen von H. Pousão und anderen, Skulpturen von Soares dos Reis (besonders schön ist der marmorne ›O Desterrado‹, ›der Verbannte‹), Alves de Sousa und Columbano; im *zweiten Stockwerk:* einige Gläser und Fayencen aus dem Mittelalter, römische Kleinfunde, Möbel mit kunstvollen Intarsienarbeiten und spanischem Schnitzwerk, eine ›Passion Christi‹, 26 Tafeln in Email aus Limoges und Gemälde portugiesischer, französischer, italienischer und flämischer Meister, Jordaens ›Auf dem Weg zum Markt‹, Coelhos ›Don Carlos‹; von Jean-Baptiste Pillement mehrere Landschaftsbilder. Im Gartenteil römische und andere Architekturbruchstücke und ein schönes manuelinisches Bogenportal.

Ponte Dom Luis I. (12; Farbt. 30) heißt die große Dourobrücke, eine eiserne Bogenbrücke, konstruiert von der belgischen Firma Willebroeck 1881–85 nach Plänen des portugiesischen Ingenieurs Seyrig – ein Mitarbeiter von Gustave Eiffel, der Portos älteste Brücke, die Ponte Maria Pia, errichtete –, 172 m weit frei gespannt, 10 m über mittlerem Wasserstand die untere, 60 m hoch die obere Fahrbahn, in Brückenmitte die Grenze zwischen Porto und Vila Nova de Gaia. Früher gab es hier eine Schiffsbrücke. Als am 29. März 1809 die Franzosen nach Porto eindrangen, versuchten in panischer Angst Bürger sich nach Süden zu über den Fluß zu retten, die Brücke brach, Tausende sollen ertrunken sein.

Nehmen Sie die obere Fahrbahn, biegen Sie hinter der Brücke links ab; schrägauf führt eine Rampe zur Terrasse vor der schmucklosen Front von Kloster Nossa Senhora do Pilar (13) (heute Militär). Zwischen 1540 und 1602 wurde es vielleicht durch Terzi (?) erbaut, quadratisch mit kreisrundem *Kreuzgang* und Tonnengewölbe auf 36 ionischen Säulen und mit dem Chor der *Kirche*, der über ein Schmalstück eigenartig mit dem ebenfalls kreisrunden Kirchenraum verbunden ist, eine berauschende Rotunde von 20 m im Durchmesser, feierlich, beeindruckend. Ihr kassettiertes Kuppelgewölbe mit siebenfenstriger Laterne auf einem wunderbaren Hauptgesims wird von 16 schlanken dorischen Pilastern gestützt. So werden gleichzeitig die Wände in Kapellen und den Bogen zu Eingang und Chor aufgeteilt, bei der Kirche wie beim Kreuzgang, einer der originellsten Einfälle, meisterlich durchgeführt.

Von der Terrasse genießt man den zweifelsfrei besten Blick über Porto und wird sich, mit einem Stadtplan in der Hand, exakt orientieren können. Drüben an der oberen Brückenrampe sieht man ein Stück von König Fernandos einst 2500 m langer Wallmauer mit drei Türmen. Noch vor dem São Bento-Bahnhof und dem Clérigos-Turm zog sie im Bogen zurück zum Fluß, umgrenzte das alte Porto, das man von hier aus mit einem Blick umfassen kann. Flußaufwärts spannt sich die ähnlich aussehende, von Gustave Eiffel bereits 1876 erbaute, stählerne Eisenbahnbrücke, *Ponte Maria Pia*, über den Douro, weit flußabwärts eine Straßenbrücke aus Stahlbeton, *Ponte da Arrábida*, die Autobahnausfahrt in Richtung Lissabon.

Mit der Straßenbahn Nr. 6 oder im Auto über die Rua de Cedofeita, sie beginnt an den Carmo-Kirchen, fährt man bis zur Kreuzung mit der Rua de Alvares Cabral.

Linkerhand ein Platz und dort die Kirche São Martinho de Cedofeita (14), vermutlich Portugals erstes, ältestes Gotteshaus am Beginn der Reconquista, älter sogar als Portugal selbst, vom Suebenkönig Theo-

*Porto: Nossa Senhora do Pilar, Grundriß*
*1 Chor  2 Kreuzgang*

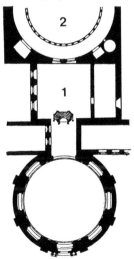

# PORTO

*Porto: Nossa Senhora do Pilar, Kreuzgang*

domir bereits 559 errichtet, als man die Reliquien des Hl. Martin von Tours nach Porto holte, vom Almohaden Al Mansur zerstört und durch Afonso Henriques wiederaufgebaut, wie man aus dem Namen abzuleiten meint: zwischen zwei Schlachten mit den Mauren, deshalb cedo feita (schnell gemacht); am Nordportal eine Agnus Dei-Darstellung. Burgunder waren die Bauleute, wie an vielen Plätzen dieser frühesten

*Porto: São Martinho de Cedofeita, Grundriß*

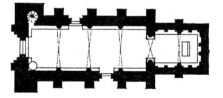

Zeiten, man sieht es an den Tympana der drei Portale, alles ist geduckt, niedrig und nüchtern, wie ein steinerner Stall und wird kaum vom Glockenstuhl überragt, genügend, wenn man kurz beten wollte, um dann weiterzukämpfen. Draußen hängen skulptierte Kragsteine unter dem Gesims, innen bleiben einfache Kämpferkapitelle das einzig Schmückende, setzen Akzente durch Isolierung.

Wer jetzt nach Norden weiterfährt, trifft auf Portos Ringstraße Estrada da Circunvalação, muß ihr einen kurzen Abschnitt folgen und dann (Wegweiser) nach rechts abbiegen Richtung Flughafen nach *Matosinhos*, zu Portugals bedeutendstem Sardinenhafen. In der Kirche *Bom Jesús de Bouças* (16. Jh.) das

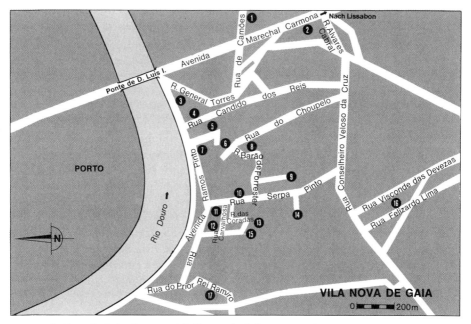

*Porto: Vila Nova de Gaia, die Portweinkellereien der bekannten Marken*

1 Real Vinicola  2 Borges  3 Porto Calem  4 Sandeman  5 Croft  6 Porto Taylor  7 Ramos Pinto
8 Porto Cintra  9 Porto Burmester  10 Porto Kopke  11 Real Companhia Velha  12 Ferreira
13 Cockburn  14 Barros-Porto  15 Rozes  16 Porto d'Alva  17 Graham Porto

Kruzifix des Jesús von Matosinhos. Nikodemus, Jünger Christi, hatte mit Joseph von Arimathia den Herrn vom Kreuz genommen und ins Grab gelegt, dann flüchtete er in die Einsamkeit der Wüste Judäas. Dort, noch ganz klar und deutlich die Züge Christi im Gedächtnis, schnitzte er fünf Bildnisse des Herrn, warf sie ins Meer und überließ sie dem Zufall der Strömungen. Eines wurde an einem Dienstag im Mai des Jahres 124 bei Matosinhos an Land gespült, aber ein Arm war abgebrochen. Eine alte Frau, die am Strand Holz zum Feuern sammelte, fand ihn, aber stets, wenn sie das Stück in die Glut warf, sprang es wieder heraus. Schließlich stellte man fest, daß es sich um den abgebrochenen Arm der Christusfigur handelte, er paßte genau, das Christusbild war wieder vollkommen. Dieses wurde der Grund zur alljährlichen Wallfahrt zum Senhor Bom Jesús von Matosinhos. Ein *Gedenkstein,* Senhor do Padrão am Hafenbecken von Leixões bezeichnet den Platz der Fundstelle.

Über eine stählerne Hafenbrücke kann man den Strand von Leça da Palmeira und dort das Felsenbad besuchen.

Zurück nach Portos Zentrum empfehlen wir die Uferstraße, der auch die Straßenbahnlinie Nr. 1 folgt. Rechterhand reihen

337

PORTO / PAÇO DE SOUSA

sich: Sandstrände an der Praia de Matosinhos und am Kastell do Queijo, dann diejenigen von Castelo de Foz (beide Kastelle aus dem 17. Jh.) mit Leuchtturm, Uferanlagen Esplanada do Castelo und Jardim do Passeio Alegre. Exakt hier mündet der Douro in den Atlantik. Dann folgen das Gebäude der Lotsen (pilotos), die neue Ponte da Arrábida mit Aufzug (Blick in die Douro-Mündung und zur Stadt), der Bahnhof Alfândega und alte, malerische Hausgruppen, dann die Ribeira-Kais am Ponte Dom Luis I.

Andere Sehenswürdigkeiten:
*Passeio das Fontainhas,* ein großartiger Aussichtsweg, der unterhalb der Santa Clara-Kirche beginnt, gegenüber dem Kloster do

Pilar. Am Park São Lazaro endet er bei der Stadtbibliothek (Handschriftensammlung) im einstigen Kloster Santo António da Cidade. *Kristallpalast,* Ausstellungsgelände inmitten der größten, schönsten Gartenanlagen Portos; er liegt am Douro zwischen den beiden Brücken. *Drei-Brücken-Kreuzfahrt* von der Anlegestelle in Vila Nova de Gaia aus, vor den Armazens, wird auch von einigen Portweinfirmen in Verbindung mit dem Besuch ihrer Kellereien durchgeführt. Dort erkundigen. *Portweininstitut,* neben der Börse in der Rua Ferreira Borges. Man erfährt Wissenswertes über den Portwein (vgl. a. Abb. 92), eine gute Ergänzung zum Besuch der Armazens und der Fahrt ins Weinanbaugebiet im Dourotal.

# 13 Vom Dourotal in die Provinz Beira Alta
Porto – Paço de Sousa – Entre os Rios – Pêso de Régua – Lamego – (etwa 125 km)

Aus Porto über die Ruas: de Santo Ildefonso – do Bonfim – de São Roque da Lameira, der Ausschilderung ›Vila Rear‹, Straße EN 15, nach. In Mouriz rechts ab und 5 km nach

## PAÇO DE SOUSA
und zur alten romanischen *Klosterkirche,* die romantisch in einem Tal am Bach liegt. Um 1000 wurde hier ein Kloster gegründet, ab 1088 die Kirche erbaut.

Am Eingang ein Tympanon mit Figürchen, welche Sonne und Mond hochzustemmen scheinen. Im Türsturz, und wie Kragsteine ausgeklinkt, ragen in der Portalöffnung ein Stierkopf und der eines Mannes, der mit der rechten Hand seinen Bart streicht. Innen romanische Strenge, auf Mühlsteinbasen hohe Stützen, mit Ranken und geometrischen Blattmustern dekorierte Kapitelle und in den Seitenapsiden noch einmal das Portalschema, Kapitelle mit Stier und dem Mann,

der nun beidhändig das Kapitell abstützt. An den Mauern des Seitenschiffes links ein Grabstein mit dem Frontbild eines segnenden Bischofs, seine Beine aber verdreht, im Profil dargestellt – das und alle Skulpturen ohne innere Bewegtheit der Gestalten gemeißelt.

Anders der *Sarkophag des Egas Monis(a)* in der sehr dunklen Ecke der Kirche (Abb. 86). Monis war, als Henriques Vater Heinrich verstorben war, des erst dreijährigen Knaben erster Erzieher, blieb es, wurde sein Lehrer und Freund und dann Ratgeber des späteren Königs. Als nach der Schlacht bei Mamede 1129 Afonso Henriques und sein Stab vom kastilischen König Alfonso VII. in der Burg von Guimarães eingeschlossen und belagert wurden, erbot sich Monis, die prekär werdende Lage zu klären, verhandelte mit dem Kastilier und erreichte dessen Abzug mit dem Versprechen, daß Afonso Henriques künftighin Kastiliens Oberhoheit anerkenne. Schon ein Jahr später aber fiel dieser wieder in Galicien ein. Egas Monis, solcherart bloßgestellt und durch seines Herrn Wortbruch brüskiert, zog mit einem Strick um den Hals samt seiner Familie im Büßergewande zum König von Kastilien und der, von so aufrechter Haltung zutiefst beeindruckt, verzieh ihm. Das, sein Tod und die Bestattung werden auf den vier Seiten des Prunksarkophages illustriert. Löwen tragen ihn, der dreieckige Doppelgiebel ist mit Kreuzen und verschlungenen Kreisen geziert, eine der besten Steinmetzarbeiten aus der Zeit um 1150, klar komponiert, mehr horizontal als vertikal, im Detail besonders bewegt in den stark von der Reliefschicht gelösten Figuren.

Nur 5 km weiter und höher gelegen im Wald bei Motinho eine *Citânia* auf einer Hügelkuppe mit Wallmauern und mehreren Rundhütten – ein Wegweiser macht darauf aufmerksam (Waldweg).

Bei *Entre os Rios* kreuzt man den wichtigsten Nebenfluß, Rio Tâmega, kurz vor seiner Mündung in den Douro. Wer interessiert ist, kann von hier aus 20 km nach Süden fahren, um *Arouca* zu besuchen (Kloster São Pedro, gegründet im 10. Jh.; viele Veränderungen im 17. und 18. Jh.; in ganz klaren, strengen, bisweilen kalten Architekturen, Grabkapelle mit einem gläsernen, silberverzierten Sarg der Königin Mafalda, die 1252 hier starb; im Nonnenchor überlebensgroße Kalksteinskulpturen von J. Vieira aus dem 18. Jh.).

Empfehlenswert ist eine Fahrt entlang des Douro von Sobrado de Paiva nach Lamego. Von *Sobrado de Paiva* aus kann man Wanderungen in die herrliche Umgebung unternehmen. In Taranquela schöne romanische Kirche Santa Maria; in der Nähe die romanisch-gotische Kapelle São João de Baptista. Die Fahrt geht weiter über das hübsche Städtchen *Resende*, oberhalb dessen die romanische Kirche São Salvador steht, nach *São Martinho de*

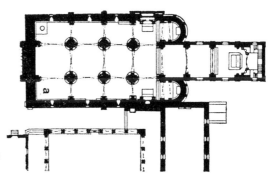

*Paço de Sousa: Grundriß der romanischen Klosterkirche*

DOUROTAL

*Mouros.* Dessen romanische Kirche weist einen eigenartigen Glockenturm auf. Sehenswerte Kapitelle im Inneren, besonders am Chorbogen. Das Bild ›St. Martin, der seinen Mantel mit dem Bettler teilt‹ wird Vasco Fernandes zugeschrieben. Auch in *Barro,* einem landschaftlich reizvollen Ort, gibt es eine romanische Kirche (12. Jh.). Tympanon mit vierblättrigem Kleeblatt, Rosette. Im Inneren Kapitelle mit figürlichen Darstellungen.

Eine andere, nicht minder reizvolle Variante ist eine Fahrt (etwa 37 km) zwischen Pêso da Régua über Penaguião nach Vila Real. In hunderten von Kurven und Auf- und Abstiegen zieht die Straße durch Weinberge und kleine Siedlungen und allenthalben erfreuen wechselnde Aussichten das Auge – wie wir meinen, eine der eindrucksvollsten Aussichtsfahrten in einer beruhigenden Douro-Landschaft.

Nun im weiten Flußtal kann man am rechten oder linken Ufer des Douro nach Osten fahren. Man folgt der Straße, die oft hoch in die Schieferberge führt oder fährt dann in den Flußniederungen zwischen nur wenigen flachen Weingärten. Es ist die eigenartige, schwere Dourolandschaft, die behäbiger, auch unwirtlicher wirkt als etwa das Rhein- oder Moseltal, die Weinlandschaft der Marne oder die um Château Thierry. Auf den terrassiert angelegten Uferhängen reifen auf glutheißen Schiefern und Mergeln die Weintrauben, deren Spezialsorten später zu den berühmten Portweinen verarbeitet werden. *Pêso da Régua* ist der dafür bestimmte Sammelplatz, Sitz der Casa do Douro, Vila Nova de Gaia der Sperrbezirk mit sämtlichen Portweinkellereien, und Porto der Sitz des Portweininstituts.

Der *Portwein* kommt aus einem gesetzlich geschützten Anbaugebiet von Mesão Frio etwa bis zur spanischen Grenze, beiderseits des Flusses und in bestimmten Nebentälern, aus einer steinigen, strengen, sonst beinahe unfruchtbaren Landschaft mit Regen im Frühjahr, glühend heiß und ohne Niederschläge im Sommer und im frühen Herbst bereits Temperaturen um oder unter Null (Farbt. 31). Die Natur schuf alle Voraussetzungen für den qualitativ so hervorragenden Wein, der freilich mühsamer als anderswo anzubauen ist und geringere Erträge bringt. Er wächst auf reinen Schieferböden mit Beimengungen von Ton und reinem Kalium. Kalk und Stickstoff fehlen ganz, organische Bestandteile sind nur geringfügig vorhanden. Während in aller Welt Schieferplatten in der Regel waagerecht brechen, spalten sie in diesem Gebiet vertikal im Winkel zwischen 60 und 90 Grad, sperren also nicht ab, sondern öffnen in der Bruchrichtung über natürliche Spalten den Weinstockwurzeln den Weg ins Erdreich, speichern tagsüber Hitze in den oberen Schichten, die während der Nacht dann ganz langsam an den Rebstock wieder abgegeben wird, ein natürliches Treibhaus, das die zur Reife notwendigen Wärmestunden vielfach verlängert und zugleich die Bodenfeuchte der Frühjahrsregen im tiefen Erdreich zurückhält, so daß die um 12 m tief ziehenden Rebwurzeln stets genügend Wasser saugen können. Die Felder klammern sich an Hänge, die windgeschützt meist an beiden Flußufern liegen und im Verlaufe der Jahrhunderte mühsam terrassiert und abgestützt wurden. Sie bringen weniger Wein und mehr Arbeit, was wirtschaftlich nur bei hoher Qualität sinnvoll ist und die wohl strengsten Weingesetze der Welt erforderlich macht, die den Verbraucher weltweit vor Fälschungen sichern.

340

Die Weinlese beginnt im September erst in den unteren Lagen und dauert Wochen, ehe auch die später reifen, höheren Stöcke abgeerntet worden sind. Schwersüß, rot oder weiß werden die Trauben zu schiefergrauen Kelterhäuschen gebracht, in großen rechteckigen Steintrögen zerkleinert und ausgepreßt, selten noch mit den Füßen, die nur das saftige Fruchtfleisch zerquetschen, die Kerne aber ganz lassen, damit der Wein die Farbe der Traubenhülsen annimmt. Durch die Zugabe von Weinbrand (viereinhalb Teile Wein/1 Teil Weinbrand) wird die Gärung gestoppt und der Alkoholgehalt auf über 15 Prozent erhöht. Schließlich wird der Wein in Fässern nach Vila Nova de Gaia geschafft. Das geschieht in den typisch schlanken, spindelförmigen Portweinfässern, die ›Pipe‹ heißen und 534 Liter fassen, auf dem Flußwege in den flachen Barcos rabelos (Abb. 92), die nun nur noch vor den Portwein-Lodges in Vila Nova als Touristenattraktionen im Douro dümpeln. Heute transportiert man den Wein auf Lastschiffen, Lastwagen oder per Eisenbahn.

Wer wo welche Mengen Wein und zu welchen Preisen anbauen, ernten und versenden darf, regelt die Casa do Douro in Pêso da Régua, sie reglementiert und schafft so die erste Qualitätsauslese. Nur diese zugelassenen Mengen (der Rest kommt als Tischwein in den Handel oder wird zu Branntwein destilliert) dürfen in Vila Nova de Gaia in die Armazens genommen werden. Haben die Winzer das ›Rohmaterial‹ geliefert, so beginnt das ›Studium‹ des Weins bis zur Reife in den Lagerkellern, der Rebensaft liegt zunächst in halbdunklen riesenhaften Hallen, wird in großen Bottichen mit ähnlichen Douro-Weinen gemischt, ›verheiratet‹ sagen die Armazens-Spezialisten, und dann zum Auslagern in Eichenfässern aus ›Memel-Holz‹, aus baltischer Eiche, weil es die besten sind, abgefüllt, weiter beobachtet, gehütet und mindestens zwei, in der Regel acht Jahre gepflegt. Nur maximal ein Drittel des Lagerbestandes darf pro Jahr die Keller verlassen. Über die Kontrolle der Restsüße und einer zeitlich exakt stimmenden Zugabe des Trauben-Destillats von Weinen aus dem Dourogebiet während der Gärung entsteht, je nach Wunsch, süßer oder herber Wein. Mehr als zwanzig Rebsorten der Portweingegend bringen rote oder weiße Trauben und also entsprechende Portweine, weiße, die leicht und frisch die guten trockenen Sorten ergeben, und rote, die meist süß schmecken und feurig im Aroma sind. Roter Portwein verblaßt mit den Jahren, weißer wird immer kräftiger im Farbton, die Oxydation ist durch Berührung mit Luft, im Faß, höher als in der Flasche.

Portweintypen werden auf den Etiketten meist in folgenden Standard-Bezeichnungen angegeben:

*Extratrocken* / Extra-seco / Extra Dry oder Very Dry
*Trocken* / Seco / Dry
*Halbtrocken* / Meio-seco / Dry Finish oder Medium Dry
*Halbsüß* / Meio-doce / Medium Sweet oder Medium Rich
*Süß* / Doce / Rich oder Sweet

*Dunkelrot* / Retinto / Full
*Rot* / Tinto / Red oder Medium Full
*Rubinrot* / Tinto Aloirado / Ruby oder Medium
*Lohfarben* / Aloirado Claro / Light Tawny
*Mattweiß* / Branco Palido / Pale White
*Strohfarben* / Branco Palha /Straw Coloured

LAMEGO

*Sehr süß* / Lagrima oder Muito Doce / Very
Sweet

*Goldfarben* / Branco Doirado / Golden
White

Wir raten: fahren Sie erst einmal im Dourotal weiter nach Osten, vielleicht sogar bis São João
da Pesqueira, von wo eine Stichstraße zum Flußstauwerk, Barragem da Valeira, führt. Das
und die gesamte Fahrstrecke hin und zurück nach Régua, etwa 100 km, wird Ihnen die
Douro-Landschaft erschließen und mit landschaftlich reizvollen Einzelheiten stets in
Erinnerung bleiben (vgl. a. Abb. 94).

LAMEGO

Die schmucke Kleinstadt liegt in der Provinz Trás-os-Montes am Hang des Monte Penudo,
zwischen der Remédios-Wallfahrtskirche und dem Burghügel. Dort stand ein maurisches
Kastell, welches 1057 als erstes durch Ferdinand d. Gr. von Kastilien den Moslems
abgenommen wurde. Gut 300 Jahre lang zog sich bereits die Reconquista hin, verlief sich
aber bisher stets in Fehden und Rivalitäten zwischen gotisch-christlichen Kleinstaaten, die
jeden dauerhaften, engen Zusammenschluß zum gemeinsamen Handeln immer wieder
vereitelten. Da hatte endlich Ferdinand das Heft in die Hand genommen und alle Kraft
Kastiliens und Leóns zusammengerafft, drang 1055 in die Beira ein, eroberte 1057 Lamego
und Viseu und vertrieb 1064 die Mauren auch aus Coimbra, setzte so ein Zeichen, und nun
begann die Wiedereroberung im eigentlichen Sinne und mit ihr die unmittelbare Vorge-
schichte zum staatlichen Beginn Portugals. Lamegos Stände anerkannten 1143 als erste
Afonso Henriques als König des Landes.

1129 begann man mit dem Bau der romanischen *Kathedrale* am Markt, die, später
gotisch umgebaut und im 17. Jh. restauriert,
außer dem Turm nur wenig Ursprüngliches
erhalten hat. Bemerkenswert sind die Fassade und die fünf Bogen des Portals, viel
Dekor aus verwirrend plazierten Tieren und
Engelchen, in Ranken und Blumengirlan-
den. Innen ist sie dreischiffig, kalte Pracht
mit viel zu prall aufgetragener Deckenmalerei, Gotik und Renaissance gemischt, wie im
mittelmäßigen Kreuzgang.

An dem benachbarten Largo de Camões
steht der Bischofspalast (18. Jh.), in dem das
*Museum Regional* untergebracht ist, und wer
Freude an Gobelins hat, sollte dort die herrlichen Aubusson-Teppiche anschauen. Dazu gibt es neben zwei anderen eine fast voll-

kommene *Barockkapelle* aus dem Chagas-
Kloster, einen *gotischen Sarkophag* der Gräfin von Barcelos mit launigen Illustrationen
zur Wildschweinjagd und ein *Retabulo* von
Vasco Fernandes, ›Schöpfung der Tierwelt‹,
außerdem Stilmöbel, Schnitzwerk, Azule-
josammlung.

Das Stadtbild charakterisiert aber die
doppeltürmige Wallfahrtskirche *Nossa Senhora dos Remédios* aus der Zeit um 1725
(Abb. 98). Eine Escadaria, eine granitene
Treppenanlage mit rund 600 Stufen, führt
vom Hauptplatz unten, mehrfach von Terrassen unterbrochen, zur Remédios auf dem
Monte Santo Estevão hinauf, flankiert von
vierzehn Kreuzwegstationen, und, mehr im
oberen Bereich, vielen Barockskulpturen
(auch Autoauffahrt). Die Kirche, von

1750–61 erbaut, hat innen übliches, kaum hervorragendes Barockdekor, prangt an der Schauseite zur Treppe und Stadt hin aber mit einer glänzend aufgeführten Barockfassade. Gegenläufige, elegant gespannte Doppeltreppen mit Barockdekor in den Freiwangen davor führen zum achteckigen Largo dos Reis, einer Terrasse mit üppig plattiertem Pylon, den auf Podesten, Pfeilern und Antrittspfosten altbiblische Gestalten umstehen, statuarisch ruhig Könige, in theatralischen Posen Seher und Heilige. Der Blick hinunter in die Stadt ist reizvoll. Im oberen Teil der Stadt steht die romanische Kirche *Santa Maria de Almacave* (12. Jh.), deren Portale noch unverändert sind. Interessante Kapitelle mit Sirenen, Tauben und Fischen. Die Kanzel stammt aus dem 16. Jh. Hier fand 1143 die erste Nationalversammlung statt, in der Afonso Henriques zum ersten König ausgerufen wurde. Oberhalb dieser Kirche steht die Ruine des *Kastells* mit mächtigem Bergfried (13. Jh.). Außerdem finden sich hier die schönen *Patrizierpalais:* Casa dos Peixotos Padilhas von 1711 sowie Casa dos Brolhas und Casa dos Pinheiros (beide 17. Jh.).

Etwas außerhalb, 3 km nordöstlich der Stadt, steht *São Pedro de Balsemão* aus dem 7./8. Jh., mit oder überhaupt Portugals ältestes christliches Bauwerk, dreischiffig mit rechteckiger Apsis und vor allem mit den ganz alten westgotischen Hufeisenbögen und Kapitellen und mit dem noch ursprünglichen Chor, während eine Kassettendecke mit Vögeln und Blumen erst im 17. Jh. eingezogen wurde und hier völlig fehl am Platz ist. 6 km westlich, 900 m hoch, ehemalige lusitanisch-römische *Befestigungsanlage Castro de Penude.* (Anfahrt aus Lamego vom Rondell/Denkmal für Bischof Don Miguel und der Ortshauptstraße Richtung Tarouca/Moimenta da Beira folgen. Gegenüber zweiter Kirche rechts ein Wegweiser linksab nach Balsemão – sehr enge Straße! Die alte Anfahrt mit Wegweiser an der Straße Pêso da Régua, eng, steil, beschwerlich, endet im Varosa-Stausee. Dort aber rechtsab eine Betonbrücke über einen Seearm, dann rechts nach Balsemão.)

*Tarouca* liegt 12 km weiter südlich, wer es ermöglichen kann, sollte hinfahren, in der Kirche des São João-Konvents steht das Gegenstück zum Sarkophag der Gräfin von Barcelos aus dem Museum in Lamego, das ihres Gemahls Graf Pedro de Barcelos, riesenhaft im Ausmaß, 3,66 m lang und wie dort mit einer wild-wüsten Wildschweinjagd dekoriert. Pedro, ein unehelicher Sohn von König Diniz, hatte Talente seines Vaters geerbt und das ›Livro das Linhagens‹ verfaßt, ein heraldisches Poem. Der Sarg der Gräfin stand ebenfalls hier. Tarouca war Portugals erstes Zisterzienserkloster, wurde 1124 gegründet, und den Grundstein zur Kirche soll König Afonso Henriques höchstselbst eingemauert haben. Nur noch die schöne Rosette ist original, alles andere wurde später umgebaut und erneuert, wie die gotische Decke oder die Azulejobilder zum Leben des Hl. Bernhard und Johannes des Täufers. Berühmt sind die Gemälde ›Petrus‹, ›Michael‹, ›Glorie der Maria‹, die einem Meister von Tarouca zugeschrieben werden, hinter dem man Gaspar Vaz vermutet, zu dessen Schülern später auch Grão Vasco gehört hat, viel Flämisches zwar, aber portugiesisch weich im Ausdruck.

## 14  Von Porto entlang der Küste zur spanischen Grenze

Porto – Leça do Balio – Póvoa de Varzim – Rates – Barcelos – Esposende – Viana do Castelo – Caminha – Valença do Minho – (etwa 124 km) → nach Spanien (Tuy; 1 km)

Aus Porto auf der Nordautobahn, Via Norte, oder Straße N 13 und nach 5 km Wegweiser rechts ab zum ehemaligen Kloster LEÇA DO BALIO, 200 m von der Straße. Benediktiner hatten sich schon kurz nach der Reconquista hier niedergelassen, und von ihnen übernahmen die Johanniter-Brüder, aus denen der Malteser-Ritterorden hervorging, 1112 die Anlagen, errichteten ein Kloster und bestimmten es zum Hauptsitz, zur Priorei, bauten es aus als Hauptquartier, Festung und Kloster zu einem Zentrum mönchischer Ritter im Kampfe gegen die Mauren. Als hundert Jahre später die Reconquista erfolgreich weiter südlich operierte, verlegte man das Hauptquartier nach Belver am Tejo (S. 217), Leça do Balio aber blieb weiter Sitz einer ihrer fünf lusitanischen Ordensbezirke. 1371 heiratete Fernando I. hier seine Geliebte, die trickreiche Intrigantin Leonora Tellez, deretwegen in dynastischem Wirrwarr schließlich das Königshaus der Burgunder 1381 unterging.

Von den Klosterbauten ist alles verschwunden, geblieben ist die imposante *Klosterkirche* mit dem der Front seitwärts vorgesetzten *Turm* aus der Entstehungszeit, ein Klotz und mehr Festung denn Glockenturm, eckige Verteidigungsfenster, ein zinnengeschmückter Wehrgang, nur ein Rosettenfenster, glatte Mauern, ein monumentaler Bergfried in Wirklichkeit. Die Kirche wurde 1330 gotisch umgebaut, geblieben ist aus romanischer Zeit die Fassade mit kräftigen Strebepfeilern und mit Malteserkreuzen im Wappen. Innen dreischiffig, tragen die acht Pfeiler interessante Kapitelle mit Tier- und Menschendarstellungen, blockhaft und fast rundplastisch aus dem Grunde herausskulptiert, ganz ähnlich dem aus ganz anderer Zeit stammenden manuelinischen Taufbekken, dem Pia Baptismal, das Diogo Pires-o-Moço gemeißelt hat (Abb. 97 – wir denken an sein Azambuja-Grabmal mit den Münzschlägern in Montemor-o-Velho, S. 296), phantasievoll aus dem Fundus seiner bereits überreifen Zeit (1551) zwischen Stegen und Spangen und unter dem Oktogon an der Basissäule mit erdenfremden Phantasmata belebt, acht Drachenwesen, die der heiligen Schale Schutz geben oder das Heilige versuchen sollen.

Gegenüber der Fassade steht unter einem Schutzdach, ebenfalls von Pires 1514 gearbeitet, ein schönes manuelinisches *Kreuz,* eines von den Wegekreuzen aus der Reihe, die als die besten im Lande gerühmt werden.

In AZURARA gibt es gleich rechts der Straße eine interessante manuelinische *Kirche* im besten Golegã-Stil mit Zinnenkranz und

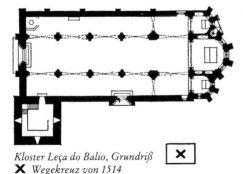

*Kloster Leça do Balio, Grundriß*  ✗
✗ *Wegekreuz von 1514*

seitlich angesetztem Glockenturm aus dem 17. Jh. Als um 1552 das Hauptportal entstand, war der Manuelstil längst zur Manier entartet, eine Dekadenz, die nicht mehr überzeugt, auch wenn zur Marienfigur in einer jetzt mit Azulejos ausgekleideten Muschel – welche Verirrung – gedrehte Säulen aufstreben oder vermischt manuelinisches und Renaissance-Dekor alte Formen kopiert. Innen bilden spätgotische Pfeiler die Arkaden, und wieder ›manuelinisieren‹ hier gekünstelte Tauwindungen mal um den Schaft, mal dreifach um jeden Bogen, längst ausgeklungene Dekorformen. Die maurisierende Holzdecke entspricht denen von Tomar und Golegã. In der Nähe *Cividade de Bagunte;* hier finden sich Reste einer keltiberischen Stadt (6 Jh. v. Chr.), deren Freilegung schöne Stein- und Bronzegegenstände zutage brachte.

Man gelangt zu dem am Rio Ave gelegenen Vila do Conde, das als Villa de Comite 953 erstmals urkundlich genannt wurde. Das Goldene Zeitalter der Stadt war die Zeit der Entdeckungen, als Hafen und Werften Hochkonjunktur hatten; aus diesem Grunde sind hier einige gotisch-manuelinische Bauten errichtet worden. Hoch über dem Ufer des Rio Ave steht der monströse Bautrakt des *Klosters Santa Clara,* errichtet 1778 am Platze eines alten Klosters, das 1318 von Afonso Sanches und Teresa Martins de Meneses gestiftet worden war. Wasser zum Kloster führte ein 7 km langer Aquädukt mit 999 Bögen heran, ein Werk von Terzi (1714).

Nur die *Kirche* ist interessant, gotisch, dann im 16. Jh. umgebaut und mit einer Holzdecke überkuppelt, Gotik also und Manuelstil, einschiffig mit schwungvollem Bogen im Querschiff, drei Apsiden, sonst schmucklos reine, wie geläuterte Gotik, die in handwerklich exakt gesetzten nackten Mauerquadern strenge Schönheit sichtbar macht. In der *Grabkapelle* ruhen die Stifter und ihre zwei Söhne, ein manuelinischer Steintaubogen mit Knoten und Hängezapfen bildet ihr feierliches Eingangstor, über dem Kapellenquadrat ein *Sterngewölbe* mit Schlußsteinen um das Familienwappen (Abb. 96). Nicht die Liegefiguren oben, sondern die Skulpturen an den Seiten der vier Sarkophage gehören zum Besten der Renaissance in Portugal, malerisch und fein skulptiert, Marienleben, Passion, Stigma des Hl. Franz und die Hl. Clara mit der Monstranz in den Händen, wie sie die Truppen des Stauferkaisers Friedrichs II. vom Sturm auf Kloster Assisi zurückhält. Löwen tragen die Kindersarkophage, im Querschiff das *Grab von Brites* (Abb. 95), der Tochter des Condestável Pereira, 1414 als Gattin des Grafen von Barcelos verstorben. Südlich neben der Kirche sind noch Teile des Kreuzganges erhalten sowie der Brunnen (18. Jh.), der früher von dem Aquädukt gespeist wurde.

Im Ort gibt es noch andere Besonderheiten: eine *Misericórdia-Kapelle* gegenüber mit manuelinischem Chorbogen und viel Renaissancedekor; am Marktplatz die manuelinische *Matriz* mit Eingangsportal von João de Castilho, wo wieder bewegt verschlungene Ornamentik alle Flächen triumphal überwuchert. In dieselbe Zeit gehört das *Rathaus,* und hier trifft man auch wieder Manuels Wappen und die Sphärenkugeln im Giebel und eine Karavelle, Mond und Sonne als verständliche Ergänzungen – und davor

345

ein recht merkwürdiger *Pelourinho* mit einem ›Arm der Gerechtigkeit‹, der Strafe drohend bereits sein Schwert schwingt. Dieses Stadtzentrum mit der Matriz ist ein Geschenk von König Manuel, der Vila do Conde das Stadtrecht verlieh, als er auf einer Pilgerfahrt nach Santiago de Compostela hier längere Zeit verweilen mußte.

Gleich unterhalb der romanischen Ave-Brücke – der Fluß mündet hier – geht es zum Strand, zum Fischerhafen und den Schiffswerften, die hier am alten Hafenplatz von Phöniziern und Römern auf eine lange Tradition zurückblicken. Und was man als Reisender nicht übersieht: die berühmten geklöppelten Spitzen von Vila do Conde.

Póvoa de Varzim, Hafen, Fischerort, und dazu einer der größten Strände Portugals. Aber das Wasser ist meist zu kalt zum genußvollen Meeresbaden, die Luft nur angenehm, wenn der Wind nicht zu sehr bläst. Vor dem Rathaus steht das Denkmal für den größten Sohn der Stadt, den Romanschriftsteller Eça de Queiroz, 1845–1900. In dem *Museu Municipal de Ethnografiae Historia* werden typische Geräte und Trachten der Region gezeigt. Wer die Romantik schätzt, der darf den kleinen Umweg über Rates nicht auslassen (sonst fährt man auf der Küstenstraße weiter nach Esposende). Die Straße N 206 führt zuerst nach *Rio Mau*, 9 km, zum Convento São Cristovão (12. Jh.), der schlichten Klosterkirche, die fast einem Schuppen ähnelt, ganz aus Granit in grober Hausteintechnik, nur ein Schiff ohne Querhaus, die quadratische Apsis mit Blendarkaden aus späterer Zeit, aber im Chor und mehr noch an den Portalen interessante Steinskulpturen.

## Rates

Vermutlich uralt und verfallen wurde es um 1180 im Auftrage von Graf Heinrich von Burgund wieder aufgebaut. Im 1. Jh. schon predigte, vom Hl. Jakobus ausgeschickt, Pedro von Rates den heidnischen Lusitanern, die hier siedelten, wurde von Jakobus zum ersten Bischof von Braga gesalbt, errichtete in Rates eigenhändig ein kleines Gotteshaus, in dem er von römischen Soldaten beim Gottesdienst am Altar erdolcht worden sein soll (Abb. 99, 100). Wie fast überall in Portugal setzte sich im Zuge der Reconquista von Norden nach Süden zu der Baustil der Burgunder durch, selbst gegen die benachbarten galicischen Bauwerke, die auch französisch beeinflußt waren und den Pilgerweg nach Santiago säumten.

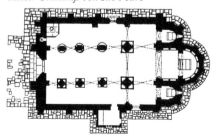

*Rates: Grundriß von São Pedro*

Rates hat etwas von allem, eine gewinnende Architektur: das *Hauptportal* fünffach gegliedert, ganz reizvolle Figurenkapitelle, auch die Jungfrau mit dem Netz wie in Travanca, Gottvater im Tympanon, die Sündenschlange am Türsturz – oder an der Rückseite die Agnus Dei-Pforte mit zwei Widderköpfen, alle Kragsteine skulptiert in einer Ausdrucksvariabilität ohnegleichen. Innen im Langhaus kräftige Mühlstein-Pfeilerbasen, runde, sechskantige, schrägbändrige oder palmettgeschnittene Säulen und, wie oft im Süden Frankreichs, die beiden ersten Jochbögen bearbeitet mit Figuren mit Stäben, Bischöfe vielleicht, mit Tafeln, Werkzeugen, Tieren, die Menschen verschlingen, ein Kapitell mit sechs Männerköpfen usw. Stumpfbogengewölbe im Querschiff, Blendarkaden im Chor, Schachbrettdekor und viel anderes Interessantes.

BARCELOS

Auf der schmalen N 306, das ist der günstigste Weg, nach BARCELOS am Ufer des Rio Cávado, den eine alte Steinbrücke aus dem 15. Jh. dort kreuzt (Abb. 104), wo oberhalb die Ruinen des gotischen Palastes der Grafen von Bragança aus dem 15./16. Jh. stehen. Im 13. Jh. schon wurde an diesem Platze Portugals erste Grafschaft gegründet. Heute sind um die Palastruinen und drinnen archäologische Relikte seit dieser Zeit aufgestellt.

Auf den einmaligen *Padrão do Senhor do Galo* weisen wir besonders hin, eines der originalen Besitzzeichen, die man längs der portugiesischen Entdeckerrouten aufzustellen pflegte. Dieses Wegekreuz stammt aus dem 14. Jh. und zeigt den wegen angeblichen Diebstahls verurteilten Santiagopilger am Galgen, der aber von der Hand des Jakobus gestützt wird.

Hinter dem Palais steht die manuelinischgotische *Pfarrkirche* (Igreja Matriz) aus dem 13./14. Jh. (im 18. Jh. umgestaltet) mit romanischem Portal, im Inneren schöne Azulejos. Den Palastruinen schließt sich ein regionales *Keramikmuseum* mit einer reichen Sammlung volkstümlicher Tonfiguren an.

An vielen Stellen der Stadt gibt es schöne Herren- und Adelssitze wie z. B. gleich den Palastruinen gegenüber den *Solar dos Pinheiros*, davor ein sechskantiger *Pelourinho* mit spätgotischem Aufsatz, oder den Palast der Herzogin von Saldana.

Stadtmittelpunkt ist der Campo da República, einer der größten Ortsplätze des Landes, recht groß für Barcelos, mit der *Misericórdia-Kirche* und vor allem (an der Nordseite) der *Igreja do Terço* des Benediktinerklosters, beachtlich wegen großflächiger Azulejobilder aus dem 18. Jh. und 55 Dekkentafeln zum Leben des Hl. Benedikt. Jeden Donnerstag findet auf diesem Platz Portugals meistbesuchter Markt statt. Der

*Barcelos: Padrão mit dem Bild eines Gehenkten*

347

Schmuck von Barcelos aber ist die Barockkirche *Bom Jesús da Cruz* (1705), achteckig im Grundriß mit Granitkuppel und jubelnden Bögen und Türmchen und innen pompöser Marmorbeplattung, übergroßem Kristallüster und viel Gold und Talha um einzelne Elemente wie Altäre, Orgel und Empore.

Berühmt sind die *Töpferwaren* von Barcelos, meist braun oder grün lasiert nach Bunzlauer Art, vor allem aber der buntbemalte schwarze *Hahn*. Als nämlich ein wegen angeblichen Diebstahls verurteilter Santiago-Pilger vergeblich seine Unschuld beteuert hatte und niemand ihm Glauben schenken wollte, forderte er, nachdem seine Gebete zur Nossa Senhora und zum Hl. Jakobus von Compostela, wie er meinte, erhört worden waren, die Vorsehung heraus und behauptete kühn: »Wenn ich die Wahrheit sage, wird der gebratene Hahn da vor Euch, erlauchter Richter, vom Teller springen und krähen« – und tatsächlich sprang der Hahn auf und krähte laut. Der Mann war gerettet und errichtete auf einem Sockel ein tönernes Denkmal für seinen Retter, das Vorbild für die vielen Hähne von Barcelos.

Empfehlenswert ist ein Besuch im alten Stadtturm *Torre de Menagem*, 15. Jh. Rest

*Hahn von Barcelos*

der Stadtbefestigung, wo Kunsthandwerkliches aus Stadt und Umgebung gezeigt wird.

Außerhalb auf dem Weg nach Esposende (N 103) die romanische Klosteranlage der *Abadia do Neiva* mit freistehendem wehrhaften Glockenturm, Lilien und Sternen im Bogenportal und oft ausgefallen skulptierten Kragsteinen (leicht zu erreichen über die Schnellstraße von Barcelos in Richtung Viana do Castelo bis zum Hinweisschild »Neiva«). Bei *Esposende* ist man wieder am Meer, bei weiten Sandstränden; im alten Fort der Leuchtturm, 2 km südwärts Haff und Badeort Ofir mit großem Pinienwald.

### Viana do Castelo

Der Ort liegt an der Mündung des Rio Lima und am Fuße des Monte Santa Luzia, er hatte schon vor zweitausend Jahren griechische Kaufleute zur Gründung eines Hafenplatzes Calpe angeregt, die Römer übernahmen ihn und nannten, der schönen Lage wegen, den Platz Pulchra, ›die Schöne‹, um 1000 wurde er in São Salvador de Atrio und 1258 von König Afonso III. zu Viana da Foz do Lima umbenannt. Merkantile Verbindungen zu flandrischen Handelshäusern brachten Viana im 16. Jh. zur Manuelzeit die große Blüte; um den eigens zum Feiern angelegten Marktplatz zeugen genügend Bauwerke davon (Abb. 103). 1871 vertraten im sogenannten Maria-da-Fonte-Aufstand die Stadtbewohner die Belange ihrer

Königin und verteidigten erfolgreich zwei Monate lang den so wichtigen Platz, die Umbenennung in do Castelo war der königliche Dank. Immer noch ist Viana eine schöne, anheimelnde Stadt, und das vorwiegende Baumaterial, Granit aus dem Minho, gibt allem etwas Solides.

Auf der Praça da República, dem Stadtzentrum, nimmt das *Rathaus* eine Schmalseite ein und kann trotz oder wegen der über den stumpfbögigen Arkaden klaren Granitquaderung, die nur mit König Manuels Wappen, Sphärenkugeln und Karavelle geschmückt ist, begeistern.

Gegenüber steht die *Misericórdia* (das ursprüngliche Hospital), eine dreigeschossige Komposition, klar gegliedert und vollendet proportioniert mit grazilen Loggien und Portikus, Kopfmasken und Karyatiden, eine zwar flämisch beeinflußte, aber doch recht eigenständige portugiesische Renaissance. Daneben die *Misericórdia-Kirche* (16. Jh.) mit schönen Azulejos aus dem 17. Jh. João Lopes-o-Moço hat sie 1859 erbaut, während der hübsche *Renaissancebrunnen* davor, das andere Schmuckstück des Platzes, 1551 von Lopes-o-Velho (d. Ä.) stammt.

Ab 1400 entstand die Pfarrkirche, *Matriz*, sie hat noch die alten gotischen Zinnentürme der Romanik, um die Fensterrose sitzen Masken, um Bogenläufe und Fries lustige, fratzenschneidende oder sinnende Köpfe, sechs Apostelfiguren lehnen an den Säulen, und oben thront Christus mit Passionswerkzeugen im Kreise von liebenswerten Engelchen, innen gibt es einen schönen manuelinischen Bogen und ein großes Schiffsmodell in der Seefahrerkapelle im linken Querschiff. Die Kirche wurde zur gotischen Zeit umgebaut. In Rokoko dagegen prunken Palast und grazile Privatkapelle der Malheiros Reimões, auf den weißen Mauer-flächen wie appliziert plastische Formenvielfalten, diffus angenehm modelliert und entzückend in überschäumendem Beschlagwerk, dazu nur das Wort ›Caritas‹, wie zur Entschuldigung. Neben der Kirche befindet sich die wappengeschmückte *Casa de João Lopes* (15. Jh.) mit abgestumpften Arkadenbögen.

Man muß durch Vianas Gassen schlendern, trifft dann in Bahnhofsnähe bestimmt auf das Spital *Nossa Senhora da Caridade* aus dem 16. Jh., außen glanzvolle Manuelinik, innen Talha-Gold und Rocaille im Übermaß, Porto und Aveiro ähnlich. Im Refektorium gibt es ganze Bilderzyklen zur Passion, und vom Gestühl, tiefdunkel und mit chinesischer Holzmalerei dekoriert, lacht, wenn man die Sitzplatten aufklappt, jeweils ein meisterlich geschnitztes und bunt bemaltes spitzbübisches Chinesengesicht.

Andere Sehenswürdigkeiten:
*Museum* in der Casa de João-o-Velho, neben der Matriz, Sammlungen zur Stadtgeschichte, Trachten usw.; *Museum* im Haus der Barboss Macieis, Rua Manuel Espregueira, Keramiken und Kacheln von Policarpo de Oliveira, Mobiliar und Bilder; *Távora-Palast* (16. Jh.), Übergangsstil Manuelinik und Renaissance; *Santo Domingos* (16. Jh.) mit dem Renaissancegrab für Erzbischof Bartolomeu dos Mártires; *Nossa Senhora da Agonía* in der Rua do Rego, bäurisch-barock, davor am 18. bis 20. August weitgerühmte Romaria.

349

# MONTE SANTA LUZIA BIS VALENÇA DO MINHO

Zum MONTE SANTA LUZIA hinauf (nicht auslassen) führen Straße und Zahnradbahn. Oben steht die neo-byzantinische Wallfahrtskirche Santa Luzia, darüber Ruinen einer keltiberischen *Citânia,* an der man, wie in Briteiros und anderswo, gut die keltischen Maurertechniken erkennen kann. Beachtenswert ist von der Kirchenterrasse die Aussicht, empfehlenswert die Einkehr oder Übernachtung im Hotel Monte Santa Luzia.

Nach Norden zu steigt bald rechterhand der Hauptberg der Serra Santa Luzia 552 m hoch auf, dann durchquert man den Pinienforst von *Gelfa* und erreicht *Ancora,* das zur See hin einen breiten Sandstrand hat, und im Land, um 2 km, den *Dolmen da Barrosa,* ein Großsteingrab aus der Jungsteinzeit, einst von Erdschichten überdeckte Platten und Blöcke, die Gemeinschaftsgräber abdeckten, hier das am besten erhaltene in ganz Portugal.

## CAMINHA

Gelegen auf einer Landzunge zwischen den Flußmündungen von Rio Coura und Rio Minho, der hier bereits Grenzfluß zu Spanien hin ist. Hier ist die *Matriz* sicherlich die Sehenswürdigkeit, Nordportugals vorzüglichstes Bauwerk aus der Frührenaissance überhaupt. An der Umgehungsstraße vom Hafendamm aus übersieht man den Gesamtbau aus halber Höhe. Ein Golegã-Typ ist es, der Grundstein soll bereits 1488 von König Manuel I. bei seiner Compostela-Wallfahrt gelegt worden sein, und fertig war sie 1565. Als erster Architekt wurde ein Baske, Juan Tolosa genannt, Diogo Eanes jedenfalls hat sie fertiggebaut, und überall spürt man Wunsch und Willen des königlichen Stifters, allenthalben ergeben sich Bezüge zu den Bauten Manuels in Belém und anderswo.

Das *Hauptportal* gliedern malerische Strebepfeiler mit Fialentürmchen bis hoch über den Giebel, flankieren die ornamental gefaßte Rose, zentrieren den Blick zum Lamm Gottes unter dem Giebelkreuz und bilden mit dem zinnenbesetzten Turm trotz auffallender Einfachheit ein angenehm harmonisches Bild. Das findet verschwenderischer seine Fortsetzung im umlaufenden Fries aus Ornamenten, Engelsköpfen und Grotesken im Portalbogen und steigert sich zum Chorbogen hin in einem Plateresco-Renaissancegemisch aus Strebepfeilern, Fialenspitzen, Gesimsfüllungen, Eierstäben, Ketten und Zackenbögen in, um und unter der geklöppelten, gestanzten, krönenden Galerie (Abb. 101). Am Nordosteck hat ein derber Wasserspeier sein Hinterteil entblößt, reckt es ungeniert eindeutig Richtung Nordwest, ins Spanische, zum Gallego-Ufer hinüber.

Das *Südportal* am Seitenschiff wird von Ornamentpilastern gefaßt, in tiefen Nischen mit Zackenbogen stehen Figuren unter der Ornamentgalerie, die über Gesimse und die Ziegeldeckung hinausragt (Abb. 102). *Innen* sind alle drei Schiffe mit Holz gedeckt, im Hauptschiff die Tonne gebrochen, der typische Knick wie in Golegã, und geziert mit spätgotischen Rosetten und achteckigen maurischen Zapfen im Wechsel, viel vergoldet und koloriert, in den Seitenschiffen eine maurisierende Balkendecke mit geometrischen Verschlingungen, dazu entsprechend, im langen Chor und der polygonalen Apsis, dem Chorbogen und den querschiffähnlichen Kapellen reiche Gewölbe.

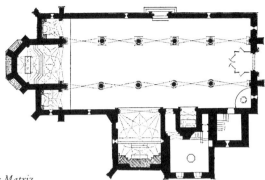

*Caminha: Grundriß der Matriz*

Der *Taufstein* stammt aus der manuelinischen Hoch-Zeit, ist achteckig gefaßt und klingt mit zwiebeligen Dekoren an dem organisch gerundeten Körper noch an romanische Vorbilder an.

Sonst gibt es in diesem schön gelegenen Ort viele anheimelnde Straßenzüge und Ekken, die zum Marktplatz beim *Rathaus* führen, das wieder ein ansprechender manuelinischer Bau aus dem Ende des 15. Jh. ist und dem von Vila do Conde ähnelt. Der *Renaissancebrunnen* davor wirkt wie ein Pendant zu dem von Viana do Castelo und stammt wie dieser von João Lopes-o-Velho.

Dann folgt die Straße dem linken Minho-Ufer durch Heideland oder an Weingärten vorbei oder durch schüttere Kiefernforsten, eine liebliche grüne Landschaft, in der VALENÇA DO MINHO, die Grenzstadt nach Spanien, liegt. Eine internationale Brücke über den Minho verbindet sie mit dem spanischen Tuy. Natürlich war der Ort stets stark befestigt, die heutigen Wallanlagen stammen aber erst aus dem 17. Jh., der Blick von dort oben in die Grenzlandschaft ist lohnend. Vielleicht kann die alte romanische Kirche *Santa Maria dos Anjos* von 1276, mit einer Kapelle von 1520 für die Fischer, interessieren oder *Santo Estevão*, einst die Kollegiatskirche, eine Gründung von König João I. um 1400. Hier befindet sich auch eine Pousada in der alten Burganlage. Im Bahnhof ist der ›Zug des 19. Jh.‹ stationiert, ein Oldtimerzug mit Dampflok und Wagen aus verschiedenen europäischen Ländern aus der Zeit zwischen 1875 und 1891, der zwischen Valença do Minho und Porto verkehrt. Wer Zeit hat, sollte hinauffahren zum *Monte Faro*, 7 km südostwärts. Aus 566 m Höhe überblickt man ein großartiges Minho-Panorama.

## Minho

*Historisch bildet der Minho als ehemaliger Teil Kastiliens eine ethnische und kulturelle Einheit mit Galicien, was noch heute in der sprachlichen Gemeinsamkeit sowie in der ähnlichen Gastronomie erkennbar ist. Portugals Gartenlandschaft ist es, eine grüne Augenweide für jeden Besucher (Farbt. 34). Hier öffnen Minho, Lima und Cávado ihre Täler weit der*

*Caminha: Fassade der Matriz*

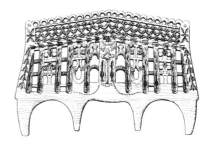

*Minho: Ochsenjoch aus geschnitztem und bemaltem Holz*

atlantischen Feuchte, die einströmt und in flachwelligem Bergland alljährlich zwei gute Ernten möglich macht. Das Gebiet des Minho ist das niederschlagreichste auf der Iberischen Halbinsel (1000–3000 mm/Jahr). Tausende kleiner Gartenbeete und Tausende nur mittelgroßer Felder bringen Mais und Kartoffeln, Gemüse, Obst und Wein hervor, der hier, mit seinen Reben zwischen Granitständern aufgehängt, schattige Laubengänge bildet. Das Land des Vinho Verde ist es, seine besten Sorten bekömmlich, weil wohlschmeckend und dennoch mit nur wenigen Zucker- und Alkoholwerten. Hier ziehen noch Ochsen uralte Zweiradwagen, das kunstvoll gezierte und bemalte Joch, canga, ist rechteckig (bei Aveiro dagegen wie ein Trapez); in den weiter oben liegenden Gebirgsgegenden müssen die Zugochsen ihre Schädel fest gegen mit Strohhäcksel gefüllte Ledersäcke, die mulheilas, stemmen. Dicht besiedelt wie keine Gegend sonst in Portugal ist das gesamte Minholand, meist Granithäuser mit hübsch geschwungenen Außentreppen und zierlichen Balkonen und daneben oder auf den Feldern auf granitenen Sockeln die eigenartig schmalbrüstigen Korn- und Maisspeicher (Abb. 123). An dem langen flachen Küstenstreifen an der Costa Verde liegen zahlreiche Fischerdörfer, die sich teilweise zu Badeorten entwickelt haben. Die Klein- und Mittelbetriebe der Industrie (hauptsächlich Textil-, Kunstgewerbe) wurden hier errichtet, um eine zu starke Emigration zu vermeiden. Auffallend sind hier immer wieder die modernen Häuser, die von den Gastarbeitern gebaut wurden und oft nicht in diese Landschaft passen. Auch alte romanische Kirchen und Kapellen gibt es hier noch überall, manche sogar mit vorromanischen Baudetails, daneben aber viel Gotik in Barcelos, Renaissance in Viana do Castelo und Barock in Braga. Und nirgendwo anders feiert man so oft und so innig die Romarias, Kirchweihfeste, wo sich Christlich-Religiöses so wunderbar mit Heidnischem vermischt.

## 15 Von Porto über Braga zur galicischen Grenze

Porto – Guimarães – Braga – Ponte da Barca – Nationalpark Peneda-Gerês – Bravães – Monção – Melgaço – (etwa 161 km) → nach Spanien (Puente Barjas; 10 km)

Die Straße N 105 ist unsere Richtung – Ausfahrt aus Porto über den Straßenzug Avenida de Fernão de Magelhães –, sie führt durch fruchtbares Hügelland des mittleren Minho direkt nach *Santo Tirso* am linken Rio Ave-Ufer, einem kleinen Textilzentrum. Schön ist die

GUIMARÃES

Barockfassade vom einstigen São Bento-Kloster (heute Schule). Die im 10. Jh. gegründete Benediktinerabtei bildete die Keimzelle des Ortes Cidenay. Das Kloster stammt aus dem 14.–18. Jh.; in der Klosterkirche (im 17. Jh. restauriert) eine ›Senhora do Leite‹ aus dem 14. Jh. und eine Pietà aus dem 17. Jh.; viel Holzschnitzwerk, im zweigeschossigen Kreuzgang interessante Figurenkapitelle. Jährlich am 10./11. Juli Sankt Benedikt-Wallfahrt und großer Jahrmarktstrubel.

2 km zum Thermalbad *Caldas da Saúde,* Schwefelnatronwasser bei Erkrankungen der Atemwege, Rheuma, Frauenleiden und Verdauungsstörungen.

Wer Rates (S. 346) nicht besucht, kann von hier aus 10 km ostwärts in *Roriz* die romanische Kapelle, 12. Jh., mit gut erhaltener Rundapsis besichtigen; schönes Hauptportal mit reicher Ornamentik und frühgotischer Rosette. Zwei Stierköpfe an der Basis des Tympanons; gotische Bildnisse von São Pedro und São Lourenço.

Ganz ähnlich und kaum gotisch beeinflußt ist das romanische Kirchlein in *Paços de Ferreira* mit Umfassungsmauer und Glockenturm, das Dachgesims auf Strebestützen, Westportal mit gezähnten, durchbrochenen Bogenläufen, einschiffig, halbrunde Apsis mit Strebesäulen und Fenstern.

## GUIMARÃES

Die Stadt am Fuße der Serra de Santa Catarina gilt allen Portugiesen als ihre ›Berço da Nacionalidade‹, die Wiege der Nation. Im 7. Jh. soll hier der Westgote Wamba zum König gekrönt worden sein (s. u.). Im 10. Jh. hatte Gräfin Mumadona aus dem Geschlechte des Leoneser Königshauses auf dem Hügel ein Kloster gegründet und es zum Schutze von maurischen Übergriffen befestigen lassen. Das kann mit ein Grund dafür gewesen sein, daß Heinrich von Burgund diesen Platz als Wohnsitz wählte, nachdem er die Tochter des Kastilierkönigs Alfonso VI., Prinzessin Theresa, geheiratet hatte und mit den Grafschaften Portucalia und Coimbra belehnt worden war. Das geschah im Jahre 1095, und damit beginnt die eigentliche Geschichte Portugals. Um den klösterlichen Schutzturm entstand eine Burg. 1109 erblickte dort Afonso Henriques das Licht der Welt und wählte später, zum König von Portugal ausgerufen, Guimarães zur ersten Hauptstadt des neuen Landes. Unverständlich ist, daß neuerlich die bisher gepflegte historische Silhouette der ›Berço da Nacionalidade‹ von einem häßlichen Hochhausblock genau vor der Königsburg scheußlich verunstaltet wird!

So muß auf jeden Fall die *Burg* (1; Abb. 107) der Beginn eines Besichtigungsganges sein. Vor dem Burghügel steht die Bronzefigur des ritterlichen Königs Afonso Henriques, ein Werk von Soares dos Reis, das Original, während die anderen, auch das auf dem Castelo de São Jorge in Lissabon, nur Kopien sind. Im Grundriß und dem Gelände folgend, einem dreieckigen Ritterschild ähnelnd, bekrönt die Burg den Hügel, eine großartige romanische Festungsarchitektur um den 27 m hohen freistehenden Bergfried in der Mitte, die allerletzte Zufluchtsmöglichkeit und deshalb nur über eine Zugbrücke in Höhe der Wehrgänge zu betreten, umwallt und von acht Türmen umstanden.

354

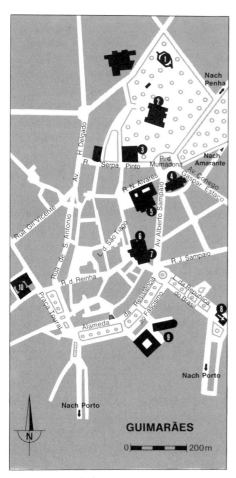

*Guimarães: Stadtplan*

*1 Burg  2 Palast der Herzöge von Bragança
3 Carmo-Kloster  4 Justizpalast  5 Rathaus
6 Oliveira-Basilika  7 Museu de Alberto Sampaio  8 Santos Passos  9 São Francisco  10 Museu Martins Sarmento*

Gar nicht weit weg wurde 1128 die Schlacht von Mamede geschlagen, die mit dem Sieg des gerade zwanzigjährigen Afonso Henriques über die Truppen seiner Mutter Teresa endete, der direkte Anlaß zur Entstehung des portugiesischen Königreiches. Und hier trug sich etwa zur selben Zeit die Geschichte mit Egas Monis zu, von der wir bei Paço de Sousa (S. 338) berichtet haben.

Außerhalb, am flachen Burghügelhang, steht die kleine, unscheinbare Kapelle *São Miguel do Castelo* aus dem Jahre 1105, über deren steinerner Pia Baptismal der kleine Afonso Henriques vom Nachfolger des Erzbischofs São Geraldo im Jahre 1111 getauft wurde.

Weiter unten schließlich liegt der *Palast der Herzöge von Bragança* (2), blendend, gewichtig, einmalig auf der gesamten Iberischen Halbinsel. Versäumen Sie einen Besuch nicht. Ab 1420 wurde er vom Conde de Barcelos, einem Sohn von König João I., erbaut, als er sich nach dem Tode seiner ersten Frau Brites (ihr Grab in Vila do Conde, S. 345) mit seiner zweiten, Constança de Naronha, in Guimarães niederließ. Man muß es wissen: dieser Barcelos war seinerzeit weitgereist, hatte England und Kastilien, Aragon, Italien und vor allem Frankreich kennengelernt, und sein großartiger Feudalbau im gotisch-normannischen Stile darf als Summe, als Quintessenz dieser Erlebnisse angesehen werden, er setzt neben die rauhe romanische Ritterburg jetzt ausgesprochen mediterrane Grundrisse und Architekturen von der Loire, alles ganz unportugiesische Akzente, die unmittelbar darauf hindeuten, daß Barcelos das Schloß der Könige von Mallorca in Perpignan, welches ja im Besitze der Könige von Aragon war, als Vorlage für seinen Palast gewählt hatte. Man vergleiche die Übereinstimmungen am Mittelhof mit den Arkaden, mit den Galerien und der dem Eingang gegenüberliegenden hohen Kapelle, man betrachte die hohen

# GUIMARÃES

Satteldächer oder die Vielzahl der Schornsteine, die gut und gerne zu irgendwelchen Loireschlössern, die zur selben Zeit oder später entstanden sind, gehören könnten.

Gleich glanzvoll und gediegen ist die gesamte Inneneinrichtung, in geräumigen Prunksälen hervorragendes Mobiliar, Porzellan aus China, Ceylon, flämische Wandteppiche, die die Schlacht Afonso V. gegen Arzila (1471) zeigen und die Begegnung Hannibals mit Scipio (die Originale befinden sich in Pastrana); Gemälde und Accessoires; gezimmertes Balkenwerk und stattliche Holzdecken harmonisieren mit Stein, Kunst und Kunsthandwerk, vermitteln einen lebendigen Eindruck von der adligen Lebenshaltung dieser Zeit. Seit 1442 spielte ja als Herzog jener Bragança eine perfide Rolle. Weil König Pedro Macht und Landbesitz des Adels beschnitten hatte, stellte der Herzog sich an die Spitze der Rebellen, die mit und für Afonso V. schließlich in der Schlacht bei Alfarrobeira 1449 siegten, wobei gerade Pedro, der den Bragança zum Herzog gemacht hatte, fiel.

Nun gehen Sie abwärts an der Kirche des *Carmo-Klosters* (3) vorbei zum Platz vor dem *Justizpalast* (4), denn von hier aus hat man den besten Blick auf Burg und Palast, die hinter dem Bronzedenkmal für Mumadona aufstreben. Am Largo da Oliveira steht das *Rathaus* (5), manuelinisch, aus dem 16. Jh., mit Spitzbogenarkaden, Renaissancefenstern, Manuels Wappen und Armillarsphären im Giebel, auf dem von Zinnen gekrönten Dach ein Ritter in vollem Harnisch – ein gelungenes Gleichgewicht zur alten *Kollegiatkirche* gegenüber, vor der eine quadratische manuelinische Halle und das *Siegeskreuz*, Padrão da Vitoria, den

Triumph der verbündeten Spanier und Portugiesen über die Mauren am Salado 1340 in Erinnerung hält (Abb. 106). Dahinter wuchtet der Turm der Basilika *Nossa Senhora da Oliveira* (6) auf, 1505 erst, also manuelinisch, reich verziert errichtet, mit Ziergesims und Steintaubändern längs den Kanten. Die erbauliche Fama berichtet, daß der obengenannte westgotische Fürst Wamba eben mit zwei Ochsen pflügte, als Boten ihm die Nachricht von seiner Wahl zum König überbrachten. Da er das Amt nicht wollte, nahm er, um Ausflucht nicht verlegen, einen trockenen Ölbaumzweig, steckte ihn in die Erde und sagte: »Dieses ehrenvolle Amt werde ich nur antreten, wenn dieser Zweig hier wieder grünt«, und im gleichen Augenblick sprossen grüne Blätter aus dem nackten Zweig. Wamba erkannte das Gotteszeichen und nahm die Wahl an. Wie dem auch sei, der Name war gegeben, seit dem 10. Jh. spätestens gab es, vielleicht am Platze eines ganz frühen westgotischen Gotteshauses, eine Abtei ›vom Ölbaum‹. Heinrich von Burgund und sein Sohn ließen sie erneuern, Kreuzgang und Kapitelsaal gehören in diese Zeit. Nach dem Sieg bei Aljubarrota ließ König João I. restaurieren und erweitern, das überhohe Westportal mit mannshohen Gewändefiguren über einem einfachen frühgotischen Portal ist davon erhalten geblieben, alles andere stammt aus dem 16. Jh. Innen ist die Kirche dreischiffig, ihr Steinaltar gotisch, das Taufbecken romanisch (aus der São Miguel-Kapelle bei der Burg; das Original, über das Afonso Henriques bei seiner Taufe gehalten wurde). Links in einer Kapelle ist ein stark zerstörter Doppelsarkophag der Gründer im Flamboyantstil zu sehen. Im Aufsatz, dessen Bemalung noch zum Teil erhalten ist, befindet sich eine aus-

356

drucksvolle Pietà. Der Chor wurde in der Renaissance umgestaltet, die Decke mit einem kassettierten Tonnengewölbe versehen.

Im Kreuzgang, Kapitelsaal und anderen Klosterräumen ist heute das *Museu de Alberto Sampaio* (7) untergebracht, ein Besuch ist sehr zu raten. *Kreuzgang:* Skulpturen (14.–16. Jh.), Wappen, Reihen Sarkophage, ein herrlicher manuelinischer Triumphbogen; im Garten steht noch der symbolische Ölbaum. *Erdgeschoß:* Retabulos, Gemälde mit religiösen Themen aus dem 17./18. Jh., ein Triptychon (15. Jh.) aus der São Brás-Kapelle, von António Vaz ›Pfingstwunder‹ und ›Calvario‹, von Frey Carlos ›Die Heiligen Vinzenz, Martin, Sebastian‹ (alle 16. Jh.), Krippenfiguren aus dem 18. Jh., Porzellane aus Delft, Viana, Porto und Sintra. *Obergeschoß:* die hervorragendsten Stücke sind dort eine spanische Pietà (18. Jh.), eine Gauklergruppe (18. Jh.), ein Retabel (16. Jh.) aus der Kapelle São João Batista mit Figur des São Roque; ein mit Wappenlöwen geschmückter romanischer Becher, eine Monstranz von 1534, ein manuelinisches Kreuz aus etwa derselben Zeit und die Prunkstücke des Museums: der Mantel, den König João I. in der Schlacht bei Aljubarrota über der Rüstung trug, sowie ein Triptychon aus Gold und Silber, angeblich ein Beutestück aus der Schlacht bei Aljubarrota aus dem Zelte des kastilischen Königs, in Wahrheit eine Arbeit eines nicht bekannten Meisters, der es im Auftrage des Königs und in Erfüllung eines Gelübdes seines Herrschers angefertigt hat, die Weihnachtsgeschichte im Zentrum, großzügig vereinfacht und so gegliedert, daß die flächige Schauwand in die Tiefe wirkt.

In diesem Altstadtbezirk liegen westlich der Oliveira-Kirche die malerischsten und noch ganz mittelalterlich anmutenden Gassen, wie etwa die Rua Santa Maria; hier die schöne *Pousada Santa Maria do Oliveira*, ein Augenschmaus für Fotografen. Nach Südosten zu dehnt sich die Praça do Brasil; wie ein Ausrufezeichen steht die barocke zweitürmige *Santos Passos-Kirche* (8) an ihrem Ende, ein flotter Konvexschwung in der mit Ornamenten, Granitskulpturen und blauweißen Azulejos bekleideten Fassade. Nur wenig weiter die Kirche *São Francisco* (9) aus dem 14. Jh., ursprünglich gotisch, später umgebaut und verändert, ein ungewöhnlich breiter Innenraum mit dem üblichen, goldüberladenen Schnitzaltar, in der Sakristei ein altes Kruzifix und ein kunstvoll inkrustierter runder Marmortisch. Constança de Naronha, die Gattin des Herzogs von Barcelos, wurde hier beigesetzt (1480).

In der Nähe eine unscheinbare, kaum sehenswerte *São Damaso-Kapelle,* Gedankenstütze dafür, daß Papst Damasius I. (366–84) zur Zeit der Römer um 304 in Guimarães geboren wurde. Sein Privatsekretär war der Hl. Hieronymus, und ihn veranlaßte der Papst zur Abfassung der Vulgata. Auch Gil Vicente, der große Goldschmied und Dichter, erblickte 1465 in der heute nach ihm benannten Straße von Guimarães das Licht der Welt.

Am modernen Stadtmittelpunkt, der Praça Toural, in der Rua Paio Galvão ist im einstigen Dominikanerkloster aus dem 13. Jh. (schöner Kreuzgang) das *Museu Martins Sarmento* (10) untergebracht, vor oder nach einem Besuch in den Citânias von Briteiros oder Sabroso besonders informativ mit Fun-

357

# GUIMARÃES BIS BRAGA

den von dort, Haus- und Handwerksgeräten, Waffen und vor allem der Pedra Formosa (im Kreuzgang), einer eigenartig flachen, aber mit 2 m Höhe und 3 m Breite ungewöhnlich großen Steintür mit lochförmiger Öffnung und plastisch dekorierten Ritzzeichnungen, wie man heute weiß, zum Verschließen eines Verbrennungsraumes im Totenkult der Keltiberer, eines der ersten Beispiele künstlerischer Äußerung im Zusammenhang mit der Sorge um das jenseitige Dasein.

Hier im Kreuzgang sind mehrere Meilen- und Grabsteine aus der Römerzeit aufgestellt sowie zwei Lusokrieger und eine Koloßfigur, deren Herkunft unbekannt ist. Neben den Fragmenten des ehemaligen Konvents sollte noch die Figur eines Dominikanermönches erwähnt werden.

Im Museum selbst ist ein besonders schöner Votivwagen, der von zwei Ochsen gezogen wird und aus keltiberischer Zeit stammt, von besonderem Interesse. Auch römische Funde aus den Citânias sowie aus Nordportugal sind ausgestellt. Eine große Münzsammlung reicht von der Römerzeit bis in die Zeit der Kolonien.

Umgebung:
Über die Rua da Constança de Naronha zur granitenen *Penha* (6 km), Grottenkapelle, prähistorischer Siedlungsplatz, prachtvolle Aussicht auf Stadt und Umgebung aus 617 m Höhe; Weiterfahrt nach *Fafe* (14 km), Luftkurort, 925 m hoch in der Serra Catarina, wunderbare nordportugiesische Wald-Garten-Landschaft, vom Calvario ebenfalls schöner Panoramablick. *São Torcato* (6 km, nordostwärts), westgotische Klosterkapelle aus dem 7. Jh., im 12. Jh. restauriert. Davor am ersten Sonntag im Juli Kirmes in Verbindung mit einer Wallfahrt.

Auf der Straße N 101 nun in Richtung Braga. *Caldas das Taipas* am Wege ist ein kleines Thermalbad mit vier alkalischen Schwefelquellen gegen Krankheiten der Haut, der Verdauungsorgane und bei Rheuma, es wurde, wie Funde erhärten, bereits von den Römern genutzt.

## BRAGA

Mit Sicherheit siedelten in und um den Platz keltiberische Stämme, die Römer übernahmen die Siedlung, erweiterten sie und machten sie als urbs zur Hauptstadt der Gallaecis Bracarensis, und bald verbanden fünf strategisch wichtige Legionsstraßen Bracara Augusta mit anderen Militärzentren der Iberischen Halbinsel. Im 1. Jh. bereits predigte Pedro von Rates (S. 346) dort das Christentum, gründete die ersten Gemeinden und wurde vom Apostel Jakobus d. Ä. zum ersten Bischof von Bracara Augusta gesalbt. Darauf ist die noch heute gebräuchliche Titulatur ›Primas von Spanien‹ zurückzuführen. Mit der Völkerwanderung strömten im 5. Jh. erst Alanen und Vandalen in die lusitanischen Provinzen, wurden 446 aber nach dem Triumph König Rekiars über Rom unter Viriatus von den Sueben verdrängt, die Bracara sofort zur Kapitale von gesamt Westiberien machten. Für kurze Zeit nur, denn schon fünfzehn Jahre später obsiegten die Westgoten überzeugend, die gesamte Halbinsel wurde ihr unumschränkter Herrschaftsbereich, bis ab 711 die Mauren anstürmten, nach Norden vordrangen und 716 auch Bracara besetzten, brandschatzten und vernichteten.

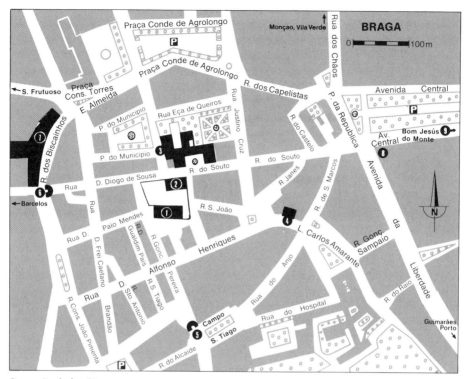

*Braga: Stadtplan/Zentrum*

1 Kathedrale  2 Misericórdia  3 Bibliothek  4 Casa dos Coimbras  5 Arco de Santiago  6 Arco da Porta Nova  7 Palácio dos Biscainhos  8 Touristenbüro  9 Zum Bom Jesús do Monte

Erst 300 Jahre später, 1040, konnte der König von Kastilien und León, Ferdinand I., die Stadt zurückerobern und dann von hier aus weiter nach Süden gegen die Araber operieren. Sein Sohn und Nachfolger Alfons VI. rief dazu europäische Ritter an seinen Hof, und unter anderen stießen damals die Grafen Raimond von Toulouse und Heinrich von Burgund zum kastilischen Heer. Dieser Heinrich heiratete des Königs Tochter Teresa und wurde mit den Grafschaften Portucalia und Coimbra belehnt. Braga wurde seine Hauptstadt, und aus seiner Heimat Frankreich holte er den Benediktinermönch Géraud de Moissac aus dem Quercy an seinen Hof. Er wurde später Erzbischof und Bragas São Geraldo, der Erbauer der Kathedrale. Im 16. Jh. gab dann der Prälat Diogo de Sousa der Stadt das feierliche Pathos mit Palästen, Brunnen und Plätzen, deretwegen es heute so lohnend ist, Braga zu besuchen. Aus der Fülle der Sehenswürdigkeiten in der Stadt und ihrer Umgebung haben wir die bedeutendsten und möglichst auch bequem zu erreichenden ausgesucht.

359

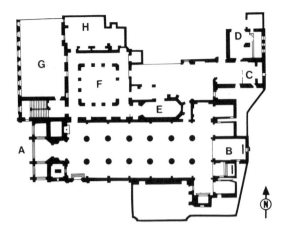

Braga: Grundriß der Kathedrale.
A Eingang. B Chor. C Capela de São Geraldo. D. Capela de Glória. E Capela dos Reis. F Kreuzgang. G Museum H Piedadekapelle

Schon immer und bis heute ist die *Kathedrale* (1; Abb. 110) das geistliche Zentrum Bragas. Am Ausgang des 11. Jh. wurde mit dem Bau begonnen, aus dieser schlichten romanischen Epoche sind allein die Bogenstellungen des Hauptportals (schöne Tierfiguren), das Südportal und die Querhausbalustraden erhalten geblieben. Dann wurde in allen Zeiten umgebaut, angesetzt und verändert, so daß man heute von einem zumindest interessanten Stilgemisch aus Romanik, Gotik, Renaissance und viel Barock beeindruckt wird.

Vor allem war es ab 1530 ein grundlegender Umbau durch den Prälaten Diogo de Sousa, der den ursprünglichen Sé-Charakter keineswegs zum Vorteil verändert hat.

Beginnen wir an der westlichen *Vorhalle*. Sie ist gotisch vor einer schweren Fassade (geschmückt mit Bischofsfiguren und Aposteln aus dem 18. Jh., deren Bemalung teilweise noch gut erhalten ist) und wird von drei Kreuzgewölben gedeckt, über denen sich in lichten Zackenbögen eine Plattform mit von Übergangsbaldachinen überspann-

ten Zwickeln breitet. Die Bögen schließt wie transparent Portugals sicherlich schönstes *Schmiedeeisengitter*, steigt von unten mit gotisierendem Maßwerk aus Stäben und Knollen in den Kehlen auf zu bekrönenden Renaissancefriesen. Die Portaltür, aus schwarzbrauner Nußbaumfüllung und mit Messing beschlagen, wird von einem gotischen Triumphbogen gerahmt. Gleich innen links steht ein roh gearbeitetes achteckiges *Taufbecken*, manuelinisch mit verschlungener Ornamentik am Becken und mit Engeln und Löwenskulpturen an Schaft und Basis. Die Orgel stammt aus dem Jahre 1733, aus der Perspektive von unten über zwei sich gegenüberstehende Orgelgehäuse ein Empyreum rauschender Seligkeiten, phantastisch aus molluskenhaft bewegter Ornamentik zwischen allegorischen Figuren, Putten, Hermen, Atlanten, Genien, waagerecht vorgestreckten Trompeten in einen imaginären Himmel.

Der *Chor* weist viele Bezüge zu den Chornischen der Christuskirche in Setúbal auf, hat hier aber ein üppiges Sterngewölbe, zu dem sich aus acht Ecken die unten abgestumpften Strebepfeiler hochrecken, dort exakt abgehen, wo aus dem Basisquadrat durch Abstumpfen der Ecken das Achteck beginnt, der typische Architekturkniff der Manuelinik. Beachtenswert der mit Gesimsen, Galerien und Fialen üppig gestaltete *Altaraufsatz* aus Ança-Kalkstein zum Himmelfahrtsthema, Christus zwischen Engeln und Aposteln, heute leider sinnlos entstellt, zerschlagen – darauf im Ornamentrahmen eine Marienstatue aus dem 14. Jh., die Santa Maria de Braga, streng, straff vertikal, hoheitsvoll, und ein bißchen preziös – und als ergänzendes Gegenstück an der Außenwand des Chores (versäumen Sie es nicht später draußen anzuschauen!) die *Nossa Senhora do Leite*, ›Unsere Liebe Frau von der Milch‹, eine in entzückender Lieblichkeit und sanfter Anmut stillende Madonna in anschaulicher Zustandsschilderung (Abb. 109), zwingend die Einheit von Figur und Raum, der hier im Außenschwung des Chors unter Zinnengesims, Türmchen und Eierstabgefügen die Madonna beschattet. Es ist ein romanischer Raum mit leicht angespitzten Bögen, Zisterziensereinfluß, auf der linken Seite Würfelkapitelle, auf der rechten Blumen- und Figurenkapitelle.

Innen werden die *Grabmäler* von Interesse sein: in der ersten Kapelle im rechten Seitenschiff das Bronzegrabmal für den Infanten Afonso, in der Piedade-Kapelle hinter dem Kreuzgang das für den Erzbischof de Sousa, seine Liegefigur mit Mitra und Pallium (mit Kreuzen bestickter Schulterschmuck, der nur Päpsten und Erzbischöfen vorbehalten ist). Sousa war Erzbischof und Botschafter der Krone Portugals unter João II. und Manuel I. beim Vatikan. In der linken Chorkapelle das Grab von Pedro von Rates und Azulejobilder zu seinem Leben.

An die Kapelle stoßen nördlich zwei Kreuzgänge an: an der Nordostseite die *Geraldo-Kapelle*, wieder mit Azulejobildern, hier zum Leben des ersten Erzbischofs von Braga; anschließend in der mit Wappenfriesen würdig geschmückten *da Gloria-Kapelle* der Sarkophag für Erzbischof Gonçalves Pereira, den Großvater des Siegers von Aljubarrota. In der an das Kirchenschiff angebauten *Capela dos Reis*, die des Livramento, die Gräber der Eltern des ersten Königs von Portugal, Graf Heinrich und Gräfin Teresa, und das Grab für den 1397 verstorbenen Kapellenstifter, Erzbischof Lourenço Vicente Coutinho, Mitstreiter bei Aljubarrota und dabei verletzt, man sieht die Blessur im Gesicht der Grabfigur. Schöner gotischer Raum mit Figurenkapitellen und spätromanischen Karyatiden.

Der Kreuzgang ist Mittelmaß, wurde im 18. Jh. lieblos an die Stelle des gotischen gesetzt. Beachtlich dagegen sind *Kirchenschatz* und *Museum;* wenn auch gedrängt und unübersichtlich aufgestellt: Gewänder, Gefäße, Antipendien von vielen Altären, ein prachtvoller manuelinischer Kelch des Erzbischofs Diogo de Sousa von 1500, der Monstranz Gil Vicentes durchaus ebenbürtig, ein maurisches Elfenbeinkästchen und das Eisenkreuz, mit dem in der Hand Cabral 1500 zum ersten Male seinen Fuß auf Brasiliens Boden setzte. Zur ersten Meßfeier in der neuen Kathedrale von Brasilia hatte es der Patriarch von Lissabon dorthin ausgeliehen.

Nußbaum und Palisander, Ebenholz und die aus den Überseegebieten kommenden Hölzer wurden im Chorgestühl aus dem 15. Jh. verarbeitet, geschnitzt und dekoriert mit einem Übermaß von Ornamenten und ergeben damit aus ursprünglich massiven

361

Formen jetzt ein Gemisch mit gedrehten und skulptierten Stücken, die im Vorspringen der Zierate und Profile schon an fernöstliche Strukturen anklingen. Karyatiden als weibliche (!) Engel mit Blumengirlande, um die Scham zu verdecken, bilden an einem Chorgestühl eine Kuriosität.

Anschließend die *Misericórdia-Kirche* (2) im Stile der italienischen Renaissance und mit entsprechenden Portalen von 1562, in frühen Formen also und noch roh in den Einzelheiten, das kleinere aber recht malerisch mit einem polychromen Aufsatz und einer Krippendarstellung. Gegenüber im einstigen Bischofspalast die große *Bibliothek* (3), mit denen von Lissabon, Coimbra und Mafra die umfangreichste mit 120000 Büchern und mehr als 10000 Handschriften und dem Stadtarchiv.

Schräg gegenüber vom Misericórdiaplatz steht das *Rathaus* (in der Mitte des Platzes der *Pelikanbrunnen). Dort illustrieren hübsche Azulejobilder längs der Treppen besondere Ereignisse aus der Stadtgeschichte.

Braga wird oft als das Rom Portugals bezeichnet, ein gern gebrauchtes Sprichwort meint: »In Lissabon lebt, in Porto arbeitet und in Braga betet man«, und so findet man an jeder Straße fast irgendeines der mehr als dreißig Gotteshäuser der Stadt (s. a. Abb. 111). Selbst der offizielle Stadtplan verzichtet darauf, sie alle zu benennen und faßt sie pauschal unter ›Kirchen‹ zusammen. Meist sind ihre Fassaden am schönsten, viel Barock, aber auch strengere Renaissanceformen. Man spaziert an ihnen vorbei, wie an der das Auge immer beglückenden Granitarchitektur vieler kleiner oder größerer Privatbauten.

Dennoch, bewußt besuchen sollte man den *Palácio dos Coimbras* (4; Abb. 112), einen sehr edlen Bau mit mehreren Fenstern, die, jeweils andersartig manuelinisch ornamentiert, die glatte Granitfassade beleben; daneben die eigenartige *Casa Coimbra,* in einem turmartigen Bau zwei kleine Kapellen übereinander, 1525 manuelinisch errichtet mit Skulpturen unter spätgotischen Baldachinen und Ecken, Turmzinnen und innen einem feinen Renaissancetabernakel zum Thema ›Grablegung‹ aus der Schule von Coimbra.

Vielleicht treffen Sie beim Stadtbummel am Ende der Rua Gonçalves Pereira auf den schönen *Arco de Santiago* (5) oder auf den ebenso prächtigen *Arco da Porta Nova* aus dem 16. Jh. (6) am Ende der Rua Dom Diogo de Sousa. Gar nicht weit weg steht dort der *Palácio dos Biscainhos* (7) mit fünf Granitfiguren. Azulejos, geschnitzte maurisierende Holzdecken und viel gediegenes Mobiliar aus dem 17./18. Jh. gibt es in den Innenräumen zu sehen, erholsam ist ein Spaziergang in den zugehörigen Parkanlagen.

Gleich an der Avenida Central liegt das *Touristenbüro* (8) gegenüber der Torre de Menagem der einstigen Stadtbefestigung.

Von dort direkt in der Richtung der Avenida Central geht es über die Rua Nova de Santa Cruz auf einer ausgezeichneten Straße 5 km hinauf zum *Bom Jesús do Monte* (9; Abb. 118), nicht auszulassen in Braga und der Stadt schönster Aussichtsplatz. (Auffahrt auch mit einer Zahnradbahn möglich). An einem Portikus nahe beim Parkplatz beginnt eine Treppenanlage aus dem 18. Jh., die Via Sacra mit 14 Stationskapellen, dekoriert mit Urnen, Basen, Medaillons, Bassins und Brunnen und führt zur mittleren Terrasse

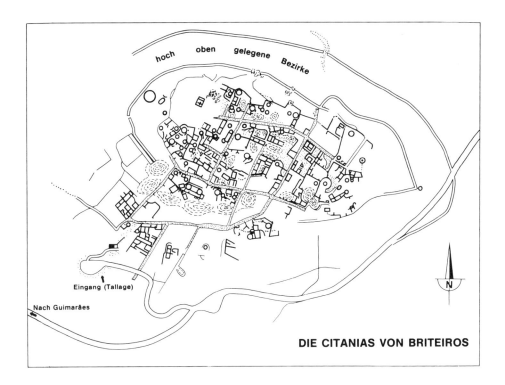

DIE CITANIAS VON BRITEIROS

mit der besten Aussicht über Braga. Nun steigt eine doppelläufige Barocktreppe mit Brunnen und Skulpturen auf, die an dem Escadório das três virtudes die drei göttlichen Tugenden, an dem Escadório do cinco sentidos die fünf Sinne und viel Allegorisches darstellen, führt hinauf zur obersten, jetzt 564 m hoch gelegenen Terrasse. Dort umstehen den übergroßen Kirchplatz acht kolossale biblische Steinskulpturen. Dahinter die klassizistisch-barocke kunsthistorisch wertlose Wallfahrtskirche, innen zu pompös, kühl, die aber viele Exvotos birgt.

Bom Jesús ist nicht nur Wallfahrtsplatz, sondern auch ein beliebter Ausflugs- und Sommererholungsort. Ein bequemer Waldspaziergang, 3 km, führt zum Sameiro-Hügel, 582 m hoch und von einem weithin sichtbaren Steinkreuz bestanden, dahinter eine andere Wallfahrtskirche.

Nur 3 km weiter die graziöse Barockkapelle Maria Magdalena in Falperra (1750), wieder strenge Granitpartien im distanzierten Spiel mit weißen Mauerflächen, Rocailleschwünge, die jubelnd tänzeln, ein überschäumendes Dekorationssystem.

Von hier aus sollte man der Ausschilderung folgen und 9 km weiter die beiden keltiberischen Siedlungen, die CITÂNIAS VON BRITEIROS (Abb. 105) und SABROSO besuchen. Wie alle anderen auch sind es Bergsiedlungen vermutlich aus der Zeit um 800 v. Chr., befestigte

## CITÂNIAS VON BRITEIROS UND SABROSO BIS SÃO FRUTUOSO

Hochsiedlungen der frühen Keltiberer, die man als unmittelbare Nachfahren der mittel- und frühmetallzeitlichen Bevölkerung ansehen darf, und die mit den Neolithikern im nordwestlichen Afrika, einer Hamitengruppe, in ethnischer Beziehung stand. Letzte noch heute existierende Reste dürften bei den Basken zu finden sein. Außer wenigen naturalistischen Tierplastiken und Ritzungen in Fels und Knochen, einigen Goldschmiederelikten und verzierten Gebrauchsgegenständen sind bisher spektakuläre Funde in Portugal nicht zu nennen. Aber in Spanien ist es z. B. die berühmte Frauenbüste von Elche, die man in die Hochblüte dieser keltiberischen Kultur um das 4./3. Jh. v. Chr. einordnen darf und die sehr deutliche Beziehungen zu den Karthagern aufweist, während andere Funde solche zum griechischen Kulturkreis zeigen.

Wir sehen innerhalb eines dreifachen Mauerringes gepflasterte Straßen und Gassen, Wasserleitungen und runde oder viereckige Einraumhäuser aus Quadern mit bereits zugehauenen und passend eingefügten Steinen, die auch ohne Mörtel den Mauerverbund statisch sicher machten (man hat bisher etwa 200 Häuserfundamente freigelegt, zwei Häuser sind restauriert). In den gepflasterten Straßen kann man manchmal noch die Wasserrinnen erkennen. 1874 wurden die Siedlungen entdeckt und erschlossen, alle wichtigen Funde sind im *Museu Martins Sarmento* (er war der Entdecker von Briteiros, Sabroso und anderen) in Guimarães ausgestellt.

Auch *Póvoa de Lanhosa* (Weiterfahrt über N 310) hat seine Citania. Interessanter und erhalten ist die romantische *Burganlage* ganz oben auf einem Felssporn. Hier liebten sich Graf Perez de Trava und Heinrichs Witwe Theresa, hierher zog sie sich 1121 vor der Königin Urraca von Kastilien zurück, verlor die Schlacht bei Tuy und wurde hier die Gefangene ihrer Schwester. Erst Bischof Gelmirez von Santiago erreichte ihre Freilassung. Und ein drittes Mal kam Theresa auf ihre Schicksalsburg nach der verlorenen Schlacht bei Mamede 1128, jetzt als Gefangene ihres Sohnes Afonso Henriques, mußte dann aber Portugal für immer verlassen und starb in Spanien am 1. November 1130 ›in Armut und Verlassenheit‹, eine der geschicktesten Politikerinnen am Anfang der Geschichte Portugals, die stets das Beste aus den zu ihrer Zeit reichlich verwickelten Verhältnissen zu machen versucht hatte, um dem kleinen Comitatus Portucalensis zur Unabhängigkeit von Kastilien und León zu verhelfen, woran sie selbst scheiterte und was ihrem Sohn dann glänzend gelang.

Die Rua Boavista führt aus Braga direkt (4 km) zum Kirchlein SÃO FRUTUOSO (Abb. 108), zu einem westgotischen Oratorium, das um 660 unter König Leovigild von Bischof Frutuoso aus Braga erbaut worden ist, vorromanisch byzantinisch über einem Grundriß nach dem griechischen Kreuz, einst acht Säulen um die Vierung, feine Arkaden, Kreuzkuppel, einfache Zierbänder als Schmuck und eine auffallend sauber behauene Quadertechnik im Mauerwerk. An der Rückseite der Kapelle steht der Sarkophag des Hl. Frutuosos. Seine Gebeine ruhen jetzt in der westlich anschließenden Barockkirche des ehemaligen Franziskanerklosters. Die Kirche würde alleinstehend sehr dem Mausoleum der Galla Placidia in Ravenna ähneln. Vermutlich hat man sie im 11. Jh. restauriert, um die Verwüstungen der Mauren zu beheben. (Anfahrt über Stadtstraßen oder die Schnellstraße zum Bahnhof –

*Nationalpark Peneda-Gerês*

## NATIONALPARK PENEDA-GERÊS BIS ARCOS DE VALDEVEZ

Estación –, dort in der Rua Nova da Estacão abwärts Richtung Ponte da Lima bis zum Vorort Jerónimo Real. Hinweisschild rechtsab »Sao Frutuoso«. Etwa 2 km ab Bahnhof.)

Nur 3 km weiter das *Kloster Tibães,* einst das Mutterhaus der portugiesischen Benediktinerinnen, schön über einem Tal gelegen, ursprünglich eine romanische Anlage, im 17./18. Jh. leider stark verändert zu einem hier nicht erwarteten jubelnden Alpenbarock. Innen reiche Holzarbeiten, vier Kreuzgänge, einer mit Azulejos zur Lebensgeschichte des Hl. Benedikt.

Die Straße N 101 strebt nach Norden, kreuzt auf dem Ponte de Bico das Tal am Zusammenfluß von Cavado und Homen, durchfährt Vila Verde und steigt über den Pico de Regalados zum höchsten Straßenpunkt bei Portela do Vade auf. Hier sollte man anhalten, um nach allen Seiten hin das grüne fruchtbare Minho-Panorama zu genießen.

PONTE DA BARCA am Rio Lima. Eine Brücke aus dem Jahre 1543 überspannt ihn mit zehn Bögen sehr malerisch. Der Pfarrkirche spendete König Manuel ein silbernes Prozessionskreuz. Am Fluß steht ein Pranger aus dem 16. Jh. Wer hier sein Standquartier aufschlägt, kann viele interessante und erlebnisreiche Ausflüge machen. Wir nennen in Stichworten: zu den Burgen *Sampriz* und *Nóbrega;* nach *Nogueira* (6 km), romanische Kirche, verschiedene Paços und Solares mit schönen architektonischen Details, und Wasserfall von Fervença; nach *Cidadelha* (20 km), ganz typisches nordportugiesisches Grenzdorf am steilen Berghang, Häuser mit Außentreppen, viel Ähnlichkeit mit Monsanto (s. S. 219).

Für Wanderer und Naturliebhaber bietet sich ein mehrtägiger Ausflug im NATIONALPARK PENEDA-GERÊS an, der sich entlang der portugiesisch-spanischen Grenze über die Gebirgszüge Peneda, Soajo, Amarela und Gerês erstreckt. Das ca. 70000 ha große Areal bietet zum Teil noch unberührte Wälder und Gebirgslandschaften, malerische Bergdörfer, Flüsse und Stauseen sowie eine artenreiche Flora und Fauna; u. a. lassen sich hier noch Wölfe, Wildkatzen und Wildpferde der lusogalizischen Rasse sowie Königsadler beobachten. Dolmen in Mezio, Pitões und Tourém belegen eine Besiedlung seit etwa 3000 v. Chr. Aus keltiberischer Zeit sind Castros bis Pitões, Tourém und Citadelha entdeckt worden. In den ersten nachchristlichen Jahrhunderten bauten die Römer mehrere Straßen durch das Gebiet.

Der Park hat sieben Zufahrten und zwei Grenzübergänge nach Spanien (Lindoso und Portela do Homem; nur saisonweise geöffnet). Für mehrtägige Aufenthalte stehen Hotels und Pensionen in Gerês zur Verfügung. Jugendherbergen gibt es in Lindoso und bei Vilarinho das Furnas. Außerdem besteht die Möglichkeit im Nationalpark selbst in ehemaligen Forsthäusern zu wohnen, die die Parkverwaltung in Braga wochenweise vermietet (s. Plan S. 365). 8 km südlich der *Zufahrt Lamas de Mouro* liegt das malerische Bergdorf Castro Laboreiro mit der gleichnamigen Burgruine römischen Ursprungs, von König Diniz ausgebaut. In Südrichtung kann man die Wallfahrtskirche Santuário da Peneda besuchen und dann einer teils ungepflasterten Straße mit herrlichen Aussichten bis zum Bergdorf Soajo folgen (steinerner Pranger aus dem 10. Jh.). Die *Zufahrt Mezio* führt in Ostrichtung über Soajo nach

Lindoso (Bergdorf mit von König Diniz erbauter Burg) bis über die spanische Grenze. Über die *Zufahrt São João de Campo* erreicht man die berühmte Römerstraße entlang des Südostufers des Vilarinho-Stausees, die bis zur Paßhöhe Portela do Homem geht. Die *Zufahrt Senhor da Saúde* am Stausee Caniçada führt zum Thermalkurort Gerês. Von dort aus bieten sich Wanderungen in die Serra do Gerês an. Von der im Osten des Parks gelegenen *Zufahrt Covelães* aus erreicht man die Ausgrabungsstätten Tourém und Pitões (hier auch Ruinen eines Klosters aus dem 9. Jh. mit romanischer Kapelle).

Als zweite Empfehlung nennen wir einen Abstecher nach BRAVÃES, 4 km auf der N 203

Am Ortsende steht die kleine *romanische Kapelle*, ein Hausteinbau, einfach wie eine Scheune, aber mit zwei bemerkenswerten Portalen. Vierfach gegliedert ist das Fassadenportal im Westen (s. a. Abb. 126), im Tympanon derbkantig zwei mittelalterlich gekleidete Minhobauern, dazwischen die Majestas Domini in der Mandorla, in die Türöffnung ragen zwei mächtige Widderköpfe, und im Gewände sehen zwei große Figuren mit überlang skulptierten Körpern, wie man sie viel später erst an gotischen Portalen Frankreichs, Chartres zum Beispiel, meisterlich meißelte, während hier die plastische Aussage in antiker Statuarik eher primitiv geblieben ist. In den Gewänden sind die Vögel von besonderem Interesse, die sich ihr Gefieder putzen. Jede der acht Gewändesäulen ist anders bearbeitet, steigert das Dekorative mit Schachbrettmustern und ornamentalem Steingeflecht, einige skulptiert mit Tieren oder Menschen, die sich verzückt oder angstvoll an die Säulen klammern.

Am südlichen Agnus Dei-Portal (Abb. 125) begeistert der mit ornamentaler Geometrie gestaltete, leicht spitz zulaufende mehrfache Schmuckbogen mit verdichtet eingeritztem Lineament. Im Innenraum rahmen Säulchen mit Blumengeflechten die vier Fenster, das runde ist achtspeichig, und die kurvig schwingende Linie des Arco triunfal belebt ein doppelt über die Kanten gezogener Tierfries.

Von den Fresken aus dem 14. Jh. ist kaum Sehenswertes in situ erhalten, die besten Stücke, u. a. eine eindrucksvolle ›Grablegung‹, wurden abgetragen und sind bis heute im Erdgeschoß des Museums Soares dos Reis in Porto zu sehen.

Die Straße führt weiter nach Ponte de Lima und zur Küste bei Viana do Castelo. Sehenswert ist in PONTE DE LIMA die *Flußbrücke* mit 16 spitzen und 15 runden Bögen, 1360 auf römischen Fundamenten errichtet, schöne *Patrizierhäuser* in der Altstadt und das *Schloß* von 1464 mit Ecktürmen und Zinnen. Die Klosterkirche *Santo António dos Frades* hat ein schönes manuelinisches Portal, die *Matriz* ein spätromanisches. An der Straße N 202 nach Viana do Castelo liegt der *Herrensitz Solar de Bertiados* aus dem 14.–18. Jh.

Wir müssen wieder zurück nach Ponte de Barca, kreuzen den Rio Lima und streben nach ARCOS DE VALDEVEZ am Rio Vez, ein alter Sperriegel am Wege ins Herz Portugals und daher früh befestigt (Paço de Biela, 12. Jh.). Hier rekrutierte Afonso Henriques seinen Heerbann,

## MONÇÃO BIS MELGAÇO/TRAVANCA

vor der Kirche *Spirito Santo* erinnert eine monolithische Säule daran, eine andere, ein gedrehter und mit Wappen geschmückter spätmanuelinischer *Pelourinho*, steht auf dem Rathausplatz, ein Meisterwerk von João Lopes-o-Moço aus dem Jahre 1587. Panoramablick vom Monte de São Bento, Aufstieg zu Fuß etwa 25 Minuten.

Durch eine üppige Gartenlandschaft, die ganz typisch ist für das Minho, strebt die Straße weiter nach Norden. Immer wieder stehen auf granitenen Säulen oder Steinsetzungen die eigenartig schmalen *Maisschuppen* (Abb. 123), und hohe dünne Granitpfeiler tragen, untereinander mit Draht verbunden, das Haltegerüst für die Weinreben, die lange grüne Laubengänge aus Weinlaub bilden, Ravadas, wie die Portugiesen sagen. Linkerhand ein Blick auf die von Turmbauten rechts und links flankierte Fassade des *Palácio da Brejoeira* hinter schönen Gartenanlagen (Anfang 19. Jh.).

Dann bald MONÇÃO am Grenzfluß Minho. Verträumt und verschlafen scheint der Ort wie der Fluß, der beinahe träge und flach über Sandbänke und an verwachsenen Ufern dahinfließt. Die alte bequeme Furt zwang zur Befestigung der Stadt – heute sind die Wälle in Promenaden umgewandelt und auf Grund der 48 Grad warmen Thermen versucht man sogar als Thermalbad bekannt zu werden. Zu besichtigen sind Reste eines Kastells aus dem 13. Jh. sowie hübsche balkengeschmückte Häuser.

Allein die Kirche *Santa Maria dos Anjos* ist bemerkenswert, einst romanisch, später umgebaut, manuelinisch ihr Hauptportal und ebensolche Schlußsteine im weiten Gewölbe; Kontrast dazu eine farbige Madonna unter einem gotischen Baldachin. Auf die noch durchscheinende Romanik am Portal ist ein fein ornamentierter manuelinischer Spitzbogen appliziert.

Zu Christi Himmelfahrt ist Monção das Ziel zahlreicher Besucher, die das Straßen-schauspiel miterleben möchten, an dem sich die Mehrzahl der Stadtbewohner aktiv beteiligt, wenn St. Georg gegen den Drachen kämpft.

Das Denkmal am Hauptplatz erinnert an eine Deu-la-Deu Martins, die sich im 14. Jh. in einer Truhe über den Fluß treiben ließ, um gegen die Kastilier mitkämpfen zu können; sie wird bis heute als Monçãos Lokalheldin verehrt.

Im Minho-Tal nun nach Osten, bei *Ceivaes* auf einer alten Römerbrücke über den Rio Oura (Abzweigung nach Riba de Mouro zu einer anderen einbogigen Römerbrücke) und weiter zum Thermalbad MELGAÇO (Kastellruine, romanisch-gotische Grabkirche, beide 12. Jh.), eine Fahrt durch die abgelegenste Weinbauernlandschaft im oberen Minho, aus der der berühmte Vinho Verde mit seinen besten Sorten kommt. 3 km südwestlich liegt *Paterne*, die romanische Kirche des ehemaligen Klosters São Salvador mit schönem Portal und Grabmälern aus dem 13. Jh. Die Badeanlagen (Magen, Darm, Leber, Gicht, Zucker) liegen bei *Peso*.

Wer einen halben Tag zur Verfügung hat, sollte nach *Castro Laboreiro* fahren, 26 km ein Weg, zu einem malerischen Bergdorf am Fuße eines Kastells in bereits 1033 m Höhe.

Von Melgaço sind es nur noch 9 km zur Grenzstation São Gregorio.

## Trás-os-Montes

*Mit dem Minho bildet diese Provinz Portugals äußersten Norden. Es ist ein rauhes, herbes Gebirgsland aus granitenen Erosionsmassen, die ungefüge an- und gegeneinanderstoßen, so daß den Tälern kaum Platz zu bleiben scheint. Geologisch stellt die Landschaft einen Teil der spanischen Meseta dar. Dieses ausgesprochene Gebirgsland steigt in der Serra de Nogueira im Nordosten bis 1319 m, in der Serra de Mogadouro im Südosten bis 1500 m an. Auf den Hochplateaus mit karger Heidevegetation werden Schafe und Ziegen gehalten. Ganz im östlichen Winkel tritt der Douro aus Spanien ins Land, zwängt sich mühsam durch eine gigantische Granitbarriere (Abb. 94), und dort beginnt die Douro-Landschaft, die Portwein-gegend mit den Reben, die Heinrich von Burgund aus seiner Heimat mitbrachte und dort pflanzte, wo in besonnten Tälern genügend Feuchte zurückgehalten wird, um auch Mandeln und Feigen gedeihen zu lassen. Nur hier ist das Land dichter besiedelt – und im Gegensatz zum Minho und Douro Litoral bleibt es zu trocken und heiß im Sommer, während die Winter lang, streng und meist sehr kalt sind. Kahle und nur von Gestrüpp und Zwergkiefern bewach-sene Höhen oben (Farbt. 33), in tief eingekerbten Tälern, durch die schnellfließende, eiskalte Wasser schäumen, kleine, wenig fruchtbare Äcker, weit auseinanderliegend die kleinen Ort-schaften. Romanische Kirchen, noch mittelalterlich anmutende granitene Wohnhäuser, Schandpfähle und meist zerfallene Burgen gibt es viele, steile, beinahe alpin anmutende Gebirgsmassive schließen das Bergland von den feuchten Atlantikwinden ab; die Menschen sind verschlossen dort. Eine unvergleichlich schöne, rauhe Landschaft. Dank der Abgeschie-denheit hat sich hier viel altes Brauchtum erhalten, berühmt sind die von Trachtenumzügen begleiteten Romaries.*

## 16   Rundfahrt im Trás-os-Montes und zur spanischen Grenze

Braga – Guimarães – Vila Cova da Lixa – Travanca – Amarante – Vila Real – Mateus – Murça – Chaves – Bragança – (etwa 309 km) → nach Spanien (Alcañices; 52 km)

Von Braga nach Guimarães (S. 354), dann 7,5 km weiter auf der N 101 über Vila Cova da Lixa zur Straßengabelung, der Einmündung in die von Porto kommende N 15, der wir jetzt folgen. Nun aufpassen: gut 6 km weiter links ein Wegweiser nach Travanca. Man muß etwa 500 m hinter dem Wegweiser vor einer grauen Steinmauer dem Weg linksab ins Tal folgen.

TRAVANCA liegt tief unten im Tal und so versteckt, daß auch umherstreifende Mauren es nur durch Zufall entdecken konnten. Dennoch war man auf der Hut, Kloster, Kirche und Turm sind ganz auf Schutz und Abwehr eingestellt. Dom Garcia Moniz hat die Anlage zu Beginn der Reconquista (1085) an diesem Platz für die Benediktiner gegründet.

369

Streng romanisch die kleine *Salvador-Kirche*, ein Basilikatyp, die man durch ein vierfach gegliedertes Portal betritt. Die reiche romanische Plastik ist das Besondere, alle acht Säulenbasen sind ornamentiert, alle Kapitelle skulpiert (teilweise erodiert), von den Bogenläufen schauen Fuchsköpfe, mehrfach ist die Meerjungfrau dargestellt, die mit beiden Händen ihre zwei Fischschwänze hält oder mit einer einen Fisch hochhebt, die römische Sirene mit dem Doppelschwanz. Man fragt sich, wer wohl wann und wo den Steinmetzen zu diesem Thema angeregt haben mag? Auch am Turmportal ist alles sehr archaisch, im Tympanon das Gotteslamm und das Christusritterkreuz (Abb. 115). Der quadratische Glocken-Wehrturm, die torre de vigío, steht frei, seine Plattform bildet mit Zinnen einen Verteidigungserker, beide, Turm wie die halbrunden Seitenapsiden umschlingt ornamental ein Band in einer Art Würfel- und Diamantfriesmuster. Hier schauen von den Bogenläufen die Fuchsköpfe. An dem kleineren Nordportal sind wieder Meerjungfrauen zu sehen.

Innen ist die Kirche dreischiffig ohne Querhaus mit eckiger Hauptapsis und halbrunden Seitenapsiden. Sie wurde, wie es die spitzen Schwibbögen ausweisen, wohl im 12. Jh. umgebaut und hat Kreuzpfeiler, bereits gotisierende Seitenfenster und eine Rosette, im Arco triunfal Blütenmuster.

Der heute verwahrloste *Kreuzgang* stammt aus dem 16. Jh. (Die Anlage wird heute als psychiatrische Klinik genutzt).

AMARANTE liegt sehr anziehend im Tal des Rio Tâmega, der bei Entre os Rios in den Douro mündet. Die Gründung der Stadt wird dem später heiliggesprochenen Dominikanerabt Gonçalo zugeschrieben. Von der neuen Flußbrücke aus hat man das beste Stadtpanorama, beginnt einen Stadtspaziergang aber an der alten São Gonçalo-Brücke und ihren zweipaarigen Obelisken mit Medaillons gegenüber vom *Gonçalo-Kloster* (Abb. 116).

Gleich wenn man über die Brücke zur rechten Flußseite kommt, wird man von der verblockten, so romanisch anmutenden *Nossa Senhora da Ponte* mit dem toten Sohn in den Armen bewegt. Es ist ein Vesperbild – ital. Pietà – von ergreifender Schlichtheit, von denen der Mystiker Heinrich Seuse im 14. Jh. schrieb: »Ich nahm mein zartes Kind auf meinen Schoß und sah es an – da war es tot... sieh, da erstarb mein Herze.« Sie steht dort, wo die Chorapsis der *Kirche* (Abb. 117) bis zur Uferstraße hin vorkragt. Anmutig läuft unter dem Dach die sogenannte *Königs-Loggia* hin, Statuen der vier Herrscher João III., Sebastião, Kardinal-König Henriques und Philipp II., Bauherren und Stifter des Klosters und der Kirche.

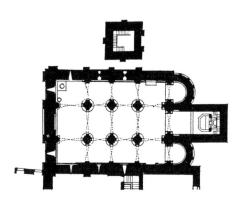

*Travanca: Grundriß der Salvador-Kirche*

Am Haupteingang wird das Renaissanceportal von dem portugiesischen Wappen bekrönt. Girlanden, Voluten und Obelisken schließen den Kirchturm krönend ab, die Kuppel mit Tambour wird von Ziegeln gedeckt und endet mit Steinvoluten und Spitzen wie eine Krone.

Der Innenraum stimmt in Grundriß, Gewölbe und Kuppel voll mit dem von Santo Domingos zu Coimbra überein, muß also im 16. Jh. entstanden, das Schiff mit den Kapellen aber im 18. Jh. noch einmal umgebaut worden sein. Viel goldenes Holzschnitzwerk überdeckt Architekturen, bemerkenswert ist die Orgel aus dem 17. Jh., links unterhalb vom Hochaltar die Grabkapelle des Heiligen Gonçalo, Azulejobilder aus seinem Leben, in der Sakristei, wo auch ein ergreifendes Gemälde vom Spanier Morales hängt, ein ›Ecce Homo‹.

Frührenaissance wie die Sakristei (1597) ist der zweistöckige *Kreuzgang,* Rundbogen über ionischen Pfeilern unten, doppelt so viele ionische Säulen unten mit Gewölben voller Hängezapfen, Kapellennischen an den Ecken und Friese mit Engelsköpfen an einem Weihwasserbecken.

Im zweiten Kreuzgang ist ein Museum der modernen Amaranter Künstlerschule eingerichtet, *Museu Municipal de Albano Sardoeira,* es gibt einen beinahe umfassenden Überblick zur Bildhauerei und Malkunst etwa ab 1900, mit der ein neuer portugiesischer Stil einsetzte, sehr abstrakt, kubistisch und in satten Komplimentärfarben konturlos flächig, beinahe ein Pendant zum Malhoa-Museum in Caldas da Rainha, hier mit Künstlern wie Amadeo de Sousa Cardosa, António Candido, Carbeiro, Lino, Cerqueira, Sousa de Machado, Pinho Ribeiro und vielen anderen.

Und wenn Sie Anfang Juli in Amarante sind, dann erleben Sie das Fest des Stadtpatrons Gonçalo, dem zu Ehren, weil er Schutzherr der guten Eheleute ist, man sich gegenseitig mit Backwerk in Phallusform beschenkt – vermutlich Relikt eines vorzeitlichen Phalluskultes.

Oberhalb des Städtchens steht eine *São Pedro-Rundkirche* aus dem 17. Jh. mit viel Talha und Azulejos und so gelegen, daß man von oben in Amarantes Gassen schauen kann.

In Rebordela, 10 km südöstlich von Amarante, finden sich in einem ausgedehnten Kastanienwald zahlreiche prähistorische Dolmen und Felszeichnungen.

*Freixo de Baixo* in einem tiefversteckten Waldtal ganz in der Nähe (7 km) kann man auslassen, wenn man Travanca besucht hat, die romanische Kirche *São Salvador* mit angebautem Quadratturm ähnelt der dortigen sehr und hat kaum nennenswerte Skulpturen. 1210 wurde sie von Dona Godinha gestiftet.

Dann steigt die Straße durch dichten Mischwald hoch in die *Serra do Marão,* erreicht am Portela do Espinho mit 1019 m die höchste Stelle und passiert knapp 2 km unterhalb die Pousada São Gonçalo. Zum Panoramablick von der Hotelterrasse aus passen ein guter Kaffee oder Bergforellen und Wein der Gegend, der nur ein Vinho Verde sein kann. (Heute ist der Panoramablick durch große Waldbrände sehr stark beeinträchtigt.)

## VILA REAL BIS MURÇA

### Vila Real

An den Flüssen Corgo und Cabril liegt die Hauptstadt der Provinz Trás-os-Montes, eine Gründung von König Diniz. Allenthalben im Stadtgebiet an vornehmen Häusern oder alten Adelspalästen werden Dekors und Bauelemente ihrer Zeit sichtbar, wenn auch oft verbaut oder nach Restaurierungen unglücklich plaziert, gotische Fenster, steinerne Wappen und Zeichen, Renaissancetüren und Fensterumrandungen, Balkone und Balustraden. Ein ganz prächtiges manuelinisches Fenster mit Steintauband als Rahmung gibt es am Hause des Touristenbüros (Abb. 113), ähnlich in der Nähe am gotischen *Geburtshaus von Diogo Cão,* der 1482 die Kongomündung fand, an der rechten Seite des Hauptplatzes, in der Avenida de Carvalho Araújo Nr. 11. Sehenswert im Ort: Die *Kathedrale,* früher eine Klosterkirche, stammt aus dem 15. Jh., ist zwar gotisch, aber durchsetzt mit mächtigen romanischen Pfeilern und Würfelkapitellen, die oft lebendig skulptiert sind, Menschenköpfe, Weinblätter, Trauben und ein Jäger, der hinter einem Baume den Angriff eines wilden Ebers abzuwehren trachtet. Desgleichen von Interesse: *São Pedro* (16. Jh.) mit polychromen Azulejos aus dem 17. Jh. und einer vergoldeten Kassettendecke im Chor; die Nasoni zugeschriebene *Capela Nova.* Dort und in den Straßen bis zu den Kirchen São Paulo und dos Clerigos findet Ende Juli die Feira de São Pedro, der größte Markt der Umgebung, statt. Souvenir von Vila Real sind seine Schweinchen, große, kleine, Singles oder Großfamilien und alle in mattglänzendem Graphitton, der entsteht, weil man beim Brennen das Feuer im Ofen erstickt (die ›schwarze Keramik von Bisalhães‹). – Auf der Av. Carvalho Aranjo über die Praça Castelo Branco (Gulbenkian Bibliothek) gelangt man zum Largo dos Freitas (Parkplatz) vor dem Stadtfriedhof auf einer gigantischen Klippe über dem Rio Corgo. Dort steht Nossa Senhora de Guadelupe, eine ganz kleine romanische Kapelle, innen drei mittelalterliche Gräber. An eine Giebelseite der Kapelle wurde in neuerer Zeit leider die Friedhofskirche angebaut. – Dringend empfehlen wir einen Zehnminuten-Spaziergang auf dem gesicherten Aussichtsweg außen um den Friedhof hoch über dem Corgo-Tal.

In der Umgebung, 5 km südöstlich, liegt *Panoias,* vormals eine römische Siedlung mit Ruinen eines Serapis-Tempels und griechischen und lateinischen Inschriften, ein Heiligtum des altägyptischen Stiergottes in seiner ptolemäisch-römischen Ausformung, weniger als Jenseitsgottheit, mehr als Gott der Fruchtbarkeit, dem Lebendiges geopfert wurde. Steinerne Blutrinnen sind deutlich zu erkennen.

Ausfahrt aus Vila Real in Richtung Murça. Gleich nach dem Einschwenken in die N 15 rechterhand Stichstraße nach Mateus.

### Mateus

Es ist der Stammsitz der Grafen von Mangualde, Zentrum des bekanntesten aller portugiesischen Tischweine, des ›Mateus Rosé‹ in den grünen Bocksbeutelflaschen. *Solar de Mateus* (Farbt. 32) ist Herrensitz, Palais und Museum in einem, inmitten gepflegter Parkanlagen und hinter einem großen, flachen Wasserbassin eine U-förmig gebaute Schloßanlage, zwei vorspringende Flügel um einen Hof, aus dem eine gegenläufige Barocktreppe in die Repräsentationsräume aufsteigt. Gediegene geschwungene Rokokogiebel mit Heroen,

Fialenspitzen auf kugeligen Türmchen über den Ecken, weißgekalkte Mauern zwischen granitenen Pilastern, Fenster- und Türumrahmungen, Renaissancegiebel, Balustraden und Balkone, von außen eine graziöse Vornehmheit, die bezaubert, und innen in Gängen, Salons, Sälen und Zimmern die Wirklichkeit des 18. Jh. aus edlen Hölzern und geschmiedetem Eisen, aus Textil und Leder, meisterlich jedes Stück gearbeitet für fürstlich erlesenen Geschmack; sehr schön geschnitzte Decken aus Kastanienholz, spanische Safes mit Elfenbeinintarsien, Möbel und Teppiche, Gläser, Fayencen, Gitter, Lampen und eine umfangreiche Bibliothek mit kostbaren Einzelstücken, u. a. originale Kupferplatten für die Drucke der ›Lusiaden‹; eine private Sammlung musealer Stücke von Rang und Wert, nirgendwo Protzen, stets unaufdringlich, edel, selbstbewußt, vielleicht Portugals erlesenster Wohnsitz, eine Einmaligkeit, die man genießen sollte wie den Rosé, der um dieses Kleinod gedeiht.

MURÇA am Fuße des Monte São Domingos in der kargen Serra de Vilarelho hat den rechten Boden für Olivenhaine, Mandelplantagen und flächige Weinfelder.

Am Marktplatz steht ein mit fünf kegelig gedrehten Gebilden besetzter manuelinischer *Pelourinho* (Abb. 120), *Igreja Matriz*, typischer Granitbau mit schlichter klassizistischer Fassade, und hundert Meter weiter die ›*Porca*‹, Murças berühmtes Schwein (Abb. 119), einst ganz grob aus dem Granit geschlagen, im Verlaufe der Zeiten geglättet, in der Kontur kaum noch erkennbar, aber mit Spuren einst vielfarbiger Bemalung, ganz sicher keltiberisch, eine der vielen iberischen Wildsauplastiken, die es in dieser Gegend, wenn auch verstümmelt, noch gibt. In Spanien sind von Säuen oder auch Kälbern bis heute gut ein halbes Tausend solcher Darstellungen mit beinahe unbestimmten Formen bekannt. Glaubt man der Sage, dann stammt das Untier von Murça erst aus dem 7. Jh. Damals sollen Bären und Wildschweine zuhauf die Gegend bevölkert haben, bis der Stadtgraf ein kräftiges Leittier, das seinen Bauern besondere Angst und Schrecken eingejagte hatte, endlich mit dem Speer erlegte, eben das Schwein, dessen Abbild zur Erinnerung daran nun auf dem Sockel steht.

Ein Juwel ist an der Hauptstraße die Fassade der *Misericórdia-Kirche* aus dem 17. Jh., blühende Renaissance, die vier Portalsäulen heiter ornamentiert mit Weinreben, Blättern und Trauben, sogar noch Manuelini-

*Chaves: Inschriftensäule auf dem Ponte Romano zu Ehren des Kaisers Flavius Vespasianus*

373

## MIRANDA DO DOURO BIS OUTEIRO SECO

sches zu Seiten der Gottesmutter im Giebelfeld, spiralig gewundene Säulen und darüber ein Giebelkreuz aus gedrehten Steintaubändern. Das gesamte Giebelfeld wird von einer fortlaufenden Weinranke als oberer Abschluß umschlungen.

Wer Freude an kleinen, unscheinbaren Seltenheiten hat, der kann im großen Bogen von Murça aus weiterfahren nach Bragança. Sehenswertes am Wege: *Mirandela* (siebenbogige Flußbrücke, *Tavora-Palast); Mogadouro* (Francisco-Kirche mit schlichter Renaissancefassade, 1689); *Azinhoso* (romanische Kirche); MIRANDA DO DOURO: Durch die isolierte Lage haben sich hier besondere Trachten und Bräuche wie Brautraub, Leichenmähler und der Stocktanz (Mitte August) sowie ein eigener Dialekt, das ›Mirandês‹, erhalten, das vom landläufigen Portugiesisch stark abweicht. Bereits Iberer hatten sich hier angesiedelt. Bei den Arabern hieß die Stadt Mir-Andul. Bis ins 18. Jh. war die Stadt von einer Mauer umgeben und bildete zusammen mit einem Kastell eine wichtige Grenzfestung gegenüber Spanien. (Granitlandschaft mit bucklig rundgeschliffenen Steinblöcken, Dourotalsperre, Stadtmauer). Aus Granit besteht auch die *Kathedrale* (Abb. 121) die im 16. Jh. erbaut wurde. Im Inneren der Hochaltar (Mariengeschichte) und der Menino Jesús da Cartolinha (Knabe Jesus vom Zylinderhütchen). Hinter der Kathedrale die Arkaden des im 18. Jh. ausgebrannten *erzbischöflichen Palais* (Abb. 122). Aus mittelalterlicher Zeit ist noch die *Ruine des Kastells* (12. Jh.) erhalten, das im 18. Jh. bei einer Invasion der Spanier in die Luft gesprengt wurde. In der Nähe das doppeltürmige *Stadttor Porta do Amparo* und entlang der Rua da Costanilha ein Teil der alten *Stadtmauer*. Marktplatz mit Arkaden. Pousada direkt an der Dourouschlucht. Weiter auf dem Weg nach Bragança: *Povoa* (romanisches Gotteshaus mit Resten alter Fresken); *Outeiro* (Pelourinho mit Weltkugel und Kreuz), eigenartiger Schaft; *Bragança* s. S. 376.

Landschaftlich überaus reizvoll und abwechselnd zwischen dürftigem Hochland und weiten Fruchtebenen, über herbe Bergketten und durch schmale Täler führt die Straße durch *Vila Pouca de Aguiar* zur Serra da Padrela, an deren Fuße die beiden Heilbäder *Pedras Salgadas,* 600 m hoch (Magen- und Hautleiden), und *Vidago,* 300 m hoch (Magen-, Leber- und Stoffwechselkrankheiten), liegen. Dann wird die Landschaft allgemein ausgeglichener, lieblicher, je näher man dem Tale des Rio Tâmega kommt.

Hier liegt CHAVES (Abb. 114) im fruchtbaren Kulturland der Veiga, das der Rio Tâmega genügend bewässert. Das und die Thermalquellen bewog schon die Keltiberer, dann die Römer, hier zu siedeln, und als Oppidum Aquae Flaviae (gemeint ist Flavius Vespasianus) wurde der wichtige Flußübergang an den Legionsstraßen nach Bracara Augusta (Braga) und über Astorga nach Rom befestigt und ausgebaut, ein quadratisches Castrum zuerst bei den Thermen in der Nähe des Ponte Romano, den ein römischer Brückenbauingenieur Trojanus ohne Mörtel mit einst 16 Bögen errichtete. Erhalten sind noch *römische Meilensteine* auf der Brücke.

Oberhalb der Thermen auf dem Hügel erbaute später König Diniz seine Burg um den zentralen, überaus wuchtigen Torre de Menagem und umwallte die Stadt; die Mauer wurde im letzten Jahrhundert geschleift. Zeitweise residierte dort im 15. Jh. der erste Herzog von Bragança Afonso, der Sohn von König João I., dem wir den Herzogspalast in Guimarães verdanken. Nicht dort, sondern in Chaves verstarb er 1461, in Vila Viçosa liegt er begraben. Nur die *Pfarrkirche* an der Praça de República ist in Teilen noch romanisch erhalten, vor allem Turm und Portal; alle anderen Kirchen sind im einfachen Barockstil erbaut oder dazu ›restauriert‹ und in der Regel innen mit Talha überschwenglich vergoldet oder mit Azulejos verfremdend ausgelegt, wie die *Misericórdia,* die achteckige *São João de Deus* oder gegenüber die Kapelle *da Santa Cabeça.* Vor dem Rathaus steht das *Denkmal des Don Afonso* (1371–1464; Abb. 114). Im *Museum Municipal* (eingerichtet im ehemaligen Palast der Fürsten von Braganca) sind römische Meilensteine, Grabmäler, portugiesische Wappen, Waffen und Münzen sowie landwirtschaftliche Geräte zu sehen. Einige Fresken von Outeiro Seco sind hier untergebracht.

Sehenswürdigkeiten von Rang liegen außerhalb, so in nördlicher Richtung (5 km) in OUTEIRO SECO die romanische Kapelle *Nossa Senhora da Azinheira* (Abb. 124).

Rotbraune Granitquader, langgestreckt und mit flachem Giebel, darauf ein gedrücktes Krukenkreuz, am Hauptportal Säulenpaare beiderseits, auf den Kapitellen Hunde, die kämpfen oder spielen, und Menschen in unterschiedlichen Stellungen, von denen einer sein entblößtes Hinterteil zur Schau stellt, wie man es aus Caminha und anderswo kennt, an den Kragsteinen längsseits wiederholt es sich, folgerichtig nach Spanien gerichtet, betrachtet man die Zwistigkeiten zwischen Kastilien und Portugal. Fast alles Kragende trägt Skulptur; Fuchs-, Stier- oder Widderköpfe wechseln mit derb listigen, breitflächigen Bauerngesichtern aus den Bergen. Die Kapelle ist einschiffig mit eckigem Chor und Rundbogenfenster mit Seitensäulen.

Mehr noch aber haben die *Fresken* Outeiro Seco berühmt gemacht, in pastell-blassen Farben Illustrationen zu Bibelszenen, großzügig in der Komposition, doch bildhaft aussagekräftig, ein wenig naiv in der Ausdrucksfähigkeit, vorzügliche Arbeiten und für ihre Zeit mit die besten Stücke romanischer Freskenmalerei in Portugal. Die hervorragendsten Teile, eine ›Auferstehung‹ und ›Gottvater im Kreise von musizierenden Engeln‹ wurden abgelöst und restauriert und sind im Museum Soares dos Reis in Porto ausgestellt.

Umgebung:

*São Lourenço* (3 km), am Fuße der Brunheiro-Berge, Reste einer Citânia und ein Stück Römerstraße aus rundköpfigen, glattmarschierten Findlingen; *Granjinha* (3 km südwestlich), romanische Kapelle mit einer guten Holzplastik des Hl. Sebastiän; *Aboleira* (4 km nordwestlich), Granitfelsen mit mehr als 300 erkennbaren Ritzzeichnungen aus der späten Steinzeit und Bronzezeit, die menschliche Figuren, vor allem Krieger, zeigen; *Santo Estêvao* (3 km), Schloßanlage, Wohnsitz der Schwestern von König Afonso II., Residenz unter Afonso III., von wo aus der König an Bragança und Vinhais Freibriefe als Handelserlaubnis und Zollrechte vergab.

## VINHAIS BIS BRAGANÇA

Von Chaves südwestwärts zieht heute die modern erweiterte und ausgebaute N 103 als eine der landschaftlich reizvollsten Straßenverbindungen in Nordportugal nach Braga. Gut ein Drittel des 130 km langen Weges fährt man an der Seenkette einzelner Staustufen des Rio Cávado entlang, Landschaftsbilder, die mehr an nordische Länder erinnern als an südliche, herb mit weiten Tannenwäldern beiderseits tiefgrüner Wasserflächen in engen Tälern, dennoch lieblich in der südlichen Sonne, satt-kräftige Farben in der klaren Bergluft. Wer von Spanien her über Bragança einreist, sollte diesen Weg wählen.

Nach Osten zu wird die Landschaft immer einsamer, trostloser und karger, Felder sind mit Steinsetzungen abgegrenzt, viele unbebaut, verfallen, Tannenwäldchen wechseln mit kleinen Äckern oder Weinfeldern ab.

VINHAIS entstand um eine Burganlage von König Diniz, erhalten sind kümmerliche Reste, aber Steine, Stufen, Fensterstürze und Architekturteile wurden in der Ortskirche verbaut. Denn als wieder einmal die Kastilier die Festung berannten und die Lage aussichtslos zu werden begann, gelobten die Verteidiger, sie würden, falls sie diesmal durchhalten könnten, der Gottesmutter zum Dank dafür eine Kirche bauen. Die Kastilier zogen ab und aus den Wallmauern entstand hinter einer gemeinsamen Fassade eine Doppelkirche, weil genügend Steinmaterial da war, oben die Matriz mit Holztonnendecke und Schnitzaltar, darunter São Francisco einfach und bescheiden.

Nahe bei Bragança steht Castro/Mosteiro Avelas. (Ausfahrt Bragança am Hospital in Richtung Vinhais. Sofort hinter Bahnunterführung linksab und etwa 3 km der Straße durch Neubauviertel folgen bis zur Schnellstraßen-Unterführung. Dort Wegweiser nach rechts: Castro/Mosteiro Avelas, 500 m). Es sind Ruinen eines Benediktinerklosters aus dem 12. Jh., eigentlich nur noch die Chorpartie, einst Portugals einzige romanische Kirche mit halbrunden Apsiden und Tonnengewölben aus Backstein. Die heutige Dorfkirche ist in den alten Bau integriert, ihr Steinplattenboden gehörte einst zum Schiff der Klosterkirche, leicht abfallend zum Chor hin. Nicht übersehen: auf einem Pfeiler des Friedhofsportals eine Steinplastik, Schwein, Kalb oder Löwe?

### BRAGANÇA

Am Rande der Serra de Nogueira gelegen, keltischer und römischer Siedlungsplatz, wird es von seiner mittelalterlichen Burg überragt (Abb. 127). Bragança wurde von König Sancho I. ab 1187 erbaut mit 18 Türmen im Mauerring um die gigantische *Torre de Menagem* mit schönen Zwillingsfenstern (Abb. 128). Eines der besten Beispiele mittelalterlicher Festungsarchitektur, voll erhalten, das Stammschloß der Braganças, die in Brasilien bis 1881, in Portugal bis 1910 regierten, mit Afonso, dem Conde von Barcelos und Herzog von Bragança 1442 begannen, mit João IV. 1640 zur Königswürde aufstiegen und mit Manuel II. 1910 endeten. Über dynastische Heiraten verbanden sie sich seit dem 16. Jh. verwandtschaftlich mit Monarchen wie Kaiser Karl V., Maria Theresia und dem Sonnenkönig bis zu Carol II. von Rumänien, der durch seine Großmutter väterlicherseits mit den Braganças verschwägert war. In Vila Viçosa und in der Gruft von São Vicente de Fora in Lissabon liegen alle

376

begraben. Vielen von ihnen mögen einmal in ihrer Stammburg geweilt haben. In dem Bergfried befindet sich ein *Militärmuseum* (mittelalterliche Waffen, Rüstungen aus dem 16./17. Jh., Waffen 16.–19. Jh.; Sammlung von Offizierskappen, die von den preußischen Pikkelhauben inspiriert wurden, Dokumente der Bragança aus dem 1. Weltkrieg).

Die *Kirche Santa Maria do Castelo* zeigt ein Renaissanceportal, das von kassettierter Rahmung umgeben und zu beiden Seiten von gedrehten Säulen mit Weinlaub flankiert wird, vier Muschelfenster mit einem Ornamentgespinst sowie kapriziös geschwungene Voluten.

Im Jahre 1300 entstand – heute hinter der Kirche – die kleine *Domus Municipalis* (Abb. 129), kunsthistorisch das bedeutendste Bauwerk auf der Burg, Portugals einziges profanes Bauwerk aus der Romanik. Über einem winklig verzogenen Fünfeckgrundriß ein Granitgebäude von klarer, einfacher Wirkung, ähnlich der Miguel-Kapelle vor der Burg von Guimarães, hier aber mit romanischen Bögen und Ornamenten und innen wie außen skulptierten Kragsteinen. Rundum läuft innen eine Steinbank, die Sitze für die Ratsherren. Die heutige offene Holzbinderdecke ist neu. Fünf Stufen über dem Hofgrund mußte das Gebäude aufgesetzt werden, um die Statik über einer darunterliegenden römischen Zisterne – wohl vom castrum – zu gewährleisten.

Beachten Sie auch hier den *Pelourinho*, der aus dem Rücken eines Schweines steigt.

Schon frühzeitig genügte der durch die Mauern beengte Platz nicht mehr, und unterhalb der Burg entstand eine neue Ortsanlage mit gepflegten Renaissance-Häuserfronten, malerischen Winkeln und Plätzen und engen Gassen. Das Sehenswerte eng beieinander: Am Hauptplatz ein schöner *Pelourinho* unter einer korinthischen Krone, dahinter die *Sé*, die mit ihrer Langseite massig und mit niedrigem Turm zum Platze liegt und ihr Hauptportal auch dorthin ausrichten mußte. Eine stillende Maria krönt den Schmuckgiebel, ein Aufsatz schwingt, Flügeln gleich, um die Fenster und hinan zum Dach, Renaissance mit Volutenschwung hier, Verfall am alten Kreuzgang, von dem nichts mehr sehenswert ist. In der *Sakristei* dagegen gibt es ein Bildszenarium auf Holztafeln zum Leben des Ignatius von Loyola, 11 entlang der Wände, 28 an der Kassettendecke.

Die Kirche *São Vicente* soll genannt werden, da hier angeblich König Pedro I. mit Inês de Castro getraut wurde(?).

Gleich um die Ecke, im einstigen Bischofspalast, ist das *Museu do Abade Bacal* untergebracht, ein Provinzmuseum zwar, aber mit Stücken, die weit über Lokales hinausgehen. Im *Untergeschoß* befindet sich eine permanente Gedenkausstellung für den Museumsgründer und römische Funde aus der Umgebung, im *Obergeschoß* sind schöne portugiesisch-indische Möbel aus dem 17.–19. Jh. und dazu passendes Interieur, aufgestellt in zusammenhängenden Zimmerfluchten und unter meist getäfelten oder kunstvoll geschnitzten Decken (Abb. 131), Porträts, ein ›Martyrium des Hl. Ignatius‹, Meßgewänder, Meßgeschirr, aus dem 16. Jh. eine blonde Gottesmutter mit Kind in blaugrünen und mit Goldborten geschmückten Mänteln (Abb. 130), ein Zimmer der Stadt Bragança mit interessanten Ansichten, gemalt von Sousa und Tavares, sowie eine informative Folkloresammlung mit dem naturalistischen Bild von Rebelo, 1943, ›Tanzende Bauern‹, Bilder von Abel Salazar und Salgada, Azulejos, Gläser, Geschirr.

Zuletzt – besser wäre zuerst – fährt man auf alle Fälle, vorbei an der Pousada São Bartolomeu, hinauf zur *Capela de São Bartolomeu* (3 km), auf den gleichnamigen, die Gegend überragenden Berg, der beste Aussichtspunkt über die Stadt und vor allem die Burg, die man von hier wie aus dem Flugzeug in ihrer Gesamtheit betrachten kann (vgl. Abb. 127).

Zur Grenzstation zieht dann in langen Serpentinen und oft mit großartigen Aussichtsplätzen die Straße über Milhão bis Quintanilha, 31 km. Von dort sind es noch einmal 21 km zur spanischen Zollabfertigung in Alcañices.

# Die Azoren
## von Thomas Fischer

Rund zwei Flugstunden trennen Lissabon von dem etwa auf gleicher Höhe gelegenen Archipel der Azoren, Portugals und Europas westlichem Vorposten. Seine neun Inseln, zusammen 2335 km² groß und mehr von der Wetterkarte her denn als Reiseziel bekannt, sind vulkanischen Ursprungs. Wegen ihrer Lage an der Stoßstelle dreier Platten des Erdmantels kam hier die Erde bis heute kaum zur Ruhe. Auf der Insel Faial ereignete sich 1957/8 der letzte schwere Vulkanausbruch. Etwas häufiger sind Erdbeben, die jedoch selten bedrohliche Ausmaße annehmen – und vielfach kaum spürbar sind. Vulkanische Phänomene wie heiße Quellen und Geysire – vor allem auf São Miguel – sind längst zu touristischen Attraktionen geworden. Wechselhaftes Wetter bewahrt die paradiesische Landschaft mit Weiden, Vulkankratern, schwarzen Lavafeldern und Seen aber vor rascher Vermarktung. Bei ausgeglichen-feuchtwarmem Klima – mit Tagesmittelwerten zwischen ca. 13/14 °C im Februar und 22/24 °C im August – können sich selbst im Sommer mehrmals täglich Wolkenaufzug, Regen und strahlender Sonnenschein abwechseln. Niemand kommt also zum reinen Badeurlaub hierher. Vor allem im Juli/August, wenn überall üppige Hortensien blühen, finden Naturfreunde und Wanderer ein geradezu ideales Ferienziel.

Die Azoren waren schon den Karthagern, Normannen und Arabern bekannt. Ihre Entdeckung durch die Portugiesen unter Heinrich dem Seefahrer, der hier Portugiesen, Flamen, Franzosen, aber auch Kastilier und Italiener ansiedelte, datieren manche Quellen auf 1427, andere auf 1432. Vom 16. Jh. an, als immer mehr mit Kostbarkeiten beladene Schiffe auf dem Rückweg aus Afrika, Asien und Südamerika auf den Azoren anlegten, wurden die Inseln für Piraten zum bevorzugten Angriffsziel.

1580–1583 waren die Azoren letzte Bastion gegen die spanische Herrschaft, im Bürgerkrieg von 1832–1834 eine Hochburg der Liberalen. Den Alliierten dienten sie im Ersten Weltkrieg als Marinehafen, im Zweiten Weltkrieg als Luftwaffenstützpunkt, bis heute unterhalten die USA auf Terceira eine wichtige Luftbasis. Für die zivile Transatlantik-Luftfahrt war Santa Maria lange ein Zwischenlandeplatz.

Die Inseln blieben dennoch eine Fischerei- und Agrarregion. Tradition hatte – bis in die 80er Jahre dieses Jahrhunderts hinein – der Walfang. Die Landwirtschaft durchlebte in 500 Jahren sukzessive Zyklen für Weizen, Pastel (Farbstoff), Orangen und Mais, um sich heute immer mehr auf Weidewirtschaft mit den Hauptprodukten Rindfleisch, Milch und Käse zu spezialisieren. Vor allem auf São Miguel gedeihen aber auch Bananen, Tabak, Tee, Maracuja und Ananas in Treibhäusern.

AZOREN

Von der Metropole fühlten sich die Azoren lange vernachlässigt, noch immer emigrieren viele Azoreaner in die Vereinigten Staaten und nach Kanada. Hoffnungen auf wirtschaftliche Verbesserung nährt die regionale Autonomie, die die Azoren seit 1976 besitzen.

Kunst und Architektur auf den Azoren weisen einige Sondereinflüsse auf – sichtbar vor allem an Bauten aus der spanischen Zwischenzeit (1582/3–1640) und aus den Jahren des ›Orangenzyklus‹ (ca. 1760–1830), der die Inseln kommerziell mit England verband. Die ländliche Bauweise der Inseln differiert je nach Ursprung der frühen Siedler, wie an den flämisch inspirierten *Windmühlen* Faials oder an niedrigen weißgetünchten Häusern im *Algarve-Stil* auf Santa Maria zu sehen ist. Auf fast allen Inseln rahmt dunkler Basalt Fenster und Türen ansonsten weißer Kirchen und Herrenhäuser. Beim Innenschmuck verwendete man Zeder wie auch Hölzer aus Indien und Brasilien, Elfenbein und andere Materialien, die die Schiffe aus Portugals Überseebesitzungen mitbrachten.

Beim wichtigsten Kirchenfest der Azoren ehrt man in PONTA DELGADA (Insel São Miguel) fünf Wochen nach Ostern den Senhor Santo Cristo. Von der Kirche unabhängige Bruderschaften organisieren indes die im Volksbewußtsein mindestens ebenso wichtigen Feste zu Ehren des Heiligen Geistes, die ab Pfingsten in Städten und Dörfern gefeiert werden. Besonders interessant sind sie auf TERCEIRA, dort entstanden auch die originellsten *Impérios* (kapellenähnliche Holzhäuschen, die speziell für dieses Fest gebaut wurden); zur Festzeit läßt man Stiere am Strick in den Straßen laufen.

Rund 600 km beträgt die maximale Entfernung zwischen zwei Inseln des Archipels – CORVO und SANTA MARIA. Üblicherweise unterteilt man die Azoren in drei Inselgruppen: GRUPO ORIENTAL (São Miguel, Santa Maria), GRUPO CENTRAL (Terceira, São Jorge, Pico, Faial, Graciosa) und GRUPO OCIDENTAL (Flores, Corvo). Von Lissabon fliegt die Liniengesellschaft TAP täglich nach Ponta Delgada und Terceira, mehrmals wöchentlich nach HORTA/FAIAL. Die Regionalfluglinie SATA verbindet acht der neun Inseln (alle außer Corvo) untereinander. Boote verkehren zwischen den fünf Inseln des Grupo Central sowie zwischen FLORES und Corvo.

# 1 São Miguel

Ponta Delgada ist der Hauptort der größten Azoren-Insel und zugleich Regierungssitz der Autonomen Region. An der langen Uferpromenade öffnet sich ein Platz mit den dreibögigen *Portas da Cidade*, wenige Schritte entfernt steht die Pfarrkirche *São Sebastião*, wohl der repräsentativste manuelinische Bau des Archipels. Ein kurzer Spaziergang nach Westen führt durch die Innenstadt zur Praça 5 de Outubro. An der Nordseite erhebt sich die *Capela de Nossa Senhora da Esperança*. Im Innern - mit Talha-Altar und Azulejoschmuck – blickt man in den Tiefchor mit dem angeblich von Papst Paul III. gestifteten *Ecce-Homo*. Dieses Bildnis des Senhor Santo Christo wird beim alljährlichen Kirchenfest in einer Prozession durch die mit

380

Blumen ausgelegten Straßen der Stadt getragen. An der Westseite des Platzes steht die Kirche *São José* (17. Jh.), zum Meer hin blickt man auf die 1552 begonnene Festung *São Brás*.

Sehenswert vor allem noch die Kirche *São Pedro* (16. Jh.) im Osten der Innenstadt sowie das im *Convento Santo André* befindliche *Museum Carlos Machado* mit Abteilungen für Malerei, Bildhauerei, Volkskunde und Zoologie. Rund 5 km sind es von Ponta Delgada nach FAJÃ DE BAIXO, wo man Ananas-Treibhäuser besichtigen kann. Außerhalb Ponta Delgadas empfehlen sich vor allem die nachfolgenden Orte, die teils mit dem Bus, besser aber mit Leihwagen oder Taxi zu erreichen sind.

Im Westen der Insel liegt der Krater *Sete Cidades* – mit stolzen 12 km Umfang. Vom Aussichtspunkt *Vista do Rei,* am Kraterrand, überblickt man zwei sagenumwobene Seen – der eine grün, der andere blau – und das Dorf SETE CIDADES. Das nahegelegene Küstendorf MOSTEIROS entwickelt sich mit seinem Strand und von schwarzer Lava geformten Wasserbecken unter Einheimischen zum beliebten Badeort. In RIBEIRA GRANDE, an der Nordküste, besuche man das *Rathaus* mit azulejogeschmücktem Sitzungssaal und die nahegelegene Kirche *Nossa Senhora da Estrela:* sehenswert ein *Arcano* (›Geheimnis‹), Fleißarbeit einer Nonne, die im 19. Jh. aus Reismehl hunderte kleiner Menschenfiguren fertigte und damit 72 Szenen des Alten und Neuen Testaments darstellte. Aus Ribeira Grande stammt eine Azoren-Spezialität – Maracuja-Likör. Der Nordküste folgend erreicht man die *Teeplantagen von Gorreana.*

Zu den spektakulären Natursehenswürdigkeiten der Insel zählt der See *Lagoa do Fogo,* der nach einer Vulkaneruption 1563 im Zentrum São Miguels entstand. Nicht minder faszinierend ist das Tal *Vale das Furnas.* Am Ufer des Sees *Lagoa das Furnas* ist die Erde so heiß, daß man darin kochen kann! Spezialität ist *Cozido* aus diversen Gemüse-, Fleisch- und Wurstarten, die man in einem verschlossenen Kochtopf vergraben läßt und einige Stunden später genußfertig wieder ausgräbt. Im kleinen Ort FURNAS erstreckt sich der romantische Park *Terra Nostra* mit Pflanzen aus nordischen wie auch aus tropischen Regionen. Bei den *Caldeiras* am Ortsrand brodelt kochend heißes Wasser an die Erdoberfläche, in der Nähe der neue Thermalkomplex.

An der Südküste liegt die erste Inselhauptstadt VILA FRANCA DO CAMPO. Weitblicke bietet über dem Ort die Kapelle *Nossa Senhora da Paz,* im Zentrum des von Bananenstauden umgebenen Ortes befindet sich die Kirche *Santo André* mit interessantem Kachelschmuck. Im Sommer fahren Boote zum vorgelagerten kleinen Felseneiland. An einigen Stränden vorbei erreicht man die Abzweigung nach CALOURA mit pittoreskem kleinen Fischerhafen.

# 2 Santa Maria

Als einzige Azoren-Insel weist Santa Maria Sedimentargestein auf. Im Landschaftsbild ist der vulkanische Ursprung weniger offensichtlich als auf den übrigen Inseln. Charakteri-

381

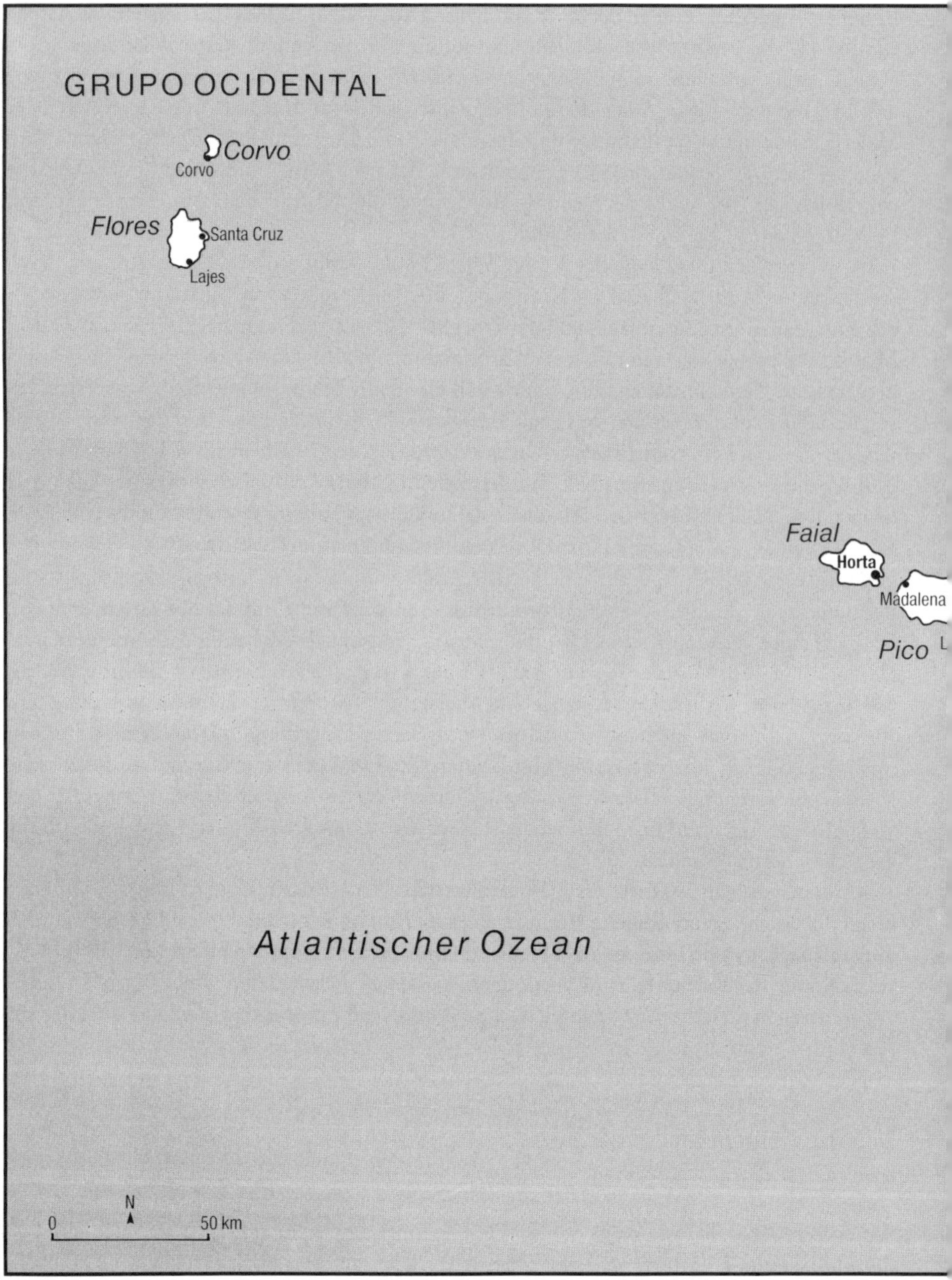

AZOREN

## GRUPO OCIDENTAL

Corvo
Corvo

Flores Santa Cruz
Lajes

Faial
Horta
Madalena

Pico L

Atlantischer Ozean

N

0          50 km

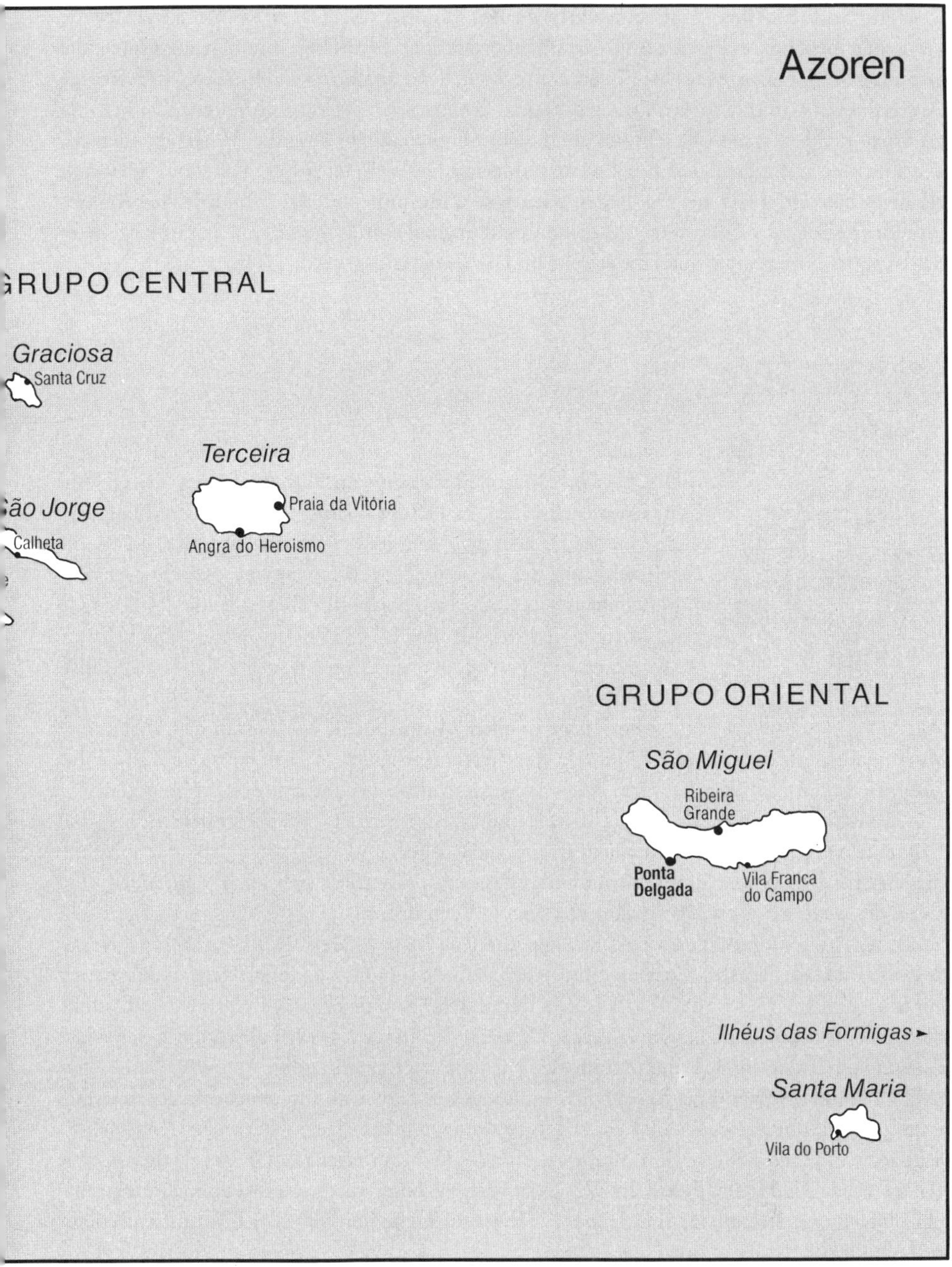

# Azoren

## GRUPO CENTRAL

*Graciosa*
Santa Cruz

*Terceira*
Praia da Vitória
Angra do Heroismo

*ão Jorge*
Calheta

## GRUPO ORIENTAL

*São Miguel*
Ribeira Grande
**Ponta Delgada**
Vila Franca do Campo

*Ilhéus das Formigas* ➤

*Santa Maria*
Vila do Porto

stisch für Santa Maria sind die verstreuten weißen Landhäuser im *Algarve-Stil*. Zwei Strände verdienen besondere Erwähnung. Traubenbewachsene Steilhänge säumen im Osten die Strandbucht *São Lourenco*. Im Süden erstreckt sich die Bucht *Baía da Praia* – nur wenige Autominuten vom Hauptort VILA DO PORTO entfernt. An Sehenswürdigkeiten bietet Vila do Porto nicht viel, der Ort lebt vor allem vom Flughafen, den 1944 die Alliierten anlegten, der aber wegen der größeren Reichweite moderner Jets viel von seiner einstigen Bedeutung als Zwischenlandeplatz verlor. Zu den wichtigsten Monumenten der Insel zählt die *Kapelle* im Dorf ANJOS, wo Kolumbus und seine Besatzung auf dem Rückweg aus Amerika gebetet haben sollen. Interessant auch die Kirche im Dorf SANTO ESPÍRITO (17. Jh.).

## 3 Terceira

Die bevölkerungsmäßig zweit- und flächenmäßig drittgrößte Insel war schon im 15. Jh. ein wichtiger Hafen. Ihr Hauptort ANGRA DO HEROÍSMO – seit dem 16. Jh. Bischofssitz, im 18. Jh. zeitweise Sitz des Azoren-Generalkapitanates – machte Anfang 1980 Schlagzeilen, als ein schweres Erdbeben Teile der Altstadt zerstörte. Seit 1983 von der UNESCO als ›weltgeschichtliches Monument‹ eingestuft, wurde Angra mit internationaler Hilfe neu aufgebaut.

Angra liegt in einer Meeresbucht, im Westen geschützt vom wuchtigen, ins Meer ragenden Vulkankrater *Monte Brasil*, 205 m hoch, an seinem Fuße die Burg *Castelo de São João Baptista*, eine imposante Anlage aus der spanischen Zwischenzeit. Die *Kathedrale*, im Herzen der Altstadt, stammt aus dem 16./17. Jh. Vieles dessen, was das Erdbeben verschonte, fiel 1983 einem Brand zum Opfer, und erst 1986 wurde der sorgsam restaurierte Bau neu eröffnet. Komplett restauriert präsentiert sich auch der *Palácio dos Capitães-Generais*, einst Jesuitenkonvent, heute Verwaltungs-, Ausstellungs- und Tagungsgebäude. An der Praça Velha das *Rathaus*, die Rua João de Deus führt zur Kirche *Nossa Senhora da Guia* (18. Jh.), sie gehörte zum benachbarten Franziskanerkonvent und ist heute ein Museum. Im Westen der Altstadt liegt der Hafen *Porto de Pipas*, geschützt vom *Castelo de São Sebastião* (16. Jh.). Sehenswert im Westen der Innenstadt vor allem die Kirche *São Gonçalo* mit Talha- und Azulejoschmuck (1989 noch in Restauration).

Die Pfarrkirche von SÃO SEBASTIÃO, im Südosten Terceiras, offenbart mit den pursten gotischen Stil der Azoren – und enthält innen bedeutende Reste von Fresken der gleichen Stilepoche. Gleich nebenan ein bunt bemalter *Império des Heiligen Geistes*, vielleicht der schönste des Archipels. PRAIA DA VITÓRIA verfügt außer einer interessanten Pfarrkirche über Hafen und Strand, das Stadtleben ist bereits stark von der Nähe der US-Luftwaffenbasis LAJES geprägt.

BISCOITOS, an der Nordküste, erzeugt guten Wein, die Trauben gedeihen auf kleinen, von Mauern aus Vulkanstein unterteilten Feldern. An der Küste laden natürliche Schwimmbekken, aus Lava geformt, zum Meereswasserbad ein.

Für herrliche Ausblicke empfiehlt sich bei gutem Wetter die Auffahrt in die *Serra de Santa Bárbara*, im Westen Terceiras. Keinesfalls auslassen sollte man den *Algar do Carvão*, im Herzen der Insel, dem Anschein nach eine Höhle, in Wahrheit der fast 100 m tiefe ›Schornstein‹ eines Vulkans (unregelmäßige Öffnungszeiten, beim Turismo-Büro in Angra erfragen).

## 4 São Jorge

Diese Azoren-Insel, berühmt für pikanten Käse, ist 56 m lang und maximal 8 km breit – erreicht aber die stolze Höhe von 1067 m. Geographische Besonderheit sind die *Fajãs* – kleine Küstenebenen am Fuße der schwindelerregenden Steilküste, jedoch sind nicht alle mit dem Auto zu erreichen. Vom Hauptort VELAS ist die Fahrt zum Ost- oder Westzipfel der Insel gleichermaßen reizvoll. Ein Kuriosum ist in URZELINA zu sehen. Aus der Lava, die 1808 die Dorfkirche begrub, ragt noch der Turm heraus. Wichtigstes Einzelmonument von São Jorge ist indes die kleine Kirche *Santa Bárbara* in MANADAS: Aus dem 18. Jh. stammt das barocke Gotteshaus, das innen Zedernholzdecke, Azulejo-Zierwerk und Gemälde aufweist.

## 5 Pico

Der Fläche nach ist Pico die zweitgrößte Insel der Azoren und besteht zum größten Teil aus einem erloschenen Vulkan, der mit 2351 m die höchste Erhebung ganz Portugals darstellt. Von MADALENA, im Westen Picos, geht es mit dem Taxi zum Ausgangspunkt für den – je nach Kondition – drei- bis vierstündigen Aufstieg. Unerläßlich ist festes Schuhzeug. Unsichere können einen Bergführer mitnehmen. Gutes Wetter vorausgesetzt, bieten sich vor allem bei Sonnenaufgang fesselnde Weitblicke. Ab Madalena erreicht man über die Küstenstraße in südöstliche Richtung fahrend, an kleinen Weinfeldern vorbei, die Hafenstadt LAJES DO PICO. Als ältestes Gotteshaus der Insel gilt die 1460 errichtete *Capela de São Pedro*. Andenken an den inzwischen eingestellten Walfang sind im *Museu dos Baleeiros* zu sehen. Durch das Inselinnere führt eine Straße nach SÃO ROQUE an der Nordküste, Abzweigungen erschließen eine herrliche Weidelandschaft mit mehreren kleinen Seen. In der Pflanzenwelt fällt die oft anzutreffende kräftige, bis 6 m hohe Baumheide auf.

AZOREN

## 6 Faial

Mehrmals täglich überqueren Boote die Meerenge zwischen Madalena und HORTA, dem lebhaften Hauptort von Faial. Flamen siedelten hier im 15. Jh. Ab 1893 wurde Horta Knotenpunkt der Transatlantik-Telegrafenkabel. »Mit Gott für Kaiser und Reich« steht bis heute in den Buntglasscheiben des ehemaligen Baus der Deutsch-Atlantischen Telegraphengesellschaft, wo bis 1989 die Regionalversammlung der Azoren tagte. In Hortas Hafen, von dem man auf die sanft ansteigende Silhouette des Pico blickt, legen jährlich hunderte von Segelyachten an, fast jede Besatzung malt ein Andenken auf die lange Hafenmauer. Abends trifft man sich in *Peters Café Sport*, das Obergeschoß birgt ein *Museum für Scrimshaws* – Schnitzereien und Gravuren aus Pottwalzähnen. Wichtige Monumente: die Kirche *São Francisco* mit einem *Museum für Sakrale Kunst* und die Kirche *Nossa Senhora das Angústias* mit einem *Krippenbild*, das dem Bildhauer Machado de Castro zugeschrieben wird. Zu beachten ist in Horta das Schmiedewerk an Türen und Fenstern wie auch die feine Holzverzierung von Veranden, Dächern und Giebeln. Südlich Hortas lohnt sich ein kurzer Spaziergang auf den ins Meer ragenden Krater *Monte da Guia*, an seinem Fuße erstreckt sich der Strand von PORTO PIM.

Rund dreistündige Taxitouren führen zu den wichtigsten Natursehenswürdigkeiten Faials. Dazu zählt der 400 m tiefe *Vulkankrater* im Zentrum der Insel, zwei bis drei Stunden dauert die Umwanderung. Beeindruckender noch ist jedoch die *Capelinhos-Landspitze*, im Westen Faials, wo eine Serie heftiger Erdstöße und Vulkanausbrüche 1957/8 die Landschaft veränderte. Vor der Küste bildete sich erst ein Inselchen, das sich später mit Faials Festland verband. Tote gab es keine, aber rund 300 Häuser wurden zerstört. 2000 Menschen waren obdachlos, Felder verschwanden unter dunkler Vulkanasche. Von Capelinhos ist es nicht weit zum kleinen Thermalbad *Varadouro*, wo natürliche Schwimmbecken Gelegenheit zum Meereswasserbad bieten.

## 7 Graciosa

Im Hauptort SANTA CRUZ kann man eine kunsthistorische Kostbarkeit besichtigen. Aus dem 16. Jh. stammt die Pfarrkirche *Santa Cruz*, im 18. Jh. wurde sie erweitert. Als Meisterwerke der Malerei des 16. Jh. gelten *Bildtafeln* über dem Hauptaltar, die Szenen aus dem Leben Christi zeigen und von Cristóvão de Figueiredo gemalt sein könnten. Sehenswert sind vor allem auch einige Werke luso-chinesischer Malerei. Santa Cruz' Volkskundemuseum – *Casa Etnográfica* – gibt einen Eindruck von traditionellen Lebens- und Arbeitsweisen. Santa

Cruz und umliegende Weinfelder überblickt man von drei Einsiedeleien über dem Ort, der einen köstlichen Weinbrand – Aguardente – produziert.

Herausragende Natursehenswürdigkeit ist Graciosas *Furna do Enxofre* (Schwefelhöhle), im Innern eines ehemaligen Vulkankraters, rund 100 m tief. Mittags dringen sogar Sonnenstrahlen in die Höhle mit einigen Stalaktiten und unterirdischem See.

# 8 Flores

Die westlichste Azoren-Insel besitzt eine variationsreiche Berg- und Tallandsschaft, in der sieben von Hortensien gerahmte Seen verstreut sind. Urigstes Naturphänomen ist der senkrecht geriffelte Basaltfelsen *Rocha dos Bordões* im Südwesten der Insel, zwischen LAJEDO und MOSTEIRO, nahe seinem Fuße brodelt schwefeliges Wasser empor. Wenige Kilometer entfernt das Dorf FAJĀZINHA, gelegen auf einer Küstenebene, am Fuße 300 m hoher Wasserfälle. An der Küste entlang geht es über FAJĀ GRANDE nach PONTA, Ausgangspunkt einer drei- bis vierstündigen Wanderung – erst über steile schmale Pfade, dann über Weiden – nach PONTA DELGADA an der Nordspitze der Insel. Unterwegs blickt man auf die Nachbarinsel CORVO. Größter Ort auf Flores ist SANTA CRUZ mit sehenswertem *Volkskundemuseum*.

Schroffe Felsen und Meeresgrotten säumen Flores' Küste, einige sieht man zu Beginn der eineinhalbstündigen Bootsfahrt nach Corvo.

# 9 Corvo

Mit 17 km² ist Corvo die kleinste Azoren-Insel. Rund 400 Einwohner, 20 Telefone und ganze drei Autos zählt ihr einziger Ort, offiziell als Stadt eingestuft (die kleinste ganz Portugals!). Wenn sich genügend Interessenten zusammenfinden, kann man auf dem Anhänger eines Traktors bis an den Rand von Corvos 718 m hohen *Krater* hinauffahren.

# Nachweis der Abbildungen

Marianne Adelmann, Zürich: Ft. 32
Wolfgang Fritz, Köln: Umschlagvorderseite
Erika Groth-Schmachtenberger, München: Abb. 2, 3, 6, 17, 48, 49, 53, 70, 71, 93, 105, 106, 109
Otto Kasper, Singen/Htwl.: Vordere und hintere Umschlagklappe; Ft. 1, 2, 28, 30, 31, 33; Abb. 1, 5, 9, 14, 26, 27, 29, 41–46, 50, 54, 59, 60, 66, 72, 73, 78, 81, 82, 84, 87, 92, 94, 98, 103, 104, 110, 118, 123, 126, 127
Portugiesisches Touristik-Amt, Frankfurt: Umschlagrückseite
Toni Schneiders, Lindau: Ft. 7, 8, 13, 14, 18, 20, 29
Secretaria de Estado da Informação e Turismo, Lissabon: Ft. 9; Abb. 15, 19, 32, 69, 91, 107

Karten und Pläne in den Umschlaginnenklappen und auf den Seiten 12, 76/77, 87, 132, 158/9, 203, 206, 229, 294, 314, 325, 330, 337, 355, 359, 363, 394, 395, 396, 398, 409, 410, 411: Werner Milch, Lüdenscheid: auf den Seiten 96, 137, 147, 153, 279, 320, 322, 365: Gerda Rebensburg, Köln

Zeichnungen auf den Seiten 2, 102, 103, 104, 105, 107, 109, 139, 262, 263, 265, 274, 276, 280, 281, 283, 284, 287, 289 nach: Albrecht Haupt, ›Die Baukunst der Renaissance in Portugal‹, Frankfurt a. M. 1890

Zeichnungen auf den Seiten 384, 385, 386 nach Vorlagen von Klaus Bötig, Bremen

Alle übrigen Aufnahmen stammen aus dem Archiv des Autors

Raum für Reisenotizen

Raum für Reisenotizen

Raum für Reisenotizen

# Praktische Reisehinweise

## Hinweise von A bis Z

**Autofahrer** beachten die gleichen Verkehrsregeln wie sie in Deutschland, Österreich und der Schweiz gelten. Vorfahrt von rechts. Tempolimits: innerhalb geschlossener Ortschaften 60 km/h, auf Landstraßen 90 km/h und auf Autobahnen 120 km/h. (Für PKW mit Anhänger gelten 50/70/80 km/h; auf dem Dach muß ein blaues Schild mit gelbem Dreieck angebracht sein.) Führerscheinneulinge mit weniger als 1 Jahr Fahrpraxis dürfen nicht schneller als 90 km/h fahren und müssen die gelbe Anfängerplakette am Heck des Wagens anbringen. Die Alkoholgrenze liegt bei 0,5 Promille (Haftstrafen ab 1,2 Promille).

Zur Einreise sind erforderlich: Fahrzeug- und nationaler Führerschein, Nationalitätsschild, grüne Versicherungskarte. Fährt man ein fremdes Fahrzeug, so benötigt man eine amtlich beglaubigte Vollmacht des Fahrzeughalters; Vordrucke gibt es bei den portugiesischen Konsulaten.

Straßenzustand überwiegend gut, auch auf Nebenstraßen; Tankstellennetz dicht und ausreichend (inzwischen auch flächendeckende Versorgung mit bleifreiem Benzin).

Spezielle Auskünfte vom Automóvel Club de Portugal in Lissabon, Rua Rosa Araújo 24–26, ∅ 56 39 31.

Wir raten: kaufen Sie die jährlich neu erscheinende Mapa do Estado das Estradas, die der Automobilclub herausgibt und die stets den z. Zt. vorhandenen Straßenzustand exakt wiedergibt.

**Apotheken** heißen in Portugal Farmácias und sind meist geöffnet von 9 bis 13 und 15 bis 19 Uhr, samstags von 9 bis 13 Uhr. Zu anderen Zeiten bleiben die diensthabenden Apotheken geöffnet, kleine Schilder weisen dann auf diese ›Farmácias de serviço‹ hin.

**Bahn** Eisenbahnfahrten in Portugal sind sehr billig. *Rápidos*/Serviço Alfa sind bequeme Schnellzüge (teurer als Normalzüge, in der 1. und 2. Klasse platzkartenpflichtig); etwas öfter halten die ebenfalls schnellen, platzkartenpflichtigen – aber preisgünstigeren *Intercidades* (IC). *Interregionais* (IR bzw. Directos) sind Eilzüge, *Regionais* und *Tranvias* dienen vor allem dem Nahverkehr. Es gibt verschiedene Gruppentarife, Rundreisebillets und Spezialermäßigungen für Wallfahrten, Feste usw., die Änderungen unterworfen sind. Auskünfte auf den Bahnhöfen oder bei den Touristenbüros einholen. Wollen Sie Gepäck aufbewahren, dann fragen Sie nach der ›Guarda de Volumes‹ (Gepäckaufbewahrung).

Bahnhöfe in Lissabon: *Santa Apolónia*, Richtung Norden und Auslandsverkehr; *Sul e Suleste*, Ostecke der Praça do Coméri-

# HINWEISE VON A BIS Z

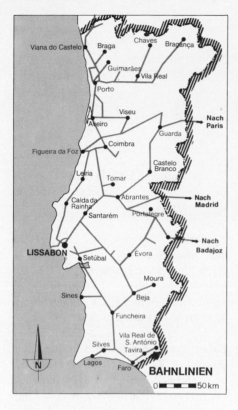

**Camping** ist in Portugal groß in Mode, und zumindest entlang der Küsten findet man vielerorts einen *Parque de campismo* oder ein – kleineres – *Local para acampar* vor. Im Inland gibt es weniger Campingplätze – meist bei den größeren Städten. Einige Plätze verlangen einen Campingausweis, der von einer nationalen oder internationalen, offiziellen Organisation ausgestellt sein muß. Es empfiehlt sich die Anschaffung der jährlich erscheinenden preiswerten kleinen Übersicht »Roteiro campista« (Buchhandel).

Zeltwanderer, Rad- oder Motorradfahrer übernachten preiswert in der *Casa abrigo* (eigentlich Obdachhaus), wenn sie eigenes Bettzeug mitbringen. ›Wildes Zelten‹ ist nicht erlaubt.

Campingplätze von Nord nach Süd: Costa Verde: Amarante, Braga, Caminha, Entre os Rios, Espinho, Fão, Gerês, Guimarães, Melgaço, Porto, Póvoa de Varzim, Viana do Castelo, Vila Nova de Gaia, Vila Praia de Âncora, Vila do Conde; Costa de Prata: Águeda, Alcobaça, Alfeizerão, Arangil, Aveiro, Caldas da Rainha, Cantanhede, Coimbra, Esmoriz, Figueira da Foz, Ílhavo, Lourinhã, Marinha Grande, Mira, Monte Real, Murtosa, Nazaré, Oliveira de Azemeis, Ovar, Peniche, São Pedro de Muel, Tomar, Torres Vedras, Vagos, Vouzela; Costa de Lisboa: Cascais, Ericeira, Lissabon, Mafra, Oeiras, Pero Pinheiro, Praia da Caparica, Sesimbra, Setúbal, Sines, Sintra; Planicies: Alpiarca, Alvito, Avis, Beja, Elvas, Évora, Golegã, Grándola, Melides, Portalegre, Santiago do Cacém, Salvaterra de Magos, Vila Nova de Milfontes, Zambujeira; Montanhas: Avô, Castelo Branco, Castro d'Aire, Celorico da Beira, Chaves, Coja, Fundão, Guveia, Guarda, Lamego, Lousã, Miranda do Dou-

cio, Verkehr nach Süden (Fährverbindung über den Tejo nach Barreiro, von dort aus direkte Bahnverbindungen in den Süden) und Südwesten; *Rossio*, Vorortverkehr nach Sintra, Azambuja und nach Nordwesten; *Cais do Sodré*, Schnellbahn nach Estoril und Cascais.

**Banken** sind in der Regel nur von montags bis freitags zwischen 8.30 und 14.45 geöffnet. Mit allen gängigen Scheckkarten kann man aber an den Multibanquo-Automaten Geld abheben. Auch an Wochenenden geöffnet sind die Banken an Grenzübergängen und internationalen Flughäfen.

ro, Mondim de Basto, Oliveira do Hospital, Pedrogão Grande, Penacova, Penela, São Pedro do Sul, Vila Flor, Vila Real, Viseu; Algarve: Albufeira, Alcantarilha, Aljezur, Faro, Lagos, Loulé, Monte Gordo, Olhão, Portimão, Sagres, Tavira, Vila do Bispo, Vila Real de Santo António.

**Fado** und Saudade stehen meist nicht im Lexikon, aber man singt den Fado vornehmlich in Lissabon und Coimbra in Schenken und Lokalen am Hafen, bei den Universitäten, im Chiado oder in der Alfama (heute leider vor allem in teuren Restaurants). Es sind ursprünglich aus den Spelunken in die Salons aufgestiegene Lieder, deren genaue Herkunft ungewiß ist. Fado kommt von (lat.) fatum = Schicksal, Geschick und beinhaltet im Portugiesischen zusätzlich tiefgründiges Mißgeschick, Verderben, Unheil, Not. Die Entwicklung des Fado wurde vermutlich auch durch den Ablauf historischer Ereignisse (Maurenzeit, goldenes Zeitalter der Entdeckungen, spanische Herrschaft) beeinflußt. Themen und Vortrag des Gesanges sind von *Saudades* bestimmt – ein Sammelbegriff für Sehnsucht, Melancholie und Wehmut (von lat. solitudo = Einsamkeit). Die oder der *Fadista* improvisieren innerhalb eines Feldes strenger Formen ihren Gesang zur Instrumentalbegleitung. Die klassischen zwölfseitigen Gitarren untermalen den Rhythmus, während die Lauten meist der Melodie folgen.

In Coimbra ist der Fado im studentischen Milieu entstanden und wird nur von männlichen Studenten (mit schwarzen Umhängen) vorgetragen. Vom Lissaboner Fado unterscheidet er sich durch seine Nähe zur Ballade, durch den humorvolleren und weniger schwermütigen Vortrag.

**Feiertage** 1. Januar, 6. Januar, Karnevalsdienstag (nicht landeseinheitlich); Karfreitag; 25. April, Sturz des Faschismus 1974; 1. Mai, Tag der Arbeit; 10. Juni, Camões-Tag; 15. August, Mariä Himmelfahrt; 5. Oktober, Tag der Republik; 1. November, Allerheiligen; 1. Dezember, Befreiung von spanischer Herrschaft 1640; 8. Dezember, Tag der Unbefleckten Empfängnis; 25. Dezember, Weihnachten.

An diesen Tagen bleiben Geschäfte, Banken und öffentliche Einrichtungen geschlossen.

**Fundsachen** in Lissabon werden aufbewahrt auf dem Fundbüro (Achados e Perdidos) in der Rua dos Anjos 56, was im Bus oder der Straßenbahn verlorengegangen ist, erfragt man auf der oberen Station (Largo do Carmo) des Santa Justa-Liftes oder telefonisch unter 370877.

**Geld** Landeswährung ist der Escudo, unterteilt in 100 Centavos und dargestellt durch das Zeichen $, das für ein Komma zwischen Escudo und Centavos steht oder die Null ersetzt, z. B. 15$00 = 15 Escudos, aber $ 15 = 15 Centavos.

Münzen gibt es zu 1, 2$50, 5, 10, 20, 50, 100 und 200 Esc.

Banknoten: 100$00, 500$00, 1000$00 und 5000$00, 10000$00.

Mit Tostão meint der Portugiese 10 Centavos, ein Escudo ist also 10 Tostões; spricht man von einem Conto, dann sind 1000 Escudos gemeint.

**Golf** »ist keine Frage von Leben und Tod – Golf ist viel wichtiger« meint ein schottisches Sprichwort. Seit 1890 wird in Portugal

395

## HINWEISE VON A BIS Z

Golf gespielt. Für einen Golfurlaub in Portugal stehen folgende Plätze zur Verfügung: **Parque da Floresta**, Lagos/Budens-Salema; **Palmares**, Lagos; **Penina**, Portimão; **Vale do Lobo**, Faro; **Quinta do Lago**, Almanasil; **São Lourenco**, Ria Formosa; **Vilamoura 1 und 2**, Vilamoura; **Troia**, Halbinsel Troia; **Lisboa Country**, Costa da Caparica; **Estoril**, Estoril; **Marine Golf**, Cascais; **Estoril-Sol**, Sintra; **Lisbon Sports**, Queluz; **Vimeiro**, Torres Vedras; **Oporto Golf**, Espinho; **Miramar Golf**, Valadares/Porto; **Estela**, Esposende; **Vidago**, Chaves.

**Grenzübergänge** Die Paßkontrollen an der spanisch-portugiesischen Grenze sind inzwischen offiziell abgeschafft; dennoch mag es vorkommen, daß eine Zeitlang an manchen Übergängen die Einreise noch nicht ganz reibungslos funktioniert.

Für die folgenden Übergänge sollte man sich nach wie vor rechtzeitig nach den Betriebszeiten der Fähren erkundigen: La Guardia – Caminha, Goyan – Vila Nova de Cerveira, Salvatierra – Monção und Ayamonte – Vila Real de Santo António.

**Heilbäder** gibt es überall im Lande, alle mit Mineralwässern, die radioaktiv, titanhaltig, mit Fluor, Kalk, Natrium, Schwefel, Sulfaten, Sulfiten, Chlor oder Bikarbonaten angereichert sind. Die hier ausgewählten und angeführten Heilbäder zeichnen sich durch eine erholsame Atmosphäre aus.

**Hotels und andere Unterkünfte** aller Kategorien und jedweden Komforts gibt es überall in Portugal. Die portugiesischen Fremdenverkehrsämter in Deutschland, Österreich und der Schweiz geben alljährlich einen umfangreichen Hotelführer mit

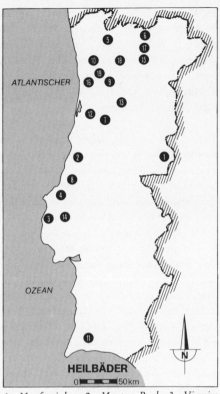

1 *Monfortinho* 2 *Monte Real* 3 *Vimeiro* 4 *Caldas da Rainha* 5 *Gerês* 6 *Chaves* 7 *Luso* 8 *Piedade* 9 *S. Pedro do Sul* 10 *Caldelas* 11 *Monchique* 12 *Curia* 13 *Felgueira* 14 *Cucos* 15 *Pedras Salgadas* 16 *S. Jorge* 17 *Vidago* 18 *S. Vicente* 19 *Vizela*

allen Spezifikationen heraus und versenden ihn an Interessenten.

Die sogenannten *Pousadas* sind portugiesische Eigenheiten gehobener Hotellerie, meist an abgelegenen reizvollen Plätzen im Gebirge, am Rande des Meeres oder in den weiten Ebenen gelegen. *Pousada* bedeutet »Ort der Ruhe, der Sammlung« und meint nationale Baudenkmäler wie Klöster, Schlösser, Paläste oder andere Gebäude von

# Heilbäder

| Heilbäder | Öffnungszeit | Magen und Darm | Leber | Nieren und Harnwege | Rheumatismus | Haut | Atemwege | Frauenkrankheiten | Stoffwechselkrankheiten | Blutkreislauf | Allergien |
|---|---|---|---|---|---|---|---|---|---|---|---|
| Fonte Sta. de Monfortinho | 2. 5.–15. 11. | ● | ● | ● | | ● | | | | | |
| Termas de Monte Real | 15. 4.–31. 10. | ● | ● | | ● | | | | | | |
| Águas Santas do Vimeiro | 15. 6.–15. 10. | ● | ● | | | ● | ● | | | ● | |
| Caldas da Rainha | ganzes Jahr | | | | ● | | ● | ● | | | |
| Caldas do Gerês | 1. 5.–31. 10. | ● | ● | | | | | | ● | ● | |
| Caldas de Chaves | 1. 4.–31. 10. | ● | ● | | ● | | | | ● | | |
| Luso | ganzes Jahr | | | ● | ● | | ● | | | ● | |
| Piedade | 1. 6.–31. 10. | ● | ● | | ● | ● | | | | | |
| Termas de S. Pedro do Sul | ganzes Jahr | | | | ● | | ● | ● | ● | | |
| Caldas de Vizela | 1. 5.–15. 11. | | | | ● | ● | ● | ● | | | |
| Caldas de Monchique | 1. 6.–31. 10. | ● | ● | | ● | | ● | | | | |
| Curia | 2. 5.–30. 10. | | | ● | ● | | | | ● | ● | |
| Caldas de Felgueira | 15. 5.–31. 10. | | | | ● | | ● | | | | |
| Termas de Caldelas | 2. 5.–10. 10. | ● | | | | ● | | | | | |
| Pedras Salgadas | 1. 6.–10. 10. | ● | ● | | | | | | ● | | |
| Caldas de S. Jorge | 1. 5.–31. 10. | | | | ● | ● | ● | | | | ● |
| Vidago | 1. 6.–10. 10. | ● | ● | | | ● | ● | | ● | | ● |
| Termas dos Cucos | 1. 5.–30. 9. | | | | ● | | | | ● | | |
| Termas de S. Vicente | 15. 6.–30. 9. | | | | ● | | ● | | | | |

# HINWEISE VON A BIS Z

historischem Interesse. Alle wurden eingerichtet und ausgestattet im Stil der jeweiligen Region und sind bekannt für ihre ausgezeichnete, auch landestypische Küche. Die Pousadas werden nach drei Kategorien unterschieden: Pousada in regionaltypischem Gebäude, Pousada in kulturhistorisch interessantem Gebiet und Pousada in unter Denkmalschutz stehendem Gebäude. Neben den staatlichen Pousadas gibt es noch eine ähnliche Einrichtung, die sog. *Estalagens*. Bei ihnen handelt es sich um meist kleinere, familiärere Gasthäuser, die von privaten Eigentümern zur Verfügung gestellt werden.

Darüber hinaus gibt es noch drei weitere Unterkunftsangebote, die unter dem Stichwort *Turismo do Espaço Rural* (›Urlaub im ländlichen Raum‹, *TER*) zusammengefaßt werden. So gibt es einmal die Möglichkeit, Urlaub in alten Herrenhäusern zu verbringen *(Turismo de Habitação, TH)*. Meist handelt es sich hierbei um architektonisch besonders reizvolle herrschaftliche Privathäuser mit luxuriöser Ausstattung, die oft noch von ihren Eigentümern bewohnt werden. Diese stehen ihren Gästen mit Ratschlägen zur Seite und verwöhnen sie mit regionalen Spezialitäten aus Küche und Keller. Die Landhäuser der Kategorie *Turismo Rural (TR)* bieten ein etwas rustikaleres Umfeld; oft besteht die Möglichkeit zur Selbstversorgung. Beim sog. *Agro-Turismo (AT)* schließlich handelt es sich um einen Urlaub in einem land- oder weinwirtschaftlichen Betrieb. Die Besucher können sich hier an der Landarbeit beteiligen. Ansonsten werden sie mit Frühstück und oft auch weiteren Mahlzeiten versorgt.

Insbesondere am Algarve findet man des weiteren ein Angebot an *Apartementos Turísticos* (Ferienwohnungen), *Aldeamentos Turísticos* (Bungalowsiedlungen) und auch privater Wohnhäuser an der Küste. Bei *Quartos, Dormidas* oder auch *Camas* handelt es sich um Privatzimmer, die vielerorts eine preiswerte Alternative zur Unterkunft in einer Pension bieten.

**Pousadas (Auswahl)**

1 **Pousada São Teotónio** (Valenca do Minho) – ∅ 051/222 42
2 **Pousada Dom Dinis** (Vila Nova de Cerveira) – ∅ 051/9 56 01
3 **Pousada São Bento** (Caniçada) –

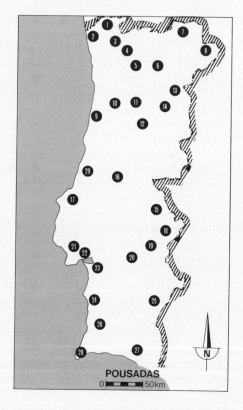

✆ 053/647190/1

4 **Pousada Nossa Senhora de Oliveira** (Guimarães) – ✆ 053/412157 und **Pousada Santa Marinha da Costa** (Guimarães) – ✆ 053/418465/6

5 **Pousada São Gonçalo** (Amarante/Serra de Marão) – ✆ 055/461113

6 **Pousada Barão de Forrester** (Alijó) – ✆ 059/95467

7 **Pousada São Bartolomeu** (Bragança) – ✆ 073/22493/4

8 **Pousada Santa Catarina** (Miranda do Douro) – ✆ 073/42255

9 **Pousada da Ria** (Murtosa/Aveiro) – ✆ 034/48332

10 **Pousada Santo António** (Agueda) – ✆ 034/521230

11 **Pousada São Jerónimo** (Caramulo) – ✆ 032/861291

12 **Pousada Santa Bárbara** (Oliveira do Hospital) – ✆ 038/52252 u. 52826

13 **Pousada Senhora das Neves** (Almeida) – ✆ 071/54290 u. 54283

14 **Pousada São Lourenço** (Manteigas) – ✆ 075/98150

15 **Pousada Santa Maria** (Marvão) – ✆ 045/93201/2

16 **Pousada São Pedro** (Tomar) – ✆ 049/381175 u. 381159

17 **Pousada do Castelo** (Óbidos) – ✆ 062/95 9105 u. 939148

18 **Pousada Santa Luzia** (Elvas) – ✆ 068/622128 u. 94166

19 **Pousada Santa Isabel** (Estremoz) – ✆ 068/22618 u. 22694

20 **Pousada dos Lóios** (Évora) – ✆ 066/24051/2

21 **Pousada de Palmela** (Palmela) – ✆ 01/235 0410, 235 1226 u. 235 1395

22 **Pousada São Filipe** (Setúbal) – ✆ 065/23844

23 **Pousada Vale do Gaio** (Torrão) – ✆ 065/66100

24 **Pousada São Tiago** (Santiago do Cacém) – ✆ 069/22459

25 **Pousada São Gens** (Serpa) – ✆ 084/90327

26 **Pousada Santa Clara** (Santa Clara-a-Velha) – ✆ 083/98250

27 **Pousada São Brás** (São Brás de Alportel) – ✆ 089/842305/6

28 **Pousada do Infante** (Sagres) – ✆ 082/64222/3

29 **Pousada do Mestre Afonso Domingues** (Batalha) – ✆ 044/96260/1

**Jugendherbergen** *(Pousadas/Albergues de Juventude)* sind rar, neue werden eingerichtet. Aktuelle Informationen bei Albergues de Juventude, Rua de Andrade Corvo 46 in 1000 Lissabon, ✆ 01/571054. Zur Zeit gibt es Jugendherbergen (von Nord nach Süd) in Vila Nova de Cerveira, Vilharinho das Furnas, Braga, Porto, Mira, Coimbra, Penhas da Saúde, Leiria, São Pedro de Muel, São Marinho do Porto, Areia Branca, Portalegre, Catalazete, Lisboa, Sagres, Portimão und Vila Real de Santo António.

**Krankenhäuser** In Lissabon: *Zentralverwaltung* im Hospital de São José, ✆ 860131. *Hospital de Santa Maria*, Avenida Professor Egas Moniz, ✆ 802131. *Notruf* und Krankenwagen ✆ 115; Angabe von *Nachtdienstapotheken* ✆ 16. (Englisch sprechendes Personal in The British Hospital, Rua Saraiva de Carvalho 49, ✆ 602020 und 602051.

**Märkte** sind in unseren Reiserouten jeweils am Ort vermerkt. Außerdem gibt es in

# HINWEISE VON A BIS Z/TELEFONNUMMERN

beinahe jedem größeren Ort eine Markthalle, die täglich außer sonntags von 6 oder 7 Uhr bis mittags geöffnet hat.

**Post** Die meisten *Correios* sind montags bis freitags von 9.00 bis 18.00 Uhr geöffnet. (Bei Mittagspausen zwischen 12.30 und 14.30 Uhr ist dafür abends bis 20.30 Uhr geöffnet.) Das *Hauptpostamt* in Lissabon (u. a. für postlagernde Sendungen) an der Praça dos Restauradores ist von 8 Uhr morgens bis 22.00 Uhr, das im Flughafen rund um die Uhr geöffnet. Telegramme können nicht von öffentlichen Fernsprechern aus aufgegeben werden. (In Hotels und Pensionen nachfragen!)

Deutsche können vom Postsparbuch innerhalb von 30 Tagen bis zu 2000 DM gebührenfrei in der Landeswährung abheben.

**Rundfunk** in Deutsch sendet die Deutsche Welle auf den Kurzwellenfrequenzen 5965 bzw. 6130 kHz/49 m-Band, 7120 bzw. 7170 kHz/41 m-Band und 9515 kHz/31m-Band. Im Sommer strahlt der portugiesische Sender RDP/Antena 1 vormittags auf Mittelwelle kurze Touristensendungen in englischer, französischer und deutscher Sprache.

**Saudade** (s. a. S. 394 Fado) meint eine Gefühlshaltung ähnlich der deutschen ›Sehnsucht‹; bei Camões heißt es: »... wie mich Qual zerreibt, was ins freudeleere, trübselge Herz sehnsüchtge Liebe schreibt«, die Gegenwart in der Abwesenheit, Liebe und Trennung in einem, ein bittersüßes Glück aus Erinnerung und Hoffnung auf Wiedersehen, ein unübersetzbares Wort, Ausdruck der portugiesischen Seele, melancholischen portugiesischen Gemütes.

**Schuhputzer** gibt es noch in den Städten. Am besten, man erfragt von einem Einheimischen den zur Zeit geltenden ›Putztarif‹ und gibt noch ein wenig Trinkgeld hinzu.

**Seeverkehr** Seebahnhof Alcântara und Seebahnhof Rocha Conde de Óbidos in Lissabon, Leixões in Porto.

Fährverkehr in Lissabon: nach Cacilhas vom Cais do Sodré oder Praça do Comércio; nach Barreiro und Montijo vom Bahnhof Sul e Suleste in der Ostecke der Praça do Comércio; nach Trafaria und Porto Brandão von der Fährstation Belém aus.

Zufahrten zur Tejo-Brücke: Praça de Espanha, vom Viadukt Duarte Pacheco oder aus Alcântara – Brückenzoll auf der anderen Brückenseite.

**Sport** Alle Küsten Portugals, die am Atlantik, um Lissabon, vor allem aber die gesamte, um 155 km lange Algarve-Küste sind ein wahres Paradies für aktive Urlauber und viele ganzjährige Unternehmungen: Golf (s. auch S. 395), Reiten, Tennis, Squash und die Wassersportarten Segeln, Bootfahren, Angeln, Tauchen, Wasserski, Windsurfen und natürlich Schwimmen und Baden. An bewachten Strandabschnitten gelten dabei bestimmte Sicherheitssignale (Flaggen, Ballons, Körbe usw.) in den Farben:

Grün = Keine Gefahr, alles in Ordnung!

Gelb = Schwimmen einstellen – Baden noch erlaubt!

Rot = Vorsicht, Gefahr! Baden und Schwimmen einstellen!

Kariert = Der Strand ist z. Zt. nicht bewacht, Posten hat Pause!

**Touristenbüros Portugals**
*in Deutschland:*

Portugiesisches Touristik-Amt
Kaiserstraße 66, 60329 Frankfurt/Main
℡ 069/2905 49, Fax 069/23 14 33
Portugiesisches Handelsbüro
Kreuzstraße 34, 40210 Düsseldorf
℡ 02 11/8 49 12-4, Fax 02 11/32 09 68
Kurfürstendamm 203, 10719 Berlin
℡ 030/8 82 10 66, Fax 030/8 83 48 51

*in Österreich:*
Portugiesisches Touristik-Amt
Stubenring 16/3, 1010 Wien
℡ 01/5 13 26 70

*in der Schweiz:*
Portugiesisches Touristik-Amt
Badener Straße 15, 8004 Zürich
℡ 01/2 41 00 01

Quai Gustave Ador 50, 1207 Genf
℡ 0 22/7 86 12 45

*in Portugal:*
Zentrale der Fremdenverkehrsämter
Praça dos Restauradores (Palácio Foz)
Lissabon
℡ 01/3 46 36 58/24 (Hier erhält man die Monatsbroschüre ›Agenda Cultural‹ mit detaillierten Informationen zu kulturellen Veranstaltungen in Lissabon und anderswo in Portugal)

Seit einiger Zeit wird Portugal in die folgenden acht *Touristenregionen* eingeteilt (von Nord nach Süd): Costa Verde (die grüne Küste), Costa de Prata (die Silberküste), Costa de Lisboa (Lissabons Küste), Mon-

---

## Wichtige Telefonnummern

### Notruf:
Landeseinheitlicher Notruf für Polizei, Krankenwagen, Feuerwehr: 115 (gebührenfrei)

### Auslandsvorwahlen:
Bundesrepublik Deutschland 00 49
Österreich 00 43
Schweiz 00 41
nach Portugal 00 3 51 (von Spanien aus 07 3 51)

### In Lissabon

Touristische Auskünfte 3 46 36 24
Allgemeine Auskünfte/Straßenangabe 16
Angabe von Nachtapotheken 16
Krankenhäuser, städtische 86 01 31
(Telefonzentrale für alle)

Krankenwagen 115
Feuerwehr 115
Polizei-Notruf 115
Verkehrswacht 67 00 22
Automobilclub 56 39 31
Flugplatz-Auskünfte 80 20 60
Lufthansa, Avenida da Liberdade 192a, 57 38 52
Swissair, Avenida da Liberdade 38, 37 11 11/2/3
Austrian Airlines, Campo Grande 28, 73 27 01
TAP-Air Portugal, Praça Marques de Pombal 3, 54 40 80/57 50 20
Bahnauskünfte 87 70 92
Schiffsankünfte und Schiffsabfahrten 16

## KLIMA / ESSEN UND TRINKEN

tanhas (das Bergland), Planícies (die Ebenen), Algarve, Madeira und Azoren.

bra, Covilhã, Faro, Portimâo, Vila Real und Viseu.

**Verkehrsverbindungen** Mit dem Flugzeug täglich mit Lufthansa oder TAP direkt Frankfurt – Lissabon und Porto, mehrmals wöchentlich München, Düsseldorf, Hamburg, Stuttgart oder Wien nach Lissabon. Swissair oder TAP täglich Zürich/Genf – Lissabon und Genf – Porto, einmal wöchentlich z. Z. Zürich – Porto sowie von Amsterdam mit KLM, von Brüssel mit Sabena direkt nach Lissabon und Porto.

Die innerportugiesischen Verbindungen werden teils von der TAP besorgt (von Lissabon nach Porto, Faro, Madeira und Azoren). Die Regionalfluglinie LAR fliegt mit kleineren Maschinen von Lissabon und/ oder Porto nach Bragança, Chaves, Coim-

**Vertretungen** Botschaften, Konsulate der *Bundesrepublik Deutschland* in Portugal: Lissabon: Campo dos Mártires da Pátria 38, ∅ 3523961; Porto: Rua do Campo Alegre 276, ∅ 65132; Faro: Av. da República 160, ∅ 22050; außerdem in Funchal/Madeira und Ponta Delgada/Insel São Miguel. *Österreich:* Lissabon, Rua das Amoreiras 70, ∅ 654161; *Schweiz:* Lissabon, Travessa do Patrocínio 1, ∅ 673121. Die Vertretungen sind meist an Feiertagen, auch des jeweiligen Landes, geschlossen.

**Zeitzone** Auf dem Festland gilt dieselbe Zeit (auch Sommerzeit) wie in D, A, CH; auf Madeira ist es eine Stunde, auf den Azoren zwei Stunden früher.

| Januar | | August | |
|---|---|---|---|
| Cabo de S. Vicente | 12,5° | Campo Maior | 25,4° |
| Faro | 12,0° | Castelo Branco | 24,3° |
| Lagos | 11,7° | Moncorvo | 24,3° |
| Praia da Rocha | 11,4° | Faro | 24,2° |
| Lissabon | 10,6° | Beja | 23,6° |
| Santarém | 9,7° | Santarém | 23,6° |
| Coimbra | 9,6° | Lagos | 23,2° |
| Beja | 8,8° | Praia da Rocha | 23,1° |
| Porto | 8,7° | Évora | 23,0° |
| Évora | 8,4° | Lissabon | 22,0° |
| Campo Maior | 8,3° | Coimbra | 21,4° |
| Castelo Branco | 7,6° | Porto | 19,6° |
| Moncorvo | 6,2° | Guarda | 19,0° |
| Montalegre | 3,7° | Cabo de S. Vicente | 18,9° |
| Guarda | 3,3° | Montalegre | 17,7° |
| Penhas Douradas | 2,6° | Penhas Douradas | 17,2° |

# Klima und Reisezeit

Portugals Klima unterliegt mediterranen, atlantischen und kontinentalen Einflüssen. Der Golfstrom und andere Faktoren sichern das günstige Klima mit kurzen milden Wintern und langen, warmen und trockenen Sommern. Topographisch bedingt, ist der bergige Norden feuchter gegenüber dem flachen trockenen Süden, d. h. das Klima im einzelnen folgt dem natürlichen Abflachen des Landes. Ganz selten unterschreitet die Temperatur in Lissabon die Null-Grad-Grenze. Und in den Sommermonaten streichen die vom Azorenhoch erzeugten ›nortadas‹ aus Westen und Nordwesten vom Atlantik her über das Land und mindern selbst im kontinentalen Zentralportugal die heißen Sommermonate, kühlen nach Sonnenuntergang die Temperaturen so ab, daß man stets bei angenehmer Nachtkühle erholsam durchschlafen kann. Unsere Tabelle zeigt die mittleren Temperaturwerte für die Monate Januar und August für die Lufttemperatur an den wichtigsten Plätzen Portugals vom Meer bis hoch in die Berge. Leider entsprechen die Wassertemperaturen an Portugals Küsten oft nicht den hochgespannten Erwartungen, die man von mittelmeerischen Stränden dorthin übertragen möchte. Allein im Algarve kann das in Maßen zutreffen, sonst aber sollte man mit Wassertemperaturen rechnen, wie sie in unseren Nord- und Ostseebädern oder den großen Schweizer Seen üblich sind, denn alle Seebäder Portugals liegen am offenen Atlantik, dessen Boden relativ kurz vor der Küste bereits auf mehrere tausend Meter abfällt. Aufsteigendes Tiefenwasser kann sich so selbst im Hochsommer nicht richtig erwärmen. Die Tabelle zur Wassertemperatur mag das erhärten.

Für ganz Portugal gelten als beste Reisezeiten die Monate April und Mai oder September, Oktober und bis in den November hinein, aber überaus mild und dann bereits von der Mandelblüte verschönt, sind im Algarve bereits Januarende und Februar. Dort und in und um Lissabon aber wird man das ganze Jahr über ideales Reise- und Erholungswetter haben, und im Sintra-Gebirge und an den Südhängen der Serra da Estrela ›überwintern‹ Erholungssuchende aus ganz Europa in Klimalagen, die den Winter nicht einmal mehr ahnen lassen.

## Wassertemperaturen (W) und Regentage (R) in Portugal (mittlere Monatsmittel)

|  |  | Jan. | Febr. | März | April | Mai | Juni | Juli | Aug. | Sept. | Okt. | Nov. | Dez. |
|---|---|---|---|---|---|---|---|---|---|---|---|---|---|
| **Norden** (Costa | W | 14 | 13 | 13 | 14 | 15 | 16 | 17 | 18 | 18 | 17 | 15 | 14 |
| Verde) | R | 13 | 10 | 14 | 9 | 9 | 5 | 3 | 4 | 6 | 9 | 12 | 13 |
| **Mitte** (Lissa- | W | 14 | 14 | 14 | 15 | 16 | 17 | 18 | 19 | 19 | 18 | 16 | 15 |
| bon) | R | 11 | 8 | 11 | 7 | 7 | 2 | 1 | 1 | 4 | 7 | 9 | 11 |
| **Süden** (Algar- | W | 15 | 15 | 15 | 16 | 17 | 18 | 19 | 20 | 20 | 19 | 17 | 16 |
| ve) | R | 7 | 6 | 8 | 5 | 3 | 1 | 0 | 0 | 2 | 4 | 7 | 7 |

ESSEN UND TRINKEN

Vergleich der Temperaturen im Algarve zu anderen Touristengebieten

| | Temperaturen | | Regen | | Sonnenschein |
|---|---|---|---|---|---|
| | Winter | Sommer | Winter | Sommer | |
| | C° | C° | MM | MM | |
| Algarve . . . . . . . | 10–20 | 20–30 | 250–500 | –100 | Über 3000 Stunden |
| Costa Brava . . . . | 0–10 | 20–30 | 125–250 | 250–500 | 2000–3000 Stunden |
| Mallorca . . . . . . | 10–20 | 20–30 | 125–250 | 250–350 | 2000–3000 Stunden |
| Adriatisches Meer . | 0–10 | 20–30 | 125–250 | 250–500 | 1000–3000 Stunden |
| Franz. Riviera . . . | 0–10 | 20–30 | 250–500 | 250–500 | 2000–3000 Stunden |

## Essen und Trinken

Lage, Klima und jahrhundertelange Einflüsse der Küchen Amerikas, Afrikas und Asiens können ein wenig die außergewöhnliche Vielfalt der portugiesischen Küche erklären, die immer wohlschmeckend, vielseitig, meist kräftig und stets reichlich ist und vorherrschend Fischgerichte, saftige Fleischspeisen, aber auch Wildbret, alle möglichen Früchte, Käse und köstliche Süßigkeiten zu herrlichen Menus komponiert. Allein mit wenigen Stichworten wollen wir Ihren Appetit ein wenig anzuregen versuchen:

Suppen aus Kohl = *Caldo Verde*, aus Brot = *Açorda*, von Fischen = *Sopa Rica de Peixe*, Langusten = *Lagosta Suada*, von Muscheln = *Amêijoas na Cataplana* oder *ao Natural*, auf dem Rost gegrillte Sardinen = *Sardinhas Assadas*, Stockfisch = *Bacalhau*, Meerbarben = *Salmonetes*, gefüllter Tintenfisch = *Lulas Recheadas*, geräucherter Schwertfisch = *Espadarte Fumado*, Thunfischsteak = *Bife de Atum*, Fischsuppe = *Caldeirada*. Gemüseragout = *Cozido à Portuguesa*, die Spezialität von Porto, Kaldaunen = *Tripas à Modo do Porto*, Schweineschnitzel = *Rojões*, Schwein mit Muscheln = *Carne de Porco à Alentejana*, Fleisch am Spieß gegrillt = *Espetadas da Madeira*, Ochsenschwanz = *Alcatra dos Azores*, Rebhuhn im Schmortopf = *Perdiz na Púcara*, Kaninchen nach Jägerart = *Coelho à Caçadora*, Käse überall in den Bergen, Cabreiro, Serra, Serpa, São Jorge, Weißkäse = *Requeijão*, und die vielen Süßigkeiten aus Eiern, Mandeln und Honig aus dem Algarve, dazu Aperitive, Süß- und Dessertweine aus Carcavelos, Muskateller aus Setúbal und Lagoa im Algarve oder süßen Port, Madeira oder Pico-Weine von den Azoren. Porugiesische Weißweine gehören zu Fisch, Vinho Verde, vom Douro und Dão, aus Colares im Sintra-Gebirge, aus dem Ribatejo und vom Alentejo – Rotweine zu Fisch und Wild, Käse und wenigen Fischgerichten, die von Alcobaça, Vidigueira, Borba, Cartaxo, Torres Vedras, Pinhel und Azambuja. Die spritzigen Roséweine passen zu fast allen Gerichten, verschönen aber besonders die Früchte des Meeres. Exotisch geradezu sind Portugals Branntweine, die man nicht nur aus Trauben (Bagaceira) destilliert, sondern auch aus Zuckerrohr (Cana) oder den Früchten des Erdbeerbaumes (Medronheira), und ähnlich süffig, aber ›betäubend‹, sind die Liköre aus Anis (Anis Escarchado), aus Kirschen (Ginginha) und im Algarve aus Honig (Medronho e Mel).

404

**Das ist typisch:**
**Suppen** *Sopas* – *Caldo Verde* – Kartoffelsuppe mit feinen Kohlfäden / *Creme de Mariscos* – mit Muscheln, Krabben etc. / *Sopa Alentejana* – Klare Brühe mit Knoblauch, Kerbel, Brot, Ei
**Fisch** *Açorda* – Brei aus Brot mit Muscheln, Languste, Krabben, Ei, Knoblauch / *Caldeirada* – verschiedene Fischsorten mit Kartoffeln, Paprika, Tomaten u. Zwiebeln geschmort / *Bacalhau* – Stockfisch, viele Zubereitungsarten, auch gekocht mit Gemüse / *Ensopado de Enguias* – kleine Aale in pikanter Sauce geschmort mit Brot
**Fleisch** *Cozido* – verschiedene Gemüse gekocht mit Rindfleisch, Räucherwurst und Speck / *Chispe* – Art Schlachtplatte vom Schwein / *Dobrada* – Gekröse mit weißen Bohnen, Räucherwurst und Reis

**So steht es auf der Speisekarte:**
Frühstück *Pequeno almoço* / Mittagessen *Almoço* / Abendessen *Jantar* / Nachmittagskaffee *Lanche* / die Karte *A lista* / die Weinkarte *A lista dos vinhos*
**Suppe** *Sopa* – Tomaten *Tomate* / Krabben *Camarão* / weiße Bohnen *Feijão branco* / Kohl und Kartoffeln *Caldo verde* / Schalentiere *Sopa de mariscos* / Fleischbrühe *Sopa de carne* / Brot und Ei *Sopa à alentejana* / Gemüse *Creme de legumes*
**Gemüse** *Legumes* – Kartoffeln *Batatas* / pommes frites *Batata frita* / Erbsen *Ervilhas* / dicke Bohnen *Favas* / grüne Bohnen *Feijão verde* / Kohl *Couves* / Blumenkohl *Couveflor* / Art Mangold *Grelos* / Spinat *Espinafres* / Salat *Alface* / Wasserkresse *Agriões* / Spargel *Esparagos* / Karotten *Cenouras*
**Schalentiere** *Mariscos* – Hummer *Lavagante* / Languste *Lagosta* / kl. Languste *Lago-*

*stinha* / Krabben *Camarão* / gr. Krabben *Gambas* / Seespinne *Santola*
**Fisch** *Peixe* – Seezunge *Linguado* / Seebrasse *Pargo* / Weißfisch *Pescada* / Silberbarsch *Cherne* / Makrele *Sarda* / Seebarsch *Robalo* / Rotbarsch *Salmonete* / Alse *Sável* / Sardinen *Sardinhas* / Krake *Polvo* / Tintenfisch *Lulas* / Thun *Atum* / Aal *Eirós* / Stockfisch *Bacalhau* / Filets *Filetes* / Fischeintopf *Caldeirada*
**Fleisch** *Carne* – Rind *Vaca* / Kalb *Vitela* / Schwein *Porco* / Spanferkel *Leitão* / Hammel *Carneiro* / Zicklein *Cabrito* / ein Steak *Um bife* / durchgebraten *Bem passado* / schwach gebraten *Mal passado* / Nieren *Rim* / Leber *Figado* / Kottelets *Costeletas* / Schnitzel *Escalopes* / Gekröse *Dobrada* / Würstchen *Salsichas* / Port. Eintopf *Cozido à portuguesa* / Ente *Pato* / Hühnchen *Frango* / Truthahn *Perú* / Kaninchen *Coelho* / gek. Schinken *Fiambre* / roher Schinken *Presunto* / Aufschnitt *Carnes frias*
**Eier** *Ovos* – hartgekocht *Cozidos* / weichgekocht *Quentes* / Spiegel *Estrelados* / Rührei *Mexidos* / Verlorene *Escalfados* / Omelette *Omeleta* / Spanisches Omelette *Tortilha*
**Obst** *Fruta* – Apfelsine *Laranjas* / Melone *Melão* / Wassermelone *Melancia* / Feigen *Figos* / Pfirsich *Pêssegos* / Birne *Pêras* / Apfel *Maçãs* / Aprikose *Alperches* / Kirsche *Cerejas* / Pflaume *Ameixas* / Trauben *Uvas* / Mispeln *Nêsperas* / Erdbeeren *Morangos* / Ananas *Ananás* / Zitrone *Limão*
**Süßspeisen** *Sobremesa* – Obstsalat *Salada de Frutas* / Eierpudding mit Karamell *Pudim flan* / Süßer Reis *Arroz doce* / Bratapfel *Maçã assada* / Eis *Gelado*
**Getränke** *Bebidas* – Mineralwasser *Água mineral* / Tee *Chá* / kl. Glas Kaffee *Um café* / schwacher Kaffee *Carioca* / Glas heiße Milch *Um copo de leite quente* / Orangeade

# VERKEHRSVERBINDUNGEN (LISSABON)

*Laranjada* / Zitronensprudel *Limonada* / Weißwein *Vinho branco* / Rotwein *Vinho tinto* / Bier *Cerveja* / Kl. Helles *Imperial* / Apfelsinensaft *Sumo de laranja* / eiskalt *Gelado* / Eis *Gelo* / lauwarm *Morno* / heiß *Quente* / stark *Forte* / schwach *Fraco* **Verschiedenes** gekocht *Cozido* / gegrillt *Grelhado* / gebraten *Frito* / geschmort *Estufado* / im Ofen gebraten *Assado no forno* / Ragout oder Gulasch *Guisado* / Käse *Queijo* / Reis *Arroz* / Olivenöl *Azeite* / Essig *Vinagre* / Pfeffer *Pimenta* / Salz *Sal* / Butter *Manteiga* / Zucker *Açúcar* / Toast *Pão torrado* / Soße *Molho* / Senf *Mostarda* / Curry *Caril* / Marmelade *Compota* / Kekse *Bolachas* / Kuchen *Bolos* / Tasse *Chávena* / Glas *Copo* / Teller *Prato* / Messer *Faca* / Gabel *Garfo* / Löffel *Colher*

Man kann seine Urlaubskosten um gut ein Drittel senken und überdies noch landestypische Gastlichkeit genießen, wenn man ›bessere‹ Restaurants mit internationaler Kost und Hotelbars weitgehend meidet und dafür in einfachen, in Portugal immer sauber-adretten Gaststätten originale Gerichte probiert. Unser ›Spickzettel‹ zur Speisekarte hilft dabei: *Acepipes* = Vorspeisen; *Cruezas* = Rohgemüsespeisen; *Salchicharia* = Würste; *Peixe* = Fische; *Sopas* = Suppen; *Peixe e Crustáceos* = Fische und Krustentiere; *Pratos de Carne* = Fleischgerichte; *Legumes* = Gemüse; *Queijos* = Käse; *Sobremesas* = Nachtisch.

**Getränke:** *Amarante* = herb-junger Minho-Wein; *Beiras* = eine Art Burgunder; *Carcavelos* = würzig aus der Gegend von Estoril; *Colares* = roter aus der Gegend von Lissabon; *Dão* = kräftig aus dem Beira Alta; *Estremadura* = sehr würzig, beste Sorte der Bastarcino; *Fuzeta* = alkoholstarker Algarve-Wein; *Moscatel* = Muskateller aus Setúbal; *Novidade* und *Trás os Montes* = werden nach zwei Jahren aus den Reifefässern abgefüllt und sind voll, mild und alkoholstark; *Vinho des Mortos* = schwerer, sog. Totenwein, weil man die Flaschen in der Erde vergräbt, um den Wein besser altern zu lassen.

## Verkehrsverbindungen in Lissabon zu besonderen Sehenswürdigkeiten

| Ziel | mit | Bus | Straßenbahn | U-Bahn |
| --- | --- | --- | --- | --- |
| **Praça do Comércio** | | 1, 7, 9, 13, 14, 43 | 15, 16, 17, 18, 19 | – |
| **Camara Municipal** | | | | – |
| Praça do Municipal | | 1, 7, 13, 14, 43 | 15, 16, 17, 18, 19 | |
| **Castelo de São Jorge** | | | | |
| Largo do Chão da Feira | | 37 | 10, 11, 28 | – |
| **Kathedrale** | | | | |
| Largo da Sé | | 37 | 10, 11, 28 | – |
| **Conceição Velha** | | | | |
| Rua da Alfandega | | 13 | 3, 16 | – |

| Ziel | mit | Bus | Straßenbahn | U-Bahn |
|---|---|---|---|---|
| ↓ | | ↓ | ↓ | ↓ |
| **Casa dos Bicos** | | | | |
| Rua dos Bacalhoeiros | | 13 | 3, 16, 24 | – |
| **Carmo, archäol. Museum** | | | | |
| Largo do Carmo | | – | 24 | |
| **São Roque** | | | | |
| Largo Trindade Coelho | | 15 | 20, 29, 30 | Restauradores |
| **Santa Engraçia** | | | | |
| Campo de Santa Clara | | 12 | – | – |
| **Ingreja da Graça** | | | | |
| Largo da Graça | | – | 10, 11, 28 | – |
| **São Vicente de Fora** | | | | |
| Largo de São Vicente | | – | 10, 11, 28 | – |
| **Madre de Deus** | | | | |
| Rua da Madre de Deus | | 13, 18, 42 | 3, 16, 27 | – |
| **Da Memoria** | | | | |
| Largo da Memoria | | 27, 29 | – | – |
| **Aquädukt das Aguas Livres** | | | | |
| Campolide | | 13, 20 | – | – |
| **Jerónimos-Kloster** | | | | |
| Praça do Imperio | | 12, 27, 28, 29, 43 | 15, 16, 17 | – |
| **Denkmal der Entdeckungen** | | | | |
| Praça do Imperio | | 12, 27, 28, 29, 43 | 15, 16, 17 | – |
| **Jerónimos-Kapelle** | | | | |
| Restelo | | 12 | – | – |
| **Belém-Turm** | | 29, 43 | 15, 16 | – |
| **Nationalbibliothek** | | | | |
| Campo Grande | | 1, 3, 6, 36, 38, 45 | – | Entrecampos |
| **Stadtbibliothek** | | | | |
| Palácio Galveias | | 1, 21, 27, 32 | – | Campo Pequeno |
| **Archiv da Torre do Tombo** | | | | |
| Largo de São Bento | | 39 | 22, 23, 28 | – |
| **Akademie der Wissenschaften** | | | | |
| Rua Academia das Ciências | | 39 | 28 | – |
| **Gulbenkian-Bibliothek** | | | | |
| Avenida de Berne | | 15, 30, 31, 51, 46, 56 | – | Palhavä |
| **Ajuda-Palast** | | | | |
| Calcada da Ajuda | | 14, 42 | 18 | – |

# VERKEHRSVERBINDUNGEN (LISSABON)/ALGARVE

| Ziel mit | Bus | Straßenbahn | U-Bahn |
|---|---|---|---|

MUSEEN
**Nationalmuseum**

| Rua das Janelas Verdes | 27, 40, 49, 54 | 19 | – |

**Archäologisches**

| Largo do Carmo | – | 24 | Rossio |

**Religiöse Kunst**

| Largo Trindade Coelho | 15, 20 | 29, 30 | Restauradores |

**Stadtmuseum**
Campo Grande und
**Rafael Bordalo Pinheiro**

| Campo Grande | 1, 7, 33, 36, 50 | – | Entrecampos |

**Kostümmuseum**

| Largo São João Baptista | 7B, 1, 7, 36 | – | Entrecampos |

**Gulbenkian**

| Avenida de Berne | 15, 30, 31, 41, 46, 56 | – | Palhavã |

**Zeitgenössische Kunst**

| Rua Serpa Pinto (z. Zt. geschlossen) | | 28 | – |

**Militärmuseum**

| Largo Museu de Artilharia | 9A, 13, 17, 35 | 3, 16, 24 | |

**Kutschenmuseum**

| Praça Albuquerque | 12, 14, 27, 28 29, 43 | 15, 16, 17 | – |

**Marine und Ethnologisches**

| Praça do Imperio | 12, 29, 43 | 15, 16, 17 | – |

**Volkskunst**

| Avenida Brasília | 12, 29, 43 | 15, 16, 17 | – |

**Dekorative Künste**

| Largo das Portas do Sol | 37 | 10, 11, 28 | – |

Unterschiedliche Fahrpreise, abhängig von Art des Verkehrsmittels und Streckenlänge. Für Bahn und Bus gibt es verbilligte Touristenpässe, die U-Bahn hat einen Einheitstarif.

*Wappen der Provinz Algarve*

# Algarve: jährlich stattfindende Veranstaltungen
(siehe die Algarve-Karte S. 158/159)

**Januar** in *Vilamoura:* Fest der Mandelbaumblüte.

**Februar** in *Loulé:* Karneval; in *Aldeia das Acoteias:* Autorennen; in *Palmares:* Golfmatch um die Mandelblüten-Meisterschaft.

**März** in *Vilamoura:* Golfturnier für Amateure und Berufsspieler; in *Vilamoura* und *Quinta do Lago* Golfturniere (der Platz Quinta do Lago, 27 Löcher, Par 72, gehört in die Reihe der vier schönsten in Europa, der neun besten in der Welt!), im ganzen Algarve Feierlichkeiten zur Karwoche.

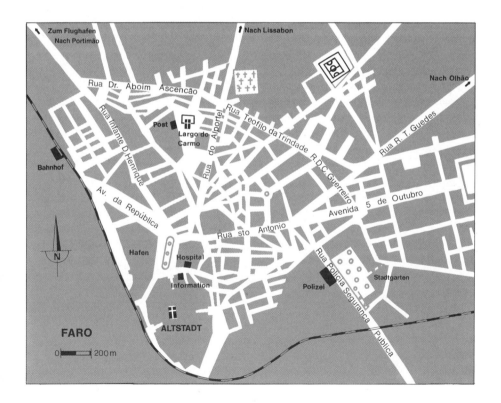

## ALGARVE/FESTE IN PORTUGAL

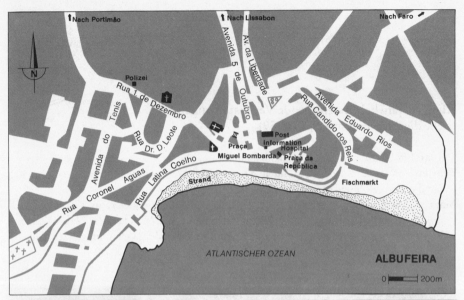

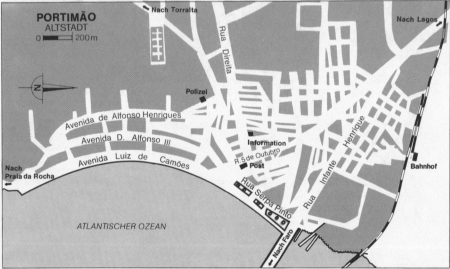

**April** in *Faro:* Gulbenkian-Musikwoche; an vielen anderen Orten im Algarve Festspiele und durch die Provinz ein internationales Fahrradrennen.

**Mai** in *Faro:* Internationaler Schützenwettbewerb; im Hotel Dom Pedro in *Vilamoura* Tennismeisterschaften des Algarve; Golfwettbewerbe und Frühlingsfeste in der gesamten Provinz.

**Juni** in *Silves:* Bierfest; in *Vilamoura:* Reiterfeste; in *Lagos, Olhão, Tavira:* Heiligenfeste.
**Juli** in *Lagos:* Handarbeitsmesse; in *Silves,* Schloß, Sommerfestspiele; Sommermusiken an diversen Orten.
**August** in *Vilamoura,* Marina: Internationaler Segelwettbewerb; überall im Algarve Musikwochen und Musikfestspiele.
**September** Folklorefest in der ganzen Provinz.
**Oktober** in *Vila Real de Santo António:* Jahresmesse; in *Faro:* Messe von Santa Iria; in *Lagos:* allgemeine Festlichkeiten.
**November** in *Vilamoura:* Golf- und Tennisturniere; durch die Algarveprovinz große Auto-Rallye.
**Dezember** in *Freamunde:* Kirchweih und Markt

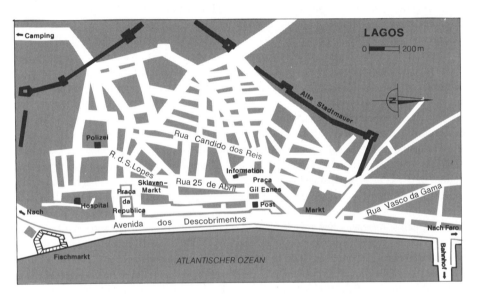

## Feste in Portugal

Feste werden lokal das ganze Jahr über gefeiert. Messen, Jahrmärkte und ländliche Feste hängen mit dem bäurischen Leben meist eng zusammen, vor allem den Ernte- und Weinfesten, und heißen *Feiras;* andere und die großen überregionalen Feste sind die *Romarias* (eigentlich die ›nach Rom gehen‹), zu denen man oft von weither anreist. Da sind zuerst die Bittgänge, Kollekten, die von den Frauen der Kommission, den Mordomas, eingesammelt werden. Mit Dudelsackpfeifern und Stocktänzern, Pauliteiros, in *Miranda,* oder kleinen Stierkämpfen, Desemboladas, auf offenem Marktplatz. Große Orte veranstalten Feuerwerke, wie in *Matosinhos,* für die Senhora dos Remédios in *Lamego* oder die

# FESTE IN PORTUGAL/STIERKAMPF

Assuncão in *Póvoa de Varzim*. Andere Bittgänge und Feste sind mit bestimmten Ständen verbunden wie die vielen Fischerfeste, sie führen zu alten Wallfahrtsstätten, unter Tänzen in den alten, meist kostbaren Trachten, so etwa in *Guimarães* oder *Tomar*. Stets rückt man in Gruppen und beladen mit prall gefüllten Essenskörben an, oft noch auf vollgeladenen, geschmückten Pferdewagen und begleitet von fröhlicher Musik auf der bandurra (einer Art Gitarre), den adufes (Tamburins), der Harmonika und der viola oder cavaquinho (Geigenarten). Kerzen werden geweiht, die Altarkerze traditionsgemäß noch immer auf einem Ochsenwagen angekarrt und von Musik, Gebeten, Lärm und Feuerwerk, in ein Blumenmeer gehüllt, zum Gotteshaus begleitet. Meist am frühen Nachmittag findet dann die feierliche Prozession den überlieferten, langen Weg entlang statt. Die Heiligenfiguren werden geschmückt, inbrünstig geküßt, auf den Tragegestellen befestigt und von Büßern oder Angehörigen einer Bruderschaft oder von Honoratioren getragen. Voran ziehen die Kirchenfahnen, der Pfarrer und Musikanten, oft auch Tanzgruppen. Vor und nach der Prozession wird kräftig gegessen und Wein getrunken, dann sinken meist Schafe, Rinder, Pferde und in grobe Decken gehüllte Festbesucher noch auf dem Kirchplatz oder in seiner Nähe in tiefen Schlaf, bis um Mitternacht das große Feuerwerk mit Knallen und Böllerschüssen noch einmal alle munter macht. Während die einen, meist die Jungen, jetzt ausgelassen bis in den Morgen feiern und tanzen, beten andere oder schlafen bei der Kapelle oder der Kirche, erfüllen Gelübde oder ruhen aus für den Heimweg am nächsten Morgen. Bestimmten Heiligen sind besondere Schutzfunktionen angetragen, was, da dies von Ort zu Ort unterschiedlich ist, zu großer Begriffsverwirrung führen kann. Fürbitten, Krankheit und Gelübde scheinen untrennbar mit diesen Schutzheiligen verbunden. So gilt in ganz Portugal Santa Luzia als die Schutzheilige für die Augen, und ihr werden neben Wachsnachbildungen auch ›lebendige Augen‹ dargebracht und Tauben, ein Kaninchen oder ein anderes lebendes Tier geopfert. Santo Ovido hilft bei Ohrenleiden, São Brás bei Halsweh, São Roque bei Warzen, gegen die man aber auch Nelken der Gottesmutter darbringt oder wo man, um Warzen loszuwerden, dem São Roque in *Albergaria a Velha* sogar gestohlenen Mais, soviel wie in einen Pantoffel oder auf einen Dachziegel geht, opfert. Auch gegen Grützbeutel sind Nelken gut. Schließlich ist São João de Arga der rechte Heilige für die Frau, deren Ehemann untreu geworden ist. Bringt man ihm gestohlene Dachziegel dar, dann findet der Mann zum Pfade der Tugend zurück. Ein besonderer Ehestifter ist São Gonçalo in *Amarante*, und ihm zu Ehren bäckt man Kuchen in Phallusform, tanzt in *Aveiro* unzüchtige Tänze, ähnliche in *Porto* vor der Kathedrale. Schließlich umarmen Mädchen das steinerne Bild des Homen da Maca in *Matosinhos* und begießen es mit Wein, um Glück in der Liebe zu haben – alles Dinge, die ethnologische Wurzeln haben und von der Kirche des ›heidnischen‹ Ursprungs wegen oft nachdrücklich, aber erfolglos, bekämpft werden. Zuletzt hat im Bauernland Portugal auch das Vieh seine Schutzheiligen, die man für die Tiere anruft, wie São Mamede, São Marcos und São Silvestre. Ihnen stiftet man Exvotos in Wachs und der Form der Tiere, läßt in *Caminha* die Milchkühe gleich hinter dem Baldachin in der Prozession mitlaufen, treibt in *Branco* das Jungvieh um die Kapelle des Heiligen Marcos und schlägt jedem Tier dann dreimal die Heiligenfigur auf den Kopf, stiftet in *Mós* der Jungfrau Maria das erste

Schaf, das in ihre Kapelle läuft oder treibt in *Celorico* die Viehherden solange um die Azares-Kapelle, bis sich ein geschlossener Ring gebildet hat. Zuletzt aber heißt es immer wieder:

> *Meninas, bailai, bailai*  Tanzt, Mädchen, tanzt,
> *Té os sapatos romper.*   bis die Schuhe durch sind.

## Portugiesischer Stierkampf

Wer von den barbarischen Praktiken des spanischen Stierkampfes abgestoßen wird, der sollte sich eine portugiesische Touro anschauen, denn gerade hier tötet man nicht mehr in der Arena, im Gegenteil, man begeistert sich an exzellenter Reitkunst, Angriffslust des Stieres und dem Mut der Forcados. Alle, auch der Kampfstier, verlassen lebend, beklatscht und gefeiert die Arena. Der Ablauf eines portugiesischen Stierkampfes hat seine besonderen Regeln und Techniken. Vor allem, er wird vom Pferde aus gekämpft, von wenigen, muskulösen und mittelgroßen Tieren der iberischen Rasse. Sie sind reaktionsschnell, spurtstark und gewandt und beherrschen alle Gangarten der Hohen Schule. Die Kampfstiere, meist aus dem Ribatejo, sind ebenfalls schnell, wild und wendig und haben – und das sollte der Zuschauer nicht vergessen – mit einem Bullen kaum mehr als die Figur gemein, sind wilde Tiere und allein darauf erzogen, einmal gereizt, alles anzugreifen und zu töten wie Tiger und Löwe.

Am Vormittag treffen die Tiere und ihre Begleitmannschaften ein, und man hat Gelegenheit, die Stiere in ihren Ställen anzuschauen. Tun Sie es – und beim Weggehen vergessen Sie nicht, ihnen auf den Rücken zu spucken, es wird Sie sofort als ›Sachverständi-

*Stierkampf im 18. Jh. mit Hunden*

STIERKAMPF/ÜBER DIE PORTUGIESEN

gen‹ ausweisen. Spät nachmittags beginnen die Kämpfe, sechs in der Regel, die gut drei Stunden dauern. Der Sonnenstand teilt die kreisrunde Arena in zwei Seiten, die mit den billigeren Plätzen, *Sol,* in der Sonne und *Sombre,* die Schattenseite, wofür man tiefer ins Portemonnaie greifen muß. Sitzkissen nimmt man mit oder leiht sie aus, für die Sonnenseite sind eine Kopfbedeckung und die Sonnenbrille unerläßlich.

Nach der Nationalhymne eröffnet ein Trompetensignal die Tourada. Der Kampfrichter in der Loge gibt das Zeichen, der Paseo beginnt, der Einmarsch aller Teilnehmer in die Arena; die Matadore, die Kämpfer zu Fuß zuerst und ihre Begleitmannschaft, die Quadrillas, dann die Forcados, eine Gruppe von meist acht Burschen, die den Stier mit bloßen Händen halten werden, die portugiesische Variante des Stierkampfes ›Pega de caras‹ (= das Anhalten von vorne), dann folgen die Stars, die *Cavaleiros* zu Pferde, in der Tracht des 17. Jh., Spitzenrüschen an Hals und Ärmel, feinbestickte Samtjacke, braun oder schwarz, Dreispitz und lange, schwarze Lackstiefel mit Silbersporen. Sie sitzen auf dem Prunksattel, der einem Lammfell aufliegt, und dahinter und quer über dem Pferderücken liegt ein Fuchsfell. Bunte Bänder sind in Schwanz und Mähne der Pferde eingeflochten, Zaumzeug, Zügel und die geschlossenen Steigbügel sind mit Silberornamenten ausgelegt. – Die *Matadores* tragen bestickte Jacken, anliegende Kniebundhosen, rosafarbene Strümpfe, niedrige schwarze Schuhe, über der Schulter einen Mantelumhang und einen Hut mit zwei Pompons. – Die *Forcados* haben enganliegende, mit Blumen bestickte Jacken, braune Bundhosen und grüne Stumpfmützen, die *Campinos,* die Ribatejo-Stiertreiber, tragen rote Westen, schwarze Kniebundhosen, weiße Strümpfe und grüne Stumpfmützen. – So wird das Zuschauerrund begrüßt, von den Cavaleiros die Hohe Schule geritten, und dann verläßt alles Fußvolk die Arena. Ein Cavaleiro sitzt ab, reicht dem auf dem Pferd eine Farpa, den Pfeil mit der Eisenspitze, der nimmt ihn mit der linken Hand, gibt ihn hinter seinem Rücken in die rechte Hand, grüßt dann hinauf zum Kampfrichter in der Loge und stellt sich bereit.

Ein Trompetensignal ertönt, der erste Stier wird in die Arena gelassen, stürmt aus dem stockdunklen Warteraum vor, bleibt geblendet erst stehen, orientiert sich und dann beginnt der echte portugiesische Stierkampf, die tausendjährige Kunst des Kampfes zwischen Mensch und Stier, hier zwischen Reiter, Pferd und Stier, ein Schauspiel aus Eleganz und Schönheit, Kraft, Beweglichkeit, Erfahrung, Mut und Können, wenn Pferd und Stier an- und umeinander preschen und sich die mit Lederhülsen geschützten Hörner des Kampfstieres und der bebende Pferdeleib oft nur um Handbreiten verpassen. Im richtigen Augenblick plaziert der Cavaleiro eine Farpa, einen Pfeil zwischen die Schultern des Stieres, der Schaft bricht ab und farbige Bänder flattern, jetzt den Stier noch mehr reizend, hervor. Und bei jedem neuen Anritt setzt der Reiter tollkühn Farpas mit immer kürzeren Schäften, ja bricht zuletzt das Reststück in der Mitte durch und setzt, dieses knapp 20 Zentimeter kurze Stück oder sogar zwei davon, in jeder Hand eines, gleichzeitig auf den Nacken des Stieres, hat dazu die Zügel verknotet und muß sich unglaublich weit vorbeugen, kann beim rasenden Ritt sein Pferd nur mit Schenkeldruck lenken und darf dennoch trotz höchster Lebensgefahr keinen Fehler machen. Man muß so etwas selbst beobachten, ein unglaublich sicheres Reiten und Beherrschen aller Feinheiten und Kniffe des Kampfes, das blitzschnelle Abwägen der

414

Reaktionen des Kampfstieres mit dem Können des Pferdes. Exakt Einzelheiten zu beschreiben, ist nicht möglich, der portugiesische Stier-›Kampf‹ wird zu einem Schauspiel aus ästhetischem Genuß und Freude an der eleganten Tauromachie mit perfekten Reitern.

Nun folgt ein Zwischenspiel zu Fuß, das Reizen des Stieres mit der Muleta durch einen Matador. Wie anderswo auch führt er mit eleganten Bewegungen und vorbestimmten Figuren den Stier um seinen Körper herum, trägt die Muleta wie anderswo auch auf dem Degen, aber stößt nie mit ihm zu. Im Gegenteil, nach dem Figurenkanon, und wenn der Stier sein Pensum absolviert hat, wirft der Matador den Degen fort, läßt sich eine Farpa reichen und setzt als Abschluß den Pfeil auf den Nacken des Stieres.

Und nun treten die mutigen Forcados in die Arena, stellen sich in Reihe hinter ihrem Anführer auf. Der stemmt beide Arme theatralisch in die Hüften, reckt den Bauch weit vor und ruft den Stier laut fordernd an: »Ai Touro!« Der stutzt, senkt dann die Hörner, visiert das Ziel und greift an, senkt den Kopf und rast wie eine Lokomotive direkt auf den Forcado zu. Und der bleibt stehen, wartet bis die Stirn des Stieres ihn voll und genau auf dem Bauche trifft, knickt blitzschnell ein, bleibt zwischen den Hörnern und umklammert den Hals des Stieres. Gleichzeitig versuchen seine Kameraden das rasende Tier an Beinen, Wams und Schwanz zum Halten und Stehen zu bringen. Ist das gelungen, dann springen alle Kämpfer aus der Arena und nur der, der den Stier noch am Schwanze hält, läßt sich noch mehrmals im Kreise durch den Sand wirbeln, ehe auch er über die Planken in Sicherheit springt.

Dann traben Arbeitsochsen in die Arena, umringen den Kampfstier und mit ihnen und von den Zuschauern als tapferer Kämpfer umjubelt und gefeiert, verläßt er den Kampfplatz. Niemals wird in portugiesischen Arenen ein Stier getötet, das Spiel mit den Farpas bedeutet für den Stier kaum mehr als das Stechen von Bremsen auf den Alentejoweiden, und allein das Risiko der Forcados artet zuweilen in Blutvergießen aus, wenn der ungemein harte, zentnerschwere Aufprall des Stierkopfes dem Forcado Magen- und Lungenblut aus Mund und Nase treibt. Friedhofsstille herrscht nach dem Anruf des Stieres, denn nur wenn er nicht abgelenkt auf den Mann zustürmt, kann der sich exakt zwischen die Hörner werfen, eine Kopfdrehung des Tieres auch nur um Zentimeter würde ein Stierhorn genau in Brust oder Bauch des Forcados treiben. Wenn den Cavaleiro Eleganz, Können und Erfahrung auszeichnen, so ist es beim Forcado ein beinahe lebensverachtender Mut.

Versäumen Sie also einen solchen portugiesischen Stierkampf nicht, sechsmal mindestens werden Sie die Einmaligkeit dieser Schauspiele erleben können. (Stierkampfsaison von Ostersonntag bis Oktober).

## Über die Portugiesen

Die Portugiesen sind bescheiden und zurückhaltend, wenigstens geben sie sich so sympathisch im Umgang mit Fremden; sie sind patriotisch ohne besonders auf ihre große Vergangenheit hinzuweisen, sind Individualisten und meiden gerne größere Gruppen; ihr liebster Platz ist der Bairro, das Stadtviertel, in dem sie leben, oder das Dorf, in dem sie aufgewachsen sind, sie freuen sich, wenn der Fremde sie mit ›Doktor‹ anredet, ganz gleichgültig, ob sie es auch wirklich sind oder nicht, ihre Liebenswürdigkeit ist groß, die Höflichkeit unübertroffen, sie laden deshalb auch gerne und herzlich ein und erwarten Dank dafür und lautes Lob für die Stunden, für Speise und Trank, sie helfen, wo immer sie können, setzen alle ihre Cunhas ein auch für den Fremden, den sie kennengelernt haben, Beziehungen also und Verbindungen, während sie für sich gern ›einen Biscato machen‹, so nebenbei etwas dazu, um das Taschengeld ein wenig aufzubessern; typisch ist das, und was macht es schon, alle tun es, coitado, tut uns leid, niemand ist ja geschädigt. Sie haben die ›Ruhe weg‹, handeln danach und gehen auch so und sagen dann: »Lá mais para o verão« (später mehr gegen den Sommer), was etwa ›Eile mit Weile‹ bedeutet. Traurig können sie im Fado weinen und beglückt singen im Erinnerungshoffen der nie begreifbaren Saudade. Sie haben Könige aufgenommen und andere Exilanten, sie lieben Sonne, Licht und das Meer, menschliche Wärme, Frieden und guten Wein zu gutem Essen. Das Paradies ist es noch nicht, ihr Portugal, aber es liegt genau dort, wo man durch einen Türspalt hineinschauen kann.

## So sagt man es in Portugal

### Zur Aussprache des Portugiesischen

Das Portugiesische wird recht lässig und wenig artikuliert ausgesprochen, wobei sich die einzelnen Wörter eines Satzes zu einer kaum akzentuierten Lautfolge verbinden. Betont wird in der Regel die vorletzte Silbe, wenn die Wörter mit a, e, o, m oder s enden, sonst auf der letzten Silbe. Ausnahmen von dieser Regel bezeichnet ein Akzent. ã, ãe, ão wird nasal ausgesprochen, ein Zirkumflex dehnt die Silbe.

| | | | |
|---|---|---|---|
| a | unbetont wie schwaches ä | h | bleibt stumm |
| ã / õ | nasal | j | wie j |
| é / ó | offen | lh | wie lj |
| em | am Wortende nasal fast wie ai | nh | wie nj |
| o | unbetont wie u | qu | vor a wie ku |
| ou | wie langes o | qu | vor e, i wie k |
| c | vor a, o, u, wie k | s | am Wortende wie sch |
| c | vor e, i, wie ß | x | wie ks, s, ß, sch |
| ç | vor a, o, u, wie ß | | |
| ch | wie sch | | |
| g | vor a, o, u, wie g | Artikel: | |
| g | vor e, i, wie j | o – der, das | os – die |
| gu | vor e, i wie g | a – die | as – die |

**Alle Tage**

| | |
|---|---|
| Guten Morgen | Bom dia |
| Guten Nachmittag oder Abend | Boa tarde |
| Gute Nacht | Boa noite |
| Auf Wiedersehen | Adeus |
| Bis später | Até logo |
| Ja | Sim |
| Nein | Não |
| Bitte | Por favor |
| Danke | Obrigado |
| Gestatten Sie | Com licença |
| Verzeihung | Perdão |

**Zahlen**

| | |
|---|---|
| 1 | um |
| 2 | dois |
| 3 | três |
| 4 | quatro |
| 5 | cinco |
| 6 | seis |
| 7 | sete |
| 8 | oito |
| 9 | nove |
| 10 | dez |
| 11 | onze |
| 12 | doze |
| 13 | treze |
| 14 | catorze |
| 15 | quinze |
| 16 | dezasseis |
| 17 | dezassete |
| 18 | dezoito |
| 19 | dezanove |
| 20 | vinte |
| 21 | vinte e um |
| 30 | trinta |
| 40 | quarenta |
| 50 | cinquenta |
| 60 | sessenta |
| 70 | setenta |
| 80 | oitenta |
| 90 | noventa |
| 100 | cem |
| 101 | cento e um |
| 1000 | mil |
| 1001 | mil e um |

**Tag – Monat – Jahreszeit**

| | |
|---|---|
| Sonntag | Domingo |
| Montag | Segunda-feira |
| Dienstag | Terça-feira |
| Mittwoch | Quarta-feira |
| Donnerstag | Quinta-feira |
| Freitag | Sexta-feira |
| Samstag | Sábado |
| Jan. | Janeiro |
| Febr. | Fevereiro |
| März | Março |
| April | Abril |
| Mai | Maio |
| Juni | Junho |
| Juli | Julho |
| Aug. | Agosto |
| Sept. | Setembro |
| Okt. | Outubro |
| Nov. | Novembro |
| Dez. | Dezembro |
| Frühling | Primavera |
| Sommer | Verão |
| Herbst | Outono |
| Winter | Inverno |

**Tageszeiten**

| | |
|---|---|
| Wie spät ist es? | Que horas são? |
| Wann öffnen (schließen) Sie? | Quando abrem? (fecham) |
| Wann ist es fertig? | Quando fica pronto? |
| Sofort | Imediatamente |

# SO SAGT MAN ES IN PORTUGAL

| | |
|---|---|
| Nachher | *Logo* |
| Morgen | *Amanhã* |
| Heute | *Hoje* |
| Heute nachmittag | *Logo à tarde* |
| Heute abend | *Logo à noite* |
| Gestern | *Ontem* |
| Übermorgen | *Depois de amanhã* |
| Vorgestern | *Anteontem* |
| Spät | *Tarde* |
| Früh | *Cedo* |
| Ein Tag | *Um dia* |
| Eine Nacht | *Uma noite* |
| Mittag | *Meio-dia* |
| Mitternacht | *Meia-noite* |
| Wie lange dauert es? | *Quanto tempo leva?* |

## Ankunft – Zoll

| | |
|---|---|
| Mein Paß (Personalausweis) | *o meu passaporte (Bilhete de Identidade)* |
| Fahrschein | *bilhete* |
| Visum | *visto* |
| Die Wagenpapiere | *os documentos do carro* |
| Ich komme | *Venho* |
| auf Ferien | *de férias* |
| geschäftlich | *em viagem de negócios* |
| Bitte helfen Sie mir dies Formular ausfüllen | *Por favor ajude-me a preencher este boletim* |
| Mein Gepäck ist | *A minha bagagem está* |
| im Laderaum | *no porão* |
| im Gepäckwagen | *no vagão do comboio* |
| hier | *aqui* |
| ein Koffer fehlt | *Falta uma mala* |
| Nichts zu verzollen | *Não tenho nada a declarar* |

| | |
|---|---|
| Wie komme ich am besten von hier nach ...? | *Qual é o melhor caminho para ...?* |
| Rufen Sie bitte ein Taxi | *Chame-me um táxi por favor* |

## Wohin, wie, nach?

| | |
|---|---|
| Ist dies richtig nach ...? | *Vou bem para ...?* |
| Wo geht der Bus nach ... ab? | *Donde sai o autocarro para ...?* |
| Nach links | *à esquerda* |
| nach rechts | *à direita* |
| geradeaus | *em frente* |
| zurück | *para trás* |
| Können Sie mir den Weg sagen zum ... | *Pode indicar-me o caminho para ...* |
| Bahnhof | *a estação* |
| U-Bahn | *o metro* |
| dem Polizeiposten | *o posto da policia* |
| einer Garage | *uma garagem* |
| einer Telephonzelle | *uma cabine telefónica* |
| dem Verkehrsamt | *o posto de turismo* |
| dem Stadtzentrum | *o centro da cidade* |
| der Ausfahrt nach ... | *a saida da cidade para ...* |
| einem guten Hotel | *um bom hotel* |
| einer Pension | *uma pensão* |
| einem Campingplatz | *um parque de campismo* |
| einem Arzt | *um médico* |
| dem deutschen Konsulat | *o Consulado alemão* |
| der Österreichischen Botschaft | *a Embaixada da Áustria* |

## Hotel

| | |
|---|---|
| Ein Einzelzimmer | *Um quarto* |
| ein Doppelzimmer | *um quarto de casal* |

| | | | |
|---|---|---|---|
| mit Privatbad | *com banho* | 1 Pfund | *Meio quilo* |
| mit zwei Betten | *com duas camas* | Stoff | *Fazenda* |
| Vollpension | *pensão completa* | Kleid | *Vestido* |
| Zimmer und Früh- | *quarto e pequeno al-* | Rock | *Saia* |
| stück | *moço* | Anzug | *Fato* |
| Wecken Sie mich | *Chame-me às* | Bluse | *Blusa* |
| um 7 Uhr | *7 horas* | Hemd | *Camisa* |
| Rufen Sie | *Chame* | Strümpfe | *Meias* |
| den Direktor | *o gerente* | Socken | *Peúgas* |
| Bringen Sie | *Traga-me* | Regenmantel | *Gabardine* |
| ein Handtuch | *uma toalha* | Taschentuch | *Lenço* |
| Seife | *sabonete* | Schuhe | *Sapatos* |
| noch eine Decke | *mais um cobertor* | Badeanzug | *Fato de banho* |
| noch ein | *mais uma* | Sonnenbrille | *Óculos de sol* |
| Kissen | *almofada* | Tischtuch | *Toalha de mesa* |
| eine Wärmflasche | *um saco de água* | Handtuch | *Toalha* |
| | *quente* | Kacheln | *Azulejos* |
| das Frühstück | *o pequeno almoço* | Gürtel | *Cinto* |
| Mineralwasser | *água mineral* | Halskette | *Colar* |
| Könnten Sie dies | *Seria possível passar* | Schlips | *Gravata* |
| bügeln (waschen) | *(lavar) isto?* | Baumwolle | *Algodão* |
| lassen? | | Seide | *Seda* |
| Ist Post da? | *Há correspondên-* | Leinen | *Linho* |
| | *cia?* | Wolle | *Lã* |
| Bitte bewahren Sie | *Guarde-me isto por* | Teuer | *Caro* |
| dies für mich auf | *favor* | Billig | *Barato* |

| | | | |
|---|---|---|---|
| **Einkaufen** | | **Maße** | |
| Ein Laden | *Uma loja* | Groß | *Grande* |
| Kaufhaus | *Grandes armazéns* | größer | *Maior* |
| Schuhgeschäft | *Sapataria* | klein | *Pequeno* |
| Juwelier | *Joalharia* | kleiner | *Mais pequeno* |
| Papiergeschäft | *Papelaria* | weit | *Largo* |
| Kunstgewerbe | *Artesanato* | kurz | *Curto* |
| Andenken | *Lembranças* | lang | *Comprido* |
| Markt | *Mercado* | rund | *Redondo* |
| Bäcker | *Padaria* | viereckig | *Quadrado* |
| Fleischer | *Talho* | dick | *Espesso* |
| Krämer | *Mercearia* | eng | *Apertado* |
| Fischgeschäft | *Peixaria* | dünn | *Fino* |

# SO SAGT MAN ES IN PORTUGAL

## Was kostet das?

| | |
|---|---|
| Wieviel muß ich zahlen? | Quanto tenho a pagar? |
| Nehmen Sie Reiseschecks? | Aceitam »travellers' cheques«? |
| Ich hätte gern | Pode dar-me |
| die Rechnung | a conta |
| die Quittung | o recibo |
| das Wechselgeld | o troco |
| Kann ich zahlen | Posso pagar |
| mit ausländischem Geld | com moeda estrangeira |
| Können Sie wechseln? | Pode trocar? |
| Eine Bank | Um Banco |
| Überweisung | Transferência |
| Unterschrift | Assinatura |
| Scheine | Notas |
| Münzen | Moedas |

## Alltägliches

| | |
|---|---|
| Ich verstehe nicht | Não entendo |
| Helfen Sie mir bitte | Ajude-me por favor |
| Sagen Sie mir bitte | Informe-me por favor |
| Ich möchte Herrn (Frau) ... sprechen | Desejava falar com o Senhor (a Senhora) ... |
| Bitte wählen Sie diese Nummer und fragen Sie nach ... | Por favor marque este número e chame ... |
| Wie ist die Anschrift? | Qual o endereço? |
| Wie ist die Telefonnummer? | Qual é o número do telefone? |
| Rufen Sie | Mande chamar |
| einen Arzt | um médico |
| jemanden der Deutsch spricht | quem fale alemão |
| Wo ist die Toilette? | Onde ficam os lavabos? |

| | |
|---|---|
| Ich fühle mich nicht gut | Sinto-me mal disposto |
| Ich habe | Tenho |
| Hunger | fome |
| Durst | sede |
| Eile | pressa |

## Bahnhof

| | |
|---|---|
| Einmal einfach nach ... | Um bilhete para ... |
| hin und zurück nach ... | um bilhete de ida e volta para ... |
| halbe Fahrkarte | meio bilhete |
| erster (zweiter) Klasse | em primeira (segunda) classe |
| Gepäckaufbewahrung | O guarda volumes |
| Wartesaal | Sala de espera |
| Erfrischungsraum | Cantina |
| Ich brauche einen Träger | Preciso dum bagageiro |
| Wann geht der Zug? | A que horas parte o comboio? |
| Hat er Speisewagen? | Tem vagão-restaurante? |
| Welches ist der Zug nach ...? | Qual é o comboio para ...? |
| Hält er in ...? | Este comboio pára em ...? |
| Ist dieser Platz frei? | Este lugar está vago? |

## Post

| | |
|---|---|
| Was kostet dieser Brief | Quanto é a franquia nesta carta |
| Postkarte | bilhete postal |
| Paket | volume |
| mit Luftpost | por via aérea |
| durch Eilboten | por correio expresso |
| eingeschrieben | registado |

| | |
|---|---|
| Ich möchte ein Telegramm schicken nach... | Quero mandar um telegrama para... |
| Wo bekomme ich postlagernde Sendungen? | Onde fica a Posta Restante? |
| Briefmarken | Selos |
| Postanweisung | Vale de correio |

**Apotheke**

| | |
|---|---|
| Watte | Algodão |
| eine Binde | uma ligadura |
| Heftpflaster | adesivos |
| Aspirin | aspirina |
| Fruchtsalz | sais de fruto |
| Zahnpasta | pasta de dentes |
| eine Zahnbürste | escova de dentes |
| Talkum | pó de talco |
| Sonnenöl oder -creme | óleo ou creme para bronzear |
| Schlafmittel | sedativos |
| Haben Sie etwas für... | O que têm para... |
| Erkältung | constipações |
| Sonnenbrand | queimaduras de sol |
| Verstopfung | prisão de ventre |
| Durchfall | diarreia |
| wunde Füße | pés doridos |
| Zahnschmerzen | dor de dentes |
| Hühneraugen | calos |
| Kopfweh | dor de cabeça |
| Ohrenschmerzen | dor de ouvidos |
| Halsweh | dor de garganta |

**Kiosk**

| | |
|---|---|
| Haben Sie | Vendem |
| Filme für diesen Apparat | filmes para esta máquina |
| Andenken | artigos regionais |
| Zeitungen | jornais |
| Bücher | livros |

| | |
|---|---|
| Zeitschriften | revistas |
| in Deutsch | em Alemão |
| Schreibpapier | papel de carta |
| Zigaretten | cigarros |
| Zigarren | charutos |
| Pfeifentabak | tabaco para cachimbo |
| Streichhölzer | fósforos |
| Tinte | tinta |
| Kugelschreiber | esferográficas |
| Bleistifte | lápis |
| Notizblock | bloco para notas |
| Sonnenbrillen | óculos de sol |
| Ansichtskarten | postais |
| Sondermarken | selos especiais? |

**Friseur**

| | |
|---|---|
| Ich möchte | Quero |
| eine (kalte) Dauerwelle | uma permanente (a frio) |
| Haarschneiden | cortar o cabelo |
| Waschen und Legen | uma lavagem e mise |
| ein gutes Haarwaschmittel | um bom shampô |
| Trockenwäsche | shampô a seco |
| Manicure | manicura, pedicure |

**Strand**

| | |
|---|---|
| Ich möchte mieten | Quero alugar |
| ein Zelt | uma barraca |
| ein Sonnendach | um toldo |
| ein Ruderboot | um barco de remos |
| ein Motorboot | um barco a motor |
| Wo kann ich | Onde posso |
| mich ausziehen | despir-me |
| duschen | tomar duche |
| Kann man hier ohne Gefahr baden? | Pode-se tomar banho aqui? |

**Um das Auto**

| | |
|---|---|
| Füllen Sie den Tank | Encha o depósito |

421

# MUSEEN UND BIBLIOTHEKEN IN LISSABON / GLOSSAR

| | | | |
|---|---|---|---|
| Zehn Liter Benzin | *Dez litros de gasolina* | waschen und abschmieren lassen | *o carro lavado e lubrificado* |
| Prüfen Sie | *Veja* | Wo kann ich einen | *Onde posso alugar* |
| das Öl | *o óleo* | Wagen mieten | *um carro* |
| das Wasser | *a água* | mit Fahrer | *com condutor* |
| den Reifendruck | *a pressão dos pneus* | ohne Fahrer | *sem condutor* |
| die Bremsen | *os travões* | Ich brauche | *Preciso de* |
| die Batterie | *a bateria* | einen Mechaniker | *um mecânico* |
| die Kerzen | *as velas* | einen Abschlepp- | *um carro reboque* |
| die Scheinwerfer | *os faróis* | wagen | |
| ich möchte | *Quero* | eine Werkstatt | *uma oficina* |
| eine vollständige Überholung | *uma revisão completa* | | |

---

## Museen und Bibliotheken in Lissabon

Für die Öffnungszeiten der Lissabonner Museen und Bibliotheken möchten wir nur eine Richtlinie geben, die auch für die Museen des ganzen Landes gilt: Im allgemeinen sind sie von 9.00 oder 10.00 Uhr bis ungefähr 17.00 Uhr geöffnet (manche über Mittag geschlossen) und an Montagen sowie gesetzlichen Feiertagen geschlossen. Hier eine Auswahl des großen Angebots an hauptstädtischen Museen:

**Nationalmuseum für alte Kunst,** Rua das Janelas Verdes 95. – **Archäologisches Museum,** Largo do Carmo. – **Gulbenkian-Museum,** Avenida de Berna. – **Geologisches und Archäologisches Museum,** Rua da Academia das Ciências 19. – **Kacheln,** Convesto da Madre de Deus, Rua Madre de Deus. – **Kutschenmuseum,** Praça Afonso de Albuquerque, Belém. – **Militärmuseum,** Largo dos Caminhos de Ferro. – **Münzen- und Briefmarkenausstellung,** Avenida Dr. António José de Almeida. – **Musikinstrumentesammlungen** in der Nationalbibliothek, Rua Ocidental do Campo Grande. – **Museum Rafael Bordalo Pinheiro,** Campo Grande 382. – **Religiöse Kunst,** Largo Trindade Coelho. – **Schule für dekorative Kunst,** Largo das Portas do Sol 2. – **See**fahrtsmuseum im Jerónimos-Kloster in Belém. – **Museum der Stadt Lissabon,** Campo Grande. – **Stierkampfmuseum,** Praça de Touros do Campo Pequeno. – **Trachtenmuseum,** Largo São João Baptista. – **Museum für Volkskunst,** Avenida Brasília in Belém. – **Museum der zeitgenössischen Kunst,** Rua Serpa Pinto 6. – **Aquarium Vasco da Gama** in Dafundo, Avenida Marginal. – **Akademie der Wissenschaften,** Rua Academia das Ciências 19. – **Nationalbibliothek,** Rua Ocidental do Campo Grande. – **Palácio da Ajuda,** Calcada da Ajuda. – **Städtische Zentralbibliothek,** Campo Pequeno. – **Historisches Überseearchiv,** Calcada da Boa-Hora 30. **Stadtarchiv,** Praça do Municipio. – **Staatsarchiv Torre do Tombo,** Palácio das Cortes.

# Erklärung historischer und kunsthistorischer Fachbegriffe (Glossar)

## Romanik

Erste Stilepoche im frühen Mittelalter etwa 1000 bis 1250 mit Übernahme von römischen Kunstelementen wie Rundbogen, Pfeiler und Basilika. Die Architekturen sind einfach, monumental und strömen Ruhe aus, die Malerei schmückt mit Mosaiken und Fresken, in der Buchkunst entwickelt sich eine feine Miniaturmalerei, das Kunsthandwerk schafft vor allem für den kirchlichen Bereich kostbare Metallgegenstände wie Leuchter, Reliquiare, Schreine und Kelche. Die Romanik wird von der Gotik abgelöst.

## Gotik

Zweite Stilepoche mittelalterlicher Kunst, etwa 1250 bis 1500. Anfangs gilt der Begriff als Schimpfwort für wirr und mißgestaltet und noch im Klassizismus wird er so angewandt. Erst nach Goethe und der Romantik gilt ›gotisch‹ als stilistisches Kennzeichen. Gotische Frühformen bildeten sich vor allem in Nordfrankreichs Baukunst. Auffallende Merkmale sind die gesteigerte Aufwärtsbewegung und eine optische Schwerelosigkeit durch Spitzbogen, Strebepfeiler und Strebebögen, die sich dem senkrecht betonten Skelettbau verbinden. Glas- und Tafelmalerei schmücken und zieren vorwiegend sakrale Bauten, und dort werden auch die vielfältig gestalteten Plastiken aufgestellt. Die Goldschmiedekunst (Gil Vicente z. B.) entwickelt kostbares Sakralgerät und Gegenstände für den festlichen Gebrauch.

## Manuelinik

Eigenständiger, typisch portugiesischer Mischstil zwischen Gotik und Renaissance, etwa von 1500 bis 1530, nur in Portugal; charakterisiert ist er durch überschwengliche Dekorformen, die zu afrikanischen, amerikanischen und vor allem ostasiatischen Schmuckformen direkte Bezüge haben, weil portugiesische Seeleute, Entdeckerkapitäne, Festungsbauer und Handwerker, davon inspiriert, sie mit den erlernten gotischen und den eben aufdämmernden renaissancen Bauformen eigenartig verschmolzen und zu einzigartigen Erlebnisformen umzuschmelzen in der Lage waren. Beste Beispiele sind der Königliche Kreuzgang und die Unvollendeten Kapellen in Batalha, der Kapitelsaal in Tomar und das Jerónimus-Kloster und der Belémturm in Lissabon.

## Renaissance

Wiedergeburt und Neubesinnung auf die antike Kunst und Philosophie als Ausdruck geistiger und künstlerischer Wende, die in Italien ihren Ursprung hat, etwa von 1500 bis 1600, mit griechischen und römischen Architekturformen, die klar, übersichtlich und ausgewogen gliedern und in waagerechte und senkrechte Liniengefüge einordnen. Neben sakrale Bauwerke treten profane wie Rathäuser und Schlösser. In der Malerei und der Skulptur lösen die Darstellungen von Bürgern und Adligen die nur christlich-biblischen Bildvorlagen ab, religiöses Szenarium weicht antik-mythologischen Stof-

# GLOSSAR

fen, individuelle Bildnisse entstehen, die Malerei entwickelt das Landschaftsbild zur eigenen Gattung. Das Kunsthandwerk übernimmt weltliche Aufgaben, Schaumünzen verherrlichen Herrscher und Bürger, auch im Möbelbau werden griechisch-römische Architekturformen als stilistische Elemente aufgenommen.

## Barock
Europäischer Kunststil, etwa 1600 bis 1700, einst spöttische Bezeichnung für schwülstig, schrullig, überladen. Merkmale sind bewegte, kraftvoll-plastische Formen, durch die alle Bauelemente und auch Malerei wie Skulptur zu höchster, oft illusionistischer Steigerung vereint werden und kirchlich himmlische Größe, weltlich majestätische Repräsentation betonen. Gleichermaßen ordnen sich Gebäudegruppen, Plätze und Gärten zu architektonischen Abbildern absolutistischer Machtfülle. Die Skulptur und der Knorpelstil werden wichtigste Elemente der Fassaden- und Raumgestaltung, und in der Malerei werden pompös weltliche wie kirchliche Würdenträger dargestellt. Metallhandwerker schaffen prächtige Trinkgefäße, der neu entwickelte Glasschliff ermöglicht kunstvolle Dekore auf Gläsern, Kelchen und Schalen.

## Rokoko
Von etwa 1700 bis 1750 auch als Spätform des Barocks eingestuft, abgeleitet von Rocaille, weil sein Muschel- und Grottenwerk zum charakteristischen Merkmal wird und als verspielte, aber elegante Dekorform beliebt ist und besonders, wie in Süddeutschland, zur Entfaltung kommt. In der Architektur zeugen vor allem Innenräume von der Prachtfülle, die Skulptur wird beschwingt

und graziös, die Malerei bevorzugt pastelle Tongebungen, und neben Bauernbildern entstehen übermütige Szenen höfischer Feste und Schäferspiele. Figürliches Porzellan versinnbildlicht heiter-luxuriöses Lebensgefühl mit phantasievoll geformten und bemalten Arbeiten, die Kunsttischlerei erreicht einen Höhepunkt.

## Klassizismus
Vorherrschender Stil im letzten Drittel des 18. und dem ersten des 19. Jh. als Reaktion auf den barocken Prunk und die ornamentale Verspieltheit des Rokoko. Ein Rückgriff auf die Antike, vor allem die römische, schafft repräsentative Wirkungen durch Klarheit und Strenge des architektonischen Entwurfes, seiner antiken Gesetzmäßigkeiten und römischer Überlieferungen. Außen- wie Innenarchitekturen sollen monumental beruhigend wirken. Im Möbelbau und im Kunsthandwerk übt der Klassizismus seine besondere Wirkung aus, antike Muster und Motive kommen in abgewandelter Form zur Geltung.

## Akanthus
Mittelmeerpflanze, deren Blätter seit der Antike in der Ornamentalkunst verwendet werden. Flächenornament besonders bei Silbergeräten.

## Allegorie
Seit dem Mittelalter bewußt angewandtes künstlerisches Mittel, um durch bildliche Darstellung von Begriffen, Zusammenhängen und Vorstellungen von Figuren Ideen bildhaft verständlich zu machen.

## Apostelfiguren
stehen meist in den Gewänden am Portal mit ihren Symbolen: Andreas = schräges

Kreuz; Bartholomäus = Messer; Jakobus d. Ä. = Stab und Muschel; Jakobus d. J. = Fahne; Johannes = Kelch und Schlange; Judas Thaddäus = Keule; Matthäus = Winkelmaß und Beil; Paulus = Schwert; Petrus = Schlüssel; Philippus = Kreuzstab; Simon = Säge; Thomas = Winkel oder Lanze.

## Apsis
Der Bogen der Altarnische im Chorende (Chorhaupt), auch Konche; die Zisterzienser schließen den Chor aber auch rechteckig.

## Aquädukt
Wasserleitung, oft kilometerlange Bogenbrücke mit Wasserrinne. Das Wasser fließt im natürlichen Gefälle.

## Arabeske
In der Renaissance wieder verwendetes gräko-römisches Ornament aus stilisiertem Blatt- und Rankenwerk.

## Architrav
Der waagerecht auf Säulen aufliegende Querbalken.

## Archivolte
Die Laibung und die Stirn des Rundbogens, romanisch mit bandartigen Friesen, gotisch mit Figuren besetzt.

## Arco triunfal
Bogen, der in einer mittelalterlichen Kirche das Mittelschiff von Chor oder Querschiff trennt und meist dekoriert ist mit triumphierendem Christus oder einem Triumphkreuz davor.

## Arkade
Bogenreihe auf Pfeilern oder Säulen, kann auch ein Bogengang sein. Die Arkade gliedert als Blendarkade nur schmückend die Wand. Romanische Zwergarkaden dagegen bilden einen nach außen offenen Laufgang.

## Armillarsphäre
Ringkugel, Armilla, eine Zusammensetzung von Ringen, welche die wichtigsten Kreise der Himmelskugel darstellen mit dem Zweck, die gegenseitige Lage der Himmelsachse, des Äquators, der Ekliptik und anderer Kreise zu versinnbildlichen. Im Manuelstil vereinfacht und ornamental gebraucht.

## Auskragung
Das Vorspringen oder Vorkragen eines Bauteils; Kragstein ähnlich einer Konsole.

## Azulejo
hart gebrannte, glasierte Tonfliesen vor allem für Boden- und Wandbekleidungen, Technik von den Mauren mit ursprünglich islamisch-abstrakten Dekoren, später erst Pflanzen und Figürliches vorwiegend in den Farben Blau und Weiß – daher der Name –, später mit Hilfe von Metalloxyden polychrom. (Der Name stammt vom arabischen Begriff ›al-zulayi‹ = kleiner Stein, nicht von ›azul‹ = blau.) Azulejoflächen werden meist

*Arabesken*

# GLOSSAR

von farblich passend gemusterten Rahmen und Friesen eingefaßt, um großflächige Azulejogemälde, Altarbilder oder weltliche und religiöse Zyklen vom Umgebenden besonders abzuheben. Beispiele findet man im Palast von Sintra, in den Kirchen und den Kathedralen von Évora, Coimbra, Lissabon, Santarém, Portalegre, Vila Viçosa, Porto und an und in Palästen, Landhäusern und auch modernen öffentlichen Bauten.

*Kachelmotiv, maurisierendes Azulejodekor*

### Baldachin
Traghimmel auf Stangen bei Kirchenprozessionen, später fest über Thron, Altar oder Gestühl angebracht, im Barock auch über Prunkbetten.

### Baptisterium
Eigentlich achteckiges Taufgebäude, meist die Bezeichnung für den Taufstein in einer Kirche.

### Basilika
Königshalle, römische offene Gerichtshalle, dann altchristlicher Kirchenbau mit hohem Langhaus und Lichtgaden, das sind Fenster in der Mitte, zwei niedrigeren Seitenschiffen, nicht gewölbter Decke, Dachstuhl offen oder verschalt, Säulen durch Arkaden verbunden, Scheidwände, Scheidbogen, Apsis.

### Basis
Untere Auflage für den Säulenschaft mit Wulsten und Hohlkehlen.

### Bausteine
Bruchsteine = natürlich gewachsen; Hausteine = regelmäßig zugehauen; Quader = Rechteckblöcke; Polsterquader = außen abgerundete Seiten; Bosse = an seiner Außenseite roh belassener Stein besonders beim Rustika-Mauerwerk; Formsteine = Backsteine.

### Blendbogen
In der Mauer keine Öffnungen, sondern ihr nur gliedernd oder schmückend vorgesetzte Bogenreihe.

### Bogen
Eine Gewölbekonstruktion, die Lasten abfängt und auf Stützen überleitet, errichtet aus rechteckigen und keilförmigen Steinen. Bogenteile: Vorder- und Rückfläche = Haupt oder Stern; Innenfläche = Laibung; Außenfläche = Rücken; auf den Widerlagern liegen die Kämpfer mit oder ohne Kapitell.

### Bogenfeld
oder Tympanon, die Freifläche über der Bogenlaibung, in der Regel mit Gottvater, Christus oder Maria im Kreise von Evangelisten oder Engeln geschmückt. Rundum der Bogenfries und die Archivolte.

### Chor
Die Verlängerung des Mittelschiffes mit der Apsis, der Platz für den Altar, das Chorgestühl, den Bischofssitz, oft über Kirchenniveau erhöht, seit der Romanik mit Chorumgang und offenen Arkaden und romanisch-

gotischem Kapellenkranz. Der Raum zum Mittelschiff wird zuweilen durch Chorschranken getrennt, was in der Gotik zum Lettner wird, im Barock zum Kunstschmiedegitter.

## Dienst
Die Viertel-, Halb- oder Dreiviertelsäulen vor Mauer oder Pfeilern, setzen sich in die Gewölberippen fort, tragen das Gewölbe.

## Dormitorium
Schlafsaal der Mönchsgemeinschaft in einem Kloster

## Draperie
Dekorativ gefalteter Vorhang in Malerei und Plastik.

## Dreikonchenchor
Romanische, auch gotische Kleeblatt-Chorform, bei der die Querhausarme genau wie der Hauptchor in Apsiden enden.

## Empore
Tribüne, Galerie im Kirchenraum, romanisch in den Langhausmauern über den Arkaden, renaissance und barock hoch bis ins Gewölbe, muß aber nicht unbedingt nur in Kirchen eingebaut sein.

## Epitaph
Gedächtnistafel oder Sarkophag, aber ohne Leichnam dahinter oder darin, nur Erinnerungsmal.

## Evangelisten
Verfasser der vier Evangelien, die seit dem 4. Jh. meist mit ihren Symbolen oder Attributen dargestellt werden: Markus mit dem Löwen; Matthäus mit dem Menschen oder Engel; Lukas mit dem Stier; Johannes mit dem Adler.

## Exvoto
Votivtafel, meist auf Grund eines Gelübdes oder zum Dank aufgestellt, Bilder oder Plastiken von Körperteilen, Krücken, Kleider usw. (Votivgaben).

## Fayence
Zinnglasierte Tonware als Gefäße oder Schmucksachen, bereits seit dem 4. Jahrhundert v. Chr. bekannt, von den Babyloniern entwickelt, von den Arabern nach Portugal, Spanien und Italien gebracht, maurisch Majolika.

## Fenster
haben Laibung, Gewände, Sohlbank, Sturz, Profil und Bogen-Maßwerk. Rundbogenfenster = oben im Halbkreis abgeschlossen, frühchristlich; Gekuppeltes Fenster = von einer Mittelsäule in zwei Fensteröffnungen geteilt, romanisch, renaissance; Rundbogenfenster = mit Maßwerksformen verschiedenster Art, gotisch und frührenaissance.

## Fiale
Ein schlankes, spitzes, gotisches Ziertürmchen als Aufsatz des Strebepfeilers, mit Krabben besetzt und von einer Kreuzblume gekrönt.

## Flechtwerk
Ein aus regelmäßig verflochtenen Bändern gestaltetes geometrisches Ornament.

## Fries
Zierleiste zur Begrenzung oder Belebung einer Fläche, meist flächig, bandartig oder

# GLOSSAR

als Relief zusammengesetzt aus geometrischen, vegetativen oder figürlichen Elementen.

## Gesims

Aus der Mauer vorspringender, waagerechter Streifen; er betont und schließt ab. Gurtgesims = zwischen Geschossen; Kranzgesims = Hauptgesims zwischen Wand und Dach, oft auf Kragsteinen.

## Gewände

Die schräg in eine Wand geschnittene Portal- oder Fensterfläche. Senkrecht dazu eingeschnitten ergibt sich eine Laibung. Gewändefiguren stehen besonders zur Zeit der Romanik und Gotik im Gewändeportal.

## Gewölbe

Die aus Steinen gesetzte Decke über einem Raum. Tonnengewölbe = der Querschnitt ist entweder ein Halbkreis oder kann im Spitzbogen gebrochen sein; Kreuzgratgewölbe = zwei Tonnengewölbe schneiden sich rechtwinklig. Die Schnittstellen sind die Grate.

## Gotischer Schwung

Eine für die gotische Skulptur typische S-Krümmung, die eine ansteigende Körperbewegung zusätzlich betont.

## Hallenkirche

Mittelschiff und Seitenschiffe sind gleich hoch, auch Langhauskirche, belichtet durch hohe Fenster in den Seitenschiffen.

## Hohlkehle

Bauglied an Decken, Simsen, Säulen, ein konkaves Gegenstück zu einem Wulst oder Stab.

## Joch

Abschnitt, Gliederung von Pfeiler zu Pfeiler.

## Kalvarienberg

Calvario, Nachbildung oder Malerei der Kreuzigung Christi, oftmals längs einem aufsteigenden Treppenweg.

## Kämpfer

Die mehr oder weniger stark vorspringende, tragende Platte zwischen Mauer, Pfeiler oder Säule und Bogen / Gewölbe darüber.

## Kannelierung

Die Rillen in Pfeilern oder Säulen.

## Kapitell

Das ›Köpfchen‹, der Kopf von Pfeilern oder Säulen am Übergang von der Stütze zur Last, Form je nach Zeit und Stil verschieden, aber stets typisch. Antik = dorisch, jonisch, korinthisch, komposit; romanisch = als Pfeifen, Pilz, Würfel, Bild, Figur, Phantasietier, Palmetten; gotisch = Kelch, Blatt, Knospe, Knolle, Teller; renaissance = Voluten, Akanthus, Grotesken.

## Kassette

Das vertiefte, oft gesamte Feld in einer gewölbten oder flachen Decke oder die Kassettierung in einer Bogenlaibung.

## Konsole

Stütze für Bogen, Gesimse, Architekturelemente, seit dem Barock auch bei Möbeln.

## Kragstein

Auch Konsole, aus der Mauer vorspringender Tragestein, an der Vorderseite oft grotesk oder ornamental geschmückt.

## Lettner
Trennwand (mit einem oder mehreren Durchgängen) zwischen dem Chor für den Klerus und dem Kirchenschiff für die Gläubigen, immer fein geziert.

## Mauereske
Auf der Iberischen Halbinsel gern verwandte Schmuckform einst hellenistischen Ursprungs, welche nur als Flächenornament mit streng stilisierten Ranken in der islamischen Kunst verbreitet ist und als Zierat in der Renaissance wieder auflebte.

## Mudéjar-Stil
Mozarabischer Stil, von maurischen Bauleuten für christliche Auftraggeber angewandt, in der Anlage mehr romanisch mit gotischen Bauformen gemischt.

Portugiesisch-spanischer Mischstil aus gotischen und maurischen Elementen in Architektur und Kunsthandwerk.

## Muschelwerk
Ornament und Dekorationsmotiv aus dem Rokoko mit muschelartigen und ausgefransten Formen, die kurvige Flächen oder schwingende Linien umsäumen und oftmals die ursprünglichen Formen bis zur Unkenntlichkeit überwuchern.

## Ornament
Bestimmte, den einzelnen Stilen zugeordnete Schmuckform: geometrisch, pflanzlich, aus Tier- oder Menschformen, um zu gliedern oder hervorzuheben.

## Padrão
Gedenksäule, Marke, die portugiesische Seefahrer an Plätze ihrer Interessenzonen setzten, Besitzzeichen.

## Palmette
Von der Form eines Palmenblattes abgeleitetes symmetrisch-ornamentales Motiv, das meist fächerartig und stilisiert verwendet wird.

## Pelourinho
Schandphahl oder Pranger, an dem gerichtlich Verurteilte zu ihrer Beschämung der Öffentlichkeit preisgegeben wurden.

## Pilaster
Wandpfeiler, der aber nur geringfügig aus der Wand tritt, soll gliedern, rahmen oder Tragendes verstärken.

## Platareskenstil
Baustil des 16. Jh., gekennzeichnet durch übermäßige, häufig unmotivierte Verwendung maurischer, gotischer und/oder renaissancer Ornamentmotive an Bauwerken.

## Polyptychon
Ein Gemälde oder Flügelaltar mit mehr als zwei Flügeln.

## Portal
Geschmückter Eingang aus Türsturz, Tympanon oder Bogenfeld, Türpfeiler, Pfosten, Gewände mit Figuren, Bogenlaibung mit Archivolten, Ziergiebel oder Wimperg.

## Reliquiar
Behälter zum Aufbewahren von Reliquien (Andenken an Heilige), seit dem 4. Jh. meist ein auf dem Altar stehender Elfenbeinkasten. Später aus Edelmetall mit Juwelen, Email oder Relieffiguren geschmückt, oft in der äußeren Form nach Art der Reliquie gestaltet als Arm, Fuß usw.

GLOSSAR

*Rocaille*

**Retabel**
Retabulo, Altaraufsatz, mit dem Altartisch fest verbunden und mit Gemälden oder Skulpturen geschmückt, auch Altarrückwand, in der Gotik der Flügelaltar.

**Rocaille**
Muschelförmiges, asymmetrisches, bizarr verformtes Ornament, das zum Hauptmotiv des Rokoko wurde.

**Säule**
Senkrechte Stütze mit und ohne (selten) Funktion. Aubau: Sockel, Basis, Schaft, Halsring, Kapitell, Gebälk, Kämpfer.

**Schlußstein**
Der im Scheitel des Kreuzrippengewölbes angebrachte Stein mit Wappen, Ornamenten oder Figuren – oder spätgotisch als herabhängender Knauf am Schnittpunkt der Rippen des Gewölbes.

**Schwibbogen**
Gotischer Strebebogen, unter dem man hindurchschreiten kann.

**Sgraffito**
Kratzputz, Wandmalerei, bei der aus Putzschichten die gewünschte Farbe herausgekratzt wird, eine wetterbeständige Wandmalerei.

**Strebewerk**
Leichtes Kreuzrippengewölbe, das die Mauern entlastet, die Pfeiler aber belastet und Schub und Dachlast auf Pfeiler außerhalb des Bauwerkes überträgt (Strebepfeiler).

**Talha**
Schnitzerei, Schnitzwerk

**Triforium**
Ein die Fläche gliedernder Laufgang noch innerhalb der Mauerstärke, wird besonders in der Gotik angewandt.

**Trompenkuppel**
Ein quadratischer oder viereckiger Grundriß wird zu einer acht- oder mehrteiligen runden Kuppel überführt, im Übergang entstehen Trompen-Bögen, auf die sich die Kuppel abstützt.

## Vierung
An der Kreuzung von Lang- und Querschiff der quadratische Raum, durch Vierungspfeiler und Bögen betont, außen wird er in der Gotik durch einen Vierungsturm gekrönt.

## Vitruvius
Römischer Architekt zur Zeit von Kaiser Augustus, Verfasser von ›De architectura‹, der bedeutendsten Schrift des Altertums zur Grundlage der Baukunst. Er hat besonders die Renaissancebaumeister beeinflußt.

## Volute
In spiralförmiger Einrollung gewundenes Ornament.

## Widerlager
sind Stützen, die bei Gewölben, Bögen, Brücken den Seitenschub abfangen und zum darüberliegenden Mauerwerk ableiten.

## Wimperg
Gotischer Ziergiebel, der den vertikalen Drang der Gotik betont; über Portalen, Fenstern und Grabmälern (Santa Cruz) mit durchbrochenem Maßwerk, Krabben und Kreuzblumen.

## Zwickel
Auf einer Spitze stehende Dreiecksfläche zwischen zwei Bogenlinien, oft sphärische Dreiecke, die den Übergang aus dem Grundrißquadrat zum Acht- oder Mehreck oder zum Kuppelkreis vermitteln.

*Volutenschwung*

---

**Bitte schreiben Sie uns, wenn sich etwas geändert hat!**

Alle in diesem Buch enthaltenen Angaben wurden von dem Autor nach bestem Wissen erstellt und von ihm und dem Verlag mit größtmöglicher Sorgfalt überprüft. Gleichwohl sind – wie wir im Sinne des Produkthaftungsrechts betonen müssen – inhaltliche Fehler nicht vollständig auszuschließen. Daher erfolgen die Angaben ohne jegliche Verpflichtung oder Garantie des Verlages oder des Autors. Beide übernehmen keinerlei Verantwortung und Haftung für etwaige inhaltliche Unstimmigkeiten. Wir bitten dafür um Verständnis und werden Korrekturhinweise gerne aufgreifen: (DuMont Buchverlag, Postfach 10 10 45, 50450 Köln).

# Entfernungstabelle

| | Aveiro | Beja | Braga | Bragança | Caia | Castelo Branco | Coimbra | Évora | Faro | Fátima | Galegos | Guarda | Leiria | Lissabon | Portalegre | PORTO | Quintanilha | São Gregorio | São Leonardo | Santarém | Segura | Setúbal | Valença do Minho | Viana do Castelo | Vila Rèal | Vila Rèal de St. António | Vila Verde de Ficalho | Vila Verde do Raio | Vilar Formoso |
|---|---|---|---|---|---|---|---|---|---|---|---|---|---|---|---|---|---|---|---|---|---|---|---|---|---|---|---|---|---|
| Beja | 379 | | | | | | | | | | | | | | | | | | | | | | | | | | | | |
| Braga | 502 | 121 | | | | | | | | | | | | | | | | | | | | | | | | | | | |
| Bragança | 230 | 561 | 321 | | | | | | | | | | | | | | | | | | | | | | | | | | |
| Caia | 456 | 467 | 177 | 345 | | | | | | | | | | | | | | | | | | | | | | | | | |
| Castelo Branco | 148 | 308 | 329 | 253 | 217 | | | | | | | | | | | | | | | | | | | | | | | | |
| Coimbra | 159 | 297 | 312 | 170 | 332 | 68 | | | | | | | | | | | | | | | | | | | | | | | |
| Évora | 254 | 175 | 99 | 483 | 424 | 78 | 301 | | | | | | | | | | | | | | | | | | | | | | |
| Faro | 213 | 454 | 388 | 329 | 696 | 624 | 152 | 501 | | | | | | | | | | | | | | | | | | | | | |
| Fátima | 360 | 178 | 90 | 157 | 207 | 402 | 260 | 256 | 137 | | | | | | | | | | | | | | | | | | | | |
| Galegos | 159 | 340 | 127 | 250 | 91 | 92 | 399 | 420 | 205 | 318 | | | | | | | | | | | | | | | | | | | |
| Guarda | 197 | 258 | 494 | 281 | 168 | 106 | 254 | 202 | 263 | 359 | 180 | | | | | | | | | | | | | | | | | | |
| Leiria | 235 | 182 | 23 | 387 | 187 | 67 | 168 | 230 | 379 | 237 | 265 | 114 | | | | | | | | | | | | | | | | | |
| Lissabon | 129 | 364 | 252 | 138 | 299 | 150 | 196 | 245 | 236 | 508 | 366 | 192 | 243 | | | | | | | | | | | | | | | | |
| Portalegre | 228 | 168 | 186 | 24 | 148 | 316 | 103 | 239 | 80 | 68 | 388 | 409 | 181 | 307 | | | | | | | | | | | | | | | |
| PORTO | 356 | 313 | 184 | 218 | 367 | 207 | 571 | 371 | 117 | 276 | 414 | 253 | 53 | 449 | 68 | | | | | | | | | | | | | | |
| Quintanilha | 283 | 418 | 538 | 409 | 232 | 429 | 432 | 726 | 513 | 338 | 486 | 30 | 260 | 591 | 351 | | | | | | | | | | | | | | |
| São Gregorio | 366 | 159 | 515 | 472 | 343 | 369 | 526 | 366 | 730 | 530 | 435 | 573 | 336 | 106 | 608 | 227 | | | | | | | | | | | | | |
| São Leonardo | 594 | 547 | 435 | 137 | 214 | 251 | 315 | 161 | 242 | 262 | 64 | 318 | 213 | 122 | 517 | 488 | 110 | 365 | | | | | | | | | | | |
| Santarém | 181 | 413 | 479 | 254 | 147 | 78 | 70 | 280 | 158 | 61 | 299 | 117 | 137 | 167 | 203 | 449 | 307 | 195 | 184 | | | | | | | | | | |
| Segura | 225 | 267 | 493 | 396 | 396 | 226 | 164 | 149 | 215 | 446 | 233 | 217 | 58 | 206 | 366 | 387 | 311 | 285 | | | | | | | | | | | |
| Setúbal | 323 | 121 | 167 | 522 | 588 | 363 | 193 | 50 | 179 | 371 | 242 | 249 | 103 | 246 | 265 | 189 | 558 | 416 | 142 | 293 | | | | | | | | | |
| Valença do Minho | 492 | 463 | 383 | 564 | 51 | 351 | 124 | 485 | 442 | 313 | 347 | 496 | 336 | 700 | 500 | 246 | 246 | 405 | 543 | 321 | 91 | 578 | 195 | | | | | | |
| Viana do Castelo | 53 | 439 | 410 | 330 | 511 | 102 | 309 | 71 | 432 | 389 | 260 | 294 | 443 | 283 | 647 | 447 | 193 | 352 | 490 | 279 | 49 | 525 | 142 | | | | | | |
| Vila Rèal | 155 | 197 | 452 | 321 | 343 | 472 | 212 | 167 | 116 | 343 | 402 | 273 | 157 | 354 | 296 | 660 | 438 | 206 | 263 | 411 | 137 | 106 | 516 | 184 | | | | | |
| Vila Rèal de St. António | 640 | 649 | 702 | 266 | 435 | 319 | 210 | 732 | 715 | 573 | 305 | 316 | 389 | 483 | 329 | 380 | 52 | 202 | 456 | 377 | 301 | 685 | 626 | 124 | 503 | | | | |
| Vila Verde de Ficalho | 153 | 577 | 586 | 639 | 203 | 349 | 256 | 92 | 669 | 629 | 510 | 219 | 253 | 326 | 397 | 243 | 317 | 201 | 139 | 393 | 291 | 239 | 599 | 563 | 61 | 440 | | | |
| Vila Verde do Raio | 628 | 714 | 74 | 189 | 231 | 526 | 395 | 417 | 546 | 136 | 190 | 417 | 476 | 347 | 231 | 428 | 370 | 734 | 512 | 280 | 337 | 485 | 106 | 140 | 590 | 258 | | | |
| Vilar Formoso | 280 | 446 | 532 | 206 | 343 | 396 | 420 | 213 | 322 | 364 | 418 | 227 | 267 | 235 | 413 | 284 | 49 | 246 | 307 | 543 | 330 | 217 | 155 | 303 | 206 | 312 | 408 | 229 | |
| Viseu | 134 | 184 | 482 | 568 | 110 | 209 | 262 | 342 | 249 | 233 | 400 | 292 | 267 | 133 | 271 | 292 | 163 | 85 | 282 | 186 | 579 | 366 | 96 | 191 | 339 | 237 | 186 | 444 | 95 |

# Register

## Ortsregister

Abadia do Neiva   348
Aboneleira   375
Abrantes   **257f.**
Afrika   35, 45, 68, 83
Albergaria a Velha   412
**Albufeira**   163, **165f.**
– Stadtplan   410
**Alcácer do Sal**   18, 24, 25, **221**
Alcaçovas   34, 214
Alcazar-Kebir   38, 43, 106, 146, 171, 215, 296
**Alcobaça,** Kloster   34, 97, **250ff.**, 268, 271,
   291; *Abb. 47, Fig. S. 251*
– Kirche   27, **252f.**; *Abb. 48, 50*
– Kreuzgang   **255**
– Küche   252, **255**
– Sarkophage für Pedro I. und Inês de Castro
   36, **253f.**; *Farbt. 26, Abb. 49, 51*
– Sala dos Reis   **256f.**; *Fig. S. 255*
– Sala dos Tumulos   **254**; *Abb. 52*
Alcochete   148
Alcor Seco   167
Alcoutim   163
Aldeia de Irmãos   150
Alenquer   **144f.**
Alentejo   12, 14, 23, 25, 26, 143, 155, **175f.**,
   202, 204, 205, 214, 226
Alexandrien   29
Alfambra   170, 220
Alfarrobeira   17, 32, 144, 272, 296, 313, 356
Alfranzinha   167
**Algarve**   13, 14, 25, 26, 69, 99, **155ff.**, 159,
   160, 161, 162, 163, 172, **409ff.**; *Farbt.
   Umschlagrückseite; Karte S. 158/159*
Algés   133
Alhandra   144, 228
Aljezur   170, 220
Aljubarrota   28, **256**, 269, 295, 356, 361
Aljustrel   201, 268
Almadena   172
Almansil   66, 164
**Almeirim**   38, **148**

Almodovar   176, 201
**Almourol,** Kastell   **257**; *Abb. 54*
Alpiarca   148
Alte   165
Alter do Chão   215
Alverca   144
**Alvor**   168, **170**
**Amarante**   69, 94, **370f.**, 412; *Abb. 116*
– Museu Municipal **371**
– Nossa Senhora da Ponte **370**; *Abb. 117*
Ameixal   146, 215
Amerika   33, 34, 39, 40, 78, 173
**Amoreira,** Aquädukt   **226**; *Abb. 42*
Ancão   165
Ancora   350
Angeja   324
Angola   33, 70
Apostiça   149
Aranjuez   66
Armona   160
Arcos de Valdevez   367
Areia Branca   228
Armação de Pêra   160, 166
Arouca   339
**Arraiolos**   **223**, 313, 356
Arzila   31, 210
Atoleiros   28
**Aveiro**   278, **324f.**, 352; *Abb. 84, 87*
– Jesús-Kloster (Museu Regional)   **326f.**;
   *Abb. 85*
– Kathedrale   **326**
– Plan der Umgebung   325
Avis   26, 215
Ayamonte   26
Azambuja   145; *Fig. S. 145*
Azinhol   163
Azinhoso   374
**Azoren**   11, 31, **379ff.**; *Karte S. 382/383*
– Corvo   380, **387**
– Faial   379, 380, **386**
– – Horta   380, 386

# ORTSREGISTER

– – Porto Pim  386
– Flores  380, **387**
– – Fajã Grande  387
– – Fajãzinha  387
– – Lajedo  387
– – Mosteiro  387
– – Ponta  387
– – Ponta Delgada  387
– – Santa Cruz  387
– Graciosa  380, **386**
– – Santa Cruz  386
– Grupo Central  380
– Grupo Ocidental  380
– Grupo Oriental  380
– Pico  373, **385**
– – Lajes do Pico  385
– – Madalena  385
– – São Roque  385
– Santa Maria  379, 380, **383f.**
– – Anjos  382
– – Santo Espírito  382
– – Vila do Porto  382
– São Jorge  380, **385**
– – Manadas  385
– – Urzelina  385
– – Velas  385
– São Miguel  379, **380,** 383
– – Caloura  383
– – Fajã de Baixo  383
– – Furnas  383
– – Mosteiros  383
– – Ponta Delgada  380, 383
– – Ribeira Grande  383
– – Sete Cidades  383
– – Vila Franca do Campo  383
– Terceira  379, **384f.**
– – Angra do Heroísmo  384
– – Biscoitos  385
– – Lajes  384
– – Praia da Vitória  384
– – São Sebastião  384
Azurara  344f.

Bab el Mandeb  40
Badajoz  23, 24, 27, 47, 66, 226, 323
Baleeira  165, 173
**Barcelos**  347ff., 353; *Abb. 104, Fig. S. 347, 348*
Barquinha  257
Barranco  172
Barranco do Velho  159, 165

Barro  334
**Batalha**  28, 31, 35, 36, 100, 146, 150, 171, 265, **268ff.,** 277, 281; *Fig. S. 269*
– Capelas Imperfeitas  152, **275f.,** 326; *Abb. 66, Fig. S. 275, 276*
– Claustro Real  **273**; *Farbt. 23, Abb. 60, Fig. S. 274*
– Gründungskapelle  **272**; *Abb. 61, 62*
– Klosterkirche  **271**; *Farbt. 23, Abb. 60, Fig. S. 269, 272*
Beira Alta  315ff.
Beira Baixa  218, 219, **315**
Beira Litoral  **278ff.,** 315
**Beja**  18, 19, 20, 24, 99, 145, 174, 176, **201ff.**
– Convento Nossa Senhora da Conceição  **201f.**
– Ermida de Santo André  **203**; *Abb. 28*
– Fenster der Soror Mariana Alcoforado  202
– Kastell  **203**; *Abb. 29*
– Museo Regional  202
– Stadtplan  203
**Belém**  35, 36, 74, 80, 82, **100ff.,** 139, 150, 171, 204, 264, 265, 268, 350
– Denkmal der Entdeckungen  **110**; *Farbt. 3, 4*
– Jerónimos-Kapelle  **108**, 273
– Jerónimos-Kloster  37, **100ff.,** 138, 150, 152, 261, 269, 281, 282, 295; *Farbt. 7, 8, Abb. 7, 8, Fig. S. 101, 102, 103, 104, 105, 107*
– Kutschenmuseum  **111**; *Farbt. 5, 6*
– Palácio da Ajuda  **112**
– Torre de Belém  **108ff.;** *Farbt. Umschlag-vorderseite, Fig. S. 109, 110*
Beliche  173
**Belmonte**  9, **317f.;** *Farbt. 9, Abb. 76*
Benagil  167
**Benfica**  130
– Fronteira-Palast  **130**; *Fig. S. 131*
– Kirche von Luz  131
– São Domingos-Kirche  **130**
**Berlenga-Inseln**  14, **229**, 250; *Karte S. 229*
**Boca do Inferno**  **134**
Boca do Rio  172
**Borba**  12, **224f.**
**Braga**  19, 20, 25, 34, 36, 143, 145, 353, **358ff.,** 374, 375; *Abb. 111*
– Bibliothek  **362**
– Bom Jesús do Monte  **362**; *Abb. 118*
– Palácio und Casa dos Coimbras  **362**; *Abb. 112*
– Kathedrale  **360ff.;** *Abb. 109, 110, Fig. S. 360*

- Misericórdia-Kirche **362**
- São Frutuoso **364;** *Abb. 108*
- Stadtplan 359
**Bragança** 25, **376ff;** *Abb. 127, 128*
- Domus Municipalis **377;** *Abb. 129*
- Kathedrale **377**
- Museu **377;** *Abb. 130, 131*
Brasilien 34, 35, 39, 43, 45, 46, 47, 48, 67, 68, 69, 74, 75, 173, 315, 376
**Bravães** 25, 334, **367f.;** *Abb. 125, 126*
**Briteiros,** Citânias von 16, 350, 357, **363ff.;** *Abb. 105, Plan S. 363*
Buarcos 313
Burgau 172
Burgos 22, 272, 282
**Buçaco** 67, 80, **313f.;** *Abb. 73, Karte S. 314*

**Cabo Carvoeiro** (Algarve) 167
**Cabo Carvoeiro** (Peniche) **229;** *Abb. 43*
Cabo de Espichel 149
**Cabo da Roca** 12, **134;** *Farbt. 12*
**Cabo de São Vicente** 12, 13, 14, 79, 84, 172, 173, 221; *Farbt. 13*
Cabo Sardão 220
Cabo de Sines 220, 221
Cacela 161
Cáceres 217
Caldas de Lafões 323
**Caldas de Monchique** 155, **169**
**Caldas da Rainha** 69, 94, **231f.;** *Fig. S. 231*
Caldas da Saúde 354
Caldas das Taipas **358**
**Caminha** 91, **350f.,** 375, 412
- Matriz **350f.;** *Abb. 101, 102, Fig. S. 351*
Campo Maior 227
Caramulo **324**
Carcavelos 133
Carrapateiro 220
Carregado 144
Cartaxo 145
Carvoeiro 167
**Cascais** **133f.,** 134
**Castel Belver** **217**
Castelo do Bode 258
**Castelo Branco** **218,** 315, 316
- Jardim Episcopal **218;** *Abb. 38*
Castelo de Foz 338
Castelo São Sebastião 174
**Castelo de Vide** 23, 176, **217**
Castro de Avelas 376

Castro Laboreiro 366
**Castro Marim** 19, 155, 163, 174, 260
Castro Verde **201**
Ceivães 19
Celorico da Beira **321,** 413
Centianes 167
Centum Cellas 318; *Abb. 76*
Cercal 176, 220
Cerro da Vila **165**
Cetóbriga 19, 153f., 222
Ceuta 29, 31, 37, 43, 135, 171, 273, 315, 331
**Chaves** 19, **374f.;** *Abb. 114, Fig. S. 373*
China 30, 40, 68
Cidadelha 366
Cidenay 354
Ciudad Rodrigo 47
Cocella 26
Coelha 166
**Coimbra** 19, 24, 25, 26, 28, 34, 35, 37, 48, 65, 69, 74, 174, 205, 253, 258, **278ff.,** 295, 314, 315, 332, 342, 371
- Aquädukt 285, **292**
- Bibliothek 65, **362;** *Abb. 69*
- Celas-Kloster **291,** 313; *Abb. 63*
- Kreuzgang da Manga **284f.;** *Abb. 71*
- Kreuzgang do Silencio **283f.**
- Misericórdia 90, **291**
- Museu Machado de Castro 19, 174, 286f.
- Palácio de Sobre-Ripas **290f.**
- Quinta las Lágrimas **291**
- Santa Clara 83, 253, 263, 286, **291**
- Santa Cruz 36, 97, **281ff.,** 296; *Fig. S. 280, 281, 283, 284, 285*
- São Tiago **280**
- Sé Nova 90, **286;** *Fig. S. 287*
- Sé Velha 34, 36, 44, **288ff.;** *Abb. 70, Fig. S. 288, 289*
- Stadtplan 279
- Universität **285ff.,** 292; *Farbt. 29*
Comporta 222
Condeixa 292
**Conimbriga** 18, 19, 278, 288, **292ff.;** *Abb. 72, Fig. S. 293, Plan S. 294*
Córdoba 22, 156
Corniche de Arrábida 150
Costa Bela 149
**Costa da Caparica** **149**
**Costa do Sol** **133**
Cova da Iria 268
Cova Dominica 21

435

# ORTSREGISTER

Covelães 367
Covilhã 317
Crato 26, **215**
Cruz Quebrada 133
Culatra 160

Dafundo 133
Deutschland 29, 68, 92
Dona Maria 172
Dos Loios-Kloster **223**
Douro Litoral **328**, 369

Elche 364
**Elvas** 27, 47, 176, **226f.**; *Abb. 41*
– Kathedrale **226**; *Fig. S. 226*
England 24, 26, 28, 29, 46, 47, 66, 67, 68, 69
Entre os Rios 370
Entroncamento 257
Ericeira 69, **140**, 250
Ervidel 201
Escalas de Baixo 219
Esposende 348
Estoi 159
**Estoril** 99, **133**
Estremadura 144, 228, **250ff.**; *Abb. 46*
**Estremoz** 12, 19, 99, 215, **225f.**
**Évora** 18, 19, 24, 25, 26, 44, 45, 66, 68, 99, 135, 176, **205ff.**; *Abb. 33, 37*
– Ermida de São Bras **213**; *Abb. 34*
– Galeria das Damas **213**; *Abb. 37*
– Igreja Real de Sao Francisco **212**; *Fig. S. 212*
– Kathedrale 34, 35, 167, **207ff.**; *Abb. 32, 36, Fig. S. 207, 208, 209*
– Lãrgo das Portas de Moura **211**; *Abb. 35*
– Museu Regional **209**
– Palácio Cadabal **209f.**
– Römischer Tempel **209**; *Abb. 36*
– Stadtplan 206
– Universität **210f.**
**Évoramonte** 27, **215**, 218; *Farbt. 16*

**Faro** 45, **156ff.**; *Abb. 30*
– Kathedrale **157**
– Museen **158**
– Stadtplan 409
Farol 160
**Fátima** **268f.**; *Abb. 53*
Felésia 165
Ferragudo 169
Ferrara 82

Figueira 172
Figueira de Castelo Rodrigo 320
**Figueira da Foz** **313**
**Flor da Rosa** **215**; *Abb. 39*
Fort Beliche 173
Fort Outão 150
Fort São Julião da Barra 133
Foz do Arelho 232
Foz de Odeleite 163
Frankreich 22, 29, 46, 47, 66, 67, 68, 259, 289
Freixo de Baixo 371
Fuseta 160

Galé 166
Galicien 22, 23, 24, 323, 339, 351
Garrão 165
Gavião 217
Gelfa 350
Gerês 367
Gibraltar 20, 47, 69, 228
Goa 40, 44, 111
**Golegã** 168, 175, **257**, 345, 350; *Abb. 55*
Gough-Inseln 40
Gouveia 317
Granada 23, 167, 270, 282
Grándola 221
Granjinha 375
**Guarda** 217, 315, **318ff.**; *Abb. 78*
– Kathedrale **318f.**; *Abb. 79; Fig. S. 319*
– Misericórdia-Kirche 319; *Abb. 78*
– Stadtplan 320
**Guimaraẽs** 23, 25, 339, **354f.**, 412
– Burg **354**; *Abb. 107*
– Museu de Alberto Sampaio **357**, 364
– Museu Martins Sarmento **357**
– Nossa Senhora da Oliveira **356**; *Abb. 106*
– Palast der Herzöge von Bragança **355f.**, 375
– Rathaus **356**
– Stadtplan 355

Ilha de Tavira 161
Indien 29, 33, 34, 38, 39, 45, 46, 100, 144, 173, 213
Ingrina 172

Jerusalem 22, 262
Jerez de la Frontera 20
João Vaz 172
Junqueira 163

436

Kanarische Inseln   39, 327
Kap Bojador   31, 170
Kap der Guten Hoffnung   31, 33, 144
Kap Verdische Inseln   33, 39
Kastilien   21, 23, 24, 25, 26, 27, 28, 32, 33,
   295, 320, 342, 351, 364, 375

Ladoeiro   219
Lagôa   167
**Lagos**   16, 26, 30, **170f.**
– Stadtplan   411
Lamas de Mouro   366
**Lamego**   20, 323, 339, **342f.**, 411
– Kathedrale   34, **342**
– Museum   **342**
– Remédios-Wallfahrtskirche   **342**; *Abb. 98*
**Leça do Balio**   168, 217, 288, 296, 326, **344f.**;
   *Abb. 97; Fig. S. 344*
Leça da Palmeira   337
**Lairia**   23, 26, 27, 44, 80, 201, 230, 250, **277f.**;
   *Abb. 74*
Leixões   337
León   21, 22, 24, 318, 328, 342, 364
Lindoso   366
**Lissabon**   11, 15, 17, 18, 20, 22, 23, 24, 25, 26,
   27, 28, 33, 36, 37, 38, 43, 44, 46, 47, 48, 67,
   68, **72ff.**, 133, 134, 144, 148, 205, 220, 221,
   222, 224, 226, 227, 250, 279, 326, 406ff., 422;
   *Farbt. 1, 2, Fig. 72/73, 78, 79*
– Alfama   23, 74, **86ff.**; *Abb. 5, Plan S. 87*
– Avenida da Liberdade   **80f.**
– Baixa   65, 73, 74, **78f.**, 94, 162
– Belém siehe daselbst
– Benfica siehe daselbst
– Carmo-Kirche   34, 80, **92**; *Fig. S. 93*
– Casa dos Bicos   82; *Abb. 2*
– Castelo de São Jorge   78, 80, **85f.**, 354;
   *Farbt. 1*
– Conceiçao Velha   **82f.**, 264, 282; *Abb. 6*
– Estrela-Basilika   65, **97**, 129
– Gulbenkian-Museum   81
– Kathedrale   34, 35, **83ff.**, 326; *Abb. 3,*
   *Fig. S. 84, 85*
– Largo Santa Luzia   78, **85**
– Madre de Deus   66, **91**
– Monsanto-Park   **131**
– Monumento Cristo Rei   99, 131
– Museum der religiösen Kunst   93
– Museum der zeitgenössischen Kunst   94
– Nationalbibliothek   **94**, 205, 362

– Nationalmuseum   36, 91, **95ff.**; *Farbt. vor-*
   *dere Umschlagklappe, Fig. S. 112, Plan S. 96*
– Palácio da Assembléia Nacional (São Bento)
   **97f.**
– Palácio Real das Necessidades   **97**
– Pantheon   65, **90**; *Abb. 4, Fig. S. 90*
– Praça do Comércio   **78**, 82; *Farbt. 1*
– Praça Luis de Camões   **94**
– Praça Marqués de Pombal   81
– Rathaus   **94**
– Rossio   **78f.**; *Abb. 1*
– Santa Catarina   **98**
– Santa Amaro   **99**
– São Roque   **92f.**
– São Vicente de Fora   85, **89f.**, 95, 98, 224,
   377; *Fig. S. 89*
– Stadtplan   76/77
– Stierkampfarena   82
– Tejo-Brücke   **98f.**
– Umgebung   **129ff.**; *Karte S. 132*
**Lorvão**   **313f.**
**Loulé**   **164**
Loures   143, 227
Lourinhã   228, 230
Lourosa   20, 316
Lousa   143
Luso   315
Luz   172

Macau   11, 13, 37, 40, 45, 68
Madrid   47
**Mafra**, Kloster   48, 65, 93, 97, 138, **141ff.**, 362;
   *Abb. 15, 16, 17, 18, 19, 20; Fig. S. 141*
– Museu de Escultura Comparada   **142**
Malakka   29, 30, 40, 41, 111
Malveira   134, 143
Mamede   339, 355, 364
Monta Rota   162
Manteigas   317
Marco do Gribo   149
Mareta   173
Maria Luîsa   165
Marinha   167
Marim   160
Marokko   33, 43, 135, 273, 296
**Marvão**   23, **216f.**
**Mateus**   **372f.**; *Farbt. 32*
**Matosinhos**   **336f.**, 411
Mazagan   43
**Melgaço**   368

437

# ORTSREGISTER

Merida 18, 73
**Mértola** 19, 23, 26, **174f.**
Mesão Frio 340
Mezio 366
Milreu 19, 159, 288
Minho 23, 349, **351f.**, 366, 365, 368; *Farbt. 34, Abb. 123*
Mira (Tropfsteinhöhle) 257
**Miranda do Douro** 44, **374**, 411; *Abb. 121, 122*
Mirandela 374
Miróbriga 19, 221
Moçambique 41, 68, 70
Mogadouro 374
Molukken 29, 30, 40
Moncarapacho 160
**Monçao 368**
**Monchique** 12, **169f.**
**Monsanto 218f.;** *Farbt. 17*
Monsaraz 214
Montalegre 27
Monte Gordo 162
Montemor-o-Novo 223
Montemor-o-Velho **296f.**, 344
Monte Santa Luzia **350**
Montes Claros 47
Montijo 46
Morgavel 220
Mós 412
Montinho 339
**Moura** 23, 26, **175**
**Murça 373f.;** *Abb. 119, 120*
Murtosa 328

**Nazaré 232f.**, 250; *Farbt. 20*
Nóbrega 366
Nogueira 366

**Óbidos 230;** *Abb. 45*
Odeleite 163
Odemira 170, 220
Odivelas **143**
Oeiras 65, 133
Ofir 348
**Olhão 159f.**, 161
Olhos de Agua 165
Oliveira do Hospital 316
Oliveirinha 220
Olivença 26, 66
Orik 201

Ormuz 40, 41
Oura 165
Ourique 23, 201
Outão 222
Outeiro 374
**Outeiro Seco** 334, **375;** *Abb. 124*
Oviedo 21

Paça de Arcos 133
**Paço de Sousa** 25, **338f.;** *Abb. 86, Fig. S. 339*
Paço de Ferreira 354
Padrón 22
Palma de Mallorca 30
Palmela 154
Pamplona 22
Panoias **372**
Pedras Salgadas 374
Pegões Cruzamento 222
Penacova 313, 314
Penamacor 218
**Peneda-Gêres,** Nationalpark **366f.;** *Karte S. 365*
Penha Garcia 219
Penhas de Saúde 317
**Peniche** 14, **228f.**, 250; *Abb. 44, Karte S. 229*
Peso 368
Pêso da Régua 340, 341
Pessegueiro 324
Pinhel **320**
Pisões 19, 204
Pitões 366
Ponte da Areia 162
Ponte da Barca **366**
Ponte de Lima **367**
Ponte da Piedade 156, 171
Porches 155
**Portalegre** 44, 176, **216,** 217
Portel 204
Portela do Homem 366
**Portimão 168f.**, 171; *Farbt. 15*
– Stadtplan 410
Portinho da Arrábida 150
**Porto** 7, 19, 25, 26, 44, 65, 69, 90, 220, 288, **328ff.**, 351, 412; *Abb. 88, 89, 91, 92, 93*
– Carmo 66, **334**
– Grilos-Kirche 98, **332**
– Kathedrale 34, **331f.;** *Abb. 90, Fig. S. 331*
– Misericórdia-Kirche **333**
– Museu Nacional de Soares dos Reis **334,** 367, 375

– Nossa Senhora do Pilar   329, **335;** *Fig. S. 335*
– Ponte Dom Luis I.   **334f.**
– Santa Clara   **331**
– São Francisco   **333**
– São Martinho de Cedofeita   **335.;** *Fig. S. 336*
– São Pedro de Clérigos   **334**
– Stadtplan   330
Porto de Barcas   228
Porto Cova   220
Porto de Lagos   168
Porto de Mós   171, **256,** 268
Porto Santo   33
Póvoa   374
Póvoa de Lanhosa   364
**Póvoa de Varzim   346,** 412
Praia do Guincho   134
Praia de Pedrógão   277
**Praia da Rocha   168f.;** *Farbt. 14*
Praia Berde   162
Pulo de Lobo   175

**Quarteira**   3, **165**
**Queluz**   65, 83, **129f.;** *Farbt. 10*
Querença   165
Quinta do Anjo   154
Quinta Valverde   214
Quintanilha   378

Raposeira   172; *Abb. 23*
**Rates**   25, **346f.;** *Abb. 99, 100; Fig. S. 346*
Rebolinhos Martinhal   173
Rebordela   371
Redondo   223
Resende   339
Riba de Mouro   19, 368
Ribatejo   **143f.,** 148, 222
Rio de Janeiro   47, 75
Rio Almonda   257
Rio Alvor   170
Rio Arade   168
Rio Ave   353
Rio Cabril   372
Rio Cavado   347, 351, 366, 376
Rio Côa   318, 320
Rio Corgo   372
Rio Coura   350
Rio Dão   316
Rio Douro   13, 15, 17, 21, 26, 315, 316, 328,
   332, 338, 339, 342, 369, 370; *Farbt. 31,*
   *Abb. 94*

Rio Guadiana   13, 26, 155, 163, 174, 175, 176
Rio Homem   366
Rio Lena   257, 268, 277
Rio Liandros   317
Rio Lima   351, 367
Rio Lis   228, 277
Rio Mau   346
Rio Minho   13, 350, **351f.,** 368
Rio Mira   170, 176, 220, 257
Rio Mondego   13, 26, 278, 279, 313, 314, 316
Rio Nabão   258
Rio Pavia   321
Rio Sado   13, 14, 148, 150, 153, 176, 221, 222,
   228
Rio Sisandro   228
Rio Sul   323
Rio Tâmega   339, 370, 374
Rio Tejo   12, 13, 14, 15, 17, 18, 23, 25, 26, 38,
   65, 73, 74, 78, 86, **98f.,** 108, 133, 143, 144,
   148, 218, 228, 250, 257, 258, 315
Rio Tinto Negro   170
Rio Vargem   230
Rio Vascão   201
Rio Vez   367
Rio Vouga   13, 323, 324
Rio Zêzere   258, 315, 316
Rodão   218
Rom   18, 19, 20, 22, 23, 73, 89, 93, 265, 295,
   313, 318, 374
Roriz   354

Sabroso   357, **363f.**
Sabugal   318
Safi   313
**Sagres**   29, 30, 31, 33, 155, 156, **172f.;**
   *Abb. 25, 27*
Salado   356
Salamanca   142
Salema   172
Salir   165
Salvaterra de Magos   148
Samouqueira   148, 220
Sampriz   366
San Ildefonso   66
Sanlucar   163
Santa Catarina   313
Santa Lucia   92, 161
**Santarém**   18, 24, 89, 143, **145ff.,** 251, 253,
   258, 268
– Archäologisches Museum   **146;** *Abb. 21*

439

## ORTSREGISTER

- Graça-Kirche **146**, 318
- Jesuitenkirche **145**
- Stadtplan 147
Santiago do Cacém 19, 176, **221**
Santiago de Compostela 21, 22, 26, 280
Santo António da Avenilha 162
Santo Estêvão 375
Santos 40
Santo Tirso 353
São Brás de Alportel 159, 161
São Gregorio 368
São João de Campo 367
São João do Estoril 133
São João da Pesqueira 342
**São Jorge 256**
São Lourenço 165, 375
**São Marcos** 295; *Abb. 75*
São Martinho da Arvore 295
São Martinho de Mouros 339
**São Martinho do Porto 232**
São Miguel de Acha 218
São Pedro 133
São Pedro de Balsemão 343
São Pedro de Muel 277
São Pedro do Sul **323**
São Quintino 227
São Rafael 166
São Torpes 220
Saragossa 272
Sasarem 277
Segóvia 82
Seia 317
Sempre Noiva **223**
Senhor da Saúde 367
Serém 324
Serpa 24, 26, 174, 175
Serra de Aire 257
**Serra da Arrábida 149**, 150, 250
Serra da Boa Viagem 313
Serra da Caixeiro 215
Serra do Caldeirão 155, 160
Serra de El-Rei 230
Serra do Espinhaço de Cão 155, 220
**Serra da Estrela** 11, 14, 258, 315, **316ff.;**
 *Farbt. 19, Abb. 77*
Serra do Gerês 366
Serra de Grándola 176, 221
Serra de Lorvão 278
Serra de Malhão 155, 201
Serra de Marão 371

Serra da Marofa 320
Serra de Monchique 155, 169, 220
Serra de Nogueira 369, 376
Serra da Ossa 225
Serra da Peneda 366
Serra de Prado 321
Serra de São Mamede 176, 216
Serra de Sintra 134, 138
Serra Soajo 366
**Sesimbra 149;** *Farbt. 18*
**Setúbal** 18, 19, 35, 90, 99, 149, **150ff.**, 222,
 250, 257
- Bocage-Museum 152
- Castelo de São Filipe 133, **152**
- Jesús-Kirche **150ff.**, 319; *Abb. 22,*
 *Fig. S. 151, 152*
- Ozeanographisches Museum **153**
- São Julião-Kirche **152**
- Stadtplan 153
Silves 26, 34, 156, **167f.**, 326
**Sines** 99, 176, **220f.**
**Sintra** 35, 80, **134ff.**, 138, 250, 290, 313;
 *Farbt. 11*
- Castelo dos Mouros 138
- Palácio da Pena 138; *Abb. 14,*
 *Fig. S. 139*
- Palácio Real **135ff.**, 313; *Abb. 9, 10, 11, 12,*
 *13; Fig. S. 139*
- Penha Verde **140;** *Fig. S. 140*
- Stadtplan 137
Sitio 232f.
Soajo 366
Sobral 227
Sokatra 40
**Spanien** 11, 22, 23, 26, 33, 34, 39, 42, 43, 44,
 45, 47, 48, 66, 155, 217, 228, 332, 364, 366,
 376

Tafaria 133
Tanganheira 220
Taranquela 339
Tarouca **343f.**
**Tavira** 19, 26, **161f.**
Tavira da Luz 160
Termas de Monfortinho 219
Tibães, Kloster **366**
Toledo 20, 22
Tolosa 217
**Tomar** 25, 26, 35, 44, 91, 168, 174, 217,
 **258ff.**, 267, 268, 345, 412

– Christusritterburg   25, **258ff.**; *Farbt. 28,*
  *Fig. S. 261*
– – Claustro dos Filipes   44, **264**; *Abb. 59*
– – Eingangsportal   **260f.**; *Fig. S. 262*
– – Hochchor   264; *Fig. S. 263*
– – Kapitelsaal   **264**; *Farbt. 27, Abb. 58,*
  *Fig. S. 2*
– – Rotunde   36, **262f.**, 275; *Abb. 57*
– – Santa Maria do Olival   36, **258ff.**
– Nossa Senhora da Conceiçao   44, **266**;
  *Fig. S. 265*
– Nossa Senhora da Piedade   267
– São João Baptista   **267f.**; *Abb. 56*
Tonel   173
Tordesillas   33, 34
Toro   32, 313
Tôrre   258, 317
Torre de Bugio   133
Torregela   205
Torreira   328
Torres Novas   257
Torres Vedras   144, 228
Tourém   366
Trafaria   149
Trancoso   **321**
Trás-os-Montes   342, **369f.**; *Farbt. 33*
**Travanca**   25, 288, 346, **369f.**; *Abb. 115*
– Salvador-Kirche   **370**; *Fig. S. 370*
Tristão da Cunha   40
Troia   19, 153
Tuy   351, 364

Vale do Lobo   165
**Valença do Minho**   **351f.**
Valencia   22

Valverde   28
**Viana do Castelo**   92, **348f.**, 351, 353;
  *Abb. 103*
Vidago   374
Vidigueira   **204**
**Vila do Bispo**   172
**Vila do Conde**   34, 345f.; *Abb. 96*
– Kirche   **345f.**; *Abb. 95*
– Wehranlagen und Aquädukt   44, 90, 345
Vila Châ de Ourique   145
Vila da Feira   **327f.**
**Vila Franca de Xira**   143, **144,** 148
Vila Fresca de Azeitão   154
Vilamoura   19, 165
**Vila Nova de Gaia**   328, 335, 338, 340, 341,
– Stadtplan   337
Vila Nova de Milfontes   220
Vila Nova de Ourém   267f.
**Vila Real**   19, **372**; *Abb. 113*
**Vila Real de S. António**   13, 155, 160, **162f.,**
  174
**Vila Viçosa**   47, **223f.**, 375, 376
– Herzogspalast   224
– Knotentor   224, *Farbt. 22, Abb. 40*
Vinhais   **376**
**Viseu**   19, 36, **321ff.**, 342; *Abb. 83*
– Kathedrale   **321f.**; *Abb. 80, 81*
– Misericórdia-Kirche   **323**; *Abb. 82*
– Museu Grão Vasco   **322f.**
– Stadtplan   322
Vouzela   324

Xilb (Xelb) siehe Silves

Zavial   172
Zamora   22, 252

# Personenregister

Aboim, João Peres de  204
Abu Abdullah  221
Achila  20
Aeneas Silvius  30
Afonso, Jorge  36
Afonso, Sohn Joãos I.  224, 375
Afonso, Infant  38, 91, 148, 230, 273
Afonso I.  74
Afonso II.  25, 71, 221, 255
Afonso III.  71, 74, 157, 161, 167, 201, 204, 205, 207, 225, 255, 279, 348, 375
Afonso IV.  27, 71, 83, 84, 205, 253, 296
Afonso V.  29, 32, 71, 95, 144, 213, 270, 273, 276, 296, 327, 356
Afonso VI.  47, 71, 74, 138, 146
Afonso de Castelo Branco  256, 286, 290
Afonso Henriques  23, 24, 71, 74, 83, 84, 85, 89, 145, 148, 154, 201, 205, 207, 215, 216, 221, 251, 258, 277, 281, 282, 285, 288, 320, 323, 336, 339, 342, 343, 354, 356, 367
Ailly, Pierre d'  30
Alarich  19
Alba, Herzog  44, 215
Albuquerque, Afonso de  40, 90, 111, 144; *Fig. S. 40*
Albuquerque, Matias de  46
Alcoforado, Soror Mariana  202
Alenquer, Pedro de  144
Alexander III., Papst  23
Alexander VI., Papst  33
Alfonso II. der Keusche  22
Alfonso III. der Große  22, 156, 321, 331
Alfonso VI.  22, 23, 359
Alfonso VII.  23, 252, 339
Alfonso IX.  24, 313, 323
Alfonso XI.  27
Al Mansur  22, 329, 336
Almeida, Fortunato de  45
Almeida, Francisco de  40, 41
Almeida, Jorge de  288, 290
Almeida, Maler  334

Álvares, Afonso  44, 92, 207, 214, 225
Álvares, Baltasar  65, 98, 145, 283, 286, 332
Andersen, Hans-Christian  150
Anna von Österreich  286
Annes, Martin  78
António, Dom (Prior von Crato)  44, 215
Antonius von Padua, Hl.  83, 84, 97, 284, 292
Antunes, João  88, 326, 327
Anunciação, Tomás de  68
Araújo, Norberto de  86
Aristarch  30
Aristoteles  30
Arruda, Diogo de  35, 265
Arruda, Francisco de  35, 108, 110, 210, 212, 214, 226, 261, 263, 265
Atayde, Catarina da  326
Aumale, Françoise Louisa d'  47
d'Ayala, Josefa  66
Azambuja, Diogo de  296, 313
Azurrara, Gomez de  36

Baldeira, Afonso  171
Balduin II.  258
Barbosa  205, 264
Barcelos, Afonso de  355, 357, 376
Barcelos, Pedro de  343
Bastos, Victor  94
Bataca, Dona  290
Beatriz  27, 226, 268
Behaim, Martin  33
Benedikt XIV., Papst  93
Bernudes  81
Bocage, Manuel M. de Barbosa du  152
Bosch, Hieronymus  95
Bouillon, Gottfried von  258
Bouts, Dirk  81
Boytaca, A.  35, 100, 102, 108, 150, 231, 257, 270, 273, 281, 285, 296, 318, 319
Braga, Erzbischof von  46
Braga, Téofilo  69, 106
Bragança, Fernando von  207

Brites   154, 201
Brites, Tochter N. A. Pereiras   345, 355;
   *Abb. 95*
Brites von Kastilien   254; *Abb. 52*
Byron, Lord   135

Cabral, Costa   206
Cabral, Pedro Alvares   39, 90, 146, 315, 317,
   318, 361
Caesar   18, 201, 205, 318
Caetano, Erzbischof von Évora   97
Caetano, Marcelo   70
Camarinha, G.   330
Caminha, Herzog von   46
Camões, Luis de   36, 37, 38, 43, 68, 90, 100,
   105, 138, 254, 284, 291, 326
Candido, Antonio   371
Canevari   93
Cão, Diogo   33, 372
Caravaggio   148
Carbeiro   371
Carlos I.   69, 71, 133, 315
Carlos, Frey   36, 96, 205, 209, 334, 357
Carlota   67
Carmona, General   69, 106
Carta, Diogo da   208
Carvalho e Melo, José de   s. Marquis de
   Pombal
Castelo Melhor, Grafen von   80
Castilho, A. Feliciano de   81
Castilho, Diogo de   35, 280, 281
Castilho, João de   35, 36, 82, 100, 101, 102,
   105, 106, 253, 255, 260, 261, 263, 266, 271,
   276, 277, 280, 345
Castro, Alvares de   140
Castro, Guiomar de   296
Castro, Inês de   27, 84, 145, 225, 253ff., 291,
   296, 377 *(Fig. S. 250)*
Castro, João de   140
Castro, José de   67
Castro, Machado de   64, 78, 84, 89, 97, 112,
   142, 152, 386
Catarina   s.Katharina von Österreich
Cerqueira   371
Chagall, Marc   324
Chamilly, Graf de   174
Chanterène, Nicolas de   35, 100, 102, 139,
   212, 280, 281, 282, 288, 296
Churriguera, José   66
Clairvaux, Bernhard von   251

Clemens II., Papst   259
Clemens V., Papst   27
Cluny, Hugo von   22
Coek, Pieter   95
Coelho, Bento   66, 334
Coelho, Nicolão   38
Constanza von Kastilien   28, 253
Cook, Francis   139
Cordeiro, João   135
Cortereal   40
Costa, Gomes da   69
Costa e Silva, José da   94
Coutinho, Lourenço Vicente   361
Covilhã, Pedro de   33
Cranach, Lucas   95
Crato, Prior von   s. Dom António
Cresques, Abraham   30
Cruz, Frei Agostinho da   150
Cunha, Kardinal de   48

Damasius I., Papst   357
Daniele da Volterra   283
Degas, Edgar   81
Dias das Tormentas, Bartolomeu   33, 144, 313
Diniz I.   26, 71, 74, 143, 145, 174, 175, 203,
   205, 216, 218, 219, 223, 225, 227, 230, 255,
   257, 259, 277, 279, 285, 317, 318, 320, 321,
   343, 366, 372, 374, 376
Domingues, Afonso   146, 270, 273f., 275
Drake, Francis   44, 45
Dralia, Johannes   263
Duarte I.   28, 29, 31, 71, 212, 270, 275, 276,
   321
Duarte, Dom   211
Dufy, Raoul   324
Dürer, Albrecht   95, 109, 110, 333

Eanes, Diogo   350
Eanes, Gil   170
Eanes, Gomes   95
Eanes, Ramalho   70
Eiffel, Gustave   92, 335
Elisabeth I. von England   44
Elisabeth von Thüringen, Hl.   27
Eschwege, Wilhelm, Baron   138
Évora, Fernão d'   270
Eyck, Jan van   36, 322

Fabri   80
Fafes, Egas de   290

443

# PERSONENREGISTER

Faria, Baltasar de 264
Farias, Almeida 204
Ferdinand I. von Kastilien 279, 280, 329, 342, 359
Fernandes, Garcia 257, 270, 272
Fernandes, Mateos 135, 257, 270, 276
Fernandes, Vasco s. Grão Vasco
Fernando I. 27, 71, 74, 83, 92, 201, 226, 257, 268, 335, 344
Fernando II. 90, 138, 139
Fernando (Fernão), Infante Santo 28, 31, 273
Figueiredo, Cristovão de 36, 96, 283, 386
Frogenard 96
Francesca 96
Franco, Francisco 94, 131, 232
Franz I. von Frankreich 42, 264
Franz Xaver 41
Frutuoso, Hl. 364

Gainsborough 81
Galaicus, Julius Brutus 85
Galba, Servius S. 18
Gama, Diogo da 264
Gama, Paulo da 38
Gama, Vaso da 31, 38, 39, 79, 90, 91, 96, 100, 105, 144, 158, 204, 213, 220f., 233, 283; *Fig. S. 40*
Ganshof, François Louis 24
Garrett, Almeida 81, 106
Gato, Vasco Esteves 225
Gaunt, John of, Herzog von Lancaster 28
Gavaio, Pedro Vaz 319
Gelmirez 364
Geraldo Sem Pavor 205; *Fig. S. 204*
Ghirlandaio 81
Godinha, Dona 371
Gomes 334
Gonçalo, Hl. 130, 370
Gonçalves, Fernão 209
Gonçalves, Nuno 36, 66, 95, 322; *Ft. vordere Umschlagklappe*
Goya, Francisco José de 112
Grão Vasco (Vasco Fernandes) 36, 95, 321, 322, 323, 340, 342, 343
Gregor XII., Papst 111
Gregor XIII. 44
Guedes 332
Guilleragus, de 202
Gulbenkian, Calouste Sarkis 81

Guerra, Luis da 319
Guzmão, Leonora de 224

Hamilkar Barkas 18, 168
Haupt, Albrecht 277
Heinrich von Burgund 22, 23, 354, 356, 359, 361
Heinrich der Seefahrer 28, 29, 30, 31, 34, 36, 90, 95, 100, 102, 110, 170, 171, 172, 173, 260, 264, 272, 323, 329, 332, 333, 379; *Ft. vordere Umschlagklappe, Abb. 89*
Heinrich II. von Kastilien 226
Heinrich VII. von England 326
Henriques, Kardinal 43, 44, 71, 92, 106, 137, 208, 211, 370
Henriques, Francisco 36, 209
Hensler, Elise 68
Herculano, Alexandre 81, 106
Hieronymus, Hl. 102, 104, 357
Hipparch 30
Holbein d. Ä., Hans 95
Honorius, Kaiser 19
Honorius, Hl. 140
Honorius III., Papst 25
Houdart, Philippe 44, 280, 288
Houdon 81
Huber 164
Huguet 270, 272, 275, 281
Humboldt, Alexander von 38

Idiacus 329
Idrisi 173, 205
Indortes 18
Innozenz II., Papst 251
Innozenz III., Papst 313
Innozenz XII., Papst 326
Isabel, Tochter des Grafen von Barcelos 273
Isabel von Portugal 95
Isabel von Spanien 42
Isabella, Tochter Joãos I. 207
Isabella von Aragon, Hl. 27, 225, 230, 272, 277, 291, 318, 321

Jaime, Herzog 224
Jakobus d. Ä., Hl. s. São Tiago
Jakub Ibn Jussuf 259, 260, 279
Jean de Rouen s. João de Rouão
João, Infant, Großmeister des Santiago-Ordens 272f.
João I. 27, 28, 29, 71, 80, 136f., 170, 210, 215,

224, 256, 268f., 270, 272, 275, 290, 291, 331, 333, 356

João II.   29, 33, 38, 71, 95, 108, 150, 154, 160, 168, 170, 207, 211, 212, 213, 232, 270, 273, 276, 296, 361

João III.   36, 43, 71, 91, 100, 106, 161, 205, 212, 214, 258, 260, 264, 265, 266, 270, 271, 279, 284, 370

Joã IV.   45, 46, 71, 80, 90, 91, 149, 224, 229, 291; *Fig. S. 46*

João V.   47, 78, 71, 91, 93, 97, 98, 111, 141, 149, 221, 232, 286

João VI.   65, 66, 67, 71

Johann von Ypern   290

Johannes, Priesterkönig   29

Johannes XXI. (Petrus Hispanus), Papst   143

Johannes XXII., Papst   260

Jorge, Sohn Joãos II.   231

José I.   48, 65, 71, 91, 141, 162, 205

Josepha von Óbidos   96, 230

Juan I. von Kastilien   27, 28, 226, 268

Juan d'Austria   146

Juana von Kastilien   32, 43

Julius II., Papst   282

Julius III., Papst   260

Jussuf, Sultan   24, 25


Karl V., Kaiser   42, 43, 376

Karl II. von England   47

Karl VIII. von Frankreich   326

Katharina von Österreich   43, 47, 100, 106, 139

Katharina, Herzogin von Bragança   44

Katharina II. von Rußland   81

Kolumbus, Christoph   30, 33, 34

Kolumbus, Ferdinand   33

Konstanza von Burgund   22

Kriechen, von   268


Lavache   142

Lawrence   81

Leal, Gebr.   263

Leo X., Papst   83, 137, 211

Leonor, Tochter von Afonsos III.   147

Leonor von Aragon   276

Leonor von Österreich   42

Leonora, dritte Frau Manuels I.   83, 157, 215

Leonora, Dona   82, 91, 148, 230, 231

Leopold I.   47

Leovigild   20, 364

Lino   371

Lippe-Bückeburg, Graf von   65

Lobo, Faria   130

Lochner, Stephan   81

Lodi   80

Lopes, Cristovão   106

Lopes, Gregorio   36, 96, 227, 267

Lopes de Haro, Dona Méncia   26

Lopes-o-Moço, João   349, 368

Lopes-o-Velho, João   349, 351

Loquin, Jacques   44

Lourenzo, Gregorio   283

Loyola, Ingnatius von   377

Lozano, Lazero   232

Lucena, de   46

Ludwig, Johann Friedrich sen.   65, 80, 94, 129, 141, 207

Ludwig (Ludovice), Peter   65, 141

Ludwig XIV. (Sonnenkönig)   376

Luis, Herzog von Beja   215

Luis I.   68, 71, 92

Luisa, Dona   225

Luis Felipe, Kronprinz   69

Lupi, Miguel   68


Maçade, Martin Gonçalves de   272

Machado, Sousa de   371

Mafalda   320

Magelhães, Fernão de (Magellán)   42

Maia, Manuel de   65, 74

Malhoa, José   69, 94, 232

Malta, Eduardo   232

Mann, Thomas   80

Mansur, Jacub   205

Manucci   93

Manuel I.   29, 36, 38, 39, 42, 43, 47, 74, 82, 83, 86, 91, 100, 102, 106, 111, 135, 138, 145, 149, 150, 161, 168, 204, 211, 212, 215, 226, 227, 231, 253, 255, 258, 260, 266, 269, 270, 272, 281, 282, 283, 296, 318, 322, 333, 346, 350, 361

Manuel II.   69, 71, 97, 140, 285

Mardel, Carlos   65, 80

Margarete, Herzogin von Mantua und Savoyen   45, 80

Maria I.   67, 71, 97, 129, 130

Maria II.   67, 68, 71, 138, 206

Maria von Kastilien   42, 104, 333

Maria von Portugal   43, 214

Maria von Savoyen   92

445

# PERSONENREGISTER

Maria von Österreich 214
Maria-Amélie 111
Maria Anna von Österreich 47, 141
Maria Theresia 376
Marianne Victoria de Bourbon 48
Marques, Diogo 226, 333
Martins, Fernão 33
Martins de Meneses, Teresa 345
Mártires, Bartolomeu dos 349
Masséna, Marschall 67, 228, 271, 315
Mathilda 26
Maximilian von Österreich 326
Medina, Henrique 232
Meister Robert 84
Meister von Sardoal 202, 288
Meister von Tarouca 322, 343
Meister von Tomar 209
Melo, Francisco de 210
Melo, Jorge de 216
Melo, Manuel de 205, 210
Memling, Hans 148
Menezes, Brites de 295
Menezes, Duarte de 146
Menzes, Garcia de, Bischof von Évora 154, 213
Menezes, Pedro de 146
Menezes, Visconde de 68
Mercator 30
Metsys, Quintin 95, 288
Michelangelo 313
Miguel I. 67, 68, 71, 215, 329, 330
Miró, Joan 324
Moissac, Géraud de s. São Geraldo
Monis, Egas 338f., 355; *Abb. 86*
Moniz, Garcia 369
Morales 371
Motamid, Prinz 167
Mumadona 354
Murphy 277
Mutadid ibn Abad 156f.

Napoleon I. 66, 256, 263
Napoleon III. 68
Naronha, Constança de 355, 357
Naronha, João de 230
Nasoni, Nicoló 65, 331, 333, 334, 372
Nobre, António 290
Nunes, Pedro 208, 332

Odysseus 17, 73
Oliveira Bernardos, António de 80, 130
Oliveira Bernardos, Polisarpo de 164, 349
Oliveira, Mateus Vicente do 65, 69, 83, 129
Oliver von Gent 208, 263, 290
Ourém, Graf Andeiro von 28, 210, 267f.

Pacheco, Duarte 34
Pacheco, Santos 98
Pais, Gualdim 257, 258, 259, 260, 267
Paiva, Gaspar de 108
Paul VI., Papst 268
Pedro, Herzog von Coimbra 28, 32, 144, 272, 296, 313, 356
Pedro von Rates 346, 358, 361
Pedro I. 27, 71, 225, 253f., 291, 377
Pedro II. 47, 71, 138
Pedro III. 129, 130
Pedro IV. (Pedro I. von Brasilien) 67, 68, 80, 330
Pedro V. 71
Pedro II. von Brasilien 69
Pelayo 21
Pereira, Alvaro Gonçalves 215
Pereira, Diogo de 222
Pereira, Francisco B. 333
Pereira, Gonçalves, Bischof von Braga 361
Pereira, Justa Rodrigues 150
Pereira, Manuel 66
Pereira, Nuno Alvares 28, 79, 90, 92, 217, 226, 256, 258, 269, 277; *Fig. S. 29*
Peres, Damião 45, 277
Pessagno 26
Philipp II. (Filipe I. von Portugal) 43, 44, 45, 78, 89, 111, 133, 152, 201, 204, 260, 264, 266
Philipp III. (Filipe II. von Portugal) 45, 260, 264, 266
Philipp IV. 45
Philipp der Schöne 27, 259
Philippa von Lancaster 28, 272, 331, 332, 333
Picasso 324
Pillement, Jean 66, 334
Pimenta, A. 24
Pinheiro, Diogo de 36, 94, 258
Pinto, Sousa 69
Pires, Alvaro 209
Pires, Manuel 207, 212
Pires, Marcos 281, 285
Pires-o-Moço, Diogo 296, 344
Plinius d. Ä. 73

446

Polo, Marco 30
Pombal, Marquis de (Carvalho e Melo, José de) 48, 65, 74, 78, 79, 112, 133, 162, 205, 279, 285; *Fig. S. 46*
Pompeius 18
Portinari 334
Porto, Silva 68, 94, 334
Pousão, Henrique 69, 334
Ptolomäus 30

Queiroz, Eça de 346
Quillard, António 66, 96

Raffael 96
Raimond 22, 23, 359
Rates, Hl. 20
Rebelo 377
Regras, João de 28
Rekiar 358
Rekkared 20
Rembrandt 81
Resende, Garcia de 108, 205, 211, 334
Ribeiro, António 37, 94
Ribeiro, Pinho 371
Richelieu, Kardinal 46
Riemenschneider, Tilman 81
Rilke, Rainer Maria 202
Robillon 65, 129
Roderich 20, 321, 323
Rodin, Auguste 94
Rodrigues, Alvaro 175
Rodrigues, F. 92
Rodrigues, Jorge 204
Rodrigues, Pedro 175
Rouão, João de (Jean de Rouen) 44, 100, 131, 230, 280, 285, 288, 289, 290, 319
Rubens, Peter Paul 313
Rupinho, Fuas 232

Sá de Miranda, Francisco de 37
Sachsen-Coburg-Gotha, Ferdinand von 68
Salazar, Abel 378
Salazar, António de Olivera 69f., 75, 90, 98, 229
Salvi, Nicoló 93
Sampaio, F. 232
Sancha, Tochter Sanchos I. 291, 313
Sanches, Afonso 345
Sancho I. 24, 25, 71, 167, 203, 217, 258, 282, 288, 291, 318, 319, 323, 376

Sancho II. 26, 71
Santa Joana de Portugal 326, 327
Santos 334
Santos e Carvalho, Eugénio dos 65
São Bento 283
São Gens, Bischof von Lissabon 89
São Geraldo (Géraud de Moissac) 359
São Tiago (Jakobus d. Ä.) 20, 21, 221, 280, 346, 358; *Fig. S. 21*
São Vicente 79, 84, 89, 173
São Torpes 220
Schneider, Reinhold 9
Schomberg, Graf 47
Sebastião 38, 43, 71, 92, 106, 138, 171, 205, 285, 370
Seixas, José F. 334
Seneca 30
Sequeira, Domingos António de 95
Sertorius, Quintus 18, 205, 214, 318
Servilianus, Fabius Maximus 18
Silva, Aira da 296
Silva, Aníbal Cavaco 70
Silva, Diogo da 296
Silva, Gomez de 295
Silva, João da 295
Silva, Lourenco da 296
Silva, Pereiro da 157
Sizebuts 205
Soares, Mário 70
Soraes dos Reis, Mário 69, 94, 333, 334, 354
Sodré, Vicente 40
Soult, Marschall 67
Sousa, Diogo de 143
Sousa, Diogo de (Erzbischof) 360, 361
Sousa, Martin Afonso de 43
Sousa, Cardoso, Amadeo de 371
Spínola, General 70
Strabo 10, 17, 30, 173
Sulla 18

Tarik ibn Sijad 20, 321
Tavares 377
Teixeira 332
Telez de Menezes, Fernão de 295
Tellez, Maria 290
Tellez de Menezes, João Afonso 146
Tellez de Menezes, Leonor 27, 210, 268, 290, 291, 344
Teotonio, Erzbischof von Évora 204
Teresa, Tochter Sanchos I. 313

447

# PERSONENREGISTER

Terzi, Filipo   44, 78, 89, 90, 92, 98, 133, 152,
  228, 264, 292, 327
Theodomir   335f.
Theodosius   19
Theresa (Tareja)   23, 354, 359, 361, 364f.
Tinoco, Nunes   65
Tintoretto   96
Tolosa, Juan   350
Tomás, América   70
Torralva, Diogo de   44, 100, 106, 212, 264, 266
Torralva, Gonçalo de   44
Torres, Fernando de   264
Toscanelli, Paolo del Pozzo   30, 33
Trava (Travere), Perez de   23, 364
Turner, William   81

Unamuno, Miguel de   9
Urban VIII., Papst   315
Urraca von Kastilien   23, 254, 364

Vanvitelli   93
Vaz, António   357

Vaz, Gaspar   343
Velasquez, Diego   96
Vicente, Gil   36, 37, 80, 94, 96, 142, 205, 208,
  213, 357, 361
Vicente, Mateus   97
Vieira, José   95, 131
Vieirra, Domingos II.   66
Vila Lobos, Guiomar de   146
Vila Real, Marquis von   46
Viriatus   18, 79, 321, 323, 358;
  *Fig. S. 17*
Vlaminck, Maurice de   324

Waldeck, Prinz von   66
Wamba   354, 356
Wellington   67, 144, 228, 315
Wilhelm der Eroberer   270
Witiza   20

Xira, João   170

Zurbarán   96, 148